八瓊室金石補正

四

【清】陸增祥 撰

金石文獻叢刊

上海古籍出版社

八瓊室金石補正續編

通奉公金石補正原稿上函叁拾伍册
附目録兩卷

通奉公金石補正原稿下函叁拾册
定吾公手訂

金石補正續編目録上

卷一

漢

處士城陽徐□等題名殘刻

殘字二石

又一石有跋

太山石刻有跋

議郎殘石有跋

墓石殘字

君車畫象題字有跋

鉤騎等畫象題字

畫象石側吏錢二字

魚鷺畫象有跋

蜀漢

建興甎文建興五年八月

吳

黃龍甎文五黃龍二年　黃龍三年　有跋

嘉禾甎文嘉禾七年七月

赤烏甎文二赤□元年　赤烏甬　有跋

太平甎文太平元年　有跋

永安甎文三永安元年八月十日　永安三年九月十五日　永安五年八月　均有跋

甘露甎文甘露二年　有跋

寶鼎甎文二寶鼎三年　寶鼎四年八月　有跋

鳳皇甎文三鳳皇元年九月　鳳皇二年　鳳皇三年　有跋

天璽甎文三天璽元年　天璽元年九月　天璽元年　均有跋

天紀甎文七天紀元年至三年　其二有跋

晉

太康甎文十七太康二年至十年　其七有跋

房宣墓志太康三年二月六日　有跋

安邱長王君神道碣太康五年

永熙甎文永熙六年　月六日　有跋

元康甎文十八元康元年至八年　其九有跋

永康甎文二永康元年七月卅日　永康元年

永甯甎文十永甯元年　二年

太安甎文太安三年　有跋

永安甎文永安元年七月

卷二

晉二

永興甎文二永興二年八月廿日　永興三年　有跋

梁

天監甎文二十四 天監元年至十七年 其二有跋

普通甎文三 普通元年 普通四年 普通五年有跋

中大通甎文四 中大通三年 中大通四年 中大通六年

大同甎文二十 大同元年至十年 其二有跋

中大同甎文一 中大同元年

太清甎文二 太清元年 □清元年

陳

太建甎文二 □建四年 太建八年

攝山棲霞寺江總原碑殘字 有跋

・北魏

趙琱造像記 皇興三年 有跋

趙胡靈公銅像記 承明元年 有跋

光州靈山寺塔下銘 太和元年十二月八日

崔承宗造像記 太和七年十月朔日 有跋

濰縣陳氏藏石十一種

王伯安造像記 太和十四年九月四日

張相造像記 延昌二年三月廿九日 有跋 萃編錄

崔懃造像記 補正錄

嚴小洛造像記 正光二年七月三日 有跋

柏仁令曹望憘造像記銘 正光六年三月廿日 有跋

比邱尼寶淵造像記 正光六年五月廿二日 有跋

趙清女四百人等造像殘石 正光 有跋

楊豐生造像記 孝昌三年四月廿日 有跋

女官王阿善造像記 隆緒元年十一月廿五日 有跋

張神遠造像記 永安三年五月十日

張佛兒弟三人造像記 大昌元年十二月 有跋

比邱僧欣造像記 太和廿三年十二月九日

韓顯宗墓誌幷陰 太和廿三年十二月廿六日 有跋

龍門山造像四十四段

尹愛姜等題記 景明三年六月廿三日 有跋

賈尤嬰題記 景明四年十一月一日 有跋

比丘道仙題記 正始元年十一月三日

張英周妻蘇文好題記 正始五年四月廿日

史某題記 正始五年四月

泐名題記 永平二年六月廿四日

王歡欣題記
劉未等造像記 景明三年十一月十一日
高洛周七十人等造像碑 正始元年三月九日
鄭道昭登百峯山詩殘石 有跋

卷四

北魏二

甯遠將軍廣樂太守楊宣碑 延昌元年十一月 有跋
光州刺史高慶碑 熙平元年 有跋
營州刺史崔敬邕墓誌銘 熙平二年十一月廿一日 有跋
齊郡□□元墓誌銘 正光元年 有跋
崔永高卅六人造象題記并陰兩側 正光四年六月廿六日 有跋
鞠彥雲墓志并蓋 正光四年十一月二日 有跋
裴晉壽刊像記 正光五年五月廿八日 有跋
劉根等造塼浮圖記 正光五年五月卅日 有跋
魏始廓等造像記 正光五年六月八日 有跋
蘭倉令孫遼浮圖銘記 正光五年七月廿五日 有跋
曠野將軍□法智墓誌銘 正光六年正月廿七日 有跋
介休令李謀墓誌 孝昌二年二月十五日 有跋
卜文墓志銘 孝昌二年二月廿四日
駱道明造像記 孝昌二年六月十六日
阿僧達等造像記殘石 孝昌二年
邑儀六十人等造像記碑 孝昌三年八月十三日 有跋
劉平周等造像記殘刻 孝昌三年 有跋
比邱惠輔等一百十十人造像記 永安三年八月九日 有跋
賈瑾墓誌 普泰元年十月十三日 有跋
樊奴子造像記 太昌元年六月七日 有跋
李彰墓誌 太昌元年九月廿九日 有跋
威烈將軍都督郭良等造像題名 太昌二年六月十八日 有跋
中山太守王君殘碑 有跋

卷五

東魏

比邱僧惠等造像記 天平元年四月廿七日
程哲碑 天平元年十一月三日 有跋
龍門山造像三段
赫連義氣題記 天平二年四月十九日
惠相普慧等卅人題記 天平四年八月十九日

卷六

東魏二

僧道請造像記 武定五年正月廿六日 有跋
西兗州刺史鄭君碑 武定五年二月七日 有跋
朱舍并息洪顯造寺及浮啚記 武定五年七月九日 有跋
王法現等廿四人造像記 武定五年七月十八日 有跋
龍山寺比邱道瓚等建碑塔記 武定七年四月八日 有跋
高嶺東諸村邑儀道俗等造像記 武定七年四月八日 有跋
冀州刺史關寶顒誦德碑 武定八年二月四日 有跋
杜文雍等造像記并陰側 武定八年二月八日
陽城洪懋等造像記 有跋
中興寺石象碑 大統三年四月八日 有跋
龍門山造像二段
邑師僧嚴等題記 大統四年
嚴毛興題記 大統七年四月廿六日
杜照賢等造四面像碑 大統十三年十一月十五日 有跋
介媚光造像記 大統十四年四月三日 有跋
馬□寺造像記 大統十七年四月廿三日 有跋
宗顯貴等造像題名 有跋
輩伏龍造像記 廢帝元年六月十一日 有跋
昨和雙王等造像題名 有跋
桓氏造像碑并側
桓繼伯等造像碑側題名 有跋

卷七

北齊一

李稚暈造像記 天保二年正月九日
龍門山造像八十四段又散題名一百八十三人
天保殘題 天保二年二月
□喬陵殘題 天統元年
騫悅周伯兒題記 天統二年十二月廿三日
合邑十五義記 天統四年九月十五日 有跋
像主趙某題記 天統四
韓道人題記 天統六年七月十五日 有跋
尼惠澄題記 □□元年三月十
尼僧珍題記 □□二年九月八日
尼道□題記 □□四年四月十二日
清信女李某張安花等題記
李陽□題字

口方祖題記
比邱僧口朋題記
闕名造像頌殘刻
泐名造弥勒觀音藥師記
泐名殘刻
闕名造觀世音像記
清信女韋題記
史敬博妻張題記
楊公主題記
邊義忠題記
英神洪題記
劉仁口題記
史元景等二人題記
比邱僧念等三人題字
闕名題記 有跋
扈雙口題名 有跋
奚莫苟仁題名
泐名題記

楊思祀題字
鄭天意等三人題字
泐名題記
殘題記 有跋
王洛林等三人題名
麻令姿等十一人題名 有跋
張哀生等四人題名
王貞等三人題字
崔遒題字
王思和等題名
僧曇仰等題名
陸元慶等題名 有跋
尼智道題名
王徽郭剮等題名
散題名一百八十三人
魏口口殘字
造彌陀像殘題 行香上座題字
邢多五十人等造像記 天保二年七月十五日 有跋

北齊二

塔主牟光等建塔記 天保八年三月廿二日 有跋

柳元賓造像記 天保八年四月廿五日

朱靈振等造像記 天保八年十二月

順陽太守廣州大中正皇甫琳墓誌銘 天保九年十一月廿日 有跋

銅雀臺石傘門題記 天保九年 有跋

慧炬寺僧道閏等造像題名 天保十年二月十三日 有跋

馬恩造像記 天保十一年正月十二日

安鹿交村陳神忻等造像記 皇建二年五月廿五日

阿鹿交村七十人造像記 河清二年二月十七日 有跋

牛永福等造像記 河清三年二月八日

尼法藏造像殘刻 河清三年

王惠顒等造像記 河清四年三月廿七日 有跋

郭顯邕造經頌 天統元年九月六日 有跋

張起墓誌銘 天統元年十一月六日 有跋

儀同公孫肪墓誌 天統二年二月廿五日 有跋

劉僧信等造像記 天統二年四月十日

比邱道甯造像記 天統三年七月十五日 有跋

宋氏廿人造像記 天統五年四月八日 有跋

尚書左僕射宇文長碑 天統五年八月三日 有跋

卷九

北齊三

鄉義王興國等石柱頌 武平元年 有跋

朱岱林墓誌 武平二年二月六日 有跋

齊昌鎮將元伏保達墓誌并蓋 武平二年二月十八日 有跋

馬祠伯造像記 武平二年四月八日

中堅將軍劉忻墓誌銘 武平二年五月三日 有跋

比邱僧道略等造神碑尊像記 武平二年九月十五日 萃編錄 有跋

李迊好造像碑殘刻 武平三年四月廿三日 有跋

女傅醜等造像記 武平三年五月廿四日

文殊經品 附題名開元五年二月十二日

十六佛名 有跋

定禪師造佛題記并佛號刻石 附題名貞元十八年七月一日 有跋

武平造像殘石 武平三年

卷十

北齊四

般若村邑義等造像記 武平四年六月廿三日 有跋
賈思業造像記 武平四年十一月卅日
蘭陵忠武王高肅碑 武平五年正月十二日 有跋
建興寺軌禪師及道俗一百人造像碑 武平五年七月廿二日 有跋
鄭子尚墓誌銘 武平五年十二月廿三日 有跋
魏定州刺史司空鄒琰碑兩面及側 武平六年 有跋
尼圓照等造像記 武平六年五月廿六日
楊安都五十人等造像記 武平七年四月十五日 有跋
王景良造像記 武平七年八月三日
尖山磨崖經刻
某法師塔頌 有跋
王延暢等造像題名
李華暉造像
爰公主造像
普照寺造像四石 有總跋
李神恩等題名 有跋
許始等題名
王庚王開等題名 有跋

此付楊賢龍等題名之下

李子元等殘刻

卷十一

北周

濰縣陳氏藏石

宇文仲造四面玉像記 武成元年九月五日 有跋
馬落子造四面像記 保定元年四月三日 有跋
郭賢造像記 保定四年五月八日 有跋
李明顯造像記 保定五年八月廿四日 有跋
辛洪略造像記 大和六年五月廿□日
司馬治中□□造像記 天和五年七月十八日
鄧道隆等造像記 建德元年
比邱道遠殘刻
成□悳等造像題名
綏遠將軍宋承祖等題名
劉妙英等題名殘石
耿僧文題名
董僧佁等題名殘石
成世寶等題名殘石 有跋

孟賓等造像題名

賀龍等題名殘石

李楚等造像題名

比邱淨敬等造像題名

景文等題名殘石

□登兄弟等造像殘刻

陰□□造像殘刻

陳允伯殘刻

殘經字

闕名造像殘字

宋顯等題字殘石

殘字三種 同有巳等字 康法義等字 維那比邱等字

檀泉寺宇文貞造像記 保定二年八月廿六日 有跋

祀平國等造像記 天和元年十一月廿日 有跋

譙郡太守曹恪碑 天和五年十月 萃編錄 有跋

比邱曇貴等造像記 天和六年四月十五日 有跋

李峻墓甎銘 建德元年五月十三日

宇文建崇造像碑并陰側 建德三年二月廿八日 有跋

闕姓安甯墓誌銘殘字 建德六年四月卅日 有跋

時珍墓誌 宣政元年十二月九日 有跋

李甯等造像題記殘石

開化寺東階五石柱礎題名 有跋

游廣達等造像題名

陽成法洪等題名殘石

都維那韓浪茍等題名 有跋

杜甕等題名 有跋

卷十二

隋一

王衆敬等造像記 開皇元年四月八日 有跋

濰縣陳氏藏石八種

姚寬造像記 開皇三年三月廿二日

房紛池等造像記 開皇三年□月八日 有跋

來養等造像題名 開皇四年二月廿四日

侯延造像記 開皇十二年三月三日

王僧伽造像記殘石 開皇十五年五月十日 有跋

張信造四面像記 開皇十七年五月一日

萬佛溝經刻十六

大住聖窟題記 開皇九年

歎三寶偈言

法華經偈言 有跋

大集經中言 有跋

摩訶經中言

造石窟題記 開皇九年 有跋

傳法聖師廿四像名號 有跋

廿五佛名

卅五佛名 有跋

佛名殘刻

五十三佛名

大集經初言

法華經中言

勝鬘經

涅槃經偈

懺悔文

萬佛溝石刻二

大住聖窟題記

大住聖窟題記並經言等刻 有跋

萬佛溝塔記四

道政法師塔記 開皇十年正月十五日

靜政[證]法師塔記 開皇十四年

比丘道寂塔記 仁壽元年正月二十日

比丘慈明塔記 仁壽二年四月五日

曇獻等造像記 開皇十年九月三日

李慧熾造伽藍并像記 開皇十一年八月十五日 有跋

車騎將軍馬長伯等造像記 開皇十一年 有跋

造阿弥陁像并二菩薩記 開皇十二年四月八日

板授蘄州刺史李則墓誌銘并蓋 開皇十二年十一月 有跋

卷十三

隋二

少容山磨崖經刻 開皇十三年二月八日 有跋

諸葛子恒等造像碑陰題名 開皇十三年四月十五日 正碑已見補正 有跋

楊小□造石浮圖記 開皇十三年五月廿八日 有跋

前錄事參軍李□達等造像殘碑 開皇十三年 有跋

開皇甎文四　開皇十三年　開皇十八年
龍門山造像三種
泐名題記并下截題名殘字　開皇十五年
梁仲仁題記　大業十二年七月十五日
闕名題記殘字
洺州南和縣澧水石橋碑　開皇十六年　萃編録
曹禮妻李氏造像銘　有跋
陳黑闥等像記　開皇十六年二月十一日
正解寺殘碑并陰　開皇十六年四月八日　有跋
比邱法講卅八人造像記　開皇十六年六月廿三日　有跋
密長盛等造橋殘碑并陰　開皇廿年十月　有跋
魯孔宣父靈廟碑并陰　仁壽元年四月　有跋
啟法寺碑銘　仁壽二年十二月十五日　有跋

卷十四

隋三

東洪村尼惠令等造像題記　仁壽三年正月八日
蘇慈墓誌銘　仁壽三年三月七日　有跋
力顯貲等造四面像記　仁壽三年六月九日　有跋
仁壽甎文五　均仁壽三年　其一有跋
王君墓誌銘并蓋　大業元年十月廿二日　有跋
蔡君妻張夫人墓誌銘　大業二年十二月廿九日　有跋
大業甎文二　大業二年　大業四年
附無年月有姓氏甎文八十一　有跋
滎澤令常醜奴墓誌　大業三年八月七日　有跋
主簿吳嚴墓誌銘　大業四年十月　有跋
汝南主簿董穆墓志序　大業六年十一月三日　有跋
源文□殘碑并陰側題名　有跋
古四娘等造像
古大娘等造像記　有跋
須昌縣佛主趙息義遵造像題名
張大齎造像題名　有跋
續桃樹等題名殘石　有跋
佛座題名五紙　有跋
趙朗等造像殘刻
靈泉寺經刻四
廿五佛名

大集經文

法華經文

勝鬘經 有跋

廿四佛像名號

鼓山馮子昌題刻二 有跋

造像碑銘殘字

夫人梁氏誌石殘字

僞鄭

鄭鄎盧太夫人元氏墓誌 開明元年五月十六日 有跋

鄭大將軍韋匡伯墓誌銘并蓋 開明二年七月廿四日 有跋

卷十五

唐一

柏尖山寺曇詢禪師碑 武德五年十二月十三日 有跋

孔子廟堂碑 武德九年十二月廿九日 的錄 有跋 萃編補正

吳景達夫人劉氏墓銘 貞觀四年十一月廿三日 有跋

貞觀瓶文 有跋 貞觀五年

宣霧山經刻及造像記二百卌一種 有總跋

孔嘉隱題記

法師洪湛造像記 貞觀五年十二月十五日 有跋

相州總管定州都督等造經像銘 貞觀七年九月三日 有跋

妙法蓮花經刻 有跋

又一刻 有跋

楊山寶達法華經

李山起造經殘石

□阿□造經殘石 有跋

殘經石 有跋

又

又

王世雄等施經物題名 有跋

侯士言妻李題記 貞觀九年

象城丞孟元鏡造像銘 貞觀十二年二月八日

宏壽等爲父造像銘 貞觀十四年四月八日 有跋

陳君約妻張造像記 貞觀廿年四月 有跋

□□叔題記 貞觀廿三年二月八日

霍婆題記 貞觀廿三年二月八日

趙□□題記 永徽二年二月八日

范陽盧約等殘題 垂拱元年三月
李嘉慶等題記 垂拱二年十月卅日
紀王題記 有跋
王預女大娘題記 永昌元年七月十五日
王嘉會兄弟等題記 萬歲通天二年三月二十八日
□漢兒題記 萬歲通天二年五月十日
王文幹妻耿題記 萬歲通天二年五月十八日
王楚惠題記 萬歲通天二年五月二十八日
□□義題記 萬歲通天二年七月八日
馮文安題記 萬歲通天二年□月二十三日
女阿怜題記 聖曆元年臘月八日
張懷信題記 聖曆二年四月八日
尼□□題記 聖曆三年正月廿三日
李大受題記 聖曆三年五月八日
高□□題記 聖曆三年五月八日
郭信則題記 聖曆三年十月九日 有跋
侯□恪題記 久視元年七月廿五日
李金玉題記 久視二年二月八日

卷十六

唐二

尼法意題記 大足元年三月八日
侯足題記 大足元年三月十五日
魏州衆軍楊□□題記 大足元年四月十日
路守業題記 大足元年五月十八日
張莊題記 大足元年六月十日 有跋
楊元安題記 大足元年六月十五日
趙密莊題記 大足元□月廿三日
李孝道題記 大足元年
比邱元□題記 大足
尼思欣題記 長安元年十二月十五日
李山海等題記 長安元年十二月十五日
尹餘烈題記 長安二年正月八日
僧王團寶題記 長安二年□月一日
張處恭題記 長安二年十月八日
僧懷義題記 長安三年四月八日
郭友母王題記 長安三年四月八日

辛崇敏題記永徽五年五月廿日　有跋
鄧思孝等題記永徽五年
何世進題記永徽五年
汾名題記永徽五年　有跋
闕名題記永徽五年
沙門智順題記永徽六年六月一日
汾名題記永徽
張元德題記永徽　有跋
田某殘刻永徽
女□高勝題記顯慶元年六月
陳僧受題記顯慶元年八月　有跋
汾名題記顯慶元年
李智□題記顯慶元年
宋海寶妻緒題記顯慶元年
比邱僧義題記顯慶二年四月七日　有跋
劉曾容題記顯慶二年九月廿五日　有跋
楊真藏題記顯慶三年八月朔
女某題記顯慶四年十一月七日　有跋

□□仁妻郭題記顯慶四年　有跋
汾名題記顯慶□年三月四日
吳吉甫題記龍朔元年四月廿日　有跋
汾名殘題龍朔元年
汾名殘題龍朔元年
劉元禮等題記龍朔二年正月廿日　有跋
闕名題記龍朔二年三月二日
牛懿德題記麟德二年九月
牛懿德再題乾封元年四月八日　有跋
許大德題記乾封元年七月十五日　有跋
□德子題記乾封元年四月八日
孟善應題記乾封二年四月
李鉢頭題記總章元年五月一日
王大志題記總章元年五月一日
殘題記總章二年二月
孔某題記總章二年七月六日
闞師贊題記有跋
將作監丞牛某題記咸亨四年　有跋

卷十八

唐四

路仁哲　王婆攺　王阿妳　王休母董
興書　張元珪　王冏基　高二娘
杜静本　解端　靖空真晤　薩孫冏
王元慶　高大娘　杜善寶　□日新
劉崇春　田冏慶　□衛　一久
劉國義　義先　張仵郎　萬年縣人張□
張斥　荊州師　王宀有　惠莞
許阿□　王威福　王福妻郭　張□節妻
唐永興　佛弟子□□□　崔□必　王貴留

彭三娘　仁爽惠覧　賀拔　張普
李桃木母　女樂　李大娘　女樂
趙二娘　王婆　嚴大娘　段三娘
□□妻劉　唐夫　郢家宋妳　王虔琬
廗婆　吉婆　張婆　郭文雅
善獅胡榮　朱山　王阿六　王大娘
䝼九娘　杜元興　劉玉　張恩貞
任樂尚　尼淨命　普光師　尼淨□
尼淨偉　妣三娘　張王　高守貞

□阿□□女　庄□深　唐難　尼脩
監劉□明　楊崇福　文婆　三娘男思信

殘字二十種

為知等殘字　倉生等殘字　過去父母等殘字　乃至師僧等殘字
理妙等殘字　四廿等殘字　為道王等殘字　己身等殘字
李阿保等殘字　八月廿五等殘字　仏弟子思等殘字　持亡父等殘字
蒼生等殘字　比丘寶勝等殘字　為一切衆生等殘字　為七代父母等殘字
三世諸佛等殘字　無鍚等殘字　沈溺等殘字　朗造石像等殘字

又八種

為法界衆生等殘字　僧礼二光佛殘字　福德長壽殘字　合家造救苦等殘字
清信女志殘字　公國道造殘字　佛弟子張殘字　大造像等殘字

祀觀元始天尊素象碑　貞觀八年九月二日　有跋

觀世音經石刻　貞觀八年　有跋

僧順禪師塔銘　貞觀十三年二月廿二日　有跋

慧静法師塔銘　貞觀十五年四月廿三日　有跋

京師至德館主孟法師碑銘　貞觀十六年五月　有跋

萬佛溝石刻七

大智□律師塔記　貞觀十八年四月十二日

智炬為師建塔記　貞觀十八年四月十二日
張□才塔記　□□廿二年七月十五日
珎法師塔記　永徽元年十二月八日
道雲塔記　永徽二年四月八日
尼僧愍塔記　顯慶三年二月八日
呂小師塔記　顯慶三年四月八日

卷十九

唐五

慈潤寺法師慧休記德文　貞觀廿年三月廿日　有跋
齊功參軍尹質墓誌　貞觀二十年五月廿九日　有跋
優婆塞孫佰悅灰身塔銘　貞觀廿年十月十二日　有跋
張文達造像記　貞觀廿年
　附　清信女盧豬像
濟州別駕李君絢墓誌銘　貞觀廿三年十二月十二日　有跋
蓋文達碑并陰側　貞觀廿三年　有跋
鄅主簿張洪礼等像座題名　有跋
士員紀恩石刻并畫像　有跋
何氏甎文　永徽元年

襄邑王李神符碑　永徽二年十月八日　有跋
程村永橋記碑　永徽四年十二月　有跋
信法寺彌陀象碑陰　顯慶三年四月八日　補正錄　有跋
處士馬壽墓誌銘　顯慶三年九月十八日

卷二十

唐六

濰縣陳氏藏石十六種
劉師政造像記　顯慶四年七月十二日
張武倒造像記　咸亨四年二月四日　有跋
管均墓誌　補正錄
管俊墓誌　調露元年十月十四日　有跋
頻陽府校尉同琦武幹造像記　永淳元年七月廿六日　有跋
爲駱思眘造像記　神龍二年十二月十二日　有跋
闕名造像殘刻　高宗末　有跋
鹿明澄造像記　開元十年十月十三日　有跋
開元殘石　廿四年十月廿□日　有跋
左果毅都尉樊君墓誌殘石　元和三年八月　有跋
僧靈璨修塔經刻　大和二年四月十日

陳立行墓誌銘 補正錄

沕名題記 咸通

敬延祚墓誌銘 補正錄

僧智明殘字

殘字二石 有跋

會福寺主辶嵐造像記 顯慶四年七月十五日 有跋

平百濟國碑 顯慶五年八月十五日 萃編錄 有跋

郎餘令造像題記 顯慶五年 有跋

楊行夫造像 龍朔元年八月廿四日 有跋

張興墓誌銘 龍朔元年十月廿三日 有跋

石窟寺造像題記十九段

魏處旻題記 龍朔二年五月廿八日

僧法稱題記 龍朔二年五月七日 有跋

僧法稱又一刻 乾封二年八月十日 補正錄

蘊□生題記 乾封二年十一月卅日

華縣令路君殘題 乾封三年二月十五日

元太□題記 乾封三年□月廿一日

仲元□妻題記 乾封三年十二月廿四日

張養和題記 咸亨元年五月廿日

苗承礼題記 咸亨元年五月廿一日

僧法稱三題 咸亨元年九月 補正錄

僧法稱四題 咸亨元年□月五日

張文政題記 咸亨元年十月廿日

成思齊等題記 咸亨元年□月卅日

華縣令許思言題記 儀鳳元年四月十日

僧道貞題記 延載元年八月十六日

福基題記 久視元年六月廿八日

女蘇氏題記 咸通八年六月七日

李某題記 咸通八年六月七日

李某題記 咸通八年□月七日 有跋

蔣王內人安太清造像記 龍朔二年七月十五日

蔣王內人劉媚兒等造像記 龍朔二年七月十五日 有跋

韓阿滿造像記 麟德元年正月二十五日

王才及夫人毛氏墓誌銘 麟德元年三月十三日 有跋

劉仁願紀功殘文 麟德二年 有跋

澄陽尉劉貴寶供養題記 乾封二年二月 有跋

願力寺朧法師塔銘 天授二年四月八日 有跋
杜文强到承福造像 天授二年五月廿八日
濟瀆投龍記 天授三年五月廿四日 有跋
程仵郎墓志 長壽二年十月十七日 有跋
張四娘造像銘殘石 長壽三年 有跋
房懷亮墓誌銘 延載元年十一月廿三日 有跋
楊國村檀施功德記銘 證聖元年七月十五日 有跋
張儁浮啚銘 證聖元年七月十五日
鼓山南響堂寺石刻四十一段 有總跋
田神鑒妻崔造像記 證聖元年九月十日 有跋
尼二娘造像記 證聖元年九月十日 補正錄
邸宜安造像記 證聖元年九月十日 有跋
佚名造坐藏像記 證聖元年十月 有跋
董□道造像記 萬歲通天元年十月二十八日
佚名造像記 大周□歲
令狐勝造像記 聖厤元年 補正錄
王宏安妻吳造像記 聖厤二年九月廿日
王大貞及妻高造像記 聖厤二年九月廿日 有跋

高沖子造像記 聖厤二年九月廿日
董智力母陽造像記 聖厤二年
趙守訥妻陳四娘造像記 大足元年二月十四日 補正錄
趙思揚造像記 大足元年四月四日 有跋
郭尚□造像記 大足元年五月廿日
趙某女三娘造像記 大足元年二月廿四日
劉思德妻造像記 長安元年二月十□日 有跋
元恭母造像記 長安三年三月一日
前成均某造像記 長安三年八月廿日 有跋
郭方剛造像記 長安三年九月八日 有跋
泐名造像記 長安四年五月十二日
□處機造像記 有跋
某妻燕造像記 神龍元年三月廿七日 有跋
趙祖福造像記 神龍元年三月廿七日 有跋
李義節造像記 神龍元年八月
佚名造像記 神龍元年九月 有跋
武思立妻王造像記 神龍三年五月十五日
□處貞為男知誨知紀造像記 景龍二年三月二日 有跋

金石補正續編目錄下

卷二十四

唐十

國行真浮圖頌 神龍元年八月五日 有跋
□文政墓誌銘 神龍二年十月 有跋
白鶴觀碑 神龍二年 有跋
岱嶽題名三段 有總跋在末段
高仁敬等題名 神龍三年春
紇懷坦等題名 景龍二年三月十三日
張元□殘題名 景龍二年 有跋
慧化寺僧靜贊等造經碑并兩側 神龍年 有跋
龍興觀道德經并兩側題名 景龍二年正月 有跋

卷二十五

唐十一

波斯大酋長右屯衛將軍阿羅憾銘 景雲元年 有跋
紀元大造像殘碑 景雲元年十一月十日 有跋
張難敵造像記 景雲二年八月廿六日
郭正禮等造像記 景雲二年十一月八日 有跋
僧行志等建塔記殘刻 景雲二年
慕容元通等造像記 景雲年
處士王天墓誌銘 太極元年三月十五日 有跋
邛州刺史狄知愻碑并陰 有跋 萃編錄
水東村道俗造塔題名 先天元年八月 有跋
李□母滎陽夫人毛氏墓記 開元二年閏二月五日
宣勞靺鞨使鴻臚卿崔忻題名 開元二年五月十八日 有跋
崔夫人鄭氏墓誌銘 開元三年十月廿五日 有跋
高應墓誌銘 開元四年十一月十九日
滎州長史薛夫人柳氏墓誌銘 開元六年八月廿九日 有跋
本願寺金剛經碑并碑陰讚序題名 開元七年四月八日 有跋
梁方張夫人墓誌銘 開元八年十月廿三日 有跋
登州司馬王慶墓誌銘 開元九載十一月六日 有跋
龐囧珪造像記 開元九年十一月十三日 有跋

卷二十六

唐十二

劉乾恪張夫人贊銘 開元十年八月十六日 有跋
右金吾衛翊衛宋運夫人王氏墓誌 開元十四年五月十四日 有跋

卷三十一

唐十七

卷三十二

唐十八

劉磻再題 寶歷六年九月□八日
劉磻三題 有跋
劉賁等題名 大和元年十月十日
劉賁等再題 大和二年九月廿日 有跋
劉賁等三題 大和三年十月二日
趙傳□題名 大和四年十月十三日 有跋
魏中慶等題名 □昌元年閏九月十五日 有跋
張述等題名 會昌元年 月九日
大中殘題 大中九年九月十九日
張璠題名
司功參軍殘題
元抱卿等題名
王泰殘題
附宋王潭題記 宣和二年三月
張進玉母馬造像記 大歷九年
金城郡王辛公妻蕭夫人李氏墓誌銘 大歷十三年七月廿四日 有跋
李嘉珎墓誌銘 大歷十三年十月廿五日 有跋
尚書左僕射扶風王司徒馬璘廟殘碑 大歷十四年七月 有跋
蕭俱興墓誌銘 大歷十五年正月十六日 有跋
明承先夫人李氏墓誌殘石 大歷十五年以後 有跋
乘如和尚塔銘殘石并陰 建中元年八月 有跋
李寶臣殘碑 建中二年 有跋
左金吾衛大將軍宋儼墓誌銘 建中四年四月廿七日 有跋
魏段干木廟銘 貞元元年八月 有跋
景昭法師碑 貞元三年正月上元 有跋

卷三十三

唐十九

太保張延賞神道碑并陰 貞元三年十月乙酉 萃編錄 有跋
太保張延賞墓誌 貞元三年十月乙酉 有跋
范陽縣新置文宣王廟碑 貞元五年二月 有跋
三世像讚 貞元六年五月一日 有跋
杜公夫人韋氏墓誌銘 貞元十年八月廿日 有跋
河南府戶曹參軍陳諸墓誌銘 貞元十一年四月十二日 有跋
監察御史王仲堪墓誌銘 貞元十三年四月
李規季子侯七誌石并蓋 貞元十三年十一月三日 有跋
涿州司馬劉建墓誌銘 貞元十四年十二月八日 有跋

慧炬寺僧智力遺德碑 貞元十五年正月十日 有跋
張氏女殤墓誌銘 貞元十八年正月廿七日 有跋

卷三十四

唐二十

左神威大將軍焦燒斷碑 貞元十八年七月十九日 有跋
畢遊江墓誌銘 貞元十九年七月
婁山題名四種
劉□海等題名 貞元 有跋
郁久閭明達題名
郗士美盧頊題名 有跋
盧叶夢題名 有跋
慧炬寺僧智力神道影堂紀德碑 永貞元年十二月八日 有跋
倪氏甎文二 永貞元年 有跋
裴承章墓誌銘 元和元年十一月廿六日 有跋
李世娘墓誌 元和三年五月十九日 有跋
陳夫人獨孤氏墓誌銘 元和四年十月廿四日 有跋
孫庭林等題名 元和四年十一月十八日 有跋
修禪道場碑 元和六年十一月十二日 萃編錄 有跋

南巖亭記 元和七年正月 有跋
魏府狄梁公祠堂碑 元和七年 有跋
鼓山北響堂寺崔某題名 元和八年四月廿九日
高承金墓誌銘 元和八年十二月十八日 有跋
慧炬寺再修題名 元和九年三月廿二日
唐州長史劉密夫人崔氏墓誌銘 元和九年十月六日 有跋
張頡彌勒像讚 元和十年四月

卷三十五

唐二十一

安國寺尼性忠墓誌銘 元和十年七月十三日 有跋
高陽軍都知兵馬使石默啜墓誌銘 元和十一年八月廿四日 有跋
李岸夫人徐氏合葬墓誌銘 元和十一年十一月廿九日 有跋
蕭子昂合祔墓誌銘 元和十四年三月廿五日 有跋
左僕射李光進碑 元和十五年 萃編錄
太保李良臣碑 長慶二年 萃編錄 有跋
合州刺史造盧舍那佛記 長慶三年三月十九日
沈朝墓誌銘 寶曆元年八月十日 有跋
左金吾衛郎將諸葛澄墓誌銘 寶曆元年九月十五日 有跋

石牛洞李德脩等題名 寶厤二年二月廿七日 有跋

亳兵參軍李犀墓誌銘 寶厤二年七月一日 有跋

鳳翔節度押衙楊贍墓誌銘 寶厤二年八月廿五日 有跋

盧士瓊墓誌銘 大和元年九月 有跋

强公夫人杜氏墓誌銘 大和四年九月廿四日 有跋

大和甎文 大和四年

唐州長史劉密合祔誌 大和六年七月十九日 有跋

福田寺僧常儼置粥院記 大和六年 有跋

平盧軍討擊副使劉逸墓誌銘 大和八年四月廿五日 有跋

尼明空墓誌銘 大和八年十二月廿日 有跋

卷三十六

唐二十二

九姓迴鶻可汗碑殘文 有跋

河中府參軍劉伏墓誌銘 會昌四年四月五日 有跋

河陽節度押衙張亮墓誌銘 大中元年七月十九日 有跋

左衛大將軍契苾公夫人何氏墓誌 大中元年十月二日 有跋

北嶽廟石幢題名五段

韋損等題名 大中二年二月十三日

李公度等題名 大中二年十二月廿一日

義武軍節度判官□□題名 大中三年四月一日

李公度等再題名 大中六年九月十六日

韋絢等題名 咸通六年二月廿九日 有跋

內侍李從証墓誌銘 大中五年正月廿三日

賜沙州僧洪䛒等二敕 大中五年 有跋

張再清墓誌銘殘石 大中六年十月廿四日

趙建遂夫人董氏王氏合祔墓銘 大中九年二月十七日 有跋

左武衛兵曹參軍李君墓誌銘 大中十年十月廿四日 有跋

鄭恕己墓誌銘 大中十年十一月十九日 有跋

孫徽妻韋夫人墓誌銘 大中十三年八月廿日 有跋

馬惟良先生王氏合祔誌銘 咸通三年正月七日 有跋

智力寺僧重雅等造像殘碑 咸通四載六月十八日 有跋

卷三十七

唐二十三

張義全造像記 咸通六年七月十三日 有跋

賈讓造像題記 咸通六年七月廿九日 有跋

雲居寺主真性神道碑 咸通八年十一月四日 有跋

卷三十八

唐二十四

卷三十九

唐二十五

卷四十

後梁

後唐

後漢

後周

南漢

釋善章建陀羅尼幢 宣和七年十一月十七日

新修南海廣利王廟碑銘并陰 開寶六年十月九日 有跋

附知廣州田瑜等題名 皇祐三年三月十九日 有跋

譚粹等題名 熙甯七年二月十九日

蘇咸題記 熙甯七年十月十八日 有跋

新修光武皇帝廟碑 開寶六年 萃編錄

鄉貢三傳張某等施地建佛堂記 開寶八年正月五日 有跋

定意寺營殿裝塑記 開寶八年十月 有跋

嚮堂寺綦珪等修佛記 太平興國七年四月二十一日 有跋

龍興寺新修三門記 太平興國七年十二月廿三日 有跋

卷四十二

宋二

慧炬寺遷移靈塔記 雍熙二年十一月廿日

石牛洞題刻五十六

趙孚等題名 端拱二年三月二十一日 有跋

李咸等題名 天聖十年 有跋

闕名與道人文銑弟安國題名 皇祐三年九月十六日 有跋

陳奉古等題名 皇祐六年三月廿二日

陳奉古等再題名 皇祐六年三月廿二日

桑景舒等題名 嘉祐五年 有跋

睎尹等題名 熙甯二年三月十九日

張景儉題名 熙甯二年四月八日 有跋

張坦之等題名 熙甯四年二月四日 有跋

李師中記 熙甯四年十月十四日 有跋

徐翊題名 熙甯六年三月

楊沖等題名 熙甯七年正月八日

朱長文題名 熙甯七年中秋 有跋

陳紘題名 熙甯九年三月 有跋

公度再題 熙甯十年仲春初吉

道濟等題名 熙甯十年

王公輔題名 元豐元年十二月

韓正彥等題名 元豐三年仲春 有跋

蘇子平題名 元豐三年三月

楊布元題名 元豐四年二月 有跋

孫膺題名 元豐五年三月十四日

南陽子清等題名 元祐五年仲秋末旬

靈巖寺禪師珣公塔記 咸平二年九月十八日
定州開元寺僧俗修塔記并題名八段
李德澤等修塔記 咸平四年七月十八日
宋進等題名 乾興元年四月十五日
耿素等題名 皇祐四年七月十八日
劉佺等題名 至和元年七月
招賢坊張能等題名 至和元年
兵馬監押趙威記等題名 至和元年
女弟子趙氏等題名 至和二年九月九日
建浮屠記殘刻 至和二年二月
梁重修北嶽廟碑陰并兩側題名二十三段
吳元扆等題名 咸平四年十月十三日
史睿題名 咸平四年十二月十四日
張守信等題名 咸平四年十二月十五日
泐名殘題 咸平四年
泐名殘題 咸平五年二月二十四日
咸平殘題 咸平五年二月二十四日
晁迥題名 景德元年五月九日

陳襲古題名 景德三年九月廿一日
李□題名 大中祥符二年□月
胡守節題名 大中祥符三年六月
賈宗題名 祥符
李維賢題名 康定元年十一月十七日
王承偉題名 至和元年
晁仲維題名 嘉祐四年十二月九日
范□賢題名 嘉祐五年正月廿二日
蔣文政等題名 嘉祐五年四月廿五日
蔣文政再題 嘉祐六年二月十五日
李賁題名 嘉祐六年十一月二十二日
陳懷節題名
劉某殘題
程嚴殘題
趙金奕殘題
內侍省某殘題
唐北岳安天王銘碑兩側題名五段
楊勳等題名 咸平五年二月二十九日

卷四十三

宋三

王肅三題名 治平四年九月十八日
潘孝和題名 熙甯三年十月初四日
張威題名 元祐三年十月初十日
韓南仲題名 元祐八年五月廿七日
孫敏行題名 紹聖元年八月二十八日
崔希寂題名 政和三年六月十六日
馮澤題名 政和三年九月廿三日
王能等題名
王能再題名
毛永保等題名
寶登等殘字 景德二年 有跋
敕修文宣王廟牒 景德三年二月十六日 萃編錄
重修東嶽天齊王廟碑 景德四年九月九日 有跋
七星巖題刻五十一段
陳捴等題名 景德四年十一月二十二日
任旦命等題名 乾興元年十二月
余翼詩刻 有跋
賈守文題名 天聖六年二月二日

楊備詩 景祐三年十月
周湛等題名 慶厤二年三月初九日
郡守將朱顯之等題名 慶厤二年十二月
馬尋等題名 慶厤三年二月廿二日
晉卿等題名 慶厤五年五月六日
張肅題名 慶厤六年正月十四日
宋克隆等題名 皇祐元年十二月二十二日
崔之才等題名 皇祐二年二月十三日
又一刻
王逢等題名 皇祐二年九月廿九日
鮑軻等題名 皇祐五年四月七日
陶翼萬臺石室文 皇祐五年五月初一日
皇甫宗憲等題名 治平二年二月中旬
則之等題名 有跋
康衛陳懌等題名 熙甯二年三月初六日
康衛陳懌唱和詩 熙甯二年三月十八日 有跋
陳倩鄭公武題名 熙甯五年十一月廿五日
王洎等題名 元豐四年五月十八日

真宗先天太后贊大中祥符七年正月二十二日
中嶽中天崇聖帝碑大中祥符七年九月七日 萃編錄
重修淮瀆長源公廟碑大中祥符七年十一日 有跋
北嶽安天元聖帝碑并陰側大中祥符七年四月二十一日 萃編錄正碑
陰側題名二十二段
馮元輔等題名慶曆六年九月吉日
王鼎請雨題名皇祐二年四月五日
趙滋題名皇祐三年二月朔日
楚執中題名皇祐三年五月十六日
劉兼濟題名皇祐三年冬
馬耿題名至和三年正月二十六日
蘇拱之題名至和三年正月二十六日
陳知晦題名嘉祐七年正月初三日
譙南董等題名嘉祐七年四月十二日
曹宗卿等題名嘉祐八年九月初二日
鄭餘懿等題名嘉祐八年九月六日
單從化題名嘉祐八年十二月十五日
王世寶題名嘉祐八年十二月十五日

靳樸題名治平元年立春
王世安題名治平元年二月初一日
王巖叟題名治平二年中元
馮文顯題名熙甯三年六月二日
李布題名熙甯六年五月二十七日
蔡延慶等題名元祐二年二月十二日
王鯁等題名元祐四年四月三日
侍其瑋題名元祐五年六月二十一日
郭長卿題名紹聖二年七月初十日
封崇寺額牒并記大中祥符九年八月二十五日 有跋
仰天山白雲洞造像十二種
闕名題記天禧三年二月一日
張恕題記天禧三年二月十一日
元行通題記天禧四年十二月二十日
耿佺題記乾興元年二月二日
張佺題記乾興元年九月二十一日
□氏題記乾興元年十月十五日
皇習題記乾興元年

冠福題記乾興二年正月九日
張政題記天聖元年
王贊題記
李順題記
賈惠題記有跋
賜白馬寺及興教塔額牒天禧五年正月十五日有跋
卷四十五
宋五
永定陵採石記乾興元年八月十日　萃編録　有跋
附碑側盧大同等題名熙甯九年正月上澣
（脱一行）天聖瓶文天聖九年
龍門山丁裕題名三段天聖四年三月二日　又三日　又二十口日
保平軍節度使魏咸信神道碑銘天聖六年九月有跋
北嶽廟石幢題名六
天聖殘題天聖七年
劉畫題記元祐三年八月廿一日
郭長卿題記紹聖二年立秋
和叔題名紹聖四年六月
西頭供奉殘題

又一題
北沙侯重修院記天聖十年十月一日
延慶院新修舍利塔記景祐三年六月廿七日
三游洞題名十三則
歐陽永叔等題名景祐四年　有跋
張告楚建中張景儉等三題治平元年清明後一日有跋
李寔等題名有跋
黃大臨等題名紹聖二年三月　有跋
呂叔龔題名紹興二十二年十月二十六日
徐宗偃等題名乾道九年十月既望　有跋
韓子常等題名淳熙六年寒食日　有跋
鄭鄖等題名紹興五年三月廿一日　有跋
汪必進等題名紹興五年中秋
常季望等題名慶元二年寒食日
向儒詩
南明山高陽洞題刻四
葉清臣等題名寶元二年六月　有跋
李堯俞等題名慶厤八年十月初五日　有跋

董經臣陳愷等題名 熙甯九年五月七日 有跋
溪漲紀事 紹興十六年以後 有跋
石門山題刻二十六
葉清臣題名 寶元二年六月 有跋
又
馬尋題名 慶麻四年十二月廿日
宋純等題名 慶麻五年九月
蘇舜元題名 皇祐二年五月十九日
苗振等題名 皇祐三年十月初五日
王起等題名 皇祐五年三月
張師中等題名 嘉祐三年二月十八日
陳經題名 嘉祐五年
褚理題名 嘉祐七年二月二日 有跋
沈括等題名 熙甯六年十二月十四日
王徵題謝康樂石門詩 有跋
崔尧封題名 熙甯七年四月廿四日
劉誼題名 熙甯七年五月 有跋
張靚題名

裴維甫題名
劉涇題名 紹聖四年 有跋
程閎中題等名 元符二年閏九月廿三日
張子經題名殘刻 大觀年
祝公明等題名 有跋
謝伋詩 紹興廿六年三月十日 有跋
虞似平題名 紹興廿六年三月廿日 有跋
陳公權等題名 紹熙二年三月
鄭挺題名 紹熙五年
陳適中等題名 有跋
李壽題名 有跋
攝山題刻四十四
顧追嗣石柱題記 寶元二年閏十二月初七日
祖無擇等題名 慶麻五年三月十三日
魏中庸等題名 皇祐元年九月十八日
黃召祥等題名 治平二年四月 有跋
張稚圭等題名 治平四年
曲輮子題名 治平四年十月

卷四十六

宋六

殘題名宜移建法堂記之下馬尋等題名之上

張瓌等題名 康定元年九月朔
建法堂記 慶曆三年十一月甲申日
太常少卿馬尋等題名 至和二年正月十九日
轉運使唐介等題名 至和二年四月二十三日
監郡吳瑛等餞殿中御史吳公題名 至和二年十一月
殘題名 至和元年
郡守吳中復題名 至和二年
包拯等題名 至和三年七月二十二日 有跋
任信之等題名 嘉祐元年十二月二十七日
集仙洞三大字 嘉祐三年三月朔
祝熙載等題名
郡太守鄭雍等題名 熙甯四年十一月朔
張次宗等題名 熙甯五年十二月
道淵題名 熙甯十年六月初六日
詹適道等題名 元豐二年立冬日
毛漸題名 元祐六年六月晦日
黃大臨題名 紹聖元年九月
曾孝蘊等題名 大觀三年暮春

洪炎題名 宣和六年九月一日
劉棊寄隱嵓詩 紹興二十一年九月下澣
許德元等題名 紹興二十七年
湯元識等題名 紹興二十八年五月初四日
胡寅題名 紹興二十八年十一月六日
向開叔等餞別斛公題名 紹興二十九年二月三日
郡守陳良祐題名 淳熙十一年二月
張棱等題名 淳熙十一年十月十日
重建法堂記 淳熙十五年五月廿五日
顧沖等題名 淳熙十六年清明前一日 有跋
秦城等題名 紹興元年正月二十五日
僧海龕題名 紹熙元年八月
諸孫菑觀伯祖題名記 紹熙二年正月
章德茂題名 紹熙二年上元日
章棟題名 紹熙三年二月
郡文學周南題名 慶元二年八月十九日
張君宅等題名 慶元五年三月三日
醉李魯瑄題名 慶元六年四月下浣

台居題名下加一行
附徐澤等題名 嘉熙元年九月廿日

思公辭世頌 紹興二年五月初八日
杜伯卬詩 紹興四年二月六日
杜伯卬題名 嘉泰三年二月七日
杜伯卬再題詩 嘉定十一年上元
趙與諫等題名 紹定六年正月
僧縕道立石題記 嘉熙元年八月望日

卷四十七

宋七

知唐縣事白君等題名 治平三年四月八日
三司推勘公事張奕墓誌銘 治平三年十月初三日
重修南海廟碑 治平四年十月一日
始建五嶽廟記 熙甯元年
韓魏公狎鷗亭詩 有跋
韓恬墓誌銘 熙甯四年二月二十八日
錢景初書木蘭辭 熙甯四年九月 有跋
東坡寶成院賞牡丹詩 熙甯五年春 有跋
韓魏公詩刻 熙甯六年 有跋
九曜石題刻六種

米黻藥洲題字
時仲等題名 元祐元年三月初八日
師節題名 有跋
詹文舉等題名 紹興十三年十月
蘇少連等題名 紹興二十三年清明前二日 有跋
鄒大昕度語 乾道二年 有跋
漢光武廟祖無擇題名 熙甯七年三月廿六日
賈顯建塔記 熙甯七年三月廿八日
北嶽真君祠薛向等題名 熙甯八年六月
贈衛尉卿司馬浩墓表 熙甯八年九月
鄭仲賢詩刻 熙甯九年七月十日
張文預等修像記 元豐元年七月十五日
韓忠獻公祠堂記 元豐三年正月十九日
寶教院重修相公堂記并陰 元豐三年二月十日
五嶽廟記 元豐六年十二月 有跋

卷四十八

宋八

成德軍修庫池河記 元豐八年三月廿五日

二種前後互易

卷四十九

宋九

卷五十

宋十

卷五十一

宋十一

卷五十二

宋十二

沙門奉暹等建陀羅尼幢 咸雍□年三月四日

高祕建陀羅尼幢 咸雍十年十一月二十六日

百二十佛幢 大康六年四月九日

張德隣陀羅尼幢記 大康七年三月十九日

鄭某及妻董氏建幢 大安二年十月三十日

劉揩等建幢并供具實錄記 大安三年六月二日

闕名建唐梵二體經幢記 大安三年十月廿二日

寶勝寺主志全建經幢 大安五年六月廿五日

法□陀羅尼塔記 附大安五年 有跋

廣因寺沙門守恩造陀羅尼幢 大安六年二月二十五日

文永等造陀羅尼幢記 大安七年五月七日 有跋

大悲心真言幢 大安七年八月二十一日 有跋

諸佛大神咒斷幢 大安七年八月二十一日 有跋

龎貴省等建幢 大安八年八月朔

劉志建心經幢 壽昌二年二月二十九日

善興寺經幢記 壽昌二年十月二十九日

志空墳塔記 壽昌四年後八月廿八日

法□陀羅尼幢記 乾統元年十二月四日

師哲建父塚經幢記 乾統三年正月十四日 有跋

正覺寺法性陀羅尼幢記 乾統四年三月九日

開元寺某大師經幢遺□記 乾統五年九月二十七日

沙門惠等建陀羅尼幢 乾統五年

靈應院藏主經幢遺行記 乾統七年三月二十六日

寶勝寺唐梵二體經幢并僧妙行記 乾統七年四月十七日

雲居寺僧辯證經幢記 乾統六年二月十九日

鄭仁及斷幢 乾統八年十月六日 有跋

國子直講胅等經幢題名 乾統八年十月廿四日

志妙建梵文經塔記 乾統十年四月

卷五十七

遼二

寶勝寺僧元樞經幢并遺行記 乾統十年

僧善圓為父高孝思建幢 天慶元年二月

劉思隘建陀羅尼幢 天慶二年五月四日

王允恭書陀羅尼幢 天慶三年九月三十日

僧清睿陀羅尼幢記 天慶四年二月十四日

永泰寺正慧大師塔記 天慶六年四月二十七日

崇仁寺沙門積□經塔記 天慶九年

善興寺花嚴座主經塔記 天慶十年二月初六日

僧崇昱墳塔記 天慶十年九月二十三日 有跋

郭仁孝建頂幢 天慶十年十月二十七日

內興寺陁羅尼呪幢 天定二年九月 有跋

甯遠軍司馬馬令欽等再修塔記殘刻 統和十四年三月十八日

重修唐水東村佛塔題名 重熙六年二月廿二日 有跋

王寔撰□□寺碑 重熙十一年四月

僧了性等造尊勝經碣 重熙十六年

超化寺沙門法慈修建實錄 清甯二年

王世永造像碑 咸雍七年十月

都維那張祐等鑄鐘款識 大安二年五月十二日

固城村石橋記 大安五年三月八日

盤山感化寺僧澄方遺行銘 大安六年三月八日 有跋

靳信等造塔記 大安六年七月十五日

李從善等造像題名 大安八年四月八日 有跋

添修縉陽寺功德碑記 壽昌元年

興國寺太子誕聖邑碑 壽昌四年七月四日 有跋

柳溪元心寺洙公壁記 乾統三年四月七日 有跋

金山演教院千人邑記 乾統三年十月十五日

豐山章慶禪院實錄 乾統四年八月十四日

雲居寺供塔燈邑記并陰 乾統十年九月七日

重修聖塔院記 崇福十三年五月

卷五十八

金一

經幢類列九十九種

東忘九十九種之字可刪

任師誨梵字經幢記 天會五年十二月十二日

沙門行章自建經塔 天會六年五月二日

延壽寺陁羅尼經幢記 天會八年十月四日 有跋

辯惠大師經幢記 天會十年二月十一日

陁羅尼經幢殘記 天會十五年三月

張三姨爲寺主建陁羅尼塔記 天會十五年九月二十四日 有跋

于三臣經幢文 皇統四年十月十七日

如意院尼道一梵字經幢并記 皇統六年十月二十五日

雲居寺僧楞嚴塔記 天德三年四月九日

龐思言經幢記 貞元初年十月五日

檀山村殘經幢 貞元二年二月十四日 有跋
貞元殘幢 貞元三年二月十日 有跋
惠奇為定公建幢辭 貞元三年四月八日
泐名陀羅尼幢記 正隆六年三月
高安民等經幢題名 正隆六年
優婆夷清河氏經幢記 正隆末年
清信女龐氏經幢記 正隆末年
闕名經幢記 大定二年三月 有跋
雲居寺善師殘經塔記 大定二年閏二月十二日
大興寺尼善正經塔記 大定七年三月初八日
兵部令史張吉造幢記 大定八年七月十一日 有跋
蔡氏為男和兒建幢記 大定八年三月
沙門道昇經幢實行記銘 大定八年
雲居寺某公經塔記 大定九年二月二十九日
封崇寺釋崇辯塔銘 大定十年八月廿七日
梁公遇經塔記 大定十一年
思誠等建陀羅尼幢 大定十三年
殘經幢 大定十四年二月二十五日
欽公經幢誄文 大定十六年四月二十四日
楊文忠墓幢題記 大定十六年九月十八日
孫師孝經塔題記 大定十七年十月十九日

卷五十九

金二

張恕為兄忠武校尉建幢記 大定十八年六月
重修佛殿記幢 大定十八年八月二十五日
龍興寺廣惠大師經幢 大定二十年十月一日
梁仲嚴尊靈礎記 大定二十年十月初五日
普照院滿公塔記 大定二十一年三月三十日
紀宗為父母建幢 大定二十一年四月十六日
郭均墓梵經幢記 大定二十三年二月二十五日
尼智明經塔記 大定二十三年十月三日
文用經幢 大定二十三年三月三十日
李溫建陀羅尼幢記 大定二十三年十一月二十九日
□永昌梵經幢題名 大定二十五年二月二十八日
張公墓梵經幢 大定二十五年四月二十日
沙門文俊建經幢記 大定二十六年正月二十七日

卷六十

金三

盧千為父造幢記 泰和元年
劉維真言幢殘記 泰和三年二月三日 有跋
進義副尉李昌陁羅尼礦記 泰和三年三月十五日
李永忠自建陁羅尼壽礦記 泰和三年五月 有跋
淨行普同經塔 泰和四年三月廿日 有跋
康伯祿建真言幢記 泰和五年三月八日
趙彥忠建梵經塔記 泰和六年五月
宋公進等建真言礦記 泰和七年五月初九日
張百瓊建陁羅尼幢記 泰和八年三月十五日 有跋
尼妙政壽塔記 泰和八年閏四月初一日 有跋
劉金等建經塔記 大安二年二月初三日
壽聖院舊經幢并尼慶榮增刊經幢記 大安二年五月二十七日 有跋
法師思昶陁羅尼壽塔記 大安二年五月二十九日
李忠直建梵經塔記 大安三年四月二十一日
資甫為祖父母建經幢記 大安三年五月初九日
企公壽塔銘記 崇慶元年正月初三日 有跋
齊仲甫幢記 崇慶二年四月二十六日 有跋
劉伯昌為叔建幢記 崇慶二年
惠明梵經塔記
法明生前建陁羅尼塔殘字 有跋

卷六十一

金四

重建大悲院記 天會六年四月望日
智度寺供塔碑銘 天會十年六月二十日
馬瓊施香爐記 天會十四年七月十五日
趙州石橋洞題刻四
完顏□槩等題名 天會十四年 有跋
中山楊□等題名 大定二十六年 有跋
平棘令高國忠題名 □安□年 有跋
信都令某題詩并和作 泰和五年閏月十四日
奇石山磨崖記 天會十五年十月十五日 有跋
龍池事因記 天眷二年三月二十四日
鎸葬藏經目錄 天眷三年四月十五日
蘆子水道院法堂記 皇統元年十月望日 有跋
寶教院重修相公堂記 皇統八年三月初一日
開化寺僧文海舍利塔銘 貞元元年 有跋

卷六十二

金五

卷六十三

金六

灌城喗弥陁菴公據 大定二十年六月

八會寺文殊殿碑 大定二十年秋

僧善賑石匣誌 大定二十年十一月朔

卷六十四

金七

天開寺無止齋記 大定二十一年以後

沙門智㬎善事記 大定二十二年二月一日

興國院牒記并碑陰題名 大定廿二年五月朔

藝窟二大字 大定廿二年

觀稼亭記 大定二十三年五月望

重修文宣王廟記 大定二十七年正月九日

馬鈺滿庭芳詞并吳似之跋 大定二十八年十月望日 有跋

如宣立石門樓記 大定二十八年十一月

董寬為父建塔記 大定二十九年九月二十八日

普淨置地記 明昌元年

開化寺僧文景墳石記 明昌二年五月

重修州學宣聖廟碑 明昌三年三月一日 有跋

壽聖寺興化院牒并題名 明昌三年十月

易州善興寺記并碑陰善興寺榜 明昌四年三月廿八日

王允等鑄鐘款識 明昌五年四月初五日

無住道人羅漢泉詩 興定四年十月廿五日

淨照禪師香林十詠 興定四年十一月一日

竹閣禪院記 元光二月八月 有跋

一冊
四十頁

漢

元光瓴文二 分書出湖州 歸於家

一 長一尺三寸三分廣六寸厚一寸九分字在端徑八九分

元光三年

元光漢武帝第二紀元也瓴背圖八神鱗身巨首虎目左四神手執錐雙擧過頂右四神皆一首三面形特詭怪左側作雙魚對向歧尾形下端作立人袖手形

一 廣五寸三分厚一寸七分字在端徑七分

元光三年

漢元光三年

潘氏瓴文

字在側長一尺一寸八分厚一寸六分一字一格歸安陸氏出烏程

甘露弍年八月潘氏

甘露紀年有五曹魏苻秦契丹皆與吳越地無涉吳孫晧即位之二年改元甘露明年四月即改寶鼎元年此埭二年八月晧不得仍以舊號繫年唯漢宣帝第六改元甘露凡四年存齋據此定爲西漢時物是也甘古老字作𡿪見夏竦古文四聲韻碑作同用古文而倒書之也别一甎同文異笵而書同作𠮛則陶氏之譌矣存齋謂潘氏磚出於吳興者頗多乃潘崇之後云

造署舍碑

高元尺一尺八寸七分廣二尺四寸八分七行行七字至八字不等字徑二三寸分書

河平四年造此署舍高闇内車堂八尺當承明月井涌豊泉用功千九百直□十三萬子孫富昌□以十月六日考成

丁酉冬得此石軸右下角有伯寅印章知由潘文勤家散出亟購存之軸端有東海廟碑四字檢歐趙洪諸家遺書俱不載此碑讀其文與廟碑不協俟再攷覈之

漢河平四年十月六日

潲

建初甎文

長一尺三寸廣五寸七分厚二寸八分側字橫徑一寸二三分兩端較大字兼篆隸藏予家

在右側

右在兩端姓與側字相向

在兩端姓向右

原拓本右在側文

余守汝甯四年訪遺金石不可得而敗垣時見古甎止有花飾粟布紋無字一日業瓦瀆者以此甎求售問何自來則洛陽販者攜至此非汝南物建初漢章帝年號是年八月改為元和元年此稱九年是八月以前所作也古以建初紀元者晉李特止一年後秦姚萇止八年惟西涼李暠亦有九年而此甎非出其地其為東漢遺文無疑側及上端兩初字皆難辯識下端獨顯

漢建初九年

初稿原拓作閱缺誤

陽三老石堂記

高一尺二寸廣五寸五分記三行高九寸廣一寸三分在石之左每行存二十二字至二十八字不等字徑三四分上端直題三字隸分書石出兗州今在京師工部郎中端方家

陽三老

延平元年十二月甲辰朔十□日石堂畢

成時太歲在丙午□魯北鄉侯缺下自思省

居鄉里無直不在朝廷又無經學志在共

養子道未反缺下慼切傷心晨夜哭泣恐身

不全朝半祠祭隨時進☐缺下

漢延平元年十二月

宋伯望立界石殘刻

高三尺六寸廣二尺九行行十三字至廿七字徑一寸五分至三寸不等分書在沂水

漢安三年二月戊辰朔三日甲午平莒男
平宋伯塱宋亻宋□□□□□東禺亭西
王□□田在縣界中□□□□十□作廬塱
田中之□□恐有當王道□白古有□□
□分□塱芔不知縣冝□叜有行事永和
二年四月中東安陳冝為即□氏相弟明
□□發□左塱□□立石書亭下小陽死
千佰上之東□□□徼五紀與莒

行

漢漢安三年二月三日

亭長孫君殘刻

高三尺三寸餘廣一尺四寸六行行字數不字大徑三寸小半之分書在沂水

□亭長孫君是□□□□□
□□首□□掾□□誐派徐□冒亍
□□曹□吳□長史□朔望□□
示發□上有□□□豪□□行車道千□
□□□□□□千□□□明□□□
□□□明□□行□侯□北東□

漢無年月三種

又殘刻二種

之一 高一尺七寸廣一尺二寸五行行字數等字大徑二寸小一寸餘分書在沂水

缺 □□□□□□□

缺 □ 在 丙丁畏□□□

□畏民□□□視□

缺是宜書闕

□猪畏□屬□發

銖

出更賦租銖不通

之二 高三尺八寸廣多處一尺八寸五分行行字不等字徑一寸六七分至三寸不等分書在沂水

漢

□□母

□沒□□□

□牽以千為畏千□東屬

宮道西□□流□東□明

□□以來畏 上平安□□有昌

異□□□□□車

石柱題字

斷柱存高无定尺二尺六寸餘八面存廣九寸餘一行十四字又一字一面廣六寸五分半行八字字徑二寸分書在京邸端方家

漢陽嘉元年十一月

□佐石廣三尺厚三尺長三尺三寸 茀闕下

陽嘉元年十一月省

末一字未詳石出洛陽不止此一刻也

不才敢缺補

本初瓶文

長一尺一寸廣 寸 分厚二寸側八字端三字
布滿闌中字在篆隸之間出烏程予家得二方

本初元年丙戌 造作則

漢本初元年

原拓本

漢質帝紀元本初在位祇一年見於金石者絕少此塼亦希有也本初二字不合篆法但元年丙戌惟本初有之而戌字又似古字大抵陶瓶土質易於失樸不比范金字當以意求之不得斤斤相繩也馮雲鵬石索塼出烏程之避村其地為漢李避亂之所近來長興之和平又發古冢獲本初塼甚多與避村同範蓋一家所為本作本初作歹戌作古當時匠人書也造作瓦馮氏雲鵬金石索釋為可又疑為奇馮氏登府浙江塼錄釋為造是也則字甚明顯塼錄釋為助蓋所見拓本則字不全也造作則與建光塼作是法義同陸心源千甓亭塼錄是塼先大夫歸田後始得之未及著錄則字斷缺据馮氏石索陸氏千甓亭圖釋補之以存全文

永壽瓶文

得半截字在端塼廣五寸四分右厚二寸
左殺三分宜都出土藏予家

永壽二年作

塼出湖北宜都錢模儒携贈

永壽殘石

石存上截又缺其右角下缺處亦自右斜上及左存高一尺六寸至一尺八寸不等廣二尺二寸上左右有雙綫重闌字可見者十五行行存字不等字徑五七分疏密不一分書在京師瑞方家

倉龍庚辰孟春之月甲戌
□公子□□爲論□□□□魯至於
□□□□□典牧九□□□之□刀
□□□□□歌誦更即□□罡
□□□□□□和二子□□□□□盆
□永壽元年各
□□□□郡太守
□□□□□□□□□□我□□□至
□□□□□□□□□得□□□□□□之
刻石作封上
之後
時 言 夫
初九出
宀 守 決

漢永壽元年

右碑凡十八九行可見者十五行下截已斷存者亦多磨滅每行上下皆有字而字數不復分明全碑約在四

五百字以外今所存可辨識者五十四字而已碑爲何人而作已不可曉以刻石作封語度之殆是墓碑弟六行有永壽元年字當是漢桓帝時立弟一行倉龍庚下泐一字就筆蹤審之與辰爲近永壽元年之前十五年歲直庚辰者爲順帝永和五年若從後推則爲獻帝建安五年也今姑次永壽元年俟再攷

龜茲左將軍劉平國刻石

摩崖高一尺四寸廣一尺八行行十二字至十六字高下長短疏密不等字徑廣一寸一分分書在庫車城西賽里木山

龜茲左將軍劉平國以七月□□日發家
從秦人孟伯山狄虎賁趙當卑夏□羌□
當卑程阿羌等六人共來□□□□□
□關八月一日始斵山石作孔□皆以堅
固萬歲人民喜長壽億年宜子孫永壽四
年八月甲戌朔十二日乙酉直建紀此東
烏累關城皆將軍所作也仇披

漢永壽四年八月十二日

此碑在今阿克蘇所屬賽里木東北二百里山上五年夏有軍人過其地見石壁露殘字漫漶不可識或以告余疑爲漢刻秋八月余請於節師張公命總兵王得魁知縣張廷楫具氈椎裹糧往拓之得點畫完具者九十餘字按文稱永壽四年八月永壽爲後漢桓帝年號後漢書桓帝紀凡年號六建和和平永興永壽延熹永康其稱永壽凡三年四年六月戊寅大赦天下改元延熹漢書龜茲國去長安七千四百八十里後漢都雒陽視長安較遠其時當未奉改元之詔故稱永壽四年耳云龜茲左將軍劉平國者龜茲有左右將左右都尉左右騎君左右力輔君左將軍

缺是否應作闕

即左將其下尊稱之非官號也云東烏累關城漢書烏累城都護治所在龜茲東三百五十里按温宿今阿克蘇姑墨今賽里木拜城龜茲今庫車賽里木至庫車百餘里今至刻石處二百里已越龜茲而東距烏累城不遠矣云京兆長安淯于某作此誦後漢雖都雒陽長安乃其舊都故仍稱京兆關外漢碑如燉煌太守裴岑沙南侯獲碑先後見於海内金石之錄兹碑至今始出豈非文字之顯晦固有其時與裴岑侯獲劉平國均於史傳無考而三碑略見事蹟吾意西域三十六國兩漢都校尉之所到必有紀功述事之作刻之荒崖邃谷雨淋日炙更千餘年而光氣不可磨滅者庶幾得盡拓以歸以補班范兩史之缺乎光緒八年十月 施補華澤雅堂文集

右漢龜茲左將軍劉平國刻石光緒二年克復新疆回城爲統兵部下所獲始有搨本流傳内地剝蝕極難辨讀其文義蓋當時治路記也案龜茲即今庫車地賽里木一作賽喇木即唐書地理志俱毗羅地烏累即今車爾楚地漢書西域傳作烏壘都護治所關作闗與始斲山石作孔之鑿字均省文直連紀屯即屯字劉平國史册無徵龜茲左將軍官名後漢班超傳已有龜茲王遣左將軍救莎車丈永壽止三年此作四年蓋改元延熹在是年六月塞外奉詔遲故耳月朔日干以後漢所用編訢四分術推之與史悉合絕域精拓罕得因亟鈎釋以餉同好武陵趙于密娫唵識 雙鈎本跋

龜茲置官有左右將施均甫謂左將軍即左將是也首行末一字似家家從秦人言其家之從者孟伯山等六人皆秦人也西域諸國終東漢之世叛服不常順帝陽嘉以後朝威稍損諸國驕放桓帝以來或殺長史或攻漢屯田益以陳慢而龜茲猶用漢正朔則羈縻未絕也永壽四年桓帝即位之十二年是年六月改元延熹此刻遠在絕域故八月尚稱永壽耳斷或即斲字直建紀

此趙君作直連紀屯非是據均甫跋是刻有京兆長安淯于某作此誦十字今所見拓本皆無此文

万

馬氏兄弟買山莂

甎長元延尺六寸八分廣四寸二分四如仰瓦五行行字字徑大者至七分不等右側一行字徑四分分書陽文集嶠藏

兄弟九人從山公買山一丘於五鳳里葬
父馬衛將直錢六十万即日交畢
建寧元年正月合莂大吉左冑私糸者當
律令
建寧元□中間剝落五六字□□此行在右側

右買山莂甎質堅細四弟得自杭州背平已琢爲硯其闌留有麻布紋歸以貽我按晉太康五年楊紹買冢地莂出山陰古冢中徐文長曰似買於神若今祀后土義非從人間買也陸白齋曰瓦券狀如破竹陶瓦爲之若古之竹簡然釋名莂別也大書中央破別之也即今市井合同古文爲公周禮爲別說文云別分解也廣韻爲莂分別也分契也又分竹也周禮天官小宰八成聽稱責以傅別鄭注爲大手書於一札中字別之一云傅別券書也顏篇爲莂兵廢切音肺券契也急就章云簡札檢署槧牘家槧與莂古蓋通用想當時契券多書在竹木之上故从竹从木錢潛研曰周禮小宰聽稱責以傅別鄭司農云傅別謂券書也傅傅著約束於文書別別爲兩兩家各得一也鄭康成云傅別謂爲大手書於一札中字別之傅別故書作傅辨鄭大夫讀爲符別辨與別聲相轉其義一也說文無莂字釋名莂別也大書中央中破別之也廣韻莂分契也莂種概移蒔也古者書契多以竹簡故傅別字或从竹隸變作莂與移蒔之莂相混釋氏書往往用記莂字亦取受記作符券之義云今此莂與楊紹莂體式相似惟彼爲雖畫白文此從模範印出陽文以趣爲異莂从竹不从艸正與以竹簡爲書契之誼合建甯漢靈帝紀元是又在楊紹莂百十餘年之前尤足寶貴衛將當是衛將軍子不名父故舉其官也後漢書百官志衛將軍次大將軍驃騎將軍車騎將軍下又有前後左右將軍馮晏海石索載漢瓦當文曰右將以爲即右將軍又疑不云將軍而云右將當是右中郎將署瓦以此觀之亦何必非右將軍乎

漢建甯元年正月

建安瓴文　殘缺存五寸廣一寸四分分書反文出島程

建安三年八月

處士城陽徐□等題名殘刻　縱存一尺弱廣七寸五行行𢒼字字徑一寸分書在濰縣陳氏

士城陽徐□

處士北海徽□公□

處士北海徐□□栝

處士東萊□熾文昌

處士　下俱磨滅　附箕

殘字二石　一形如卵存二字又半字一縱四寸廣五寸存三行行二字字徑一寸五分分書在濰縣陳氏

爵千□民

□邑　儀用

又一石　存石縱七寸餘廣五寸六分二行行三字方界格徑二寸一分字徑一寸四分分書

区

□滌

少昊氏

國為姓

雍州金石記載郃陽十八字殘碑碎石二其一十二字中有黃初五三字其一六字以行字大小疎密皆同定

為一碑關中金石記因之而王氏萃編錄此以上名題曰黃初殘碑蓋前一石二行行二字曰少昊曰國為與此本同文特少二字後未加跋故不詳所自黃小松小蓬萊閣金石目載十八字殘碑一條又別載四字殘碑一條文曰少昊曰國為謂與十八字十三字二殘碑似係一碑碎而為四也十三字殘碑萃編別錄未合為一今此殘石少昊國為平列雖與之同而下多二字特完善石在洛陽則又別一碑之殘字矣

太山石刻

石高一尺八寸廣八寸上下合完及半六行行九字至十一字字徑五分至一寸均不等分書在濰縣陳氏

太山□石黃神宗伯土府土
主□別主□移壄象居子
□礜畱者巳畱去者巳
者去東嶽□吕青石里
□□□青與祖□□角
二□什□□當肖□人

此刻文義難解似術家厭勝語疑雜諸墓中者殆地券或石敢當之類歟四行之首者字疑為衍文

漢末

議郎殘石

上下斜斷存斜扁方元延尺高一尺八分廣二尺三寸十行行字不一篆書在京師端午橋家

□□
□□□
□五□□
蘭臺□史
議郎秦七
十五丁酉□
介大司經□
所拜狐□

漢末

貝貳帘玫□
名

右殘石上下斜斷缺不知幾字以蘭臺□史及議郎等字攷之漢書百官公卿表御史中丞在殿中蘭臺掌圖籍祕書是為宮掖近臣至哀帝時中丞出居外臺故御史臺亦謂之蘭臺寺見謝維新合璧事類魏略載薛夏之言曰蘭臺為外臺祕書為內閣是也魏蘭臺遣二御史居殿中伺察非法此為晉置殿中侍御史之始武帝泰始九年省并蘭臺置符節御史掌其事俱見晉書職官志而志不復載蘭臺名疑當時已廢然魏書官氏志云天興四

年罷外蘭臺御史總屬内省按拓跋氏官號多沿晉舊
是魏晉間固有蘭臺御史官矣范志蘭臺令史六百石
屬少府注掌奏及印工文書又楊賜傳賜卒及葬使侍
御史持節送喪蘭臺令史十人等送至舊塋据此則臺
下劶字當是令字始觀之形亦差似諦審則左旁似作
夕與御字較近特中歪字上半尚合而下似作几右又
漫滅不可見未敢遽定姑闕之議郎范志云六百石屬
光祿勳晉以後官志皆不載三國魏志諸列傳拜議郎
惟給事中下見又按金石錄目載有晉議郎陳先生碑則晉亦有
者屢見典午則罕見此石爲漢魏間人墓碣可知也史
是官也以篆法論之當是
作史

墓石殘字
存高一尺四寸廣七寸八分五行
行六字字徑一寸四分分書

□三□□□
寬以濟猛寅用
□理帝族昭穆□
事遭離薰疾丰□
□需榫加以□□

附漢

君車畫象題字

石高漢尺三尺六寸五分廣五尺三寸二分上空一尺一寸餘中下畫象二層各高一尺二寸餘右下角斜闕中層題牓三下層題牓二皆自左而右字徑一寸五分至二寸不等分書在濰縣陳氏

君車

鈴下

門下小史

門下書佐 右在中層

主簿 右在下層

漢末

右漢石畫象濰縣陳壽卿得之近年出土上有方四左右斜削無隅中層一人乘車一人執轡作疾驅狀牓曰君車三騎隨行一牓曰鈴下一牓曰門下小史一闕下層左邊有樹亦乘馬者三人一牓曰門下書佐一有牓無字一牓曰主簿右為樹樹右斜斷車馬皆向左

簿是否薄字誤抑古本作簿

鈎騎等畫象題字

元延尺高二尺七寸八分廣二尺五寸弱畫象三層上層題牓一中層二字徑七分分書

鈎騎四人 在上層乘馬二人左向牓介其間

騎倉頭

輜車 兩牓在第二層乘馬一人左向前有帷車蓋字字作旐猶形一牓在馬右一在車左

下層無字剜蝕蝕字文

畫象石刪題字

漢末

平面縱三尺四寸五分橫三尺六寸七分畫方闌二重闌內凡二幅上有重屋幅外小樹各一刪厚五寸題字在上刪近右角右向字徑二寸分書

更錢

魚鷺畫象

石高漢尺三尺一寸左右斜斷存廣三尺四寸

石不知何在無題字上有華闌與各畫象同闌下右為鷺引頸逐魚狀左為魚皆向左他石象狀物形並凸起此惟鷂白綫雙鈎成形漢石中尚罕見

蜀漢

建興甎文 存半截五寸八分厚一寸四分分書藏予家

建興五年八月己酉

按吳侯官侯成李雄俱以建興紀元皆止二年晉愍帝改元建興四年十一月降於劉聰（聰）五年琅邪王睿起江左稱晉王承制改元建武事在三月不應八月猶稱舊（舊）號至後燕慕容垂前涼（涼）張寔（寔）辭在遐陬此塼雖未詳出土所在然決非由兩姓所踞地得來也惟蜀漢後主改元建興歷十五年其五年當魏明（明）帝太和元年塼其是蜀漢年所造歟以隸法審之殆非東晉以後人手筆

吳

黃龍甎文五 出烏程

一 字在端廣五寸厚一寸五分分書反文

黃龍二年

一 長一尺一寸六分厚一寸九分字在側之下半正書

黃龍二年

一 長一尺四分廣四寸八分厚一寸五分分書

萬歲 二篆書長居側之半　黃龍三年 在側　吳家冢 在端下

一 字在端廣五寸五分厚一寸六分正書

黃龍三年

吳黃龍二年以下

一 上闕

黃龍三年

千甓亭塼錄載黃龍塼五以元年七月廿日元年太歲壬寅二塼為漢宣帝時所造以黃龍元年下斷者黃龍二年八月廿日者及三年吳家冢塼為吳大帝時所造分所得五種惟吳家冢塼存齋亦得之餘俱未錄蓋出土在存齋採購之後矣其所錄四塼我亦未得

嘉禾甎文 出烏程

長一尺一寸二分廣四寸八分厚一寸二分分書

嘉禾七年七月造 在側　大吉祥 在端上

赤烏甎文二

一 存上半截四寸八分廣五寸餘厚一寸六分分書

赤□元年八月十下斷此為甎側　□□下闕此在上端

塼文殘缺其端所存二字似氏似富未可肊定

一 廣五寸三分側存長四寸四分厚一寸四分分書反文

赤烏甪五在端　錢氏冢二千□在側下斷

甪字不可識疑為八年二字年作季其模誤加左右二豎而損中豎之少半筆耳千下似是石字

太平甎文

字在端廣五寸五分上下花闌各占寸餘厚二寸一分分書

太平元年

此與補正所錄體式悉同而較狹

永安甎文三出烏程

一 長一尺有餘厚一寸五分分書在側反文

永安六年八月十日

塼質酥蝕存齋錄此字體結構俱同而右側有大中番君作六文七字下端有石冰起□四字皆反文此塼無之

一 長一尺有奇廣五寸厚一寸一分分書

永安三年九月十五日作孝者在側　富貴二者萬安在下端

二

不寸救缺補

此塼亦出湖州而存齋塼錄不載

一 長存八寸五分厚一寸七分分書

永安五年八月□□

存齋所錄八月下亦斷缺

甘露甎文

一 長一尺一寸　分廣　寸　分厚一寸　分字在側及下端分書

甘露二年胡公輔立墓宜子孫壽万年在側　胡世子宜万年在下端

三國吳志胡綜汝南固始人後封侯古者五等之爵子孫　三

皆稱世子或綜子孫所造亦未可知千甓亭古甎圖釋

是甎崇明施烈先贈其尊人礪卿觀察得自湖州者也

公輔為胡之名與字與不可攷存齋謂公輔猶公侯公卿殆非

寶鼎甎文二

一 字在側上下各缺一字存長九寸四分厚一寸五分篆書

寶鼎三年吳興烏程所立靈穴

按寶鼎元年分吳郡之陽羨永安餘杭臨水烏程丹陽郡之故鄣安吉原鄉於潛為吳興郡治烏程見三國吳志說文穴土室也易需卦注穴陰之路也詩黃鳥臨其穴鄭箋

冢壙中也以冢爲穴其義甚古風俗通靈者神也大戴禮曾子天圓篇陽之精氣曰神陰之精氣曰靈此靈之義也隸釋王稚子闕刻曰漢故先靈侍御史河內縣令王君稚子之闕後漢書張奐傳朝隕夕下措屍靈牀姚興載記梁國兒于平涼作壽冢每將妻妾入冢飲讌升靈床而歌曰靈穴曰靈床曰先靈之闕辭異而意同也千甓亭塼錄

寶鼎四年八月蔡造

一長九寸七分厚一寸四分分書出武康

鳳皇甎文三

一斷磚合兩半僅前之乃得全文長一尺有奇厚一寸二分一字一格篆書出烏程

鳳皇元年九月范氏誥

一長存七寸七分厚一寸四分分書在側

鳳皇二年

一殘塼端廣四寸八分側存上截三寸五分厚一寸五分分書出嵊縣

番中正神堂在端　鳳皇三下缺在側

番即潘之省

天璽甎文三

一長一尺九分厚一寸四分每四字界一滿格正書帶隸體出長興

天璽元年太歲在丙申荀氏造

陸剛甫圖釋載荀氏磚三種文悉與此同其二下端皆有八月興巧四字其一兩端無字兩側乃反文

天璽元年太歲在丙申九月作此甓

一長一尺一寸厚一寸七分分書

天字上有錢幕一甓字下作㊣一甓甓之跋

一字在端廣五寸五分厚一寸八分分書

天璽元年辛丑作

按天璽元年太歲丙申此塼辛丑云者紀月建非歲建蓋是年十二月正值辛丑也然古人識歲月未有此例或仍爲陶氏之舛歟

天紀甎文七

一長一尺六分廣四寸八分厚一寸四分篆書

天紀元年太歲丁酉荀丹楊氏作在側

萬歲永毀在上端

荀氏磚一字一格下五字雙行有直界綫氏作二字疊一格余家所得作字已蝕據陸氏圖釋補之丹楊漢郡治宛陵元封二年析秣陵置丹楊縣以山多赤柳故名在今江甯上元治其潤州之丹陽乃唐天寶初置非漢晉以來之丹楊也此磚字从木與瘞鶴銘同按古丹楊字無有作揚陽者自五代以後傳寫沿譌或从手或从

卑久之復執習見之誤文改古本之正字而楊之本字遂湮檢近所刊行諸史惟（晉）晉書地理志丹陽郡丹楊宋書州郡志丹陽尹丹楊令尚作楊唐志淮南道楊州（按楊州古亦作楊其从手者皆後人竄改王高郵讀書雜志辨證綦詳）有丹楊監錢官亦作楊乃古字之勵存者錄此亦足為古本作楊之一證餘見萃編瘞鶴銘後跋

天紀二年八月（闕下）

一（字在側存上截五寸三分厚一寸二分分書反文）

天紀二年太歲在戊戌

一（字在側長一尺一寸三分廣四寸三分厚一寸五分分書出烏程郭西灣）

天紀二年（在上端）

一（長一尺一寸廣五寸厚一寸七分分書）

鯉魚（下端亦作一魚字在首尾分列）　大方（側作雙魚相對字在兩尾上下各一）

碑兩平面作蕉葉文各列古錢四

天紀二年

一（字在端廣四寸厚二寸一分分書）

天紀三年太歲己亥閏月十七日□□

一（長一尺一分廣四寸六分厚一寸五分分書反文）

天紀三年

一（在端廣六寸厚二寸分書）

六

標目下應注篆書二篆隸一分書十四

晉一

太康甎文十七

一（長九寸五分厚一寸三分篆書）

太康二年九月八日童士康造

月字造字反文造存齋作法非此碑末一字雖蝕損而其為造字無疑也別有一碑側文結體悉同惟月曰二字少異存齋所錄下端有分書太康二年歲在丑反文七字則未之見

一（長一尺八分厚一寸五分篆書）

太康三年太歲辛丑（晉太康二年）　陳長所□（在端）

太康三年太歲在壬寅七月廿二日作此璧主性紀

一（長一尺二寸五分厚一寸七分分書）

碑多斷折合三半截乃得全文姓作性周訓通段白虎通姓名姓者生也人稟天氣所以生者也曲禮納女於天子曰備百姓注姓之言生也論語夫子之言性與天道皇疏性生也禮樂記則性命不同矣注性之言生也此同訓之證也周語不亦嬪姓矣乎賈唐二君注姓命也以性為姓與以性為姓皆通段也在造碑者未必喻此而不可遽斥為誤也

一（長一尺二寸二分厚一寸五分分書）

太康三年太歲在壬寅八月十三日作甓主性朱
一 長存九寸七分廣四寸六分分書反文厚一寸三分出烏程
太康三年作辟萬 約闕一字 太平歲 在上端
千甓亭圖釋載管氏磚側文曰太康三年七月造萬歲
出烏程此磚萬下所缺當亦是歲字此磚亦見圖釋僅
存上半截四字及上端三字
在端二字應注磚文下
一 在端廣五寸六分厚一寸九分分書
太康三年
一 斷存五寸六分厚二寸分書反文
⊗大康三年 缺下
二
一 兩半截合計原甎長一尺一寸五分厚一寸二分分書
大康四年[ ]歲在癸卯九月十日作此辟
一 上缺存長七寸七分厚一寸四分分書出烏程
太康七季丙午歲壯季承父
據陸剛甫圖釋補三字剛甫云郎爲吳興著姓
一 長九寸八分廣四寸五分厚一寸三分分書出烏程
大康八年七月廿日僕家 反文在側 僕家 在下端字大倍於側徑一寸四五分
通志氏族略吳興有僕氏望
一 長一尺三分厚一寸五分分書出石門
太康八年太歲丁未七月制

一 長一尺九分廣四寸五分厚一寸五分分書
大康九年八月廿日造 今泐在側 爲歲不嘏 在下端嘏字半泐
一 斷缺存七寸八分厚一寸七分分書
大康九年八月
一 長一尺八分厚一寸八分分書出烏程
大康十年七月十日陳寶士直
士下界格存齋以士字中豎縱 徹 有貫下痕釋作主非也
古人書主字無以丶連貫中豎者亦無上畫長中畫短
者而甎文界格隨意率加則恆有之也又按士古文作
士即謂中豎貫下仍釋爲士亦合存齋釋宜字謂與博
三
山鎧雙魚洗之富貴昌宜同此 此 說良是
一 長九寸三分廣五寸厚一寸四分分書反文
太康十年八月一日作 闕 □□作用
一 斷存五寸五分廣五寸三分厚一寸四分分書
此條須一觀原磚再定
太康 在側上空二寸餘字較兩端大下斷不知有文無文
九月十日孫子錢[ ] □太□在丁卯所作 並在端
孫孤之變太康四年直癸卯八年直丁未十一年改元
太熙是年武帝崩甎言歲在丁卯作蓋誤
一 長一尺廣五寸厚一寸六分字無篆缺一字一格
萬祀□貶 在側 太康 在端

房宣墓誌

方一尺六寸二分八行行七字字徑一寸六分分書在京師端方家

晉故使持節都督青徐諸軍事征東將軍

軍司關中侯房府君之墓君諱宣字子宣

和明人也璜君之子夫人王氏　大

康三年二月六日

房宣及其父璜皆無攷和明地志不載

晉太康三年二月六日

二石兩字可刪

安邱長王君神道碣二石

高一尺二寸廣一尺五寸八分四行行五字界格長徑三寸六分篆書末一行十一字字徑一寸分書

晉故安丘長城陽王君墓神道

大康五年歲在甲辰安壬立

晉太康五年

永熙瓴文
存半截長五寸四分廣五寸二分厚一寸六分分書反文出烏程
永熙[二]年[?]月六日在端
雲字兩頭宜改正否
團[?]䨺在側其上為華飾之下截
雲字亦近於華飾存齋釋為雲謂雲䳌是人姓名黃帝以雲紀官出縉雲氏之後見姓氏急就篇注
擦目下是否欲從分書有篆体ㄙ二條俱分書
元康瓴文十八
一長一尺二寸九分廣五寸五分厚一寸三分分書出長興
元康元年六月廿七日陣鍾紀作富貴宜子紓與
宣城廣德施家作七字在碑背大徑寸餘
此磚得二枚側文同范陣即陳字背文一空其上一空空一其下匠人自以錐畫於范者宣城二字磨蝕尚可辨晋書地理志宣城統縣有廣德
一斷存四寸四分廣四寸六分分書
元康元在側下缺　萬年不敗在端
一斷存五寸四分厚一寸五分分書反文
元康二年十
一長一尺一分厚一寸五分分書出烏程
元康二歲在子鈕氏造
鈕為吳興著姓嘉泰吳興志引王儉姓苑有鈕瑒字彥真晋察孝廉後封臨水侯允字元嗣中散大夫新昌太守東遷侯此鈕氏或其族歟千甓亭古磚圖釋
一長存一尺七分厚一寸三分分書
元康三年六月廿七日陳鍾紀作富貴宜孫子
末缺三字據陸氏圖釋補之
一長一尺二寸八分廣五寸二分厚一寸六分側字二行有直格上端一行背亦有字特大分書
元康三年六月廿七日孝子中郎陳鍾紀作宜子孫位至高遷累世萬年相禪下作魚形
元康三年六月陳鍾在上端中有直格字跨其上
宣成廣德施家口在背
此塼出土頗多同范悉同端與背文有互異者字小而二結搆頗精頗以坯䴡造作尤率文為之隱余家所得首行差可辨認次行留有筆蹤者三四字而已千甓亭圖釋列二磚一亦殘剝不盡顯一則字皆可識存齋是冊以拓本用西法映度上石而墨印之與原文無毫釐之殊非若影摹鋟版揣或就近似意為足成不盡可恃也故所補瓴據之謂足以傳信云爾
一長九寸五分厚一寸二分分書出烏程
元康三年七月十五日姓下泐一字
一長一尺二分厚一寸六分分書反文
存齋釋姓作赳非起

元康三年九月錢□制

一長一尺二寸二分廣五寸五分厚二寸側首一字大吉居中以下分爲二行行十八字有直格下端七字分書出長興

晉此字大書居中

元康六年太歲丙辰楊州吳興

長城湖陵鄉真定里施晞年卅先君之冢

八月十日制作甓埒

施晞先君冢房在下端

文半就磨蝕陸氏圖釋載三枚其一與是磚同而字明顯其一上端亦有字二行元康六年大歲丙辰八月十日四小字補在二行之間施晞毒制作先君冢餘悉同施字點畫皆具吳興郡屬楊州其領縣有長城與晉書地理志合

三

磚出長興在晉爲長城也埒與郭同施晞下存齋讀爲年世二字釋爲施晞之字竊疑施晞年三十而殁世即古三十字蓋紀享年之數也揚州从木作楊知其時尚無有作揚者王高郵讀書雜志謂自張參五經文字以從木爲非而唐石經遂從手考其援据古槧本及漢魏碑以證經傳三史揚州字从手者爲後人改寫精塙無疑是磚出土不早不爲懷祖先生所引得與漢魏豐碑並證經傳之文以見重於世吾爲是磚惜爰亟表之以見千餘年前之斷瓦零磚其可貴如此

一廣五寸四分厚一寸九分分書在兩端

元康六年施家下端文同字體少異

一長一尺一寸四分厚一寸八分分書

元康六年丙辰歲黃氏造作吉冢

一長一尺一寸五分厚一寸五分分書

元康六年冢主姓黃大吉

此磚凡三一康元冢黃字小異一夷黃字小異冢字下有泉幕一元上吉下飾以日輪橫綫隔之輪作㊉者狀晶光閃爍旋轉之意丙辰磚同

一長九寸五分厚一寸四分分書

同元康八年六月廿六日王頭作

四

首一字少有剝落似同然不可解陸氏圖釋亦作同也末三字陸氏釋爲王頭作

元康八年□月卅日孫子范□

一長一尺一寸厚一寸三分分書每二字一格

元康八年□□斷下

一下斷存六寸厚二寸分書兼反文

一長一尺下角缺廣四寸八分厚二寸一字一格分書出烏程

元康四年包在側

薰羊在端

一長九寸八分廣四寸九分厚一寸七分一字一格分書有篆體出烏程

元康在端

圖飾在側之下截其上爲華飾

此磚之側華飾字畫悉與永熙磚同蓋用舊模造者

元康 在端

一 長九寸四分廣四寸五分厚一寸六分一字一格分書有表灉出爲程

萬祀承賢 在側

永康甎文二

一 長一尺一寸五分厚二寸分書出長興

永康元年七月廿日陳布

一 長一尺廣五寸厚一寸五分分書反文出爲程

永康元年太歲在庚申所作 在側

屠承所作 在下端

永甯甎文十 俱分書

一 長存八寸七分厚二寸下缺一字分書

永寧元年七月十八日 下缺

陸氏圖釋錄二種文同而結體皆小異日下有作字下端有太歲在辛酉五字此磚無之

一 下斷存六寸三分厚一寸七分分書反文

永寧元年七月十二 下斷

一 長存九寸三分厚一寸五分分書

永甯元年七月甲申朔□□ 下缺

一 上半截存四寸五分厚一寸四分分書

永寧元年八 下斷

一 長九寸八分厚一寸七分分書每二字有界綫橫格

五

永寧元年九月

一 長一尺五分厚一寸六分分書反文

永寧元年李瑞作大冢

一 長一尺八分厚一寸五分每二字一界格分書出爲程

永寧元年孝子陳南

陸氏圖釋作與南兮審爲陳字

一 存長四寸厚一寸五分分書在側

永寧元 下斷

一 上下殘缺存四寸二分厚一寸八分分書在側

闕 晉二年八 下缺

一 存二字長五寸二分厚一寸六分分書反文

永寧

太安甎文

一 下斷存六寸厚一寸六分分書出爲程

晉太安二年歲在癸亥旅氏貴壽宜孫巽

下五字及下端四字據陸氏圖釋補之以存全文巽古子字

永安甎文

一 下斷存六寸八分厚一寸九分分書

永安元年太歲在甲子七月 下缺

六

晉永興塼文据至宋謝靈運詩刻止為一卷 計七百十四行 卅八頁

晉二

永興甎文二

一長一尺六分厚一寸六分分書反文

永興二年八月乙丑朔廿日俞家

一字在端廣五寸二分厚一寸七分分書反文出烏程

在端二字似宜注數文下者醒目

永興三年作

陸氏圖釋載管氏甎其上端五字與此同范下端有管眡字士□此碑下半已斷

標目下應並双注 分書十 正書二

永嘉甎文十二

一下斷存五寸廣五寸二分厚一寸六分分書出烏程

永嘉元年 在端

歲在丁卯八月一日己卯功 在側 七

據陸氏圖釋補七字

一長一尺六分厚一寸八分分書反文

永加元年八月十日□作□

一存上截四寸九分廣五寸厚一寸五分分書

永嘉天年八月十日功 左側

吳興烏程俞前又美 右側

俞道初 上端

治作之 下端

右殘碑僅存右側四字上端三字餘据陸剛甫圖釋旁書補之

一長一尺字一寸六分分書出烏程

永嘉二年大歲在戊辰八月廿日立工

一長九寸七分厚一寸四分分書出烏程

永嘉二年八月卅日立功

一字在端廣五寸三分厚一寸八分分書反文

泐嘉五年王琳所造

下端作二人並坐形

一長一尺三寸廣四寸五分厚一寸六分分書出烏程

永嘉六年七月卅日 在側

王工 在端

一存五寸五分厚一寸九分分書

永嘉六年大貞在甲子十□月造

永嘉六年大貞□子十二月造

二碑形質字體略同一貞下在甲二字完善一貞下泐一字首筆𠃊猶存當是在字此字之下不復可容甲字是少一字也大貞取義未詳按說文貞卜問也从卜貝以為贄爾雅釋詁貞正也周禮大卜凡國大貞鄭司農云貞問也康成謂貞之為問問於正者必先正之乃從問焉天府以貞來歲之媺惡注問事之正曰貞此不可作太歲解又按書洛誥我二人共貞馬注當也廣雅釋詁三貞當也亦不可引以釋此文又永嘉六年歲在壬申亦不直甲子碑文云云存俟再攷

一 下斷存六寸厚一寸八分分書

永嘉六季

一 下斷側存四寸七分廣四寸四分厚一寸六分分書

永嘉七年 下缺在側　王 在端

此與六年磚有王字者略同當亦烏程出土

建興甎文八 俱分書

一 長一尺一寸三分廣四寸八分厚一寸五分分書反文出烏程

建興二年 在端

太歲在甲戌八月十七作 在右側

羅燕創立功夫也 在兩側

一 存長七寸七分厚一寸四分分書

建興三年八月十 下缺

一 長一尺九分廣五寸四分厚一寸八分分書出長興

建興三年大歲在乙亥孫氏造 在側

傳世富貴 上端　萬歲不敗 下端

馮氏石索載此殘磚斷為吳孫亮時造以未見大歲在乙亥字耳

一 長存下截六寸七分廣五寸二分厚一寸七分分書出長興

缺 歲在乙亥孫氏造 在側

千甓亭圖釋載此全文與前甎同此缺建興三年大五

字下端界錢為三格中列錢文曰大泉五日以日為百誤文也左右列錢幕各一馮晏海以吳大帝始鑄大泉五百錢文定為孫亮時造亦因止見在下六字耳

一 長一尺一寸廣五寸三分厚一寸八分分書出長興

八月壬戌朔廿日辛巳孫氏作 在側

可久長 上端　永未英 下端

存齋以磚同出長興李家巷皆孫氏所作故亦屬之建興觀此磚形質字體與前二磚如出一手其為同時所燒無疑一紀其年一紀月日也石索列漢非

一 下斷存四寸一分厚一寸七分分書反文

□興四年大止 下缺

興上建字少半猶存

一 下斷存五寸四分厚一寸四分分書反文

建興四年 下缺

字多殘蝕

一 斷存四寸一分厚一寸四分分書反文

建興 下缺

千甓亭所載建興四年磚文凡七皆與此三磚結體少異

改興甎文五

標目下要另分注 分書二 正書一

大興甎文三

一 存長六寸厚一寸八分分書反文

大興元年八月廿四 下缺

一 存長五寸五分厚一寸八分正書

大吳二年八月 下缺

一 長一尺厚一寸六分分書出烏程

大興四季吳寧送故吏民作

永昌甎文三

一 長一尺一寸二分厚一寸六分分書反文

永昌元年八月廿日范氏造作▢

一 長一尺六分厚一寸五分分書反文出烏程

永昌元年九月廿二日睾伯作

睾即皋磚文無水旁存齋釋為澤非也按東觀漢紀馬援上書言成皋令皋字為白下羊丞印四下羊尉印白下人人下羊即一縣長吏印文不同此磚作睾亦四下白下類耳漢范鎮碑綜睾陶甫侯之遺風韓勑碑陰河南成睾唐公房碑超浮雲兮翱▢皆如此作

永昌元年 下缺

一 長存四寸八分厚一寸七分分書反文

大甯甎文三

一 長一尺二分廣四寸六分厚一寸四分字在楊款之側出烏程

大寧元年七月丙子朔廿 在側

董 在端

十一

標目下另分注 分書八 正書三

一 存長五寸八分厚一寸六分分書反文

大寧三年八月 下缺

一 存長七寸廣五寸厚一寸六分一字一格分書出烏程

泰寧三年八 下缺 在側

十月廿日路 在端

咸和甎文十一

一 下斷存五寸三分廣四寸三分厚一寸六分分書出烏程

咸和天年 八月六日作

王尚造 在上端　太歲在丙戌

據千甓亭補側五字並下端五字

一 長一尺一寸五分厚一寸四分左側減二分分書

咸和元年太歲（反文）丙戌八月十日秉氏▢

寬　番

左側歲獨為反文氏下留腊數筆當是反書造字右側中列泉幕一兩蜥蜴對之上一寬字下一字半泐似畨

畨字宜偏

一 長一尺四分厚一寸九分分書

咸和天年八月▢

一 存長四寸六分廣四寸厚一寸六分分書

咸和元年 在側　王 在端

一 長一尺五分厚一寸三分分書

咸和二年九月十日立

十二

一存長四寸九分厚一寸五分正書反文兩側文同體異

咸和四年八月十缺下

一存長五寸六分厚一寸八分正書反文

咸□四年八月廿三日作

一長一尺三分厚一寸六分分書反文

咸和五年九月七日作歲在寅

是年歲建庚寅

一長一尺一寸廣半之厚一寸七分分書

咸和六年八月三日造作也在側

土作甚用□宜□息在側

寬者八百枚在上端　宜壬子侯孫在下端

此磚識年月日下一磚識歲建姓名蓋同壙物也側文不可曉下端第二字既王之變體或釋作天於義未安

一長九寸八分廣五寸二分厚一寸五分分書

大歲辛卯劉詠塼在側每字以乂間之

土作甚用豸宜□息在右側

寬者八百枚　宜壬子□□在兩端

一長一尺厚一寸五分分書

咸和六年十月十五日立

咸康甎文四俱分書

十三

一長一尺八分廣五寸三分厚一寸八分分書

咸康六年八月十日方

兩端作魚形右側作人形蛇尾其空處有侯字閒二寸許有□百字與侯字對向

一長九寸九分厚一寸四分分書出島程閔文與治凡三

咸康七年八月卅作

一長九寸四分廣一寸五分分書出島程

咸康八年七月卅管作

一存長四寸七分厚一寸六分分書

咸康八年八缺下

建元甎文三

一存三寸廣厚一寸七分分書

建元元□缺下

一存四寸二分一寸八分分書

建文二年缺下

一存五寸四分厚一寸七分分書

建元二年盧□缺下

永和甎文二

一長九寸九分廣四寸四分厚一寸五分正書反文

永和三年八月六日作茂　茂在端

十四

一長一尺二分厚一寸六分正書

晉永和五年二月太歲在己酉作

十五

初稿君字處仍之未刪去又盼下仍又二此處祇一

太尉司馬某君殘碑并陰 上下左右皆缺存高一尺五寸八分廣一尺有奇存字十行行十五六字字徑八分分書

前闕

闕其先感靈嫣□□女亨爰土帝氏□闕下

闕爲稱孝齋尉貞庚肅勳著世有子五闕下

闕能稽皇極以蔭載順三辰以輿光□闕下

闕□裕自登朝史□□□□□□□□

□闕下闕□擧秀才文行□□□□□始□

□禮樂闕下闕□御史□抗王□式宣帝命

世祖歎曰□闕下闕大尉司馬軍還榮勳君

有謀□□□□□闕下闕□及王路開泰乃

振揚高□□□□□□闕下闕□弓禁衛仁

澤洽乎二營暨方境有難君闕下闕秦雍汾

□晝吏綏延自嬰舊至者□闕下

碑陰 存題名三列又上一列之下半每列存十六行行六字字徑五分分書

闕□正言　故吏闕下

闕□李豹　故吏大原許潘

闕□和遜　故吏大原郭乏

闕□王邦　故吏大原白苗

李述　故吏大原王光
司徒遵　故吏大原郝乂
李徽　故吏大原薄曾
關亢　故吏大原胡敏
張誕　故吏大原趙瞻
□權　故吏大原郭敦
□遠　故吏大原龐綝
張條　故吏大原温闡
宋貢　故吏大原郭徽
郭脩　故吏大原傅弘

尹邃　故吏大原孟休
□欽　故吏大原靳啓
右列一　右列二
闕大原靳深　故□闕
故吏大原郭迪　故吏大原張□
故吏大原李壽　故吏大□□□
故吏大原馬嘉　故吏□□□□
故吏大原異逸　故吏大原李三
故吏大原董令　故吏大原栗弘
故吏大原楊邏　故吏大原董□

故吏大原李曾　故吏大原巨立
故吏大原耿升　故吏大原荊湛
故吏大原劉京　故吏大原季逸
故吏大原侯暠　故吏大原張春
故吏大原徐胡　故吏大原郝邑
故吏大原王殷　故吏大原藥保
故吏大原郭默　故吏大原侯產
故吏大原常雄　故吏大原王營
故吏大原令狐乾　故吏大原張□
右列三　右列四

碑殘闕不見名氏年代亦未詳拓本未從何路碑陰列故吏四十餘人皆稱太原其即石出土處歟題名中有以郡名者以縣名者知其前不在漢後不在唐隸法稍近楷蓋魏晉人手筆也厥考衛尉員侯其官其謚史無所合之人餘吏無可据以考其世者姑次西晉以衛尉官至江左而省也

明威將軍侯君碑

拓本高二尺四寸廣八寸五分篆文一行九字字徑三寸題名年月分書字徑七分

晉明威將軍侯君之碑

南陽郡領縣卅戶

宋偉成

馮晞

南陽郡領縣卅戶　部曲將廿人

宋偉成　張子玉　叅戰二人

馮晞　　齊建

晉永和十一年四月

永和乙卯四月刊石　在碑字下篆文君之二字之左

是本葉鞠裳得於廠肆石不知何在前人未經道及篆隸均佳因借摹之

升平甎文

長九寸七分厚一寸六分正書反文出烏程

升平三年八月十三日范詔作

蔣銓捨井闌題字

搨本二紙一高一尺一寸七分廣二尺為前四行一高一尺廣四寸為後一行字徑三寸餘至二寸餘不等正書在江甯三山門外普惠寺

大唐　此近人所加

泰和元年

蔣銓

喜捨

三月吉日

右井闌題字中二行曰蔣銓喜捨左右各一行曰泰和元年曰三月吉日陳氏宗彝云嘉慶二十四年江甯府三山門外普惠寺僧掘地得之曹叡晉廢帝魏高祖後趙石勒漢李勢皆號太和唐文宗吳楊溥皆號大和大太泰通用此不知何代物金氏鰲云此楊吳也據此則二君所見原本固無大唐二字矣續江甯府志云大唐二字舊拓本遺之精拓乃顯定為文宗時物按大太泰古雖通用而施諸年號者惟晉立吳陸禕碑書太甯為泰甯見集古錄目又余所錄太甯年甎作大者三作泰

者一孝武太元年甎作大者一作泰者二知晉以前六書通假人人知之習用爲常雖本朝年號别寫弗怪也至於六朝則已罕見隋唐以後判别致詳宋大明梁大通大同西魏大統隋大業唐大足大厤大中古刻流傳皆尚不少何嘗有作太作泰者𢦏唐文宗紀元大和版本諸書皆作太而所見文宗朝碑刻五十餘通並作大獨李晟碑作太盧𢪛經以爲後人妄加一點辨説綦詳其不當有作泰之刻可知也余以爲大唐二字乃後之好事者爲之否則方寸以内之字或須精拓乃顯二字白文各徑三寸餘無不顯之理陳金二君何以不得見耶石刻蔣銓喜捨四字有方闌一綫圍之泰和元年四字長闌圍之三月吉日四字亦然大唐二字獨無圍闌字既較大筆法亦(又)少殊第以此論亦足爲加刻之證非原本所有矣然則石將焉屬乎金章宗紀元泰和不得行於建(康)可置勿論以余度之則晉海西公之太和也晉書海西公改元太和從古無有異説顧　先大夫補正載嘉定瞿氏陽湖吕氏所藏甎文及别得二種皆作泰錢塘何夢華得於皋亭山之泰和甎嘉興張氏兆栻所藏泰和甎阮文達(定)爲晉物者無不作泰　焯録甎文三種觀惟一作太餘亦作泰所見凡九而泰居其八則謂海西公本號泰和史書傳寫誤太猶之唐文宗本號大和而誤作太何不可𢦏即不然執晉代諸刻太泰通用之例證此石爲晉物則固信而有徵矣今次於此俟博雅者質焉

字下已見前太和正書二行　本書一

泰和甎文三

一長一尺四分厚一寸八分正書

泰和三年九月二日黄生作

一長九寸七分厚一寸四寸四分分書反文出長興

泰和四年七月廿九日起公

公與功通右側八字漫漶難辨陸存齋釋第三字爲與七爲莫餘亦闕之

晉廿年以下

一長作九寸厚一寸七分正書上半花飾字在下截

太和四年八民

甯康甎文二

一長一尺厚一寸五分頗篆文

細一字

康三年八月廿日造作□

下三字不可强釋康上地位甚短宜非甯字擬以太字元字庶幾近之然不敢臆定附典午紀年稱康之最後者

一在端廣四寸四分厚一寸三分正書反文出烏程

寧康三年朱造

在端二字宜注甎文下

又初稿造字有墨圈此字

字疑似臥一抉

正書四　正書兼分書一　分書四

太元甎文九

一　存長四寸八分厚一寸六分正書反文

泰元元年八月缺下

一　長一尺二寸分厚一寸六分分書出烏程

泰元四年八月廿日市包喜作

一　長一尺一寸四分厚一寸八分正書

太元四年八月袁子任忌作寬

一　同上反文

□元四年八月袁子任忌作方

寬方二字屢見甎文按說文寬屋寬大也此與甎任忌所二作自稱袁子其為營壙可知命之曰寬殆亦如明堂玄堂之類歟漢書張湯傳治方中孟康注方中陵上土作方也師古曰古謂掘地為阬曰方則亦壙之異名也作方者累甎四面如堵室具中以納棺也

一　在編廣五寸八分厚一寸九分分書

太元□□酉作

一　長一尺一寸厚一寸八分正書上二字反文

太元十一年□月廿日□□□作在左側下半截

一　長一尺二分厚一寸六分五字在兩魚相隔之間二寸許正書右側同二字分書特大

太元十三年側左　圖□側右

一　上斷存六寸二分厚一寸八分分書字亦在二魚之間較前甎為大

太元十三年

一　長一尺一寸二分厚一寸六分分書

太元十七年八月張韻方

龔期墓甎文

甎長一尺四分廣四寸七分厚一寸六分文在四側陽文反文湖北宜都出土藏太倉錢氏

晉隆安二年歲在戊戌三月癸巳朔十日壬寅關中侯□高樂原二縣令武陵龔期之靈墓故銘石為記

高上闕泐一字按晉書地理志奉高縣屬兖州泰山郡律高縣屬寧州興古郡二者未知孰是樂原不見於志自漢以來亦無以樂原名縣者俟再攷壬作王古有書王為壬者　家大人釋大吉昌宜侯王磚文嘗詳徵之有書壬為王者漢圉令趙君碑十一月壬寅隸辨引字原云漢碑壬皆作王今此磚作王乘一貫三為王上下

晉隆安二年三月十日

从一中畫長象人腹大為壬故曰壬妊也壬音珽从人在土上三字音義各別王之為壬壬之為壬為王皆隸體之遞變非可据為通段之證也寅作寅始見於此

高麗太王碑

石不知幾許高就上下闊度之高一丈七尺三寸四面刻南廣四尺八寸十一行西廣四尺十一行北廣六尺一寸十四行東廣三尺九寸九行凡四十四行有直界格行四十一字字徑三四寸分書在奉天懷仁通溝口東四里

惟昔始祖鄒牟王之創基也出自北夫餘天帝之子母河伯女郎剖卵降□生□有聖□□□□□命駕巡幸南下路由夫餘奄利大水王臨津言曰我是皇天之子母河伯女郎鄒牟王為我連葭浮龜應聲即為連葭浮龜然後造渡於沸流谷忽本西城山上而建都焉永樂□位因遣黃龍來下迎王王於忽本東罡□龍負昇天顧命世子儒留王□道興治大子留王紹承基業□至十七世孫國罡□廣開土境平安

癸丑義熙十年九月廿九日

好太王二九登祚号為永樂太王恩澤□于皇天威武振被四海掃除□□庶寧其業國富民殷五穀豐熟昊天不弔卅有九宴駕棄國以甲寅年九□廿九乙酉遷就山陵於是立碑銘記勳績以示後世焉其言曰

永樂五年歲在乙未王以碑麗□□□又躬率住討巨富山負留至鹽巨部破其丘部落六七百責牛馬羣羊不可稱數於是旋駕因過□平道□□□城□城北豐五備□□觀土境田獵而還百殘新羅舊是屬民由來朝貢而倭以辛卯年來渡海破百殘□□□羅以為臣民以六年丙申王躬□□軍討□殘國軍□□□攻取壹八城臼模盧城右模盧城□

□□□□□城閣弥城牟盧□□弥沙城□□蔦城阿旦城
古利□□□城雜弥城奧利城勾牟城□須鄒羅城莫□□
□□城分而鄒羅□暢城□□城□□豊奴城弗□□利
城□鄒城也利城大山韓城□加城穀□城□□□婁賣
□□□城□□城細城牟婁城□婁城□□城燕婁城析支
利城巖門□□□□□□□□□□□□□利城□鄒城□拔城
古牟婁城閣奴城□奴城彡穰城□□□□□□□仇□□
□□□□□其國□□不服□敢出□□王威赫怒渡阿□
水□□迫城□□□□□□□□百殘王困逼獻□男女生
口一千人細布千亙□王自誓從今以後永爲奴客太王恩
二

赦□迷之愆錄其後順之誠於是□五十八城村七百將殘
王弟幷大臣十人旋師還都八年戊戌教遣偏師觀帛慎土
谷因便抄得莫□羅城加太羅谷男女三百餘人自此以来
朝貢□事九年己亥百殘違誓与倭和通王巡下平穰而新
□遣使白王云倭人滿其國境潰破城池以奴客爲民歸王
請命太王□□□其忠誠□□使還告以□□十年庚子教
遣步騎五萬往救新羅從男居城至新羅城倭滿其中官□
□□倭賊退□□□□□□□□□□急追至任那加羅從
拔城城即歸服安羅人戍兵□□□□□□□□□羅城□
□□□□□□□□□□□□□□□□□□□□□□安

羅人戍兵□□□□□□□□□□□□□□□□□□□
□□□□□□□□□□□□□□□□□□□□□□□
□□□□□□□□□□□□□□□□□□羅人戍兵昔
新羅安錦未有身來朝貢□□□□用土□好太王□□
□□□□□僕勾□□□之朝貢十四年甲辰而倭不軌
侵入帶方界□□□□□石城□連船□□□□率□□
□平穰□□□□相遇王幢要截盪刺倭寇潰敗斬煞無數
十七年丁未教遣步騎五萬□□□□□□□□□□□□□
合戰斬煞蕩盡所隹鎧鉀一萬餘領軍資器械不可稱數還
破沙溝城□城□□□□□□□□□□□廿年庚戌東
三

夫餘舊是鄒牟王屬民中叛不貢王躬率往討軍到餘城而
餘□國駭□□□□□□呂□王恩普覆於是旋還又其
慕化隨官來者味仇婁鴨盧卑斯麻鴨盧椯立婁鴨盧肅斯
舍□□□□□□盧□所攻破城六十四村一千四百守墓
人烟戶賣句餘民國烟二看烟三東海□國烟三看烟五敦
城□四家盡爲看烟于城一家爲看烟碑利城二家爲國烟
平穰城民國烟一看烟十□連二家爲看烟□婁人國烟一看
烟卅三梁谷二家爲看烟梁城二家爲看烟安夫連廿二家
爲看烟□谷三家爲看烟新城三家爲看烟南蘇城一家爲
國烟新來韓穢沙水城國烟一看烟一牟婁城二家爲看烟

□□鴨岑韓五家為看烟勾牟客頭二家為看烟求底韓一
家為看烟舍蔦城韓穢國烟三看烟廿一古□𦭾羅城一家
為看烟百古城國烟一看烟三客賢韓一家為看烟阿旦城
雜珍城合十家為看烟巴奴城韓九家為看烟□模盧□四
家為看烟各模盧城二家為看烟牟水城三家為看烟幹弖
利城國烟□看烟□□□城國烟七看烟□□□□□利
城三家為看(國烟)烟豆奴城國烟一看烟二奧利城國烟二看烟
八須鄒城二看烟五百殘南居韓國烟一看烟五大山韓城
六家為看烟農賣城國烟一看烟□閏奴城國烟二都烟廿
二古牟婁城國烟二看烟八瑑城國烟一看烟八味城六家　四
為看烟就咨城五家為看烟彡穰城廿四家為看烟散那城
一家為(國)烟那旦城一家為看烟勾(牟)城一家為看烟於利城八
家為看烟比利城三家為看烟細城三家為看烟國罡上廣
開土境好太王存時教言祖王先王但教取遠近舊民守墓
洒掃吾慮舊民轉當羸劣若吾萬年之後安守墓者但取吾
躬率所略來韓穢令備洒掃言教如此是以如教令取韓穢
二百廿家慮其不知法則復取舊民一百十家合新舊守墓
戶國烟卅看烟三百都合三百卅家自上祖先王以來墓上
不安石碑致使守墓人烟戶差錯惟國罡上廣開土境好太
王盡為祖先王墓上立碑銘其烟戶不令差錯又制守墓人
自今以後不得更相轉賣雖有富足之者亦不得擅買其有
違令賣者刑之買人制令守墓□

右高麗太王碑在　盛京懷仁縣通溝口東四里南距
鴨綠江三里許突立溪谷中環刻碑文自南而西而北
而東凡一千七百五十七字按高句麗在漢居遼東之
東千餘里晉時始略有遼東其先建都卒本在今朝鮮
平安道成川府即碑所謂忽本也(越)後都平壤古王險城
在浿水東去太王陵均遠其得鴨綠江而為陵者必在
略有遼東之後今其地古墓非一規制堅大土人皆謂
之高麗墳云高句麗始祖後漢(書)作東明魏書梁書同隋書作　五
朱蒙北同史朱蒙子北史作如栗此碑稱始祖為鄒牟王
其世子為鳥留王者左傳邾公羊傳及禮檀弓作邾婁
合(邾婁)音為鄒故(朱亦)作鄒而蒙之為牟如栗之為鳥留皆雙聲
疊韻譯夷語者第取音近無定字也碑言鳥留王十七
世孫國罡上廣開土境平安好太王二九登祚卅有九
晏駕甲寅年九月廿九日乙酉遷就山陵立碑記績以
下文五年歲(歲)在乙未推之其登祚為辛卯歲(歲)其殂在壬
子歲(歲)立碑又在殂後二年家無朝鮮史籍據今人平湖
錢君培榕東藩紀要廣開土王上距東明王朱蒙凡十
八世次(與碑所稱世)正合惟紀要云廣開土王元年即晉太元十七

年壬辰据碑則當作十六年辛卯辟君殆沿東史之誤耳又云長壽王名巨璉廣開土王太子元年即晋(晉)安帝義熙九年癸丑按太王以壬子歲殂其嗣以明年癸丑改元恰與碑合然則是碑爲晋(晉)義熙十年甲寅所建矣宋書高句驪王高璉晋(晉)義熙九年遣使奉表獻赭白馬蓋立碑前一年事也碑言鄒牟王出自北夫餘天帝之子母河伯女郎剖卵而生巡幸南下路由夫餘阻大水浮龜造渡於沸流谷云云後漢書魏略梁書皆載其事後漢書謂東明出自索離(注索或作橐按魏略又作槀索與橐聲近橐與槖形近索離橐離槀離皆即高麗也)奔夫餘而王之隋書及北史謂朱蒙出自

六

扶餘東南走渡大水至紇升滑城(今朝鮮成川府有紇骨城即此)遂建國自號高句驪以碑證之隋書獨爲得實其述剖卵浮龜事亦悉與碑合太王以永樂爲年號[illegible]而碑追述鄒牟王事已有永樂□位之文殊不可解其稱國岡上廣開土境平安好太王殆猶中國帝王累加徽號之意與太王略地禦倭討百殘救新羅事蹟無可攷證梁書東夷傳後燕慕容寶以句驪王安爲平州牧封遼東帶方二國王始置司馬參軍官按寶以太元二十一年立則其所封句驪王安者當即太王而碑不言其事百殘即百濟其先與高句驪同爲東明之後初以百家濟故名

魏志云辰韓名樂浪人爲阿殘東方名我爲阿謂樂浪本其殘餘人碑稱百濟爲百殘殆亦類是其國在高句驪之南帶方郡地新羅者其王本百濟人逃入新羅而王之或稱魏將毋邱儉討高麗破之奔沃沮其後復歸故國有留者遂爲新羅亦曰斯羅在高麗百濟之東南東濱大海倭又在東南大海中漢時通使中國輒詣帶方其與三韓搆兵爭地傳所不詳碑云倭以辛卯年來渡海破百殘□□新羅是倭之搆釁於韓自晋(晉)已然矣韓有三種曰馬韓曰辰韓曰弁韓百濟馬韓之屬新羅則辰韓十二國之一也穢本作濊或作獩箴有在高句

七

驪北者即碑所謂北夫餘(魏志夫餘王有印文曰濊王之印有故城曰濊城)在東者即碑所謂東夫餘在南者今朝鮮之平安道忠清道皆是後爲百濟新羅所併其餘諸國及城谷山川等名有可考者別具於後(碑)文前半盛陳太王勳績後半詳載太王躬所略韓穢人爲守墓烟戶之數西面後二行北面前二行剝泐最甚其餘雖頗漫漶合三拓本窮二日之力讀之十得其八焉日本有石印縮本及釋文其使臣攜至京師以贈朝貴余自仲山侍郎處假觀之有舛誤者

奄利大水(後漢書作淹淲魏略作施掩梁書北史作淹滯)沸流谷(梁書魏幽州刺史毋邱儉)

將萬人出元菟討位宮大戰於沸流位宮敗走魏志公孫度之雄東海也王伯固遣大加優居主簿然人等助擊富山賊破之伯固死子拔奇與涓奴加各將三萬餘口詣公孫康降還住沸流水方輿紀要正州城本沸流國故地公孫康併之置正州於此亦曰沸流郡以沸流水而名在今朝鮮成川府

碑麗

碑利 疑即碑離通志馬韓有碑離國或即陴離遼志集州古陴離郡地在今承德縣東南又晉書有裨離國在肅慎西北馬行可二百日相去甚遠當非碑所云碑麗與碑利也

巨富山 魏志有富山已見沸流谷注

鹽水 漢志西蓋馬馬訾水西北入鹽難水西南至西安平入海疑即今之佟家江　此與巨富山均涉近似未可臆定當再致

北豐 宋書元嘉十五年燕王馮宏為魏所敗奔高麗北豐城一統志漢末公孫度據遼東置城於此謂之豐城司馬懿伐遼東豐人南徙其留者曰北豐在今承德縣西北

曰模盧

牟盧 見通志馬韓

平壤 舊唐書貞觀十九年命刑部尚書張亮為平壤道行軍大總管自萊州泛海趨平壤又高宗總章初年遣司空李勣伐高麗拔平壤城

帛慎 帛蓋息之異文竹書紀年虞舜 八

二十五年息慎獻弓矢史記北發息慎書序成王既伐東夷肅慎氏來賀集解引鄭康成息慎或謂之肅慎作賄肅慎之命山海經大荒之中有山曰不咸有肅慎氏之國在今長白山北

任那加羅 南齊書加羅國三韓種也北史百濟附庸於迦羅國宋書元嘉二十八年加倭主珍使持節都督倭新羅任那加羅秦韓慕韓六國諸軍事通志新羅襲伽羅任那滅之蓋東夷二國名也伽迦皆即加字

牟水 魏志韓有牟水國

帶方 漢志帶方縣屬樂浪郡魏志建安中公孫康分屯有縣以南荒地置帶方郡在今朝鮮平安道境

新城 晉咸康五年慕容皝擊高句驪兵及新城隋大業九年伐高麗遣王仁恭出扶餘道仁恭進至新城舊唐書乾封二年李世勣伐高麗渡遼謂諸將曰新城高麗西境要害若不先圖餘城未易下胡三省通鑑注新城西南傍山東北接南蘇木底等城在今興京北

南蘇 見上文漢志高句驪縣有南蘇水高麗置城因此水為名晉永和五年燕王皝使慕容恪攻高句驪拔南蘇隆安二年慕容盛襲高句驪拔新城南蘇二城

同年李孝丹桂林藏有拓本漫漶處多就形近字憑臆鉤補日本之石印縮本即出於此茲摘其誤者附誌之

第一行剖卵降□生□作降出生子出字不可見生下決非子字

第二行巡幸南下幸誤車為我連葭浮龜武誤木

第三行東罡□□作黃今所見三拓本俱漫滅誌此存參

第四行龍負昇天負誤頁鳥留王□道與治大子留王鳥誤儒王下作以與誤興子誤朱國罡□罡下作土拓本漫滅據下文當作上

第五行振被四海振被誤作桴被

第六行九□拓本不可見石印作月

第七行碑麗□□作碑麗不息負留留誤碑鹽水丘丘作上部□作洛責牛馬羣羊責牛誤當甬羣作蒙按東夷邑落相侵犯輒相罰責生口牛馬名之曰責禍又按周書王會篇高夷嗛羊嗛羊羊而四角孔注高夷即高句驪也此首口翦作兼似不誤惟諦審拓本實作羣 九

第八行因過□平道□□□城□城作隅平道東來城力城五備□□觀作五備猶遊觀

第九行棄卯棄作來王躬□□軍討□殘國作躬率水軍討利殘國

第十行□攻取壹八城□作首右模盧城□□□□□城右作若城下作幹氐利□□城□蔦城□作舍古利□作城

第十一行□城作利□須龐羅城莫□須上作古莫作頁弗□□作沸八艇

第十二行□鄒城□作弥□加城□作掃穀□城□作拔婁賣□□□城賣下作城散□婁城□□作于婁城蘇灰

第十三行巖內□□□□內誤門下作至城林城□鄒城□作就

第十四行□□仇□□作盧城仇天城□□不肰□敢出□□作城賊不肰氣最出文戰阿□水□□迫城□作阿被水遣剌迫城橫

第十五行□□□百

殘王百上作使國城生口白口誤□王自誓歸□作第十六行迷之
衜即愆誤徵第十七行朝貢□事論□作与倭和台与誤第十
八行新□遣使羅□作□□其忠誠其上作後誠字缺第十九行
□使還還□作官□□□方至作官兵第二十行□□急追來作
背追息安羅人戍兵□□□□□□□□□□羅城□兵下作拔
新羅城懸城倭滿下泐十三字而無羅城二字十三格
以下作九盡臣有尖五字此下緊接第廿一行之安羅
羅人戍兵五字又空十格有倭潰城大亦五字又空三
格接廿三行之安羅人戍兵云云與拓本行字多未合
蓋映相之先剪黏成
冊不無割棄顛倒爾第廿三行毌土□好太王境□作□
□□□□僕勾作至□□□□□清而無僕勾二字誤也第廿四行平穰誤作
僕勾蓋以上一行行末二字誤置此行之末矣第廿五行行末漫滅而彼有平穰二字則又以上一十

行行末二字誤置此行之末矣第廿六行舩佳鎧鉀作稚沙溝城□城婁作□
城遝又行末一字作師第廿七行□廿年城□作而食□國□餘作而承
城國騈又行末一字作舥第廿八行普覆誤霰之省隨宮隨誤第廿九行靈
□舩攻破仇□作東海□國貰□作第卅行末□婁佳作第卅
一行安夫連夫作□谷改作第卅二行□□鴨岑韓作□□□
比第卅四行□古城臾□作□模盧名□作第卅五行□四
家城□作看模盧城者名作幹呂利弖呂作國烟□二作看烟□
之作第卅六行首一作七字第卅七行看烟□一作第四十四行
守墓人墓下衍之字又行末墓下衍後字

高麗太王墓甎文

長八寸五分左厚右薄字在側之薄六分一面
一字一界格分書拓工得於前碑相近土中

願太王陵安如山固如岳

甎歸潘伯寅尚書未幾病卒所藏吉金彝器汪夫人載以還吳縣石刻甎瓦散失殆盡此甎今不知何往矣未一字不可識

標目下在泥正書三行書一

義熙甎文四

一　廣五寸四分厚一寸五分正書在兩端

義熙三□　半

一　上斷存五寸三分厚一寸四分正書出長興

義熙六年莫上計甓範

陸剛甫磚錄云範者笵之借其引說文笵法也爾雅釋詁範法也通俗文規模曰範及經傳數條以為借範為笵之證是也而續蝌圖釋又讀範為鄭今所得甎範字幽顯特從草不從竹自漢以來碑碣中從竹之字往往作草圖釋所載範右上角有贅墨因誤作邑而强以左

晉義熙以下　一

當為享耳

一　長九寸六分廣四寸五分厚一寸五分分書反文出烏程

晉義熙十二年八月廿六日馬司徒作

存齋釋為十二年八月十六日從從之上端亦有八九字零落漫漶不復可識存齋釋上五字為其年太守馬亦涉牽强

一　廣五寸三分厚一寸四分正書在兩端

義熙缺下　大寬中

元熙甎文

存長七寸厚一寸三分正書反文出烏程

元熙元年太歲己未韓

韓字據圖釋補之蓋韓氏所作也

某君碑殘字

存石縱廣各五寸餘七行行四字至七字不等字徑八分分書在洛陽出土

闕㚔□而弗闕
闕今載□時世平闕
仁光處[玄]冈得昭闕
學無文[靈]丁至闕
於赫我君天縱其闕
□猶允平圻歸于闕
□□□□□

附晉

夫人荀氏碑殘字

在前石之陰七行行四字至七字不等字徑七分餘分書

闕卜夫人荀□闕
闕夫人諱煒字茂闕
闕之□孫中山府闕
闕心合舍年期度闕
闕□也年十有七闕

標目十一合劉氏磚文
各十三 正書九 分書三

宋

永初甎文

在側廣四寸七分厚一寸三分正書

永初二年作

元嘉甎文十一

一 廣五寸厚一寸四分正書

元嘉四年

一 廣五寸二分厚一寸七分正書

宋元嘉十年

一 廣五寸六分厚一寸五分正書

宋永初以下

元嘉□年八月□□作

一 字在兩端廣五寸三分厚一寸五分正書

元嘉十一年　□□甲□□

是年太歲在甲戌

一 長存八寸廣五寸九分厚一寸六分分書

宋天嘉十三九月一日□ 下缺兩旁有闌格之寬徑七分

□嘉十三年九□

側文元字幾與天字無別並做年字日作曰猶存古意 宋無別

一 存長五寸八分厚一寸七分正書

宋元嘉十三年 下缺

一　存五寸厚一寸五分正書反文

元嘉十□年

一　厚一寸九分長八寸七分字在中四寸五分之間碁子格横行六行行二字字徑五分分書洛陽出土曾盧朱氏藏其一

平原劉氏大吉宋元嘉廿年造

題字絶佳兩邊端處泉幕一有綫四出轓作雷紋

一　長一尺一寸四分廣一寸八分正書

任以宋元嘉廿一年八月建功作甓

任下以字猶作隷書

一　廣四寸五分厚一寸三分正書小字

二

宋□嘉廿二年太歲乙酉□缺下

乙字脱去補注於右酉下似丁

一　長一尺六分厚一寸五分正書

元嘉廿七年求太常作缺下

按宋書百官志太常一人太祝令一人丞一人册府元龜宋太常府有博士　欽定歷代職官表宋太常有卿有丞有博士有太祝令及丞有主簿求君統稱太常不知所居何職也余家所得求氏塼甚多皆嵊縣出土世說漢將翻舍中竹下開三徑惟故人羊仲求仲從之游唐以前求氏之聞於世者止此而嵊縣之求自晉

正書七　分書三

迄隋見於磚文者二十餘人宜為當時盛族殆以宦不顯無傑出之彥故無傳焉萬姓統譜載求氏宋二人明四人皆浙籍知其由來遠矣急就章求男弟顏師古注求氏本居衛國裘氏之地故稱裘焉衛獻公邸大夫柳莊邑裘氏見禮記檀弓後又轉為求氏元和姓纂亦云求本裘字改通志氏族略求氏下引姓苑云本仇氏因避難改焉裘氏下云或謂本求氏改為裘愚按說文求即裘之古字象形其从衣者乃後起字求與裘一也姓苑謂因避難改仇為求或別一望然姓纂裘下亦云本仇氏改為裘則亦一源也

三

一　廣四寸八分厚一寸七分分書

宋矦元嘉

上一字亦似求

大明塼丈十

一　廣五寸二分厚一寸六分正書

大明元年胡道美

下一字僅存右旁上半字

一　長一尺六分厚一寸六分正書

大明三年八月求孝明

一　廣四寸六分厚一寸六分正書

大明三年丁廣暘

一 廣五寸三分厚一寸八分分書

大明三年黃武城

一 廣四寸七分厚一寸六分分書

大明三年求平蜀

一 廣五寸三分厚一寸七分分書

大明四年

一 廣五寸厚一寸七分正書

大明六年求祭酒

一 廣五寸五分厚一寸八分正書

大明八年歲甲辰嚴道陽

一 廣五寸三分厚一寸八分正書又一廣四寸四分厚同

大明八年甲辰歲

嚴道陽自作

二塼字體筆法出自一手且與前塼結搆悉同當是一擴所出前塼備書之此則一紀其年一紀姓氏也

泰始甎文五

一 廣四寸六分厚一寸五分分書

泰始二年作

一 廣四寸厚一寸七分正書

正書二分書三

泰始四年

何夫人桑氏墓甎

長一尺一寸廣四寸六分厚一寸四分字在甎側一行二十二字分書藏太倉錢氏

宋泰始五年□□□酉宜都夷道何孝廉夫人桑氏神墓

右甎湖北宜都出土按宋泰始五年歲直己酉甎泐處乃歲在己三字夷道漢縣屬南郡漢末曹操置臨江郡先主得其地改宜都郡後屬吳晉（晉）因之領夷陵夷道佷山夷道太和中更名西道旋復此稱宜都夷道宋仍晉舊也宜都郡至隋而廢宜都縣陳天嘉初析夷道置唐貞觀八年省夷道入焉其故城在今宜都縣西北

一 廣五寸厚一寸六分正書

泰始五年作

一 存三寸五分厚一寸七分分書

缺始七年缺

元徽甎文

一 廣五寸厚一寸六分正書

元徽三年作

石門山謝靈運詩刻二 正書字徑八九分在青田

石門新營所住一首 高二尺廣一尺三寸廿一行行十四字至十九字不等字徑八九分

石門新營所住四面高山迴溪石瀨脩竹茂林一首 五言

宋永嘉郡太守謝靈運

躋險築幽居披雲臥石門苔滑誰能步葛弱豈可捫嫋嫋秋風過萋萋春草繁美人遊不還佳期何由敦芳塵凝瑤席清醑滿金樽洞庭空波瀾桂枝徒攀翻結念屬霄漢孤景莫與諼俯濯石下潭仰看條上猨早聞夕飈急晚見朝日暾崖傾光難留林深響易奔感往慮有復理來情無存庶持乘日用得以慰營魂匪為衆人說冀與智者論 劉宋末

石門最高頂一首 高一尺六寸廣一尺二寸九行行十五四字字徑八九分

登石門最高頂一首 五言

晨策尋絕壁夕息在山棲疏峰枕高館對嶺臨迴溪長林羅戶穴積石擁基階連巖覺路塞密竹使逕迷來人忘新術去子惑故蹊活活夕流駛噭噭夜猨啼沈冥豈別理守道自不攜心契九秋幹目翫三春荑居常以待終處順故安排惜無同懷客共登青雲梯

石門山一在栝蒼一在永嘉或以康樂詩則指永嘉者因詩中寫景與永嘉相肖栝蒼瀑布最勝不及之又甌江中有孤嶼與石門相望引李白詩康樂上官去永嘉遊石門江亭有孤嶼千載蹟猶存為證殊不知太白送魏萬遊石門詩云路創李北海巖開謝康樂早已屬之謝公況栝蒼永嘉廢置不一詩人詠景固可牽連及之既有兩石門皆見之吟咏亦何不可總之新營及最高頂兩作則栝蒼之石門山也今觀石刻可以破千古之惑雖為唐宋人題名所掩愈見是刻之古非後人補勒可知矣栝蒼僻處浙東諸磨崖摹本甚少即聞有好事者欲得之亦不過倩工往搨搛其易施力者拓來故謝公石刻向無人道及余與王芝庭雲舫親往搜尋扶險捫幽奇蹟乃顯懷寶而歸何啻獲一真珠船耶 李遇孫

右石門山謝康樂詩刻二首為宋尚書郎苗振等大書題名蓋之尚存一百二十二字後詩為唐人和徐太守游石門山五言詩闕刻之又為宋皇祐間太常博士王起國子博士石祖德等大書題名重蓋之僅得六十七字今以梁昭明選詩所載補其泐字注於旁乃可讀也此刻向無人辨道光十二年四月余與嘉興李金瀾學師游石門拓摩崖以歸偶於劇損漫漶中尋繹得之為吾栝石刻之最古者按選詩注與汲古閣及于惺介本不同如庶持乘日用之持作特疏峰枕高館之枕作抗今校石刻可以證諸本之誤 王尚曆

按謝公所咏之石門各家所注並未專指在永嘉然永嘉有石門山處州青田亦有石門山謝公曾為永嘉郡守其時處州屬永嘉郡則謝公所詠雖未能分其為溫州為處州而要之在宋時之永嘉者無疑故處州志亦纂入此二詩細玩詩中寫景與處州不甚肖再處州志另載有謝公石門洞一詩形容瀑布確是處州之石門則二詩似非詠處州之石門矣此疑之者之說也處州在晉宋時尚隱沒唐宋漸著名青田石門瀑布與廬山天台雁蕩相埒非永嘉之石門所能比後人題詠必以謝公所咏為推首李白送魏萬詩郭密之經謝公石門山作皆專屬處州之石門此信之者之說也故吾謂不必強以謝公所詠之石門定指何處而一以永嘉為斷今觀處州石門摩崖乃有此二詩豈當時所刻耶抑後來好事者補刻耶其詩內有唐人和詩間刻又有宋人題名蓋其上即補刻當亦在唐時能不與郭密之詩而並貴耶王尚志以上三跋並見栝蒼金石志

右謝康樂石門二詩在青田縣石門山摩崖為唐宋人疊刻各題所掩畢尚書兩浙金石志載唐郭密之咏謝公石門山詩而謝公詩失採道光中李司訓遇孫等搜得之並唐宋元金石百餘種皆畢氏所未見遂作栝蒼金石志光緒辛丑四弟頌臣權處州寄拓本一束函展讀之凡得四十種二詩其最古者詩中寫景與永嘉石門相肖而不甚合於栝蒼之石門李君因於青田石門山得此斷為謝公所詠在此不在彼非也謝公自咏永嘉之石門後人重謝公詩而勒諸栝蒼之石門為名山生色耳蓋二詩為後人所刻非當年上石有二證焉古人自題銜未有以其朝標著者今永嘉郡太守上冠之以宋是易代後書法一也庶持乘日用胡刻宋湻熙本選詩用作車注引莊子若乘日之車而遊襄城之野此詩所本也汲古閣本亦作用與石刻同而注則與胡刻無異注又有車或為居語是車為正而用為誤矣疏峰枕高館枕兩本皆作抗注引西京賦疏龍首以抗殿為詩之所本是抗為正而枕為誤矣二也據此則其為後人所刻殆無疑義李君又以後一首有唐人和徐大使石門山詩疊刻其上為謝詩非後人補勒之證余觀唐人和徐嶠詩漫滅視謝詩尤甚未可遽定其孰先孰後惟此山磨崖有郭密之天寶八載經謝公石門山之作及永嘉懷古一首特贊歎謝公此詩詩見後是此刻先已在崖壁間補勒雖屬後人而其在唐以前又可知耳劉宋金石王氏萃編闕如　先大夫補正錄甎文十餘種石刻惟爨龍顏一碑而已物以罕而見珍此雖未必為劉宋時所刻亦足以

補所訪未有因仍次劉宋之末云栝蒼金石志嫋嫋裊裊活活重字皆作闕文非是登石門最高頂一首下有偏注五言二字志亦漏録疊刻各題並見後

四十二頁

齊梁陳迄北魏 永平止 計七百四十餘行 為一卷 計卌八頁

齊

夫人馬氏甎文

長存八寸七分廣五寸六分厚一寸八分二行行存十五字十五字正書

上缺二字 二年太歲庚申八月廿日宋濟陽人□ 上缺二字 □□□亻

□夫人馬氏□□□

官大 二字在下端

塼出浙江陸剛甫圖釋未載剛甫所錄多爲程長興出土此與嵊縣諸塼同時得之者也二年上所缺考爲建元二字按晉以後紀元二年而直庚申者凡三秦苻堅甘露二年東魏孝靜帝興和二年皆是而吴越非其疆 一 齊建元以下

域惟蕭齊高帝篡宋改元建元其二年歲在庚申與此恰合濟陽漢縣屬陳留郡晉分爲濟陽國宋改郡屬南徐州又晉安帝以流寓置濟陽縣屬徐州馬頭郡宋仍之在今安徽懷遠縣南境此造磚者殆馬頭郡之濟陽人而居於越者歟下端官大二字不可解

永明甎文五 正書四 行書一

一 廣五寸三分厚一寸八分 正書

永明二年丁卯曹家

曹字旁添

一 長一尺八分厚一寸七分 正書

齊永明七年太歲巳巳八月十日胡作

字平漫難辨

一 長一尺厚一寸六分正書

永明十年吴謹軍冢

一 廣五寸五分厚一寸八餘分書

永明十年歔 下細缺

一 廣五寸三分厚一寸四餘分正書反文

齊永明十一年

建武甑文

一 廣五寸五分厚一寸七餘分書

建武三年作

永元甑文三

一 廣五寸四分厚一寸七餘分書

永元元年己卯

一 廣五寸七分厚一寸八餘分書在兩端

趙文達父冢

字缺一 永元元年作

一 廣五寸四分厚一寸九餘分正書

永元二年戊辰

分書二 正書一

梁

天監甑文廿四

一 廣五寸五分厚一寸八餘分正書在兩端

天監元年壬午 . 徽新豊冢

一 廣五寸五分厚一寸六餘分正書在兩端

天鑒二年癸未 求[]主事冢

一 廣五寸一分厚一寸七分正書又一少狹文同

天監四年作

一 廣四寸九分厚一寸七分正書

天監四年

一 廣五寸二分厚一寸七分正書

天監五年

一 廣五寸一分厚一寸六分正書

天監七年[]

一 廣五寸五分厚一寸八餘分正書在兩端

天監八年 魚[][]

一 廣五寸二分厚一寸七餘分正書

梁天監十年

一 廣四寸五分厚一寸四餘分正書

天監十年

正書二十一 分書三

又一未標目 不在廿四數內

一 廣五寸七分厚一寸九分分書在兩端

梁天監十季　徐法起父冢

一 廣五寸三分厚一寸八分分正書又一廣六寸餘文同

梁天監十一年

一 長一尺八分廣五寸三分厚一寸七分分正書

[ ]天監十二年癸巳[ ]作　胡[ ]昌冢 在端

一 廣五寸二分厚一寸六分分正書

天監十二年作

一 廣五寸二分厚一寸八分分書在兩端

天監十三年太歲甲午作

求欣平令妻乘明堂

求姓攷見前欣平令宋元嘉十年與宋甯太守同時立僑益州㸑改宋甯爲永甯郡欣平仍隸焉爲今四川成都縣地元和姓纂乘風俗通楚大夫子乘之後乘睢古賢人見世本漢有貴戚侯乘昌 孫淵如云漢表貴戚侯革朱孫昌嗣侯則昌爲革氏無乘昌名馮按漢書功臣表作革朱姓纂引入乘姓下或唐時古本原作乘未可遽謂林寶之誤今按漢書京房傳乘宏河南人受(愛)京氏易又南史孝義傳吳興乘公濟及兄公願乾伯並卒各有一子公濟妻姚養育之賣田宅爲取婦自與二男寄比鄰家明帝詔爲其二子婚表閭此(此)碑出自蜥中求君妻乘殆公濟之

二

族獸

一 廣四寸四分厚一寸八分分正書

天監十三年太歲甲午作

一 廣五寸三分厚一寸六分分正書在兩端

梁天監十三年甲午　[ ]內直明堂

一 廣五寸三分厚一寸七分分書在兩端

梁天監十三季　[ ]河陽女明堂

一 廣五寸四分厚一寸七分分書

天監十五[ ]

一 廣四寸九分分厚一寸六分正書

梁天監十六年

一 廣五寸八分厚一寸八分正書

天監十六季作

一 廣五寸二分厚一寸六分正書在兩端有二種

天監十六年　黃定陽婦冢

[ ]天監十六年　黃定陽婦[ ]

一 長一尺一寸一分廣五寸四分厚一寸八分分正書

梁天監十七年太歲戊戌

今年八月十三日造冢 以上在兩側

嚴功曹明堂 在上端

三

氏上疑否脱一郳字

一（長一尺七分廣五寸二分厚一寸七分正書）

天監十七年作閏八月（在側）　兒氏戎冢（在端）

兒即倪通志氏族略兒氏下云郳氏省文作兒倪良六國時人見呂氏春秋漢有御史大夫兒寬倪氏下云即郳氏避仇改為倪漢有揚州刺史倪彥二姓皆不言所出元和姓纂兒下云郳郳犂來之後亦為兒氏倪下云邾武公封次子於郳是為小邾後失國子孫為邾（按氏族略郳當作郳疑傳寫之誤）氏避仇改為倪今按杜譜云邾顏有功於周其子友（世本作肥）別封於郳曾孫犂來始見春秋為小邾子是兒倪皆犂來之後也孫淵如謂姓纂以郳犂來為

四

兒氏之祖而以邾武公之子為倪氏之祖譏其強為分別是已孟子反其旄倪即兒之叚借莊子王倪古今人表作兒韻會兒倪也蓋古通用字也今嵊縣所出倪氏磚同在一地而有作兒者在當時匠人或是省筆然於古適合也兒下一字半蝕或當即戎此字與八月二字

反文

普通甎文三

一（廣五寸三分厚一寸九分正書在兩端）

普通元年作冢　求道士明堂

一（廣五寸厚一寸六分正書）

一種字較小亦模

日核数則在內

普通四年作

一（廣五寸三分厚一寸五分正書）

普□五年作

平漫猶可辨識

中大通甎文四

一（廣四寸六分厚一寸六分正書）

中大通三年作

一（廣五寸二分厚一寸七分正書又一挂字較小大同）

中大通四年作

一（廣五寸一分厚一寸五分正書）

廿

邑云改作二十

初稿上平

石白元

分一

中大通六年

大同甎文廿

一（廣五寸三分厚一寸八分正書）

大同元年八月

一（廣五寸二分厚一寸八分正書在兩端）

大同元季作　求武騎明堂

文多不全合三塼乃備

一（廣四寸八分厚一寸六分正書）

大同元年□

一（廣五寸四分厚一寸九分正書）

大同元年作

一　廣五寸三分厚一寸八分正書

梁大同元年作

一　廣五寸二分厚一寸七分半正書

梁大同元年作

一　廣五寸三分厚一寸九分半分書在兩端

梁大同元年乙卯作　丁三祀隄堂

一　廣五寸厚一寸八分正書在兩端

大同元年作　永第五明堂

一　廣五寸二分厚一寸六分正書

又一塼與前未標目歟列在二十三之內

梁大同二年

一　廣五寸五分厚一寸八分半正書又一塼少篆文同範與

大同二年作

一　廣四寸八分半厚一寸一分半正書

大同七年作

一　廣五寸五分半厚一寸七分正書

[ ]大同七年作

一　廣五寸五分厚一寸七分正書在兩端

大同七年作字甚淺漶　徽侍郎明堂

一　廣五寸三分厚一寸五分正書

六

大同七年作

一　長九寸六分廣四寸九分厚一寸六分半正書在端

梁大同九年癸亥　兩側蚪龍一雙鉤一寶凸

一　廣四寸八分厚一寸六分正書

大同九年□□

一　廣五寸厚一寸七分正書

大同九年作

一　廣五寸四分厚一寸八分正書在兩端

大同十年作　丁平源妻家

一　廣五寸厚一寸八分半正書

中大同甎文一

一　廣五寸三分厚一寸八分半正書

中大同元年作

太清甎文二

一　廣五寸三分厚一寸七分正書反文

梁太清元年作

一　廣五寸厚一寸六分正書

[ ]清元年丁泐下

七

陳

太建甎文二

一 廣五寸厚一寸六分正書

大建四年作

一 廣五寸二分厚一寸八分正書

大建八年作

陳

攝山棲霞寺江總原碑殘字

石二片一在前四行存高五寸五分中廣四寸餘上下斜削行存七字至三字不等一存行末四寸餘廣九寸十行行存二字至五字不等字徑八分行書在上元

此等處缺應不改正闕字

缺 金

缺 惠將軍參掌選事 缺

缺 棄欽悼記始叙[ ]缺

缺 □可以攝之 缺

□缺

右石一

缺 身梁

缺 露分

缺 屬步

缺 緒物助

缺 山之北南

缺 諧山諮受三

缺 巠側還存因

缺 日神又見形

缺 名山大澤

缺 於攝皋

右石一

陳

一

注：刻第一石首行銘字下空處甚多，將此跋移刻第一石首行銘字下，[illegible]安待校

梁棲霞寺碑江總撰字類聖教序（于司直天下金石志）

碑前題侍中尚書令宣德將軍条掌機事菩薩戒弟子濟陽江總持撰陳湘前會稽王參軍京兆□霈書陳書江總本傳至德四年加宣惠將軍尋授尚書令後主紀亦作宣惠而碑作宣德總前已条掌選事而此又參掌機事皆史文所未備菩薩戒見總自序云弱歲歸心釋教年二十餘入鍾山靈曜寺則法師受菩薩戒是其事也然見於石刻列入題銜之內亦其時風尚如是徐孝克持菩薩戒姚察自叙吾在梁世當時年十四就鍾山明慶寺尚禪師受菩薩戒史亟載錄垂示後人必有笑其愚且妄者矣湘前會稽王宗禎明二年會稽王莊為湘前將軍故題銜有此碑經唐會昌毀廢子今所據蓋康定元年賜禁沙門懷則書者也（抱堂金石文字續跋）

光緒辛卯九月白下陳准瀾來遊尋獲江總碑兩殘石于千佛岩唐韋應物詩若到栖霞寺先看江總碑珍重可想也原石殘字二片光緒辛卯始復出世有陳一代金石絕無留遺得此良足珍貴重刻本愚未得見萃編據重刻之裴本錄入故行字不計今就此本絜之標題一行（刻第一石前行銘字下空處）萃編錄此次宋康定元年據沙門懷則重書刻石年月銘上缺十字與重刻本合次行惠上若如重刻本則缺七字其上又空三格書人即在撰人一行下不另行惟從古碑例撰書人無有書某朝某官者今總與霈銜上並有陳字其為懷則所增可知而行字之不盡依本摹寫亦可知碑文無標題及撰書人一行凡二十六行行六十四字前一石為前四行之弟十一字至十七字後一石為弟十三行至二十二行之行末字又重刻本不見原碑建立年月其為懷則割棄與否不可知已于司直天下金石志繫此碑於梁非是武授堂讀宣惠將軍惠作德参掌選事選作機因據以議史文之未備按此本正作惠作選萃編所錄懷則重書本亦不作德作機豈授堂所見又一翻本耶于司直云字類聖教序信然

北魏一

趙瑙造像記

高九寸四分廣八寸六行行十五字廿三字字徑五分正書有鍾鼎文意在黃縣

唯大魏皇興三年定州中山郡趙瑙為亡父母上兄造弥勒
像一區若在三途速令解脱若生人閒王侯子孫捨身常与
佛會願見世安隱願〻從心使一切衆生普同斯願

滋後有鍾西耘太史德祥得石識筆意古而不樸疑近人
仿為之者

魏皇興三年

趙胡靈公比丘慧援等造銅像記

像連座高五寸四分記刻背廣一寸九分餘上空一寸七分兩碁子格四起四行行七字字深刻徑三分座廣二寸一分側廣一寸二分四足周刻題名俱正書今在武進費氏歸牧盦

大魏承明元年奉詔為薛趙胡靈公敬造莊嚴寶相區乙切蒙
福
比丘慧援比丘僧普一心供養在記下座足
監福曹丘穆陵彥都維那阿單方在像下座足
邑正嚀山王勝
邑師略陽侯華在左右側座足

像為費屺懷太史所得拓以寄示背文四行亡師一區
乙切均二字併一格製極精美按魏書釋道志皇始中
趙郡有沙門法果誠行精至太祖徵赴京師以為道人
統綰攝生徒供施甚厚太宗彌加崇敬前後授封號皆
固辭泰常中卒追贈老壽將軍趙胡靈公即與此刻所謂
亡師者也承明元年上距泰常五十餘年中更太武毀
滅佛圖經像悉坑沙門像教為之一熄高宗踐極下詔
修復逮於孝文乃復熾盛是歲八月高祖於永寧寺設
大法供度良家男女為僧尼者百有餘人帝為剃髮施
以僧服令修道戒此與稱奉詔敬造即其時矣監福曹立有
官屬後改為昭元以內律斷僧務者也都維那都知僧

魏承明元年

屬

事者詳見萃編卷二十七孫秋生造像跋卬穆陵代北
姓後改爲穆氏崞山魏縣屬恒州繁氏郡略陽魏郡屬
秦州

光州靈山寺王戍春等造靈塔銘下

二石一圓徑一尺五分中方縱五寸二分廣五寸七分陽文
方界格三行行三字字徑一寸七分一圓徑一尺直界格
廿行行廿字至廿字不等字徑七分均正書

魏光州靈山寺塔下銘以上一石

維大魏太和元年歲次丁巳十二月朔八日王戍春劉甫子
諸葛洪方山二百人等敬造靈塔願六通三達世榮資福合
家眷屬慧悟法界永離苦衆光祚群生咸同斯慶　都邑主
深英才

上只空三格

唯那牟文雅
塔主華　智

北魏太和元年十二月八日

疑魏八年 癸丑爲也

崔承宗造像記 記當在像背下截高一尺廣一尺三寸九行行十四字字徑六七分正書當在歷城

大魏太和七年歲次癸亥十月朔日齊州歷城崔承宗上爲

亡父母敬造釋迦象一軀使亡父母託生紫府安樂之飉神

飛三光香焰十地展孝思於雁湲麗

永隆又願合家眷屬先者延齡少者益算門騰榮範

業動不逸於如來三有群生咸臻斯慶

大象主崔承宗妻楊妍妃敬立

此刻雖畫滌草猶饒古趣視唐宋以後野製奚翅霄壤

先者延齡先乃兂字之脫鵠二筆者先人爲老北朝人

北魏太和七年十月朔日

不注兩側各二行今左側列四行与不注不合

專輒造字之一

妻 誤妻

此與於舉

濰縣陳氏藏石十一種 書俱正

王伯安造像記 高八寸四分廣八寸七行行字不 兩側各二行字均徑一寸正書

夫□□□□非玄達無以領□照幽致遠非賓鑑何以慕

□□□道民王伯安信□伽亩□□道偕造□□□一軀顏

七世父母□□生□後子孫傳□無□□□□門

太和十四年歲次庚午九月四日□像 右側

□

□姜

久□□□□□□□□□

母賈麹□道越 以上左側

北魏太和十四年九月四日

張相造像記 延昌二年三月廿九日 萃編載卷二十八

息男舍学 九行下二字闕

道士張相供一心 在像右供誤㒂一心二字闕 相妻姚桃姫 相妻鄭

□ 二題在像左桃字鄭字並闕下相字今缺

寰宇訪碑錄載此與打本同萃編於道士張相供一心

七字作道士張相㒂五字因以張相㒂爲標目誤也字

體多未照寫茲不悉舉

崔懃造像記 已錄補正

嚴小洛造像記 造像高八寸廣五寸五分厚二寸記刻背下截七行餘三面題名行字不等字徑五六分正書

正光二年□在辛丑七月丁酉□三日己亥□敬小洛興□

加一行

慈心減削缺造石像一區缺屬所願從缺　清信士嚴小洛
息男阿傷清信女杜阿遠（六行在佛座下）亡父散向男亡母孫小
陵（二行在佛座左側）
優為七世所生龍花三會願在初首（三行在佛座右側）
柏仁令曹望憘造像記銘（四紙其二車馬佛像其一供具各高八寸五分廣一尺九寸五分其一題記高八寸廣一尺九寸二十三行行九字字徑六分正書）
大魏正光六年歲次乙巳三月乙巳朔廿日甲子　夫法道
虛寂道初興則十方趣一釋迦啓建則含生歸伏然神潛涅
槃入於空境形坐園宮使愚迷後執襄威將軍柏仁令齊州
魏郡魏縣曹望憘是以仰思三寶之蹤恨□逢如來之際減
已家珍國心獨拔敬造彌勒下生石像一軀願以建立之功
使津通之益仰為家國已身眷屬永斷苦因常與佛會七世
先亡神昇淨境親表內外齊沐法澤一切等類共沾惠液
堂堂福林蕩蕩難名知財非已竭家精成佛潛已久今方現
形匪直普潤六合揚名
大（此在末行之下僅存一字矣）
石在臨淄縣西桐林莊居民牆閒正光為孝明帝年號是
年六月改元孝昌此碑刻於三月故猶稱正光也柏仁漢
縣魏書地形志作人此作仁與李仲琁碑同曹氏魏之望
族魏書曹世表傳世表字景昇東魏郡魏人也魏大司馬
休九世孫祖謨父慶並有學名望憘雖不見於史傳為其
族人無疑碑字秀勁已開唐人法脈（山左金石志）

（襄威將軍從第六品上階太和末年復次職令始有之）

比丘尼寶淵造像記（石高二尺九寸廣一尺四寸七分記刻下半截七行行十四字後題名四行字徑七分正書）
大魏正光（此字補刻兩字之間）六年歲在乙巳五月乙巳朔廿二日丙
寅比丘尼寶淵上為亡父母亡師敬造石像一軀□容已就
願今亡者□西方妙樂國土恒在龍華樹下三會說法常与
佛居若下生人間□為國王長者凡衆生普同斯福所願如
是
比丘尼寶淵　比丘尼寶宣
比丘尼寶紀　比丘尼曇建
比丘尼寶悅　比丘尼寶豫
一切□生皆同成佛
正光六年即孝昌元年孝明帝以六月癸未改年前刻
先三月此刻先十七日故仍稱正光
趙清女四百人等造像殘石（存上截五寸七分廣一尺九寸記八行行存四字題名五行字徑七分正書）
大魏正光缺　乙巳朔十缺　趙清女□缺　四百人等缺
郡令長群缺　知識居家缺　像一軀願缺　一切衆生
缺
□和寺　惠紀　惠榮　道化
故郡寺

（惠紀見魏書釋老志以義行知重）

楊豐生造像記（高一尺六寸廣八寸六行行廿四字徑八分正書）
大魏孝昌三年歲次丁未四月戊巳朔廿日壬子佛弟
子楊豐生減割家珍為亡父嵩敬造石像一區願亡者上生
天宮下生人間胡王長者墮洛三塗待悞諸佛速令解脫
佛弟子楊嵩　弟子楊□興
戊巳朔當是癸巳朔割即割字與嚴小洛一刻同悞當

爲悟㦮晤字

女官王阿善造像記高九寸廣九寸三分正面像二軀題榜三字右側記二行左側題名二行背上截刻車一車左題榜三行下截左右各刻一人乘馬相對中間題榜二行字徑五六分正書

隆緒元年十一月廿五日女官王阿善造像二軀願母𦡫爲

善居在右側

玉皇□在正面左上角

忈夫馮阿樹　忈息馮義顯在左側

道民女官王阿善㝡卤上在背上截之左

姪馮毋妨乘馬上　息馮法興乘馬上在背下截之中

孝昌三年十月雍州刺史蕭寶寅據州反自號曰齊年

上字下空一格

稱隆緒明年正月平此用隆緒年號石當在西安得之

張神遠造像記座高三寸廣一尺四寸八分廿七行行五四字字徑六分正書

大魏永安三年五月十日清信士張神遠敬造石像一軀供養上爲亡父母現前兄弟妻子眷屬願捨形受身常處妙境值佛聞法悟无忍一切衆生咸蒙法澤

張佛兄弟三人造像記高三寸五分廣二寸七分四行行廿七字字徑四分至六分正書

大昌元年十二月十□□□張佛兄弟三人爲父母□像一區

孝武以中興二年即位改元太昌此作大二字古通用

比邱僧欣造像記石高二尺五寸中廣一尺八寸上寬下狹上半及兩旁俱刻佛像下半記八行廿字至廿五字不等字徑七分正書在京師端方家

大代太和廿三年歲次己卯十二月壬申朔九日庚辰比丘僧欣爲生緣父母并眷屬師僧造弥勒石像一區願生西方无量壽佛國龍華□下三會説法下生人間侯王子孫□□菩薩同生一處願一切衆生普同斯福所願如是

魏太和廿三年十二月九日

韓顯宗墓誌并陰

碑形圭首統高一尺七寸五分廣一尺三分十八行行二十四字字徑五分餘誌正書年月一行篆書額題魏故著作郎韓君墓誌陽文篆書在河南府學

君諱顯宗字茂親昌黎棘城人也故燕左光禄大夫儀同三司雲南莊公之冠孫大魏使持節撫軍將軍齊冀二州刺史燕郡康公之仲子以成童之季負秀貢國弱冠之華徵榮麟閣載籍既優又善屬文立志皦然外明内潤加之以義與人交人亦久而敬焉仕雖未達抑亦見知洗義獨足不迷清淵可謂美寶爲質彫磨益光也春秋卅有四太和廿三季四月一日卒於官有赭陽之功追贈五等男加以繒帛之賻礼也其季十二月廿六日卜窆於瀍水之西紼引在途魂車靡託妻亡子幼𥁕以爲主雖兄子元雖仁孝發表義同猶子送往念居攝代喪事親舊嗟悼痛隸酸愴敢鐫製幽銘以旌不朽之令名其辭曰荊挺光璧海出明珠在物斯況期之碩儒應韓啓族肇自姬初康公之子莊公之餘學綜張馬文慕三閭春英早披秋華晚敷言與行會行與心符欽賢尚德立式存謨揚貞東觀建節南隅惟帝念功錫爵是孚上天不弔杌疾纏軀人之云亡永矣其徂昔聞瞽叔今覩齊孫輔野凄愴親友欷歔銘之冠石以表其殊

野

魏太和二十三年十二月廿六日

碑陰二字一篆書徑一寸三分一正書徑六分

銘志

妻魏故中書侍郎使持節寧軍將軍𨛫州刺史昌平侯

昌黎孫冠明之叔女

大和廿三季歲次己卯十二月壬申朔廿六日丁酉此石出土未久不見於前人著錄顯宗魏書有傳爲韓麒麟仲子麒麟官冀齊二州刺史卒贈散騎常侍安東將軍燕郡公謚曰康與誌所敍悉合誌稱顯宗弱冠之年徵榮麟閣載籍既優又善屬文言其舉秀才對策甲科除著作佐郎𣪠撰燕志孝友傳所作文章頗傳於世也曰仕雖未達抑亦見知者顯宗數上書言事孝文善之又曾謂顯宗曰見卿所撰燕志及在齊詩詠大勝比來之文云云後以爲廣陽王嘉諮議參軍顯宗上表自矜伐訴前征勳有詔切責尚書奏免顯宗官詔以白衣仍守諮議失意而卒也曰赭陽之功者太和二十一年車駕南伐顯宗爲右軍府長史征虜將軍統軍次赭陽斬齊軍主高法援新野平也追贈五等男者傳云景明初追赭陽勳賜爵章武男也景明宣武年號誌作於太和廿三年十二月其時已被贈禮而傳稱景明初者孝文以是年四月朔崩與顯宗卒同日越十二日宣武即位是追贈在即位後故傳以爲景明初也曰子幼無以爲主兄子元雖攝代喪事者傳云興宗子子熙字元雍少孤爲叔顯宗所撫養顯宗卒子伯華又幼子熙友愛

等於同生知誌謂仁孝發表義同猶子送往念居攝代
喪事亦紀實也顯宗高祖故燕左光祿大夫儀同三司
雲南莊公史無攷銘後記顯宗妻魏故中書侍郎使持
節冠軍將軍郢州刺史昌平侯昌黎孫元明之叔女不
曰從女兄弟從姊妹而曰叔女僅見於此不書妻之父
祖而著其從父昆弟蓋取位顯者表之也孫元明亦無
攷又按昌黎郡魏志屬營州棘城始（縣史所不載其名）見於晉書慕容廆
載記廆曾祖莫護跋建國棘城之北廆以遼東僻遠徙
於徒河之青山後又以大棘城即帝顓頊之墟復移居
之嗣又分遼東大姓於棘城置縣當在其時魏初屬冀
陽郡太平真君八年併入龍城縣屬昌黎地形志冀陽
昌黎二郡所領縣皆不列棘城其已併省可知也此誌
稱昌黎棘城人韓麒麟傳亦如之元和姓纂韓氏有昌
黎棘成（城疑之譌）支不知何故若未省併以前宜云冀陽棘
城人既省併以後宜云昌黎龍城人然傳及此誌不當
有誤應再攷之末行窆期十二月壬申朔廿六日丁酉
按是年四月丙午朔五月丙子朔八月有閏推至十二
月壬申朔適合

查拓本補尺寸

小注八行初稿与録稿均七行不知從誰爲是

添一行

龍門山造像四十四段 書俱正

尹愛姜等題記

姊女 二字在題記之上如額式

景明三年六月廿三日□□□□□□□□子唯䑛尹愛姜唯
䑛□□□□□□□□王容王午好楊醜姜郭容劉豐王
當武轉好王□趙尹娥容鄭木胡歎□尹醜□尹□□程曇
妙尹顯□尹□姜等廿一人各為七世父母所生眷屬亡者
生天生者福德□造石弥勒一區普為終生咸同此願

賈尤嬰題記 高二寸餘廣七寸八行行字不一正書

清信女賈尤嬰為亡夫□男□□造弥勒像一區

魏龍門造像記景明三年六月廿三日

添一行

景明四年十一月一日記

比丘道仙題記 右高二寸二分左高三寸五分廣八寸餘廿行行字不一末又一行字徑四五分正書

□□□正始元年十一月三日比丘道仙敬造賢□像一區
願□□康□□□□□□□□作□□□至成□生閒□靚
形□重□一時除滅
此文殊師利菩薩 此行當是別一刻

張英周妻蘊文好題記 方三寸八分五行行字不一字徑五分

正始五年四月廿日門□□□□曹史張英周妻蘊文好造石
像一區為所生父母合□□□□□□□□所願從心

史某題記 高四寸廣三寸五行行字不一字徑五分

正始五年四月□日□□□□吏史□□造釋加文佛□像
一區上為七世父母□□生父母回緣□□□□□□
泐名題記 六行行字不一字徑八分 高一尺一寸五分廣二寸
永平二年六月廿四日□□□為七世父母所生父母眷屬
造像一區所願從心
道暈等題記 高三寸廣一尺一寸廿一行行字不一字徑七分
永平二年十一月十六日邑師道暈邑主賈元尹侯□陰王
滕韓□齊□見廿廿二人等為國造弥勒像一區
法陵等題記 高一寸八分廣一尺五寸廿二行行三四五字字徑四分

分注若干行泐有漫漶不可辨与後跋不符而注在闕處於稱跋字数殊方不刪此 下俗 張□□

永平二年正月中和日法陵為□□父母師僧善□知識法
界衆生敬造□法護□伯□□□□□元□□元迎□
元□□ 後七行漫漶不可辨
年上一字已泐姚晏中州金石目作二年此刻之下横
列題名十九人均漫漶不可識
黃元德題記 高八寸五分廣四寸六行行字不一字徑五六分
大代永平四年二月十日清信士五品□□黃元德弟□奴
子敬造弥勒像一區并五十五佛為□□願亡母託生西方
妙樂国土若人閒王侯長復□合門大小見在安隱復願一
切□□□□□□□同斯福一時成佛

清信女造无量壽佛記 下缺存五行字不一字徑一寸 高三寸六分廣五寸
神龜元 下缺 清信女 下缺 无量壽 下缺 夫託生西门 下缺 隱願之從 下缺
姚氏目有清信女姜氏造无量壽佛像神龜元年七月
當即此刻
青州刺史□尊鎸像頌 高一尺四寸廣一尺五分十二行行十七字字徑六分
魏故使持節平西將軍東陽鎮都大將青州刺史隴西 下泐
公諱尊字天生南安人也秦文桓□□之□孫鎮西將軍隴
西惠公之世子龜組□□□□軒□罕□名實騰茂通鑒無
外機□□□每登高栖異矚曠游心何嘗不御青霄而遺軀
望峻嶺而圖想至乃方軏南陸途企伊川覩崇崖之峥嶒臨
清流之滂衍遂鎸巖□石雕神妙軏□會毅華控引離之觀
彩□煥□以垂不□之感乃作頌曰
靈慈既□大覺紛流迹絕空経遐致□周非德誰極非□□
□□□春膏廓彩寒禾 下缺 泐
正光元 下缺
造像者諱尊字天生佚其姓秦文桓□□之□孫鎮西
前缺 □弼□而□□□現丈六隨□□聞唱說三乘□衿視聽
皆化黨□□□治千載□□比肩慧榮□□国流□□□
竭已□資□□□□寸□□□□□願帝□□延亡□尉
□□及姉妹一切含生□登彼□同證正覺　正光二年二

月七缺下

尼道□題記高四寸五分廣一尺二寸行字不一字徑五分 此四行在記右鍋像之上

正光二年三月□□日

比丘尼道□□□□像一區□□□□□□生父母□弟□□

□□託生西□□□□□□□□□□□言□顏一切

□□□□□

□黑奴題記高三寸五分廣三寸五行後空三寸餘又二行字數不一徑四五分

正光二年七月十五日□□□□□黑奴造□像一區顏□

□□□□永□三□

一切衆生普同斯顏

祖□等十六人題記高四寸五分廣二尺六寸五分三十七行行字不一字徑五分後七行較大

清信女佛弟子祖□爲亡母崔造像一區

比丘尼僧泐下

比丘尼僧靜顏自□平安造像一區

清信女佛弟子祖□□□□造像一區

清信女佛弟子封□祖造像一區

清信女佛弟子祖司馬造像一區

清信女佛弟子祖長荷造像一區

清信士佛弟子□州主薄封長文造像一區

清信士佛弟子封□□造像一區

清信士佛弟子封菻□造像一區

清信士佛弟子封□章造像一區

清信士佛弟子封□□造象一區

清信女佛弟封令妃造一區

清信女佛弟子封令妃造像一區

清信女佛弟子封□正造像一區

清信女佛弟子李敬容造象一區

維大魏正光二年十一月廿九日合造釋迦像十六區顏今

眷屬安隱無病長受昕顏

正光殘刻高三寸五分廣四寸五分六行字徑六分

正光二年泐下□□惠榮下及第三行全泐爲一切下及後二行全泐

李要□題記高三寸五分廣七寸七行行字不一字徑七分

正光三年八月□日司徒公□□□□李要□造像一區顏

万□消除衆□□會七世□□□同□□

公孫□□題記高三寸五分廣五寸六行行字不一字徑五分

正光三年九月□日□□人□公孫□□爲亡父母□□□

□造无量壽佛一區顏下及末一行泐

楝氏題記高二寸五分廣九寸三分十行行字不一字徑七分

正光五年七月廿三日清信楝氏任陵妻爲亡夫自身居眷

大小敬造觀世音一軀顏下及末一行泐

添一行低二格寫

棟氏任陵妻者棟氏為任陵之妻也

泐名造觀音像殘刻 高五寸八分廣八寸八行存字不一字徑六七分

正光六年四月廿日清□□□養為息男□□上缺□觀世□

□上缺軀百□□□大上缺界邊地□□上缺□城佛道善上缺願下及

末行俱泐

中明寺尼道暢等題記 前高六寸五分以漸而短廣一尺三寸七分十六行行字不一字徑五分

姓名僅養字可辨訪碑錄作□替卷

中明寺比丘尼道暢道積道保依方等行道願造多劫千佛

往越司空公皇甫度□夫光夫□□夫人柳夫人諸貴人等

北海王□□□為皇帝陛下皇太后曠劫諸師七世父母所

生父母見在眷屬十方法界天道眾生〻世〻□多劫千佛

發菩提心弥勒三會願登□道一時成佛大魏孝昌元年八

月十三日記

皇甫度是年由領軍將軍拜司空北海王名顥初以御

史彈劾除名正光五年復爵賢劫千佛賢作多作多皆

即劫與賢疊韻通用

紫內司尼為女法暉造像記 前高三寸後二寸四分廣一尺五寸廿五行行五字字徑七分

孝昌二年四月廿三日紫內司尼為上女尼法暉敬造弥勒

尊像一軀願此善資離□□□

尼法起題記 高二寸五分廣七寸六[illegible]行行五四字字徑六分

孝昌二年四月廿三日比丘尼法起敬造觀世音□

清信王題記 高三寸五分廣一尺五寸二分廿五行行四五字字徑八分

孝昌二年四月廿□日青信王為亡夫甯遠將軍□□□□

□□□父母師僧法界眾生敬造弥勒尊像一軀願同□此

□下缺

甯遠將軍第五品上清信作青

左藏令榮九州題記 高三寸八分廣一尺九行行五六字字徑五分

孝昌二年五月八日左藏令榮九州仰為父母眷屬現世安

□自身□俆眾惡消滅仕□□昇吉慶頻集十方眾生下泐

紫內司尼為弟造像記 高五寸廣二尺二寸五分十六行行四五六字字徑一寸餘

孝昌二年五月八日紫內司尼為□弟□□□□□□□□

□□□□敬造弥勒尊像一軀□□此善□□□□忄滄法

□有形之類一□津益□ 後五行惟末行行首兩字可見餘俱殘泐

孫妙□題記 連龕高五寸五分廣三寸五分首行在龕右餘四行在龕下字徑四五分

孝昌二年五月廿二日孫妙□□□為□□□□敬造无量

下泐

傅□□造觀世音像記 高二寸五分廣八寸五分六行行字不一字徑六七分

孝昌二年五月廿九日傅□□為自身夫妻敬造觀世音後一

行泐

孝昌殘題 高四寸七分廣一尺三寸十四行僅存前二行行六字字徑七分

大魏孝昌二年太歲在丙午□ 後約十二行泐存數字文亦不顯

尼法恩尼明勝兩題 高一尺廣一尺五寸四分龕右二行龕下十四行龕左四行行字不一字徑六七分

大魏孝昌三年歲在丁未五月廿四日□□□法恩仰為七
世父母所生所養□□眷屬造釋迦文佛一區願生〻世〻
□□聞法願〻從心
比丘尼明勝姉張阿□造佛一區
比丘尼法恩為阿闍利□公和上道□□□主阿□和上等
造□□
大魏孝昌三年歲在丁未五月廿四日比丘尼明勝仰為上
世父母所生所養□眷屬造釋迦文像一區願生〻世〻□
佛聞法願〻從心

南内府主簿題記 高三寸六分廣一尺六寸字徑八分

孝□□□四月廿三日南内府主簿□□□仰為父母師僧
法界衆生敬造弥勒尊像一塸願此善普津咸登正□

沙門曇余題記 高六寸廣一尺一寸十行行五六七字字徑一寸

大魏武泰元年四月戊子朔六日癸巳景□寺沙門曇余仰
為一切衆生敬造弥勒像一區又願弥勒三會□□□□□
聞仏法□死生恐□成正覺

高貧生等題記 高九寸廣七寸五分七行字徑七八分

□王□□王 下泐約十字 高貧生 下泐約十一字 □□生 泐六七字 音思□高

世孟 下泐不辨幾字 晉□□七世父母□□□□□□一區
武泰元□□月 下泐

尼道慧題記 高四寸廣四寸六分四行行字不等字徑五分

建義元年十一月廿三日比丘尼道慧石浮啚一區願一切
法界有刑之□□免昔患又願已身□□貧乏苦惚衆生一
時成仏

李長壽妻陳暈題記 高二尺廣四寸八分五行行廿至廿九字不等字徑七八分

夫真□□沖昈□□尋光影可以依怖是以太中大夫□□
将軍南面大都督□水縣開國公李長壽妻陳暈宿因□遇
□為李家□善内數□志□超悟割捨家財造釋迦像一堪
願夫□高遷帝主睿念又願已身□息侶孫□任所生者使
□子孚康聖賢祐助□眷安圍命齊天等行来□心一切從
願 永安二年六月十三日□□銘記

李長壽周書附其子延孫傳伊川人孝昌中為防蠻都
督永安年授持節大都督後為河北郡守轉河内郡守
有功授衛大将軍北華州刺史賜爵清河郡公孝武西
遷授潁州郡守遷廣州刺史東魏行臺侯景率兵攻之
城陷遇害此刻銜稱太中大夫□□将軍南面大都督
□水縣開國公蓋造像在永安二年正授持節大都督
時也将軍上字所缺不能定為何字其授衛大将軍猶在

後耳□水縣公傳略之記言又願已身□息佀孫□任所生者云云佀孫即延孫亻文古通用此又以亻為亻任上所泐當是妻字言延孫妻姓任也

尼道慧法感二人題記 高廣各五寸六行字徑四分

大魏普泰元年歲次亲亥八月戊戌朔十五日壬子比丘尼道慧法感二人造觀世音像一區為七世所生父母師僧眷屬願不墮三途無諸苦難

又 高一尺五寸廣五寸三分字徑九分

大魏普泰元年歲次辛亥八月戊戌朔十五日壬子比丘尼道慧法感等二人敬造多寶像一區仰為七世父母所生父母師僧眷屬願使不墮三途□令解脫現在□□一切□衆普斯同福

上刻尼邱此刻斯同皆倒文

尼□遠題記 高五寸廣一尺十行字徑六分

大代普□元年□月□六日比丘尼□遠敬為□□陽□公王□□造□□像一區願□□□□□□弥勒佛所□諸 下及末二行漫漶莫辨

比丘靜度題記 高九寸廣六寸五分五行字徑八九分

比丘靜度願造釋加像一區并造兩觀世音別造小觀世一勸仰為眄生七世師僧父母友一切衆生共同此福

普泰二年閏月廿日造

友殆及字之誤是年閏三月

尼法興題記 高七寸廣五寸六行行字不一字徑四分至八分不等

□昌元年八月十九日比丘尼法興造釋加牟尼像一區亡過□諸師七世父母所生父母眷屬諸親并自身受命延萇之□□及一切法界衆生普同□□□ 此下似尚有三四字

比邱道仙再題記 高五寸八分廣八寸十一行行六七字字徑六分

比丘道仙供養弥勒像一勘比丘道仙敬造仰為師僧父母兄弟姊妹眷屬及法界合生同生見彌面奉弥勒 行泐一 寶方寺

永熙三年歲在甲寅四月十三日造

王歡欣兄弟題記 高四寸五分廣九寸五分十二行行字不一字徑五六七分

永熙□年十月十八日強弩將軍王歡欣兄弟等以感身□□造釋加一區為七世父母

弟盲水將軍阿歡　弟藍川縣開國□□　弟安康縣男□歡□　妹勝濱　欣妻祖兒資　歡妻杜洪資

謹案補正錄此未見前五行強弩將軍從第七品上藍川即藍川屬河州洪和郡

王歡欣題記 高三寸七分廣四寸二分四行行四字字徑八分

佛弟子王歡欣為□父母造像一區

不空移 不空格

劉未等造像記

武如蓮瓣中高三尺八寸中廣二尺一寸下廣一尺五寸上截佛像二層下截之下記十二行字徑一寸其上題名十七行字徑六分每行字數不一上截佛像兩旁及下截兩側均有題名字大小不等在房山縣南七十里上洛村石佛寺今歸端方家

景明三年十一月十一日弟子劉未劉堆劉寄劉黑等四人造弥勒像一軀上為國家皇帝依及七世父母眷屬村舍大小常□佛願上生天上下生人中侯王居仕福貴□産願〻從心□來如意天下太平五穀□登人民安樂□離諸苦劉倉□夫妻侍佛□弟子劉市德侍佛妻孫侍□□息阿祖□和阿嚴道興兄弟□侍佛時 以上在下截

魏景明三年十一月

劉景生侍佛 在年月一行之上佛像之右

劉未妻趙侍佛時 在息阿祖一行之上佛像之左

□妻侯侍佛 弟子劉莫貽侍佛 一二行在下截記文二三行之上

□□劉□侍佛厶 □□景□□帝 □□祖劉黃兄弟[illegible]九人四人臺士茛蒙國山□作丁零護厶軍□□作冀州刺史侍佛時 劉清作䅘郡太守□作楫州刺史佛（仲）劉□□□（保）作護軍封□依將軍□□子劉羌作三郎□作殿中尚書仙罕將軍□縣子侍佛時 劉還香夫妻侍佛 以上在下截之上

比邱□□ 比邱□□ 比邱道安 三行在第一層佛像右邊

比邱惠偘 比邱惠槼 比邱惠周 三行在第一層佛像左邊

比邱□□ 比邱普賢 二行在第二層佛像左右兩傍

劉堆妻張侍佛時息劉戎弟□□□□ 此行在下截右側

散騎侍郎揚威將軍世襧太守□縣子劉保侍佛夫妻侍佛時 此行在下截左側

劉□妻□□ 劉周□劉□ 二行在上一行之下

高洛周七十人等造像碑

高三尺三寸廣一尺七寸側厚三寸四分記在碑陰上截十二行行五六七字字徑一寸碑頭及中下截正面佛龕上下左右並兩側皆題名行數字數多寡大小均不一正書在房山房樹村大寺今歸京師端方家

大魏國正始元年太歲甲申三月戊申玥九日緣縣當陌村
維那高洛周七十人等上爲皇帝陛下造釋迦石像一區故
碣石立記之　高蝎妻王阿香高龍眷屬高市眷屬以上在上截
□□高次文眷屬高融妻王阿漢　高赵宗妻趙同姬　高
蓋奴妻□□　□□□□□□□□以上在碑頭
高欣高達高□□高道原高□□高□世高保□高□□□
□□高□□高大榆高郡生高丰仁　高難高□高　保高
魏正始元年三月九日
僧恭高雙保高□□高國洛高惠□高獨□□□□□　高□
難高克仁高伏保高□□高演高保榮□□□□□高男
□高□□高明　高虫子高副孫高可□高次可高白居高
□□高昆高□□高□仁高伲奴　高天高□高□高康高
保成高思仁高□□高伏居高□□高□□　高保同高僧
受高清同高龍居高法興高思□□□□高安欣以上在佛像之右
高祖明在佛像下　□□□待佛在像下偏左
高扶妻孔羽女待佛中間曼平不辨幾字高阿□高□高苟高嚴生待
佛清信女張門勝王念姬龐阿□中間曼平僅龍字可辨四人眷屬侍
佛高香靈高景植高允仁妻王念姬息□德妻中間漫滅生景賓
景和兄弟父眷屬侍佛石像主高文妻史寄玉息寬來寬得
□□□□□□侍佛時　祖高難生趙父高融妻王阿美高
延□高神□侍佛　高樹枝高扶漢高伏蓋高文欣高貴高
□朋高震以上在佛像之左
清信高天妻□□□□此行在碑陽佛龕之上左角斜行
高欣妻審香珠侍佛　高羽妻□羅侍佛以上二行在佛龕之右
高變高□　□□妻王阿光侍佛　高□□妻笛□羅侍佛
以上三行在佛龕之左
高光侍佛妻仇光仁以上二行在佛龕之下
清信士高詳妻倪貽男侍佛　清信士高鮮妻貧與女侍佛
二行在側上列
清信士高伏蓋妻劉容之侍佛　清信士高買妻邢男生侍
佛二行在側下列以上一側
□維那高龍四字在側右邊此上似有字二行磨泐不可識
上缺其儔高具高市高虫子九字在側左邊以上一側

鄭道昭登百峯山詩殘石存上半截高二尺廣二尺四寸側厚四寸三分八行行存七字八字結銜在側字徑二寸正書

詩五言登百峯山缺
久事霞人想始登缺
跡陵危𨵗崟高雲缺
訪仙在寄石半天缺
漢𢠽花樹插霄月缺
室寂〻山涯幽出缺
遠〻一氣朗容〻神缺
阿時奄留

空一行

平東府兼外兵參軍缺此行在側

北魏永平年

以韻計之每行下缺九字第七行及側缺八字拓本題籤云鄭道昭登百峯山詩徧檢諸先輩所錄道昭各題皆無此詩殆新搜得者鄭君雲峯天柱各刻皆摩厓此本似是碑石而佚其下半碑側一行稱平東府兼外兵參軍佚其名蓋鄭君屬官也應再詳攷

北魏延昌元年己魏末中山太守王君殘碑

計八百卅行四十二頁左右參一卷

此處與初稿分異

北魏二

甯遠將軍廣樂太守楊宣碑高四尺五寸廣二尺五寸五分二十三行行四十三字字徑八分末十四列每列二行三行字徑三四五分不等正書在唐山西官村東

魏故甯遠將軍廣樂太守柏仁男楊府君之碑題額四行字徑二寸正書

□□宣字□□恒農人也□□之興□於蒙其先為以下全泐□
時□望擲□越五世祖□□為太尉公震八世□□安北府
參軍事□□□二子晉□始九年舉秀為尚書郎咸甯中除
益州驪縣府長史□□□□□□□□□□如□□□□
□□□□□以軍功賜□懷鄉侯□永嘉元年除趙郡太

魏延昌元年十一月

□□如故□二年□石勒寇趙勒時自号□□大將軍□□
□□□雄略宿聞威猛罕匹□□愍郡甲將與勒戰勒衆窘怖
之軍冀州十五年晉祚失統出□平陽□□□□□□洛□
京燕遂亂世將□解秝癇主上之幽虜傷為臣之無驗乃率
士馬往赴帝難顧命二□□□□□□□□□□□□□
寇境□□□之遇時屯亂還鄉未期汝等且家趙郡觀世隆
叙語訖遂發憤□而□□□□泣諫□□□□一郡之師所
能救必但款誠□□不可□□□□□□歐血而甍高祖奉
命即家於柏仁永甯□□□□□懷舊□食土之毛遂為
□□祖柏仁□□□寬和□□□□有□□□振□□之響

□□□□粹之譽鄉閭□其人岳牧照其□□定州刺史武
□□遒□顯之軌開旌賢之路教□曹命名□□列邑□□
□□□□□□□□於當年□識不群昂藏獨達□□歒□
沈遠好武略愛弓劔龍帀之威應機昇降□通□□□□
□□□九□□□□于時廣簡才□開使西域君器德宿
茂儁響不奄朝廷詳□□充此使即除圖遠將軍□□□□
广遠□副使君恬神淡氣光命□褱撫導沙元和纖崐酉令
朝咸遠振休揚載新嶺右伏　皇□□□□□□□□□□
□□畏咸□□□□驛旣迴以使有□復除振武將軍散
騎常侍□□國使主光揚之□□□□□咸恩□□□□傾
尚命達還朝辭畢倍仵時以勲德除圖遠將軍廣樂太守柏
仁男㫖職九□訴□□□□□京□□□仕而□在□□□
𤩽授長息乃養素東里覩□□壤邕容盧□散誕自溢春秋
七□三以永平四年十一月寢疾薨□窆於柏仁□境名拪
潛世人百其痛金蘭摧□風雲慘□□君孝爲人倫之表鑒
金神淵之內□□□□之□□□□□之志信可以畤蹤古
𩑨□響來儁矣故□淸泉以□□風託元石以流斯詠乃作
銘曰
□收枝□道化□□□□物飛□□□□□□君□代□
□□□□□□□□□□不羣□秀雲□儁器不□□□

振□□此天命□彼□□咸恩並施□維□□感惠獻□珎
□□□化□□□□道□□執志□信臣下之誠懸□侯勲
□人之□□□□予□□俱□公□□□□□□□□□□
□□以□進□恭上命□榮不名天道尉盈人理卷舒君之
鑒昭水鏡斯矜□□九齡□□□□□□北□□□□□邕
容□□散誕明□皇天非親報善無徵不□必効詳也靡□
□呼彼倉□□名承道□□□□□□□
□祖□字思涉　晉尚書郎
□□長史趙郡太守懷鄉矦以上一列
髙祖□字□遊　弟琓字玉寶
晉安北府叅軍第二列　晉華陰縣督護第三列
伯曾祖□字　曾祖崢　祖蒙字
仲熊泰稻田　字㓜子第五列　乾□柏仁
都尉平原太守第四列　縣督□第六列
父□□□　炜□字□
□□□□　□□□□
□□□□第七列　□□□□第八列以下尚有五列漫滅不可復辨
□□延昌元年太歲壬辰
十一月丁亥□□建二行在末一列
此碑在縣東六里西霍村東字畫剝落三分之一文難句

讀唐山縣志
宣武帝延昌元年壬辰十月立正書凡二十五行行二十
三字自首行至十八行係序文第十九行至二十三行詩
銘詞第二十四二十五行序家世凡分十五截以下所錄碑文與攷
證者即之第三截弟琁當即君高祖之弟此與趙州李憲碑同
例上序長子布遠而序布遠之子則曰子長鈞不曰孫長
鈞蓋北朝時人作文序事省筆耳而魏書則以長鈞為憲
之子此不可不辨碑文字半剝泐楊府君諱□今搨本宣字尚可辨
識唐山縣志作宣字□□縣志作宏𢿘今碑字漫漶不敢
傅信五世祖□□疑即碑後所序之字思涉者太尉公震
八世之□安□府參軍事□□□二子晉泰始九年舉秀
為尚書郎晉泰二字已泐今搨本尚可識書郎二字從第二十
四五行中字補遇時屯還鄉未期汝等且家趙□繹其文
義似其五世祖命其子孫家於趙故曰汝等按碑也下有亂字趙下為
郭字遂發憤□□□泣諫□□□□非一郡之師所能救□
□款誠□□□不可毆血而斃案碑詞似其高祖泣諫其
五世祖之辭謂非一郡之師所能救而其五世祖卒毆血
而斃也按碑於情下應泐七字救下四字但字皆可辨識誠下泐二字不可下有六字泐高祖奉
命即家於柏仁永甯者北齊天保六年報德像碑有曰令
皇后趙國柏仁縣永甯鄉淮里人也今碑詞云云蓋家於

柏仁縣之永甯鄉也攷魏書官氏志甯遠將軍第從四品
上振武將軍第從三品下通直散騎常侍第從三品中今
碑始除甯遠將軍充使西域以使有功復除振武將軍散
騎常侍是由從第四品歷第從三品階乃復云以勲德除
甯遠將軍廣樂太守此則由第從三品轉第從四品蓋因
件時鐫級而出為廣樂太守也攷魏書地形志無廣樂郡當
係史志之缺碑文不應有誤今唐山縣志於封建門則曰
晉柏仁男楊宣字宏猷漢太尉楊震八世孫咸甯中除長
史以軍功封懷鄉侯永嘉元年除趙郡太守是直以其祖
之官加諸子孫而於碑碣門則又列之東魏其於官爵名
位與夫地名年號絕不一加考核可為鹵莽滅裂貽誤後
學者矣求是齋碑目同
謹按後漢書光武紀有吳漢與劉永將蘇茂戰於廣樂之
語章懷太子注云廣樂地闕今宋州虞城縣有長樂故城
蓋避隋煬帝諱考魏書地形志有長樂郡隸司州當今河
南彰德府安陽縣境宋劉敞等上魏書表云隋煬帝敕楊
素等別修魏書未成而素卒是今所存之魏書大半為楊
素等竄易已非魏收本書與志中廣樂郡亦因避諱更名
長樂郡之所由來也而漢書注中之語與碑中之地名適
不脛而合矣畿輔通志

畿輔通志採求是齋跋以今搨本校之所錄碑文互有
隱顯楊君名宣搨本猶可辨識其字宏敏敏字亦略具
筆蹤縣志云云尚足傳信碑每行四十三字獨第六行
多一字求是齋跋作二十三字蓋寫刊之譌耳晉書懷
帝紀石勒寇趙在永嘉二年九月考石勒載記勒時受
劉元海偽職稱平東大將軍碑所泐二字宜是平東然
下一字存有筆蹤塙非東字草竊稱名非一史不悉記
也楊宣及其五世祖懷鄉侯甚以下均無孜恒農即宏
農以顯祖諱改昂藏作昂誤畤耕田起土也碑用作埒
字

光州刺史高慶碑石連額高五尺八寸廣二尺五寸二十二行行四十三字字徑九分正書碑在磁州安陽閘

魏故光州刺史貞侯高君之碑篆額四行陽文字徑二寸七分

魏故鎮遠將□缺下
君諱慶字　長□勃海□□左光祿大夫□海郡缺下
文昭皇太后之姪　世宗宣武皇帝之內弟也其氏族所
出□□□□神農□缺下　父大其宗蓋聖賢之所以葦興國
予不可量己君藉祖祢之重光稟山川之□□缺下　敦風智
早成既□異於懷袖雅步溫容亦見貴於紈綺爰□書計暨
乎志學莫不缺下　俠功倍□□月將若□孝悌之至忠信之
北魏[illegible]年八月[illegible]

萬則閨門無閒言琵挨歸其　美君時　天子當陽□□缺下
李又□光□龍昆弟駢羅犖宗比映接閒王嬪聯閨帝□
冠蓋如陰歌鍾成列雖東都國舅之尊□京帝賀之重方然
比盛未□□□□既生飫膏粱長帷幃里而訥訥其言恂恂
其行愛賢好礼不以寵昵驕人推誠約己必以平　緦□□
□□□□載揚芳風遠矣京兆王以元弟之貴作牧本州辟
書先下實光舉首徵君為州主簿於是容□□□□□負
□雖年在弱冠時人固以遠大相許既而胥高之謀已結閒
童之說將行君子　時姊為皇后內執六宮之□妹為冢宰
外捴百□之摧人見危亡之機身無安全之地徒一置以俟

空一格

命不苟合而邀生雖與長史太山□□靈孔司馬趙國李良軌外兵叅軍□州□景儁□□叅軍清河崔伯驥等確然居正見忌寔繁及淫□已逞一時俱斃雖三良既殉百身斯贖方衰等□亡或加爲時春秋十有八正始五年歲次戊子八月乘己朔十日庚寅悲動二宮感纏百辟　詔曰去秋釁起儀蕃忠良□酷主簿高慶秉志貞亮抗節逢遊殞命淫刑公私可痛宜加陟錫以勸殊操　雖釋褐甫尔易識□近可特贈鎮遠將軍光州刺史加謚曰貞夫乾生重節𨷖閒罕有其人見義亡身丹青布畫其像□夫□質共筠松等茂貞心與珽璧俱凝公安能被嚴霜而蕊翠出□石而皎潔者哉允我同僚□于勿及悼□□之先零悲樹木之方合迺刊石於墓門使煩　重而炬昏其詞曰

昔在中呂外戚子□匪齊伊謝俾邑俾侯自兹已降舊典率由以□以翰𤈁武□循泱泱大猶儷天之妹惟姑惟姪爰仇爰配迺錫其光山川備載謁□芳□旟鏘珩珮介□□□或蘭或薰成童晏□弱冠恂恂□　有今聞是□日新光及弟矣並擢清塵雖桑與梓必恭敬止□□□□爲總爲紀彪彼□滅恬茲蘯喜寔□□□寬莫己見義忘生蹈此淫刑銜□□□□□幽誠□終□□□□□旌人誰不□□□揚名

右高慶碑慶爲文昭皇太后之姪世宗武皇帝之内弟按魏書高肇傳肇文昭皇太后之兄渤海蓨人父颺贈左光祿大夫賜爵渤海公謚曰敬肇兄琨偃壽弟顯琨子猛皆附見肇傳而慶不與焉以世宗之内弟言之宣武皇后高氏爲高偃之女則慶爲偃子勃海敬公颺之孫也碑云京兆王以元弟之貴作牧本州辟君爲州主簿按魏書孝文子愉太和二十二年封京兆王都督徐州刺史罷還京貪縱不法世宗杖之出爲冀州刺史又世宗紀正始三年十一月帝爲京兆王愉等講孝經於武乾殿則其牧冀州當在正始四年慶爲州主簿是其時矣紀永平元年八月癸亥京兆王愉據州反本傳愉在州謀逆遂殺長史羊靈引司馬李遵碑云慶與長史太山□□靈孔司馬趙國李良軌外兵叅軍□州□景儁□□叅軍清河崔伯驥等確然居正一時俱斃按史愉以高肇忿擅畏忌而反慶爲肇猶子見幾不早而身事之何也史言愉好文章頗著詩賦引才人共申宴喜招四方儒學賓客數十人館而禮之此懷才之士所樂附者也而慶以事非其人弱齡罹禍碑言人見危亡之機身無全安之地徒□置以俟命不苟合以邀生蓋傷之也長史太山□□靈孔即羊靈引山下羊字之首尚

存三筆半下餘一格者原石有損讓出不利凡文中不應跳格而空者皆此故也司馬趙國李良執當即傳之李遵以字稱耳碑言正始五年八月辛巳朔十日庚寅按世宗本紀辛巳乃是年九月朔非八月是歲為梁天監七年以梁書武帝紀七年正月乙酉朔推之八月亦不得有辛巳朔而九月辛巳朔則適合愉之以叛聞也在八月癸亥帝命鎮北將軍李平討之九月辛巳朔李平破愉於草橋癸卯克信都愉北走統軍叔孫頭執送京師癸亥非八月十二即十三日癸卯則九月二十三日慶被害在九月十日庚寅是愉既敗而猶負固之時也碑誤九月為八月舛矣又正始五年八月丁卯已改元永平碑不書永平元年而曰正始五年亦舛引右直作乚漢丁魴碑已有之碑不記立石年月例次永平元年以文於宣武已書廟號故列熙平元年

營州刺史崔敬邕墓誌銘

前稿本高廣行字均未詳字徑六七分在安平出土久佚

魏故持節龍驤將軍督營州諸軍事營州刺史征虜將軍太中大夫臨青男崔公之墓誌銘

祖秀才諱殊字敬異

夫人從事中郎趙國李烋女

父雙護中書侍郎冠軍將軍豫州刺史安平敬侯

夫人中書趙國李詵女

君諱敬邕博陵安平人也夫其殖姓之始蓋炎帝之冑其在隆周遠祖尚父實作太師秉旄鷹揚剋佐撫殷若乃遠源之富弈世之美故以備之前冊不待詳録君即豫州刺史安平敬侯之子冑積仁之基累榮構之峻特稟清貞少播令譽然諾之信著於童孺瑶音玉振聞於弱歲年廿八而儁華茂實以響流於京夏矣被　旨起家呂為司徒府主簿納贊槐衛能和鼎味俄而轉尚書都官郎中時　高祖孝文皇帝將改制創物大崇革正須以君兼吏部郎詮叙彝倫九流斯順太和廿二年春宣武皇帝副光宗正妙簡宮衛須以君為東朝步兵景明初丁母憂還家居喪致毁幾於滅性服終　朝廷以君聰思凝果善謀好成臨事敢奇前略無滯徵君拜為左中郎將大都督中山王長史出圍偽義陽城拔甗掠君有協

北魏熙平二年十一月廿一日

規之効功績隆盛授龍驤將軍大府少卿臨青□忠懃之稱
寔顯於茲永平初聖主以遼海戎夷宣化他賢肅愼邦丹必
也綏接於是除君持節營州刺史將軍如故君軒轅始邁聲
猷以先麾蓋踐壃而温膏均被於是殊俗知仁荒嵎識澤惠
液逹於遍遐德潤漳於遐服延昌四年以君清政懷柔宣風
自遠徵君爲征虜將軍太中大夫方授美任而君嬰疾連歲
遂以熙平二年十一月廿一日卒於位縉紳痛惜姻舊咸酸
依君績行蒙贈左將軍濟州刺史加謚曰貞私也孤息伯茂
銜哀在疚摧擗罔訴泣涕訓之崩況淚松楊之以樹洞抽絶
其何言刊遺德於泉路其辭曰

綿哉遐胄帝炎之緒爰歷姬初祖唯尚父日周日漢榮光繼
武邁德傳輝偽暐代舉於穆缺孝誕質含靈秉仁岳峻動智
淵明育善以和游幹以貞響藉邦國翼起槐庭慶鍾盛世
皇澤遠馳入參彝叙出佐遐戎謀成轅幕績著軍功偽城飈
偃蠢境懷風　王恩流賞作捍東荒惠沾海服愛洽遼鄉
天情方渥蘭質惟良如何倉旻國寶淪光白楊晦以龍雲松
區杳而烟邃狼孙叫其崩窓覩窅颷而垂淚仰層穹而摧擗
痛尊靈之長秘誌遺德于何陳篆幽石予深遂嗚呼哀哉

一若燮一格

誌石近出安平縣已取置學鄉賢祠令按其文另行序
世系在題目之前祖秀才諱殊字敬異夫人從事中郎

後二行移此

趙國李伏女父雙護中書侍郎冠軍將軍豫州刺史安
平敬侯夫人中書趙國李銑女此惟行狀序三代有此
式今用於誌銘亦金石例所希也下入崔公誌題序云
君諱敬邕博陵安平人也年廿八被旨起家召爲司徒
府主簿俄而轉尚書都官郎中兼吏部郎詮太和廿二
年春宣武皇帝以君爲東朝步兵景明初丁母憂服終
徵君拜爲左中郎將大都督中山王長史出圍偽義陽
城拔巍旋君有協規之功授龍驤將軍太府少卿臨青
男永平初持節營州刺史延昌四年徵君爲征虜將軍
太中大夫以熙平二年十一月廿一日卒蒙贈大將軍
濟州刺史加謚曰貞敬邕魏書有傳自初歷官至卒加
贈皆與誌合惟營州刺史傳作管州爲字形之訛又延
昌四年徵爲征虜將軍傳作熙平二年卒於熙平二年
而傳作神龜中謚曰貞而傳作恭當依碑爲正臨青男
傳作臨淄男未知其孰爲審也義陽城拔君有協規之
功即傳所謂中山王英南討事也字別體煎作擷旒作
旄梟作褭授堂金石文字續跋
崔敬邕墓誌康熙年直隸安平出土孫氏訪碑録載之
原石已佚拓本流傳甚少書法絶佳吳氏筠清館云在
安平鄉賢祠壁者重刻本也光緒戊子任筱園中丞假

二行移前

李香岩方伯所藏原榻翦標本雙鉤行世因錄存之 咸母月

王士禎居易錄云陳崇石爲安平令掘田隴間得此誌其祖父名爵列於題銜之前與宋劉襲誌同黄本攈古誌石華續古文苑載此文標題太中大夫作大中瑶音玉振作震中山王長史作刺史並宜勘正惟響發邦邱作邽邱則與武授堂黄虎癡兩家同此本雙鉤容有或訛未敢據以糾之也崔敬邕傳子言子戲襲爵誌言孤息伯茂亡書其名一舉其字也

齊郡□□元墓誌銘

高一尺四寸二分廣一尺一寸七分十五行行十七字字徑六分正書山東人載之來京售於王編修懿榮

□故齊郡□□君□（闕）

君諱元字澄穹齊郡臨菑人也漢故司徒公□□十世之孫根□新平流移齊土闔門孝□□邑□詮藉甚聲騰遠近矚望文武兼懷効績班宣大魏永平初新除臨菑令未久遷□除齊郡降年不永春秋八十二神龜二年冬十一月廿六日卒□□元年歲次庚子□月辛丑朔廿一日□□□□菑南逢山之□阿大夜元□長寘□□□□□□□華□其辭曰（下空）

□□名挨世範流馨孝□□神□元單誠□□□志汎□抽情□□□葉如松如栢穆□神儀□□□□蔚若蘭嶽□□霧□卓尓（闕）樹□□□□□□□和序允剋榮茲齊（闕）□民仰德□□□□□潛幽壘

正光元年

自漢巳來臨淄字多作菑武班碑齊國臨菑景君碑陰齊國臨菑斥彰長田君斷碑自齊臨菑皆是廣韻淄古通用菑菑同菑篇海正字通菑音義並與菑同蓋菑淄之借菑菑之俗見集韻菑又菑之變而此誌又變爲菑也後孝昌三年邑儀等造像記亦作菑

此記与初稿多有不合 複缺少左右側題名不知何故

崔永高等卅六人造像題記并陰兩側

拓高一尺二寸廣一尺八寸記十四行行十二字左右題名各二人陰高一尺五分廣二尺題名三列每列各廿七行字大小不一均正書

夫至性沖凝由會旨字闕三決氵象表容是以佛弟字闕三卅六
人等仰八字之字闕四沙之遠致敢罄單誠字闕四石象一區工
籌彫□字闕二方歇其暈至妙若取□字闕二秖桓□右雙侍狀
諸大字闕三玉妆功既成情存無濟□願皇帝□延明喻日月
四表□寧光隆三□又願邑師并諸邑子等鸞越□纓龍飛
常樂望越淨方現在□益捨受從生□沐法澤六趣四衢咸
同斯福　正光四季歲□癸卯六月丙辰朔廿六辛巳日

魏正光四年六月廿六日

王字校初稿大約正

憧主崔永高
邑正董成国
右二行在記之前

二像軍主楊奸定
菩薩主董成国
沙門統道王
□主董法安
開明主董英国
二像軍主王伲東
右在記之上層與像相間

邑正董万敵
憧主董□
右二行在記之後

邑子□文達
唯那王惠興
都唯那董令儁

邑子董道樹
邑子董雙安
邑子衛知識

邑子董道定
邑子董衆敬
邑子史方
右二行在記之後 以上在碑陽

有兩側應補入 跋須重作

邑主王法惠
西相菩薩主王文惠
開西相阿難佛
主董□和
開弥勒像
主董天菌
開佉相加葉
佛主王華資
東相菩薩主
邑主董洛安
都唯那董□
唯那窂法儁
唯那衛洛祖
邑子董天菌
右一列

邑子張洪進
邑子王胡奴
邑子敬知惠
邑子董羅文
邑子董道戌
邑子董暎国
邑子董道生
邑子董榮国
邑子石休仁
邑子董遵儀
邑子董祖仁
邑子董道扶
邑子衛殿拔
邑子董殿拔
右二列

邑子董万勝
邑子姚舍
邑子董勝族
邑子衛長主
邑子董儁和
邑子崔永高
邑子董引
邑子董道暢
邑子□定
邑子
邑子
邑子
邑子董道德
右三列 以上在碑陰

右造像二紙未詳何在高廣不盡同記云卅六人等而題名者凡五十人兩見者崔永高董成國董天菌一題像傍一隨衆題名其為一刻無疑也㧞字不可識國作囯當時已有此俗體西相佉相東相他造像多作廂伽葉作加亦他碑所罕見

魏

鞠彥雲墓志并蓋

高七寸九分廣八寸八分十四行行十三字字徑五分正書

黄縣都鄉石羊里鞠彥雲墓志題蓋字徑一寸四分正書

維大魏本州秀才奉朝請輔國府長史鎮南府記室給事中尚書郎中奉車都尉領郎中魏郡太守寧遠將軍統軍本州司馬中堅將軍鞠彥雲以正光四年正月十六日亡祖瑋給事中祖母昌黎韓父延增東萊太守東武侯母濟南解妻戎威賈中堅英才金聲含德玉潤妙識朗於齠年貞芳茂於弱符德貫顔閔文通游夏拂纓朝伍則冬夏感恩背帝邦符則齊魯易化而至德淵宏非得其門焉盡其美略題關好豈寫真明者哉維大魏正光四年歲次癸卯十一月二日

魏正光四年十一月二日

右鞠彥雲墓誌蓋題黄縣云云詳其鄉里志叙仕履及祖父名位卒葬年月文不繁複體例可法按北魏黄縣屬光州東牟郡在今登州府黄縣東南石出土當在其地志言本州蓋光州也魏書官氏志諸征鎮大將依品開府以置佐史鞠彥雲起家為輔國府長史鎮南府記室按國將軍從第三品其長史第六品上鎮南將軍從第二品其記室從第六品知掾屬不以左降為嫌也

裴晋壽造像記

高連像龕一尺廣四寸五分記在下半七行行字八分多界格徑四分正書洛陽白馬寺出土

大魏正光五年歲次甲辰五月庚戌朔廿八日丁丑□太后中宮□偽士官□應法界有形清信弟子敬造聖像三軀佛弟子裴晋壽敬刊

北魏正光五年五月廿八日

此像石白似玉書法謹嚴開率更之先聲

右裴晋壽刊像石堅白如玉他造像多為親屬資福此特書太后中宮眷屬而清信弟子不具姓名按魏書肅宗母胡充華延昌元年尊為皇太后臨朝稱制正光元年侍中元乂等矯詔奉帝復辟幽太后於北宮孝昌元年復臨朝攝政像以正光五年造其時太后尚在北宮也以彼穢亂肆情而被幽之日有為之佞佛殖勝因者玩其辭蓋宮中近侍所為裴晋壽特奏刀者非像主也書法峻整已開率更先聲

劉根等造塼浮圖記

高一尺二寸五分廣四尺二寸中鐫佛像右記十九行行十七字左題名四行行字不一又二列上列十三行行一人下列十行行一三四人不等字方八分格横六分餘正書

夫水盡則影亡谷盈則響滅娑羅現北首之期負杖發山頹之歎物分以然理数無爽故憂塡戀道鑄眞金以寫靈容目連慕德尅旃檀而圖聖像違顔德忽尚或如斯况劉根等託於冥冥之中生於千載之下進不值鷲嶺初軒退未遇龍華寶駕而不豫殖徽因心存祈向何以拔此昬壙遠邀三會樹因菩提者必資緣於善友入海求珎者亦憑導於水師故世王之慇藉耆婆而曉眞達之倒假門神而悟由此而言自金剛以還未有不須友而成者也於此迭相奬勸異心影附法義之衆遂至卌一人一格二字併有餘各竭己家珎并勸一切仰為皇帝　陛下　皇太后中宫眷屬士官僚庶法界有形敬造三級塼浮圖一區藉此徽因周滿世性慧雲弥布慈波洪澍令一切含零悉入智海學窮首楞究竟常果大誓莊嚴理无盡願十方淨覺現為我證

一

魏正光五年五月廿日

大魏正光五年歲次甲辰五月庚戌朔廿日己卯建訖　佛弟子劉根卌一一格二字併　人等敬造刊記

以上在像右

侍中車騎大將軍儀同三司右衛將軍御史中尉領領左右

武陽縣開國公侯剛

前將軍武衛將軍領細作令閶國伯乞伏寶

武衛將軍景明寺都將元衎

冠軍將軍中散大夫華林都將領右衛司馬孟永

浮圖主段永　包子劉昇王儁郝神

浮圖主趙遵　張通成稱李遵

浮圖主劉根　吳奴王樹儀延韓苟

浮圖主祝顯　王明王隆田龜耿洛

浮圖主邢昇　程順沮顯朱達黃和

浮圖主泰茂　李文益頴畢周王奇

二

浮圖主張纂　蔡雄常起　王欣

浮圖主劉顯　纂檀張臺張老伯儁

浮圖主趙貴　趙賓

齋主王道隆　空五行

唯那主劉根　董珎

唯那主張纂

唯那潘伯年

以上在像左

記有仰為皇帝陛下皇太后中宫眷屬云云不及親屬與上所錄裴晉壽一刻同蓋亦左右近侍所造也侯剛

魏書列恩幸傳碑題銜多與之合惟右衛將軍傳作左
衛而已領左右一職傳繫於車騎大將軍下而官氏志
無之按車騎大將軍從第一品其兼職必略相等
欽定職官表於魏書爾朱榮傳以榮為領左右一條
引胡三省通鑑注云領左右千牛備身也御左右有千牛備身執千牛刀以侍左右亦見胡注其職與今之御前侍衛同表以領左右比今領侍衛內
大臣其秩之峻可知則始為右中郎將領刀劍左右中郎將秩止從第四品則所謂領刀劍左右自與領左右有別而碑稱領領左右疑有衍文矣乞伏寶疑
即孝感傳之乞伏保高車部人襲父爵甯國侯例降為
伯與碑稱甯國伯合寶保古通用孟喜易聖人之大保
曰位史記周本紀展九鼎保玉皆以保為寶漢書梁平
王襄傳戒後世善寶之又以寶為保之證也惟傳叙歷
官與碑互異碑稱前將軍武衛將中部將出為撫冥鎮
將軍領細作令傳皆無之領細作令亦不見於官氏志
元衍魏書列傳兩見一陽平王新成子一東海王墳子
其官位皆與碑不同按墳子衍襲爵在太昌以後其官
通直散騎常侍在武定年間當明帝正光時或嘗為武
衛將軍等官而史略之未可知也都將之名官氏志亦
不載按穆羆傳羆為吐京鎮將欲討叛胡離石都將郭
洛頭拒違不從羆遂上表以威不攝下自劾是都將為
鎮將所轄也又周書寇儁傳孝昌中置鹽池都將秩比
上郡據此可以知其階矣景明寺見釋老志一佛剎而
專設都將以為守護當時之崇奉釋教如此孟永無攷

此記無初稿

魏始郎等造像記

拓本自像下起高四尺九寸餘廣七寸題名二八年月五行行六字記七行行三十五字字均徑八分正書

邑胥魏豐□
邑主魏始郎
正光五年歲次甲辰六月庚辰朔　八日巳亥合邑下及後行泐
以上在題名之下
□□波□□□□□□□□□元□□□□□□□□□□
造其□□已如□損身命　□求□□之□□七珍□□
元□之寶大願既□已要无上之道行□悲已藏蒙感之韜
□□□□□□六□□不□□□□是□□三會永

北魏正光五年六月八日

麦二璽沉淪苦海莫若所趣唯憑□□□□□□□□言□
□□□共□□道□捨七珍遠取名石之及師匠造象一
置運□□□□□□□□若□□□□□□□□□□□□
國土清太願弟子等捨身受身值佛□□□□□□□□□
□□□至成佛值願□□所生□□師徒現存眷屬下缺空□
□□□□□□六道舍生□佛□□□□□□□□□所願
□□是以上在年月一列之下

此當是造像碑之側

初稿有在黃縣丁氏五字是孫家滑上

蘭倉令孫遼浮圖銘記

高一尺六分廣一尺九寸二分三十行行十六字字方徑六分正書

大魏正光五年歲次甲辰七月巳酉朔廿五日癸酉故蘭倉
令孫府君浮圖之銘記
君姓孫名遼定州人也帝緒太原分流樂安爵土有因遂居
鉅鹿爲君稟業沖明惠性天聰少懷淨行長而弥潔悟三有
之无常體四趣之沈溺洞達苦空超鑒十相是以童𠀤之年
信心三寶廝齡十八禁酒斷宍脩發持戒心無染縛善能開
化方便導物聞其善者欣若已身見其惡者引出火宅又不
以支節之痛亦其无我之念遂燒兩指盡身供養至於經行

魏正光五年七月廿五日

業道之處必捨離親愛敦崇在內託心禪定永樂道場至延
昌年中屬　皇上宣帝褒簡舊臣即拜前縣辭不獲免俯仰
從任善於治方數揚恩澤化均魯恭德侔西門名振關左限
過將代百姓愛仰聲玉德慕若失慈父還京數年仍慜道業
將登顯位以　彰庸績春秋六十七前件年日寢疾三朝卒
於京師權殯此處有子耀誠靈鳳子沖等追述亡孝精誠之
切敬造浮圖一堰置於　塋所願令事与消孫等壽理与日
月齊明永流懿範式傳不朽迺作銘曰
二儀無像四天傳則靈剎開神梵堂啓戒伊我君公秉心淵
默深觀正真妙達通塞淹迴聖迹寂息神光栽辯權實離析

攝

舊童十塵外道五陰內忘蒸斯沈溺作彼舟航出宿一塹遊
臨百里秋蝗遠飛春暈近亡清淨未儔蘭寧誰擬方覲弥陀
遠淪濛氾谘余小子未命将淪攝茲寶塔綴此道塵崇功去
刼樹善來因舟鑿雖改永憘天人

石不知何處(處)出土黃縣丁部郎購(購)諸京肆攜歸其家記
稱道信心三寶脩齋持戒永樂道場延(延)昌中宣帝襃簡
舊(舊)臣拜蘭倉縣令受代還京正光五年七月二十五日
卒(卒)春秋六十七以辛年推之其作令已五十六七歲矣
魏書諸孫氏列傳無著籍宕(定)州之人所(所)謂舊(舊)臣今不可
考子顯就等以釋氏法造浮啚置墓所從(從)先志也蘭倉
縣後魏屬(屬)南秦州漢陽郡在今甘肅禮縣東南

曠野將軍□法智墓誌銘

高一尺一寸六分廣一尺四寸四分
二十七行行二十字字徑五分正書

魏故曠野將軍石窟署□□君墓誌銘
君諱淵字法智高平金鄉人也盖黃帝之神苗周明王之胤
□州牧金鄉君馬□□□□晉車騎大將軍司徒公五世之
孫秦驃騎大將軍駙馬都尉之曾孫孝□□□□國子博士
之少子□生之美□馥於上□帶玉之□輝煥於□辰　君
□□□□偉尊蘭津□□□□以□□衛勁風而□□□
亮之度稟自□□綺繢之□□□□□其□□□□□□
□見其□語其□既目史□□□□□雖復形□□佁□

北魏正光六年正月廿七日

神□□天□□□□□□□□□藜□風六典攬之於□
□□循□□□□□於懷抱□□非文□□□大士傾身
下問□□□輕人吐握□□不以多能自矜臨坐□容若
□□□□□□□□若烟雲□岸　宣武□□□□□□□
□□□通眇□用曠野將軍石窟署□□□□□□□□□
君運深憲於峗峯抽□□□□□□□□□□□□□其
奇形異狀□□君□□□□□□□□□□□□何畜上
天□善□□□□□□□□□大魏正光六年歲次□巳
正月丙午□□日己酉終於營福署則以其月廿七日□於
□門之□排山攢墓穿盤起墳青松列於□側□□□於□

□□納白日之暉燭引明月之朗□見者莫不傷偟□聞者
為之惻愴余不以管見孫文敢陳□頌且□刊石博□□□
熏葢簪□其詞曰　邈哉□□寔曰伊人雄姿挺世猛氣速
群拂纓□□□□□津言成世範行合人神如何灾運□與
良拓玉□□□□金燈永滅懸光晝闇風雲夜結□石刊□流
□□□□　正光六年正月廿七日銘

石多剝落佚其姓其名略似淵字未可率定故以字法
智標之魏書官氏志曠野將軍第九品前上階石窟署
下當是令字官氏志諸署令有千石以上者有六百石
以上者有不滿六百石者此稱石窟署又有營福署之
名存佚再攷

介休令李謀墓誌

石連額高二尺一寸下有入趺之足廣一尺六寸十八行行十九二十字字徑七分末行擠寫較小正書

大魏故介休縣令李明府墓誌　額六行字徑一寸七分正書陽文
君諱謀字文略遼東襄平人晉司徒胤之十世孫大魏青州
刺史貞侯之第二子也浚源綿緒既國家□積譽連芳氐著
詁言君資性沉毅弱不好戲幼而父所偏賞目以為十里駒
及年始十五容皀甚偉堂堂然有儀望之稱粗涉文史略存
梗槩而愛兵奇好■■術慷慨有立功立事之志爲解褐拜
厲威將軍■介休縣令彼地帶嶮岨山胡寇亂前後縣官未
能遮遏及君莅任窮加撫討手自斬掐莫不震肅郡内以圖
君勇決英邁識量淹遠風猷蔥紫有可稱者而逸駕未馳長
路已謝正光四年歲次甲辰七月廿七日病卒於洛陽闕中
里春秋廿七至孝昌二年二月十五日塟齊郡安平縣黃山
里祔
使君之神瑩銘曰
生如過隟逝似驚川枚芳大夜秘體窮泉朝殘松露夕湛□
烟一隨化往万古幽旋
子景躍年六
孝昌二年二月十日使持節都督青州諸軍事平東東將軍
青州刺史安樂王鑒念君遺跡追贈齊郡内史

北魏孝昌二年二月十五日

李君葬齊郡安平縣黄山里其地在今山東臨淄縣當是㽷(此)石出土𠁅(處)誌言諜遼東襄平人晉司徒允之十世孫大魏青州刺史貞侯之第二子按李允晉書有傳貞侯誌不著其名魏書李元護列傳遼東襄平人八世祖晉司徒允是元護上於諜兩世而貞侯乃元護之族子也位剌(刺)史爵通侯而元護附傳不之及史家之漏矣諜有幹略卒(辛)年年才二十七未竟其用誌末書孝昌二年二月十日使持節都督青州諸軍事平東將軍青州刺史安樂王鑒念君遺跡追贈齊郡內史按鑒安樂王長樂之孫傳言襲爵除相州刺史北討大都督(督)討葛榮仍兼尚書右僕射北道行臺(臺)尚書令尋據(據)州反都督(督)源子恭等斬之事在孝昌三年七月後㽷(此)一年餘耳而誌題(題)銜與(與)傳無一合者何也　石有入趺之足其面頗見字迹惟一魏字完好蓋磨舊(舊)碑為之入趺𠁅(處)不加治故字猶存也

是

卜文墓志銘

方一尺二寸六分十九行　行十九字字徑六分正書

魏故卜秀才墓志銘

君諱文字彬□州龍門人也爰自周子夏設教之後遂世居焉曾祖𨔶□德行仁不羨簪裾之榮傲遊息跡(此字旂註)嘗慕夷齊之素□旌羽之奪目泊如也祖林河閒令愚渾翁□惠□生民孝弟本於天性惻隱發乎率由父彥狄道主簿文通六藝學富五車六經筆削之餘不習□豁然矣代胄賢俊君其後也君惟敬襲世風克述祖惠言行足師與佐成集名利之所不拘軽□之所弗慕弱冠舉秀才依然循詞進業口不絕□孰意纂業成勞偶染沉痾仲景无所恃其□□鶣難得炫其藝㠯正光五年八月九日卒□私第春秋卅有六越二年二月廿四日葬於□之東南太鄉里之李原嗚呼天乎不滅禍禄□降迺祖迺孝世爲善良與爾修齡壽胡不永□人其危浩然長逝鄰友痛切迺爲銘曰

麟岡之下洛水之濱山川夾輔誕降君身惟情惟明曰克曰勤允矣君子卓尔不羣嗟彼穹蒼降是鞠凶俄然永隔仰以无從卜宅於斯日下壠荒蕪諸片石銘爾萬禩

魏孝昌二年二月廿四日

屬

駱道明造像記

（石作蓮瓣形記在龕像之上十一行行字不等字徑三四分正書）

大魏孝昌二年歲在丙午六月戊辰朔十六日癸未清信士
佛弟子駱道明敬造石像一區上爲七世父母生緣眷屬普
同福慶酧〻如是

北魏孝昌二年六月十六日

帥僧達等造像記殘石

（石存像下斜片高一尺二寸廣一尺記九行行十字後又四行存字不一記下題名一列十二人字徑六分正書）

字缺三昌二年歲次丙午□□戊辰朔二日己巳青州齊郡臨
菑縣人帥僧達范伯孫帥買比丘道虢張道仁邑義四十人
等敬造弥勒尊像一軀上□皇帝陛下師僧父母逮及已身
居家眷屬普爲一切无邊衆生咸同斯福
像主帥僧達□□□眷屬缺
常聞正□值遇諸缺
金色□范缺
中□缺（以上記在左）

孝昌二年

□過張缺　張世缺　張道缺　郝樹生　張枸成　帥
僧達　張范　張曇□　帥法缺　張曇缺　馮□缺
所缺（以上橫列在記下）

邑儀六十人等造像記碑

高五尺廣三尺四寸五分記八行行三十七字記後題名九列每列十四人至十九人不等末一列八人均正書題名之下餘石一尺五寸無字

大魏孝昌三年歲次丁未八月辛卯朔十三日癸卯

青州齊郡臨菑縣

夫无寂漸奧□□原能測大□□影則深根難拔是以恢廓

无方挺然常湛咨八浪以以蕩煩悕常任之□樂□□素□□

魔□伏之高愢悔志持神吅心砮顙是以邑儀六十人等合

率捨珎尊柾三寶敬造如来□像一軀上崇法理之授鍾菓

欲洪扇慈風廣濟群品普矜等滋亦同慶於斯矣使□□之

徒仰其暉□□之輩等其曜獻心所宗委諸玉窗彫勒銘功

魏孝昌三年八月十三日　一　一

永同常道者也

乃作銘曰　□□瑞□穆穆聖容兼撡常軌凝性自邛湛若

无爲万品柾宗　貿㮚金蘭玉體神朗如彼受真□□□□

輝日无真黎齊欽仰　□趣漸廣絕墳陵漢法理常居明素

自爛无隸垂海□□□□

□□金　康□　關貴之此行接銘詞下　賈潤

比丘尼曇容　趙錦　康鵾□　孟文貴　孟傾興

比丘尼曇儀　康市　趙□兒　孟文□　宋練光

比丘尼曇明　晉□姬　孟□□　孟還香　孟仙

比丘尼禮謙　孫金　□□□　孟勝□　孟興伯

梁錦　□□□　孟□周

比丘尼曇□　此後五行模糊莫辨　孫雙□　□□〇玉　張雙　□羊

□恩□　□□□　丁祖姬　張□

□□□　孟□□　張□□　馬神姜

丁□姜　魏□□　孟□莫　鞠□

伏雙女　孟智通　孟化□　狄仚

張惠□　馬□　□□　馬妙

樊勝姬　康□珠　□□□　孟化朱　張呱留

□□□　□端儆　□□□　□□□　康休

□□□　張巧辛　孟齊□　孟□□　郝玠

列右一　郝□□　孟□□　□□生　孟光周　廿

□□□　□□□　列右二

□□□　□□□　列右三

□□□　□□□　列右四

孟　文

梁□□

高　□　列右五

二

比丘尼曇空曇　廿　王　妍　徐潤香

比丘尼曇容　李暈　關　瓮　鄭南

比丘尼禮與　張全英　關明光　鄭文光

比丘尼曇精　張顏暈　叚雲□　馬榆姬

比丘尼曇訓　孟恩　盧孟姜　梁舉

比丘尼□□　魏同姬　康妙孃　郝與

比丘尼善心　□暈　張明光
康南　郝勝　王貴姜
趙原　孟市奴　張齊姜
孟文□　梁石留　王男
□潘　郝梁貧玉　孟襄趙
□轉□　梁金　孟　□
許　令　□天陵　孟　要
康□素　李子妃　樊　四
□妃　韓　陵　牟　好
□國勝　孔盡嬌　孟　勝
□□□　孔盡嬌孟客女　殷同姜　孟□生
列右六　梁□妃　□妙□　孟同□
列右七　列右八　列右九

率

記云邑儀六十人等合學捨珍造像一軀今題名者凡一百四十人比丘尼十二人外有以姫姜女孃妃嬌等字命名者當是婦人蓋合家屬並列之故數惟倍也

旦

三

劉平周等造像記殘刻

四紙一高一尺六寸五分廣一尺五寸十三行一高一尺六寸五分七寸廣一尺四寸十四行字均七分一高一尺二寸五分廣一尺七分廣存八寸五分八行字較細小一存高九寸二分廣存七寸五行字前三行與第三紙同後二行與一紙同正書此刻或一紙或一石或一石而有陰側未得其詳如式録之在山東

大魏孝昌三年歲次丁未□闕下

闕道别將持節　齊州太原郡闕下

闕上靈甚闕　𧦝自淂如大闕下

闕上條鬱茂於當闕下

闕上教勸化闕下

闕上藺殖回闕下

北魏孝昌三年

一

闕上子悉達闕下

闕上珎自然闕下

闕上生天宮洸闕下

洳合用絹一伯日拾迟市綵雇闕下

儆宣威將軍統軍劉平周闕下

儆宣威將原空三格軍統軍劉康德闕下

郯城軍主儆明威將軍統軍劉康奴闕下

右一紙

德

積射將軍弥冞□軍□闕下

宣威將軍統軍伱[允]　宇龍德闕下

平遠府別將長史薛隴祖　河東郡人下闕
横野將軍將下城局參軍鄰赦利北海下闕
横□□軍將下軍主張黑北海郡下密下闕
□寢將軍明威府長史馬貴孫齊郡下闕
拂逆將軍將下北被軍主　濟齊郡下闕
仏弟子下闕　上闕將軍將下軍主王光齊下闕
□奉侍下闕　上闕軍明威府錄事參軍王下闕
弟下闕　上闕牙軍將下軍主趙伯韶育下闕
上闕將軍將下東被幢主劉下闕
上闕明威府城局參軍王下闕
上闕羽林隊主孫憐德□下闕
上闕將闕威府司下闕
右紙一
闕波將軍燕郡太守房超群　伏□下闕
襄□下闕
安遠將軍驃騎府中兵參軍房樂深威下闕
蕩寇將軍本州司馬房文遠　襄威下闕
宣威將軍安州長史房□久　□□下闕
殿中將軍蓋縣令房闕　宣□下闕
廣威將軍闕陰郡丞房下闕

二

車騎府長下闕
右紙一
鄭城下闕
縣令下闕
劉襄丞中州人下闕
淂　自□下闕
周鄭子城□下闕
右紙一

碑多斷闕齊州太原郡者南朝宋文帝置魏因之題銜兩見鄭城字按春秋鄭子國秦置鄭郡漢改東海郡置鄭縣屬之自是至隋縣名未改唐初省元和中復置鄭城是鄭城名縣自唐季始而此刻已稱鄭城則其名已舊魏書地形志鄭郡注武定八年改治鄭城此又見於史者也統軍別將軍主隊主等名魏書官氏志未載伏讀　欽定職官表引魏書李元茂傳除振威將軍南征別將趙遐傳初為軍主後假平東將軍為別將又假前將軍為別將又為別將隸蕭寶夤東征淮堰劉思祖傳屢為統軍東征又引北齊書神武帝紀長給鎮為隊主慕容儼傳魏河間王元琛辟儼左廂軍主梁攻東豫州儼督別將鄭海珍斬其軍主朱僧珍周書羅協傳

三

魏末冀州刺史以協為統軍賀拔勝傳父度拔為武川軍主懷朔鎮將楊鈞召補統軍李檦傳事爾朱榮以兼別將拜討逆將軍于謹傳除積射將軍加別將宇文貴傳夏州刺史源子雍以貴為統軍後加別將其事皆在魏世綜是以擬正如今統領營官哨長之類軍職隨宜任用不以品秩拘故志不詳耳

比邱惠輔等一百午十人造像記

高三尺五寸六分廣二尺九寸二分上截五之二鐫像下截五之三刻記及題名記三行行三十七三十九字不等記右及題名之左各有鐫像像各有侍佛人名字均徑五六分正書在臨清

大魏永安三年歲次庚戌八月甲辰朔九日壬子青州齊郡臨淄縣高柳村比邱惠輔比邱□定之比邱僧詳比邱惠□維那李懷維那李元伯法義兄弟姊妹一百午十人等敬造弥勒尊像一軀上為皇帝陛下州郡令長又為七世父母居家眷屬上過現存普為法界倉生咸同斯福所願如是

右一列	右二列	右三列	右四列	右五列
李匡生	李□之	宋慶之	李門生	李阿保
李僧端	殷懷	習祖	宋万歲	李會
李□□	李萸問	李景祥	李曹	李見憘
羊惠妙	李世	李□	李康	王禹
李慶賓	薛□苻	殷仙	殷索頭	李元光
李□	殷化生	殷攵祖	李僧果	李惠靜
殷景	殷祑	殷思業	李因	李惠徽
殷□卞	李世明	李匙	羊曇緒	豆賜
宋□	李伏奴	李伯憘	殷僧憐	成驢
李思□	李萬郎	李肫	李永安	李僧德
李粨	殷□	田火	宋□	

北魏永安三年八月九日

李景安　李思順　李曹　趙僧□
田僧資　李僑生　李青奴　薛伯夷
鄧世琮　孫黃　殷慶暈　李□□
殷僧品　殷智文　李化　殷□□
鄧天祐　殷世興　李道
李承　李恭　李羅　殷□□
羊氈　李僧世　殷□資　李□□
李曇貴　李光　李榮　李□歲
李景　李市奴　李嘔　□道□
李懷順　李雍之　李宗敬　□□□

右六列　右七列　右八列　右九列

尼娟海　尼曇貴　尼靜宜　尼法韶　尼僧□
空　尼宣原　以上一行在前九列之後空四寸許

二

李□侍佛　李□□侍佛時　李市夫妻敬造供養
李□夫妻敬造供養　李伏奴夫妻敬造供養　張
靜林敬造供養　張萬□侍佛時　以上在上截分列各龕像之旁
右三題在記右第一層各龕像之上
鄧天敬侍佛時　鄧天祐侍佛時　鄧貳侍佛
右三題在記右第二層各龕像之上
李□侍佛　李法信侍佛時　李惠洪侍佛時

三

李□侍佛　此在記及題名之後第一層龕像之上尚有一題已泐
李□□侍佛時　李叢侍佛時　元□敬侍佛時
右三題在第二層龕像之上

臨淄北朝人多書作菑說見正光元年齊郡□□元墓誌跋此刻作淄與漢州輔碑涅而不緇同其變田為曰又與燮菑為菑同也

賈瑾墓誌

高建額二尺九寸廣一尺八寸二十四行行三十字字徑六分正書石歸京師端方家
題額二行字徑寸餘

字

賈散騎之墓誌
君諱瑾□德瑜武威姑臧人也祖□天符□于地高胂仕宋
為本州字缺 四府中□參軍條縣令高陽太守父敬伯族美才
華州辟主薄頻翼二政後轉別駕入府為司馬出廣川平原
濟南魏郡太原高陽六郡太守皆以事効昇轉君泉元中之
妙氣資海岳之沖精生而秀異偉貌端雅齠年敏悟志度(度)閑
廓儼尔有望畏之威怡然有憩恩之惠學不師授理無隱伏
越數刃入孔公之闈室披元奧開李老之妙門性仁恕好博
施上汎愛貴久要性至孝謹瞻候待疾嘗藥同痛瘍於一體
進饍奉飧共虛飽於五內恩恭悌順惕穆閨門閫和肅恕導
悅邦邑尔其九思戀懃三端鋒銳清談寫注則吻開泉湧訊
管造素則筆端火然於是聲發國閫響聞京國為皇宗英彥
元恒之所友愛就家逼引為侶東□中兵參軍進入省為散
騎侍郎端靜守令不關擢門時或遊集必是四方英彥後為
帝兄梁州抑為錄事參軍凡所履歷皆非意趣負氣鬱挾才
志不申而時無德捻令栖鳳鐵翼不遇徐崔故卧龍睡伏福
不甄善年卅而終主君哀慟僚友悲惜未婚無子兄滕州以
第二息晶為嗣晶字士光幼而聰令齠年後粖哀毀有聞嚴

魏普泰元年十月十三日　一

卅廿

祀□之童古今而異其業尚英駿識智剄決志學之年暫三經
之奧弱冠之歲精五典之原言談清婉若蕊開含鏡援豪挍
默則素工綴珠才為時□就家徵奉朝請俄轉通直散騎待
郎直寢方立効明世樹德當年冈徒暫歸卒□家時廿一即
見悲悼興聞嗟惜滕州痛弟息之早終悲志業不遂惟緣情
以折中述二亡之存意故二柩而一墳乃鐫石而作誌云尒
峩峩靈岳浩浩東溟昭昭君子含氣誕生資天樹義稟日開
明不德之德可名之名咨嗟五孝優矛六經　行惟道跡興
言德音州閭敬義京國祗欽文如錯寶□若砥金遐賢湊訪
迩彥臻尋多寔蘭藪友必芳林　二
伉儷未嫜元嗣將督伊可繼□若子惟□云誰封堪在茲令
插烝嘗肅恭享□芳潔義形沉淪□芳不滅
大魏普泰元年歲次辛亥十月丁酉朔十三日己酉
右賈瑾墓誌石歸(歸)午橋中丞高近三尺廣殺三之一圭
首題額乃表墓之碑非納諸壙者額稱墓誌有銘而不
言銘變例也祖下泐字似父與(與)下七字義難貫儷(屬)不可
解仕宋為本州某府中□兵(當是參)參軍以武威言則為涼
州而地非宋有不知其為何州石出土處未詳惟其父
敬伯歷六郡太守廣川濟南太原皆儷(屬)濟州平原儷(屬)濟
州而東平原亦儷(屬)齊州高陽儷(屬)青州而其兄又任滕州

皆在山左銘云峩峩重岳浩浩東溟昭昭君子含氣誕生是瑾生海岱閒其卒也年卅未婚無子兄膠州以第二息晶嗣之晶官通直散騎侍郎因使轜歸卒於家乃合二柩爲一墳鐫石作誌然則此石當自山東輦致京師者矣誌云瑾爲皇宗英彥元恒之所友愛魏書元恒附京兆王子推傳粗涉書史以春秋之義名不以山川表求改名芝此刻仍書恒時猶未改也（孝莊紀作元恒芝似衍）又云入省爲散騎侍郎後爲帝兄梁州抑爲錄事參軍散騎侍郎第五品上階州錄事參軍官氏志雖未列入而上州刺史第三品其中下遞降一階凡三品將軍之錄事參軍爲第七品上階以此例之州錄事參軍卑於散騎侍郎多矣故曰抑也帝兄梁州不詳其名攷普泰爲節閔帝紀元帝有兄欣未官梁州惟孝莊帝有兄子直官終梁州刺史誌所稱帝殆孝莊歟或疑子直卒後孝莊踐阼已追封陳留王誌不當復稱梁州按誌言瑾嗣子晶齠年後叔哀毀有聞下更敘其志學之年弱冠之歲而其歿也年卅一祔柩瑾墳已距瑾卒十餘年是瑾卒在肅宗熙神年閒誌追述前事稱前官體例然也又孝莊紀永安三年有梁州刺史元儁遣將討嚴始欣事而列傳無其人宜非帝兄可置勿論誌書條伏侍等字

皆从彳後征等字从亻武崗等字从山乃北碑陋習不過徐□故卧龍瞜伏是用徐庶薦武侯故事而徐下存下半字爲佳甚顯莫揣其爲何字罷（不社當是）之董古今而異昊亦不知何字之別體

再攷

樊奴子造像記

高三尺六寸廣一尺一寸餘上半鑿佛龕一龕下橫列供養像四閒以題名下半記十一行行十八字字徑八分正書

比丘僧龜一心

比丘僧慶一心 二題在右

佛弟子樊奴子供養

祖樊倭供養 二題在左

大魏太昌元年歲次壬子六月癸亥朔七日庚午樊奴子體
解四非玄識幽冥心洪慈善自竭家珍敬崇石像一區上
為帝主□境遐方感化偃甲彼兵人民寧□又願奴子父
母七世師徒歷劫兄姉妻息六親中表身安行吉神和調
暢管合清美万善慶集吉祥敢應福子來生七世先亡上生
見率面奉慈尊浪聽大乘悞无生忍及三界衆生三會初興
願登先聞 果報成佛
八世祖樊坦ㄑ生□ㄑ生尊ㄑ生世世生雷雷生□倭生
賓 北雍州北地郡高□縣東鄉北 晉川佛弟子樊奴子
為亡 下缺約四字 一區

北魏太昌元年六月七日

魏書地形志北地郡屬雍州無北雍州之稱謂別於東
而言東雍州太和中已罷東魏天平初始復時幷無東
雍也北地郡領七縣亦無名高某者然石刻於其爵籍
不應有誤葢當時改置不常志殆不悉記歟是年六月
癸亥朔與出帝紀合其七日值己巳此作庚午差一日
耳石不知何地樊奴子自題晉川佛弟子晉川卽晉水
水經晉水出晉陽縣西懸甕山又東過其縣南又東入
于汾水酈注昔智伯遏晉水以灌晉陽其川上溯後人
踵其遺跡蓄以為沼沼側有涼堂結飛梁于水上晉川之
中最為勝處據此則石當在太原惟碑有北地郡高□
縣東鄉北之文以北地郡言之晉川雖在東北而相去
尚遠存俟再攷

李彰墓誌

誌一尺廣八寸十一行行十二字字徑六分正書藏太倉陸氏

魏故通直散騎侍郎左將軍瀛州刺史司州河南郡洛陽縣
澄風鄉嚮德里領秦州隴西郡狄道縣都鄉和風里李彰年
廿二字子煥
維大魏太昌元年歲次壬子九月壬辰朔廿九日庚申殯於
石人亭大道北窴舟山之陽
祖沖司空文穆公
父延寔使持節侍中大師太尉公

右李彰墓誌末二行特書祖若父贈官爵謚皆與魏書魏太昌元年九月廿九日
列傳合延實不書謚者傳稱爾朱兆入洛延實以外戚
見害於州館出帝初歸葬洛陽贈使持節侍中太師太
尉公謚曰孝懿按出帝以中興二年四月即位改元太
昌延實之歸葬贈官當在夏秋間彰以是年九月殯意
其時議謚猶未下歟延實傳載長子彧而不及彰誌言
彰通直散騎侍郎左將軍瀛州刺史外戚承恩弱冠已
如是史以其無事蹟故略之耳云司州河南郡洛陽縣
澄風鄉嚮德里者沖隨高祖都洛所居之里也云領秦
州隴西郡狄道縣都鄉和風里者故籍也李為隴西大
姓以首望尊之故曰領抑或史傳所謂領民酋長者歟
窴舟山邙山之支阜李沖從高祖意莫此彰殯其陽
祔祖塋也

威烈將軍都督郭良等造像題名

刻佛座四面高二寸面各廣四寸三分行字均不一字徑四分正書在唐縣西北十八里北店頭村香山寺

太昌二年六月十八日恒州人伏弟子威烈將軍都督郭良

伏弟子威烈將軍□史郭琺伏弟子□馬□和

爲下三字不可識衆造像四區清信士佛弟子張永興

威烈將軍長史張□佛弟子威烈將軍都將郭□

魏書官氏志五品正從將軍以上有長史司馬威烈將軍第七品上階亦有長史司馬志所未及都督都將當是行軍始設故志不載佛作伏區作匚

魏太昌二年六月十八日

中山太守王君殘碑

連額高五尺四寸五分廣二尺七寸五分二十二行行四十四字方界格徑一寸正書在曲陽東十五里王家屯

大魏故中山太守王府君之碑額四行字徑一寸七分正書

右中山太守王君殘碑剝泐殲殊甚碑文九百餘字存者不及六十字於朝乃祖乃父四行末五行首不從命君稟八行末不以徵聘爲心九行末造次□道由是鄉十行末其孰能若此者□十一行末中山太守君十二行老成□光十三行詞曰十六行於□軒車十七行首絲綸□□美哉十九行首大魏□□年二□次末行如是而已王君名貫事蹟官階及立碑年月皆不可見魏書王建從太祖攻克中山傳不言其爲太守

北魏末

王世𤞤爲中山內史亦未嘗爲太守按中山漢武帝置郡景帝改爲國至北魏復改爲郡其置太守固宜

東魏一

此頁記移此

東魏天平元年至興和四年止

計六百八十條行　卅五頁　第一卷　東魏一

另紙移而後

移前頁　書補

比丘僧惠等造像記

高四寸四分廣八寸六分　分占字徑今分正定出土

天平元年卯月廿七日比丘僧惠等敬造阿弥陀像一軀願
弟子等身騰九空逝登十地万品从生壹同此願

此行移在碑末

程哲碑

碑連額高三四尺四分廣二尺三十一行行四十五字方
界格徑七分年月四行在額偏右均正書在平定州

大魏天平元年歲次甲寅十一月庚辰朔三日壬午造訖
假恒農太守程定宗詔假常山太守程文静前祭酒輕車將
軍給事中程海珎假太原太守程蓋世程進程慶仲等造
幷州故平北府長史程鉢字洪根故晉陽令程鑒字士璉故
高都令程買字市略故贈代郡太守程府君之碑文

東魏天平元年十一月三日　一

櫹　贊

君諱哲字子賢上黨長子人也系自商源承芳倫胄抽柯擂
漢贊枝雲炯伯符以箕才傑出作卿相於成康伾父以鑒明
洞悟乃光隆於周室宦班二大位櫹台鼎帶進蹕基君即綺

樹　甯

葉也不子乃貞樹獨振類略自天出周入衛世爲名卿遠祖
嬰夠聡長官義節純和晉平公以其儒雅封爲忠成君祖不
識碩學養性志翫林嶺隱顯之機比德於伊傅待時之歎必
俟於連漪何異垂翼渌菌孫鱗倉下故漢武徵賢三詔而後
起辭不自免遂登車騎大將軍安西衛尉幷州刺史霸城侯
乃祖熺字申伯魏文帝景元中（此字補刻兩格之間）与鄧艾代蜀受偉
西征恭行天誅使城都自潰劉禪朞顙帝命使持節征北將
軍青州刺史特進廣年侯熺弟昱忠亮貞正魏文帝命車騎
大將軍儀同三司祖雄字長恩晉國初建任甯西將軍陳留
太守俄遷豫州刺史陽侯祖猛字景陵晉惠帝永康中任甯

遠將軍浮氏令祖豐字慶雲晉懷帝永嘉元年中任[闌]翔將
軍魏郡太守值晉室遭喪劉氏稱霸曜勒王称襲帝洛川懸
帝昇祚以豐中良才堪撫捍即除上黨太守後以劉石鴟峙
單地豺狼遂回守任即居上黨豐弟暇趙明帝建平中命司
徒公豐生七子長子蔭趙太和七年任北中郎將[元]氏令弟
稚趙建平中命淩江將軍白馬令遷魏郡太守稚生五子長
子蓬燕建興二年任駕部郎中代郡太守貴鄉侯次景絕後
次洛廣年中年二縣令次陽容城令高祖周上黨太守慕容
超命為功曹東燕建興七年除鎮軍將軍常山太守曾祖蒲
大魏神瑞三年命蒲造臺都將除武安令祖芒大魏明元
二
皇帝大駕親戎詔訪英彥芒時應命為望義從西伐有功補
高都令在官勤明不遑寢食宰民惠下恩齊卓魯芒弟信假
魏郡太守次弟鞞假趙郡太守　君　昆弟四人誕應靈
源世荷著姓瓊柯玉葉垂馨不朽君器識融通沖素淵雅論
經則通並於四科語典則幽達於賈馬揮翰風生吐章落玉
孝悌曾閔義同栢山又善弓劒便於騎射彎弓十石穠矢楥
猶養遊蒲盧蔑以加也散　誕容放蕩衡無以量其高遊神
六合江海[闊]可測其　深振羽霄霞孝槃雲室亮拔人表獨
悟世里享年不永春秋八九卒於崇仁鄉孝義里臨終清辭
言為世軌遂勅諸子　遺以後誨顧命曰君義臣忠父慈子

猨

孝兄愛弟順能此六者則吾無憂矣惟君南首未極北駕遷
往凡在有識莫不悲之於是主上悼心遂加褒錫追贈郡縣
以慰之魂周翔親故咸用悲惋雖宅兆□終窀制禮畢[闊]不
龠跡山阿刊石添咏者哉　乙故贈代郡太守并息贈陳
郡太守程永之頌文於皇寶胄時惟啟商金玉禪聯本枝虯
昌琳瑯雲暎鳳翥龍翔爰暨休父廊清徐方終終烈祖英才
殊出直道匡君光隆漢室剽六不吐矛而能煉□霜　獨秀
皎皎若日惟君淵雅器識融通亮齊八儁德侔四公孝並二
連伺雷莘縱揮彰落玉曠世少雙汎愛鄉黨　蹈義恂恂德
祖周孔非禮勿親有美君子如玉如珎昊天不惠降此凶泯
三
汪汪代郡弱冠振聲志超霄漢氣邁雲星　淩寒增蔚逕霜
特清如何不淑哲人禍丁哀哀慈孝子[允]休令官号陳郡器
美德盛冀享遐齡輝贊邦政良木空摧曰　□殞命蘭葉夏彫
芳桂春折日月煙暉降茲霜雪山川改色思鳥鳴噎寒雲蒼
芒悲風激烈　故晉陽令蠡并二息贈廣平太守靜光假西
河太守次䓁之頌乙英哉休哲皇魏棟樑布澤唐晉頌熙遠
彰義盛繼負沾被遐方誕生慈父福祿永康堂堂廣平光赫
蕃邦布政鄉井雅性從容風動草偃不肅而從衣錦白日惟
有茲公爰及西河少聰長令敷育汾邦光顯王命勲彰書榮
父子蔚暎乙故高都令并息贈太原大守程義之頌也

邪

明〻高都亮滀江海資父事君孝義愷悌志陵松霜逢寒莫
改金聲玉潤貞節常在誕生太原光陰唐墟靈根万刃世稱
高胂流芳布馥曠代英儒文優武博德必不孤昂〻祖父詵
〻子孫遠苗自陽世酎相傳寄刊[元]石託咏名門

右程哲碑首行書造碑之程定宗等六人次行標題先書程鉢程螡程買然後及哲所謂昆弟四人也文十九行頌十行首章爲哲并息程永之頌次爲螡并二息静光及次之頌又次爲買并息程義之頌而獨不及程鉢標題螡買在哲先者疑皆哲之兄而頌在哲後者碑文爲哲而作螡買等特附及之耳因弟而及兄又各無頌

四

其息碑字體例罕見有似此者文敘世系至詳於周曰伯符曰休父曰嬰於漢曰不識於魏曰憘〻弟曰昱於晉曰雄曰猛曰豊〻爲同官居上黨之始弟曰暇子曰陰曰稚皆仕趙稚五子曰蒨仕燕次景次洛次陽高祖周亦仕燕稚第五子也曾祖苞〻弟信次辯皆仕魏不言父者意定宗等爲哲之子自造碑人上溯之稱耳唐書宰相世系表程氏出自風姓顓頊生稱〻生老童〻生重黎〻重爲火正裔孫封於程是爲程伯周宣王時程伯休父爲王司馬（通志氏族略同）其後以國爲氏碑云系出商源非也程伯休父著於詩碑有伯符者更在休父前

獨振

未知所據又云不子乃貞標獨振穎略自天出周入衛世爲名卿不子似亦人名抑或不丕古通（書爾不克遂者詩不顯不承皆丕以借字）不子即丕子丕與元同訓大言休父之元子出周入衛世爲名卿歟程嬰之封忠成君程不識之隱居待時三徵後起登車騎大將軍安西衛尉并州刺史霸成侯程昱之儀同三司皆史所不載餘並無攷書缺有閒意當時儒文宜有所本也碑書英皆作莫〻睿之省連漪即漣漪彌鱗即弭鱗輸即翰矢即矢養遊即養由畄即菑古鄙字此借爲圖雖即雖佟即悠矛即柔崇即策刃即仞世酎即世冑惟傑作桀見禮月令阜古觸字見玉篇

龍門山造像三段俱正書

赫連義氣題記高九寸廣一尺四寸磨泐過甚存字如左徑五分

前泐不辨幾行

㲊□人泐下

上泐尊泐下

一堪其□昞日泐下

造以泐下

垢□覲泐下

清信佛弟子軋□□□□□□都

□駙馬都尉汚陽縣開國子兼中

東魏龍門造像起天平二年四月十九日

一

書舍人共連義氣□心善願平

安王事無亻□□□像一區

天平二年四月十九日

惠相普慧等卅人題記高四寸八分廣一尺二寸廿四行行六七字字徑六七分

□□□妙□□言詮□□□□□□□□□来□□□

□□滅雙樹□□□唯留像□□□□□鄙惠相□□□

□普慧□□偕世人率己留誠造像供養藉此微因資益七

世父母一切衆生□登正覺 天平四年八月十九□

泐名殘題高三寸六分廣八寸五分十七行行五字字徑七分

前泐□□□□缺□太□缺□□□缺□□□缺□□□□□

□□□□□□因緣□□□福

元象二年四月五日

二

濰縣陳氏藏石十種

比邱□僧受造像記 高二寸四分廣四寸三分左上角缺存四行行五六字字徑四分正書

天平二年五月十四日比丘□僧受造石缺一區缺

東魏天平二年五月十四日　一

尼寶藏造像記 石廣一尺三寸七分右高存六寸五分二尼對侍上有題名左高三寸六分記七行行五六字字均徑六分正書

大魏興和二年歲次庚申七月十五日豫婦比丘尼寶藏為
之營建□□顧缺下同歸佛□
缺豫
缺佛時
缺尼寶藏
缺養佛時

尼曇陵造像記 高六寸三分廣同左右上角左下角均有缺七行行七字字徑六分正書

大魏興和二年歲次庚申七月丙子朔廿五日庚子比丘尼
曇陵為師僧□母內外眷屬敬缺二字觀世音像一缺二字一切
眾生咸缺後

馬都愛造像記 高三寸六分廣二尺四寸八分三十二行行字不一字徑五六分正書

大魏興和二年歲次庚申十月乙巳朔七日新亥　夫至然
湛然非神丹无以汎其津大夜重昏非大覺莫能悟其點糲
迦如来脩功德於曠劫之前收妙果法云之後故能絕點塵
外道證群生者也

辛字宜與新字倒調

辛作新收妙果法云之後句脫一字

馬都愛敬造石像一軀仰為父母願往生西方妙樂國土後
願兄弟姊妹一切眷屬所生之處值佛聞法一切眾生願值
□勒憍登先首
馬奉伯侍佛時　馬承伯侍佛時　馬都憙侍佛時　馬洛
都侍佛時　馬太伯侍佛時　馬詳愛侍佛時　劉明侍佛
時　□景侍佛時　□還姜侍佛時　康思安侍佛時

孫思賓世七人造像記 已補正錄

靜悲造玉像記 刻左側佛座四行座背七行高一寸八分廣四寸厚二寸八分行五六字字徑三分正書

興和四年六月八日佛弟子靜悲敬造觀音像一軀上為　二
皇帝陛下後為師僧父母及自己身居眷內外後為法界群
生有形之類皆同此福
比丘尼靜悲 在右側之左邊

劉目連造像記 銳首高五寸廣二寸五分字刻像背四行行九字至十五字字徑三分正書

大魏興和五年歲次癸亥正月壬戌朔一日癸亥雍州長安
劉目連敬造觀世音像一軀願使夫妻見世安隱

清信士女曹全造像記 刻佛座三面右高二寸五分廣八寸七分左高同廣九寸各十行行三字方界格徑七分中高二寸八分廣八寸四分十一行行四字無格字徑五分正書

大魏武定元年歲次在亥九月戊子朔清信士女佛弟子曹
全為亡夫亡息劉□家財敬造石像一區願令亡者託生西

方妙樂国土生生世世值佛聞法又願天下太平居家眷屬

皆同此福

清信士女佛弟子孫妃侍佛時業妻　宋錦綿侍佛時孫蠻　□女劉□□

孫大　孫小　是歲直癸亥劉字之異文刊未成者

造像殘字多處存高二寸廣三寸七分三行半每行廿五字字徑八分正書

清母

大魏

年

□

劉某造像殘刻石背高七寸四分廣四寸六分六行存字無數正面下座高二寸四分題名八行行字三均徑五分正書

首行全泐

魏泐下

上泐佛弟子

上泐劉□□造石像一區泐下

五行全泐

大

孫劉阿□

息劉子歡

亡夫劉□□

□沙弥□洪

像主□□勝

息女劉伏女

息妻宋阿妃

王方略等造塔記

搨本方一尺記七行行廿二字左有佛龕龕上下及左有題名方界格徑七分正書在濬縣書院

大魏天平三年歲次丙辰正月癸卯朔合邑等敬造須弥塔
一塸仰為皇帝陛下師僧七世父母所生父母因緣眷屬後
為邊地衆生常與善居弥勒三會唱在初首下生人間侯王
長者合邑諸人所願如是

教化　邑師法顯 此題接記末是字下
主王　邑師道寶 此後四人在像龕下
方略　比丘道景
右六字在像龕之上　比丘僧惠
東魏天平三年正月朔
賈仲郭㕘
□□曹和唯那劉歸□ 此行在龕左

初稿補大侍中字

侍中太師高盛斷碑

存上截連額高四尺一寸五分廣三尺三十行行存二十九字至二十二字不等方界格徑九分餘正書

魏侍中黃鉞大師錄尚書事文懿高公碑 篆額四行字徑二寸六分陽文
公諱盛字盆生勃海條人也咎炎帝成於姜水尚父起於渭
濱遠條影其剋缺且公且侯珥貂七葉比之非茂執萦九世
對此懿德高祖晉國宛太守天爵缺燕散騎常侍殿中尚書
入國為涼州鎮都大將東阿侯憘得異度翻成□寶缺川器
宇重深識量恬邃自然清高共松筠合體宜量溫明與珪璋
比質至於缺自因心成人倫之羽儀為邦國之楷模昂昂乎
有驥騄之資堂堂然有棟缺邦命惟新以公名家之子乃名
魏天平三年五月二十八日　一
補奉輔請聽言公府士之龍門英雋所聘缺慈親在堂桑榆
又晚頹言歸養指心云切數辭陳辭久而方許及其班缺恨
顧礼僅全扶而後起雖復高榮之至性曾子之孝德以此相
匹豈云缺用汎乎若虛舟之靡觸閑居養志詎持名利經懷
樂道忘憂不以榮華缺之寇所在閒出黃巾青領之妖相望
竝起遂以強弩臨城長戟指關毀缺下澄清海內追桓文之
舉成稷契之功望王宮以來朝臨漢池而責缺佐命激滄海
以上馳陵紫氣而峻舉乃授平南將軍光祿大夫中軍缺都
督監軍如故雖無汗馬搴旗之功實有指撝運籌之略同列
所以缺攝傳行部寔號多奇敦信義於四民導礼讓於百姓

不失竹馬之□(期)缺之鶩文德之處漢南國讓之居冀北方駕
共途同歸一致及太昌理缺平郡開國公食邑五千戶俄拜
侍中冀州大中正餘官如故心縣水缺未聞反見疑患正諫
不從危機將發馳騈就途意存(兼)兼濟忠信以令缺禁中人神
愵穆天平之初增封七百戶又授司徒餘官如故未幾□缺
之化贊日月之光調律呂於專琴厝鹽梅於濟水遠至迩安
不能□(比)缺壯俠輔皇家進則參(乘)乘東巡覲昇中之告還則晦
文南面當師臣□缺天平三季五月廿八日薨於位　一人
垂哀百寮掩涕賻贈之數缺贈使持節假黃鉞都督洛泰雖
恒懷豫青齊并肆十州諸軍事大缺文懿禮也惟公孝讓爲　二

基恭儉成性外寬內敏望儼即溫以言缺道遙出處恬憺窮
通雖斂衽於功名豈纓紼於世務至如長文缺尚想餘風僉
以圖爲易滅竹帛難久緝(是齊)芳刊之金石其缺
山含寶玉海出明珠亦有人物世載膏腴專門成學重席缺
凝虛蕭條簡尚所謂君子實稱民望飛纓王室申裾公門缺
拔茅以類赤霄易摩青雲可致惟德命官以仁守位令行缺
得一富仁寵義懷文抱質樹行立言榮家光國亦既畏知缺
松門(肅)肅廟宇微微狐兎交集荊棘相依觀碑成道隨(隋)淚缺
碑下截斷缺過半高盛北齊書有傳神武之從(從)叔祖也
神武起(起)兵信都以盛為中軍大都督封廣平郡公歷位

司徒太尉天平三年薨於位贈假黃鉞太尉太師錄尚
書事碑所(所)敘多與傳合中軍下所(所)缺爲大都督字平郡
之上爲廣字其官太尉當亦在缺佚處也傳不言其謚
文懿可据碑以補之神武帝紀云六世祖隱晉(晉)元菟太
守隱生慶慶生泰(泰)泰(泰)生湖三世仕慕容氏又魏書高湖
傳湖少歷顯職爲散騎常侍慕容寶敗湖入魏賜爵東
阿侯(侯)世祖時除寧西將軍涼州鎮都大將神武之六世
祖附即盛之高祖碑稱元菟太守者蓋隱也稱燕散騎
常侍殿中尚書入國爲涼州鎮都大將者盛之父湖也
高氏爲勃海蓨人碑作條說見補正高貞碑後紹聞先
生跋　三

章仇道珍等卅人造像記

二面高八寸五分正面廣一尺七寸五分二十一行左廣一尺六寸二分十一行行字不一字徑七分正書

□魏天平四年歲次丁卯潤九月己
亥朔十三日
乙亥維那卅人
等敬造石像一軀
□□皇帝陛下州郡令長中為師僧父母
□□眷屬邊地衆生普同斯福
章仇道珎　張謽定徐珠王巢同
□桃捧　王菜　王方安
魏天平四年九月十三日
□顯伯　王惠世王淙膚
上缺□　牛閏牛惠感
缺　牛天祐牛放仕
上缺□　王惠曰皮同貴
缺景翔　王居　李神敬
上缺年　王敬祖王憘祖
上缺□　竇保安王曇藹
上缺□　牛神周王道仙
上缺□　牛道階王洪珎
上缺□　王方生張清□

一

比□法□
張道□
紀益

三行各提上一格

右正面

前空
□主命過牛承
命過息牛道爽
現存眷屬咸同斯福
光明主命過王䟦僧
□□息王道端
□存眷屬咸同斯福
菩薩光明主命過張承伯
現存眷屬咸同斯福
空三行
□解□
□□恒
□□

右一面在前刻之左

閏作潤䟦眅之變命過上之字稱造像題名中屢見不知釋氏是何名義觀此與現存為對則殆即亡故之謂也

二

□惰為兄直閣造像記

刻佛座右面高四寸四分廣五寸六行行字不一字徑四分正書在河南葉縣

□大魏天平四年閏月八日佛弟子甯朔將軍汾州長□□惰為　亡兄直閣敬造觀世音石像一區願　亡兄託生西方妙樂世堺不逢三塗值佛聞法一切衆生咸同斯福

直閣宿衛官名

魏天平四年閏月八日

趙法祚等造象碑

石高二尺四寸五分形如滝鍋中廣一尺三寸三分字在下截九行行十字字徑六分像足下題名二人俱正書

大魏元像元年歲次己未四月甲申朔廿日癸卯法儀六十等敬造釋迦象一區為王帝主師僧父母法界衆生俱時成佛　大齋主趙化生

法儀趙法祚

法儀趙稙蘭

魏元像元年四月廿日

像

張敬建釋迦像石柱記 石缺上截存高一尺四寸六面面廣四寸二分至四寸五分不等上截佛龕斷折存像不及半身像下題名各一列每面六七行行三四五字不一第二列記一二面只五六面各六行行各七字方界格第三面全缺第四面佛一區題名四字字徑五六七分不等俱正書在諸城王氏

前州都州主簿行高密郡帶黔陬戍主賈還像 第一面

高密郡主簿田景悅爲亡父母敬造像一區 第二面

前冀州主簿替高密縣□平昌郡冀□曹祖遵業亡父見存居家眷屬造像一區 第三面

邵祖兄弟五人爲父母敬造釋迦像一區父名黑奴爲詔授青州刺史東武郡主簿張鎮遠敬造石像一區 第四五面

魏元象元年六月

前高密郡中正祭酒從事史行黔陬夷安二縣事呂清像夫妻蔣侍佛時 第六面

右佛像下第一列

維大魏元象元年歲次戊午六月戊子朔廿一日戊申佛弟子張敬謹建石柱一枚通夫去地九尺柱之六面 第一面 處造釋迦之像合一十八區圖丈六於鷲岳寫四八於㢆苑庶依希乎□質眞影響於□□ 第二面末行七字並第三面全缺第四面鑿佛龕 一音傍演七尊已遠千覺猶遐具懷戀慕僉賴眷花永言積土園誓聚沙是鑿是斲揚歸祇闍叩鍾則鳴負繩 第五面 者直藉此丹襟輩茲勝力炎宅罷遊化城誰息攡心云在濟彼含識含生敬造 第六面五六行空 四字在第四面佛龕之左

右第二列

魏書地形志高密東武平昌三郡皆爲屬膠州黔陬夷安高密三縣皆僞屬高密石柱出諸城其地爲東武郡治記通夫去地九尺夫趺之脊

初拓張法樂等造石窟像記拓本共七十人三字

維那道淵共張法樂等七十人造像記
搨本高二尺二寸廣五尺記十行行九字至十八字不等
在石窟之上餘題名均在石窟之右上下共五列字大小
不一又一紙高一尺廣二尺三寸十三行
字徑寸餘均正書在平定州摩崖
元象元年歲次　　九月十日石艾縣維那道淵共使持節
驃騎大將軍府義同三司大行臺令公并州刺史下祭酒通
大路使佛弟子張法樂知至道幽容無迹可覩真容潮影同
由之之宰諸邑義等七十人敬造石窟大像一區願爲皇祚
永休八表寧晏又願大王令公神筭彌倍叡鮮自□又願邑
後缺
右在石
窟之上
魏元象元年九月十日
一
衞
佛弟子樊郖
後空
香火主范延儁　法尊
西堪主衞曇寶　都督孫
東堪主王衆敬
維那□興進　弟法歡
維那李顯
維那衞曹仁
都維那張安娼　弟法慶
菩薩主王思明　并州田掾

曇
菩薩主張天興　韓顯儁
開佛光明主張〔宏〕生
并州西曹郎勸化主王昭伯
并州祭酒通大路使石窟大像主張法興
父盲假上黨大守張曇興
右十四行并下六行
在石窟上紀年之前
衞安寔
趙阿敬
錄事韓迴欣　楊遵達
別將吴歡仁　侯顯貴
別將衞興賢　畢慶
統軍李衆敬　范憂洛　王樹生
別將衞興寶　張石興　□愛欣
統軍王寶德　王顯□　張天保
統軍王銘仁　楊□□　藉慶
別將范永　李衆敬　張那仁
都督王□生　穆洪□　衞和
都督張買　王天敬
都督李歡僧　衞胡仁　李桃東
都督衞集　王令安　范敬和
二

都督閻僧明　衛僧寶　衛迴歡
都督傅□佛弟子劉阿貴　任顯族
都督高買
都督張伏生
都督張伏安
右第一列十七行第二列十六行第三列十行在石窟右前刻之下
都維那主邑師道淵
弟子道韶
弟子曇和
弟子道皆
弟子道深
弟子道玉
弟子道朗
弟子道罰
弟子道教
弟子道蘭
伲北将軍金紫光禄
大夫令公下都督陰平
右另一紙未審在石窟何方
右張法樂等造石窟像記在平定州即後魏石艾縣地

三

記稱使持節驃騎大將軍（石刻脱開字）府義（即儀）同三司大行
臺令公并州刺史不著姓名以史孜之齊文襄高澄也
後稱又顯大王令公云云無獻武王歡祝之也澄以天
平元年加使持節尚書令大行臺并州刺史二年能見
并州井中詔以澄為驃騎大將軍光祿大夫儀同三司
太原郡開國公三年入輔朝政加領軍左右京畿大都
督元象元年攝吏部尚書記作於是年猶書前銜者知
領原官如故也張法興結銜并州祭酒通大路使刺史
屬有祭酒官氏志未載志有開府祭酒此或以開府設
與題名中統軍都督皆列錄事後稱名雖重不過軍職
之卑者矣

郭□生造像

石高三尺八寸廣二尺九寸鎸像十七列列十八區題名年月一行在碑右邊際字徑四分年月字徑七分正書在山西未詳何縣

□□寶　郭□生　　大魏元象元年歲次戊午十月丁亥

下闕

右東魏造像王可莊殿撰督學山西揬得之可莊謂下截尚有題記埋土中未能徧搨也

東魏元象元年十月

太尉高盛碑

石連額高八尺五寸廣三尺六寸三十一行行五十七字字徑一寸餘正書

魏侍中黃鉞大尉錄尚書事孝宣高公碑篆額四行行有格徑三寸四分陽文

避

缺四十八字□言避難北□所□□市□□燕□□右光祿大缺

七字□□名□□□缺十三字□殿□缺十九字将東缺六字鷹揚高視□

□奮飛來儀缺六字□□八□□□缺十三字□□青州□缺六字聲

□□灼然缺三字雜埃□瞻彼藍田眷言丹雨珪璧所生□□

斯在□德不殞缺十五字凝□器韻清□含吐淵缺五字爰缺四字於

□□體貌閑和心靈偶異然其□月□□之韻□□入林之

□□亦缺十字而稱缺六字恭順缺五字愛書□□道□□而遇客

魏元象二年

闕　時

弗器樹風雖靜色表充皇哀兼疑慕闈□□□興缺廿六字孔門

之稱曾子對□□言相望如一至於負笈從師横經問道觀

隅反三見缺廿七字窮原盡陳又復□□賦咏優好辭彩有此花

藻鬱爲光澤國能□胃詛召上缺十六字魯之室缺七字衣冠之領

袖干将靚而□奇林□顧而相重晉　皇家受命革弊還國

損益不同質文亦缺四字卿缺十九字亦然□者之□瞻缺五字九重

千門万戶公出入閨衛趨謁承明□盡忠勤□磨缺四字愚缺十

九字大器但召缺五字不存□於榆枋運身寥廓者豈置心於□

□方有遠大之□□□近小之任□□脫落缺十四字蕭條獨往

不缺五字放暢不羣豈召得失繫想人物之所傾□□□之所

歸懷□遊魚之□□□如翔□之（缺五字）室（缺廿一字）秋風忽起川
摘錦繡樹響（缺八字）飛□自得遂上□□□中（缺廿九字）遇弥無虛
落陽烏翔羽雖復（缺四十六字）觀其發吐淹潤容止風流（缺七字）金
玉（缺廿八字）變□度欄舉退□鵲於（缺七字）天（缺四十字）□□重於季布
捨（缺五十字）已高尚四壑自（缺四十一字）轉三鳥終（缺六字）居六龍亻□
息鴆（缺四十八字）軍□郭海王徽道濟蒼生□□赤縣（缺卅五字）都□
□□事□□大中正清河郡開國公□□居□□勳（缺三十五字）
節侍中□傅大將軍□□公錄尚書事都督冀定洺幷（缺五字）
軍□□（缺廿八字）轀輬車挽歌二部班□一百人謚曰孝宣又呂
一物□周（缺五字）邁（缺廿七字）欄多□□□□龍豈使琬琰無文盟
孟雁記相與論序贊□樹（缺約十餘字下空）
圓淵角珠方池産玉高□氵衍□林□□（缺廿八字）珠衡袁（缺三字）
異質務□□量孺子弗加神童莫尚呂孝爲本華礼成基侍
（缺廿二字）之咀嚼文藻優遊典籍學既專門義實重席行有規矩
言則古昔動其樞機出□金石尚亻似□□□□存□□
乘貴於四國昇降雲陛出入天門淑慎貽賞匪懈習恩論才
□□□□遠挂冠而歸拂衣已反能徊儞林踟躕□苑忌
懷得失任情□□才既異等藝亦超倫射中柳□御逐河濱
獸肥艸淺射麋腳麟留連日夜□□□□□□成黄□不
化修短詎幾先後相□□且銷已終歸淪謝空悲□□誰□
□駕家門積慶海岱降靈□□及子□□竝□黄閤追命□
□□□□□□鑾略充庭會此同盟歸於異路□□輿哀
明□結慕□□松檟氵□霜露□□上冢万家守□
□□□□□□刊字
（上缺不知若干字）己酉建

右東魏高翻碑翻齊獻武王徽叔父也魏書本傳云以元象中追加贈謚碑後題建立歲月文字殘缺惟有魏元字可辨又云歲次已未按東魏孝靜以元象二年十一月改元興和是年歲次已未此碑蓋元象二年建立也（金石錄跋尾）

右高翻碑殘闕千餘字存六百卅餘字金石錄云元象二年建立其時碑末魏元字歲次已未字猶可見也額題侍中黄鉞太尉錄尚書事序標闕節侍中□傅大將軍□□公錄尚書事都督冀定洺幷□□□□□□軍□據傳蓋元象中贈官與碑多合惟傳言都督冀定洺瀛幷肆燕恒雲朔十州諸軍事而碑冀定洺幷下闕五字其一爲諸軍事諸字則僅八州耳翻祖高湖之先世仕慕容氏碑燕□□右光祿大□蓋謂此青州云者翻父謚追贈青州刺史也翻以器度知名卒於侍御中散碑故有出入周衛趨謁承明之詞惟碑云□以高尚卬壑自□銘云挂冠而歸拂衣而返是翻辭榮在先非卒於

官者史（史）不無苟簡之失矣郭海王歡（歡）爲龖（從）子碑及之
者孝靜推恩贈禮由歡（歡）致也大中正清河郡開國（國）公龖
子獄也傳言獄武定末侍中太傅公則立碑十年後事

㝡仍

比邱普惠塔記

高一尺從右低一寸廣一尺一寸七分下
低一寸十三行行十二字字徑六分正書

大魏比丘普惠藏形塔銘
普惠比丘跡也自幼遁心深固至性沖凝遂乃精於佛理爾
蘊禮越究乎元歲鄴都弘建道場延爲麒王祈福於嬉生趉
及八極弥歷梵而皆空悟澈三東陟燕塗以歸向以興和二
年三月辛酉朔圓寂於淨土現寂佛軀乃返眞際業佛斋達
塔以藏形爲銘曰
佛有眞悟乃悟所悟證道六合靡有不舉兜律括囊目迎有
手彌浮屠光胎萬祚

東魏興和二年三月刻

此刻疑爲近日文人仿造三魄僧人罕見塔記一也文
不類彼時人筆法二也字體有意求似拙痛少力三也
刀法尤多作斆四也姑錄存之以俟頗諳精鑒者

陽州刺史蔡儁碑并陰

下截缺存高三尺二寸五分額有造像廣二尺八寸餘二十六行行存三十三字字徑八分正書

君諱儁字彥安陳留圉人也自導原姬水搆趾岐山赤雀表
其祥白魚應其感芑栝缺□兹□□仍此承家肯漢□□演
丞相□義後漢衛尉質中郎邕等富□□□□□宦□缺世祖
連永嘉末渡東□為散騎常侍司徒謨之第二兄也曾祖□□
□□□□□□缺運知機翻飛擇木亦既來□□□□
乃為安北將軍殿中尚書□□□□居□外□缺倫所重望
實是歸王者之居不常厥土乃與運遷即安所寓今□為□□
□□□人也君缺質雄才秀舉挾風雲之資□□□上□從　一

魏興和二年八月八日

横之氣未學旅軍□□□□□□□□□缺山白波之類所
在互起黄巾青□之羣相望閒□君乃據守五□□□□
□□□□缺□餅□在君側人神同忿□義之初參贊誠績
乃□□□□□□□□加鎮遠將缺復赴君之難唯力
是視天下大定預有其功乃封烏洛□開□子食□□百戶加
嵩將缺相勃海王天資秀出神武命世撥亂反正扶危定傾
君乃繾綣遊從□□□□有武缺隨山之効進爵為侯食
邑八百戶乃除使持□□督濟州諸軍事安東將軍濟州刺史
缺徒君乃秣馬底戈陳師鞠旅顧□□求應機制勝揚湯沃
雪方比為□顏山□卯比□缺起金縢未開反見疑□□□

經略君既任處蕃屏地當衝要奇正並施□勇兼設深□缺
京邑空虛定策惟幄樹勳廊廟高□忠存社稷功安區夏匡
□濟民實天所相樊子鵠缺行臺元子思等運籌轉筭應期
制敵振武鏗銳若春日之晞薄冰揚威□衆如秋風之缺節
散騎常侍都督陽州諸軍事驃騎大將軍陽州刺史君雄略
素高威風□□□□肅缺何多世屬殷憂干戈未戢經營四
方靡或寧晏將復折衝禦難追方邵之□□土攘狄缺天平
三季七月庚子朔廿二日　薨於州國家追悼□加榮禮
乃贈使持節侍中司缺如故謚曰威武公惟公居家至孝登
朝盡忠神寓沖曠識量高遠□□□□與瑚璉等缺無小而　二
不為過無微而不改兵權將略獨步一時□□□氣蓋當
世□其輕身重義缺組殺青難久且勒鐘鼎貽諸長
世其詞曰
天臨有周乃眷西顧雀書協祉鳳鳴膺祚光啟侯服弼諧王
度建國承家星羅雲布夫缺榮踰周虎爵高具僚爰秉麾節
寔列旌棨抱衛含曹跨河據濟四馬彼彼六轡襜襜導缺乃
為羽翼遂成貞幹載馳載驅如江如漢方金振聲比玉傳響
行隨海運將摶風上□缺歎依墳壟草生阡陌杳杳泉壤蕭
蕭松柏無復春秋空勒金石
大魏興和二季八月八日建碑

碑陰題名

在上截三十一行行字不一字徑六分正書

□□□□府佐人名如右
□□將軍濟州長史鄭泐
□□將軍泐
□□□將軍長外□□從事中郎許□賓
□□將軍射聲校尉外兵參軍棊道珍
前將軍□□中郎將中兵參軍茹掊
安東將軍銀青光祿大夫騎兵參軍譚和
□虜將軍羽林監記室參軍徐文曠
冠軍將軍奉車都尉鎧曹參軍酈慶□
冠軍將軍騎都尉鎧曹參軍趙熾
冠軍將軍強弩將軍倉曹參軍桓文渕
鎮遠將軍積射將軍行參軍盧遺念
鎮遠將軍騎都尉行參軍倉常洛
鎮遠將軍積弩將軍行參軍李恩
鎮遠將軍殿中將軍行參軍蒜育
平遠將軍羽林監左戶參軍鄧□相
平遠將軍羽林監右戶參軍陸叡
佖虜將軍中散大夫城局參軍扈起

平

三

平

平遠將軍積弩將軍長兼行參軍雷憘
平遠將軍積弩將軍長兼行參軍元業
□□將軍奉車都尉長兼行參軍李炑
寧遠將軍強弩將軍長兼行參軍炑仁
□瞪將軍騎都尉長兼行參軍王憲祖
□□將軍殿中司馬督長兼行參軍史伯□
□□□軍殿中司馬督長兼行參軍董和
伏波將軍殿中司馬督長兼行參軍董雅
伏波將軍殿中司馬督長兼行參軍董方顯
伏波□軍殿中司馬□長兼行參軍毋之迴
伏波將軍殿中司馬督護毋之顯
伏波□軍殿中司馬督□軍督□□□高
□□□□殿中司馬督□軍督護李□□

碑存上截三尺二寸餘斷闕不知幾許云君諱儁字彥安陳留圉人以世系徵之北齊書列傳有蔡儁者即其人也傳云儁字景彥廣甯石門人北史同與碑互異按後漢蔡中郎陳留圉人又晉書蔡豹傳豹陳留圉城人高祖質漢衛尉左中郎將邕之叔父碑敘先世並及之然則陳留圉者碑書其故籍耳圉漢縣魏因之晉仍後有北魏後置田用城碑不當圉城而用漢魏舊稱非也豹晉人而作齊志者書圉城亦非碑云王者之居不常厥

四

土乃興連遷即安所寓今為(汹)(字)五人也此(此)即敘遷楷事其汹處宜與傳廣甯石門有合也丞相義見漢書百官公卿表司徒謨晉(晉)書有傳惟前漢□□演及謨允迪於(於)史無攷傳字彥安當以碑為正碑用白波黃巾等謂杜蔦之亂也據守五□傳所不載□餅用梁冀事謂陳儼徐紇與太后進毒弒肅宗也□在君側人神同忿□義之初參贊誠績加鎮遠將軍□謂從(從)爾朱榮入洛立孝莊改元建義傳有力也鎮遠將軍傳作平遠赴(赴)君之難惟力是視天下大定預有其功乃封烏洛□開□子加嵛將□即傳從(從)平元顥封烏洛縣男也男碑作子前將(將)軍傳略之可據碑以是正傳隨勃海王高歡平鄴破韓陵事當在碑闕處(處)進爵為侯北史有之北齊書脫漏使持□□督濟州諸軍事安東將軍濟州刺史據(據)傳為太昌年事濟北史作齊誤秣馬底戈應機制勝言胡遷等踞兗州作逆傳與(與)齊州刺(刺)史尉景(景)討平之也金縢未開反見疑□言孝武之貳於獄(獄)也時帝詔御史構傳罪狀轉行兗州事(事)獄(獄)啟復其任不許除賈顯智為刺(刺)史率眾赴州傳防守嚴備(備)顯智憚不敢前碑不敘其事(事)以其違命諱之也樊子鵠云者傳天平中為都督(督)隨領軍婁昭攻樊子鵠於兗州也行臺元子思等云者傳與(與)行臺元子思討元慶和俱平之也傳授散騎常侍都督陽州諸軍事驃騎大將(將)軍陽州刺史傳止言轉揚州刺史不悉書也地形志陽州天平初置領郡二為今河南河南府屬地北齊書北史並作揚州亟當改正傳卒(卒)贈使持節(節)侍中都督(督)冀州刺史尚書令司空公謚曰威武碑闕不全可據傳以補之

碑陰府佐題名二十八人惟董和見隋書董純傳純祖仕魏太子左衛率當是立碑後所(所)歷官又陸叡見魏書字思獨十餘歲(歲)襲爵(平原)王高祖時賜死與此(此)題名人迴別毋之迴毋之顯字並作象人乳形之兩點按廣韻毋邱或為毋氏音無元和姓纂毋氏隸十虞云毋邱氏或(或)為毋氏與廣韻同而毋(毋)邱複姓又收入四十四有然則兩音並讀自唐已然又宇棗補引(引)古音略貫高之貫音冠本毋(毋)邱複姓後去邱為毋氏又作貫氏魏有毋邱儉(儉)今多呼為父母之母非也據(據)此(此)則毋氏不獨不當寫作母并不當讀為微(微)扶切之毋矣今此(此)碑題名毋字中作兩點在廣韻所(所)本隋陸法言切韻之前知古人原讀父母之母也

劉保興前趙郡太守嘉等造像記

在像下高六寸三分廣八寸五分四行行四五字字徑一寸年月一行八字較小正書在平定州

千像主前趙郡太守嘉殷州刺史河間邢生
興和三季六月廿日
保造劉興四字在左下小像之旁
劉保興造

東魏興和三年六月廿日

豐樂寺比邱貟光等造象碑

石正面額未全兩側高三尺二寸廣二尺餘側厚五寸五分正面鑿佛龕十滿鑿大龕一右側題名四行左五行龕下七行兩側各五行行字不一字徑一寸餘正書在孟縣

轉輪王此字補注主蘇暈燕州燕仲龍荊將軍夫妻侍佛鄭永侍
佛曹水侍佛以上在龕右
褒主并州刺史趙榮周　千象主肆州主簿馬道冨扈清業
侍佛時以上在龕左末行字較小
北斯佛主邢亻比丘道尪侍佛時在龕下
大魏興和三年歲次辛酉十一月己巳朔廿三日辛卯豐樂
寺比丘貟光門徒弟子造象壹區上為皇帝陛下後為師僧

東魏興和三年十一月廿三日

父母四背檀越无邊衆生壹時成佛　幽宗玄秘非此字補刻兩字之間
娟弗鑒醒掐沓微輻由豪起黙辯潛叨幽門不遠諂者之重
昏法无難因涉者之類剖刊鞠蒙零象一千功成惻但[]東
扶音化為大城其稱矣　比丘尼曇財曇勝侍佛時比丘尼
道行
祖司馬王妙祖親邢哈姜父王洛川母邢阿小　張曇祥妻
王南花息元珍　比丘道悅侍佛時　太原太守王合
興妻邢神姬息洛奴弟顯貴　長史邢通徵妻王女郎　比
丘娟覆侍佛時　太原守邢勝妻王僧花為內外
眷屬壹時成佛　王氏姬衛文遠馬零珍侍佛楊芀亻

提行

新興郡功曹邢伏興妻王阿花息乾和　王零豳侍佛媢勝
胋侍佛佛弟子邢暢馬瓚　豳州刺史邢逐
謏要娼阿花息邢怖弟洪貴州都邢辯通妻楊寄女息敬娼
夫妻侍佛以上兩側

補寰宇訪碑錄有蘇暈夫妻造像銘無年月列東魏不詳何地疑即此碑漏搨兩側耳然碑無銘而據𣥠(叔)標題稱銘或(或)别有一刻未可知也記文義不盡明曉鄰疑庇之誤但疑怛之誤胋即胡𡻕即瀛餘並數見纂未詳祖母稱祖𡖖僅見於此(此)

初稿像字下添一誤字

道遇等造像

高四寸二分二面一面廣一尺二寸十一行一面廣七寸五分前四行後空行字不一字徑六七分正書

大魏興和三年□月卅日九門安樂王寺道遇邑義十三人
敬造玉像一區上為皇家師僧父母後為已身逮及法界含
生同會常樂
□和　道生　曇測　法□　惠正　法湛　惠和　道暈
　僧哲　明道　靜玉　道惠　道皆　翼祖　甄顯　顯顯
賓　張豈　茍生　賈顯　何黑　僧顯　劉和

魏興和三年

季

李氏合邑造像碑頌文并陰側

連額龕高三尺五寸六分廣二尺七分
二十七行行三十四字字徑七分正書

大魏興和四年歲次降婁十月甲午朔八日辛丑李氏合邑
造□像碑頌文
夫旨理虛沖妙絕於言像之外凝湛潛洎超出於無形之境
所以現應金容詮言希教者寔由見聞之使三千同感是以
大聖降鑒慈情幽接影赴塵羈悲拔昏識故能託迹淨王搶
現元吉開三爲級小之心演一爲接大之則虛心冥照理無
不統深是如來處有不有居無不無者矣但以衆生福盡不
善諸業百八雲張耶風覽扇致令靈曜潛暉遷感異域自聖

東魏興和四年十月八日

去遂進世華道晉然今李末李次李顯族百餘人藉胄軒皇
藺枝玉葉望美槐榭仁英建烈廟祖乃宗出自趙郡因宦爰
處即居黎境乘此敷分[允]隆千室雖寄異方抱營轉馥子孫
孤挺風海天撫附萼相承聯光槐蘇復能顯揚大法咸皆信
敬內□□隆三寶故劬我見以識苦空遵茲使以曉八正情
求獨善之非恩同物樂者耳於是亦契齊心同發洪願即於
村中造寺一堰僧坊四周講堂已就建塔陵雲靈圖岳峻列
彩星分金光煥□其時寧窗清爽靜安皇祚民豐世壤譯誦
相從□善增劬妙悟日益競捨□王重興勝福復於村南二
里大河北岸万路交過水陸俱要滄衆之實攸攸伊洛之客

亦屆逢春溫之苦渴涉夏暑之炎暍慇茲行流故於路傍造
石□一口種樹兩十根以息渴乏由斯建立逕途稱善因前
生復信心弥篤重福輕珍傾竭家玩次造天宮浮圖四堰交
龍石碑像一軀訪匠妙盡於衆中召能募出於宇內靈姿赫
弈若金山之夜朗希彩煙霄雲張宇列圖飾嚴麗暉明照灼
鏤玉魁金衆寶厠填諭妙拔歎所不能窮語相好恩所不能
及巍巍爲若須弥之顯海堂堂乎有相而難名成因感果須
達未足爲殊得報獲益秖陁豈四非辭古者尚存名竹帛況
今焉不有流述者耳故刊石記功聲傳億代而作頌曰
穹穹虛沖眇漠難名赴感隨緣應物以形虛通縱任王□誕

緣

生根威雷動六合識傾魔道歸降亡魂精同音歎万正法
暉明暉明照世緣盡喪迹堂堂妙身遷感以凌娑羅北首聲
光唱滅大衆哀請三葉燋裂不果所顧位流灑而嗚呼慈父
追攀難逮難逮叵追分留異處念念遷謝弥歸豈去無主無
親衆生戀慕憶想金顏魁刻鎸素匠玉鏤琱表容感悟斯等
邑人眞立方處方處臨河據村南東平原顯敞行路過逢人
瞻睞仰府設史恭哈喊□心報福冥鍾冥鍾之福願如金剛
當使皇祚晏安簡靜邊方合邑慶賴畜幼休昌逮及七世現
在存亡潤蒙法界同生安養
都唯那大像碑主李顯族

開二佛光明主洛州從事李狗以上二行在龕左右
都邑金像義井主長樂太守李次　金像主李遶此行在龕尾之下
八關齋主都唯那李元　天宮主李鸜鵒　像主李毛安
天宮主李順和　像主李萬国　菩薩主李輔興
八關齋主李市買　菩薩主李苟　缺那李洛都　菩薩主
唯那李和　老菩薩主昌陽國郎中令李景以上二行在龕後
碑陰題名龕左右各一人龕下六列列二十六人
北面像主李珍寶在龕右　開□主比丘僧曇蓋在龕左
大都唯□李安周　都□□魏□郡太下泐
都唯那齋主李伜龍　唯那李貴和

三

都ㄥ□李暎宗　唯那李阿癡
都邑□□□李永和　唯那李顯貴
都唯□李□□　唯那李神都
□□□李□□　唯那李敬顧
□□□□□伯　唯那李古顯
□□□□□□　唯那李景□
都□□□□□　唯那李□生
都唯那李□淂　唯那李顯和
都唯那李惠坦　唯那李榮世
都唯那李元□　唯那李興國

都唯那李顯慶　唯那李文和
都唯那前鄴功曹公國郎中令李景宣　唯那李輔國
講堂主京兆太守李曇可　唯那李僧靜
開佛光明主西平縣令李景始　唯那李顯業
供養主李元馥　唯那李及先
行道主李暎族　唯□李祚延
光明主李□生　□□李元□
道□□□□□　□□李愛仁
清淨主比丘惠遵　唯那李□敬
□□四面像主李仲騎　唯那李文和
□□主李伯和　唯那李顯賓
唯那李化生　唯那李顯祖
唯那李洨伽　唯那□文遠
缺　□那□子貢
右一列　右二列
邑子龍□太守李普文　寺主李元安
邑子隴西太守李要勝　邑子李思善
征虜將軍廣業太守李貴　邑子李顯達
像主趙郡太守李黃龍　邑子李元伯
勃海郡太守李買養　邑子李伯生

四

邑子勃海太守李度
邑子趙郡太守李小黄
邑子樂平太守李□子
□□□城太守李天明
邑子高都太守李原
邑子武□太守李元貴
邑子虚奴縣令李樹
征虜將軍中□大夫□□□□李□
□□□武縣令李龍安
邑子獨樂縣令李魯
邑子□縣令□□□□
邑子安定縣令李□□
邑□□□□令李曇洪
邑□□□□令李醜仁
□□□□□令李思睛
邑子盪寇將軍李□奴
都唯□李景□
邑子江陽王国常侍李仵樂
邑子梁城国大農李窅和
唯那李衆敬

邑子李阿文
邑子李伏生
邑子李法妙
邑子李安玉
邑子李世樹
邑子李先達
邑子李菩提
邑子李族仁
邑子李繼埜
邑子李副□
邑子李買興
邑子李阿□
邑子李阿法
邑子李阿扶
邑子李胡得
邑子李惠寶
邑子李世珎
邑子楷書令史李珎業
邑子李顯賓
邑子李元輔

五

唯那李埜仁 右三列
邑子李長壽
邑子李辟耶
邑子李元㨗
邑子李慶和
邑子李神和
邑子李□龍
邑子李思和
邑子□桃棒
邑子李伏保
邑子李□蚝
邑子李安□
邑子李世和
邑子李明達
邑子李景暉
邑子李仲和
邑子李仲達
邑子李阿樹
邑子李法僧

邑子李顯□
邑子李僧焰
邑子李阿海
邑子李阿胡
邑子李文景
邑子李安□
邑子□□□
邑子李□世
□子李世□
邑子李□仁
邑子李□□
邑子李□□
邑子李伯仁
邑子李睒族
邑子邊阿義
邑子李慶□
邑子李元□
邑子李進達

邑子李榮宗 右四列

六

邑子李惠鑒
邑子李安世
唯那李雙憑
邑子李伯達
邑子李永達
邑子李壽興
邑子李承先
邑子李元超
右五列

邑子李僧奴
邑子李羅刹
襄威將軍劉神□
邑子李要□
邑子李缺
邑子李缺
邑子缺
邑子缺
右六列

碑兩側一側六列一側上二列下一列中空

兆安寺三字居中字徑一寸二分
八關齋以下
寺主比丘法尚
比丘僧法思右二題在左臨邊
□□元以上一列
比丘惠超
邑主比丘惠洪
比丘惠紹
比丘道暉
比丘僧寂
比丘惠寂
右第二列
超像主新氏令李伏
邑子長平令李樹枝
伯仁令頓丘太守李靈芝
唯那李壽興
左相菩薩主李辟耶
邑子缺
右第三列

七

隴西太守李□□
太尉府長流參軍李邕
梁城国郎中令李禩
唯那弥寂將軍李迗貴
成高令李伏寶
唯那李伯仁
□子□景嵩
右四列
□□周道興
唯那馬顯和

唯那李安□
邑子李雲
寧朔將軍步兵校尉張同
都唯那書令史李義和
法華經主連景嵩
邑子李季湛
邑□□□詳
右五列

邑子馬鍾葵
邑子趙尚瞶
邑子趙遵瞶
邑子李敬祖
邑子高遵明
右六列
唯那李萬□以上一側
右菩薩主趙尚瞶為母
□□□主李龍雲
右一列

邑像主閻康德
大八關齋主壓中將軍李醜胡
大八關齋主李順

八

大八關齋主李壽興 右二列下空

唯那李進達

曲陽令李曇□

空

邑子李暵世

邑子董貴伯

邑子李子承

右在下

右李氏合邑造像碑字體詭變北碑之尤甚者文云李 九

次李顯族百餘人厥祖乃宗出自趙郡因官爰處即居

紘境元和郡縣志趙州平棘縣趙郡李氏舊宅在縣西

南二十里即後漢魏以來山東舊族謂之三巷李家東

南西三祖居之亦曰三祖宅巷是也李氏遷居黎陽子

孫繁衍題名之可見者百八十餘人異姓止十餘人題

曰合邑蓋自為一村矣題銜稱太守者十五縣令十三

殆皆版授耆年非當歷職公國郎中令國郎中令王國

常侍國大農並見魏書官氏志惟太尉府長流參軍不詳

歷城神通寺武定二年造像有驃大府長流參軍楊顯叔其人與此正同

天十二頁 六冊

東魏二

武福從事汲郡某等建塔像碑

碑石高四尺額有龕像一列未知其上更有幾何廣三尺七寸三十行行三十字字徑八九分隸書在汲縣

□維那齋主蘇材據 —八關齋主□曹從事郡中正魏德令

龍顏 —八關齋主龍衆 —八關齋主馬嚻蹦 —八關齋□蘇

玢璘 龕像一列十龕五題在五六七八行之右

蓋前劫莫初心路非始攸哉邈乎靡測其源者也自天地皆

成陰陽啓運□靈起滅業報相依莫不卒習色塵驚馳愛慾

循環五趣亦沉溺四流雖復緣起一生受神□識形心重捷

念念□留假使靈芝九轉行極四誠今□月以高昇望幽宮

而輒息猶亦還沒三塗旋還六道不說□死之因緣詎云解 東魏武定元年八月

脫之果報能仁悟迹前機起□後際降靈□室□□□□

□駕四門却遺三殿一心高蹈成无上尊至□化動十方迴

□三□吞□大濟□納須弥雖神照冥通至德潛衍莫不稱

根取□□物覘□□□□之□□真實之相因化城以輒止

演衆妙於鷲山及慧曰□□法□□□□□五□□屬三千

藉有作之功會無為之力航法船於淨□□常樂□□□□ 五

□天□恭感偽法興靈惟歆真顏寄存寶色然州武猛從□

汲郡□□□□□邈□秀老遂割捐家資率諸邑義五百

餘人並着信情源客宗□□□□□千劫故亞順一時起津

梁於生滅之因纏丹識於貪慾之海通四衢□□□□駕擁 廿

東魏武定元年五三魏末止

計七百八十行左右

卌九頁

第一卷 東魏二

三彰竭八倒之流無義冠䑛開譽闡艳邑莫不尚祇蘭而結
慕□□□□歸依遂瞻影天竺尚想□城脊兹一山僉共嘉
力其峻辟單懸邃峯疊□□□□帶□山□至如寶塔五
層則浮空眺𢙣金棠百刃則撫日承天□□□□□□□
足□雀離之高妙矣又真儀應偽則暉瞨龕室神光熙爛則
□□□□□空隱現無復等級感神相好不可思議復即石
以拓図基因木而架□□引長廊而交映接戶牖以相經堂
廡霞舒階𨻶綺合雲生軒向風出簷軒花□秀美光開七淨
泉流藻注鴻灃八解雖謝菩提吉祥之勝地方同竹園伽藍
之妙哉於□名僧德衆煙集如林栖息哉蔵之門優遊正定
之路結漏永消既諸塵網般若之力既充所作之功亦辨六
時猶苦不闕日夜四事奉給無替所須而樹福良田脩功淨
土亡精投躰命會將來既事光世上業顯家中鴻名盛德方
傳不朽祇掌寄言雖不盡意顯表金石其能已哉乃作銘曰
心塗妙極性絡攸□三才始運一氣□延虛成毁果妄結因
緣有形分段无色已遷於唯大覺隨感現身攉影昏俗濕相
緌塵流茲永夜濟彼長津緣乖化隱巷跡歸眞世崇道教瞻
𠋫影則寶刹層嚴金槃纍飾落宇高臨長□峻極庭流桂水
蘭開淨色既曰福地實唯淨土息隱桒門淹留緒旅功不虛
棄果不妄祛德樹千劫聲傳万古

熙　化

維大魏永熙二年歲在甲寅興建至武定元年歲次癸亥八
月功就仰爲
皇家稱國祚永隆化隆遐劫壞靜境安民闔道澤法界有形
等成正覺

常景洛造像記

刻佛座高四寸四分廣八寸七分九行行七八字文側題名四行字徑五分正書

武定元年十二月□四日高城縣常景洛爲夫人身患□□
將綠蛸三區繢帛石像一軀上爲七世父母現在俱家大小
願□諸惡□□□善來慶願願□□盰求如意
常令妃佛弟子恭養崔仲兒佛弟子恭養

綠不見於字書

魏武定元年十二月

王貳郎等二百人造像記

高存三尺四寸三分廣二尺三寸八分標題並記八行行存卅五至卅八字不等題名存十一列列各十七行第三列擠刻十九行第十一列前多一行額鑿三龕龕右題名四行左六行字均徑五六分正書在京師端方家

大魏武定二年歲次甲子二月丙辰朔十□日辛泐下八□一
佛二菩薩□□□□□大千有□天人二□□□□師子
諸泐下
夫□幽沖莫非□□無以體其元寂言□□非正覺豈能識
其趣是□群生泐下之□□法遺誨不墜惡道拔以幽苦於是
門□含生同悟可□□□難哥審世非常感泐下海非輕能所
踻有維那王貳郎綰率法義二百人等信心崇道識鑒明達 一

魏武定二年二月十六日

唱□先義積□□廣偏娼缺下使□門眷屬願令從心後以需
鑒化容侍身琴瑟箜篌簫笛鼓樂樹龍花□備如許貝願使
使天下缺下義諸人并家眷屬剋唱甚年常以佛會面奉聖顏
弥勒下生願登上首法義兄弟□名刊石缺下
青州北海郡都昌縣方山東新王村凡法義有二百人等敬
造石像碑銘

比丘僧梵
比丘道眾
比丘僧抳
比丘僧法生

比丘僧玉　王文秀
維那主王貳郎　高阿鉊
維那主賈柱　王秀和
維那主王禾民　成公鍾葵

比丘僧常　維那主王見憘　王天安
比丘僧遠　陽思祖　雇承化
比丘僧道□　王天念　高阿慶
比丘尼法現　比丘尼静振　比丘尼静專
比丘尼法䏻　比丘尼静䶂　比丘尼静華
比丘尼静姜　比丘尼智静　比丘尼法煥
比丘尼静歸　比丘尼法顯　比丘尼譚隱
比丘尼静明　比丘尼法勝　比丘尼静炎
比丘尼僧潤　比丘尼法興　比丘尼僧議
比丘尼法僧　比丘尼静憐　比丘尼静超
　　　　　　　　　　　　比丘尼静曜
比丘尼智會　比丘尼法□　比丘尼僧仙
比丘尼僧研　比丘□□□　□□□□□
　　　　　　□□□□□　□□□□□
　　　　　　　　　　　　□□□□□
右一列　右二列　右三列
高阿□　王文僖　劉普愛　賈承伯
賈伯荷　高阿興　高榮世　王普勝
王阿愛　賈副宗　劉終愛　雇蓋䄂
王文貴　王蓋宗　王天興　雇道安
賈覔㡳　高牛奴　高苟仁　王宗貴
賈奉仙　高金安　王祖興　□長孫

二

王文達　高阿林　高羽生　王阿□
維那主楊憐華　李阿□　尹桃□
維那主過僕英　劉僕門　王伯姫
維那主趙妃姜　劉男姜　傅英姫
維那主劉明陵　謝乱姜　尹□姜
維那主譚道遙　汲乱姜　時妙姜
維那主董□姜　王劾愬　李梨姫
維那主柳嗷鬼　管男生　王憘女
維那主宋義□　賀萇生　王戠王
維那主□□□　□梟女　史羅姜
□□□□□　韓孔女　孫僕姜
右四列　右五列　右六列　右七列
上二排逢泐一行
王芑仁　王祖貴　王景達　陽珎□
趙襯連　王阿仲　賈難僧　□景□
王□買　郭阿榑　□清賞　王□休
王文龍　王領孫　雇攸遠　王景辰
王阿忩　劉阿種　王□貴　王倉□
王𠔃□　高景徽　楊阿清　高僧□
高鬮生　劉暈　王終　趙旬缺
張□姫　賈伏香　王鳳缺

三

王□賸　朱伏光　□貴姜　周登缺
王金花　孟力姜　張杏頭　高缺
楊素姬　王文香　馬伏姬　姚缺
高屋秃　姚玉使　徐妃姜　□缺
解顏女　潘明陵　宗寄姜　□缺
宗文香　劉□姬　□□□　□缺
□□□　□□姜　王姜女　缺
□金□　□□□　□□□　缺
□□□　□□□　□□□　缺
右八列　右九列　王妙姜　缺

右十列

右十一列[illegible]

王仲為亡父弟阿歡　像主王伏敬侍佛時

右在像龕之右

□□□□□□王　□□□□□侍佛時

右在前列之前

像主王明侍佛時　妻劉莫問侍佛時

王綿□時

比丘尼靜果比丘尼靜□

比丘尼迦葉比丘尼法□

比丘尼□政高惠□

四

□□□　□□□

右在龕左

五

共

李洪演造像頌 武定二年三月一日

泰鍋藏春三十一

邑子李洪演下空原書造像頌三字行應刪恨重閣之年深刪恨誤等階十号

隋誤遠逝□津逝作逝

頌每章八句下空次章應提行

東魏武定二年三月一日

尼法要造象記

刻像座高四寸二分廣八寸側廣四寸廿上行行六字至九字不等字徑五七分正書

大魏武定三年正月十四日象主比[丘]尼法要敬造釋迦象

二軀上為皇帝陛下以上在側後為師僧父母兄弟姉妹僧□□父

等因緣眷□□□弟子香火□□□善知識普為□界衆生

俱時成佛

□□□法容供養以上在背面

魏武定三年正月十四日

報德寺七佛頌碑并兩側

高廸額五尺六寸廣二尺五寸三分十九行行三十字字徑一寸分書

魏報德玉像七佛頌碑篆額九字方格徑三寸六分陽文

軌基綿邈體非緣待有无不染唯聖乃詳實證缺八字故寤中
說寤周蝶相蜱或云始從見□終於第一有恩成佛缺六字彳
法身无心於爲而无不爲任佛成壞位極方具故知山谷之
音□□可盡如寤所見非求可得一俯一仰木石開□況至
理之中何身不有同□□方其誰不是□□三界何家知非
无在不在□倫太虛信矣是呂共也人□□歷劫猶不覺知
況業基塗地別七識十居毒飯□爽正其宜也明須結心王

魏武定三年　一

旅

□□佇立門側時循竹巷始信是天屬諒非旦夕之間可得
達覲消消決石履□堅冰　大魏龍飛恒代取基帝業王有
九土至　高祖孝文定鼎嵩洛莊飾□宙津梁四海礼樂更
新雅頌洋溢於是逆旅星宮林壁華殿廣興塔廟紹隆□寶
始造報德寺洸洸濟濟與舍衞竹園同風　宣武皇帝剖玉
荆山貫重連城彫鏤瑩飾模一佛兩菩薩石基軌宮樹於寺
庭法鼓於是始聞也聞中止之輪再轉於大千半月之儀流
暉於東夏定淪影餘光亦騎歸初旭沙門曇昌蒙國恩矜無
由仰謝共慧雲洛州刺史田景車騎將軍□元標河南太守
司馬相貴□參軍杜文敬等建碑肖像金容後刊靈讚庶呂

茲善崇增川岳額　七廟神□□域皇祚遐隊舉忝忠貞曠劫
師僧七世父母法界含識同霑斯慶龍華之□□登初會其
詞曰
三有深无限彼岸甚悠悠於中常淪沒何年見春秋唯□□
力王水上乘輕舟汎汎隨波轉載沉復載浮意□渡斯盡正
恨緣廢休願□如是者應當速返流行藏業不許樹靜風豈
聽如□隨迴復無由得自亭□□廼一散誰當可盡生不如
舊雲翼高翔天中城　武定三年歲在乙丑□□丁丑朔
十五日建

碑兩側　二

國　曇

洛州沙門都定國寺主慧珍
主道
前洛州沙門都阿育王寺法仙
法師彭城王寺慧涌　比丘曇壽壽
之聖寺法師僧遵　上坐道勝　以上第一列
撫軍將軍泐三四字祿大夫　封緒
中堅將軍長泐守洛州別駕閻悟男祁標
閬遠將軍前河泐令行臺郎中鄭延茂
冠軍將軍中散大夫□荊州別駕魯僧達
平□將軍洛州治□張暉　中堅將軍車騎司馬趙思榮

洛州戶曹參軍紀文悅　以上第二列末行貫至第四列
永安公開府泐軍前并州主薄溫鑾
厲威將軍泐府集曹參軍張顯
盪寇將軍馮賓　清信士姚拈
中堅將軍宗山賓　以上第三列
臺
大行臺郎中楊士階　冠軍將軍中散大夫前康城　以下失搨拔二
行同
冠軍將軍儀同府中兵參軍朱子琮　冠軍將軍中散
黎
鎮遠將軍前洛州騎兵參軍黎李明　前清河王司徒府
輕車將軍北荊州府主薄董泐

三

宣威將泐　右左闕
泐
□□法師慧□　彭城寺法師道顯
阿育王寺主法雲
□□□□法師　永光寺主僧朗
上坐僧緒　律師廣陵王寺主法璃
上坐曇仙　洛州沙門統報德寺主法相　以上第一二列
法師道猛　河南郡沙門□陳留寺僧和
景明寺法師僧晏　法師僧泐
皇姨寺禪師法僑　比[丘]曇泐

報德寺僧鵬　比[丘]百官泐
彭城寺法師道原安司徒寺主造泐
廣陵王寺法[允]　報德寺道叡
比[丘]法仙　比泐　比[丘]道方　以上第三四列
比[丘]法亮　後缺　□[丘]慧初　後缺
□[丘]曇玉
□□寺曇紹　以上第五六七列
永光寺僧賓
平等寺僧豈
報德寺道琳
比[丘]慧練
比[丘]道珍　以上第八列
右右闕

四

道㴞造石窟題記

一紙有闕高一尺五寸五分廣四寸六分四字正書一紙高二尺餘廣一尺餘三行行廿字分書並有界格字徑三寸在安陽萬佛溝

大留聖窟

魏武定四季歲在丙寅四月八日道㴞法師造

在萬佛溝洞側蓋紀佛洞起於道憑如此又有小字南无日光佛及□德同石作匠人張岫到此造作故字記據靈裕法師傳石刻稱道憑石堂疑其即指此也安陽金石錄

南无日光佛五字在留字之左又有字在聖字右皆後人滄草錐畫非同時刻也

東魏武定四年四月八日

衣字偏注

僧道請造像記

刻座高二寸五分廣七寸十行兩側廣三寸八分各五行行五六七字字徑四分正書京師潘伯寅尚書藏

武定五年正月廿六日比丘僧道請造石像兩軀為亡父母居家眷屬亡者顏令託生西方不逢八難現存獲福一切衆生同時得道常惠和

右正面

比丘□惠詮故人龐道景妻張侍佛

比丘僧□懷

右一側

故人龐令和　妻常曇妍　息龐合珎　息女龐和姬　比丘尼惠矛

右一側

矛柔之省

魏武定五年正月廿六日

西兖州刺史鄭君碑

上截斷缺存高二尺三寸七分廣二尺四寸四分二十七行行存二十字至二十六字不等字徑七分正書倍云在河南出土未詳何縣

□□□□□□□□金石之誠武心繫本朝蹈湯□□□□□
□□□第二行空以上截斷缺處已損行也上缺□□□□□□鞴鄣之□瀕有
置驛招賢長安美其推士開田利民上缺□□□□□□西漢直
臣□□尚書之履北海儒者□表通德之門若上缺□□□□□
室之八愆辟劉家之千里父鍾郡功曹經文緯武立言樹上缺
□□□風儀秀五苞六像之姿蘊千畝之量其動也智其靜
也仁炫上缺□□章句之煩投筆輟耕俄樹鴻鵠之志解褐奉
東魏武定五年二月七日
朝請遷廣州司馬上缺□□征虜將軍都督帶定陵襄城二郡
守北接汝墳南隣汜邑固襄上缺□莠馭馬利其鞭轡夏雨雨
人秋陽照物不待朞月化若神行屬元上缺天子蒙塵四海孤
疑人無固志君與從兄廣州刺史先護同心勠力上缺勁草於
疾風表青松於寒歲乃除諫議大夫封晉甯縣開國公食邑
上缺以鷹揚粹六條而遠暢端□蕭然阮于有當年之樂青成
斯在太祖上缺□經綸之日丈夫馳騖之秋君慷慨于懷銜荼
茹蘗遂與弟四弟榮上缺□冠裂帶雲會飈起乃率厲猊席□
運奇謀克廣武若順流取陽武上缺□其餘壯俄扶嚴城犬羊
咸稱其魄河山自亡其險擒僞署梁州刺上缺□于關內君潛

賓字似稱寺有ム而未改疑有僞訛失改

國變化仍留東負覬覦而動晦迹須時託賓石以藏上缺郡守
即本邦也尋遷西兖州刺史惟君英材邁俗壯氣絶人弱好
憍上缺□之如畫矢不虛發動必應弦曾懸亂之心拂蜻蛉之
翼下雙鶬於上缺□涯途解射度之馬冰路拯李禮之車及推
臣擅命關河蕩析攪轡上缺□湯池已竭輿欲去涯函谷魁須
東都澄而河之驚浪吞六國而不上缺七以東魏武定五年二
月七日薨於陽武縣五池鄉永豐里舍粵以上缺五里其子江
陵縣令子孝幼遭不造伶俜苦辛言念過庭昊天何及上缺□
式序芳猷庶無絶於終古辟蘭菜於春秋其詞曰
上缺□贊入朝樹芬桂馥誰其偃草寄之分竹治有駈雞民無
佩犢九縣上缺若電飛淮同冰泮帝心簡在□□其勞衣錦新
密賽帷定陶耕光拊上缺□存英靈□□□紛□□□□□
□□□名德音無□

碑斷缺不見姓名郡縣文用鄭莊驛鄭國渠鄭崇鄭康成故事其爲姓鄭殆無疑義鄭君解褐奉朝請遷廣州司馬征虜將軍都督帶定陵襄城二郡守除諫議大夫封晉賓縣開國公遷西兖州刺史父鍾從兄廣州刺史先護弟榮子子孝按魏書惟先護附鄭羲列傳餘皆無考先護羲兄連山之孫其爲廣州刺史在敬宗朝碑有蒙塵云云時元顥犯洛陽魏主出奔河南也鄭君稱先

護為從兄按義傳後所列諸鄭為先護同祖兄弟者三
同曾祖者十六同高祖者十與碑書鄭君所歷官爵無
一合者其名不可得而知矣葬年月日已闕因以亂日
編次之

朱舍并息洪顯造寺及浮圖記

高八寸九分廣一尺二寸四分十五行行九字字徑八分正書在京師端午橋家

大魏武定五年歲次丁卯七月丙申朔九日甲辰成清信士
佛弟子朱舍今為亡父母捨宅一區造寺并息洪顯先發願
為亡祖公祖母許造塼浮圖一軀但以緣障未獲營立今始
得成願七世先亡永離衆苦見在家眷無病長壽恒值佛聞
法遇善知識願一切有形之類咸同此願俱時普登正覺大
道

魏書孝靜紀是年五月丁酉朔此記稱七月丙申朔正
合

魏武定五年七月九日

王法現等廿四人造像記

拓本高一尺二寸三分廣四尺二寸題名十行記十一行中間偏左題名二行又左尾題記五行行皆十三字方界格徑九分正書中間鐫像及題名一行又後人題記六行在平定州

大魏武定五年歲次丁卯七月丙申朔十八日癸丑并州樂
平郡石艾縣安鹿交村邑儀王法現合廿四人等既發洪願
造石室一堰縱廣五尺中造三佛六菩薩阿難迦葉造潯成
就上為佛法興隆皇帝陛下勃海大王又為群龍伯官守宰
令長国士安寧兵駕不起五穀熟成人民安樂下為七世父
母所生父母因緣眷屬蠢動衆生有形之類普蒙茲眷一時
成佛

魏武定五年七月十八日

邑子王法現邑子衛悅族邑子張永白邑子張賊德嫌運不宜格後人
邑子朱盆保邑子衛僧保邑子郭運明邑子張法勝
邑子王顯儁邑子張阿甑邑子衛保悅邑子衛普悅
邑子衛興樹邑子樊信智邑子郭世儁邑子衛敬悅
邑子趙顯和邑子王明儁邑子郭京国邑子衛天強
邑子王木儁邑子張郍仁邑子張延和邑子張顯儁

右在像右記前

當陽像主張惠仁

記後鐫像一此六字在鐫之左字徑一寸

都綰主衛海保佛堂主韓智悅香火主衛歸興

二行在張惠仁六字之左

封子會行來旦過唯施者未來施者道心堅固一時成佛
種樹人張也仁種樹人王洪賓種樹人王文益三人等願蒙
慈養一□成佛

右五行在左尾

三龕計像八十八尊中魏
刻左右皆齊刻
學坡張繼文記
穆映晴
石筆劉同穌刻

趙義林

右六行在衛海保題名之後封子會一刻之前字徑八分

王法現等廿四人題名十行記十一行都綰主衛海保等題名二行封子會云云二行種樹人張也仁等題記三行字出一手皆同時刻石中間佛像為張惠仁所刊乃後來攙入玩其筆意亦隨以前刻也張繼文記及刻石人等六行則近人書矣其言三龕計像八十八尊中魏刻右皆齊刻今拓本無龕像可見以意度之當在此刻之上別有北齊題記故云

齊獻武王是年正月薨於晉陽秋七月戊戌以世子高

澄爲大丞相襲爵渤海王戊戌七月三日記稱勃海大王謂澄也併官即百官國士即國土蟲動者大戴禮凡動物統謂之蟲也封子會一題不可强解

龍山寺比邱道瓚等建碑塔記

高四尺廣二尺三寸上七寸餘爲額題名十八行字徑五六分正書年月及記二十一行行三十字字徑八分分書又年月之前有題名一行記頌之後題名二行地記一行正書在平定州

大魏武定七年歲次己巳四月丙戌朔四月八日癸巳

司州魏郡易陽人今爲武安龍山寺主比𨚗道瓚記頌首行從直下

較北文高八字

夫萬相具朗非有無是非變舜人莫知其元所以然者皆由積善空出出前者行授記出後便能熱眞見樹定想三九亦能虎五指以伏狂鳥併鬼弱拎壙野把火龍而盤掌指熾焱而爲長流特挺孫秀英奇囂此道顯伏鼓滅者矣□縣沙霑沫

窜無壞子是以此法師名道諱瓚西承波長漢赤龍之□元在河間今寄居易陽人也奄彩宮城割愛辭親倍加韜響非情所亂遂寫素服怒心道君雖同生滅遠鑒始終古今覺曉熱行棄門纖理靡指持禁帶浮羅剎狂塞懷念傷蘭逝息繼草清清志熱春松無以佯其鮮齊齊獨穎夜炬無以匹其然方欲致者窟庇雲昇彼岸都不復以世慕爲榮也便率邑英梨信心令雋一百餘人共裁己貴同尊上道且使育王盡藏須達傾珍無以比其福即乃運石削巖左置文碑右法勇塔雕錯漏彩連甦腥容之質狀如眞見眴曤碧丹霞出斑金瓔窈窕如曜靈出入魚淵兼下神蔡奇章異今而彰形彰漢朝

圁

感夢宋君猶勇陵風拊伏菪真鎮神川於中涯顯志長衢遊
人之賜目者也珞珞若七疊坐紀秃巖巖如五岳坐經地馨
風遐振璘爛弥遠聲霑北兼飛嚮南寘故爲作頌曰
弥劫長遠積善空弱行端万有難比難方敷鼓要請必求所
忠者行二三銘記定光世雄無匹廣救一切五猶現師狂鳥
圁滯伏鬼壙野兩炊同翳舍利乃悟人生得滋熾火冰流感
搜淨地沙門清潔規矩古今守禁待浮羅剎息心每懼傷蘭
結草軀沉雲昇彼岸興瞿相尋率彪令雋栽捨已珍同尊上
道剋像潛神育弱不並須達豈申抽斬截骨早求出困取石
剬业雕彩異彰畜形真見嬎如故常晌矚鮮多窩究維光塵　二
鷲嚮飃風莪鏘鏘其下神龜能瞿浸妓形彩漢涯夢感宋朝
置坐神川宇宙照照紀父經地名遐遠霄下空
都維那光景五字在首行之前一行
象塔寺都主南縣令桓肆周　供養侍佛
婁樊無字供養侍佛
息孟生供養侍佛
息慶括供養侍佛
孫子褋供養侍佛
孫子崇供養侍佛
璸周貴滄光妹女

此行在底三板寫
上拓本空摘去
初稿從此三行底三板寫

比丘像邑主道勝供養
居中刻佛像
比丘像邑主僧教供養
璸
象寺都主平東將軍前昌樂縣令桓小成供養侍佛
婁車杜女供養侍佛
息僧朗供養侍佛
息婁張世玉供養侍佛
孫道業供養侍佛
孫子業供養侍佛　比丘僧道仙　比丘僧惠目
三

比丘僧道觀　比丘僧道元
右十八行在額像左右字徑五六分末一行直下當記頌末行之後
上破拓本缺　昌陽縣開国清河太守光㩳祖
同上記此碑直東敵南四百步有水　直北五十步殖松□
樹供養　直東一百□西北還曲介流是常住僧伽藍地璸
記

北碑承太武頒行新字之後異文歧出競相虛造此刻駁雜詭怪不見於今古文者尤多如之作业絜作㓞於作扵若作𩕳䂂真作直棄作棄終作冬息作嗯岸作岸桀作梨荊作刑晁作究星作壘天作兲此用古文兲而下改為元

大此古文重人而用爲天字岳作峕明作多此猶可意會而識者也
至峕弱鼓崴浮與滹沲之滹同此不作是用㹸迣遻㬹窩韻海即向字此不作
向用彭篇海音台星名此不作是用彭闉炊篇海闢去聲熾大盛也此不作是解等字音
義殊不可釋安得起子雲而問之

高嶺東諸村邑儀道俗等
沙門曇喬等造像記

高二尺三寸六分廣一尺九寸記七行行存二十五字題名四列列十一行字徑一寸正書

唯大魏武定七年歲在己巳四月丙戌朔八日癸巳肆州永
安郡缺下襄縣高嶺以東諸村邑儀道俗等敬自十方諸佛一
切頤瞿過□缺下善生遭李運前不值糧加勑興後未遭弥勒
三會二瞿中間日有缺下歎先有願共相契約建立法儀造像
一區平治道路刊石立碑以缺下之功上爲　皇帝陛下勃海
大王延祚無窮三寶永隆累級□□缺下世父母現存眷屬後
願生生之處遭頤遇瞿値佛聞法常脩善□缺下至菩提檀不退
轉願法界含生同獲此願一時成道
魏武定七年四月合

一

□沙門都僧觀　厲武將軍焻道善　馬璵瓊　趙𪉑珎
梁寺曇高供養　厲武將軍邢阿平　邢惠慶　趙晃達
比丘法焻色子□厲武將軍李洪賔　邢洪達　□□□
比丘曇暹　厲武將軍何法安　王阿叱　張悪□
比丘道略　厲武將軍霍元欣　邢阿海　邢伯尚
比丘貞紹　厲武將軍楊神虎　王伊□　何曇貴
比丘僧貞　厲武將軍鐔元貞　王孟遷　霍曾□
比丘貞龜　厲武將軍劉顯仲　邢曇尚　趙□羨
比丘惠果　□士都將鐔伏安　趙□□　李待賔
比丘焻超　王阿賔　馬延觀　殷僧榮

比國□□　列右一

賈社仁呼延清郎　列右二

王孫德　列右三

列右四

地形志孝莊帝永安中改肆州新興郡為永安以定襄等縣屬碑所缺為定字據此知每行下缺止一字也高澄以是年八月遇盜而但碑立於四月所稱勃海大王謂澄也

二

初稿搗去不字□

初稿犁改作犁馬

初稿世祖　祖作祖

誕

冀州刺史關寶顯誦德碑

高四尺三寸廣二尺五寸六分二十六行行四十二字弟二十二行獨溢下二字方界格徑一寸正書在平定州

魏故冀州刺史關寶顯誦德之碑文永記字徑

大魏武定八季二月亲巳朔四日甲申□立碑□

君諱賸字寶顯其夲河東南解人也洪基出自端頊苗□□

□□□夏禹夫人娼姤先□見白鳥據山顛木關□悲鳴□

而視之隨子□吞即便懷孕十二月而生壹子□于杜關字□

□神德封為關令尹於是關始興焉□是三代□志重犁劃

昌寶□千祀刊於万□者矣世祖關遠懷德著文超絶今古

漢順帝任為佂南大將軍江州刺史祖子林沖愛□達凝然　一

魏武定八年二月四日

□泊彩風易俗壹變齊景景明季初考驃騎大將軍蒲陰侯

回居蒲陰父猥性好浮沉意□澄靜遂□步陵□□音□水

少翫郎薗安貧樂道志遊天池遊心滄海發憤潛幃臨滄妄

味道隱山林守節巖穴宣武　皇帝慕軒義之風開闢四門

採徽逸之客㠯為黃門侍郎高讓辞榮不從所名公承先緒

□資襲封受賞忠亮淵□慕御洞於三才矜賜動於万像遂

復量采朝儀縉望匹道璨若孤鳳之㲘雞□淨若明月之出

雲霧□高姜□勳同四檪去延昌季中授廣陵太守公稟純

和於靈緒誕山岳之英精令使二毛殊越於關堂檤□□□

於□之言必九思行成頑矩主上體□天平四季七月遣鴻

驢謁者尉褋就家旨除假□□將軍冀州刺史公□□□儀
威如玉潤入其境文公之教設民施其令則西羌之從大法
動若孤鳳之去梧桐□如龍飛之就清〻才非六奇豈雲比
之卓絕駿非騏驥爲能方之獨步僉曰宜之可故□山河乃
祖乃□剖昌華茂允望世務□□風俗類子元之趣駕同孟
堅之廣視不待文□自有神明之鑒廣平蘭慧賦政齊均□
武獨決安危所注若夫天道不臧臧畢□忽以秋霜之暴菓
葉昊天之殱良人哲使鳳捨孤桐龍藏深淵徒使芳葉摧柯
蘭根剛木春秋九十有八空以武定五年十壹月侵疾殞於
是龍飛失伴孤鸞先侶□斯□□金□將□□□明珠邺□　二

徽字上疑脫一字初拓此有

□輝哀哉雄劒頓盡無光以去武定八季二月亲己朔四日
甲申窆於二□東南八里千畝坪□州主簿張玠遠等臨泉
門而長悲泣墳戶之莫顧仰徽於林猕刊懿績於山隅其詞
曰
□□□□□□□□雖□□蟬聽剠□而月照雪如松懷
春志龍霄漢獨華入雲　洪基南解囙封滿陰累□□□
□□□□□□□□欽□　蕃□壞〻轉石艾夲摧□
木雄氣消索秋霜悴䨲輝光朝落幽室奄□□□□□
千□□□□□□車鳳駕長桂去鄉九京蕭瑟荒草芒芒
嗚呼哀哉奄送貞良　□□□□□□言設□□□

□□爐惧熱□□金銷□劒枉析鋒岫摧銀賚山崢嶔橫截
繡縷錦練錯列哀于□□□一□□□□□□□□□
□□白楊忽覩清松是依如何金鏡奄然晝輝悲啼送君不
共君歸嗚呼哀□□北斗□□□東□□□□□□□
□谷地勢東須東帶長壑西屆軺邢北署三交南詣□□□
□□□□其中土□□□□□启方□□□□□刊石立碑
傳示後生

長史□玠　侍中和(藕)　□都亻□
□□□　別駕□穆　□都□玠
列右一　列右二　列右三　三

光初主簿趙廣　主簿張遠
光初主簿田□　主簿郭進
列右四　列右五

是碑載于司直天下金石志在平定州目中誤顯左刻
爲禺當改正趙撝叔據涿州李氏藏本編入補訪碑錄
並引司直志而仍不言所在蓋疑之也今拓本從平定
州來于志爲有徵矣元和姓纂闞氏引風俗通云闞令
尹喜之後一云夏大夫闞龍逢之後又按闞令內傳闞
令尹喜周之大夫也母晝寢夢天下絳霄流繞其身見
長人語令咽之既覺口有盈味及生有變光若日飛遊

其側室内皆明其異徵之見於傳者如此(此)碑敘受氏之
先乃云夏禹夫人姐姤(即后)見白鳥據(攄)山悲鳴吞其墮子
即便懷孕十二月而生壹子于门闢後封為關令尹不
知其何所本也夏為姒姓夫人不得稱姒后尹喜周大
夫非生於夏尹其姓亦不與令字連屬(屬)碑之紕陋良可
發噱(勝)祖父及官位事迹皆無攷字多譌別推而月照
雪而作如讀為合於(於)古豈雲比之卓絶以雲為云也至
矜賜之矜括使之哲長桂去鄉之桂不知作何字用又
闕堂下櫳字東居韜邪韜字不可意揣遊巳見前刻道
瑄記中此(此)刻志遊天池仍莫識其為何字之變

嶇

禮

杜文雍等造像記并陰側

拓本三紙高各二尺兩紙廣一尺二寸一刻經十二行行二十三字方界格徑八分一刻記十二行行十九字方界格徑一寸一紙廣七寸餘題名三列各七行末一列止一人方界格徑一寸均正書

高王經一卷
經文不錄
右一面

大魏武定八年歲次庚午二月辛巳朔八日造訖
夫大覺衰不惻之焰非感莫應其形真如蘊無窮之說非聖
孰宣其旨故毀(投)樂隨機崎嶇濟物衰彼沉淪鬘珠之信是以
都邑主杜文雍都唯那杜英儁都忠正杜零徽十四人等上
魏武定八年二月八日
為　皇帝陛下諸邑七世父母一切有形敬造石像一區堪
室華離宸容澄湛表彰往聖合生等福　乃頌曰
真仙捨逝歸彼虛空蒼生靡託雕鐫遺容悄金弗愛致敬顯
顯　躬懷曠濟解喻金剛中孝仁厚攝弱摧强示人寶潛万
代留轡　邑邑此邑齊齊仁林英梨比肩禮讓為心逢茲菩
政覺柚家金惡來逮立慎躍難任論其宰迄頻芥投針
右一面
邑子杜莫道　邑子杜尖興
邑主杜慶遵都唯那杜英儁
邑子杜敬蘭邑忠正杜零徽

山像杜闊敬　邑子杜清雀
忠正杜遺國都邑主杜文雅
邑子杜思顯　雄那杜慶賓
邑子杜興國　邑子杜始和邑子杜子遊
右側面

弎

陽城洪懋等造像記
高一尺八寸廣二尺二寸八分二十四行行十五字方界格徑九分正書下有題名

石□□闕下
唯大魏□□□□闕下
夫真覺□□非靈亣闕下
等性匯□□无以證闕下
智聲起於昬蠢之慮万闕下
以咸種為首於是緣悟遵闕下
既聞豪善修歸安不自力固闕下
像主陽城洪懋邑主王黨邑主秦闕下　北魏
邑卌餘人等自□往樹因徹今逢像闕下
慕金顏之冈□㤞悍生死之靡濟將欲同
竭愛河□□有棄若不累寶俾於梨刹
琢玉埒於刻檀將何以表敬竪歸真莚
圖趣本故共減衣湌仰為　皇帝陛下
於基陰潁陽敬造石像一軀舉高一丈
□始茲□今乃崇就功傾世巧用竭時
琢鑒豪若留影龍池覩貌若亻□鷲嶺
願此福資　主上聖昌百司賢明風和
雨順國豐民泰三寶永化四生蒙度同

邑子陽闕
邑子[redacted]陽闕
邑子陽長
邑子□闕
邑子陽闕
邑子王闕

超危吾永證常樂　其辭曰
真□□像□顯□情至道靡説始悟□　邑□子□
□異心□□同一性靈緣懃先證行息　邑□
□成由知自力共減珍玊雕容畫相□　邑子
□窮形福資國主潤及群生同畫今□　邑□
□□大明　邑□

此刻未詳所在按後魏陽城縣凡四一屬洛州陽城郡一屬淮州盱眙郡一屬并州鄉郡一屬光州梁安郡此紀云像主陽城洪懋又云於基陰潁陽敬造石像按潁即潁魏志潁陽與陽城同隸陽城郡然則此石在洛州之陽城矣今其故縣在河南登封縣東南卅五里基陰即箕陰箕山之陰也

二

中興寺石像碑

拓本高三尺八寸廣二尺五寸上半截記二十五行行二十字字徑七分下截題名二列各三十五行行字不一字特小在鎮平西南十五里燈禪寺門西

夫妙性沖[元]至空凝絶神力有跡於泐下慈□教合氣戢音遺影自天感祥猶罕艱慧曰从辶嬰降法雨而舒亟　造意耶沙登无上之果率心求掃當託不動之邦　夫識超真觀漸能與於此哉

惟大魏鎮遠將軍步兵校尉前河北太守鎮固城大都督周城縣開國男白　公名實字雙城體道群英志超遠略業同曠善德美今時才實文武器過瑚璉名播六郡振鄉三秦自參朝政躍馬邊戎值四方多事蠶徒覺紛時姦專俽剋平多難遂不世之奇功懷謀略於𣃆衿捷識知人齊稱盼手驗策盡功住無不孫振仁踐義摧而□勇洪勳匡積又彰朝野流歌詠於時口傳芳翰於史籍帶亙縣之名邑別三陽之一居乃□物波壞寇敵摧鋒竊盗斂跡煎無遺乃稼屬慶其咸德左夏伏其才武遠近慕義志念道場心移彼境嗟雙林之已逝廣三會之難遇　大統三年歲次戊午四月己丑朔八日丙申率固城上下村邑諸郡守□都督戎主十州武義等共崇斯福為国主大王　□史造中興寺石像地皆敞淨幽明照曜此之淨土立功累年營構方就梵宮凝麗其如自然房

西魏大統三年四月八日

廊周廓趺躡相尋畫妙餙疑神造菩提一念漸蹬無㨿凡有
感類莫不茹尚殖回既著業果来臻勒石刊碑傳之弗朽
其辭曰
法輪攸退體道遐宣世惟獨住虛沖自天積慶無尋耶𣱼有
細斃寧難樂王宮易還返迷尋夜救溺者邊□□古遐幽途
可陟夫君寤道缺下
右上半截
衆僧□得□養𢌿六拾畝白田檀越主以養私□田一
兩相上
右在上下兩截之間前七行中一行
缺將軍奉朝請南陽郡功曹宗達字法進次行存約二十字模糊莫辨
缺將軍殿中將軍北梁州别駕從事史張逕字次興檀越主
施田十五畝□□□□□將軍殿中將軍邯鄲縣伯□□
□檀越主施田卌畝鎮西將軍荊州主薄□□□陽二縣令
南陽縣丞□□守紹興息伏賢檀越主施寺田十畝𢊁遠將
軍都督宗伯仁檀越主施寺田五十畝討寇將軍奉朝請宗
清奴檀越主施寺宅田一畝白田一畝綿色主宗上字元先
空行一檀越主施□并宅田十畝廣武將軍平州主薄宗榮鳳
檀越主施寺并宅田廿畝□南將軍□□太守□州别駕宗
鳳起檀越主施寺□白田廿畝襄威將軍奉朝請浬陽縣令

宗方進檀越主施寺白田廿畝襄威將軍奉朝請宗天榮檀
越主施寺田廿畝南陽郡功曹宗顯祖大檀越主施白田卌
畝蘭宅田十畝牛一頭鎮遠府功曹參軍宗思賓檀越主施
寺并宅田廿畝襄威將軍奉朝請南陽郡功曹宗璘鳳檀越
主施寺麻田十二畝討寇將軍奉朝請宗□壽勸化大檀越
主鎮遠將軍步兵校尉前河北太守鎮固城大都督固城縣
開国男白斐城造中興寺石像撣迦行像浮啚堆鄉主邑子
等名如左
寺邑主伏波將軍南陽新野二郡太守趙文榮寺邑主伏波
將軍国子愽士南陽太守固城鎮都□軍張徹字思遠寺邑
主鎮遠將軍宛縣令順陽太守趙𢦏扶寺邑主殿中將軍強
弩將軍討寇將軍奉朝請宗定安寺邑主襄威將軍奉朝請
前默曹參軍關光明主□元醜寺邑主假襄威將軍别將員外
壓中將軍縛僧牢寺邑主壓中將軍討夷將軍西鄂縣令張
政字匡生寺邑主襄威將軍奉朝請宗天助寺邑主假安遠
將軍前固城都督襄威將軍積射將軍張始興寺邑主襄威
將軍奉朝請南陽郡中正關光明主趙市寶泐上將軍奉朝請
南陽郡功曹宗鳳龍寺邑主襄泐朝請宗方隆寺邑主鎮遠
將軍期城太守舞陰伯關光明主泐寺邑主討□將軍強弩
將軍舞陰縣令固城鎮長史關光明主宗安賓缺軍強弩將

軍宗顯□

右下截第一列

寺邑主討難將軍强弩將軍壓中將軍泐下　寺邑主寧遠將
軍□□□令泐下　邑子壓中將軍强弩將軍宗文□　邑子南
陽郡中正宗□泐下　邑子泐下　寺邑主討寇將軍强弩泐下　邑
子鎮遠將軍廣□太守泐下　邑子南陽□功泐下　邑子鎮遠
將軍泐下　邑子强弩將軍泐下　邑子威烈將軍泐下　邑子襄
威將軍奉朝泐下　邑子襄泐下　邑子宣威將軍泐下　邑子寧
翊將軍泐下　邑子威烈將軍奉泐下　邑子南陽郡中泐下　邑
子奉泐下　邑子襄威將泐下　邑子威烈將軍泐下　邑子南陽
郡功曹泐下　邑子鎮遠將軍泐下　邑子中堅將軍都泐下　邑
子安南將軍都督伏泐下　邑子鎮遠將軍都督討寇泐下　邑
子宣威將泐下　邑子襄威將軍奉朝泐下　邑子討寇將軍泐下
邑子襄威將軍泐下　邑子長孫泐下　邑子討寇將軍泐下
邑子討寇將軍泐下　□□宣威將泐下　邑子奉泐下　邑子伏
泐下

右下截第二列

□□□□都邑主大魏使□□□□前□陽北□洛二郡
太守□□北土大都督晉□□開國侯宗行□供養

右在龕之右

右中興寺石像碑鎮遠將軍步兵校尉前河北太守鎮固城大都督周城縣開國男白實字雙城等造下截題名稱白雙城蓋以字行也魏書北史無傳碑在河南鎮平於三魏爲湼陽縣文有宰固城上下村邑云云固城不見於地形志惟析州有固郡郡有固縣其治所無攷李申耆云當在今南陽府境碑所謂固城或即是歟周城縣眞君六年置屬岐州平秦郡北周廢其餘題名所著郡縣志並有之皆與湼陽地近者也施田人皆宗姓後漢黨錮傳宗資南陽安衆人此其族裔矣趙明誠謂范書宋均亦宗字之誤

龍門山造像二段 俱正書

邑師僧嚴等題記 高一尺廣九寸五分廿一行行廿五至十四字字徑七分

夫靈圖潛□非□無□□□□宗渊家非□何能□□□
□□□顯□□由人是以邑師僧嚴道俗□八人等異口
同□為國造堪一區願帝□輝□□□□□万國歸心□□ 遷
□□常□□心□□布願合邑道俗樹德於不言之表率
神三空之域□悟□外絕塵境願師僧七世父母有識之
類感同斯願 □□□□永秀後代 大統四年□□□□ 屬

嚴毛興題記 高二寸三分廣六寸七行行五字字徑七分

大統七年四月廿六日嚴毛興為度支□造□□一□

西魏龍門造像起大統四年

杜照賢等造四面像碑

石斷為二拓本五紙正面一紙上半龕像拓未全下半題記龕內右旁題名一人北面二紙上為龕像拓未全龕下題記五列斷處在第二列第三四字之間其上一紙連捐左棱年月一行東面一紙下截斷闕存題記三列半名西面一紙題記一列之下鑿圓孔徑五寸餘孔下題名一列又下題名一行俱分書兼篆體餘詳各段下

夫大聖難遇纘影攸顯自非建福崇因刊石記功河乃流名
後代得免三塗者哉是以都邑主杜照賢維那杜慧進等十
三人各竭家資敬造石像一區上願三寶永隆國祚康泰又
為師僧父母因緣眷屬普及法界眾生等同正覺 此段刻像龕下

高一尺六寸廣一尺一寸六分凡行十廿字方界格徑一寸四分

□凱生 供養佛 二行刻龕內右旁字徑五分

魏大統十三年十一月十五日

一

右正面

大都邑主殿中將軍杜縣令杜照賢 軍字旁補
大都維那冠軍將軍京兆郡守杜慧進
都邑主積野將軍定陵郡守杜猛略
都維那殿中將軍奉朝請杜文和
邑中正寧朔將軍頓陽郡守杜零茂
邑中正伏波將軍杜景遵
邑子寧朔將軍奉車都尉南頓縣開國男杜无龜
邑子蘯寇將軍奉朝請杜惠宗
邑子討寇將軍奉朝請杜光世

龕

象

邑子陽翟郡功曹杜貴託
邑子盪寇將軍奉朝請杜莫問
邑子壹威將軍奉朝請杜尚華
邑子杜長文邑子褚鸞藻　以上題名十三行爲北面像龕下第一列高一尺直界格寬九分字疏密不一
北面上堪象主討寇將軍奉朝請郡功曹杜景叢母脩武辰
妻南陽張
兄伏國弟何蘭息延賓子寬女真妃先妃于妃男妃上顏七
世生天現在安吉存亡眷福普登无漏　以上第二列高五寸七分前半刻像後半題記七行以下各列直界格寬均在七分九分之間行字大小疏密均不一

二

象

儆

北面多寶象主驪驤將軍甚社令汝陽太守江州刺史杜平
鑾妻南陽趙息零茂洪儆孫神棠廣光神悅𠌶林仵祥爲七
世生天現在淂福含門　六行末行空處避石隙不刊　供養佛　以上第三列高同上前半刻像後半題記
邑子杜始和供養佛
邑子杜文雅供養佛
邑子杜季和侍佛
邑子杜仲賢侍佛
邑子杜令和侍佛
邑子杜樹生侍佛
邑子平南將軍定
州刺史杜皇奴侍佛
邑子鎮西將軍葙州
刺史杜王國侍佛時
邑子杜敬祖
邑子□□佳

比丘黃臺縣　沙
都門僧衍供養佛
比丘道御供養佛
邑子杜貴龍供養佛
邑子杜洪壽供養
邑子陳□□侍
邑子張遵侍　以上第四列高四寸題名十三行
邑子杜元明侍
邑子邵法僧
邑子杜洪淵侍佛
邑子杜貴賓侍佛
邑子杜阿來侍
邑子杜承敬
邑子王元櫆　以上第五列高三寸五分題名十三行
右北面除龕未拓不計外共高三尺二寸廣與正面同
背面象主假驪驤將軍資　邑子閻遠將軍京兆

三

彝參軍杜文緯爲存亡
父母及合家大小供養佛　以上東面第一列高六寸八分前半刻像後半題記三行字較放
塔主城局參軍
杜凱生爲存亡父
母合門大小供養佛　以上第三列高五寸二分題記三行後半刻像
太守杜劉陵
邑子開國侯杜景宗　以上第二列高五寸二分後半無字無像前半題名三行前二行字特小
邑子鎮遠闕下
川太守杜闕下
邑子平南闕下
洪驢少卿闕下
邑子河東郡闕下
杜夫扶

以上第四列高存三寸題名六行

右東西高二尺餘廣六寸五分

西面象主御仗左右佂虜將軍中散大夫前
陽翟令杜魯清妻太元王息景和景
嵩炔慶多侯并合眷十八人供養佛

以上西面第一列高七寸題名三行後半刻像

邑女黃桃枝侍佛
邑女張瞕房侍佛
邑女尹小姬侍佛
邑女新興秦阿妃侍佛

四

邑女南陽張房憐侍佛
邑女南陽趙汝勝侍佛時
邑女倪勝光侍佛時
邑女李照堂侍佛時

以上第二列高四寸五分題名八行上空五寸

邑女黃鳳皇

以上第三列高四寸題名一行

餘石鑿圓孔也

右西面高廣與東面同

大魏大統十三年歲在丁卯十一月甲午朔十五日戊申造
記本是雍州京兆人因官在此

此行在北面上一紙之前蓋碑之西北棱也廣一寸二分長二尺一寸五分其三之二在像龕旁三之一在第一列題名旁造記以上二十四字徑八分本是以下十一字較小非出一時手筆

石斷闕高不知幾許以北面二紙及上一紙黏連左棱一行計之共得四尺六寸原石諒尚不止此正面及東西面未知在上半截下半截光緒庚寅得搨片於廠肆莫知石之所在按題名所繫郡縣惟京兆郡杜縣北魏屬雍州今為陝西咸甯縣餘皆在今河南境記有本是雍州京兆人因官在此則石不在雍而在豫可知也邑子杜文雅即武定八年造高王經石像之領袖者碑書何以水免加力尉有心諮議作資議鴻臚作洪驢北朝人結習如此非由筆誤

五

真

介媚光造像記

石尚不知幾許記在像龕下高八寸三分廣一尺五寸十五行行廿字字徑六七分正書

夫□宗沖邃寂漠□□形自非言像无以□□表真釋氏化
盡邁餘十載自沙王鄖剬以謨□軋又清信介媚光上為国
主州郡令長師僧父母現在眷屬亡夫男女普及有形敬造
文石釋加像一區茲福顧生不動世界弥勒三會顧登初首
大魏大統十四年歲□丙辰四月壬戌朔三□甲子前郡五
官王李□　前州都薛祖□
媚息男薛崇令
媚息女薛外瞙 二題在記上方付佛二像左右

魏大統十四年四月三日

按西魏大統十四年太歲在戊辰此作丙辰記者誤也

馬□寺造像記

拓本連龕需題字高三尺七寸龕居三之一廣二尺四寸記十四行行二十三字記後題名四列字徑七分龕需題字各五行行字不等並正書在鎮平西南十五里燈禪寺門東

夫至理難尋非言 泐下 神王宮誕生迦維有行□度□□
覲尊顏□大人□□□有餘載道俗卅七人等作□能人之
去 泐下 敬造石像一區己□三會之□□
大統十七年太歲辛未四月甲戌朔廿三日丙申道□□
殖靈根於□劫之始□穎□於□□□表□□棄錢財□□
上施惠為神用共相□□仰為帝王永□臣僚長□□□
俗過去見在師僧父母眷屬□□敬造釋迦金像一區石□

西魏大統十七年四月廿三日

一區弥勒像一區法華経一卩要契菩提因果慈氏□世□
登先首□法界眾生普同此福
其辭曰 當圖穿孔 善□去□其唯之遠□□迷□□□□
□之慈□空神□迹□頂□□□賴□□□賢劫□□□已過一
六空□□□□□□育□□□□□道□□結緣先□空
色子樂道達
色子比丘惠景色子比丘惠侶　色子胡祖生
色子比丘惠海色子比丘惠壽　色子趙賢琢
色子比丘惠雲色子比丘惠纂　色子楊永□
色子比丘□成色子比丘道□　色子秦法明

色子比丘道猛色子沙弥道□
□□比丘惠隱色子王□□
色子比丘法景色子康伏居
色子比丘□昕色子趙賢景
色子比丘僧榮色子比丘惠焆
色子比丘僧□色子宗伯孫
（右一列）（右二列）

色子趙毛賢
色子何道徹
色子吳永徹
色子楊□德
色子楊碩琳
色子楊東生
色子□大□
（右三列）

色子宗□□　□主宗慈孫　維那惠壽
色□□□□　開法華經主比丘法景　維那惠雲
色子王□□　金像主比丘惠雲□□　維那惠海
色子楊惠□　弥勒像開明主比丘法昕維那惠景
色子□□□　石像開明主比丘惠雲　色主道寶
色子□□弥　（右在龕右旁）
色子王鸞樹　（上缺）陽郡涅陽縣馬□寺香
色子□仵□　（上缺）卅七人等以大統十七
色子宗顯□　（上缺）□□日造石像之次記
色子楊□光　（上缺）□其造像之日（此字泐極）此寺置
（右四列）　（末行泐）
（右在龕左旁）

碑陰（在穿孔之上二十二行行字不一字徑八分正書）

（缺）涅槃經一部　命過師道曠
（缺）景　惠海　惠雲　惠隱　法昕　惠壽　惠纂
（缺）惠進同學十四人等為亡師敬造供養
（空一行）
輔国將軍中散大夫前行臺郎中行萇洛郡□鎮府州都督
安撫覽
（空一行）
本□切□州主簿畋選州都宗慈孫
□□□□鎮遠將軍信城縣早城縣□□□□□□□寅趙
京
（上泐約七八字）府統軍城塙叅軍趙□景
（上泐約五六字）將軍固城鎮都督樂適達
（上泐）中將軍左中郎將（上泐）督儀同下司馬（泐）
（上泐）將軍□遠將軍奉朝請六縣（上泐）師□統□都切彭鷄堅
（上泐）儀同下錄事叅（泐五字）楊□□
（上泐）荊□刺史王思□攺下帳內都督（泐六字）楊石□□
□□特□奉朝請趙賢弥
□中將軍南陽郡中政趙毛賢

泐七字 王鸞樹

碑側 厚七寸題名二人行十八字字徑八分正書

本郡十政主簿郡平望忠政州西曹書佐州主簿郡功曹史

輔国將軍中散大夫宗伯孫

空一行

殿中將軍遠中將軍左中郎將車騎府録事參軍楊東生

右碑與中興寺石像碑皆南陽張忠甫孝廉訪拓寄貽年號在蝎龕之左寺名馬下一字不可識通鑑目録大統十七年辛未梁閏三月甲戌朔此云四月甲戌朔魏置閏在四月也碑陰有行𥬇洛郡者按魏洛州有上洛郡析州有南上洛郡獨無長洛又有信城縣早城縣亦廢史地志所無十政主簿不見於官氏志忠政當即中正

宗顯貴等造像題名

拓本上有像龕半截下有題名三列原石高不知幾許廣九十十行字徑五分正書在鎮平燈禪寺二門側

缺 比邱尼法仙 邑子趙泐

維那宗顯貴 比邱尼智洪 邑子泐

中正□□州刺史宗保 比邱尼洪勝泐

中正輔國將軍□□ 維那宗桃生 邑子趙泐

檀越主宗思賓 邑子吳孃 邑子泐

邑子曠野將軍趙□生 邑子張伭姬 邑子泐

邑子宗洪測 邑子趙英妙 邑子泐

邑子宗元和 邑子宗思邦 邑子泐

□子張方山 妻張玉姿泐

缺□□ 邑子宗早生 □子泐

此與大統年中興寺碑馬□寺碑同在鎮平燈禪寺當亦是時所造張忠甫寄貽

大字移作首行頂格寫　小字另行低一格寫

濰縣陳氏藏石

□□翟伏龍造像記高一尺四寸廣八寸厚三寸七分記在背邊題名各一行右側上半截八行行字不一正面大像下兩一大龕左邊題名一行左側上半截小龕五層層各四龕下半截小龕四層層各四龕下截多半之上半鑿一龕下少半截小龕四層層各四半題名四行字均徑五分正書在濰縣陳氏

大魏國元年歲次壬申六月丁酉朔十一日丁未正信佛弟子翟伏龍爲忘比丘慧□造石像一區願忘師□菓武永消常生淨土住大乘海爲衆尊首

清信女竇闉女此行在記下左邊

像主比丘慧光供養

□□□□□二行在正面下截兩邊

西魏廢帝元年六月十一日

佛弟子翟伏龍息定国此行在右側下龕之左

清信優婆□梆申姬供養佛清信優婆夷毋黍姬供養佛四行在左側龕下

按拓跋氏改元之歲值壬申者一爲北魏太武帝延和元年一爲西魏廢帝元年此刻書元年歲次壬申不書年號當是廢帝元年西魏自廢帝以下五年本未有年號也

此二行不空

以下皆移入前行

昨和雙玉等造像題名

高三尺五寸廣二尺三寸中鑿大佛龕一龕頂一層鑿小龕九龕左右各五層層各鑿小龕二皆無題字第六層與大龕齊趾鐫像平淺左三右二趾下又三層一鐫像九一鐫像八像旁各有題榜末層十像有榜無題每榜字數不一字徑五六分正書

邑子昨和雙玉

比丘僧龍

比丘僧蚪右在大龕左

邑子李元□

邑子泐下

邑子昨和顯族

畨子比丘曇儁

比丘惠永

邑子昨和□玉

魏末

開北面像昨和伯出

比丘法宗

邑先昨和□韶右在大龕右

邑子

□子

邑子

右龕下第一層

第□層

昨和道安乘馬時

邑子昨和雙□

邑子屈龍□

邑子此與上一行並列一榜

邑子

昨和□念乘馬時

右第二層

右石像未詳何在閘北面像昨和伯□當是像主宜爲標題以其名不全故舉首一人也旣云閘北面像應尚有南面像在此殆其碑陰歟昨和關西複姓番子比邱其像執旛知番即旛之省說文番本字此作番者猶鄱陽作番陽史記伍子胥傳代楚取番索隱蓋鄱陽也䎘䎘番作番番史記秦本記番番黃髮正義當作䎘䎘蕃作番左襄四年傳注魯國番縣釋文本作蕃潘作番詩番維司徒釋文本作潘之例疑古止有番字後人各就其義加旁以別之二旛作番亦通叚例也昨和道安昨和□念像皆乘馬有漢畫像遺意族即族亢疑即永字碑無年月列東三魏末

桓氏造像碑并側

石高八尺首圓銳下狹如蓮瓣中廣四尺五寸下廣三尺三寸凡佛像百六十餘區大小坐立不一兩側亦各有佛像侍佛題名或在旁或在下多半漫滅就可見者錄之字徑七八分正書

清信桓□□□右上　□園妙容侍佛時左上　中間佛座有字約十餘行行二三字全泐

桓惠和侍佛　桓□生侍佛　桓□興妻劉侍佛均右上

信士桓道桓□侍佛時　信士桓興慶侍佛時均右　信士桓保勝□□　信士桓保□侍佛均中　信士桓眞弗侍佛左

□□□□□上爲亡父母□□侍佛□□□□座右佛

□□□長貴□□□□□邊左臨　桓眞□佛弟子桓武興上

爲亡父母後泐約九行　從心中間佛座　桓□□桓惠□桓□後泐約七行

附後魏末

領□從心亡姊侍佛座左佛　桓眞□侍佛　佛弟子桓下及從一行均左下泐

□主桓□□侍佛　□□桓□侍佛　□□桓定

□侍佛　像主桓安國侍佛　像主桓武興侍佛　像主桓

□侍佛　像主桓保□侍佛　□□□□□□□自右而左一列在下

截　桓保君□□儉從一行在右側下泐

桓繼伯等造像碑側題名

正碑鑿龕像兩側各高三尺四寸五分廣八寸各九行行字不一字徑五六分大小不等正書

大都維那桓縺伯侍佛時　維那桓良□維那髙恢岳邑子
翠景蘭邑子郭元和　邑子尹清□邑子李仲彥邑子鄭□
維那張羅姜維那髙男生維那車銀朱
象塔香火主尹敬和　維那桓黄恩維那尹顯慶邑子郭明
進邑子侯定景　邑子尹世預邑子趙曇敀邑子臺明維那
周貴俊維那樂勝娘維那袁絳容　大邑中正郭洪掂　維
那桓道業維那光權似邑子尹世常邑子臺日□　邑子尹
祖仙邑子梁□生邑子李市維那劉貴俊邑子臺伯容　邑

附三趧末

子袁妙俊　飛　天主臺道嵩維那袁方□維那李子嵩
邑子郭紹進邑子翠文鑿　邑子尹榮顯邑子趙仲列邑子
李林仁趙子琛侍佛邑子李恩香
邑大中正䦨翊將軍華陽公国郎中令尹景輝供養佛邑子
桓景仙邑子光惠靖　邑子尹石生邑子孫黒□明亻將軍
新阿達侍佛邑子光醜女
瓊施主平東將軍臨漳縣令光朝甯息昌明息承明邑子桓
罡雲邑子城豊生　邑子髙敬恩安陽縣人張僧𠬋息林懷
孫元偘侍佛邑子光貝俊
瓊施主光安甯息輝昌林良侍佛維那桓戠邑子桓敬逑邑

那

子城道掂　邑子桓胡邑子張世鳳　前南道行條軍蘄市
邑子陳阿来
觀施主光宗敬息安貴𠊳預維那李世和邑子穪像與維那
光恩保弟桃誕恩族息□□□□侍佛討寇將軍劉棄生侍
佛邑子桓孟妃
上空尺許維那光摩仁息市遵息比𠯁僧法軌空討寇將軍任□
□侍佛邑子賈恩仫

右一側

□大都維那光□□侍佛時邑中正髙脩維那郭景□
□□□□□□維那□□□維那光□宜維那髙□和

石象光明主光□□　攝上一格　石象□主光□貴
□大施主□□□□　維那光□□邑子□□
㢡平郡太守光相同　維那光榮□邑子光□紹
妻袁恩□□□佛　都錄維那光伯□邑子光□□
息光令□□□□　維那郭顯和邑子郭景
息光宣□孫子□琛　維那光慶勝邑子孫□□

右一側之上三列

邑子光□□邑子光□□邑子郭洪□
邑子張迴□邑子光□□邑子胡□□
邑子光買奴邑子光□□□□□□□

邑子光□□邑子賈世□邑子□□
邑子光黃都邑子劉僧和邑子李元□
邑子光□□邑子光蓋仁邑子郭元鳳
邑子光伏預邑子郭重奴邑子光□生
邑子光道仁邑子高元伯邑子賈□□
以上四五六列
維那前□□□長史光貴買妻高□妃邑子□□□
維那劉思伯邑子光淑令維那危□姐邑子□□□
維那郭仲□　維那□□□
維那光香　維那□□□妻□□
維那周伏敬　邑子□敬妃
邑子光□仙維那臺□神　邑子□法□
邑子張景達　邑子□□
邑子李紹伯　邑子高𠂤
以上七八九十列
龍相將軍光元貴供養佛邑子光仲卿　邑子光□□
邑子□仲□邑子光□慶侍空　比丘尼惠□此末一行

北齊一

李稚暈造像記　刻座高二寸廣四寸三分，共行，行五、四、五字，字徑四五分，正書。京師潘伯寅尚書藏。

天保二年正月九日佛弟子李稚暈造像一區上為皇帝祚
下邊地衆生記

齊天保二年正月九日

北齊天保二年至六年　上　乙
計七百十條行
三十六頁為一卷

龍門山造像八十四段又散題名一百八十三人 俱正書

天保殘題 高七寸五分廣一尺餘七行行約八九字字徑八分

天保二年二 下四字並二行全泐 後□生生世世值佛聞法 此後尚有三行字俱難辨

□喬陵殘題 高約七寸廣五寸四行字徑七分

天統元年下泐母下喬陵題下泐為一切衆生造亻下泐上缺世世□

□善□

騫悅周伯兒題記 高八寸五分廣五寸六行行廿五至十四字字徑七分

大齊天統二年十二月廿三日人□佛弟子騫悅周伯兒等

二人□此侳陽城減己資財敬造釋伽像一堪兩菩薩一

齊龍門造像起天保二年

并阿難伽葉侍佛為家平安復願一切有形之類咸□□□

□□□□□記

合邑十五義記 高一尺三寸廣三寸三行行字不一字徑五六分

天統四年九月十五日合邑十五義敬造釋迦石像一區仰

為皇□□□□師□又願七世父母已身眷屬內□平安

並□□□有刑

右缺處刻畫劣不成字非磨泐也

像主趙某題記 高僅見四寸餘廣九十行行存五六字

大齊天統四下缺□十一日司下缺□□像主趙下缺□□□□□

客下缺□□□□□袁 下缺以後五行均泐

韓道人題記 高四寸廣六寸六行行字不一字徑五分

天統六年七月十五日□州扶風郡始平縣員外郎始平縣

開國伯韓道人造像一區仰為七世父母一心□□

州上當是雍字

附無年月各刻

尼惠澄題記 高五寸五分廣四寸五分五行字數不一又末二行各三字與行末齊字徑五分

□□元年三月十□□比丘尼惠澄仰為七世父母所生父

母□□致香□已□一切衆生□造石像一區永□地獄休

息□□解脫亂令衆生一心□□

尼僧珍題記 高三寸餘廣一尺五寸十五行行四字字徑七八分

二

□□二年九月八日比丘尼僧珍仰為師□父母法界衆生

□造弥勒尊像一堪願以此之善普津有緣開悟喻心咸登

至果

尼道□題記 高三寸廣六寸九行行字不一字徑四分

比丘尼道□為亡父母七世□□已身并及□□造釋加佛

一區願□□□□□□□□所願□□□□四

年四月十三日記

清信士李某張安花等題記 高七寸五分廣二寸餘五行行九字字徑五分

清信士李□□□□□張安花等為一切有形敬造像一區

上缺三月廿日上缺清供養 之二行在前三行上疑是一起

李陽□題字 龕右二行字徑七分

李陽□造像一區

祁迴題字 龕左一行字徑六分

都督祁迴一心供養

□□与初稿不合

□諸二字在下兩小龕之間

□□題別一刻附錄於此

慧暉等題字三行各刻龕右長均五寸四分（慧暉一行與補正所錄）

曇□為眾造佛一匱

道□為忘□忘父母造佛一匱

劉鄗等題字三段長均五寸四分各刻龕右

□顯為忘父造佛一匱

劉鄗為七世父母所生父母兄弟姊妹造佛一匱

□賓為身造佛一匱

二三龕之上有小字十五行行三四字不可辨識附記於此

三

□例与初稿不符

房進機等三人題字各在龕右

弟子曇女□五字長三寸五分

房進機已見補正

□顯白為眾造佛一匱長四寸二分

張副祖等三人題字

張泐下

張副祖為七世父母上三字在龕下橫列下五字在龕左

為父母笠榮□造像一區上六字在龕左下四字在龕下左行

朱伏生等三題字在三龕右字均徑七分

缺上像一匱　朱伏生造　比邱僧念

稿照上有騎官二字

樂某題字龕左二行字徑六分

樂馬馬茇顯造像一區

田顯□題字三行字徑五六分

田顯□為亡母亡姊造石像一區

張惠度題記高一尺一寸上廣二寸下廣三寸二行在上人間以下三行另列下方字徑八分

清信士張惠度為父母妻子兄弟屬眷人間王□□孫若墮

三□迷令解脫

周惠壽題記高四寸廣三寸字徑五六分

騎官周惠壽為亡父母七世父母現在眷屬士官高□心所

願□常值□諸佛

任尚生題字在小像右字徑五分

任尚生合門大小造佛一匱

樂法壽題字龕上右角字徑六分

汲郡脩佖蠻軍主樂法壽為父母造佛

比邱惠遷題字字徑八九分

比邱惠遷為忘母造像一匱

趙□題字在像下字徑一寸

清信仕趙□為亡母造像

吳道奴題字末二字橫行字廣寸餘

吳道奴為忘妹造像四區

四

趙壬琳題字字徑六七分

佛弟子趙壬琳為父母眷屬造像一區

朱忘愁題字在佛座字徑七分

佛弟子朱忘愁象一區

魯博陵題字在像下字徑六分

清信士魯博陵造觀世音像一區

□醜題字在龕左字徑六分

□醜□父母造□一區

□廣興題字在兩龕之間字徑七分

□廣興為父母造像

△文

□廣興題字在龕左二行高三寸廣一寸九分字徑六七分

像

□廣興為父母造像

清信女曹題字四行行四字字徑六七分

為

清信女曹奉為亡過父母敬造偽供養

遊□信題字在龕上偏左字徑六分

前溯

遊□信為七世父母造

崔文君題字方三寸四分字徑八九分

清信女崔文君為一切衆生造

王□欣題字高三寸廣四寸二分字徑六分

佛弟子王□欣為亡阿姑亡未造世加一區

五

補題上有南部口

龍甯題字高一尺六分廣四寸三分字徑一寸三四分

偏將軍右部南部□龍甯為父母造釋加□尼佛一區

王□仁題字在龕下字徑六分

弟子王□仁為亡父母造阿弥陁像一區供養仏時

文樞題字在小龕下高九分廣一寸六分字徑三分

文樞為亡弟阿貴造七□

敦煌題字高二寸廣八寸六分字徑六分

□信□佛弟□敦煌造像一區上為皇帝陛下中為七世父

母下為□身□□□

尼□惠題字高八寸五分廣二寸二分字徑六分

比邱尼□惠為亡祖亡父泐下一區□□□□□亡□□□生天泐下

□題三下俱漫漶不可識

此在前刻之下末行弟二字似熙頗疑其為紀年然上

一字決非永字

段扶前題記龕下高三寸五分廣七寸餘字徑七分

佛弟子段扶亡前為患□萇頭造石像一區等身□雙全

見成□□佛古恩□

十月廿八日五字在龕左

比邱道濟題記一行長一尺一寸三分字徑五分在龕左

比邱道濟患頭差造偽一區復願一切衆生无患一時成

六

佛 泐上

十三日造四字在龕右

比邱道緣題記在龕右高九寸廣二寸二行字徑六分

大統寺比丘道緣為己身眷屬造无量壽像一區願生生世
世值佛聞法一切含生共同斯願

比邱曇宗題記高五寸廣一尺一寸字徑六七分

比丘曇宗𠦑洪超等業樹□恒□超難□清□□□□□
□像□菩薩佛願師僧父母遍盡法界所願從心恒侍彌陀
□□常樂咸鍾斯福銘記

涇州刺史某題記高一尺一寸廣存四寸五分五行字徑方格八分

七

□□宗沖邈跡遠於塵閈靈軌□□□□於埃境若不圖□
相以□□□□□以陳妙軌□何以依□□□□神□
者哉□□衢涇□□□□伾虜將軍涇州刺史翟缺後殘

比邱惠容題記行長六寸五分字徑六分末行與下兄齊

比丘惠容為父母造彌勒像一軀願生生之處常值諸佛

□方祖題記在龕下行高二寸五分廣六寸三分字徑六分

河內郡野王縣□方祖為父母眷屬造釋迦像一區永願休
安了絕衆苦并為一切受苦衆生咸同斯福

比邱僧□朋題記高三寸五分廣四寸五分八行行八字字徑四分

比丘僧　朋敬造石像一區為皇帝陛下□□父□□□□

法 後五行泐不可辨

闕名造像頌殘刻高六寸五分廣一尺四寸十七行行八字字徑七分

前泐約三行
□□□父母□□□□□□因□□□□□□寘泛
□光□□□貴洛先亡生天□□隆化三有同慶□□□
□□頌曰聖惠大□人天中尊□行空王金剛斷塵圓證常
樂我淨遊心娑婆有感王宮現生□□□□影雙□□生
佛□□之存□模像嚴閈閭觀歸誠碑□刊銘千載不傾

泐名造彌勒觀音藥師記高三寸五分廣一尺五寸十九行中七行在像下故字數不一字徑五六分

尼僧□□□□□□□□仰為皇帝□下師僧父母□□□

八

□敬造彌勒像一堪觀音藥師今已就達願以此善慶□皇
家師僧父母己身眷屬□延无窮靈□□四氣行禁積□恩
悟二□□獄榆刑□□離□不在缺□如是

泐名殘刻高六寸廣八寸存六行存字不一字徑六分

上及前一行均泐
石像泐上帝陛下泐上母一切泐上□抱諸苦惚衆泐上速
登无上至妙之樂

缺名造觀世音像記高三寸廣五寸三分六行行五字字徑八分

缺
保□亡父母敬造觀世音菩薩一區
□
文雄二字在左中空二寸

清信女韋題記在龕下高二寸廣五寸六分字徑五分

弟

清信女佛弟子韋□為禾造世加文尼佛一區願弟子見安

史敬博妻張題記高五寸五分廣二寸七分字徑八分

妻張為史敬博在京患敬造觀世音菩薩二區

清信女楊公主題記高廣各六寸字徑一寸

清信女楊公主為亡夫祁文雅敬造石像一龕及法界衆生

共同斯福

邊義忠題記在龕右左行字徑五分

邊義忠為父母及已身敬造弥陁像一區供養

莫神怢題記在像下高三寸餘廣八寸字徑五分至一寸不等

□□金莫神怢為合家大小願平□敬造弥□像一龕□□　九

□心供養佛泐後

劉仁□題記高二寸五分廣四寸二分字徑八分

佛弟子□劉仁□為法界倉生敬造

史元景等二人題記在兩龕下相連錄之字徑四五分

上官黄亻為父母造

弟子史元景為父母造

比邱僧念等三人題字在龕下高三寸五分廣三寸二分字徑四五分

比邱僧念仰為一□石像一軀

清信士田道□妻迴□仰為一切同造

清信士田元顆仰為一切同造

缺名題記在龕右二行字徑五六分

上缺生人閒殊毒異世淩願七世父母見存父□上缺家大小因

緣養囑俱登三會

生上一字似紹

扈僂□題名在龕左二行字徑六分

父

驪驤將軍泐不辨幾字開府扈僂□

此當是其子所題然不見於拓本

奚莫茍仁題名在龕左一行字徑四分

清信士佛弟子奚莫茍仁

泐名題記高六寸廣四寸字徑五六分

楊□□去廿二年泐下□□日□□□□泐□敬□觀世音　十

菩薩一泐□□□生淨□□□泐□□□善因緣□□泐

□□蒙福永□□□

楊思礼題字在像上字徑六七分至一寸不等

楊思礼像一軀為父母

鄭天意等三人題字均在各龕之上字徑一寸

鄭天意弥勒像

鄭英爪釋加像

郭紹仙釋加像

泐名題記字徑一寸

佛泐下軍伊陽右泐下替泐下母敬造石泐下區願泐下西方泐下受福願
泐下蠢動行下及後行均泐
殘題記高一尺二寸五分可見者僅三行字徑六七分
平上磨造像□為皇帝平上磨七世父母法界衆生含靈袍識同
生淨土登无上道龍華三會願登乖首聞法渇解□无生法
忍
此為唐以[illegible]
唐刻所掩就筆蹤可辨者録之
王洛林等三人題名在補正所録比邱僧紹殘刻之右各題像右字徑四分
邑子王洛林
邑子李滕姜

十一

邑子方男勝
麻令姿等十一人題名兩列上列八佛像像右題名各一人下列六像題名存者三人字徑四分
□子王□樹　□□麻令姿　□□范妃
□子朝妃　邑子張醜　邑子范令暉
□□尹小姿　□□□□□
右上列
邑子李賈　邑子宋□□　邑子新阿
右下列
此與前一刻同式字亦相似因類次之

張衮生等四人題名在大龕頂之小龕像旁字徑七八分
張衮生像　侯鸞□　侯法仵像　閻桃捧像
僧惠澄　太妃　惠景
右一紙字在像左　右一紙字在龕下　右一紙字在龕右
思惠　妙憶
右一紙兩題並列龕下横行
為父母造像一區　為一切衆生
右一紙二題一在龕下補正失名題字即此一在龕右
王貞等三人題字一龕三像名各題像下字徑五分
王貞一區　楊洛一區　薛□一區

十二

□□□身□安敬造□□□□□□心供養此在龕左小龕下與王貞等並非一起以其殘泐附録於此
崔逌題字在龕下與前刻並列字徑四分
崔逌一區
王思和等題名拓本高六寸餘廣二尺九寸字徑七分至一寸不等
邑子王思和　邑子□思禮　邑子□衆敬　邑子□元慶
邑子□祥　邑子□益奴　邑子王泐　邑子□□□
邑子□泐　邑子吴泐　邑子趙永□　維那封泐　維那
□景□八行全泐　馮昌貴　邑子田泐二行全泐　趙之□　□景龍
泐　比郎曇元二行全泐　都官□那□景□　邑子

□□□

僧曇仰等題名在龕下高二寸五分廣一尺三寸五分字徑四五分

□□有刑泐 □居□正覺 比丘僧曇仰 比丘僧仰 比

丘僧曇林 邑主張僧明 邑子鄭□□ 邑子劉□□

邑子泐 邑子泐 邑中正□元□ 邑子留泐 □子李

泐 □子泐 邑泐 邑子孫永□ 邑子泐

陸元慶等題名廣三尺一寸五分一像一題凡二十六人字徑三四分

弟子泐 弟子□元□ 弟子□□興 弟子劉金龍 弟

子陸元慶五字左行字特肥大 弟子劉顯暢 弟子□需仁 弟子

呂仲□ 弟子劉買仁 弟子□思景 二行泐 弟子□□

十三

□ 佛弟子伏□平 弟子楊保順 弟子泐 □□楊□

□ 二行泐 弟子寂渥 弟子□□孤 弟子呂神保 弟

子□天保 弟子□曇□ 此行泐 弟子□永安

謹案補正僅載陸元慶劉顯暢展凡需三人展凡需三

字今拓本下僅需字可見有仁字頗明顯宜再撿舊存拓本校之

尼智道題名在龕下橫列字徑七分

比丘尼智道

王歡郭副等題名拓本高一尺一寸五分廣一尺六寸五分十六行存字不一字徑八分

□□元

□□□□□□

心□□□王歡郭副

□□□□龍郭珎奇周青□

□□□□木龍魯天洪朱□

□唯那李安胡郭安興郭□祖

□□□□歲成德宗王安興

□□□□□□□生陽鍾葵

□□□□□□生恭鸞□

□□□□□□洪□天賜

此三行全泐

□伯宗□□□□□張佐恩

□□生孫□周韓九周張道安

王苟郭豐國孟安王席苟王茱

保 保

散題名一百八十三人凡七十七紙均題龕旁字大徑一寸餘小徑六七分

張万猥 張及相 張陽勝 王法明

籍始伯 母王嬰 父傅䍣 劉苟生

景雙光 父張共 母張懷女 法瀆

右一紙 右一紙 右一紙 右一紙

傅靈珍 張養□ 宋光明 法瀆

侯德樹 楊光仁 宋雙明 劉雙仁

十四

吴安仁
右一紙
父劉洪暢
母孫惟姜
劉定鄉
右一紙
張雙仁
王僧會
畢法興
右一紙

陽文遠
右一紙
寉次象
韓良社
劉顏得
右一紙
僧宛
僧粮
霤瓷像
右一紙

比丘知茂
右一紙
杜子
杜萇敬
杜英
右一紙
路定興
路焋定
部惠安
右一紙

陃文憘
右一紙
黄安興
范天明
范
右一紙
李金成
張龍高
陳隆興
右一紙

王全安
仇雙保
騫天明
右一紙
宋繼伯
楊消□
□方秀
右一紙
續祖溫
父仇樂楊

高靈毒
比丘僧護
陳曇榮
董都
陳文達
右一紙
陳文琜
右一紙
公孫伏保
公孫藥

夏侯雙訑
賈靈肃
劉洪朗
右一紙
劉法容
張洛都
賈伯夫
右一紙
楊甬通
向方遬

馬法未
比丘僧徽
王女兒
右一紙
王洸奴
程香雷
李天生
右一紙
輔小
比近僧憘

十五

母楊女賜
右一紙
亢安世
尼道力
宋榮茂
婆雙洛
右一紙
穼阿安
□伏歡
右一紙

宫禺全
右一紙
仇文履
仇僧履
仇僧剣
仇僧莜
右一紙
弟仵留生
苗文慶
右一紙

夏侯道攡
右一紙
皇甫𡖊俱
張蘭栿
樊靈淨
右一紙
劉伯周
宋建興
右一紙

陽成炢兒
右一紙
□女皇甫
李豐德
右一紙
宋愛媗
右一紙
像女俀
維奴□
右一紙

尼道僧
女金剐
右一紙
尼道曇□
右一紙
比丘僧□□師
父趙思相
趙龍廣
右一紙
比丘慧達供養佛時

阿禾馬□
高洪□
右一紙
王方始
右一紙
宋伯滕仁
任谷任文帘
張龍保
右一紙

佛弟子王
佛弟子僉
右一紙
父范惠興
右一紙

蕉寶姜
孫子麦法生
右一紙
箱黑太
右一紙
楊天趐
晁僧韬一心
父晁文慎一心
右一紙

十六

杜真興
鄭伯㦡
右一紙
張文景
潁川人陳良期
高慧
右一紙
比丘僧隆
隆為亡父母
為兄弟姊妹
伯拺眷屬
為諸同學等
為一切苦惱衆生
右二紙當是一起
張神席為父母造像
王龍勝
□□□曇
右一紙
公孫思總
比丘尼僧妙為父兄

河北郡吏殷高
張豐生為母
父張□□
右一紙
比丘曇安
比丘僧朗
為尊師十九人
右一紙
比丘曇義為亡母造像
比丘昭和為皇亡
公孫天興像
劉曇□像
□□龍像
右一紙
維珎保
朱龍興為父造潒一區
一切故者
右一紙
為七世所生父母
妹女上生天上下生

十七

巽

春□為父母
右一紙
為師父□□
春□為仲英
為母仲英
為弟□世
為小拺李明
為□□□仁
為宋拺母
為拺母皇甫
葉茂真造像一區
右三紙每紙三龕殆是一起
王法妙
右一紙
南王
魏□□殘字在補正所錄造觀世佛殘字一刻之上字徑五分
右上下二紙刻合一
缺前□□□魏□□造觀世□
造彌陁像殘題在龕下字徑五分
□□資造彌陁像一區□□泐
行書二行題字在龕左字徑七分

□女為外祖
右一紙
為外祖母
為諸舅
為諸舅母
為□□□□
為主□
為□□□
右二紙共七龕左行殆是一起
尉遲弘可悉頻
父張□宗息張□
阝思祖造一區
為忘子造像
右一紙
呂顯樹
右一紙
法真像一區
右一紙
佛弟子張始興
右一紙
李犢妻張合資
右一紙
賈伏連
右上下二紙刻合一
司徒玢

十八

山是行香上座

十九

邢顯珍多五十人等造像記

高二尺七寸廣二尺一寸二十一行行二十二字字徑八分額居碑五之一中鐫鑪及二蹲獸兩旁題名右十行左九行均正書

夫乾巛根栐遂通三哉霛像告儆廓有開闢復載潤流黍菽
羣庶是以天生之民樹之以君非君無以里其民非民無以
顯其君聲動鸞應令故相承是以干戈震動出自非令堂堯
至聖尚致阪泉之師周武之化亦興不期之祼是以黑太通寢假
息開龍侯景拔扈茍存江佐最羸之徒敢闚問鼎令我大齊
格天心如承主廓四海以為居坐太懋如壽樿闇与彝如同
猗巍巍乎從白日如並光堂堂如無能名焉□用梟禽二虜
齊天保二年七月十五日
一
□如指掌未郎誅剿寬侍歸順是以廣□鷄豪立為督將弟
相部□坊茲醜豎邢多五十人等昔曰封而居子孫留偶令
在肆士為人領袖其人可謂天資梁邁幹□明拔圓弓連闢
飛刀接刃為帝所知占國孤□武藝之士實自孤絕一時優
賽酋勇亦難量者哉遂在合州豫□大願願令軍侶行還建
□像一區經營尋就籍曰斯福咸□故上能令　皇祚遐□
業化清熙澤治九區恩過八熱後後先亡現在合情能蠢同
歸妙境
維大齊天保二年歲次辛未七月壬申朔十五日丙戌定襄
縣佛子邑儀等　邢顯珍　邢阿買　劉顯□　王廣□

張鍾葵　郭敬思趙乂趙僧達　李元達　邢清仁　馬洪
賓　王趙仁　邢伯尚　尹顯達　王大和　鐔伏□　□
□□　邢思昶　邢曇尚　邢子□　靳令鳳　李洪朗
王阿距　李阿悅　劉顯仲　邢阿桃　下缺　解顯□　□
□宜　劉道儀　臤元安　趙秀珍　□法珍
右題名五行在記後
吴安貴趙□□
唯邢趙顯珍劉仲賢
唯邢邢阿多王景欣
中正王惠珍馬景祚
二
中正馬顯和邢洪貴
邑主邢惠貴張匠
邢伯觀
王洛奴
李令炤
賈寶遷
邢僧霞
邢迴貴
□伏□
□僧□

士　樿

□文廣　趙道儀
趙惠儀　班晏廣
李令炤　邢洪遷
邢普貴　賈阿海
□貴顯　劉永珍
右題名在額兩旁
邢多等以宔定襄武士發願建像記稱今在肆土△定宔襄屬
肆州永安郡也題名凡六十二人記稱五十人等意頗
右前六行行二人不在五十人中故特書維那中正邑
主以別異之歟宇文泰字黑獺此碑作黑太又三才作裁　三
黎庶作棃理作里唐作堂泉作湶旅作祣江左作佐齊
作斉受禪作壽碑△寓作偶偃作寝皆當時結習惟以巛
為坤以如為而獨合於古關見篇海類編苦活切遠也
廣也然碑云圖弓連闊玩其句意不作是解未知何字
之異文

□敬賢五十人等造像記

拓紙高一尺八寸廣二尺記居中九行行不齊一後有題名字徑七分分書

□齊□保□秊歲在壬申四月廿三日建
夫至理沖淵絶詮斅之表法身虚洞超有无之境是故如来
欲使迷駕迴輪異路改轍故託跡形名以曉未悟邑主□敬
賢合邑五十人等各捨家珎敬造石像一區雕餝在嚴鏤形
精麗伏願　皇帝國祚永延師僧父母超越三界託趣道場
弥勒出世故能刊石鐫芳用宣賢刼
當陽像主馬雄 此行高出一字
施地主□□都超
施地主□□都
門達　清信門
門奴
門□　清信江要姬
門養　清信吴堂女
門□生 此刊與北齊首

齊天保三年四月廿三日

壬申齊天保三年也碑估云石在洛陽

惠藏等造像

刻佛座高二寸三分廣七寸三分九行行五六七字字徑三四分正書在河南葉縣

天保四年八月十五日惠藏□光為忘師敬造觀世音像一
區使忘者託生先方静妙国杜右為過地衆生皆得成佛所
顛如是

齊天保四年八月十五日

濰縣陳氏藏石二十六種

比邱道常造像記二面一廣八寸六分十一行一廣六寸一分四行後空高三寸二分行四字方界格徑七分正書

大齊天保四季歲次癸酉八月辛卯朔十九日己酉□宋寺
比[丘]道常減割衣鉢之資敬造太子像一軀普爲一切衆生
国王帝主師僧父母普同斯福

騎兵參軍等造像殘刻高六寸三分廣二尺三寸六分二十九行行九字字徑六分正書有側前均磨平約十四行僅一二字略存形似
□居家眷屬□□□□弥勒下生願□
□□□◎大齊天保七年□□□□十八九行全泐□□□騎兵叅軍
□□□□□府士書□□□□□□維那□□□二十三四行一全
齊天保四年八月十九日
泐維那泐下
維那泐下
維那泐下
維那成季姜泐下
維那□□
□貴□□□
□
東方□子在側二行

張康張雙兄弟造像記環刻佛座四面高一寸六分廣二寸七分第一面三行餘各四行行三字字徑五分正書

大齊天保八年三月廿□日佛弟子張康張雙兄弟二人敬
造觀世音象一軀願七世父母及法界衆生咸同斯果

張歸生造像記高二寸二分二面各廣六寸六分一面十行一面六行後空行三字方界格徑六分餘正書

初稿照王摘本張庇空

大齊天保九年三月廿三日張歸生敬造盧舍那象一軀願
生父母託生佛國居門眷屬常与善會法界含生咸登斯願

清信女王頻造像記高二寸三分正背二面廣七寸九分左右廣六寸二分正面十行左側八行背面五行右側五行行三字字徑六分正書

大齊天保九季七月十五日清信士女王頻敬造弥勒石像
一軀仰爲亡□夏顯伯願令亡夫託生西方妙樂國土師僧
父母居眷大小一切衆生咸同斯福□□□夏客生妻樹
□□空後
夏顯伯妻王頻女明照女提書息祖城
比[丘]层脅暈五字在右側之上
脅見廣韻爲脇切六書略明也暈與暉同

二

都𩂯□造像記高五寸廣一尺四寸八分記刻中間七行行六字字徑七分正書

天保十年閏□月十六日丁亥□任辰日是年閏四月陳書同
□陽郡都𩂯□爲上父母上姉敬造盧舍那像一軀

張庇龍興邦造像記高七寸廣四尺當是四面周刻前題名一行略空刻記十行行九字至十二字又題名二行字徑四分後空二寸七分刻題名八行又空二寸刻題名四行又空三寸刻題名三行又空寸餘刻題名二行又空三寸刻題名二行字均徑七八分正書

十方像主張庇
大齊天保十年歲次己卯六月丙戌朔八日癸巳清信士謚
北海太守龍興邦年始知命自維浮齡易淪積珎難固是以
親信心清信士張庇命終長往敬造十方釋迦像十軀未及

刻就邦□□□義脩治成就□塲家珎雇名妙□□□畢世
巔國祚隆四方甯太一切含生普同斯願
清信士佛弟子龍興邦
清信佛弟子龍□
清信士佛弟子勇鄙統軍假明威将軍銅治騎兵參軍兼南
面都督壽陽伲功曹□軍河陽中□外兵參□兼長史龍猛
達
清信士女佛弟□張小姫
清信士女佛弟子宋靖文
清信士女佛弟子劉光
三
清信士佛弟子張太子　城局參軍□□政郡主薄王洛都
清信土佛弟子龍𨚮為巳父庻像
清信土佛弟子邴醜奴庻像一軀

是年五月丙辰朔日食此與書六月丙戌朔正與之合

王馹臉等造像記像背蓮瓣形高連座六寸六分中廣三寸九分七行行字不一又下座題名五字均徑四分正書

天保十年臘月八日十四人造石佛一匠
王馹臉鏡𡻕端眞𡰥昚由王影遼桐好王寵桃李光陳轉王
賞靡睽夆
上为皇帝陛下一切衆生有刑之類俱福
𡰥葉回支報下五字刻下座

此稿毀上落女二字改去爲

此記与下法儀造像記初稿均誤并誤奪不注今稿已冊此稿又未補故校而列出

智念等造像記高三寸八分二面一廣七寸一廣六寸六分各九行行五字方界格徑七分餘正書

大齊乹明一年歲次庚辰五月亲亥朔十五日乙丑像主智
念等仰為皇帝師僧父母親知眷屬法界含生同昇妙樂像
主楊顯寶都維那劉𠃊空一行
比丘娟誕　比丘明汎　比丘明練　比丘智果

雁

比丘曇受　比丘法樂

齊紀是年正月癸丑朔歷二小盡至五月辛亥朔正合

□伯羅為女造像記高四寸六分廣一尺三寸六分十五行行六字方界格徑七分正書

雁內㑹乹缺季歲次甲缺月庚戌朔十日己未摩訶大
檀越□伯羅夫妻為□女華姜敬造□舍那像一軀□使土
女轉命□積成身无量近淨遠垢香仙ㄦ又見在父母土過
四
七字

許儁等造像記高四寸五分二面各廣一尺二寸餘一面記十四行題名五行一面題名十六行後空行六字字徑六分正書

大齊皇建二年歲次辛巳十月癸酉朔廿日壬寅許儁孫洪
珎其拔迴田野秝法義卅人等知身無常割捨依資敬造盧
舍那像一軀上為國王帝主師僧父□居家眷屬上香生天
現存護𣆶一切衆生普同斯福比丘曇詮
像主張明智　其副珠　張伯祖　柳道沉　王市孃　張
明智　歐陽桃杖　宋僧倏　趙仕均　王雞　成公洛仁
潘忽　其榮祖　田醜　宋寄生　江榼　王𨔛離　劉

題名姓其者四人姓
範有之以地爲氏漢
有其長壽其石

詳憐　賈世　王曇悅　楊洪柘　高桃棒　孫天育　田
黑茍　劉迦葉　樂羅侯　董戬　孔娆女　王磨女　孫
貴憐　張姿　劉寒生　□亏明戬　張顯珎　其羅
漢　楊曇興　劉思弟

法儀百餘造像記 高四寸四分廣一尺五寸三分十九行行六字字徑六分正書

缺理淵凝事絕缺言之表玄緒 缺 微本出思議之外素林梵
悲□光雲泣若悲□洞熟能遠護缺□法儀百餘缺等閻閻
辟問缺海陵河灒天閒石羅汰求功小乃河清一年□月二
日敬造定光像一軀面似月輪身如金聚呂此善根當缺法
儀存亡同□七覺上顯□□悉豊含生向□咸盡三毒也

五

優婆姨吳蓮花造像記 二面一面高六寸三分廣一尺八寸四分記廿四行行八字一面高六寸六分廣同題名廿二行行二人字方格徑七分餘正書

大齊天統元年歲次乙酉七月辛巳朔十五日乙未□
蓋道泉沖廓至理幽懸法胄睢盱淼然叵識但群生稟靈
等兩漚倏忽將移不殊逝水且六塵之樂易過三途之苦難
越如同法義優婆姨等稟性神機並合雅散曉法識空體如
指掌知財是賊身之毒明福爲保歸之業捨割資珎敬造淡
羅像一軀能鏤真容不異石腦物誣莊鐫和光未殊火見新
見上爲皇帝師僧父母居眷一切咸同斯業其頌曰
法宗沖默體相叵尋述使謂淺曉者知深初性未別稟識有
殊和福保身敗將賊軀
法義吳蓮花法義劉雙量法義徐相儒法義孫敬容法義陳
方姿法義丁嫣女法義續留姜法義徐惠利法義杜要姿法
義宋婉容法義主釜戬滕法義馮樹生法義丁始妃法義展
朱女法義郝金妃法義解羅女法義楊羅姜法義孫容暈法
義田紹妃法義韓要洛法義張玉怜法義聶神妃法義王樂
滕法義張大彌法義郝思香法義張香　法義陋令妃法義
劉靖姿法義蘇六女 下空後五行同　法義侯明姿　法義高祖婉
法義張登容　法義王靖雲　法義張伯姜　法義史姬女
維鄉張衆□　法義曹次姜維鄉孟次席

六

恨

董桃樹造像記殘刻 存上截三之一高六寸五分廣六寸九分記在像背八行行存七字年月一行在右側字方格徑八分正書

攝樓萬刃非憑基缺地取圓會託因而缺佛弟子董桃樹恨
缺火宅焚灝遂追聚缺石像一龕採畫薄缺藉此微善顯
皇祚永隆八方門缺存亡眷屬逮及形缺
大齊天統二年歲次缺

缺名造像記殘刻 存上截四寸五分廣四寸三分記刻像背右半三行行存八字六字字徑五六分正書

天統三年七月十五缺德父在時失象缺侍處孩顛家口缺

曹景略造像記 一面高四寸廣一尺一面高同廣九寸記一面十行前空一面三行又題名五行後

像

大齊天統五年歲次己丑四月庚申朔廿三日壬午佛弟子　空字徑五七分正書
曹景畧爲亡息慶紹造盧舍那舍象一軀願使託生宮殿恒
在佛所又爲居家眷屬見在安隱　像主曹慶紹　父曹景
略　母趙羅　祖母蔣弟　伯父曹忻

天統殘字　存高二寸七分下廣二寸一分左上角斜斷存二行行五字方界格徑八分正書

齊天統
□歲次
□

淜名造像記　二面高四寸廣一尺五寸三分一面存二十一行一面七行行六七八字不等字徑五六七分正書

前缺
□言□□詮□□至理□□□□何能顯其□□□□
□□□類求□□□以□辭折□□糸之□慕一偈以安
身□□光楊辶□慈顏何以□現法□不鳴梵音何因□響
□□下□信□佛□子□□□□邑義九人等□□□式
承流信□□居火宅之□□□□積□之□□□捨□珎
□□□□□□
大六□□元年歲次庚寅二月乙卯朔八□壬戌敬造釋□
□像一軀彫錺□就□瓔煥炳綺錯□□類等真相仰願
皇祚熙□慶隆万代七世先亡現存受福一切有形俱昇妙
樂耳

按北朝惟齊溫公武平元年歲直庚寅此刻年號已泐
而齊字首二筆尚存也是年正月乙酉朔與二月乙卯朔正合

慕容士造像記　高七寸餘八面面廣三寸四分各四行行八字字徑七分正書八稜隆起作疊鼓及藕節形相間各四

大齊武平二年六月八日前楊領軍開府行參軍慕容士建自
以稟形氣像資蔭尊□奉法傾心投誠竭□敬爲□兄特進
驃□大將軍開府儀同三司前楊州道行□右僕射尚書令
都督□豫北華東荊宜□□兗南兗項城濄陽□陽滕州潁
州趙州□州合十三州□□□樂城侯西鄉縣□國伯陽城
八
郡開國□□氏縣開國公食□陽郡幹新除光州刺史義安
王并儀同兄弟十一人等造阿弥陁像并觀世音大勢至菩
薩三軀願王永□四大長享万國積□不已傳位無窮仍□
亡考神靈託生西方妙樂國土今身後□善緣相逢見在內
□長蒙康善兄弟五人并及眷屬寧士有□之徒沾以無形
之□並願同日離苦俱時登樂

右慕容士爲兄義安王并兄弟十一人等造像檢北齊書列傳義安王者慕容儼也儼初縱從魏河間王元琛繼事爾朱榮榮敗歸齊神武傳言天保初除開府儀同三司後鎮郢城遷進爵爲公十年除揚州道行臺呈建初

別封成陽郡公天統二年除特進四年又別封猗氏縣
公五年進爵義安王武平元年出為光州刺史其拜右
僕射封襄城侯西鄉縣伯傳皆漏略尚書令則傳以為
贈官也所歷諸州傳有東雍譙膠趙光五州刺史其都
督十三州諸軍事傳亦無之此刻歷舉十三州而中有
項城渦陽二名北州按魏志項城為北揚州治渦陽為
譙州治所以當州名也成陽石刻作陽城地形志城即成
古通用陽陽城皆為郡城陽屬豫州又西楚州鄴州並有
之陽城屬洛州不能定為誰是惟傳作於史官石刻其
弟所題傳幾經寫刊石則當時遺留未之或易自當以
此為正也士及其他兄弟十一人均無致

曹臺造像記高三寸七分二面一廣一尺二分十四行一面廣九寸三分二行行均五字字徑六分正書

大齊武□三年十一月乙巾朔一日壬□正信佛弟子故人曹
臺養屬等敬造盧舍那像一軀上為皇陛下七世父母一切
有形咸同斯福

像主曹臺　妻王馬居　曹僧儁□屬家負金　邑絹兩疋

臺當即豈曹臺與下一刻像主王馬居夫婦也同日造
像各稱故人豈他人為造者歟乙巾當即卯字朔一日壬兩
刻並同不可解養屬乃眷屬之譌絹疑即絹字

巾　養　廿　又

像主曹臺　妻王馬居　曹僧儁□屬家負金　邑絹兩疋

王馬居造像記二面各高三寸餘廣九寸十三行行四五字字徑五六分正書

大齊武平三年十一月乙卯朔一日壬□清信佛弟子故人王
馬居養屬等敬造觀世音菩薩一軀上為皇帝陛下七世父
母一切有形咸同斯福

像主王馬居　夫曹臺　息夫度　度妻李俟女　□妻麋
苑端　度息通達　□子救奴　□世　通妻鄭綾　通息
子建　女阿端　女迎弟　女明月　□女阿肆

滈于元皓造像記高五寸三分廣一尺一寸七分十二行行五字方界格徑一寸正書

大齊武平五季歲次甲午四月辛卯朔八日戊戌佛弟子滈　九
于元皓為亡弟雙皓敬造无量壽像一軀并二菩薩願亡者
託生西方常値聞法值佛見存同福

尼惠遠造像記高六寸五分廣一尺一寸七分十五行行七字字徑六七分正書

□齊武平六年□□乙卯朔一日比丘尼惠遠為亡師敬造
盧舍那像□軀上為皇帝陛□師僧父母法界四生俱昇淨
土

□丘尼像主法□　□丘尼像主阿晝　比丘尼阿靜　比丘尼
法思　比丘尼法仵　□丘尼香女

趙僛□造像記高四寸一面廣一尺二寸七分十六行一面廣未詳二行行五字字徑五分正書

大齊武平七年歲次丙申正月庚辰朔十八日丁酉齊州平

像

原郡□邱縣趙仳□妻□為亡息阿禽夭逝遂發洪願敬造

盧舍那像一軀資益亡者願使託生西方妙樂国土□□皇

帝陛□□為眷屬□□六□□□之類咸同斯福

高道乾殘刻（疑即旅字）存高三寸七分廣八寸五分字在左偏四行行字不一字徑六分正書

（上缺）信士佛弟子　（上缺）弟高道乾侍

大齊武平七年歲次（缺後）

王貞造像殘刻存右上一角高三寸廣四寸四分五行首行存五字以後遞少字徑六七分正書

□光元季二月缺王貞去武缺中宫□[illegible]缺發心乞缺兎□

缺

周存婁（三字在陰）

十

按北朝以光字紀元者魏有始光興光正光齊有承光此刻第二行去武下有短横似是平字僅存者齊武平以後惟幼主以承光紀年北齊書幼主以隆化二年正月乙亥即位改元周師漸逼癸未自鄴東走乙亥禪位於大丞相任城王湝幼主走青州此刻書二月正幼主東走以後禪位以前倉皇道路時也

劉思祖造像記（高四寸八分一面廣五寸一分七行行八字十字不等字徑五六分一面廣一尺一寸八分題名三行字徑大正書）

大齋天保四年八月廿三日高城縣人劉思祖敬造玉石像

一軀上為国王帝主下為七世父母現在劉思祖妻徽何息

男昌小暈伯安伯雙伯醜願生生世世恒生值佛

值

清信仕女劉男生

孫子劉來寶

齊天保四年八月廿五日

張氏郝造像記

刻座高一寸八分正面廣三寸八分兩側廣二寸三分自右側起四行正面六行左側三行行廿四五字字徑四分正書在元氏

大齊天保五季正月廿五日張氏郝敬造□玉像一區上為

皇帝又為師僧父母眷屬法界有形一時成佛

息子忠侍佛

息子慎侍佛

息子詥侍佛

齊天保五年正月廿五日

殷雙和造像記

刻佛座背高二寸三分廣五寸八分八行行四五字字徑五六分正書

天保五年四月中殷雙和敬造觀音一軀上為国家右亡父

母□身眷屬□□一切俱□

齊天保五年四月中

尼靜恭等造像記

刻佛座三面正面高三寸五分廣八寸記十二行題名一行行八九字餘二面高四寸廣五寸三分題名各八行行字不一字均徑五分正書碑估自山東攜至京師後未知歸誰氏

大齊天保五季歲在丙辰五月丙戌朔十四日己亥佛弟子
法儀主比丘尼靜恭靜文靜暈師徒眷屬共諸法儀廿餘人
等劉捨衣淺敬造盧舍那石像一軀上為皇帝陛下後為七
世師僧父母生緣眷屬已過現在恒生淨國恒善知識一切
有形同沾斯福

楊林　宋要姜　王令妃

右正面

張勝姜　成妃　杜玉
耿勝　宋妃　絶妙淺
張瓌　王惠暈
張陵
命過耿襄機
命過韓含光
命過耿碎
命過宋賸

右一面

齊天保五年五月十四日

命過楊高
宋蕖
宋令
楊定吴
韓曇讚
絶雙敬
韓道淺
比丘法江

右一面

命過

北齊天保五年歲在甲戌此作丙辰誤劉捨衣淺乃劉
興資之別體命過之稱未詳所謂

崔棠造像記

高五寸廣一尺五寸五分直界格十八行後空六行行六字字徑六七分正書

大齊天保五年歲次甲戌十月甲寅朔十五日戊辰崔棠夫
妻□捨家𭔃上爲皇家仰爲七世□母𠀌過現在眷屬并及
一切敬造釋加像一軀彫餝就切顧共有形之類普同斯福

齊天保五年十月十五日

比邱曇倫等造像記

高七寸廣二尺六寸餘題記四行行八九字題名二十八行字較小正書字徑七分

大齊天保六季歲次乙亥朔七月己卯十五日癸巳仰爲陳
使君敬造越殿國像一軀
比邱曇倫　比邱僧愛　比邱僧景
比邱曇孫　比邱道□　□□□□
以下廿四行皆題名全泐
□□郎　□□□
李貴　□□□

朔七月己卯朔當在卯下誤書於前者也陳使君不知
何人越殿國像僅見於此

齊天保六年七月十五日

計六百十行右右
三十一頁 另一卷

北齊二

塔主年光等建塔記

高八寸七分廣三尺四寸三分中間佛像一龕龕右記七
行十二字題名十三行龕左題名六行又一行又銘四行
又施石人題名一行行字
不一字均徑五分正書

天保八年郭于猛□像一軀此在中間佛龕之上

□□天保八季歲次丁丑三月庚子廿二日亲酉法儀兄弟
八十人等故仰瞩慈雲希心洪澤府練財命知有浮危之速
措今現在各減家珍詳達妙塔一軀上為皇祚永隆邊方𡈼
太又頒犨眷三有之徒咸同此福法□
□寶　高樹　𨽻于思孫道慈　□良生年仙　陳寶　趙
羅剎　侯眾、年光、　墕于国　孔神　□洛生年見祖墕
齊天保八年三月廿二日　一

于興劉寶陰始□郙陰思達孔詳夏侯坦墕于猛□郙年世
年木　孫万年王市□郙孔王子王祖興劉箱　孔景維
郙陰由　寞元伯丁祑　陰小維郙年興胆年袠　王秋孫
曇慶劉遊刑　道元張景達孔惠□　𨽻于周墕于敫　鴆
念　年梾興逢慰年視擯年仙供養□□年壽興陰□年苗
孔平以上在佛龕之右
□崇伯陰衣陰樹陰路年六陰又陰景洪孔王子供養時
鄧戀女岑陵王張與堂　劉勝王王銀珠張妍陰神　洛仙
姜王閏妃逢妙孔女任　□子洪年信陰愁羊蒲堂
塔主年光四字特大徑一寸

莫莫妙塔內置聖容流光綴彩影眺三空
𩔖𩔖梃土敬法詵詵悄財非寶崇福為珍
施石人劉永固

五行祚字添註於旁諦審始見造像之郭于猛即墕于
猛龍門山墕于知道造像題名墕作隊此又易阜為邑
而作鄵非郭姓也
龕上郭于猛題字郭于即墕于猛其名龍門山有隊于知
道造像題名以隊為墕此又移卩於右而作郭非郭為
姓于猛為名也府練財命府練二字不可解危即诡祚
字添注於旁哲土乃哲士之誤

二

柳元寬造像記

刻座高三寸六分正面廣六寸四分七行側廣二寸八分二行行三四五字不等字徑六分正書

天保八年四月廿五日佛弟子柳元寬爲妊父邑儀卅人等

造象一區命過生天現存澊福

齊天保八年四月廿五日

寬

朱靈振等造像記

拓本二紙高八寸一廣二尺一寸六分記十三行題名十三行一廣二尺八寸五分題名三十四行行各十字字徑六分正書

在慶雲

夫靈宗冲寂闡慧化以拯人聖音淵澄刊彫形如濟物斯蓋

㚐矜理寬流慈汎育者矣然今朱氏邑人等皆淨行童年覲

湯三壓纏心早日詮除九難遂以天保八年十二月敬造玉

石象一區廣倫盈尋其崇兩刃晝比詮舒夜光奄月璬〻之

美九字無以方其奇皎〻之㮣八方莫能比其㬎上顧皇祚

永延邊方寧

太存亡同津含生等潤

齊天保八年十二月

都維那朱靈振邑人朱黑

都维那朱封高邑人朱永

維那朱靈敖邑人朱永嵩

維那朱僧會邑人朱仕信

唯那朱慧義邑人朱�祖

維那朱羌仁邑人朱同安

維那朱道遊邑人朱崐崘

唯那朱惠紹邑人朱㕑保

維那朱靈和邑人朱敬遠

維那朱敬保邑人朱延景

一

維那朱烋義邑人朱元興
維那朱車仁邑人朱元貴
維那朱醜生邑人朱染
右一面
維那朱方迴邑人朱顯邕
維那朱顯貴邑人朱領衆
維那朱周永邑人朱敖興
維那朱市珠邑人朱文
維那朱仲悅邑人朱勇
維那朱難定邑人朱洛保
邑人朱顯和邑人朱同興
邑人朱太岳邑人朱同生
邑人朱伯林邑人朱遠
邑人朱堂　邑人朱子路
邑人宋景智邑人朱遠士
邑人朱靈助邑人朱孟景
邑人朱郡生邑人朱洛由
邑人朱苗仁邑人朱元賓
邑人朱承祖邑人朱延貴
邑人朱山伯邑人朱仲賓

邑人朱長鄉邑人朱叔
邑人朱娼謚邑人朱子榮
邑人朱仲和邑人朱佼㠯
邑人朱非諲邑人朱沖
邑人朱季達邑人朱進興
邑人朱五和邑人朱仲畧
邑人朱道通邑人朱顯恩
邑人朱子洪邑人朱子恭
邑人朱敬雄邑人朱噉鬼
邑人朱小苟邑人朱子穊
邑人朱永保邑人朱顯興
邑人朱陽市邑人朱子仲
邑人朱靈根邑人朱景式
邑人朱僧朗邑人朱景淵
邑人朱道鸞邑人朱奉祖
邑人朱琛石邑人朱趙香
邑人李元暈邑人朱助
邑人朱景世邑人朱摩納
明宏治間掘土得之在管家寺廟內金石分域編
管家寺當即德安寺畿輔通志

順陽太守廣州大中正皇甫琳墓誌銘

方一尺三寸二分二十二行行二十二
字字徑六分正書在京師端午橋家

齊故直閤將軍員外散騎侍郎鎮東將軍金紫光祿大夫順
陽太守廣州大中正皇甫公墓誌銘
君諱琳字洛起安定朝那人也泰州史君之嫡孫涇州刺史
之仲子太尉真度之堂息幽州寬之兄子其先少昊之苗裔
帝嚳之[允]□□冑懺於三墳仁跡著於九德公侯□□卿相
半絕鸞衛二祖聲振漢朝重商兩君瑨珅晉世曾祖順絲連
時荊州刺史大將軍大司馬進與鄧禹以連鑣退與平勃如
齊軨祖奇才越二疏用當觀國貢秀魏庭隆北地太守泰州
刺史父洪度司徒府參軍事魯陽邑中正隴東太守　詺贈
涇州刺史公以先蔭俊脊天性羽翼未成以發陵霄之氣孝
友超殊衆閔莫辟屬魏道不安吳楚騰沸上曰欲救非公不
智當遂徵為都督極節三鴉荊陽夷夽勍彰王府方加茅封忽
遇焚限後除正任秉質權衛蕃伯咸譽朝望同詠年向懸車
專崇三寶內關十二形昇彼岸但為山未周推棵奄及所壽
七十有六以天保九年□月廿三日卒於京戶其年十一月
鄴無庚寅朔廿日己酉遷葬鄴城西北廿餘里恩仁之風無極託
金石如申悲頌曰
湛涵涵江漢湛湛彼長興由五帝茂廐三王朱衣華轂弈代珪
璋周秦漢魏豈絕貂璫初安散騎又靜荊陽一居衡石每事
問兼臧仕遷八帝軌則四方何期謀筭禍及此良徒■一世忽
背三光萬機致泣百辟咸傷奄辭東肩潛邃西□□□□道
永記泉鄉

齊天保九年十一月廿日

皇甫琳北齊書無傳曾祖名佚祖奇魏北地太守泰州刺史父洪度隴東太守贈涇州刺史與太尉真度幽州寬史並不載莫可攷證其敘上祖云鸞衛二祖聲振漢朝重商兩君瑨珅晉世按鸞見唐書宰相世系表皇甫遇裔孫漢興自魯徙茂陵衛無攷重晉書有傳重弟商亦見重傳中順陽郡後魏屬廣州齊因之州治襄城即今河南襄城縣諸州中正魏正光元年罷後復

将

銅雀臺石闕門題記

縱五寸七分橫六寸三分四行七字字徑七分後題名二列各三行字較小均正書在安陽

大齊天保八年九年造銅雀臺石闕之門百代之後見此銘
春當須知之
將陳驎　軍副程顯
承婁晞　幢主孫悅
軍主董侯　幢主楊曇

齊天保九年

存正書嘉慶元年署臨漳令董五挑漳河得之今移置郡城案北史文宣帝紀天保七年十二月修廣三臺宮殿九年八月甲戌行幸晉陽先是發丁匠三十餘萬人營三臺於鄴因其舊基而高博之大起宮室及遊豫園至是三臺成改銅雀為金鳳金武曰聖應冰井曰崇光此即記造銅雀臺所由也工始於七年而記斷自八年修建之令當七年十二月比徵作募役已越明年矣後列將陳驎等六人名皆完好又案漢書注師古曰隆穹所謂車闕今此記石闕之門迨造門形同車闕也釋名闕藩也蔽水雨也又集韻闕車上蓬也並可取證斯義安陽金石錄

謹按三臺始於七年十二月成於九年八月此稱八年九年蓋言是門跨兩年而成也筠清館金石記作八年九月孫氏訪碑錄列天保八年殆非

慧炬寺僧道閏等造像題名

拓本高二尺二寸廣四尺四寸四十八行行二十一至三十二字不等字徑七分正書多缺筆

大齊天保□□□□乙卯二月十三日慧炬寺僧道閏　唯
那□□□□上為　皇帝下一切敬造石碑一區勒　像一
百鋪及造一切經像已雕鐫經就抄訖同造人一　姓名鐫之
於□
唯那宋□保唯那宋僧悛唯那宋遊僧唯那宋醜奴
□邑宋□□唯那　解愁唯那宋起國唯那宋扶何
唯那宋曇暈　唯那宋曇鎮　唯那宋太乙

北齊天保十年二月十三日

唯那□□□
唯那寶□□唯那寶靈　唯那寶●　唯那寶樂
唯那寶　達唯那寶陽　唯那□□□唯那寶□
唯那寶　安唯那寶劇　唯那寶繼　唯那寶文
唯那□金　唯那寶筍　唯那寶　變唯那寶靖
唯那寶總　唯那寶　唯那□□□唯那寶景
唯那寶　醜唯那寶沙
安
唯那郭□□唯那郭□□□那郭𠷎生唯那郭高仁
唯那郭道堅唯那趙景□唯那郭□□唯那□敬賢

唯那郭□□唯那□敬賢
空　唯那郭免唯那郭道秘唯那趙豚□
唯那郭□賓唯那□□生唯□李道□唯那李起宗
唯那李紹仙唯那趙抱成
郭清休趙清□二人在唯那趙抱成之左其上空行
空
□□蘇□蘭史賢趙豐洛
□□　僧對孫仵孫乜　孫佑市孫蘭遠孫張胡
難陁　洪遠馮永始　景就
唯那孫道相唯那孫豚孫羽　雙□孫鄧和孫僧盍孫□之
孫敬興
唯那趙盈□唯那□彭孫助　王眞趙石硅趙周□
唯那王披迴唯那　敬賢　□大千王力□興
唯那王仵龍王道相王安和王□　宋憂仁
唯那莫武姬蘇敬華蘇敬姬楊轉姬宋怨男霍□□莫花□
施□
唯那張妙姿　明好扈元妃扈男姿呂元光張妙□王琚珠
□光勝杜伏姬張敬姬
□那扈銀珠宋舍姜宋武玉□□女扈仕妃扈定妃宋妍姜
□□花張子玉李阿妃
唯那□念姜□□月牟法容楊　姿張歸莫楊祖妃張解愁

文元　女劉玉容孔□男
唯那□雙姜□□姬彭舍姬呂醜妃扈枫勝扈容光李元姿
郭法仕張善勝張容妃
唯那□男姜楊豐花集綾之扈敬容游伯姿呂爵妃扈敬姬
蘇外妃扈景妃扈舍容
唯那扈勝□楊敬花李伏莫□□姬李迴姜張阿□扈像容
張李容洹沙妃孫賢男
唯那竇能姜游竇花崔李姬崔招男宋玉女孫孟姿竇安陵
王金花
唯那李延姿焦容好竇容花杜盡歸江仲姜徐要□元法
元永善韓曇要扈僧希
唯那王　林國勝畦李姜孫靈綾張武容吳賓姬樂鳳□
宋祖姬賈洛姿竇合姜
唯那中空孫愛女竇容妃吳妍姿
唯那成次京張容唐李女郎郭阿怨王阿醜李阿珠李阿蘭
周憂曇孫聰姬郭白綾
唯那張愛姜郝桃姜樂阿花楊伏莫高阿男孫男俗張綾玉
宋阿花張莫花成姿容
唯那宋妙莫郭德第李孏姜張伏敬趙僧姜劉伏光楊村姿
王敬妃劉希　竇貴玉

唯那□洛姬張戢姜張阿侍趙金陵趙雙男王侍男宋伏光
讓花乳醜姜　孫□
唯那□小花宋女英田愛姜孟阿總宋花仁　史定光
劉魏姜吴延姜王麑□
唯那　王女王戢王孫雙綾陳阿花宋銀王張阿姜
林戢花李侍男李轉勝
唯那趙月姬張崗雛陳鴛鴦張阿妙趙乳慈寶戢姜孫阿姿
孔僧暈馬村蘭馬蚪□
唯那　宋道遊揚道姜李雙姿趙秋姬
唯那　趙阿花烏迎男楊伏王賈阿主吴阿業馮清女
趙祖姜張徵男趙憂疊
唯那　潘法姿張憂魂王宜容郭法英程男容
呂妙容
唯那霍恩花李暈　霍綠容馮外姜郝徵男寶男生麻顯英
孫花綾寶國京蘇法□
唯那樂法悅□□　張貴　樂長命韓貴　宋緋綾趙村女
郝張女宋貴姿郭令姿
唯那寶□□寶同　侯魏容劉貴姿韓徵男張豐玉李墨姜
楊羅姜劉廻姜楊英□
唯那寶□□劉□□尹□朱張□□侯善花宋敬愛宋顯姿

李令暈趙涓厚□□□

按高齊得國二十八年未嘗值乙卯文宣改元天保其六年爲乙亥十年爲己卯此碑刊立非六年即十年誤書一字耳題名凡三百十三人婦女十居其七碑在何地估人不能舉按京師之西山有慧炬寺其在斯歟

馬恩造像記

（石高六寸廣三寸七分側厚一寸六分正面龕像記在背面題名在兩側記五行行九字字徑五分正書）

妙因難尋沖源罕□佛弟子馬恩躰悟苦空心□水鏡為亡父母造象壹區顧法界衆生同發菩提　天保十一年正月十二日（右在背面）

清信女牛眺妃（在右側）

佛弟子馬難陀

佛弟子馬阿廾（二行在左側）

北齊天保十一年正月十二日

初搨八分出滿石有在徽　此石已歸吾錫示𤀹

比邱僧邑義造像頌殘碑

（上下斷缺存高二尺九寸五分廣一尺四寸五分十一行行存十三至十五字字徑一寸正書在蘭山）

缺乾明元年歲次庚辰七月庚戌朔十五日甲子比丘僧邑

義缺缺鄉有名自然無始物生在中咸歸彫洛天長地久終

致消滅缺缺飄燭危脆若此其能久乎自不投庇三寶□誠

十□何以顯□缺缺园宗廻心淨境何恬有為之物徒事無

常之用遂磬□王衣□缺缺長講恒無有間仰為　皇帝中

宮內外使君守令叅寮下及三缺缺之達北對城雉連嵑帶

其南高樹蔽其側狀若康莊之要顯□缺缺兹悟道昔聚沙

微善尚稱譛不已獻樹小国猶世傳其德況乃缺缺曰

缺皃華物道易成注時七覺終會十靈强緣式觀弱果虛稱

匪□缺缺法雨徧注地溺苦海救危嶮處始篤三乘□歸覲

樹　扣言有缺缺□□非憑願力闡濟昏沉　甘棠小善猶

□見恩況此靈□□缺

北齊乾明元年七月十五日

安鹿文村陳神忻等造像記

二紙高各一尺五分一廣八寸記十行行十三四字一廣二尺題名二十五行行十五字字徑六七分後三行字特大俱正書在平定州

隆　謁

唯大齊皇建二年歲次辛巳五月丙午朔廿五日庚午并州樂平郡石艾縣安鹿文村邑義陳神忻合□邑子七十二人等敬造石室一區今得成就上爲佛法興隆又願皇帝陛下金輪應運聖祚淵遠群僚宰守言謁以時國土安寧兵駕不起五穀熟成人民安樂下爲七世先亡見存師僧父母因緣眷屬動衆生有形之類越三塗之苦難居登政覺

右一紙

齊皇建二年五月廿五日

一

邑主陳神將邑子衛萇洛邑子衛□

邑子衛大勝邑子樂和仁邑子衛曇□

邑子王領悅邑子王牛山邑子王阿□

邑子楊阿容邑子韓智悅邑子張悳□

邑子衛伯達邑子衛始儁邑子衛阿□

邑子衛北陽邑子王阿欄邑子郭張□

邑子王曇信邑子衛崇和邑子衛元□

邑子張元伯邑子衛　　邑子王藥□

邑子侯阿顯邑子衛婆仁邑子張進□

邑子衛阿義邑子衛阿李邑子陳阿□

當以下提行

邑子衛董定邑子張相如邑子張畢□

邑子衛顯和邑子張法山邑子張方□

邑子郭阿銃邑子張阿赤邑子郭延□

邑子衛元穆邑子衛阿酬邑子張阿□

邑子衛祖欣邑子衛宜德邑子郭神象

邑子王貴遵邑子王長孫邑子張阿□

邑子張轉勝邑子李迴族邑子王崇□

邑子張阿燈邑子褚元勝邑子衛阿□

邑子李貴勝邑子李小勝邑子尹婆□

邑子楷顯貴邑子衛舍欣邑子衛令□

邑子衛文貴邑子張外賓邑子李思□

邑子張彊族邑子張顯和邑子張蘭□

上爲亡父見存阿婆先亡□□因緣眷屬一時成佛當陽像

主張彊族

右一紙末三行及邑子張彊族五字特大當是自爲一起

二

阿鹿交村七十人造像記

摺本高一尺五寸五分廣四尺七寸三分龕右題名二十四行龕左題名二人記七行記後題名十行行存字不一字徑七八分正書在平定州

邑子郭買德邑子張阿甑
□子衛他貴邑子褚為邑子衛仕超邑子□蘭貴缺下
□子蘭木邑子郭仲邑子韓継妹邑子衛阿樹邑缺下
陳司周邑子王遵邑子衛□禘邑子秦元覬邑缺下
衛□邑子張儀國邑子陳賔邑子張黑醜邑子缺下
文通邑子郭和貴邑子韓玉邑子張黑兒邑子缺下
邑子王長德邑子張嵩義邑子衛也如邑子郭缺下
齊河清二年二月十七日
枒
子王陽兒邑子張✚兒邑子張明擀邑子褚□缺下
子張法顯邑子衛元偘邑子藉栿邑子張洪兒邑缺下
牛倪邑子張石買邑子王及先邑子王伏知邑缺下
石子邑子賈寶羅邑子張嵩禮邑子邑□缺下
阿買邑子陳阿勝邑子衛紇陁邑子王始孫邑缺下
邑子衛元定邑子衛阿乞邑子衛僞馬邑子□缺下
杜子亜邑子褚阿蒲邑子衛阿曹邑子衛阿匡缺下
和國邑子王買邑子王阿珍邑子張阿貴邑子缺下
邑子衛買興邑子衛阿咻邑子衛義和邑子衛缺下
邑子衛圓帆顯祑邑子藉阿和邑子衛阿陁邑缺下
一

劉
比丘僧智朗邑子李安和邑子趙元伯邑子張缺下
比丘僧法空王元季邑子衛仒猓邑子衛禺曠缺下
唯那張寶明略邑張洪儁邑子衛𡨋儁邑子缺下
唯那衛阿桓子衛護軋邑子藉阿國邑子劉昌缺下
唯那張阿□羅侯邑子衛暉慕邑子衛仕宗□缺下
唯那衛舍欣邑子劉阿睹邑子衛小德邑子衛缺下
邑子王保興
右在龕右
當陽像主韓知悦　妻張舍明　息阿玉
息継栿
二

都綰主郭黑
唯大齊河清二年歲次癸未二月乙丑朔十七日辛巳阿鹿交
村□七十人等敢以天慈隆厚惠澤洪深其唯仰憑三寶可
□缺下□皇恩下逮□心矣故知寶辟非隨身之資福林攜將
來之□缺下□人等深識非常敬造石室一區縱曠東西南北
下五尺缺下□□佛大菩薩阿難迦葉八部神王金剛力士造
德成就缺下為佛法興隆皇帝□下□遼百官兵駕不起五穀
熟成缺下民安衆後願七世父母盖家眷屬邊地衆生普蒙慈
恩一時成佛　齋主郭京問齋主衛顯和齋主衛缺下八關
齋主衛興樹齋王陳遵　齋主郭墨缺下　齋主張强族齋主

張元伯齋主衛始儁　齋主張敬樹　齋主王賞
導齋主衛□缺下齋主王楙齋主衛賈興齋主衛僧齋主衛令
欣　佛堂主比丘僧道顏堂主衛伏奴堂主衛黑□　堂主
□伏奴堂主王元知堂主王洪才張和□　轉輪王主陳賞
賓衛天王主衛查驅清淨主衛義缺下清淨主衛純隨東王主
張洪南王主王始孫　西王主張法顯北王主王得業
□□□□□□□□□□□□□□□□

右在龕左

此與魏武定五年王法現等造像當在一處彼刻有張繼文題記云三龕中為魏刻左右皆齊刻即指此也阿鹿文村即彼所謂安鹿文村安阿聲相近僚作遼樂作梟蓋疑即盍用為合字餘俱數見不悉舉題名人龕右並稱邑子及維那四人龕左則有當陽像主都綰主齋主堂主轉輪王主衛天王主清淨主東王主南王主西王主北王主之稱蓋右為助緣邑衆左則各有專任之功者也　三

牛永福等造像記

高五寸餘廣九寸四分二行行九字題名六行行三人又左邊一行二人字徑五分正書

大齊河清三年二月八日敬造白玉思惟象一區　牛永福
鄧安德李倉　僑奴　阿辛　恆富　阿猛　阿羽　黑皷
惡奴　富堂　阿宜　貳姑　阿光　阿弟　富女
邑主法鸞　王秦娟

齊河清三年二月八日

尼法藏造像殘刻

高存一尺廣存一尺一寸五分存十四行行存字不等方界格徑八分正書在絳州張氏

闕□齊河清三年歲次闕
闕妙境園洞至真無已闕
闕其户是已每欲設王闕
闕有生之形此心此意□闕
□比丘尼法藏福淺㦲深闕
識機知變悪苦空無常知理闕
若涉倉海非舟同濟力庚投闕
四病囙自兹不起　無諸耶惚敬闕
齊河清三年
六尺上　有交龍槃迴詰闕龍闕
遊戲似若秉空力士含瞋金剛甪闕
　氣師子啀柴四足據地名□闕
闕殊四堪釋迦今成政覺今宿闕
　闕得五百字上為闕
　　闕師僧父闕

右側

邑主王需　　都□字特大下闕
闕□　　□□□闕

王惠顒等造像記

高四寸三分廣一尺四寸七分十三行前後有空處行五字方界格徑八分正書在京師端午橋家

大齊河清四年歲次乙酉三月癸未朔廿七日己酉法儀兄
弟王惠顒廿人等敬造盧舍那像一軀上為皇帝陛下師僧
父母善友知識普及一切群生咸同斯福
　是年四月帝傳位皇太子改元天統像以三月廿七日
造故稱河清四年

齊河清四年三月廿七日

郭顯邕造經頌
高二尺九寸五分，廣二尺四寸五分。二十六行，行二十八字，字徑七八分，分書。
夫眞宗沖㝠，法理難尋，空湛幽虛，遠而莫〻，自非神智通感，
安能曉監（鑒）往（逝）？慧化津流，非文無以傳於萬古；□藏之徒，必
藉聲教以啓寤。上弟名德（德），亦因言說，已詮厥義。□有王子，名
曰悉達，奉花定光，託陰摩耶，棄彼萬祀（祚），不以爲珍。四□宮闕，
軒駕道樹，是已法鼓一擊，則塵沙玉潤，菩慈宣暢。隨（隨）□□受
三車，坐教既周，便尒西謝，緞鶴靈山，埋光兩樹，斷句韶章，長
𣱱息（息）。照於是寶船頃壞，法推□而莫舉，凝神虛穿，飛聲東夏。
夢感漢庭，𠚧興弄（再），序金容雖隱，□音永盛，風帆慧回日迆，令不
齊天統元年九月六日
絕然，此大邑主練行沙門悲教（教），二□師識度清高，□佩緇門，
少般道服，志業无爲，登三千而不滅，攝六賊□四禪，秉□自
誐愛惜，浮囊處泥，爪汗黎，若明珠消，能勸率道（道）俗，已爪未悟。
次有大經主中邱縣人郒顯邕，可謂樹靈根於九泉，孤條聳
疑如獨穎（穎），出自太原，因封關左上，祖郒溫，青冀二州刺史。邕
其後也，斯人雖形居塵（塵）境，心栖方外，知炎宅非久，出竟觀危
城，同于井葛，遂共禪師等，并信內融（融），崇茲勝福，遺素競□，又
百餘人，皆是一絕豪桀，邑里頂家，給孤之徒，脫纓（纓）之侶，建此
高節，同順妙果，於是競捨己財，□寶弗□，敬造一切經卷，過
三（三）十部，□十二磬竭，盡章不□□遺之所□亻之早遇泣娑
羅之難，追顧度（度）生死，流俱時昇彼岸，功就（就）乙□刊銘金石，徽
音遐代，千載不易。頌曰：
靈覺開明，慧□獨曉，眉□初月，含暉皎皎，敷揚四諦，悟果億
兆，一坐說法（法），□逮十水（水），人天蒙賴，得道不少，雙林變白，現瑞
光表，大衆恒沙，悉心悄悄（悄）□神空穿金容，漢漢埋光綴照，哀
我長了。其一 積行累德，道備成功，半偈碎（碎）身，天帝改容，位超十
住，人中出龍，馳驅西域，一去不東，瓊山崩頹，遺教詳（詳）。宗聖言
不墜，千穩傳通。其二 新經巨嶽，寶聚巍巍，造化始有，在帝奇希，
往笣（笣）含城，令曰何期，諸天讚嘆，散華霏霏，魔王奉獻，屈乾歸
依，化感寰外，上及（及）紫微，一矚斯福，見性不疑。其三 神州汲壞，誕
生英賢，存心聖教，重法輕珍。邑（邑）人五百，助德靈仙，雲奔力競，
剋就不率，芳延宇宙，振響六天，闡提逢遇，宿（宿）殖有緣，□主登
道，地獄生蓮，含形獲慶，拔苦三纏，刊石雕文，永封不遷。其四
大齊天統元季歲次大梁九月庚辰朔六日乙酉

南陽白水先已
有改石記任某
若跋中替辨
此以但留之

張起墓誌銘

高一尺六寸五分廣一尺一寸存十四行行二十二
字方界格徑七分正書在臨城南石柱山下出土

大齊天統元年歲次乙酉十一月己卯朔六日甲申張府君
墓誌銘宗人長兼叅軍張景邕造
君諱趙字安興南陽白水人也其先則秦漢之師万方賴賬
其官則累葉千重門羅交戟至如繼軌嬋嫝者嗟不可而言
矣祖欣執固械櫨待漣猗如舒錦魏　帝授雲州剌史　君
攜善從神摩靈自始雅條鬱在沖年金姿發於惇稔少年志
學習五礼以立身長如經國善弓馬如偏巧出身楊烈明威
二將軍魏　帝又以君躰唅吉甫之度量脊不吐之對矛巳

齊天統元年十一月六日

蜀之民風謠尚武非德不弘非威不服故魏　帝天平三年
加闇朔將軍除巴州曹口太守君入境海潤林澤蒙襲威武
摧對恩風漸扇土壤袪蹤曹口鬱尔獨春德液生民優握於
是流濱亮藺桃如太儉豈謝四知如流名聽訟与阳伯齊倫
遂有甘棠之美詠但琁璣脊數麻笮遷窮春秋八十四如義
塟於峡山之陽燕南趙地□後缺

右誌石後缺故文不全光緒二十年六月出土張趙（起）典
考誌云除巴州曹口太守按魏書巴州下闕斫（所）領郡縣
元和郡縣志巴州在卷二十三巳佚太平寰宇記梁普
通六年於宋所設歸化郡置曹口縣以曹口谷爲名是
爲曹口置縣之始後魏因之延昌三年於大谷郡地置
巴州是爲巴置州之始隋地理志曹口縣屬（屬）清化郡郡
即改巴州爲之也唐初覆改爲巴州領化城曹口等十
四縣然則曹口之嘗升爲郡而屬（屬）巴州非此（此）誌無由知
之可以補史志之闕者也誌文而字多以如爲之

儀同公孫胋墓誌并葢

高一尺二寸六分廣一尺三寸十八行行十八字方界格徑八分弱分書

葢方與誌同中四題字三行石心有凸如鏡紐故無字字徑一寸八分

齊故儀同　公孫墓誌

篆書陽文

君諱胋字如胋勃海人(滌)也門貲磐石之固世保維城之業祖儀同三司青州使君秉德含亞来穮在物父驃騎大將軍開府儀同三司中領軍專掘禁闈威名方盛觀夫珠潛濵海璧潤荆山不有高深孰緼靈異君神情槩立崖岸㤼舉龍子馳聲鳳鶵飛譽曹童測鳥之妙未為通識王瓀鑒肃之奇誰云智勇恩叶風雲調諧金石進退有度容止可觀雅俗仰其風規家國倰其梁棟而吾天未効奄從不秀以皇建二季十一月廿六日終于晉陽之第里時季九歲天統二季二月廿五日葬於鄴北紫陌之陽嗟乎居諸亙始屢移岸谷寒暑交謝毋易榮枯是用勒石泉扃庶遺芳不朽乃為銘曰

齊天統二年二月廿五日

辟出荆山玉自藍田雖云重寶不雕不妍覺如令質其錚逈出問望堂堂德音衰衰是稱孺子實㰁通理辯曰未傳論月非擬鵷翰漸就豹變垂戍南山欲下北海將沚忽為異世奄閟泉扃千秋萬古空挹餘聲

胋疑即胘或曰胡也下殤無位故以(於)其祖之官繫之父亦儀同而稱儀同公孫者祖在統於一尊又殤從祖祔食循是為禮也不書姓略也祖父不書名謹之也然其人因是不可攷矣

誌云葬鄴北紫(紫)陌之陽按齊紀承光元年幼主自鄴東走周師至紫(紫)陌橋尉景傳周師將入鄴景孫世辯遥見羣鳥飛起謂是西軍旗幟即馳還北至紫陌橋即此(此)

劉僧信等造像記

拓本剪黏高五寸凡幾面面廣若干俱未詳五十行行六字方界格徑九分正書

大齊天統二□四月十日同邑卅餘人敬造弥勒像一軀上
為皇家臣庶父母師僧己身一切越離諸難長□惡趣終歸
淨□悟成諦道□□之福俱獲無□
大像主劉僧信 副像主嚴神興 都維那劉景□ 光明主李顯
□副維那劉光□ 副維那楊遠文 邑政張社奴 邑政張僧
貴 邑政杜士暉 邑人從善薩 邑人朱僧生 邑人王
永興 邑人呂汞祖 邑人賈難陁 邑人龔稱 □人
蓋延 邑人李帀德 邑人馮脩業 邑人賈僧像 邑

齊天統二年四月十日

智 智

人成公僧 邑人欒宗 邑人成雍 邑人陳䦨
邑人李雙虒 邑人謝浪□ 邑人劉石□ 邑人下泐
清信士宋家母女侍佛時 維那孟法順 □那孫法
安 □那張太 □邱明斬 □邱娟安 比邱空
娟 邑人左外生 邑人魏專頭 邑人王子卿 邑人
高醜奴 邑人孫恩□

比邱道甯造像記

高四寸八分廣一尺五寸六分十行行六字七字字徑六分正書後空

大齊天統三□歲次丁亥七月己亥朔十五日癸丑比邱道
甯□造无量壽像□軀仰為
皇帝陛下師僧父母亡過現在法界衆生咸同斯福

齊天統三年七月十五日

北齊書後主紀天統三年二月壬寅朔推至七月己亥朔合矣惟是年置閏在六月陳書同則七月朔當是己巳不得值己亥此刻似誤然紀於八月有辛未若七月為己巳朔則辛未為七月三日八月不得復有辛未又天統三年為陳光大元年紀有七月戊申南史同惟己亥朔斯戊申為十日不然即不得有戊申未可遽定此刻為誤當存是說俟精於歷法者質之

宋氏廿人造像記

高八寸廣二尺五寸六分二十七行行字不一字徑五六分正書

大齊天統五年四月八日道俗廿人為国興福敬造□□大
像一區并兩菩薩普同供養
宋氏祖湛漢司徒公宋助孫西河公□始子漢孝帝用湛趙
郡公子孫因封不還西河
法主在𡻕寺内禪主趙州常書法樂母比丘尼僧念尚書妹
比丘尼且　寺主平昌令宋安宗寺主胡州刺史宋安舍寺
主安国令宋安集寺主
寺主趙郡太守宋領宗
齊天統五年四月八日　一
寺主比丘僧法住俗字宋景樂
寺主外兵參軍宋景和
起大像主宋僧伽兒僧文上為亡祖父母亡父見在婆
大像主趙州祭酒宋文雅為亡父母見在息宋法礼
次像主趙州參議中正攝西曹書佐州主薄宋紹業
像主宋顯集像主宋材和像主宋煩業像主宋景業
像主宋子遲
像主宋元相
像主宋暈業
像主宋憲材

開明
主宋仲□母邢開明主宋元又母王

像為宋氏所造記述其先世云祖湛漢司徒公宋助孫西河公□始子漢孝帝用湛趙郡公子孫因封不還西河助始湛並無攷元和姓纂唐書宰相世系表並云楚上將軍義生昌為漢中尉始居西河介休姓纂宋氏之裔自西河徙者二望廣平宏農自廣平徙者二望樂陵河南又燉煌扶風京兆三望不詳所出此自西河因封徙趙可以補姓纂之遺也趙州兩漢魏晋皆為國後魏始有趙郡屬殷州高齊改殷州為趙州又漢帝二祖以外謚法皆冠以孝此刻云漢孝帝用湛趙郡公殊陋題　二
名趙州常書法樂就下尚書妹絜之常亦尚之借字耳州佐有尚書之稱存俟再攷

尚書左僕射宇文長碑

連額一尺五寸共高六尺六寸廣三尺五分三十一行行五十一字字徑九分分書篆額題齊故尚書左僕射宇文公之碑三行行四字陽文

公諱長字木□□□□□□□□□虎之宿空言巖冤蜀門
黄□之險尚云□□亦有□穎□奇□□經學是皆然矣今
又甚焉□□鴈山龍塞之下芊坂□田之外負崐墟之秀氣
躍純水之英精代襄異人家傳雄俊三台成象在棟□隆八
姓代王彼宗稱戚若公侯之復始踰卿子之冠軍箕裘迭□
夙業無隕祖羽眞尚書兗州刺史□□□事昭公摠帝車之
務申辟雝之禮清貞曠雅煥揚載籍父□□鎮將洺州刺史

啓天皝五年八月三日

一

儀同三司□□譽高方岳績茂司衮徽猷鎮乾歌思猶存公
稟德神源□華世祿操履樹亻識尚恢遠爵術有壯志沉深
懷大略邦族推其龍種州鄉□爲鳳雛孝昌三□□家除直
齋雲實紀官火亦命職百工損益名秩不恆此則代京近臣
之要任也超奉金禁肅□青蒲□謁在誠皇亦鑒止尋遷給
事中雖容左右藉稱□侍長倩儒訓而後加□師持節而方
□瞻壓望芙夫何愧色又除步兵挍尉柱國帳内大都督封
平城縣子軍國条並文武惟宜訓厲詔爵信兼之矣蓋分□
剖竹本屬惟良坐嘯臥治著名終古乃除持節安北將軍雲
中太守當郡都督寒城閻野極望蕭條候騎曉馳權烽夜舉

公既秉戎昭寔脩武備加之以庶慎申之以惠和甫逕朞月
風俗頓改邊胡案堵荐居屏迹又除使持節都督□州諸軍
事雲州刺史公□走儒□爰布章程察若明神化同時雨又
遷衛將軍右光祿大夫兼太僕卿別封廣武縣開國子鷹傳
呼之寵□河山之錫攝官惟□訓騷爲芙未幾行定州事寶
符臨代國玉在國望都遼遠冰河淼漫連城重鎮是日國門
建旟而往非勳伊戚公下車從政小大以情提綱振領不嚴
而治乃誠王室智力靡遺書勞盟府邑社仍降更以功封平
舒縣侯又除太僕卿前駈是屬超六事之晉司駕彼委執五龍
之轡錄軍書於大寢陪宴□於桓梁比次孫之才力慕子尼

二

□節儉又遷使持節都督光州諸軍事光州刺史俯瞰蓬瀛
斜通鄣澥區宇隱振實惟廣斥公敦官有素宣風入境勸學
務農民知禮節恩憂所及□止一書吏蒲將還揖謝千里又
除衛尉卿荷周衛之重委廟輔□之高烈千廬是統八屯斯
警又遷使持節都督南□州諸軍事南青州刺史岱陰羽畎
齊南魯北霸迹猶存聖風未改公靜以鎮之哀矜在念時稱
養器僉号仁父俄而山賊孔熾□逼琅邪隣境搖然羣情靡
託世宗命儀同斛律平勒兵出討又令長史陳元翼乘駟赴
州雞犬相聞徵發亞起公揣其事勢隨機應接王師□獲頗
有力焉又值侯景外叛潁川陷□東邑騷擾書檄□馳威宗

曾遣府僚密有約勑典司忘誤直封空函公遂與注使叅量
意旨或申備擬或察幷詐然後驛騎以狀陳請及蒙報荅一
無所違凡所折衷皆此類也又除使持節都督東燕州諸軍
事東燕州刺史假儀同三司薊之北土軍有度遼式遏撫柔
咸居其冣公頻□名岳屢踐大蕃每結□謡恒多留愛□細
侯之撫僮昏國讓之營雞泰論功比迹未或相過久之除儀
同三司尋加開府賢門小閤甲第康衢賓遊競掃爵里填湊
至於翔望禮畢輕軒引歸騶御成行笳管赴曲方期克壯更
中玉杖之恩庶逢黃綺共受金丹之術而天道茫茫報應多
爽春秋九十一以天統五季八月三日遘疾薨於乾宮里　三
皇□垂情故老深加哀悼有　詔曰優禮朝舊義存追獎故
衛大將軍開府儀同三司前東燕州刺史廣武縣開國子宇
文長器體□悟識心通達歷宦兩京效彰累試栝河撫岳出
內有聲奄焉徂逝良用酸耿遠曰戒期錫典爰備縈荷衰服
班輪徐動式隆徽序有穆彝章可贈使持節都督瀛滄趙幽
四州諸軍事驃騎□將軍開府儀同三司尚書左僕射瀛州
刺史開國如故謚曰　禮也惟公器情恬簡體業純和
懷志士之心有通人之量慎同數馬仁等放麑砥義斥而自
斷激柔節而馳騁雖復扶風長者東武不鬬技其國裕彼則
逡巡固將論道上階乞言東序昞丹青於千載擅摸楷於一

時大力不追小季遽盡同盟載奔族姻並至感以□山仛鼎
遠出單于之鄉元凱沉碑終在襄陽之岸雕金刊石粵有由
來俾德要與明名長無絕於天壤乃為詞曰
周稱西土漢則南陽厥初作雒時惟帝鄉官命屢改世允克
昌陳謨啓聖贊采興王仁公載誕寔荷堂搆蘭畹齊芳芝田
比秀始統心膂仍叅介胄好爵是縻分虎斯授駕有褰帷□
施行馬式班九位兼邑千社譽重翔蕃績深東夏功賞惟茂
器名非假袞章爰被黃扇洞開廣延僚屬妙選群才鐘鳴漏
盡□薄□面如何朝露飜悲夜臺草拂池魚□華牆柳追□
□□增隆牧后文物幽遂荒凉□身沒而無愧方傳不朽　四

右宇文長碑未詳何在長及其祖父皆不見於魏齊周
書碑字貫已泐讀銘詞知為河南洛陽人與北周主同
宗而仕於齊蓋疏屬也元和姓纂河南洛陽下亦無名
長者莫可攷證碑載長自孝昌三年除直齋歷給事中
步兵校尉柱國帳內大都督安北將軍雲中太守衛將
軍右光祿大夫太僕卿衛尉卿儀同三司加開府始封
平城縣子別封廣武縣開國子更以功封平舒縣侯先
後都督雲州光州南青州東燕州諸軍事四州刺史其
卒也贈使持節都督瀛滄趙幽四州諸軍事驃騎□將
軍開府儀同三司尚書左僕射瀛州刺史開國如故謚

曰下空三格不書有謚無謚不可知矣贈邱之詔具書於碑前未數見長已封侯而詔第稱廣武縣開國子意者散爵與假爵同不得世襲歟碑文藻客然乏真實勲績史家不為立傳有以夫

北齊三

北齊武平元年至三年止三

計六百八十餘行分三十五頁為一卷

標異鄉義王興國等石柱頌 凡十紙額一紙頌四紙每紙二面又一紙刻題名大字二行一紙刻題名及斛律世達等記一紙二面一刻題名及前記下半段一刻題名及嚴僧安等施地記一紙三面一刻題名及嚴道業等捨地記餘二面止見題名一列一面一紙刻李孝端等題名均分書在定興

標異鄉義慈惠石柱頌 以上第一層三行行三字字徑四寸三分

元造義王興國義主路和仁 以上第二層四行行三字字徑三寸

元鄉老十人等如左

田市貴 滑榮祖 梁令奴 田寶護 陳顯仁 鮮于法

珎 田顯和 鄭瞋世 田勍順 史靈貴

元貢義 四人如左

北齊武平元年冬以前

田鸞碎 鄭貴和 陳靈奴 賈魏珎 以上第三層十四行行字不一字徑一

寸

標義門使范陽郡功曹盧宣儒 典西曹掾解寶憐 范陽

縣使丞李承琳 典西曹掾龍仲裕 此行在第一層標題及第二三層之右字徑分

大齊大寧二年四月十七日省符下標 此行在第二層題名之左字徑一寸

右一紙高三尺四寸五分凡三層廣一尺七寸七分

夫至宗幽微非輕重可以挹其源大道沖曠何香㒵所能究

其始自非旃檀在東蹔似牛頭飛水騰虛蹔如叙股壹月常

圖十火恒備焉足致六師於河中集法軍於不退地者也是

呂斧利雖盈不可濟其終身鞭樞責罪寧復救其時困靡求

惱

度世之資而罰渥牛之厄鷇賊不易可除摩尼何由能待當
須清淨六塵洗結煩惱行六波羅蜜具三不退轉成熟秔米
即此誰興柔濡子草於茲何立無時善牙之子而責寶池八
流不入毗尼之苑欲慭律提之園斯蓋孤寒之守斫杖絶羽
之向青天自可斷齎於長眠之地槃錯於溟溟之水安能變
三有而受樂出過壹切苦而已者矣值魏孝昌之季塵驚塞
表杜葛猖狂乘風聞發蟻集蜂聚毒掠中原桒亁爲虜馬之
池燕趙成亂兵之地士不芸鋤女無機杼行路阻絶音信虚
懸殘害村薄鄰伍哀不相及屠戮城社所在皆如麻亂形骸
曝露相看聚作𡺸山流血如河遠近飜爲月地仍有韓婁貌　二
勃鳥集驚危趣走蔺城鵄視藏戸遂復　王道重艱原野再
絶由茲圮坼　皇化未均矚我大　齊　神武　皇帝應期
受命威靈自天掃除兇醜廓清宇宙雄劒壹麾塵消万里飄
迸之徒於斯獲賴時有故人王興國七人等住帶□城皆宿
乘美業渡三灾而弗壞經八難而不朽無詩梧𡺸之訴自起
大慈之心非關驛庭之哭共發哀憐之念乃磬心相率驅車
歷境緣涿東西拾諸離骨既不能辯其男女誰復究其姓名
乃合作壹墳稱爲鄉塋設供集僧情同親里於是乎人倫哀
酸禽鳥悲咽言念其酷誰不痛歎墳墓於斯遂有處焉其時
雖復公路遠通私塗尚阻百里絶烟投厝靡託仍有興國市

闕字再校

貴去來墓偏休歇塚側嗟同茔之因緣念往人之業報遂興
搘額賙給万有各勸妻孥抽割衣食遺釜提壺就茲墓左共
設義食以拯饑虛於後苒因搆義堂武定二年有國統
光師弟子沙門三藏法師曇遵稟資大德歷承沖旨體具五
通心懷十力常㠯智惠救諸煩惱名盛南州邀致無因有摩
訶檀越大都督盧文翼范陽涿人也望重寰中親交　帝室
沖素起於弱季風槩宏於壯歲洞解十号之方深達具足之
海既承芳實朝夕敬慕久而通請方致神座仍及居士馮糾
平居士路和仁等道俗弟子五十餘人別立清館四事供養
敦揚秘教流通大乘五冬六夏首尾相繼鱗羽感其德音緇　三
素服其惠了貴賤往來於是乎感便於此義深助功德時有
　勑請法師始復乖阻都督息士朗者蓋是鳳室之雛龍家龍子
氣岸天遒風光遠邈優遊物外無㠯世務在懷昂藏自得審
將榮祿草意直置遙遙正道空臥清虛仍憂此義便爲檀越
與善無徵摧芳盛歲人百弗及四徒何仰馮居士昆者字糾平
瀛州高陽人本與法師同味相親造次不捨因請至此其人
愛善若流不忘朝夕重信如山行之必履雖素清逸率有國
士之風器度開闊義當吐納之遠諸子既爲世宗五經足稱
軌物舉必由規動則成矩眞言秘典幽途冠趣隨情立教方
便開張如彼鳴鐘應不能已如似懸流寫不知竭常於此義

專心扶獎壹悵既迴衆情頓慕功業久存良實是歸但餘慶
難彈白駒易驗指人其類誰不悲仰天保八季葬於義左因
此利勒異永清音武定四季　神武北狩　勑道西移舊堂
寥廓行人稍簡乃復依隨官路改卜今營爰其經始歐堵靡
立便有篤信弟子嚴僧安合宗夙蘊道因早通幽旨握鏡懷
珠金聲玉振見善猶如不及聞惡怛非千里重三寶其如天
輕七珍同垢穢若父若子乃識乃親或前或後非貧非富正
向十方壹心大道氣與壹切合衣生額共恒河聽口命各捨
課田同營此業方圓多少皆如別題俱若布金指無退易長
陸於茲爲洗浴之池平原由此成福業之海今生来生現世　四
去世百億千億有身無身至功大業皆由此誠万世不朽寔
鐘斯德地其形勢也左跨明武右帶長違却負清泇面臨觀
臺花萊綺廻懸同鹿野之苑棟宇參差綽蹁祇桓之舍軒駕
馳彩類卿雲之五色士女閒雜狀丹素之紛披天保三季
景烈　皇帝駕指湯谷離宮義所時屬壹滄滐蒙優嚽有路
和仁者字思穆陽平清淵人也與馮生綢繆往日依隨法師
聰翻積歲昔遊青齊之地時号□儒曾過淄潁之閒世稱千
里識洞百家氏旗宛若目□□談六典經史併同掌物乃獻
此躑廛仍懷至業伏六賊於心中拔四虵於胷內吐納清虛
優遊正道窮智惠於德義場追散花於慈悲室即於此義𡍩

□□□而法師向并仁從衣屣家預內齋時經壹歲每召此
義懇懃告請賴有　勑許始得言歸於是獨主義徒晨夜吐
握寤寐驚捬巨細不違季過知命□□□□髮首垂白鬢駕
意弥厚良實行伏鄉閭德兼邑外乃脩造門堂改創墻院寶
塔連雲共落照召爭輝釐字接漢將危峯召齊迴雖曰義坊
無異茄藍□□□園何殊柰苑莊実麗矣難得而稱天保奄
蟲之歲長圍作起之春公私往還南北滿路若軍若漢或文
或武旦發者千群暮来者万隊猶若純隘之□□□□窮舍
利香積曾何云媿兼復病者給藥死者塼埋齋送追悼皆如
親戚仍召河清遭澇人多飢斃父子分張不相存救於此義食　五
終不斷捨貴□□□□□城市此之□□孰可具而論之天
保十季獨孤使君寬仁愛厚慈流廣被不限微細有效必申
便遣州都兼別駕李士合范陽郡功曹皇甫遵□□□□□
首王興國義主路和仁義夫田鸞磔劉子賢尹貳樂孔明遠
張宗悅賈陁仁孟阿鳳王世標賈定興鮮于洪寶鄭阿仲趙
元伯鄉
伯遠趙士文□□□□□□路梁墨尚賈孟良張思邑龐猛
雀張紂遵鮮于脩羅王元方宋子産董大邑鄭阿□楊鄉仁
七十九人等具狀　奏聞時蒙優　旨依式構□□□□□
□有符下于時草創未及旌建河清二季故范陽太守郭府
君智見此至誠感降　天　旨喜於早舉明發不忘遂遣海

秉

懿鄉重郡功曹盧宣□□言典從來至義堂令權立木柱㠯
□□□自介於今未曾刊頌新令普班舊文改削諸爲邑義
例聽縣置二百餘人壹身免役㠯彰厥美仍復季常考列定
其進□便蒙　令公□狀□申□□下□具□明業　於是信
心邑義維鄉張市寬牛阿邕李恒同㠯季秀楊景賓范崇禮
龍㭊良陳㭊希王僧彫李遠□史茍仁田元休韓仲珎蔡顯
邕劉高貴李同遵孫阿長史茂貞習定景周顯㭊李惡仁李
羅雲陳彡仙田㭊産董子産范戳興劉子剛趙黄頭史景遵
傅子漢鮮于孟昌田子長合二百人等皆如貢表巻是賢良
可謂荊山之側白玉廳生麗水之濱黄金自出翩翩有泗上　六
之風雖雖秉槐下之節輕財重義衆意協和羽蓋莫不霄依　郎字再校
飛軒靡不盡集此義書契已來未之有也我　皇聖既興名
神不可測或瞻雲歸附望氣來賓□復文景成康豈得同堂
而語哉　明使君大行臺尚書令斛律　公名羨字豐樂翔
州部落人也　公累葉重輝其來自遠親踰梁鄧勲邁伊姜
存意六韜留心三略既偏脫立弍架谷爲城民安棗井之忻
卒無擊柝之虞威振六蕃恩加百姓駟馬入覲屢過於此向
寺若歸如父他還百里停滄届□方食慰同慈母賚殊僧俗
脫驂解駕敬造　尊像□捨珎物共□義滄達□好施於前
公復踵福於後仍能不遺陋業曲照纖微每於斯義恒存

經紀□木柱之易朽芳徽之不固天統三季十月八日　教
下□縣㠯石代爲義士等□竭愚誠不憚財力遠訪名山窮
尋異谷遂得石柱壹枚長壹丈九尺既類瑠璃還如紺色庶
其鐫美無窮流芳永扇車騎大將軍范陽太守劉府君名仙
字士逸定州中山人也公流馨積代軒冕相仍稟性温恭懷
仁操義幼步紫庭爵倫華伍毗讚青岳德聞　天聽　勑
使鄣郡慈風預被□□下里□由此□□□義從□加信敬
竝屬妻子減徹行資中外忻悦共拯飢□棗下之士翻同晉
世馮異進粥於茲更新莅政未幾□澤沾濡境內洿□枯榮
□潤蕫□徽猷㠯銘惠□郡功曹釋壽者都督盧文翼之孝　七
孫義堂檀越士郎之元子體度□□□巻從時敦崇禮義少
慕父風每言先人析薪豈不負荷者哉還爲義檀越志存世
業財力匡究有建忠將軍范陽縣令劉明府名□字康貫門
州高□人也其人世藉餘芳家傳冠蓋日悟機變抱節歸誠
入毗王室出宰百里察姦超於西門惠政隆於浮虎□上□
民寛曰明君仍好至理深慕清淨愛□頭眼䌷非妻子㠯石
柱高偉□功難立遂捨家資共相扶佐壹力既齊衆情咸奮
□贊□□長碣□起□異寳幢初建梵音布於原野法鼓新
轄歌讚遍於村邑但山才方尋尚有成壑之期海濮千刄猶
致桑田之會永□金石壹□共未有而同□芳留銘柱將百代

空一格

而常存乃爲頌曰
▢𢦏大▢▢矣真人難逢難值誰識誰親▢之靡際▢性無
因空瞻池水虚想金身飛河既易騰火不難所嗟斧利弗救
饑寒法軍雖▢終謝香▢来如▢上空中試看眞▢不▢瀼
中▢▢生亡環堵死無▢▢譬彼黄塵隨風阡陌不識皮毛
誰辯骸骼屬兹大聖庯撻龍驤翦除鼙醜再立天綱千家如
壹万里歸鄉云誰之力賴我　神皇有兹善信仁沾枯朽▢
等妻孥恩同父母拾▢髑髏共成壹有既與天長還從地久
宇宙壹清塵消万里城邑猶蕳村薄来幾去来女婦往還公
子駱驛長途靡所厥止仍兹四資心艸十力念此浮魂嗟於　八
遊息近减家資遠憑此識於此塚傍遂爲義食義存於此良
實有李惟公惟　帝或愚或賢深相優嚌雅助留連因兹輿
壇仍成福田壹心堅固万▢傾迴既如隕擇復似風雷三途
可滅八難終摧云何濟彼唯善斯媒靈圖既作降　勅仍隆
標建堂宇用表始終高山可▢海水易窮其如金石永樹天
中　法界圓▢體空如如安想紛搆三有星居▢知悟理佛
法僧徒梵音付傳説論經書進脩始終賢聖凡夫行因獲果
隆業差殊善惡不忘勿▢厥愚礬衍五乘仁義非虚五常之
行仁義先序惠輶如毛民鮮剋舉周覲齊域唯兹邑侶儼氏
施地安承創興坊類伽藍給孫言汝羣英居之照世若炬興

興

國元首和仁爲主賢哉卓異皎皎獨竪公主垂眄守令識覩
毗讃傾庯百僚揖語德伏鄉邦歸同雲雨樂捨財力弗辭貧
苦營造供實無避寒暑懸膏路人如母兹父恩沾灰厄病瘦
得愈美聞朝墅州貢　天府　衡注依式省判通許覆覈事
實符賜標柱衆情共立遺建義所旌題首領衆免役苦梵扉
後學言行稽古彫刊美跡流芳齊寓鑿石彰名避刼不腐
右四紙八面高六尺五寸五分一三五七面廣一尺二寸
六分十行二四六八面廣五寸三分四行行皆五十九字
方界格
徑九分
明使君大行臺尚書令斛律荊山　王
右一紙長二尺五寸廣七寸
四分二行行八字字徑二寸

老上坐張季邕老上坐田天愛都寺主田鸞峰
上坐李雙貴　上坐張買奴　寺主吴景賓
上坐任敬和　上坐梁孝慈　寺主陳洪業
上坐田僧壽　上坐張明範　寺主李思賓
上坐趙榮族　上坐梁景智　寺主狢元穆
上坐龍難憎　上坐孟阿和　寺主史長孫
上坐齊貴宗　上坐趙珍業　寺主王元仲
上坐成顯伯　上坐陳令舉
上坐任明軌　上坐牛顯榮　寺主茍承伯
上坐陳景洛　上坐甯石墨　寺主史同珍

九

右一列
寺主石顯周　大居士馬昆
寺主曹承仙　居士姚神龍
寺主劉阿禮　居士梁令奴
寺主趙僧首　居士陳伯仁
寺主趙僧定　居士張順和
此後空三行　居士田遠達
居士張世遷
居士尹武洛
寺主牛暉預　居士畢元紹
右四列　右五列
寺主陳顯達　居士邢子邦
以上一面之上截高三尺四寸廣一尺三寸題名五列各十行字徑一寸強

十

身　勑　、　禮
義衆壹切經生姜子寮此二行在第五列之下自為一列
明使君斛律　令　公長息安東將軍使持節岐州諸軍事
岐州刺史儀同三司內備身正都督臨邑縣開國子世達奉
刺史觀省假滿還　過義致敬　王　像納供忻喜因見標
柱刊載大　父名德遂降意手書官爵遣銘行由冀紹徽緒
公第九息儀同三司駙馬都尉世遷貴乘　天資孝心[圖]
至孃娶公主過義禮拜因見俳佪並有大　祖咸陽　王
像令公尒朱郡君二菩薩立侍像側致敬充量　公與銘名

衆
為俳佪主方許財力營搆義福
右一紙此記前六行在上坐寺主等題名一面之下截高連義衆一列三尺二寸三分廣一尺二分後三行在別一紙施主李叔賢等題名之下當是第二面高連上題名與前一紙同廣五寸四分每行十八字字徑一寸二分
施主李叔賢　施主李伯悅　施主李虎寶　施主李阿楷
此一列四行在前記後三行之上字徑一寸分
寶息長定州軍士呂貴觀為亡父母施地入義此行在前記之左施主李阿
楷之下上四字徑九分餘字徑六七分以上一面
施主嚴僧安　施主嚴阿承　施主嚴光璨　施主嚴市顯
施主嚴道業　施主嚴惠仙　施主嚴市念　施主嚴天
保以上一列在一面之上截八行此面高與前同廣一尺六分字徑一寸一分

十一

初施義園宅地主萬信　弟子嚴僧安故人嚴□嚴法充嚴
僧芝嚴道業嚴惠仙嚴平仁等並解苦空仰慕祇陁之惠設
供招納捨地置坊僧安并自宮井宅基立宅實是起義檀越
今義坊園地西至舊官道中東盡明武城璜迷是嚴氏世堞
課田皆為種善來資忻捨無悔　施主僧安夙植定因遭灾
無難荒後寶育男女並各端慧長子懷秀次息奉悅第三息
懷達第四要欣性並恭孝敬從父命立義十載有餘重施義
南課田八十畝東至城門西届舊官道中平坦良　立文永
施任義園食衆領蒔菓普天共味隨時禮念願資福主因茲
感悟宗房相與廣施如左　施主嚴承長息侍伯伯弟阿繼

門華禮們有無脱字

孝心純至爲父母重施義東城壕城南兩段廿畝地任義拓
園種殖供䆫寘資施主巢若把土來招輪報　施主嚴光璨
璨弟市顯兄弟門華禮風儀並著兒孫端質鄉閭敬尚施心
弥隆念福重義有甚□人璨弟市顯顯息士林璨息惠房弟
三定興璨孫洪略共施武郭埏田四頃施心堅固衆雖發埏
任衆迴便賣買埏田収利福用見脩蓮搆之因求受署提無
盡之果　右一紙二面記在嚴僧安等題名之下十二行行三十字至三十二字字徑六七分

小字另行低一格寫

施主李令弟　施主李小買　施主嚴僧芝　施主陳獨憐
以上一列在一面之上截四行此面高與前同廣五寸四分字徑一寸一分
施主嚴道葉葉長息桃䆫父子重義輕財爲福捨地現招十
十三
利當獲提伽心寶　施主嚴惠仙仙長子阿懷第二蘭懷天
保等□義精誠弗卄世報各施地廿畝任衆造園種収濟義
心度如海捨著爲念　施主嚴市念念大兒□長長弟阿礼
阿灰兄弟□順仰慕亡考捨地卅畝□嚴奉地與義作園利
供一切額資亡考既能存亡慱惠離車淨□畢□□以上一面記四行在李令弟等題名之下行三十三四字字徑七分後空二行
施主嚴阿頭　施主嚴智嚴　施主嚴樂平　施主嚴智茁
施主嚴遠郡　施主嚴紹建　施主嚴松林以上一面廣九寸八分七
行字徑一寸三分此紙僅拓上截一列其下有無題字未知其詳
施主嚴道嵩　施主嚴智順　施主嚴阿䨥　施主嚴海賔

三字另作一行低一格双注

邕下缺上只空一格

以上一面廣五寸二分四行字徑同前揭本連屬前面亦僅見一列右一紙
李孝端田子承張士謙趙士苝田□□郭□奴李子䨥李元
暉靳阿□劉□□□□賈□□楊□□呂遵貴□阿□□
□達趙阿□□□□梁阿邕　郗阿根李僧偃般道
弁王表好陳阿李□□席張曇賔牛曇貴任女悅楊子經胡
阿□曹□□王買苟張榮進董龍席解□□董□□董□羅
牛李紹　石洪達陳僧伽孫阿略牛阿□賈阿沖鮮于勒□
洪
□□長張愛仁□紂□牛子道陳□□□□□□賈方思沇子
遠□廣□任仲業□□量史伽□士遠　成同稱董長雲鮮
于沙門鮮于仲□王子才李□□李子慈□□田鮮于文禮李敬□任
十三
□□□阿□□道□田士才孫□悅田□□張□□□士謙
鮮于暉紹成子休鮮于阿侯丁同和張阿□張子紹□□
舉趙市海趙連□□伯□田□□田□賢□□子董元軌劉
□老沇□遵齊仲□□□文達　鮮于士榮焚阿伏張阿堆
梁阿沙姚紹葉梁元賢史阿冬田明仁□□□□□□□
□□元□張□□李阿貴□阿□□□太董子遠賈衍□□
宗　狢阿葉李醜漢鮮于榮顯趙市興梁士□史仲産□阿
□龐□禮鮮于士□□□□□田□□□紂嬮祖脩羅史
□史仲産□阿
□龐□禮鮮于
□□□□□□
市□□□□鮮
于□□牛□□
田士□□□□
子恭史江海張阿紹王阿義胡仲軌張士□周繼慕路榮貴
王子□王□魔田□□田子才史□獻□阿□田延望史元

初稿元年此空一字是
正當校

滌

□李□□衛道□　□田孝讓鮮于孟禮郄神敬張市□空六格
趙卓□　□□□趙孟舉

右一紙高六尺七寸上廣一尺二分下廣一尺一寸六分九行行五十七字字徑八九分

石柱在縣東南三十里臨易水州郡志云易州石柱後魏末杜葛亂殺人骸骨狼藉如亂麻至齊神武起兵埽除凶醜拾所遺骸骨葬於此立石柱以志之太平寰宇記易縣在易州東南三十里北齊神武拾葬兵後遺骸於此立石柱以識之明一統志方志云神武時義士王海立在縣西北三十里京畿金石考謹案金石考據定興縣志載入定興茲據明一統志載入

十四

易州畿輔通志

在定興縣西石柱村北齊武平　年立無撰書人名氏按文稱魏孝昌時葛榮杜洛周寇剷民多歾亡鄉人王興國等含胔掩骸造冢後建佛寺振卹困窮大寗二年省符標異初立木柱及斛律羨為都督幽州刾史令易以石其高一丈九尺四正四隅徧刻文字尚完好考羨乃斛律金之子光之弟本傳言天統四年進行臺尚書令武平元年爵荆山郡王三年與兄光同被殺此文所題官爵皆與史合跋中所謂咸陽王即金也文體冗弱多用梵書字法適秀在楷隸閒涿州作滌城隍作湟其餘通楷減省之字均合古法此柱在村廟中土人惑於風水之說閟不使拓故絕無著錄者門下士邑人鹿橋笙拓得數紙以一見貽洵可貴也強梧大淵獻夏五記　又按北齊書羨傳子世達世遷世辯等此跋世達稱長息世遷稱弟九息　文有造義貢義義主等名目已可怪而言世遷過義禮拜因見徘徊稱為徘徊主尤可怪也　頌有惠輶如毛語惠乃悳字之譌

據石工云柱上南面有像未拓

右北齊石柱頟題曰標異鄉義慈惠石柱頌大齊大寗二年四月十七日省符下標元造義王興國義主路和仁石在定興石柱村即太平寰宇記易州下所載石柱也定興

十五

本范陽縣之黃村金大定中立縣又割淶水易州近民屬之石柱舊在易州東南三十里今為定興西北三十里也按寰宇記引州郡志云易州石柱後魏末杜葛亂殺人骸骨狼藉如亂麻至齊神武起兵埽除凶醜拾遺骸骨葬於此立石柱以記之所叙語大都撫取頌首文句然以為神武立則非也據頌文義葬起亂定之初義食繼其後武定二年為法師別立清館四年依官道改建新堂天保十年奏聞河清二年權立木柱天統三年改建石柱創義者王興國田市貴助義功德者法師曇遵居士馮叔平路和仁施地者嚴僧安等先後州郡助義者幽州都督盧文翼獨

羸　叡

孤使君范陽太守郭智太行臺斛律羨(羨)范陽太守劉仙范
陽令劉康買又有文翼子士朗孫釋壽繼為檀越羨(羨)子世
達世遷行過助資事歷四十餘年成之者非一輩其文極
詳覼縷周悉作州郡志者蓋見其文而未能竟讀見有神
武字遂(遂)以命之若京畿金石攷據(據)寰宇記錄此碑又引方
志(即定興縣志之文)云神武時義士王海立誤王興國為王海則真
閭井之傳言未嘗一窺柱下者矣義事幾與齊一代終始
故頌文所載多與本紀大事相關曰天保螽虫之歲者齊
書文宣紀八年自夏至九月河北六州大蝗飛至京師蔽
日若風雨九年山東復大蝗詔稱趙燕瀛定南營五州螽 十六
潦損田免其租賦是其事也云長圍作起之春者文宣紀
天保五年帝北巡至達速嶺覽(覽)山川險要將起長城六年
發夫八十萬築長城自幽州至恒州九百餘里八年於長
城内作重城四百餘里又云長城起西河總秦戍東至於
海三千餘里趙郡王叡(叡)傳云天保六年詔叡(叡)領山東兵數
萬監築長城先是徒役(役)罷作任其自返(返)各丁壯各自先歸
羸(羸)弱被棄(棄)加以饑病多致僵殞叡與所(所)部俱還弱強相持
配合州鄉(鄉)分有餘贍不足賴以全十三四焉覼此則作役(役)
之苦與死為隣自趙郡王所(所)部之外罷作歸去(去)此義所(所)濟
諒不少矣(矣)云河清遭澇者武成紀河清三年山東大水饑

死者不可勝數詔(詔)發賑給事竟不行是其事也云新令普
頒舊文攺削者武成紀河清三年(年)以律令頒下大赦是其事
也頌中人名於史可徵者斛律羨(羨)齊書有傳頌字豐洛傳
文作豐樂檢獨孤永業傳正作斛律豐洛鮮卑語無義同
音字例得通稱羨(羨)以河清三年轉使持節都督幽安平南
營東燕六州諸軍事幽州刺(刺)史元統中以北虜(虜)屢犯邊備
預不虞自庫堆戍東距於海其間二百里中凡有險要或
斬山築城或斷谷立陣置立戍邏五十餘所(所)又稱突厥來
寇羨(羨)總(總)率(率)諸將禦之突厥望見軍容遂不敢戰其後朝貢
歲時不絕羨(羨)有力焉羨(羨)又導(導)高梁水北合易京東會於 十七
潞因以灌田公私獲利頌文所云偏脫立戍(戍)架谷為城威
震六蕃恩加百姓蓋皆紀當時實事脫者區脫也羨以天
統四年遷尚書令武平元年秋進爵荊山郡王傳皆載之
柱文稱尚書荊山王當刻於武平元年以後後一二年羨
即被誅矣傳載羨五子世達世遷世辨世酋伏護伏護以
下尚有幼者五六人柱旁題名稱世達為令公長息世遷
為九息則羨壯子當不止五人傳稱斛律一門三公主史
惟見光子武都尚公主今據(據)題名乃知羨子世遷亦尚公
主世達官安東將軍使持節(節)岐州軍事岐州刺(刺)史儀同三
司内備身正都督臨邑縣開國子世遷官駙馬都尉皆足

補史文之闕也大都督盧文翼附見魏書盧玄傳穪永安中為都督守范陽三城拒韓婁有功文翼有三子士偉士朗士嬰魏書惟見士偉唐宰相世系表具之士朗仕至殿中郎子擇壽仕開府參軍頌穪大都督息士朗不著其官又云無以世務在懷寍將將榮祿萆意則士朗蓋有官而不仕者頌文作釋壽表作擇壽此唐書誤字當以石刻正之盧氏山東巨族世與魏室聯姻故云望重褱中親交帝室又有鳳室之孫龍家龍子之句也陽平路氏魏書路恃慶傳後附見者十餘人皆仕當魏齊之世路和仁當是其旇而無文可徵恃慶之弟名思略思令此路和仁字思穆
十八
北朝士夫固往往以字行然未敢決定其必為恃慶弟兄行否也劉康買□州高䣓人州上字舊釋為邑按地形志高䣓郡屬恒州渤字字形正方當是恒字緣滌東西范陽滌人即滌之别體㩲水經注滌出滌縣故城西南奇溝東逕桃仁墟東北與樂堆泉合又東北逕滌縣故城西注於桃水向東流岸當南北不應云緣滌東西道元於注既出是水又以為廰劭說滌郡南有滌水今無水以應之惟西南有是水世以為滌水又云灤水東逕廣陽郡與滌郡分水當受通稱事或近而非所安是則滌水所在當時固無定說此頌所云緣東西者乃似指易滱為滌此又於酈注

外别為異說可資地理家紬繹者也頌穪義之所在云左跨明武右帶長逵却負沮洳面臨觀臺施地之記又云西至舊宮道東盡明武城潢又云東至城門西屆舊宮道又云重拖義東城壕城南二段廿畝明武城不可攷疑為武陽城之異稱武陽以天保七年詔書省并其城蓋不隨水經注易水自寬中歷武夫關東出是為武水之稱明武武陽取義相近惟檢褱宇記武陽故城所在按以柱之所在徵為差西以此存疑不能決定亦或武陽東南别有明武城如范陽之别有小范陽者故記靡詳莫由證窾矣觀臺者宇記石柱在易縣東南三十里金臺俗稱東金臺亦在
十九
縣東南三十里小金臺蘭馬臺並在縣東南十五里水經注濡水經武陽城西北流分為二瀆一水逕故安城西側南注左右百步有二釣臺參差交峙迢遞相望其一東注金臺陂陂側西北有釣臺高丈餘方可四十步陂北十餘步有金臺臺北有小臺臺北有蘭馬臺並表高數丈秀峙相對翼臺左右水流逕通金臺去易縣里數方向與石柱正相當柱臨易水臺㩲水經注亦臨易水然則所謂却負沮洳者即注所穪水流逕通所謂面臨觀臺者東金臺小金臺蘭馬臺釣臺必居一於是矣齊代諸帝皆崇佛法㩲佛祖統紀文宣天保元年詔僧法常入內講經拜為國師二

年詔置昭玄上統以沙門法上為大統令史員置五十餘人六年令道士與釋子角法河清三年詔慧藏法師於太極殿講經然則蕭梁餘習被及高齊頌中國統光師空格書之與令公等國統殆即上統故尊之如是其云有勑請法師又云法師向并仁從衣履蒙預內齋蓋即宮中法會講筵之事光師蓋齊時尊宿魏書釋老志魏末沙門知名見重當世者有惠光統紀有慧光北齊時居洛陽著華嚴涅槃十地等疏妙盡權實之旨僧名惠慧多互出慧光蓋即惠光與石柱時代相當又名感南州與所云居洛陽相應疑光師即其人矣柱極高大椎拓為難自歐趙以來未二十

嘗為金石家箸錄光緒丁亥碑工李雲從覓得之村人阻揭廢然而返鹿編修喬生聞之乃自募工往曉諭村人經營累月乃得墨本數十分以一遺余此本是也己丑冬日喬生復以錄出碑文見示摩挲累日為補釋數十字并參證史傳可攷者紀之如是　頌中紀事與史文不相應者二云武定四年神武北狩勑道西移攷北齊書是歲首書神武將西伐自鄴會兵晉陽此之所云疑指其事顧西伐不得言北狩自鄴向晉陽亦不得經由范陽據北史武定三年十月神武上言幽安定三州北接奚蠕請於險要脩立城戍以防之躬自臨履莫不嚴肅北狩移道恐在此時此不必史文之誤撰文人誤記年月碑刻往往有之亦或三年冬北狩涉四年春還也云天保三年景烈皇帝駕指湯谷離宮此湯谷者暘谷之異文淮南天文訓史記索隱引舊本皆如此作檢齊書文宣紀天保三年惟有帝幸庫莫奚於代郡事代郡不得言湯谷時帝由晉陽北伐亦不從范陽經過惟四年秋帝北巡冀定幽安仍北討契丹從平州至陽師水歸至營州登碣石臨滄海與頌所云駕指湯谷情事相當離宮義所當在玆役此亦當由撰文人誤記一則差後一則差前一年也據後主紀天統元年有司奏改高祖文宣皇帝為威宗景烈皇帝武平元年冬復改二十一威宗景烈皇帝謚號顯祖文宣皇帝文尚稱文宣為景烈益足證為元年冬以前撰刻也或疑湯谷指溫泉漁陽固有溫泉然古稱溫泉為湯谷者甚少即張衡溫泉賦所云控湯谷於瀛洲洛日月於中營亦指日出之湯谷言之非謂溫泉為湯谷也沈曾植跋

石柱卓立廢寺千三百餘年尚少剝蝕墨本尠流傳金石家多未著錄村民沿訛謂柱主一方豐歉禁人椎搨故不易得碑工言柱三層題額在上層正面頌在中層周刻四正四隅其餘上下方向言不能詳遂紙錄之容有錯置頌五六七面漫漶以兩拓本詳校之又得楊定

疐同年沈子培比部釋文互參求是二君所釋有存疑
者偏誌行右文凡三千四百一十三字缺百二十字而
已定興縣金大定中置割易州東南境來屬石柱遂入
定興明一統志云在易州蓋襲太平寰宇記遺文未知
其地已改屬也近黄子壽修畿輔通志不從縣志及金
石考載入定興而反據明一統志列易州未免疏舛

朱岱林墓誌

高二尺四寸八分廣三尺五寸五分四十行行五十四字
第二十六行三十五字字徑七分正書在壽光田劉村

君諱岱林字君山樂陵濕沃人也自辛朝邑[厤]昌戶衛書親
以建社賢亦啓國扶封於邾[□]奄加茅土方曹析壤[□]與魯稱雄
別有由謚立姓因字為氏斯即去邑從朱蓋是殊方共致卯
金則司空佐命當塗即領軍賛業魏在晉嗣美表於趙番名
所謂杞梓繼生公侯間起梧人世挺衣冠代襲曾祖霸儒該
[四]素術盡從横魏使持節平州諸軍事安遠將軍平州刺史
俗隣壇場布以威恩酹酒空陳丸金不受於後諸言及樂讒
巧乱郡僚亦鷹揚龘然鵲起擁鄉里三千餘戶來逝河南值
齊武平二年二月六日
一
元嘉之末朝多乱不獲其賞仍居青州之樂陵郡祖法宏
下帷耽藝閉靜自得舉秀才釋褐南平王府行參軍遷尚書祠
部郎中禮閣有聲含香擅美後遷司徒府諮議參軍事亡贈
鴻臚卿父季祖清規勝範地美才高俄而魏高祖孝文皇帝
熊羆覺騁蒼兕爭先化洽江湘令行天下錄奇異於巖藪訪
隱逸於閭閻起家除槃陽縣令轉北海太守流溺孟侯歌謠
稚子從今對古並駕介駈君膺茲秀氣稟是淳和三輔六里
方珠比玉左娼右賢擬龍齊鳳得嗟蔡子見重侯相季始十
餘身離艱苦晨歸夕蹕柴毀骨立遂使鳩來栖集馬惙齧草
精通飛走務貫幽明魏廣陵王愛善如蒼好書比德俾侯南

眼妙選英佐託以金蘭澂為國常侍辭不獲已俛僶從職而
侯窳荷盱難交公子介推逃賞終遠晉文未踰十旬還以病
解後彭城王又以皇枝之貴作牧東秦台為主薄久而從命
王藉甚有素不苦抑遺終遂千木之心乃申安道之志君雅
量之地無際可尋元昆季弟推之京宦同於得宦等槩榮枯
含章韜綵藏朗晦用兄元旭散騎常侍出除南兗州刺史弟
紂業通直散騎常侍左光祿大夫高冠暎日長戟陵風譽播
京華聲馳窩縣縱趙孝之讓禮食曾何足云曾恭之就本名
詎堪方此魏廷尉卿崔光韶侍中賈思伯並聰敏當世器局
標時結四子七賢之交飲醪投水之密留連宴喜付寫衿期 二
黃門郎徐紇與君意得言忘處權居要恒思不次之舉還越
志不可奪醼言之暇聊申微旨君答云昔人有以術忓帝武
道質□王辭之鱗羽本乖飛伏而平生庸短未希簪紱如斯
之貺乞不加己紇愛人以禮兼相欽尚從其所好不敢縶維
普泰之年水德不競蒼雲蓋野紫日生天烏合蟻徒聚三齊
之地竪牙鳴角沸十二之險不異井中虛言聖出何殊轍□
妄号神人拔本塞源摧蘭夭桂春秋五十有四遐迩悲嗟聞
見涕零惟君大度不羣峻□孤上託宿假道唯仁與義規矩
成則物我兼忘非夷非惠不石不玉惻隱同於子魚友悌侔
於伯雅何忽儵山石折□智士遷傾以大齊武平二年歲次辛

攄

卯二月乙卯朔六日甲申葬於百尺里東五里第四子敬脩
自惟羅此荼毒眇然孩幼離奇以生龍鍾而立窮而匡子溫
慙閔騫岵山難陟過庭無訓携鋤而感言下集冠之禽攀松
弗昭蒲降成墳之鳥空追士季瞻像載興傷慟日譯觀狀益
增酸哽磬茲鄙拙式序徽猷思與泣俱文兼涕落先言多不
備述往行盡是闕如良由才非作者情愧無次從父兄敬乾
史君伯第三子脫略榮華不應徵聘沉□深好古尤工摛屬勤
銘黃壤以播清風辭曰
本自高門世資陰德從來位重人兼才識運海鱗奇搏搖翅
力繁枝不已清瀾爲息一其唯祖英毅唯父深沉飛纓鳴玉作 三
範垂音仍生東箭遂挺南金素榮俱美出處分心二其有應純
和□望餘耀黏風阮德梁遊大鈞櫬于君子藝才何匈關里
儒英瀨鄉沉妙三其道王天崖志輕人爵菊藪危坐□裘採藥
楚漢兒戲仁雄寡合錯注鄗我如曾閔何論許郭四其虛言輔善實驗
無親石□既落僭山亦淪少微之應遂屬高人悲王難序痛
霍何陳五其仁厚慶鍾育斯才彥歷陪武目過庭鯉盱似鳳方
鳴如龍比絢遺孤在笈龍駕誰二見二六其伊何慈顏弗覩□
朝不食隣人罷祖比學西河擬文東魯述彰書固情深陟岵
七其魚山本志門豹遺風丹青已寫□窆方崇思人下淚瞻蓋
悲空山川不易規猷詎終八其嗟二猶子瞻儀在笞荷恩惟訓

依脊如覿頌雅曰詩[㓨]文託易追思素道敬鐫[元]石

按岱林兄元旭魏書有傳其除南兗州刺史則傳所未載
岱林官不大顯其弟叔業通直散騎左光祿大夫亦不得
附書何也霸官安遠將軍平州刺史傳旣失書而以曾祖
爲祖則誤之甚矣岱林不樂仕進與黃門郎徐紇善而不
爲紇所維縶可謂能避患矣而卒不免爲羣盜所害士大
夫遭亂世而不及於禍豈非天幸乎誌爲第四子敬脩所
撰而銘詞則出於猶子敬範文皆雅贍在魏齊之閒可稱
高手漢書地理志濟南郡有般陽縣師古音盤魏書地形
志作盤陽此碑作槃陽古字皆通用也碑書閶闔爲閭櫚　四

廷尉爲廷慰清瀾爲清灡以術于帝于作忏皆異文（潛研堂金石文跋尾）

碑云廷尉卿崔光韶侍中賈思伯黃門郎徐紇案各傳載
崔光韶爲廷尉在孝莊初年時賈思伯卒巳（三）載矣思伯仕
明帝朝終乎（於）侍講不言其爲侍中或史失書徐紇爲黃門
郎亦在靈太后反政之初三人官位先後參差蓋碑是總
敘前因約略言之非與史異也二月乙卯朔六日甲申乙
卯乃己卯之訛羅此荼毒羅字筆（畫）極明近人釋爲罹非是
段若膺大令尚書撰異云罹蓋羅之或體維惟古通用離
古音羅故離羅通用而後人區別太多失其古義古音乃
罕知罹即羅矣元按此刻作羅知六朝人猶用古字益可
證也（山左金石志）

碑云魏廣陵王俾侯南服妙選英佐徵爲國常侍彭城王
又以皇枝之貴作牧東秦召爲主簿魏書廣陵王羽傳高
祖時羽除使持節都督青齊光南青四州諸軍事征東大
將軍開府青州刺史彭城王勰傳邵龔封世宗時除使持
節假散騎常侍平東將軍青州刺史然則碑所云廣陵王
即羽彭城王即邵也岱林以普泰之年爲三齊羣盜所殺
前廢帝紀普泰元年七月鎮遠將軍清河崔祖螭聚青州
七郡之衆十餘萬人圍東陽東陽青州治岱林之卒當即　五
在此時以武平二年二月六日葬距其卒時已三十年矣（平津讀碑記）

誌出樂陵縣撰文者爲岱林之子敬脩撰銘者爲其從子
敬範一誌以二人爲之亦僅見也碑例稱君自漢已然此
誌以子稱父亦曰君則前此所未見（古誌石華）

文云兄元旭散騎常侍出除南兗州刺史攷魏書本傳不
載南兗州刺史可以補史之闕元旭傳以霸爲祖且無官
安遠將軍平州刺史文皆當據碑攷補碑沃作泼冠作寇
巧作㓞亂作乱幡作飜閶闔作閭櫚對作對瀾作灡皆當
時俗字邱素即邱索素索古通用槃陽漢書地理志作般

以存疑句下与初稿少異而李挑十餘三句初稿又無 蘇公待核

魏書地形志作盤按說文又作槃盤本盤之重文籀文从皿漢書用古省魏書用籀文碑用說文本字也黽勉作僶僶尉作慰千作忏皆叚借字孩幼作咳說文本作咳古文作孩此從說文扶搖之扶作摶當是木旁榑字說文云榑桑神木日所出也今人書榑桑字亦作扶則扶搖字或本亦作榑後人誤改耳古泉山館金石文編窮而匡子而讀為如隈借作猥門豹即西門豹之字借作縣大夫畜金先石續編加跋

山左金石志孫淵如續古文苑注載是誌泐十一字今相後未及百年泐至三百三十餘字詞意已難具曉更閱百年將盡漫滅然六則潛研所謂文皆雅贍可稱魏齊間高手者又烏從而讀之金石家全錄碑文其有功古刻何如也山左志布以威恩誤作恩威還以病解病誤兵留連宴喜誤熹孫亦誤粟是惇和當是惇字滅其兩點志作澹孫同今搨本雖少泐而左旁一直甚顯碑係正書諸水旁字無不作氵不應此字獨涉行筆而黃虎癡古誌石華陸紹聞金石續編錄此亦皆不作惇今就所見寫之以存疑可也李始十餘孫以李為韋飑勘正其所泐三百餘字據各本之義長者補注於旁奄加茅土志與孫續苑氏並作公碑存若捺偃曳特長與公不合陸釋為奄是也三隸六里志

跋後引釋志与辭先以累有不順且附記於此句初稿未有此跋應再核

作王隸六里三字孫云山左志誤作王今依拓本改按今拓本正作王孫說未塙特中豎乃後人妄加耳陸以王字不協改作五非是魯恭之就平名諸家皆作平名孫獨作平原本恭傳足正諸家之誤遁僨□王陸作遁僨辭王峻□孤上陸作峻懷□望餘耀陸作義□裘採槃陸作貉石□既落孫但寫右旁隹而缺其左陸作鷄□朝不食陸作邑未敢盡信附記於此龍鍾而立潛研跋尾作止寫刊之譌也摶搖翅力孫釋摶為摶以書家專字恆省作專也矍木夫以為扶字引榑桑之榑亦作扶為證謂碑當是木旁並謂莊子扶搖字或本作榑後人誤改語涉武斷不如作摶之本色

齊昌鎮將乞伏保達墓誌并蓋

高一尺五寸廣一尺四寸六分二十行首行及十五行以後字數溢行二十四至二十七字不等餘每行俱二十字字徑六分正書

齊故鎮將乞伏君墓誌 蓋字徑一寸五分正書

齊故驃騎大將軍潁川太守齊昌鎮將乞伏君墓誌
君諱保達金城金城人也其先蓋夏禹之苗裔式種德啚王
式立功稱霸據西秦而虎視擬東帝而龍飛曾祖臺侍中中
書監即武元王之愛子翩鴻鵠之羽集鳳鷃之池祖鳳耻居
閈外率衆來王魏朝嘉之授金城伯父悅涇州刺史德被管
絃愛遺民庶君器捻方負藝兼文武起家叅中軍大都督府
軍事建非常之勲受不次之賞除冠軍將軍中散大夫去病
三軍之寂叔夜七賢之美一朝兼揔人無閒言天保元年轉
前鋒都督進爵東垣縣子別封建安縣鄉男又除驃騎大將
軍封化蒙縣散男山河並誓茅土俱傳疇庸之典自古莫二
尋遷直盪備身都督持身有度馭下多方揚干之僇不戮諸
葛之陣自整常謂神聽孔明善人是福而彼蒼多列曾不慭
遺以武平元年十二月十一日遘疾卒於青州時年五十六
粵二年二月十八日窆於鄴城西北七里紫陌之陽　詔贈
本將軍潁川太守齊昌鎮將禮也恐古往今來陵移谷換敢
鐫貞石敬勒芳猷迺爲銘曰
長發其緒仍世有聲餘休不昧斯人挺生角立傑出夙知早
成爰初□仕實叅武職斬將樹雄賁勇勝力遠啚未果小年
已慭　皇情悼遠追加寵章車旗有數簫管成行一辭
白日永閟玄房

齊武平十二年二月十八日

乞伏保達及其曾祖臺祖鳳父悅皆無攷武元王乞伏
乾歸僞謚也化蒙縣南朝屬廣州綏建郡非魏齊版圖
所有

馬祠伯造像記

石座高一寸八分廣六寸四分八行行四五字字徑五分正書

武平二年四月八日馬祠伯夫妻造玉像一區上為國家師
僧父母一切衆生同時作佛

齊武平二年四月八日

中堅將軍劉忻墓誌銘

方一尺三寸四分二十一行行二十一字方界格徑六分餘正書隸體在京師端午橋家

君諱忻字始皐劉農胡城人也八采崇基能顯峻宇世載揖
讓之風家傳寬仁之德源流注而未捨長河引□□竭曾祖
耳魏使持節衛將軍涇州刺史緼德芭時□□物表褰帷望
境賈琮之化非遏濞車待信郭伋之期眇小祖胡濮陽太守
識懷閑雅領袖壹時父憘建安太守志尚高清羽儀當世遂
使衣冠不絶嘉聲汚起所謂　山之藪非止片玉漢水之汭
詎在壹珠君少而挺異幼實多奇風度自遠焰亮淵賾體備
五德身維百行孝弟之至乃著家門義讓之音翩然成俗實
有杞梓之材闇非瑚遷之用起家襲爵為平昌子後加中堅
將軍佩□牛朝飛纓叅廻雖職袂未高才名穎出方當託鳳
□虛附驥騁足致遠之効未申物代之時奄及春秋七十有
五以武平元季庚寅十二月庚辰十八日丁酉卒於鄴城北
信義里而相杵不聞隣衰振路粤以武平二季辛卯五月丁
未三日己酉埊於武城北然丹青非記金石可依乃有鐫勒
用樌厥美其詞曰

業萼

四序不留五才何已則天成蘽△斬虵継起根葉既繁花蕚△萓
止蕃屏名岳剖符万里爰逮喆仁珪璋爲質□友內融德音
外逸承官負爵鑾鍸王室亦既羅朝道遙□□人生詎幾世

齊武平二年五月三日

路奄昬排雲未上地宂下奔神蔺已□□脹徒存假鏤斯石
銘德泉門
右誌前無標題不著姓覯其辭知其爲劉氏也其字始
卑卑古觸字

比邱僧道略等造神碑尊像記武平二年九月十五日　萃編載卷卅四
在偃師義井舖北
遡
體白六通道通誤道元沖眇遡元誤作𨒪
偃師志尤多譌缺並妄增字

齊武平二年九月十五日

李延好造像碑殘刻

高五尺六寸廣二尺四寸餘題記在像龕下
凡卄三十行行二十四字字徑六分正書

蓋[元]□至□古穹𡸁下□□若非指人何能□其法□□□□
釋迦如来種□因□切□心起果畝金剛之□際道□方氷
之群生悟□叵□異解名□万□之奇□□□万像巧□□
緣因相敢□□□然□風葉□□□三十一𨈆□□□逐步
四□絶□□□俱□氵□□□□主道□□□□子恭□□
性□然不□川□□□□□□含生皆有真性□□流斷
□□□□□悟无生永□常定
大齊歲次任辰四月廿三日□言□无□□□□□□□
齊武平三年四月廿三日
□□□□□同□口三世非□□保□樂為則刂削名㺭□
□□土□□□□□□邦□會朝亻□家眷屬内外□知恒俱
遠
□國
千象主李延好　天王主郭遠□
龕主王子琛　天王主趙超
千象主□□□　天王主王豐洛
香火主𡉚曇起　天王主□康□
比丘□惠□
共同造
□觀主李□□

龕主馬祖母郭法□
香火主　張　璨
清淨主高子　榮
□粹主　郭遠貴

右造像小龕二十四層上五層之中關為一大龕左右每層小龕各四以下十九層每層各十四凡為小龕三百有六兩龕之閒各有題名皆漫漶難辨其可見者王李二姓為多次則馬郭又次則邢楊𡉚𡉚即壺字記文剝蝕已甚有國號歲建月日而不書紀元按壬辰乃齊武平三年也任壬之借

女傳醜等造像記

高三寸七分廣一尺十四行又左側三行行各五字行首各缺半字字徑六分正書

蓋水泡不□石火暫明氣如風燭似川流如不息若非餘解
三乘无以歸依正路佛弟子女傳醜傳䁥頭姊妹二人以武
平三年五月廿四日□敬造盧舍那一軀爲亡父母刊石託
□□益皇帝陛□切衆生咸□此福

齊武平三年五月

文殊經品

高六尺六寸廣五尺七寸十行行十四字字徑四寸餘分書在磁州鼓山

文殊師利白佛言 至 名爲捨心 不具錄

附唐僧題名 在首行七八九字之右三行行字不一字徑七分正書

□□三□□□弟子□□□下不可辨西国胡僧牛問三藏弟子
景□□□寺僧承慶開元五年二月十二日

又 高三尺九寸廣一丈一尺八寸二十行行八字字徑四寸五分分書

善男子諸佛无所送至无所有故 不具錄
比丘法貴共養
上缺弟九阿弥陁佛主比丘惠景共養 二行在經末字徑一寸外不等正書

北齊

十六佛名

拓本十紙高一尺五寸至二尺九寸廣五寸至九寸或一行一佛或二行二佛或一佛而二行行五字至十一字字徑二寸餘至五寸餘均不一分書左行在磁州皷山

第一阿閦佛至第十六我釋迦牟尼佛不悉錄

拓本缺第第九佛一紙此殆亦定禪師所造

定禪師造佛題記并佛號刻石

得拓本六面似是石柱高不知幾何一廣四寸五分一行字横徑二寸至三寸餘不等行下雙注五字徑一寸五分與後列各刻俱分書在磁州皷山釜

昭[元]沙門統定禪師　敬造六十佛五字雙注師字下

一廣四寸五分上六字居中横徑二三寸不等中分二行各十字少空亦二行行五字字徑一寸餘

摩尼勝光如來大字居中若有至心稱名者除七百万億阿僧秖

劫生死之罪二行雙承來字下　日月光明佛日□明佛二佛名分二行

在下截

一廣五寸五分二行行二十字字徑一寸七分

[單]佛　精進喜佛至无量光佛凡八佛名

齊武平三年

一同上

財功德佛至出決定毗尼經佛凡七佛名

一廣五寸一行十五字字徑二寸五分

此舍首陁能斷除者則見佛性成无上道

附

唐題名偏右一行字徑二寸

貞元十八年七月一日李墳

此在舍首陁云云之後一面元字頗涉近似

大字佛號高二尺九寸廣一尺三寸五分字徑一尺

寶火佛

右三字上下二字雙鉤火字白文

諸刻均在磁州鼓山當與唐邕經刻同在石窟皆武平三
年前所造

武平造像殘石

石斷缺連像存高四寸六分廣三寸四分像下記四行行存三四字字徑三四分正書在武進費氏歸牧盦

武平三
巳朔日四
造像一塸
前德福

齊武平三年

北齊四

北齊武平四年至北齊末 計六百三十餘行 三十二頁 為一卷

般石村邑義等造像記 計三紙正書字徑七分在平定州

唯大齊武平四年六月廿三日般石合村邑義人等敬造弥
勒玉像一區巍巍相好之奇魏魏威德之重嶷嶷真容頮須
山之目大沃堂堂美面似鮮月之明天儵若空裏化生忽如
地中涌出殊勝无量善根上為皇帝陛下師僧父母一切法
界衆生俱時作佛

右右側一紙高二尺廣四寸四行行廿四廿六字

前三行泐闕

□州□主李道□□□像主趙□□

齊武平四年六月廿三日

一

□□□□□□□□□銘像主王須□

□女衛□□

以上在龕右

父李醜仁

齋主衛阿賔銘象主李洪

齋主衛定景父衛　常洛

齋主衛士榮銘象主衛蘭

齋主衛買仁父戒□仁

香火衛似和銘彖主戒天保

清淨楊牛　弟李□□

四字擠三格寫

以上在龕左

□□□□□邑□□□□邑□□□□□□□□□

齋主衛元□邑子□苟奴邑子范□□□子范□□

齋主呂元伯邑子　陳仁邑子□□仁邑子□□□

齋主衛仁□邑子　李□邑子王□　邑子李□□

齋主衛□国邑子李興王邑子衛□貴邑子崔□□

齋主李洪　邑子王曇亻邑子張□奴邑子李□

齋主范无爲邑子范興　邑子衛阿買邑子衛小□

齋主衛蘭邕邑子范興□邑子衛遵和邑子衛萬陁

齋主衛定国邑子范□珍邑子李寄顯邑子范清□

二

比邱道□邑子趙智興邑子范進興邑子衛樹

比邱道朗邑子□興受邑子范野醜邑子范延儁

比邱道高邑子庫伏醜代邑子衛曹山邑子衛子璘

比邱静銀邑子趙亻　邑子衛德毦邑子衛士貴

比邱道惢邑子汪定族邑子范方悦邑子衛王買

比邱道略邑子王和族邑子李高石邑子王士掂

比邱道山邑子忸迴族邑子范萬吒邑子衛士□

比邱道韜邑子□□□□李樹　邑子趙僧德

□□□□邑子衛敬伯邑子衛延　邑子□□儁

齋主楊榮□邑子衛伯方邑子衛元賓邑子李道義

齋主王婆仁邑子景祂交邑子范束　邑子衛士劊
香火衛定景邑子趙進　邑子范无爲邑子范羽貴
香火衛祩　邑子侯顒祩邑子李韓山邑子衛萬祀
香火衛伏謎邑子衛雋　邑子衛託景邑子衛難陁
□火衛僧山邑子李光明邑子衛思賓邑子衛元顒
□□□□□□□□□邑子孟子□邑子衛士國
右一列　右二列　右三列　右四列
邑子王□泐下
邑子李榮雋邑子衛士達
邑子李洪貴邑子王李買
邑子衛曾　邑子衛伏山
邑子范智受邑子衛趙高
邑子衛榮世邑子范暉璘
邑子王伏保邑子衛士進
邑子李名珍邑子衛貴德
邑子范萬貴邑子成天貴
邑子鄭士顒邑子成天榮
邑子扭高貴邑子衛貴高
邑子衛王買邑子范榮貴
邑子衛士達邑子李永

三

邑子王繼妕邑子景思貴
邑范子顒榮邑子衛士榮
邑子成天保邑子衛□□
邑子高僧貴邑子李暉伯
邑子趙廣勝邑子鄭共暉
邑子杜士萬邑子扭龍貴
邑子衛僧山邑子扭世略
邑子范買貴邑子衛僧渕
邑子張子榮邑子范韓暉
邑子衛劊宗邑子□天□
邑子衛伏護邑子衛眾敬
邑子衛□導□□□□
右五列　右六列
右正面一紙高二尺九寸廣二尺龕左右題名二列右六行左七行龕下五列列二十五行行五字
□□張□□邑子張□□邑子王智廞邑子李伏花
邑□□□□邑子張宜□邑子郭要好邑子王敬勝
邑子張供敬邑子李阿金邑子張敬妃邑子衛伏女
邑子□鄧容邑子衛惠畢邑子李阿奚邑子衛磨耶
邑子王愛姜邑子張仵容邑子衛伏妃邑子李貴勝
邑子王歡□　邑子王□□邑子任明廞

四

張

右一列

□□□伯□邑子張和妃

右二列

邑子高□妃邑子李相好邑子衛黑奴邑子李衆□
邑子衛金英邑子趙外姜邑子趙金饋邑子趙僧寅

右三列

邑子王四容邑子衛蘭国邑子衛常洛

右四列

邑子衛元漢邑子□轉勝邑子范伯宗邑子孟張買
邑子□太妃邑子杜永暉邑子衛羅□邑子石貴和
邑子王仁好邑子趙妙勝

右五列 右六列 右七列

邑子王獨隣

右八列

邑子衛明□

五

右左側一紙高二尺九寸廣六寸五分題名八列上四列六行第五六列增一行於前第八列增一行於後行五字

泐大像主衛□□妻王敬勝
泐大像主衛崇和妻郭要好　息女洛姿
室主李先好維那□□□息士貴　息男方義
□主張□妃維那□□和息士国　息女娘姿
□□張□□□□法意息士達　和息女伏姜
邑主李□□□亡息□□息士進　息女思妃
邑主李和族□□弟子□□□德　息女娘妃

右碑陰一紙高一尺四寸餘廣六寸七分題名七行

類須山之□與下文似鮮月之明天為對何而以目下作

大汏二字殊不可解裏即裹之異文題名中姓庫伏者
一姓忸者四其一作扭邑范子蓋邑子范誤倒耳

六

賈思業造像

高六寸廣一尺九寸五分十七行行五字方界格徑一寸二分正書後空二行

大齊武平四年十一月廿日真定縣人賈思業敬造阿弥陁
玉象兩區師子肆枚供養香爐一具上為皇帝陛下国主一
切法界含生過去見在未来師僧父母願生不動淨土脩行
咸同佛果

齊武平四年十一月

按条例標目下應書并陰蓋

蘭陵忠武王高肅碑

石連額高八尺五寸廣三尺六寸兩面並刻正碑十八行行三十六字字徑一寸九分碑陰二十六行行五十二字字徑一寸二分額陰題詩六行首行十六字餘俱十字字徑二寸俱分書在磁州

齊故假黃鉞太師太尉公蘭陵忠武王碑篆額四行陽文字徑三寸

王諱肅字長恭勃海條人　高祖神武皇帝之孫　[]文
襄皇帝之第三子也神則龍首太火師而成帝兵稱鼎罪擅
水母而稱雄王命守臣實惟卿族均大[]而復始踰盛德之
後昆撫天潢而煥落臨地軸而彰[]祝祭孔明史詞乘愧王
應含寶之粹氣體連璧之英精風調開爽器彩韶澈辭茲璽
木跨[]渚而揭榮若彼[]鴻摩[]霄而遠翥天保八年起家

齊武平五年正月十二日

通直散騎侍郎王滿觀兵實惟綺歲扶風侍闕非復黃中藉
甚承明雖容顧問[]恒貫倫望允歸九年封樂城縣開國
公食邑八百戶爰應利建遂荒邑社[]帶厲之書荷山川之
錫十年除儀同三司為服畫龍輜車倚鹿既鐘猶子之愛亦
惟尚德之[][]年進上儀同三司遊息錦組[]味雲月沛轄
推其對易淮安恥其傳驗石嶺冰河地窮廣漠紫津函塞閘
以邊營刁斗屢驚木桿時動將循條務良在懿親乃以本官
行肆州事王少覽治[][]閑政術[]經[][][][]民言又[]
儀同三師乾明元年除領左右大將軍增邑一千戶啓降[]
[]統茲近習去來青屋懃深銜奉其年三月封徐州蘭陵郡

王踰往上□吏跡□□□□□而清誠振緑綬帀文緑皇建
元年增邑通蔣一千五百戶轉中領軍加開府儀同三司□
□□□廣命僚屬門有璊瑁之瞽庭躡珠綦之履雄兒撫劒
非止蓮花文人挾藻動成雲氣肅宗大漸顧託受遺衣君有
君清宮庭拜至乃龍山作鎮俯瞰雙流崖落廟通□□□
□□□□戎役相尋柔遠能邇□難其選□古祖武成皇帝
踐祚除使持節都督并州諸軍事并州□史餘官悉如故而
王乃勉□耕桑又能均其勞逸朝夕思念良務多喜雖復宣
光寒食之請細疾竹馬之謁其爲亡劾無以過也二年別封
鉅鹿郡開國公食邑一千戶進領軍將軍□命戎□實□武
府契闊□險在□弥□既帀□馳羣羯奔孤雜種肉䦨下都
□及離散天兵雷動與□□□王晢應□□□□□□□□
□□□也以上正碑□□□□□□□□□□□□□□□□□□
□□安縣開國公加驃騎大將□□□□□□□□□
□□□□□□□□□□□超□□先命□□□□□□□
□□□□□□□□□□□□□□□□□□之□也
除尚書□□□□□□□□□□□□□□以爲家司
□□□之要□□□之□□□□朝□□□□□□□
□□□□□□□□□□五□□□□□□上□於行
已靜以庇民肅而不殘循而不漏□姦未□非美哥於□□

右魏平原郡下幹字
劉袁復備出

□城仰化□□□於□□二年加特進□被□□□□□□
□□□□□□□藩屏三平除使持節都督青州諸軍事青州
刺史未之任□使持節都督□州諸軍事□州□□□□□
大□□□□□□則秋望如雲鹹池素醴則夏成凝雪水
陸□藺其利百倍軍□勉□安集□□□□□□□□□
□公五年還朝□濟州平原郡□又除尚書令武平元年轉
錄尚書事三登禮閣再踐文昌位□□□之晉業隆総巳之
□二□□□□□□□□□變和□□□□□米允□百广
公□之閑私勠力終以愧顏元阜之汰垢揚清吏有懃遮□
□□河氵氵□□□□□□□□復文武之舊□□□□
□□□□□□段孝□部勒諸軍星言赴討雄英奮發之　吡
吒九□□銃□□所□□□□□□□□□山谷
□□几□之□□□□□內地矜甲而至□□如林□稱間
□吞其八九□美□功曾何□一□□□□□□□□□□
□開國公□各六千□□□太□□□之大司馬並領宗
正卿上將典戎肅恭旄鉞之□司宗□□□□□之□□
□□□□□□□□□□□於□□之□追□□於□姬之
□所賴經邦無憂自艾方將遠問□極訪□東於□□□
□□□□□於□□□□□□□□□□之□預□□□
□□□□□□□理不氵越□□□陽□將□發□□□

□□□□□風蘭奄□霜桂□□□□□□□□□六月
十四日寢疾□於鄴城□邸兄弟之國憂若魯□方岳之下
□□□□□□□□□□□□□□□□□□□□□□
假□鉞使持節□督冀定滄瀛幽朔懷□齊濟滕光十二州
諸軍事太師太尉公錄尚書事冀州刺史開國王如故□□
□□□□□□武□禮也五年正月十二日窆於鄴城西
北一十五里故吏大將軍府□主簿張仲遵等以□□□
想光□□□□□□□□□不□□□屬在□身□
□□□□□□之明□袁命□□□□□□□□□□□
□□□□□□□□□□□□□□□□□□□□□其詞
曰

銘詞七行半約三百八十餘字可辨識者不及十之一摘出如左

峴𨛜第一行首　旋來第卅六七字　備巳第五十五十一字　在第二行第卅九字
明繼第三行第十四五字　無崩屢推兇醜六行末字
比第四行首　金第卅九字　命斯第五行第卅八九字　優加□序四行末字
又銘詞後另起一行俱不可辨○以上碑陰

額陰

五言王第三弟太尉公安德王經墓興感此行摘刻
夜臺長自宋泉門無復明獨有魚山樹鬱鬱向西傾覩物令
人感目極使魂驚望碑遂隋淚軾墓轉傷情軒𨛜終見毀十

秋空建名

蘭陵武王高長恭殘碑八分書年月闕係從翦𢇛本雙鉤
先後失序史稱長恭文襄四子碑作三子其敘官及封爵
皆未盡合長恭卒以武平四年故列此補寰宇訪碑錄

右蘭陵忠武王高肅碑刻石二面碑陽行寬字大陰密
而小碑言王諱肅字長恭文襄皇帝之第三子與傳稱
長恭一名孝瓘文襄第四子異古人因名而字義多相
屬惟其名肅故字長恭孝瓘其初名也傳不言以字行
名肅當據碑以補之傳載文襄六子長河南康舒王孝
瑜次廣甯王孝珩次河間王孝琬次長恭次安德王延
宗次漁陽王紹信又延宗傳蘭陵自陳芒山之捷諸兄
弟咸壯之延宗獨曰四兄非大丈夫何不乘勝徑入據
此則肅為文襄第四子矣然廢帝紀乾明元年三月封
文襄第三子長恭為蘭陵王正作三與傳已不符碑稱
第三子必自有故特今不可攷耳傳敘長恭戰績甚著
而太甯以前惟以累遷并州刺史概之碑言□驅犀羯
奔狐離種肉閻下都□及離厥云云即傳突厥入晉陽
長恭盡力擊之事在河清三年正月末幾周復圍突厥
伐齊長恭為中軍戰於芒山再入周軍大捷武士為歌
蘭陵王入陣曲文敘是役在碑陰已盡殘滅其下存除

尚書□字据紀乃除尚書令在河清三年十二月即長恭奏凱之月也傳言長恭歷司州牧青瀛二州司州牧碑亦就泐除青州刺史据碑為天統三年末之任其除使持節都督□州諸軍事□州□□据傳知為瀛州也可補碑之闕者也碑云五年又除尚書令武平元年轉錄尚書事傳脩脫漏而紀有之與碑悉合其遷大司馬紀在武平三年又紀四年四月以大司馬蘭陵王長恭為太保碑末之見又傳云以戰功别封鉅鹿長樂平高陽郡公碑僅見鉅鹿之封餘俱不見當並在殘蝕處傳云武平四年五月帝使徐之範飲以毒藥贈太尉紀曰殺太保蘭陵王長恭蓋無罪之辭而碑言六月十四日寢疾□於鄴城□邸諱之也紀傳並作五月未知孰是長恭論芒山之功引為家事遂觸帝忌後雖貪殘自穢冀以免禍而終見誅翦論者傷之額陰刊王第三弟太尉公安德王詩一首按傳載六王安德即次長恭後此刻稱王第三弟是傳所敘行次多未實也安德王延宗傳云蘭陵死妃鄭氏以頸珠施佛廣甯王使贖之延宗手書以諫而淚盈紙蓋鴒原之慟深矣其經營興感也固宜

建興寺軌禪師及道俗一百人造像碑

正側兩面連上截龕二層高五尺九寸正面廣一尺五寸七分除第一行題名外記十五行側廣九寸六分八行共二十三行前六行各三十六字餘皆空末格行三十五字方界格徑一寸正側龕左右各題名一行均正書

若夫沖宗凝寂體絕□无據其□也則曠周法界論其如理圓同莫二成道乃過无量塵沙來壽倍千伯數澄神在於法身湛然而安兩諦匹以三界群生曾有繫實之回還感大聖本化於是慈愍創生現處於閻浮應為丈六語其權道自始及終從凡至聖積骨成山秪莫劫數復現隨類之刑怜飢捨宍或入湯炭而度迷亦投身高巖而登勿命四劒累劫万行圓備儵忽金剛□然常樂設三車於火宅欲度六道於滄波現生右脇託蔭摩耶儼懷憂惚權脩鹿野現覺道樹光發曜於三千響振列於大地法藥降而无窮甘露注而不竭摧恒沙之魔梵度塵數之衆生但群徒感盡致使大聖滅應歸真捶胸搥頭頂碎安及自尔以來餘逕千記今象教之中無說若千河而獨注㑹十二頭在於胸懷所觀法界若視掌中國大沙門建興寺軌禪師抱德峻㟷越万嶺而抽峯懷珠瀉之藥故能曠救四劒之慈悲拔彼衆生猛炎之湯炭復能合率道俗一百人等乃是措□天基地承崐岳門帶海流雲柯獨聳匹信之響風遥於四海崇善之音聲盖於無化□□如夢財等五家割捨名珎安置三寶廓祏平川之中寬槃万傾

審武平五年七月廿二日

之澤東望峴□巧崎之巘□西瞻（二字擠刊一格）洙泗長波之浩汗
北帶高峯之□蘚南臨寶峒之甘潔地刑平坦高下相宜天
中之家買此伽藍其處也僧房則冬溫而涼秖桓寶塔峨嵯
陵雲而突漢寶室嚴堂龍天以罩日北嚮菁樂之士覩以悟
眞門南浮之輩盼而以（二字并格）得道弗婆之僧遥瞻而共祀
西居之德歸命而嘆仰豈非□丈之風更舉於時年靈山之
事重來於此世是以僧使（以上一面）□集紀□雲□十二□理日
夜而數演兩諦之音□常不絕宴坐之□□□寶室以□三
□□神之僧不移早坐而證四果沙門軌禪師及道俗法義
一百人等恨生身不值佛不住渴仰於波斯之慕眞容等優
塡以悕聖伏道俗人等敬造金像廿軀造玉石像廿軀造一
切經佛舉并像五軀都合悉羅蘭取日下之奇功窮世上之
名巧其尊也並具八十之姸等倫世二好與□寶之无殊比
涌□而不異乃使着土捨刑而長歸行者能偭而發路以此
功德　仰恣皇帝陛下臣僚百官州郡令長師僧父母一切
衆生蠢動之流同會聖道法義人等仰寄□尊轉□流名後
代
太歲在甲午七月己未朔廿二日□寅□□刊書記□恣輕
竟也（七字特大　以上一面）
像主比丘尼智度　像主比丘道軌（以上在正面龕右邊）　缺　僧恣

僧安　都像主道□（以上在正面首行右）
像主比丘尼僧練　菩薩主惠□圓果道保□暈（以上在正面龕左邊）
（末一字占下截　記末行首一格）
像主比丘僧海（在側上一層龕右）　像主星秋（在側下一層龕左）

右北齊造像碑拓本得自厰肆云從山西來不能舉其地高齊得國歲值甲午者爲武平五年碑刊於是年七月己未朔廿二日□寅按己未朔廿二日値庚辰書者誤也記多偶語而字多少或不相對敘伽藍所在有東望峴□西瞻洙泗及天中之處云云葢泛用之詞非可據以考其地也形作刑物作勿惱作惚拓作祏著作着忘作長資作恣

標目下應書并蓋二字

鄭子尚墓誌銘

徑一尺六寸五分廣一尺六寸三分二十

三行行二十三字方界格徑七分正書

鄭長史銘題蓋正書字徑二寸

齊故驃騎大將軍陽州長史鄭君墓誌銘

君諱子尚字神昌滎陽開封人也自牛羊不踐鸑鷟來鳴躡素麟以啓業詠緇衣而改弊世襲忠貞時曳尚書之履家傳儒雅屢闢通德之門祖萬白道鎮將雲中太守穆似春風暖如冬景父乾潼郡安陽二郡太守肅同草偃化若神行君爲世乃生含靈載誕騄驥足之千里晒龍章之五色周旋六藝胎粉八能智囊運於心曲理窟飛於舌杪文如宿搆詎有夢

齊武平五年十二月廿三日

腸之疾鳥應虛弦何止貫心之伎屬神武皇帝戶遊丹崔濯聚雕雲言廻翹楚委以心腹乃擢爲親信釋褐奉朝請尋除中軍府士曹參軍仍攝戶曹騎兵之局遷長樂王開府中兵參軍入贊中權軍政資其獻納出參莫府鼎實藉其鹽梅又加驃騎大將軍除陽州長史顧瞻函谷咫尺秦郊地帶緣邊民多彼此君來儀西服毗化一方比屋有高枕之安層城無轝拆之警但奔駒過隙往矣不追陽鳥巢門終焉已及嗚呼積善貽報方恨空言春秋五十七以武平五年五月廿一日寢於代悪城即以十二月廿三日歸葬於鄴城西南卅五里山或飛移海成陵陸淵夫琬琰誌□芳菲其詞曰

受命作周分柯啓鄭立功立德或賢或聖□桂自□□王交暎若人秀出寔淂餘慶山□山峙雅□□□孔懃□器□推異才仁義是服文武兼該濯鱗積水結綬歸來□□□德實惟瓌偉翼亮鈞陳恪勤斯取贊台延譽毗州善才□終□月忽夢二豎昔年乘興秉燭經過今者對酒無復當歌山雲曉咽松風暝和泉門不曙此夜如何

元和郡縣志開封晉屬滎陽後魏天平元年於此置開封郡高齊天保七年廢隋開皇六年復置開封縣據此則武平年間無復有開封而此誌猶稱滎陽開封滎滎通用何也按隋書地隋以前石刻滎陽字無从水者錢潛研滎陽太守元寧造像記跋尾攷證甚詳

理志滎陽郡開封下云東魏置郡後齊廢玩其文義蓋廢所置之郡非并縣廢之故酸棗等縣下有開皇六年復而此無其文也李吉甫自當別有所本然自今攷之疑於隋志注文不無誤會太平寰宇記云天保七年郡與縣俱廢殆亦承元和志之譌歟　欽定大清一統志表於魏列開封縣注云天平初置開封郡於齊仍列開封縣注云齊廢郡洵足訂正李樂二家之失而此誌亦可爲塙證且以知齊廢郡之後開封即還屬滎陽非至隋始復屬矣金石之有益於史學如此鄭子尚及其祖萬父乾均無攷誌云遷長樂王開府中兵參軍按

傳文宣子隴西王紹廣初封長樂又尉景追封長樂王子粲襲爵未知孰是子尚官至驃騎大將軍陽州長史驃騎大將軍位在從第一品子尚以府屬而得加峻秩未詳其制

魏定州刺史司空鄔玧碑兩面及側

高四尺七寸五分廣三尺二寸碑陰同厚七寸環刻三面碑陽二十六行前後一行側三行後接一行陰亦二十六行行三十九字字徑一寸分書在曲陽

魏故侍中散騎常侍定州刺史司空鄔公之碑 題額分書五行字徑三寸

餘

公諱玧字安寶中山上曲陽人也姬汭導其清瀾□陽□□

□□□□□□□□□□京□□□高登隴則府聽鷄鳴

鏞

居豊乃坐觀崔牒王公韶□□□□□□□□□□□

官□□笙鑣遂有肆夏及渠篇思文繁遏明堂受覲配天郊祀

皆□於經史□□□□□□□□□□太傅穆之後也七世

北齊武平五年當

一

祖蒙魏青冀二州刺史中山公世韶相仍家於恒代曾祖□

□□□□□□□□□其□貴此邸園祖思散騎常侍幽

州刺史德建名揚徽猷隆洽仁信所遺歌言猶□□□□□

□□貞明絕俗道世不悶早隨化往公承假茲基故幼稱聲

望藉斯必復遂□□明辯□□□□舉龍駒覩而可識奇毛

未出鳳子見則可知是以學洞九能不工章句武通七德爾

專劍□□□君事□□書記佊□殊勢我則兼之識量風流等仙壽之

逸操清談博議同李膺之摸楷德音袟袟令問□□故能義
振三河雄冠六郡我大亟神武　皇帝應籙挺生逢時鵲起
與君有同季之善龍潛之舊故得□波截漢附翼千里共舉
義旗揚鞭逐鹿恩如兄弟契若金蘭外握兵符內典文誥時
則為王府外兵參軍尋除相府長史尒朱氏跨有并汾奄居
陘肆仗寶符以作鎮登夏屋而為啚代馬盈山□□充府□
亦陳兵問鼎而為不遜心實惡此至誠仍亦乇軍大陸公於
是厲十勝之策啓六術之謀□□馬其羣心奇兵挫其衆膽
詰朝大合遂雲除水□時以勳謀一□而功高望實蒙賞神
鳥縣開國侯仍除趙州刺史于時九黎乱緒三苗放命乇膏
二

五

未復草昧尚新誠亦妻皆失夫之辰毋不報子之日尒其相
賴亻亻安處而銅頭鐵額之兵尚恃妖而侠塞緑林青犢之
衆猶負險以淂深馬援未來故隗囂之陣叵測荀悠不至而
袁紹之軍難委狐疑莫准進退無從公則建策車中運籌帷
幄雅同神贊懸如天□辟彼孔明乃忠謀有□況茲奉孝則
□肉靈未加故能定地城牒取勝垓下碟蚩尤於四塚分項藉
於五侯其所經謀皆高明淵懿沖悴宏遠似河漢之居懸象
山岳之鎮大地是以華美樹其令譽茂爵旬其元勳故得作
牧蕃嵎受寄方面而遷徐州道行臺行臺右僕射徐州刺史
昔姬宣茂政尚有徐土之師□□秉德仍□淮夷之患高陽

多狂酒之輩豐邑廣乘賴之生俗法久成而祀遷不易而嗚
鳳□舉則遠近欽其聲音真龍既見乃內外服其文教清風
染俗已等朱藍美化調氓還如金錫惠政□於□□□□
□□□軍帝心有簡遂納公長女為嬪公乃秉斯介圭來遊
入覲□辟木其□□□□其□□□□於廣尸絜騎填
於長廡往來賓宴冠蓋如林莫不欽慕音塵祇奉顏色雖□
□□□□□□□□□□比望論儀無□相況嬪則振響
宮闈馳芳椒掖美同赤烏德類王雎乃以□□榭□□□□
特　詔賜公邑曲陽縣開國侯以荅訓導之美然楚俗貪狡
吴風■跡躁啓仁□□□□□□□□□□□□□□信所
三

不衣□公惠謁承明復乇躁荒甫□是□□□□□□□命逾
□金□舊□□乃□□□於閭外□忠武於邊垂（以上碑陽）中
九代之明乱陳問罪之□□□□□□□□良式霜戈曜日鼓
喙動山旗鋒豐臨遂大清江界既德（此行碑後刻）避之經綸創業
庸勳冠於樊鄧佐命□於伊呂庶可以具瞻朝叙儀範□迣
□報効來窮忽焉徂□□丹九轉定似空傳桑田屢改真應
虛論銀闕途遙金宮路遠登臨遂　嚴昇陟無由以天平元
年□七月二十七日春秋四十六力疾薨於王事遂使邊民
慟哭□□嗟悲大夫輟珮耕（以上碑側後有一行在碑棱殘泐不可辨識）
□□野□□□□□言□□□□□□念□□訇□□□□□

□□□□□□□□□□□□□□□□□散騎常侍開府
儀同三司□□旹司空公之□幽□四□諸軍□□刺史
謚曰忠禮也□□□備物盡□□章踰制□哀□義並有加
焉惟公夙□閟深□□□□□□□□機鑒明遠□□□□
爲□□□禮□□□□□善速如電邁納諫急□風□□德
□□□□□□□□於常□爰從□□□□□□□□□□□
□□□□□下典□□□□□居蕃□美□□□□□善音樂
好山水讀書五□□□□□□□□□□□□□若彫龍□
□□石鷹鳴□□又□□□□佳賓與於金谷蕙肴蘭藉□
□□□□□□□□詞□當□□□□□揮□鳳之響終奏　四
□□之曲能令□魚躍聽元鶴奔□□□□□□□□□□
爲□□□□□□□文□韻□□□□□飲□故遂天下之
釁釁而功高□□□□□□如□□子□□翊軍□□□使
持□雍州諸軍事雍州刺史射□校尉領軍大將軍府□戶□
□軍□□事樂城縣開國男□荼蓼之歲□□□□□□□
□□□□□誌有蘭□大齊武□□□二月□□□□□
□□□□□□□□□□□乃脩飭□塋遂□石爲碑其詞
曰
□□□□□□□□□□□□□□□□君□□□□□□
□□高□□族實始剪殷□□□□□□□□□□□□□

□□□□□有區宇□□太傅□□□□大兵中山□覬蹈
矩□□□□□惟君□□□□共□□□□□□
□功宣□□□□九□酬庸□土跡有蕃嵎□□□□□肇
定神策首決大疑□□□□若呂□□□□□□□□□□
□式□令問德譽□□□□□□知機□亮□□芳□言
□□□振□丹墀□□□□□□□清徽穆穆□□祁祁
□□□□□罩陶邁德伯□□□□□□□□□來□□
□□□□其□□奄□□□國斯□□□□□□下□
四□□□□□高門大啓□□□□□□□□□響□□□
□□□□鶴□□□□□□□□□□□□□□□□□揚　五
□墓□□□□□□□堅□□□□□□□王□□□□□
□□□□□
泐上九□行臺郎泐下
泐上騎兵參軍徐□□
此後二行全泐
□□昌□令泐下
末二行全泐

第四百五十五北齊邱珍碑上武平六年二月第四百五十六北齊邱珍碑下金石錄目

北齊邱珍碑武平五年金石略

八分書並額在曲陽城南山中俗呼王子墳金石分域編
碑在直隸定州曲陽縣南關外三里王子墳東魏孝靜帝
天平元年甲寅十月正書隸額案此碑通志金石略題曰
北齊邸珍碑武平五年自後金石家俱宗其說屬之北齊
考北齊書亦列入酷吏傳北史同之若不見此碑亦俱以
為北齊人矣今此碑現存直隸定州所屬之曲陽縣城南
距城二里許俗呼王子墳光緒辛巳暮三月余過曲陽親
至其地摩挲碑石雖多剝蝕而碑額完好無恙題曰魏故
侍中散騎常侍定州刺史司空邸公之碑書法遒勁極類
鄭文公道昭筆意爰亟命工搨歸陰及左側已漫漶不可 六
讀而碑右側有以天平元年十月二十七日春秋四十六
力疾薨於王事云云天平為東魏孝靜帝首次紀元閱元
象興和武定而齊始受禪中隔十六年武平為北齊後主紀
元武平五年上距天平元年閱四十一年抑何遲之又久
而始立石耶今碑中無立碑年月不知鄭夾漈氏何所見
而云然考北齊書神武紀天保初追崇為獻武帝廟號太
祖天統元年改謚神武皇帝廟號高祖天統亦係北齊後
主紀元閱五年而改元武平今碑文有曰大齊神武皇帝
則此碑當立於天統以後夾漈氏以為武平五年立或必
有據而邸珍之卒實在東魏孝靜天平元年其為魏人無

疑故仍繫之於魏緣唐歐陽信本書隋皇甫元憲碑書撰
人均係唐人而皇甫元憲則係隋人王氏金石萃編列之
隋代今亦援此例也又碑中有封神鳥縣開國侯考魏書
地形志及隋書地里志俱無此縣杜佑通典姑臧郡有神
鳥縣云即漢鸞鳥縣漢書地里志及郡國志鸞鳥縣屬武
威郡畿輔通志錄此跋奪威字錢氏坫曰鸞鳥縣在今甘肅涼州府武
威縣南考晉書張軌傳中州民避難來者日月相繼分武
威置武興郡後魏之武興郡在今陝西略陽縣與此有別以居之元和郡縣志
云本漢鸞鳥縣張天錫改今名案此張氏所置之武興郡
在今甘肅武威縣西北七十里則神鳥縣故城當亦在其 七
地晉書張軌傳謝艾軍次神鳥殆即此城宋樂史云後魏
改為神鳥今此碑適與之合是可補魏志之闕求是齋藏碑目
碑文環刻右側及陰其左側有字無字未見原石不可
知也右側之兩棱亦各刻文一行他碑罕見此式碑陰漫
漶特甚額題邸字書作邱按氏漢碑有作[illegible]者此又變
為北朝人往往以意增減若史書無邸珍傳可考幾
不識為邸矣邸姓受氏之始前人未詳風俗通有邸杜
漢上郡太守此外無聞焉據碑所敘先世知其系出姬
周也大傅邸修史傳無致碑旁有元皇慶二年重修邸
氏先塋碑一通云祖宗以來世次不可考檢巡前史漢

有大將軍太傅修云云今檢兩漢書未(表傳)見其人存倢(侯)再
攷邸蒙及思亦不見於魏書珍列北齊書酷吏傳北史
同碑云神武時為王府外兵參軍除相府長史以功賞
神烏縣開國侯仍除趙州刺史轉遷徐州道行臺行臺
右僕射徐州刺史特賜上曲陽縣開國侯歿贈散騎常
侍開府儀同三司□□□司空公定□幽□四□諸軍
□□□刺史謚曰忠傳云珍從高祖起義拜為長史後
兼尚書右僕射大行臺節度諸軍事御下殘酷為民(所)
害贈定州刺(刺)史北史云珍從齊神武起義拜長史封上
曲縣侯除殷(殷)州刺(刺)史後兼尚書右僕射大行臺節度諸
八
軍事歿贈定州刺(刺)史司空公皆與碑合其為外兵參軍
封神烏縣侯仍除趙州刺史遷徐州道行臺徐州刺史
莞謚曰忠傳皆不載蓋略之也其贈官為定州刺(刺)史可(則碑已缺)
(設)據傳補之傳云封上曲縣侯除(除)殷州刺(刺)史上曲下疑奪
陽字殷州疑(碑作趙)州之譌當以碑為正按神武本紀天平元
年魏帝以斛斯椿兼領軍分置督將及河南關西諸刺(刺)
史華山王鷙在徐州神武使邸珍奪其管籥珍為徐州
刺(刺)史當在其時碑序之末有翊軍□□□使持□雍州
諸軍事雍州刺史射□校尉領軍大將軍府□戶□□
軍□□事樂城縣開國男乃其子署銜也頌後七行殆
以楊宣碑例之

是親屬銜名僅辨十字而已立碑年月在序之末存大
齊武字二月字鄭夾漈云武平五年趙德父云武平六
年二月德父金石專家當時據打本編目必無誤也碑
陰就頌核其詞句約缺二字或拓者因其漫滅而遺之
然碑陽每行三十九字碑陰今亦存三十八字方界格
大小相同所缺似只一字或陰每行四十字耶求是齋
藏碑目列此(此)碑於魏謂親至碑下募工推拓者何不卒
讀碑文耶然碑陰剝泐殊甚余以兩本對(對)視窮竭目力
始得十之三四耳

尼圓照等造像記

石座高八寸正面廣二尺三分記十八行行七字至九字不等題名一行兩側廣五寸餘右側題名四行左側三人字大小不一均正書在慶雲

大齊武平六季歲次乙未五月甲寅朔廿六日己卯佛弟子
比丘尼圓照圓光姊妹二人爲亡妣亡兄朱同敬造雙弥勒
玉石像一軀上爲皇帝陛下群僚百官州郡令長又爲七世
先亡現存眷屬一切含生有形之類普沾斯福乃爲頌曰
峨峨玉像妙餝幼冠光同五色淨境交連眞如法眼疕巔昌
延上爲亡妣捨家財珎敬造□容留音万季　比丘尼圓□
比丘尼仲莬

齊武平六年五月廿六日

右正面

大像主朱難息摩訶　息摩耆　息淋言

右在右側左行

父朱祖歡　像主張秀仕　王仕寬

右在左側

楊安都五十人等造像記

額有龕像其下高一尺五寸廣一尺四寸四分記十四行行十字字徑七分正書記下題名一列十八行字特小在偃師

昔波斯慕□以鉒靈容育王建塔而崗妙狀是召都邑主
楊安都合邑五十人等皆至心聡頴解識□常遂磨碣家珍
敬造□像一區□營元關今得並就以此微因仰爲　帝祚
永延金輪曜世又願七□□□常適亡亡之及有形去來同
益其詞曰
波斯追□之習相因育王建塔化導无邊□□有趣爲物遷
延共崇菘祐寄記永季　武平七年歲次丙申四月十

齊武平七年四月十五日

五日建十四字側五格　捧
邑師比丘□□
比丘僧□□
都邑主楊安都
邑中正鄧阿□
邑中正泐

以下題名十三行皆漫漶不辨

此石偃師志未載出土在後也鉒玉篇器也送死人具也淮南子說林訓以瓦鉒者全以金鉒者跋以玉鉒者發又通雅卝也管子地數篇上有鉛者其下有鉒銀上

有丹砂者其下有鉒金記用此未詳取義或鑄之借歟
磬罄古通用

王景良造像記

刻座高二寸三分面廣四寸七分側廣二寸二分右側起四行正面六行左側二行行三四五字字徑五六分京師潘伯寅尚書藏

大齊武平七年八月三日佛弟子王景良敢造白玉象一區
上爲七世師僧父母所生父母一切□刑回□眷屬俱時成
佛

齊武平七年八月三日

尖山磨厓經刻在鄴縣

耿紹宗等鐫佛號題名

大空王佛四字橫徑三尺

佛主耿紹宗妻高息子遠

佛主卜鳴□二行在佛號之左字徑七寸

僧長等題名高尺寸廣字徑七寸正書

□□僧□　佛主僧鳳

佛主僧長　佛主道懷

又稱某等宗下有四人二字 尺寸缺二首

北齊

某法師塔頌高三尺四寸廣六寸七分四行行五十八字字徑一寸餘正書兼隸體在安陽寶山

塔頌

佛曰潛暉明人應世是曰法師照除昬彝始涉緇門方為師
道聽覽忘疲精窮內典真如顯悟三乘指掌負恭雲奔諮承
渴仰匠益既周玄談且歇置亭凡爪形隨盡月羅漢灰身鄴
合宗定今乃闍毗宗承先聖建茲靈塔記德留名覬越劫火
此石常貞門徒攀躃道俗荖哀不勝戀慕抆淚俳佪

右塔頌前當有序摩崖之刻選就完石不必連屬或已剝盡或拓者遺之未可定也字在楷隸之間乃北齊人手筆

附北齊

王延暢等造像題名

拓本連像高一尺七寸廣七寸七分題名在下半截龕下三列各九人又龕左右直下各一行字徑六分另一紙高三尺二寸五分廣一寸四分一行字特大俱正書

缺上邑子王延暢　邑子來法進　邑子王景琮　邑子王□

邑□□□此行上八字在龕右

邑子王棒　邑子張琛　邑子□□□

邑子張仲賓　邑子王世暈　邑子張□□

邑子王洪世　邑子張顯樹　邑子左□□

邑子王僧折　邑子王覓皐　邑子呂儁

邑子魯匡　邑子王景業　邑子郭乩□

附後齊

邑子王龍　邑子張子儒　邑子李和

邑子唐惠興　邑子王伏榮　邑子王顯宗

邑子王超賢　邑子魯匡生　邑子王敬

邑子王振　邑子孫璽蓀　邑子劉遵□

右三列龕下在

□子王□□　邑子王承　邑子蔣伏生　邑子辛買德

邑子王世此行上三人在龕左

□尔勒像主王□要董□萬維摩缺約五字阿難佛主王曇興菩薩

主王儉光明主張京貴光明主王豐供養此行高倍前刻未知在碑何處

初稿造像下有題名二字

李華暉造像

高一尺四寸廣一尺三寸三行行四字字徑三寸餘分書在磁州釜山響堂石窟

觀世音像主清信女李華暉

爰公主造像

高一尺四寸廣一尺三行字徑三寸分書在磁州釜山響堂石窟

世

主清信女

爰公主

北齊末

普照寺造像四石 在蘭山

李神恩等題名 連佛龕高三尺四寸廣一尺四寸餘題字在下截一尺十三行行字大小不一正書

大齋主 泐下
大齋主李神恩□父僧 缺下
碑主江小傅春　妹□徽
四面都碑主□□囊石轉
四面都碑主□□□都□
大像主王□□□仁王進
四面都碑主□□為眷屬
□盡□誓

世 缺下
觀彫 缺下
復嗟□ 缺下
大都邑 缺下
徽□諸□ 缺下
瑯瑯世稱 缺下

北齊末

一

菩薩主徐顏□□羅侯
□葙菩薩主□□□□妃
二行泐惟一比字可見
法義李神恩

惟日注月歸 缺下
無盡俱昇□ 缺下
大都維那主□ 缺下
□□□ 缺下
婦女□ 缺下

謹案筠清館目諸人名後刻有記文即下一列殘字耳也

許始等題名 高廣與前刻同式十一行行字大小俱不一正書

侍身主亻□□
侍身主□□□
侍 泐下
侍身 泐下
坐像主 泐下
北龕大像主兩菩薩并光
明主許始妻成公寠妃息
洪進妻諸葛居家眷屬
大像□□□□□□張賨洛王寶
大像光明主□□□王僧□□□
菩薩主毛孔徐孝貞

王侯王開羊鍾葵等題名 連佛龕高三尺三寸廣九寸五分題名三列行字大小均不一正書

二

大像□王侯王開
王□□□羊鍾葵
光明主苗棻并
為眷屬
大像光明□□
要馮照王
鷗沈洪達
右葙菩薩
主許戩周
菩薩主衛誕

大都維那許始
大中正□□貴
大中正王長流
法□□詳愛
法義劉侯
法義王桃科
法義徐遠
法義比師僧徐法月
法義許戩周

法義王伯仁
□□□□□
法義呂□□
法義成子□
法義許洪進
法義許子曉
法□□□□
法義□□
□義□□

呂仙許壙許伏奴

此石第三列之下尚有一列僅見一二法字

李子元等殘刻（高廣與前刻同式）

龕像主并光明主李子元

上泐羊□□（二行在上列之中）

大中正□□□□□□劉席

邑儀（下泐此二行在左）

邑儀□□□□□驢（此二行在第二列右邊）

邑儀張寳洛

□□□□□

邑儀□□

邑儀□□□

邑儀□□□（此三行在第二列之左）

邑儀□□□

邑儀□□

邑儀□□□（此五行在第三列之左）

右李神恩等造像凡四石體式悉同皆無年月筠清館列北齊從之

三

四十四頁

北周武成元年至北周末止　一卷

計七百七十行左右　卌九開

初稿題宇文仲造像記　摘去三字

北周

維縣陳氏藏石

宇文仲造四面玉像記（刻像像下各空二寸正面記八行左側三行行五字至八字不等字徑二三分正書　高九寸二分方廣三寸三分四面）

周武成元年（泐）己卯九月乙卯朔五日己未儀同三司大都

同斯福

宇文仲太祖德皇帝之從父兄周書止載保定初贈宫

不詳其仕履父太尉史無名

初稿馬落子造兂居像記摘去四面二字

馬落子造四面像記（高八寸五分廣三寸六分側厚一寸八九字記前加刻題名一行兩側題名各一人正面像下題名九字字均徑四五分正書　背面像下四寸餘刻記五行行）

保定元年四月三日道民馬落子皂西玉兂君像一區上為

周武成元年九月五日

一

七世父母所生父母衣緣眷屬一時成道　道民馬洛子一

皂不可識疑即阜字借用為造兂即老

茂行

郭賢造像記（像背作蓮瓣形高一尺餘又座高三寸正背側起四行中空兩側廣三寸五分記自左四五分正書正面座上有唐咸通年一刻另列唐代　廣六寸二分　歷背面六行至右側三行止行六字字徑）

維周保定四年歲次甲申五月八日使持節驃騎大將軍開

府儀同三司大都督鄜州柱國吴國公摠館府長史昌樂縣

開國公郭賢敬造釋迦牟尼像一區

郭賢周書有傳不言其封吴國公昌樂作樂昌鄜州作

陝州傳言保定三年轉陝州刺史像作於四年自當以

傳為正

李明顯造像記（高五寸餘廣六寸二分七行行字不一字徑三分至五分正書）

保定五年歲次乙酉八月廿四日弟子李明顯為亡女阿他
夙孫女趙　長妃敬造釋迦石像一區願亡女阿他等面奉
慈尊及法（法下脫界字）界生速成仏道

辛洪略造像記（刻下座四面正面高一寸四分廣四寸五分記八行行四字字徑三四分記後題名一人兩側及背高二寸三分側厚三寸五分背廣與正面同右側五行背面七行左側四行皆題名字徑五六分均正書）

天和六年五月廿□日佛弟□別將辛洪略為亡父敬造世
加石像一區今得成就
像主辛暉

右正面
暉祖辛對　暉父興　暉伯嚴　暉弟讓　洪息父憲

右左側
洪息羌女　洪息突廟　洪妻耿唐女　暉息仕緦　暉息
仕茂　暉息煞鬼　暉息洪瑆

右背面
暉息洪略　讓妻裴　暉妻劉醜　暉母段光

右右側

司馬治中□□造像記（高三寸五分廣九寸八行行五字徑五分正書）

天和五季□次庚寅七月壬子朔十八日己巳□□司馬治

二

中□上□為亡□女敬□□□音像一區

鄯道隆等造像記（高五寸四分面廣二寸四分背廣二寸六分側厚一寸七分正面像下題名四人背面記二行右側題名二行左側題名一行行字不一字徑五六分正書）

鄯道隆　妻介僧香　息伖保　息伖度

右在正面像下

介僧香先願造像一區今得城就
建德元年造訖

右在背像

□□□息□勝　保妻□陽春　□□□暉（四字在第二行下偏右）
慶妻魏唐女

右左側

比丘道遠殘刻（存石中高二寸四分中廣四寸五行存行存字不一字徑六分正書）

（缺上）七年（缺下）
（缺上）養（缺下）
（缺上）七月甲寅（缺下）
（缺上）比丘道遠（缺下）
（缺上）像一軀

成□惪等造像題名（二面斜斷右存高六寸左一尺餘廣一尺像左右題名各二人又各一人字徑一寸像下題名存七行均缺字徑五分陰亦有像像右題名一人字徑一寸二分正書）

像主成□惪　塔□　都
像主成□洛　成夏　都維

右在像右

都維
像主馮萬才　塔主　都維那

三

□□□業　來劉　都維那右在像左

都維那右在像下

像主成賢右在陰面像右

綏遠將軍宋承祖等題名拓本五面上斷存高一尺六寸至一尺二寸不等一四五三面廣五寸七分第二面廣二寸七分第三面廣三寸第一面五行次二行次三行次前半三行後半空第五面無字行字不一字徑七分正書

生　田太　畐庯　畐圖遂

□苦　王懷貴

伯　王奴　宋鍾宋思文

四

□苟女王讀王毋樂劉馬仁王順畐但

祖母尚文姬　王

右一面

秀　綏遠將軍宋承祖

珎　錄事參軍王客生　趙世炑

右一面

貝　張荒生

張思集　張法生　王伯文

軍主張子敬　王僧玉

右一面

之康文潤

趙僧恩郃文袿郃伯孫張羗

房欣慶蘔民敬

右一面

劉妙英等題名殘石存下截四寸五分廣九寸五分題名九行字徑五六七分末一行二字右下角三字較小正書

缺豐　缺明王　缺□　思　缺□思綿　缺劉妙英　缺

耿盡愛　缺解靜妃　缺　宋騰　缺□青女　缺命

過

北面下三字在首行之下角

五

耿僧文等題名殘石高四寸六分廣一尺五寸八分五行行三四字字徑七八分正書

耿僧文　妻張嶋女　息戢嫌右在　女阿舜　女黑茍二人在左

董僧佮等題名殘石存高三寸五分廣五寸五分七行存四字字徑四六分正書

缺亻奴　缺董僧佮　缺郍逢子光　缺郍趙恩和　缺□

孫伏貴　缺郍王醜　維郍雜改□

孟賓等造像題名像存肩下一尺一寸餘身右蓮瓣少半共廣五寸四分題名在陰存四列字徑五六分正書

缺沖和　馮宣

缺遠　孟賓　卞和　董缺

缺寶洛　李伯通　梁狗　張貴

缺□冀　習寄生　周敬礼　李季寶
缺王孫　孟敬賢　宮廣通　郭業
賀龍等題名殘石存石高八寸廣七寸存題名八行字徑六分正書
缺思文　法義賀龍　法義賀景業　法義賀文稱
法義賀富　法義謝伏奴　缺義賀充　缺□□
成世寶等題名殘石高七寸二分廣八寸五分題名二列上一列十三人下一列六人字徑五分正書
缺成世寶　缺過孫兎字　僉過孫都憘　僉過王轉
劉
僉過王憎　僉過劉玉素　僉過畢貴女　僉過王見伯
僉過王平洛　僉過王禹生　僉過李令孫　僉過李枝奴

六

命過胡侎
命過馬念之　命過王犧之　命過秉領群　命過胡會
命過孫和之命過之稱僅見造像題名未審何謂　命過秉□祖
李楚等造像題名高一尺餘廣一尺三寸餘二層各三龕題名一在上層一二龕之間一在弟三龕之左字徑四五分正書
□副維那李楚　盧□
崔超馬超曹嗣張訓
比邱淨敬等造像題名二面高四寸五分廣九寸五分字徑四分至七分不一正書
缺□欽　保□
□匡　比匡

淨敬　惠
□　常
□傍右在右下角
右題供養像之上
比匡僧　缺道懷　張舍
惠暉　缺□　惠文
右在陰右　右在陰左
景文等題名殘石二面高二寸五分一廣四寸五分存四行行二三字一廣二寸八分存三行行三字字徑五六分正書
缺景文　缺□藏

七

缺郍解尙　缺□張量
缺歸生　缺仁解難
缺社生　□□□
右一面　右一面
□登兄弟等造像殘刻高三寸廣六寸七分七行行存四五字字徑六分正書
缺歲缺
缺寅八月壬缺
缺翔十八日缺（己）
缺茁村人□缺
缺登兄弟等缺

缺□家珎敬缺
缺父母缺
陰□□造像殘刻存高右一寸八分左三寸廣四寸三分五行行存字不一字徑五分分正書
缺陰□□敬缺　缺像一軀上缺　缺母兄弟缺　缺家眷
屬缺　缺同斯缺
陳〔闵〕伯殘刻存斜徑三寸五分右上左下徑二寸存五字又半字字徑五分正書
□
□龕　□
陳隬伯
孫
注云一存四字又三半字此乃六字一半字　黄生侍梯
殘經字在斜徑八寸餘左上至右下徑五寸存七字又半字字徑一寸六分正書
八
菩　缺
初稿云又半字此六字初稿不書正書未知有誤否
薩福不缺
缺薩名缺
缺名造像殘字存高四寸一分廣四寸五分五行半每行存五字方界格徑八分正書
缺　缺軀顛使亡者缺　化金饗遊神缺　缺剎　皇帝陛
前缺　缺化伏四方六缺　缺俱溱現在居缺　缺恒傢拘吉
法缺
宋顯等題字題殘石陰高三寸四分廣三寸八分三行側高二寸八分廣二寸二分存行首三字正面存行末一字下列行首二字大小不一正書
□□□　清缺　缺時　宋缺

衣芝民　子缺　侍缺
宋顯　佛缺右在側　右在正面像右及下
□還　胡毋文仲右在像之陰
殘字三種一存四字又三半字字徑八分分書一存四字字徑五六分正書一存二字字徑六分正書
息　随郡主　見
同有邑　韓　生
□俱登右一石　右一石　右一石
又一徑二寸六分廣二寸二分二行五字一徑一寸八分廣二寸九分二行四字字均徑六七分正書是否二石
九
抑是一正一背未詳
亍日　王匡□
□康法義　在客
又存斜徑四寸五分五行字徑五分正書
匠
郍比匠
維郍比匠
維郍比
維郍

藍共

檀泉寺宇文貞造像記

拓本三紙似佛座之三面高一尺廣三尺一寸餘記十九行行六字字徑一寸餘記前題名二行字四當記之一廣一尺八寸題名中七行前三行後六行詳見本文下廣一尺八寸題名二十三行行各二人字與題前記名同並正書在聞喜

□界昏囂六塵煩惑終湏濯茲法水蔭彼禪枝□故檀泉寺
比□尼法真通明□妙窮空有遠□勝業廣樹弼固絳州刺
史龍頭城開府儀同三司豐利公弟□宇文貞奉律□隅櫎
茲蕃岳□□伽藍共崇□□敬造莘身□迦像一區顒□皇
基永固溥天慶集俱超障海同昇彼岸
大周保定二年八月廿六日

北周保定二年八月廿六日

盧遠將軍右員外□常□
行都督齋主祁令和為亡父母 二行在記前字特小

右一紙

大化主佛弟子清信士郡君達奚
佛弟子宇文滏藪
佛弟子宇文善才 三題七行字大與記同當是一起
□走主蒲坂令董騄
□□尼普興為皇帝陛下造像二區為邊地衆生 二題三行在前題之右
□面齋主鳳州刺史王羅雲

供養主閻□□為妹磨女
供養主韓犁奴為亡父 興敬 二字大一寸三分
□面主李蘭 下泐
□像主□ 下及後行俱泐此五題在左字與右俱小

右一紙

□□□□畧邑子彭子□ □□董□買邑子和元掊 □
子董雅和邑子董惠元 邑子董胡雀邑子楊長遷 邑子
董顕岳邑子喬市奴 邑子王舍慶邑子董□誕 邑子董
顕樹邑子董遵畧 邑子鄭元祖邑子王胡仁 邑子王舍
温邑子鄭長命 邑子董景 邑子王□威 □□王原海
邑子李僧達 □□□延楷邑子董禺鸞 □□□□□□邑
子介及先 □□□□尚邑子馬傑 □□□□陰邑子
董華儁 □主姚䟢保邑子董蹋義 邑主董延儁邑子董
景業 邑主董延和邑子董醜奴 □主董景興都邑中正
董延和 □□董當川一心侍佛時息供養 □母一心侍
佛時 邑子董僧奴 像主董敬賓為亡 □主支恩
傑為亡父母侍佛時

宇文貞字乾雅周明帝子傳云初封鄷國公建德三年進爵為王與此刻稱豐利公不合按隋書地理志豐利縣屬涼州西城郡梁於此置南上洛郡西魏改郡曰豐

利後周有郡以縣入上津郡尚陷先封豐利公進封鄧
國公如齊王憲先封安成公進封齊國公趙王招先封
正平公進封趙國公歟第下泐一字所當是子字龍頭城侯
致

礼平國等造像記

搨本二紙一高八寸二分廣二尺二寸三分前題名十行
中間記十二行行十一字後題名九行一高七寸七分廣
二尺八分題名十八行末又一行記
方界格餘皆直界格字徑六分正書

夫旨理幽微非言不宣法身常住非像不表是以佛弟子十
七人等仰湈聖容同覩靈顏誠心發願磬捨家珎敬造釋迦
石像一軀莊瑩彫華麗同金質相好之義等昔真容藉此福
回仰諸皇家帝祚天長公仕地久寇難自消六合等一存亡父
母援及七世法界蒼生普蒙沾益共越□□俱蹬妙果　天
和元年歲□丙戌十一月甲戌廿日癸□
右十二行在中間

周天和元年十一月廿日　一

香火主礼平國母王金香
典坐任魯仁母梁至貴
典録伯達父楊鑾奴
維那嚴景雲母劉訛女
邑政嚴肆浩母成歡海
邑胄肆浩父鎮遠將軍右銀青光祿步□陝尉故縣開國伯
師都督嚴忻
□主天忩父王買奴
□主平國父礼阿洛
像主顯熖父張興

右在記文之前

邑師衍覺寺比(邱)僧妙

邑主輔達父郭雙歡

□主尼仁父前將軍左銀青光祿都督甘州刺史宋金保

□□郭輔達母張伏香

□□□和母傅花容

□□景雲父嚴阿和

□□阿景父魏嶽洛

□□神褀父李安洛

□□□礼國女須摩提

二

以上一面

右在記文之後

□□日野將軍員外司馬斌州市令礼平國

□子郝阿和

□子嚴肆浩

□子李神褀

□子張顯韬

□子魏阿景

邑子楊伯達

邑子賈顯祥

邑子李舍和

邑子郭輔達

邑子董相貴

邑子嚴景雲

邑子任魯仁

邑子宋尼仁

邑子宋益德

邑子王天念

書生呂稚卿

□□□稼和

空十行

三

鄮督郡山陰縣民潘(宏)理

以上一面

礼禮之古文今人以為俗非也禮姓見姓苑望出平原

周有禮孔禮至漢有禮震禮賢此[此]後無知名者矣磬捨

家珎釋名磬罄也左僖二十六年傳室如懸罄以罄為

磬也禮樂記石聲磬注當[當]為罄淮南覽冥磬龜無腹注

空也此[此]以磬為罄之證俱蹬妙果蹬即登廣雅釋詁蹬

履也槀長蔡湛頌功蹬王府以蹬為登也與[與]此[此]正同會

稽作鄮督漢書地理志子男之國[國]號會為大以會為鄮

有文也史記會稽者會計也記以其為地名而加邑作

鄃耳湞唐梶提即漢書地理志朱提永建洗款識正作提此皆合於古誼惟校尉作陜未知所本

爲　逄

譙郡太守曹恪碑 天和五年十月在安邑 三十七作曹敵樂碑 敵樂恪字也 萃編載卷

君諱恪 缺恪字 陸終之子曰安 陸終缺安字 存□氏之後又封曹□

於邾 缺作氏邾字 曹叔爲相 曹缺叔字 □挺之裔拓爵爲魏祖 缺挺拓字不爵

作栢 弟□□霖黃初三年 弟缺字 □國遷移逄茲不造王深恩遠

大廬後變起 缺閔遂移廬字 次適英徽行避難私稱姓木 缺次私木字與民

里後魏太和三年旨復曹氏爲祖 長 英孫也 里及七字氏下缺姓 雅望

淵遂 缺字望 導嘉齊禮 漠缺要 父臨志尚清靜 臨缺字 □可以非義

數其性 性誤姓 文流洞照之□ 洞缺照字之下缺合藝字 相望於逄 相缺望於字

逄太武皇帝 太缺太武字 討逆□隆永宗盖吳驚牽本州 缺隆永宗盖吳

字本誤大 隨赴北代遂究殿會主簿 缺代主字 後欲選緒請乞歸侍

後周天和五年十月

上四字缺 □□□積善 善字缺 長樹獨善之榮抱蘊惠於奇年 樹缺蘊字

太和之季馬圖殲霆 馬缺圖字 □驚指麾君於 指上一字下半從馬誤作奮君

於缺字 綏 逄提戈投募 投缺誤按募字 搴旗斬馘皇上 馘下衍□ 授綏遠將軍

字缺 以君弥逢殊寵 逢殊外四字缺 賞帛及綠 及誤綠定 歌勞以之詩 以缺

字 盡懽膝下介其孝德光於事親 介光於字缺膝不作勝 學贍博通恩

入見綜性與天道 瞻不作瞻門與字缺 綜誤 禮樂之場若乃□□以□

主 缺若以字陽不作陽 同里結霜密之惟朋故廣萬誠之信 缺同字萬誤舊

一言可懷千金不恡 可懷兩四字缺恡字 會安邑府君卒君居宮牽禮

缺下府字五字卒 至性□□ 性缺字 服憝雖闋餘痛在心 缺雖字雖之異文痛不

作痛 逐寒泉而不息 缺字逐 三年泣血未足云也 血不作血未足云字缺 方

舒

斯蔑爲（缺斯字蔑文誤作蔑之字誤辨）至延昌二□瀆遭母憂（缺延瀆字）扣石土
以窮踊（石即石誤后）水漿不進口　哭泣不絕聲（口誤作□缺哭字）有感
行路毀疚之至（缺行疚字路毀誤心致）王徜□慕於社曰無以喻也（缺曰）
（字誤遇缺）去魏大統初君蘭班踰距（缺去距字）妙窺□綜深入佛惠機
□須拔慕□淨名（妙元深入患外均缺元字恭代不書崩肆體例未一）君雖嫓（不嫓）
（作老）於是率竭家資頫摸法身闔馳像教（於是身外均缺闘）素形緣□
□於□相又寫法華涅槃（缺素形緣又四字）分彼景福貽我遠年之
壽永究懸輿之禮（分不作介彼年縣輿四字缺）去大統十年秋忽遘疢疾醫
精世術藥□苓苓（字去疢及醫下缺遺誤遺）含識懷悲（缺含字）虞州別駕
長史（缺虞長字）次□縣功曹慶賓次承□（缺慶次承字）河北太郡主簿
太天和五年（太誤大缺天字）卜措乎夏禹城之西北陸望原之南（缺指）
（北陸望字平作平）爰自□壙迄□□窆姻□闉窀穸以涕零（缺爰自迄窆以）
（字）臨穴而灑泣（缺泣字）痛切也人孝之至深□刊石而存勲者
子孫追慕之無已（缺追無已字人之而勲）感音儀之寂□盧□□之□
遷（缺遷字處）
怏怏（誤沛字缺沛）懷負□□真人□□（缺負真字）易代稱譽宏濟六
合繼響唐虞稷稷渊靈孳允倚如□□□推言滿州閭孝誠
內外曹閔非□（缺易代渊孳如推言孝曹閔非十一字宏允用旋代字不書崩肆體例未一）□
□蘊鈴武略超殊志懷□□□時眷舒△□□入陣山首□擒
十陣（陣山首擒外十二字均缺）□□□心翾翔書苑文灑詞□□□禮樂（缺心翾詞）

逢

（禮樂字苑誤苑）顯彰□□□錄□□（末二句存三字並缺）

右曹恪碑萃編不言所在寰宇訪碑錄云山西安邑前十行中半剝落一片以今搨本校蘭泉先生所見本每行又多闕三四字而搨墨尚工反較萃編多釋一百八十餘字勘正二十字恪爲曹魏東海定王霖之後魏志霖嘉平元年薨子啓嗣碑乎下泐一字猶存右上角又即啓也碑云□國遜移逢△兹不造處後變起遂令夫人達携二子長道真次道英微行避難私播姓木事當在典午代興以後此下泐存民里二字蓋謂寄居安邑之始也又云後魏太和三年旨復曹氏後魏太和三年上距晉初二百餘年按碑下文父䚟即逢太武帝親討薛永宗蓋吳駕幸本州䚟從駕平凶醜隨赴北代究厥會土豪太武討薛永宗蓋吳據記在太平真君七年是其復姓在䚟仕魏後又三十年矣又云祖夫英孫也僞姚鄉郡太守姚鄉郡未詳按魏書地形志并州有鄉郡碑殆以僞姚建屬爲文謂後秦姚氏歟然鄉郡乃魏延和二年分上黨郡置姚秦尚無此稱存俟詳攷其名存左麥夫王氏未見遂以魏太和景明閒之雖郡曹道當之非是碑又云父䚟志尚清靜不慕榮貴赴代之後請乞歸侍聖上加憫假安邑云云泐其所假官名下云□□

□積善稟醑秀靈則爲敘恪之文矣恪於太和之季以武勇補千人軍將捷綏遠將軍王氏誤屬之其父固闕文之致混亦尋義之偶疏也恪拜官受賞之下即歸侍養盡懽膝下景明中安邑府君卒居喪毀骨五十猶慕延昌二年遭母憂毀疾之至殆將滅性其孝行有足多者以後文卒年推之恪居父喪年五十五六遭母憂則六十七矣孝本庸行而古今著稱者每在奇節異徵以恪之辭榮侍親生則敬養歿則致哀而魏書北史不爲立傳獨賴是碑傳其人以至於今豈非有神物呵護用彰潛德者耶碑云去魏太統初君齒班蹡距旨授本土譙郡太守十年春秋九十有七終於臨民□其授譙郡太守年近九十蓋存恤高年之典史所謂年九十以上給小郡板也臨民□當即前之□民里自恪爲祖道英卜居於此歷五世焉子迴歡遵歡某慶肩永□弼等天和五年十月卜措乎夏禹城之西北陸望原之南夏禹城不見於史志安邑爲夏所都其有故城宜也王氏作平禹城按平夏城此宋屬陝西秦鳳路鎮戎軍在今甘肅固原州唐以前無此稱禹城唐始置縣屬河南道齊州即今山東禹城縣皆與安邑甚遠碑字中豎作緯向勢今釋爲乎雖古碑罕用此爲文而義則愜矣措厝之假借字第六子弼繫銜河北太郡主簿史志從無以太名郡者蓋太原郡之省文

比邱曇貴等造像記

高七寸廣二尺弱記九行行八字記前題名九行記後八行字均徑六分弟五行稍小兩面正書在京師端午橋家

典録李元緒
唯那趙伯通
治律李詛暉
邑長李清默
化主冠軍將軍大中都督大將軍龍縲公記室樂樂
邑曰掃寇將軍武騎司馬李乇
邑主李延貴
像主趙冨洛

周天和六年四月十五日

邑師比丘曇貴
維天和六年歲次辛卯四月十五日邑師比丘曇貴像主趙
冨洛合邑子廿八人等敬造觀世音像一區上爲天龍八部
帝主人王師僧父母因緣眷屬法界衆生咸同斯福普成
正覺
邑主劉法顯
道場主藥伯尉
邑日趙廣略
化主步挑湯
邑長藥豊國

治律趙超達
唯那趙師□
典□姚進□

隋書段文振傳開皇中封龍岡公以外未有再見者像造於周天和六年所稱龍綱決非段文振又龍岡置縣始見於南齊屬廣州桂林郡龍綱則無之知其以綱爲岡也隋置縣屬冀州襄國郡則在此刻之後矣題名稱邑曰者二人不知何義

李峻墓甎銘

高九寸八分廣四寸八分三行行字不一字以錐畫大小不等在長安

建德元年五月十三日長安縣□止李峻下住在雲龍坊任
虎銘記

後周建德元年五月十三日

宇文建崇造像碑并陰側

三面刻石高三尺一寸廣一尺二寸六分厚三寸餘像居三之二字在下截各十六行正面行十一字背面行十四字方格徑八分弱側三行背面有額正書

惟建德三年歲次甲午二月壬辰朔廿八日己未佛弟子本
姓呂蒙大祖賜姓宇文建崇夫靈象神容遺形異品毗倫讃
道斅五神之陶化顯揚設教斯疇百代聚沙起塔欲崇虛之
國
妙旨崇寬回業淺又息別將法和爲國展効募衛戎首從柱
國銚國公益州佂討回陣身故足以削竭家珎興建福并造
浮圖乇級石銘壹立師子乙雙甒於寘積採取將来之回身
骸洂流欲追之懷痛□乙念之善又願帝祖永隆万國来助

周建德三年二月廿八日

普濟乙切蠉蝡師宗六道衆生同登斯福

右正面

建崇寺額三字在碑陰佛龕之上居中直下字徑一寸正書

□祖秦州都酋長呂帛冰女定羌女
驃騎大將軍南道大行臺秦州刺史顯親縣開國伯巳伯興
成伯母帶神
龍驤將軍都督淅州刺史二父興進巳母元要巳母男娀巳
母僧湬
巳妹法成妹雙進兄天猴弟道伯
巳姉李湬姉男湬妹伯男

加一行

輔國將軍中散都督開國子宇文建
輔國將軍中散大都督宇文嵩
弟進周　崇息雍周法達孫洪濟
崇妻王光容息女舍微夾子明月
息妻王花　姪季和
姪子孝子愼子恭保和達和善和
伯母王阿松佐阿男兄妻作恩妙
弟妻王遥輝　姪女仙輝小輝冰輝
弟姊權帛妙息屬女　姊赤女

右碑陰

佛弟子權法超　妹皂花　妹明光
佛弟子王湛書
佛弟子權仕賓

右在右側

右記在碑陽陰及右側皆題名記云本姓呂太祖賜姓宇文建崇建崇其名也陰題名有輔國將軍中散都督開國子宇文建當即建崇或拓工遺其行末溢出之一字歟浮啚石像等蓋爲息法和因陣身故而作是年五月周主禁佛道二教經像悉毀此在二月故猶能爲之其伯興戍官驃騎大將軍南道大行臺秦州刺史顯親縣開國伯而史不爲立傳餘並無攷崇又與進而弟名進周息又名雍周字俱相犯何也陶字不可識帝祖永隆當是用祖爲祚

達

姓缺安甯墓誌銘殘字

石高三尺二寸五分廣一尺四寸餘文刻上半截二十二行行二十四字字徑五分正書下半截有橫行追修殘字

□□□□字安甯本安定人也漢□□之後君立性天成
非□□□□□永德本土終有士達之名展轉羽方荏苒東
夏□□□□□□□神武登高□□志存□□文筆□□隨
目爲之祖秀□□□□□實惟□□□父略□不□□□□
童言□有□□挺異才□□□□□□□□□□有食牛之
□□手□□□□□□之□□□□□□□□□□□□□
□□□□□□□人□□□□□□□□□□□□□□□
□□□又典□□□□□□□□□□□□□□□□□□
周建德六年四月三十日
□□□□□□□□□□□□□□□□□□□□□□□
□□□□□□□□□□□□□□□□□□□□□□□
□□□人□□□□□□□糸□□□□□□□□□□□
□□□□□□□□□□□終不□□□□□□□□自然
□□□□□□□□□□□□爲君愛德□□□□之美□
經佐□□□□□□如□□□□無震□□□□□而□安
年邁踰恭久如益敬□□念□若□恩食天道□知渴終年
命以建德六年四月十九日甍於鄴城時年七十一遂奄田
橫之□歸於一邱之土其月卅日窆於□西漳河之北□□
易朽翠石□彫□恐海洞山平□鐫高烈詞曰昔時英烈□
遊上京一歸黃壤狐兔相迎精神上降塚曰藏形弔棺石室
以固千齡合珠瞑目豈瞩文星唯德香傳後世楊名幽戶一
□永眠□杌罇酒玉杯對而不飲森〻長夜何大晦晞生時
恩愛死与泉期子孫哀慟霑幄纏悲月光虛度燈蘑□□千
□永別會兼有時一棺墳土以爲万基

此誌石當在河南彰德府而武虛谷安陽金石錄未載當（或直隸磁州出土）是近年搜得文刊上半截字迹漫滅可見者十不逮五首行僅存字安甯本安定人漢□□之後其名其姓（官位事蹟鄉里無存後云以建德六年四月十九日甍於鄴城書甍其爵秩次顛而銘詞曾不一及何也是年正月周主入鄴齊亡安甯殆齊遺老歟久如益敬如風爲而也）皆無可攷下半截之末有舊刻左向四行行十六字乃鑿磨而未盡泯者細審首行□□□宀　元年歲□□亥次行人等敬造□□□一等字尚有形摸四行之後間六寸餘有妃字完好無缺知石舊爲造像題名碑改橫作直刻安甯誌而下空其半也按北朝建德以前以元年值亥者北魏孝文帝延興元年節閔帝普泰元年皆值辛亥東魏孝靜帝武定元年值癸亥此刻元年上半字作宀　亥上筆蹤與癸脗合其爲大魏武定元年歲次癸亥等字可知也

時珍墓誌

高一尺三寸廣一尺五寸七分十九行行十五字字徑七分正書在諸城尹氏

偽齊在京爲荷王糴禍辟任齊安戍主倍贈車騎將軍時珎墓誌

君諱珎字驪寶鉅鏕苑鄉人也昔三才等昱五緯俱明瑩石磨天彫𢅀鏤密似漢主之金陵像周王之玉室𨻶前復作明堂獸柱師子符門選擇良工鐫成雅吮　君既才同太傅文類侍中未語含珠流言綴玉英俤禝下之奇儒同泗上之美真是崔元對苻主出談無異張仲輔周王出說不悟偽齊武平七年歲次涒潄三月敦精朔二十七日奄閼君春秋六十有八卒於家廡即是金烏晝殞玉兎宵淪窅殟光珠瑕殘弁璞使和氏之哭荊山隨侯之悲灑水哀乎喪辟痛何言哉至大周宣政元年歲次降婁十二月神祐朔九日傳送始還庄靈柩㘭於𡎺宇自郎庚德刊銘勒誌其詞曰

周宣政元年十二月九日

稟生卓犖立志超穎焜曉千門才逾万頃火屋□常日車使慧壹朝傷遂奄竆郎井

石出諸城西古婁鄉光緒七年尹彭鼎得之有尹彭壽題識誌無撰人名文不敘官位特於標題書偽齊在京為荷王糴禍辟任齊安戍主倍贈車騎將軍時珎墓誌此碑版之創例也珍卒於齊將亡之歲而葬於周既併之初作誌者周人故作齊爲偽荷王無攷齊安魏屬沙州鉅鹿作鉅鏕漢尹宙碑分趙地為鉅鏕廣韻鉅鏕郡名皆从金北碑尤屢見之魏書鉅鹿郡領縣無苑鄉徧檢諸史亦無苑鄉縣名惟水經注卷九無棣溝東轉逕苑鄉縣故城南又東南逕高成縣故城南注又云浮水於浮陽縣東北逕高成縣之苑鄉縣城兩苑字一本並作宛苑宛與苑古每通用故以為即此苑鄉然高成故城在今天津府鹽山縣境西去鉅鹿故郡頗遠不當隸之又按酈注苑水上承淇水于元甫城西北石堰東苑城西屈逕其城南此則與誌苑字同地望較近然注言苑城不言苑鄉亦未可遽以為是蓋必隋以前置縣旋廢史家失載故難攷實耳珍卒於齊武平七年歲次涒灘爾雅三月敦精朔二十七日奄閼按是年涒灘漢韓敕碑作涒歎此作涒潄一也歲陰在申曰涒灘是也敦精奄閼疑即敦牂單閼之異文莫詳所本此假歲支以紀日也然齊紀武平七年六月戊申朔周天和五年紀同逆推三月朔非己卯即庚辰二十七日非乙巳即丙午卯曰單閼午曰敦牂誌殆誤倒之惟朔直卯則二十七日直巳若二十七日為午則朔為辰其中必差一日也又云周大宣政元年歲次降婁十二月神祐朔九日傳送按降婁於辰在戌是年歲

陰在戊㞢此舉歲星十二次紀歲也神祐傳送未知何謂存俟再攷韻府引夢溪筆談六壬有傳送者四月陽極將退六陰欲生故傳陰而送陽也傳送二字嘗見於㞢此陰中無是書未審上下文何如附識備攷倍不知何字之變瓆即殪瘞即整庢當即厝堋說文喪葬下土也左昭十二年傳朝而堋日中而堋今人罕有用㞢此者偽正字通云俗裒字與銘詞義不可合㞢此殆用爲倠耶

李寶等造像題記殘石

拓本二段一高存五寸四分廣存七寸九行一高存八寸餘廣存一尺九寸二十六行第一行是記之末行後皆題名如式錄之均正書

前闕
上闕□□□八日辛闕下
上闕夫福□□遵爲貴□闕下
闕知都邑主李寶率□闕
闕人等貽崇道□並闕
闕念敦十善三明□闕
闕容久奄戀慕无□闕　北朝末
闕物難賞異口同□闕
闕□以建洪福先□闕
闕□□□□造□闕
右似是一面
闕□斯福□乚從心
闕主都維那員外將軍李寶
闕像主張仕明顧居家過苦度世
闕像光明主□敬顧居家度苦
闕□菩薩主国顯貴爲亡父
闕左葙菩薩光明主劉思貴

左闕
左葙闕
左闕
右並闕
右葙□闕
蓒王□闕

寶
□□菩薩主瀸沂驛將劉憘　藐王光闕
□葙□薩光明主陳□　左葙阿難主汳貴
都邑主員外□軍李寵　邑□闕
都維那閹遠將軍□臨縣令張平　維那闕
都維那高援　邑義張胡　邑闕
都維那董遵　邑義鄭及祖　邑義闕
維那王昕玉　邑義宋昕周　邑義闕
維那冷思悅　邑義趙焻　邑闕
邑義杜寶　邑義趙焻隆　邑義闕
邑義譙方　邑義趙貴仁　邑義闕
邑義田伯玉　邑義馬名　邑義闕
邑義時香寶　邑義張昕玉　邑闕
邑義国同周　邑義劉貂仙　邑闕
邑義鄭雲由　邑義高定国　邑闕
邑義戚文恩　邑義董肆
邑義高市　邑義韓曒鬼　邑闕
邑義宋葙　邑義王愀　邑義闕
邑義劉思睞　邑義王民　邑□闕
邑義□菜　邑義□□闕　後闕
邑義□□景　邑義□闕
後闕

二

開化寺東階玉石柱礎題名
高七寸廣二尺三寸第一面有字可辨者十八行第二面可辨者十七行第三面二十八行第四面未見行字多寡不一字徑六七分正書在元氏本寺後殿
前數行漫滅常山貞石志第三行有明字第五行有郝䴊二字第六行有王郝伯仁四字
都綰齋主橫野將軍郝顯□泐下　妻劉　息□當　息□常
都□□王平原郡太守郝顯樹　妻郭　息程買　妻陳
買息進漢　息銀國　妻張　銀息澤漢　息子最　息
子過　息子深　都綰殿主前功曹郝弁和　妻鄭　息靈
軌　息讓寧　息樹讓　息子穆　都綰殿主板授東郡太
守郝保　前妻殷　後妻翠　息孝邕　妻鄭　息伯邕
北周末　一
妻殷　息伯和　妻鄭泐上　妻孫　□□郎中郝羊　母
楮　道場主中兵參軍郝聲聞　□鄉豪都督郝廣聞　闕上
蕖　閏息阿菌　闕上城主中兵參軍郝道德　妻路　闕上
士對　以上東面
息□□　息□和　闕上主鄉豪□□元氏令郝市遵　泐上息
□□□□母張　闕上主大□中正郝泐下　泐上□具　息安都
維泐下　闕上主趙郡主簿郝直泐下妻趙　闕上郝賛章　息郝泐下
闕上趙息女公主妻董　息泐下　闕上主板授廣陽太守郝文
安　妻趙　闕上鄉豪都督郝護　息□　妻□　大像主依
倒將軍郝真鳳　妻郭　泐下　大像主郝真嵩　妻程　息

五字偏注

清□妻□　□息季□泐下　大像主郝□□　妻董　息郝
慶妻殷　大像主泐下　郝業珎　妻郭　息郝□儼泐下
鄉□□泐下　妻李　搨本此後漫滅僅見二三字亦莫分其行數常山貞石志此後一行有郝字息
字次行有母字高字次有主字次有郝字妻字次有息思字次有主字妻字次有母鄭字妻李字次有妻趙字息□長字
次有妻李氏凡九行　以上南面
□□寺比丘僧道慶　缺上□□剌史郝神周　妻呂　闕上授
高陽郡□守郝□世　妻蘇　闕上像主趙郡功曹郝白胡　女比
丘尼相□　闕上蘇次妻□息郝丗長　妻劉　女阿娥　息
女令暈　息女唐子　郝熬　孫郝幼知　胡㑂甥趙念□
甥趙念士㑂甥趙士深㑂甥趙念緒　□像主橫野軍主郝　二
景和　妻郭　息都智郝敬禮　妻趙　息郝難當　息
郝子昌　息郝子□　息□□妍　息女武妍　□父軽
車將軍員外散騎常侍　郝□　城局參軍恒州軍主郝景
詮　母□□冲□□弟比丘靜元　大像主功曹參軍郝
子冲　小弟郝㳬禮　妻趙　息阿□妻□　父趙郡中正
郝真虎　母趙　□像主上黨王民望趙郡功曹郝市　缺上
妻趙　息女比丘尼超越　女多男　□郝穎順　妻□
息郝穎紆　妻趙　□郝穎信　妻郭　息郝穎立　闕上趙
郡中正郝顯榮　妻殷　缺上像主行臺郎中郝智懸　妻李
郝伯仁　息郝清伯　息郝伯奴　像主趙州城局參軍

郡主簿郝雲　缺上後妻殷　息郝子由　泐上都督郝士軍
以上西面　北面搨本未見常山貞石志僅審出末二行一母鄭二字一□將軍行臺郎中郝元賓十字蓋磨滅久矣

右題名字甚殘泐內有□□寺僧道慶□□寺當即凝禪
寺疑石礎本在凝禪寺後為開化寺所有其中或稱都綰（齋主都綰）
殿主道場主□城主大像主不一其人皆郝姓內有趙姓
四人並郝氏㑂甥㑂甥字字書無龍龕手鑑有㑂謂即外字（蓋皆外字別體集韻六朝唐時外甥字皆作外生）
北齊書尉瑾傳司馬子如執政瑾取其外生皮氏女周書
文帝紀普回子莫那自陰山南徙始居遼西為魏舅生之
國藝文類聚人事部引妬記云謝太傅欲立妓妾兄子外　三
生等微達此旨共問訊劉夫人李涪刊誤爾雅云謂我舅
者曰甥近世皆去男空書生字此碑蓋以外生二字别加
男旁耳題名不著紀元歲月其列銜有郡中正行臺郎中
中兵參軍案隋避太祖嫌名凡職官地名有中字者皆改
易之又有趙州城局參軍攷殷州之改為趙州在高齊時
則此刻之非後魏及隋時物固不待言又有恆州軍主案
常山郡之置恆州在周武帝宣政元年又高齊時亦有恆
州一名北恆州因後魏太和中所置恆州故治置隋為馬
邑郡雲內縣即今之山西大同府也軍主之職北齊後周
皆置又有都督之官亦兩朝皆有然則此刻之為齊為周

不能臆定惟依例將軍歷代官制皆無此稱周書武帝紀建德五年平并州大赦詔有高緯及王公以下若釋然歸順咸許自新諸亡入偽朝亦從寬宥官榮次序依例無此郝真鳳列銜稱依倒將軍疑其本是齊官降周後依倒復授舊職故有依倒之稱則此為後周時物無疑矣又有郝穎順郝穎舒二人見東魏元象二年凝禪寺三級浮圖頌下截題名又郝市□列銜為上黨王民望孜魏周時王府屬官無所謂民望者不知何秩東魏敬使君碑陰亦有民望都民望之稱

右開化寺石柱礎題名搨本三紙視沈匏廬採輯常山四貞石志時闕泐更甚志有而今磨滅者據以補註於旁南面第十七行鄉□□下志敚妻李二字西面第九行主上志缺像字搨本均尚明顯也別有西階柱礎題名志載其三面跋云書體石質及形製悉與東柱礎同是同時所造今搨本三紙第一紙全泐第二紙僅一二字微有形模第三紙惟□真定令馬伯慶一行尚可辨識茲不具錄

游廣達等造像題名 三面存高二尺餘廣未詳側厚三寸行字不一字徑六七分正書

北面定光□主向□寶

□□□□□齊主向始榮邑子韓□泐 字較小二行

堪像主游廣達齊主韓達齊主傅元孫齊主□□□□齊主泐

以上在一面像龕之左

僧頭

齊主王僧顯齊主劉伏奴齊主庖貴祀齊主泐

慧

齊主游慧蘭齊主郭僧明齊主張小德齊主尹缺

齊主陳□遠齊主邴永興齊主趙惠仁齊主趙缺

邑主□□邑子□伏□齊主泐

北周末

以上在側

□主□走為亡父母造及現泐

觀世音□像主徐賓

此下有字隱約難辨

以上在背面像龕之右

陽成法洪等題名殘石

高八寸八分存廣一尺四分二列上存十一行下存十二行字徑七分正書

邑老陽成法洪
邑老刀元智
邑老楊可醜
維那解僧可
維那王縠仲
維那張元猥
邑子韓始貴
邑子侯珍保
邑子馬狗子
□子伊小温
□□□□興

邑□□祥安
邑子樊洛龍
邑子張洪智
邑子張僾□
邑子李小洛
邑子楊阿□
邑子安阿□
邑子潘阿□
邑子郭榮宗
邑子李毒藥
邑子宋□□
子高遷樹

附北周末

猥

都維那韓浪苟等題名

高一尺六寸廣一尺三寸七分三列第一列無字二三列直界格各二十一行行字不一正書在磁州南鼓山

都維那韓浪苟
維那李元吉
邑忠正盪寇將軍盧遵
邑忠正馬席
邑子田景賓珎遠將軍
邑子王顯
邑子張迴軍厲威將軍
邑子雷宗悦
邑子續延和
邑子竇元和
邑子馬相
邑教化主李方進
邑子杜賢景
邑子杜　雯
邑子雍子璨
邑子胡義遠
邑子王材賓
邑子樊紹賓

邑子□□□
邑子樊外賓
邑子池次孫
邑子高鳴仁
邑子吕道貴
邑子韓伏寶
邑子穌寶德
邑子夏舍貴
邑空母
邑子趙阿顯
教化主爲亡父姚伏護侍佛
空
邑子李景□
邑子車文□
邑子紇干育
邑子向僧暈
空

北周末

顯

一

邑子申孝威

空

邑子元城張季孫

右一列

邑子李伯智

右二列

此刻不著年號忠正即中正忠為隋太祖廟諱以此知其非隋刻也史無珍遠將軍名(疑)疑即(征)征遠或振遠聲近而譌者

譌

二

杜霻等題名

高一尺六寸廣一尺四寸三列行字不一字徑六分分書在磁州南鼓山

寺邑主鄴縣功曹渤

母清信弟子趙阿令

邑先衛大將軍杜霻

邑子□□□

邑子幽州摠管泉軍杜伯奇

邑子□□□

邑子前成安縣丞申子琳

邑子王外興

邑子陸繼伯

邑子王豐生

邑子蕩逆將軍張毗沙

邑子張洪略

邑子張貴達

邑子李乾明

邑子李白道

邑先茹珎

右第一列

輔□將軍梁□□□□邑先牛進

前二行泐

清信弟子李磨子

清信弟子陽思卑

清信弟子劉伯女

清信弟子張女王

清信弟子王伽仁

清信弟子□相妃

清信弟子□相妃

清信弟子王暈仁

清信弟子楊思男

清信弟子韓伯媚

清信弟子高永妃

清信弟子張洪孃

清信弟子李隨仁

清信弟子董雅仁

清信弟子趙阿妃

右第二列

北周補末

一

□大將軍前□□州鎮城邑老馬元和
右二行在第一二列之左
清信弟子申□□
清信弟子□□□
清信弟子張□□
清信弟子□轉□
清信弟子申□□
清信弟子張阿小
邑子王通達
邑子王永通
邑子陸君□
邑子仇市庯
邑子仇子良
邑子仇子劉
邑子笠輔甯
右第三列
杜變見韓浪茍題名中是同時所刻　石高廣相等

二

隋開皇元年至十三年止為一卷
計五百七十餘行
廿九開

隋一

王衆敬等造像記

高二尺六寸廣二尺二十二行行三十一二三字字徑八分正書在平定州

大隋開皇元年四月八日禪師靜內師智龔師僧豊於琅山
之所遂管師□□□人王衆敬衛曇儁李永仁張清王神和
許洪儁張洪衛崇儁張轉勝等敬造鎮国王像雙丈八弁四
菩薩阿難迦葉上為皇　帝臣僚百官邊地有形一時成佛
大施主使持節定州諸軍事南陳郡開國公定州剌史豆盧　定
通世子僧奴
大齋主石艾縣司功張竇明為亡父永熾母衛敬姿母衛光
明亡妻衛妙好妻韓善賢息元纂息吏纂高纂息彥岳明第一
隋開皇元年四月八日
庯明姪士昂姪孝昂明孫君楚合家等侍
深州司兵參軍事富廣敬為亡父母開菩薩眼目願見光明　冨
常為像主
空二行
州霍邑縣儀同三司臨關鎮將劉仁信　妻恒州石邑縣　閭
君郭業姿息君王
并州晉陽縣前石艾縣市令平州瞼廬開録事韓開　妻劉
息君政兄弟六人等供□
菩薩主張元伯為亡父好仁母麻舍玉伯妻宋變光息永州
息繼祖息李買息阿□

爲

菩薩主張奴爲亾父好仁母麻舍玉奴妻衛他女息阿漢息
士漢息衛買
茄葉主王夔儒菩薩主酙思清女菩薩主□女郎菩薩主任阿
莫菩薩主衛像暉
大像主王戠實菩薩主相里銀妃菩薩主王金娥菩薩主任
王眊菩薩主王摩女
菩薩主衛世多爲亡父衛暉招母王先妃侍佛張元伯妻衛
妃妻王婉
菩薩主張継伯爲亡父迴寶母古明月伯妻郭清安息猛士

猛

息猛祖息猛慈息山□

二

大像主衛士建大像主衛野□大像主衛貴寶佛堂主曹黄
綫佛堂主姚定光
佛堂主趙羅莫佛堂主侯阿黑菩薩主董伭袂妻韓明容菩
薩主張董仁
菩薩主趙妙妃雄那主曹黄陵菩薩主張要敬菩薩主郭戠
妻王相妃
元起心像主衛天寶妻張玉息達多妻梁女圓相女惠果女

攞

攞歲菩薩主董騘妃
菩薩主王顯仲妻衛賤好息吴買妻張息竇保妻張息糸陁
妻陳玉華

菩薩主衛玉妻吴洛好息祥意女果女方暉女□□□菩薩
主任王女
菩薩主張門貴　菩薩主郭娥妃　菩薩主暢要□　菩薩
主衛端嚴

豆盧通隋書北史並有傳字平東東開皇初進爵南陳郡公歲餘拜定州刺史此此刻題銜悉與與史合惟傳云通子寬此此云世子僧奴小異南陳郡北魏有二一屬屬霍州一屬南建州隋志未詳石艾縣屬屬冀州太原郡深州開皇十六年始於於後齊之安平廢縣置霍邑故永安縣十八年始改平州後魏太武置隋開皇元年廢此此像以開皇

三

元年造有深州司兵參參軍事霍邑縣儀同三司臨閭閭鎮將平州驗慮閼錄事等銜蓋造像始自元年而功成刻石在十餘年後故豆盧通亦已稱定州刺史也平州廢後至唐始復此此猶有平州之稱則書其前官耳驗慮之驗不見於於字書按通典盧龍縣有臨閭關今名臨榆關隋志榆作渝即此此臨古文作臨此又其變體閭慮音同通假爾雅釋地醫無閭史記河渠書皓皓旰旰兮閭殫爲河漢書閭並作慮與此此正同題名有相里銀妃者相里見姓纂纂晉里克少子李連居相城因爲相里氏韓子有相里子著書七篇漢有河隄謁者相里平姓纂作相里作孫吴二氏以爲誤

濰縣陳氏藏石八種

姚寬造像記（像下高三寸廣五寸十一行行字不一字徑三分至七分不等）

像主姚寬（長）一心供養爲家口大小能生父母七世父母開皇

三年三月廿二日成

房紛池等造像記（高三寸八分廣一尺六分十五行後空三行行五字字徑六分）

□□房庚□□母崔武□□姊房康□□主房紛池□魏開

皇三□歲次癸卯□月八日丙□青信女房□池爲父母□

造觀音像□軀上願生生世世値佛聞法

來養等造像題名（刻座四面高一寸二分廣二寸二三分各六行字徑三分）

開皇四年二月廿四日敎心主來養佛主田迻孟孝信鄭子　一

隋開皇三年三月廿二日

開胡子偘田衆貴邢寶明田洪仕謝士略孟汰通蓋士貴邢

長明田外長郝仲瑹田□貴謝毛略張長佉郭逢竃謝當千

田詳怜

侯延造像記（像高一尺餘廣四寸七分記在下方六行行四字又題名二行在供養像兩邊字徑五分）

開皇十二年三月三日侯延爲女夫張仕岳敬造釋迦像

一區

岳女張蘭一心供養

岳妻侯婑一心供□

王僧伽造像記殘石（高五寸存廣六寸七行行九字字徑五分）

（前缺）□□怖彼岸大（缺）十五年歲次乙卯五月戊午朔十日丁

卯清信士佛弟子竹州主簿王僧伽江東瑯瑯人也左箱菩

薩主鎮遠將軍故（後缺）

十五年値乙卯者惟開皇有之本紀是年四月己丑朔

小盡五月爲戊午朔適合

張信造四面像記（石高一尺一寸座高三之一廣六寸二分兩側廣四寸二分正面記九行行字不等字徑四五分左側三行陰二行右側二行行字不等字徑五六分）

開皇十七年歲次丁巳五月丁未朔一日丁未佛弟子張信

佛弟子楊女足供養觀世音菩薩

佛弟子王容女供養一切佛時

佛弟子楊女足供養佛時　二

齊恒略造像記（石高一尺一寸廣五寸八分側厚三寸六分記刻兩側下截左四行右三行行五六字字徑五分至一寸不等）

辛酉仁壽元年十一月弗弟子大都督齊恒略爲息齊乃善

造石象一區合家大小□一心供養

許曇昞等造像記（石高一尺三寸六分座高四之一廣八寸五分側廣三寸座正面記及題名十一行兩側各四行陰右六行左二行座側之上蓮瓣之側各一行行四五六字字均徑六七分）

歲

大隨仁壽二年歲在戊八月丙午朔九日甲寅昞四人有難

昞敎凱得了敬造石像一軀今得成就保佛慈恩像主許曇

昞敎心主祀佉邑主朱華諸

右正面

邑子許佳唯㑒張韓女邑子趙元姜邑子趙暈右左側

佛弟子故人許恩景妻劉佛弟子許元嵩佛弟子許奴兒佛

弟子許亶顗佛弟子許文正右在陰右

邑子劉嚪香邑子呂嘮要右在陰左

佛弟子劉毛妻礼佛子許劉兒佛弟子許文離□呂右右側

邑子許谿毋韓 邑子許楨毋劉

右在像之左側 右在像之右側

是年嵗在壬戌

三

潁州別駕元洪儁墓誌 高廣一尺一寸餘五行行八字字徑一寸五分隸書正書

故潁州別駕元洪儁墓誌大隨開皇三季七月一日合坐

隋開皇三年七月一日

注云行存七八字此存九字似有五字不能似異合

泰句似宜注闕上

玉函山造像二十六種在長山東二十里

李惠猛妻楊靜太造像記已錄入補正開皇四年

李惠猛妻楊靜太再造像記高存四寸二分廣四寸四行存七八字字徑五六分正書

李惠猛妻楊靜太闕造觀世音像一區爲帝闕法界衆生七世師僧闕　母庶同此福

下截有斷闕字二行造字添註於旁

劉洛造七佛記高四寸五分廣一尺八寸四分十八行行四字至七字不等字前徑一寸後較小正書

大隋開皇四年歲次甲辰八月亲卯朔十五日乙巳故人劉洛敬造七佛爲本生父母已身妻子眷屬覲遲弥勒

隋開皇四年八月十日

一

七佛主劉洛爲造福人房直

維衛佛　式佛　維葉佛　勾樓秦佛　勾那含牟尼佛

迦葉佛釋沏　弥勒佛

□太妻夏樹造像記已錄入補正開皇五年

羅沙弥造像記高九寸五分廣三寸二行行八九字字徑九分正書

開皇八年七月廿日羅沙弥爲父母造二𦬇薩

首行日字添註

殷文爲弟造像記方一尺三寸七行行七字方界格徑一寸八分正書

大隋楊主開皇七年歲在丁未五月十日殷洪慕息仕㒺敬造釋迦像一區并二菩薩言絶如終其兄文於八年八月八日爲記

㒺字不可識言絶如終如讀爲而古通用

傅朗振共妻鄧造像記高四寸二分廣四寸五分五行行六七字字徑七分正書

開皇八年九月五日傅朗振共妻鄧爲亡息雅兒敬造釋加像一軀

羅江海造像記高一尺一寸廣三寸五分五行行十七字字徑一寸正書

開皇八年十月廿日羅江海敬造一佛二𦬇薩

王景遵造像記高三寸五分廣一尺四寸十七行行四五字字徑八分正書

大隨開皇八年王景遵敬造阿弥陁象一軀并二菩薩上爲皇帝陛下又爲高祖父□下至囝孫師僧和上法界有形感同斯福

二

王景遵再題高五寸五分廣二寸五分一行字徑一寸正書

像主王景遵

羅寶奴造像記已錄入補正開皇十三年

張峻母桓造像記已錄入補正開皇廿年

顏海造像記高八寸廣三寸五分三行行六字字徑一寸正書

像主顏海爲父母敬造像二軀法界同福

顏海妻展造像記高七寸廣三寸五分三行行七字字徑七分正書

顏海妻展爲上父母見在眷囑敬造釋迦像一軀

尼智定造像記高六寸廣三寸三行行七八字字徑八分正書

像主比丘尼智定爲亡妹明了敬造一仏二菩薩
劉女造像題名一行高四寸四字字徑一寸正書
像　主劉女
張肆造像題名一行高五寸四字字徑一寸正書
□主張肆
林弟年造像題名一行高四寸五分五字字徑七分正書
□主林弟年
段□□等造像題名高七寸廣二寸五分二行行十字九字字徑七分正書
像主叚□□息須陁子丰
像主太息論□□何波
記工殘題高三寸五分廣九寸三行行二字字徑一寸餘正書
四月八日記工
闕名殘題高存五寸餘廣三寸三行存字不一字徑八分正書
闕□□
闕□法界衆
闕離苦同昇正覺
闕名殘題高存三寸四分廣存四寸五分四行行四字字徑七分正書
大
月八日比
勒仏一軀

師僧
又殘題四條各高五寸餘廣二寸均正書
像主□□□
□□□□樹
□□□□浛
一不可辨

右玉函山隋造像二十六段山左濟南兩金石志皆失採先大夫金石補正錄四種未詳何在依年散列光緒庚寅榮履吉大令俊業寄貽搨本亟錄之別有唐題名一刻無年代李化成等三十三人名一刻元後至元六年張起巖記一刻廉訪使竹忽哈赤等題名一刻至正三年劉清卿禱雨記一刻此山自唐以來多稱佛峪亦稱函山佛峪者指函山鐫像處名之故歷城亦有佛峪而非一山也唐題名分次大中十年

翊軍將軍順陽郡□□□爲妻造像記
高一尺五寸廣一尺一寸三分九行行十字字徑九分正書在磁州響堂寺

大維開皇四年歲次甲辰九月庚申朔廿一日庚辰□□子
翊軍將軍順陽郡□□□爲妾妻□□女華敬造阿弥陁佛
壹堰觀世音二菩陪願法界衆生斷一切惡脩一切善願從
今身乃至佛身共一切衆同諧大乘□□□□

翊軍將軍順陽郡守□□□造象八分書開皇四年九月二十日 金石分域編

安□□造象記正書開皇四年磁州響堂寺 畿輔碑目

隋志無順陽郡北魏順陽郡二一屬荊州即隋順陽縣在今河南淅川縣東南一屬廣州在河南郟縣東南 求是齋碑目

謹案隋書地理志南陽郡順陽縣在魏爲荊州順陽郡久廢在隋襄城郡郟城縣在東魏爲廣州順陽郡至開皇三年郡始廢又案隋翊軍將軍與下郡太守同品見隋書百官志隋制州郡縣皆以戶口之多寡分上中下三等而三等之中又各分爲上中下三等凡九等而志中詳分等第戶口之數北史盧辯傳詳敘北周新定制其州郡縣各有五等戶五千以上爲第三等郡一千以上爲第四等郡不滿一千戶爲第五等郡魏廣州順陽郡領縣二戶二千四十五其爲下郡可知而荊州順陽郡魏志戶口雖未詳然其屬縣有五當不得在下郡之列矧郡廢已久不若廣州順陽至開皇三年始罷郡之爲近而有徵此碑適立於開皇四年則安樹□所守之順陽乃魏廣州之順陽郡也畿輔通志

右造像人姓名畿輔碑目作安□□通志作安樹□今已全泐亡作妾他刻罕見隆作陪蓋涉上菩字而誤也碑文之下有大周長字陽字妻字及弥字藏字是造像題名之行首字别一刻也補訪碑錄載有聖曆元年安陽縣田□造像疑即此刻長即壁乃武后所製聖字

王俱等造像石幢

十六面面廣二寸餘每三面鑿像龕一各閒一面環為四
龕龕下題字高一尺五寸面各三行記刻正龕三面之下
又前後各一行行十八字記前後題名各三列在記前
者左行字徑六七分正書碑估云來自河南未詳何地

夫靈真虛寂絕相无名至深至重靈感遠備若存有敬以状
而求者拔沈浮於苦海是以聖人寘鑒慈燈周暉法界歸崇
者隨感搆之以近趣之以遠童子造塔發由此起是以都邑
主王俱□□□卌人等可謂宿殖妙因深達幽旨發悟在今
共崇靈像採質求功刊之金石漏出聖容暐曄爭新百花之
開春樹慹義競照似万□之聚高大師子怒形含瞋舉目漏
識分明衆相俱備藉此徼因仰資　皇帝陛下金輪永御聖　一
隋開皇五年十一月廿三日
欽明治并為七世先亡所生父母遍及含識有形同沾此福
俱登正覺　開皇五季十一月廿三日建　二
都邑主王俱　比丘尼善勝　邑子張由
唯那栢延慶　比丘尼法和　邑子雷黑
邑子黨胡　比丘尼普惠　邑子荀將磨
邑子劉稚震　邑子車金姿　邑子雷道女
都化主雷巷生　邑子劉伏香　邑子□□□
邑子□□　邑子焦冝妃　邑子魏辯積
邑子□□□　邑子賈　暉　邑子王妃
邑子馬席藻　邑子使明月　邑子□□□

邑子張寶德　邑子劉小女　邑子魏国□
邑子魚元嵩　邑子張正　邑子陽蕆仁
邑子魏承伯　邑子段男姿　邑子□□□
善佰仁施金百　邑子□僧妙　邑子栢阿貫
尊主為忘父母　邑子霍阿尧　邑子栢阿充
邑子安王子　邑子□要妃　邑子伯洪兒
邑子正焦勖　邑子上官絲妃　邑子孫蕆兒
邑子王光暉
以上三列在記後
都化主□□□　邑子趙羅侯　邑子雷仕恭
都化主成子高　邑子□□□　邑子□□□
都邑中正栢洪貴　邑子栢仁達　邑子黨僧生
都□□□　邑子□□貴　邑子□□□
唯那杜承仁　邑子尋外興　邑子栢仕昂
中正馬文佰　□□□□　邑子張野中
中正□□□　邑子李紹先
邑子董洪遵　邑子雷韓仕
邑子□子林　邑子□□□
邑子栢延昭　邑子□□□
□□□□□

二

邑子栢榮宗
邑子盧清風以上三列在記前左行
大齋主成柳生妻王娥在記首行之上像龕之右
施石主栢僧常
比[丘]邑師法渕

三

道民藾遵造像記

刻佛座高一寸七分廣八寸四分廿五行行五四字字徑五分餘正書

大隋開皇七年六月甲辰朔廿九日壬申道民藾遵敬造先
君一區上為七世父母所生父母依緣眷屬一時成道

隋開皇七年六月廿九日

郭振造像記

高四寸二分廣一尺二寸五分十行行五字後空三行方界格徑八分正書

大隋開皇八年四月八日郭振為亡父往日敬意造像但父
早□未見像刑□既成就亡者生天見在富貴所有親且居
等正道佛

刑形古通用居等疑俱登之誤

隋開皇八年四月八日

袁子才造像記

高一尺二寸廣八寸五分八行行十二字字徑八分正書在磁州南武山

開皇八季四月八日佛弟子袁子才仰為亡父母敬造釋迦
像壹區所願亡父母託□淨域遊神佛土上為國祚永隆
聖躬常樂 次及現在眷屬恒居富樂一切品物皆獲 妙
果龍花三會俱登正覺
袁子才并妻呂一心侍佛

隋開皇八年四月八日

滈于儉墓誌銘

石高三尺廣一尺三寸十三行
行二十一字字徑八分正書

滈于僉墓誌銘 題額正書橫列 字徑一寸二分

君諱僉字德喬冀州清河人也自高門待封果容駟馬之車
炎輠無厭受拜万乘之主瓆根与九泉爭遠蘭徐共四方競
振乃祖乃考珮紫紆青唯昆唯季戴蟬鳴玉君學優登仕即
号指南釋褐入朝復稱英異出身為魏廣陽王開府記室永
安元年加殄寇將軍二年除益州城局參軍一逕毗讚六條
無攤股肱州將十部常聞特蔺帝心尋棱臨沂縣令民父媿
以弦歌季孫輙其施麦威恩有稱德行兼舉不悟夢綵無驗
隋開皇八年十一月廿日　一
涉洹有徵春秋六十三卒於第妻武威孟氏婦工女則訓脩
六閨齒迫期頤俱從靈道今以大　隋開皇八年歲次戊申
十一月丙寅朔廿日乙酉合葬於磐陽城西南黃山東北孝
水東陵墓存焉
若夫拱樹合煙常栖仙鳥壠躲蔟隸時切行人嗚呼哀哉

文云高門待封果容駟馬之車炎輠無厭受拜萬乘之
主按風俗通滈于春秋時小國元和姓纂于出自周武
王第二子邘叔子孫以國為氏其後去邑為于氏非一
姓也滈于氏之改為于氏在唐元和時以避憲宗嫌名故誌引用滈于髡事以漢
于定國故實作對殊涉牽強僉出身為魏廣陽王開府
記室按魏書太武帝子楚王建閭改封廣陽王建閭子
石侯石侯弟嘉嘉子深深子湛湛子法輪進相襲深嗣
爵在孝明時僉為王府記室在孝莊永安以前則所事
者深也磐陽即般陽漢縣今山東臨朐縣東南有般陽
故城即此惟漢縣在今淄川縣境臨朐之有故城乃宋
魏閭移治於此者也石未詳出土處據此則當在臨朐
般陽漢書地理志本文魏書地形志作盤北齊朱岱林
墓誌銘作槃此刻作磐古字皆通用

王輝兒造像記

高一尺六寸廣一尺二寸九行行廿字字徑八分正書在磁州響堂寺

維大隋開皇八□□□□亥朔廿一日己酉□□□佛弟子
王輝兒敬□□□隨像一堰并二菩薩願□身延年□諸苦
患□□眷屬生生世世值遇□□又願七世先亡及法□□
生同□此福所願如□
前明威將軍金鄉縣散下缺

隋開皇八年

廿一日己酉則月朔當爲己丑今朔直亥則廿一直未而已酉爲廿三日矣必有一誤也石下截已斷右一角缺

女管妃造像記

刻佛座之陰高三寸弱廣五寸廿行行五六字字徑五分上下正書

開皇九年三月廿三日清信女管妃爲亡夫郭遵道敬造釋
迦像一區能亡者託生淨土見存者利苦得樂法界衆生同
登正覺

隋開皇九年三月廿三日

利苦乃離苦之誤

張僧殷息潘慶墓銘
方七寸七行行七字字徑九分分書

安縣　縣

大隋開皇九年歲次己酉十月廿四日相州武安縣故人張
僧殷授洪州刺史息潘慶騎兵參軍塋在武安縣東南一里
之墓銘

隋開皇九年十月廿四日

萬佛溝經刻十六 在安陽

大住聖窟題記 高一尺餘廣一尺一寸十行行廿字字徑一寸正書多隸體

大住聖窟
大隋開皇九年己酉歲敬造窟用功一千六百廿四
像世尊用功九百
盧舍那世尊一龕　阿弥陁世尊一龕　弥勒世尊一龕
三十五佛世尊三十五龕　七佛世尊七龕　傳法聖大法
師廿四人
歎三寶偈言

歎三寶偈言 高一尺餘廣一尺六寸前十行中空三行後一行行十字字徑一寸正書在前刻之後

隋開皇九年

七言三章章四句不錄

法華經偈言 二紙高與前同一廣一尺六寸前八行中空三行後二行一廣四尺五寸四十三行行各五言二句字徑一寸正書二紙相貫屬從空行處分搨

妙法蓮華經如來壽量品
偈言
偈言不錄

東魏武定四年道憑造大留聖窟此又仿其遺跡為之寫
與寂同見廣韻 安陽金石錄

以上三刻自右而左相連屬

大集經中言 與後二刻合一紙前少半高六尺餘後多半高一尺上廣五尺五寸下廣二尺長行二十二行行六十二字短行三十五行行十字字徑九分正書在安陽

加一行

大集經月藏分中言
尒時世尊云云至第九行第三字止下空二格
摩訶經中言
摩訶摩耶經中言　尒時世尊云云至第五十七行止
造石窟題記
□住聖窟
大阝開皇九年己酉歲敬造窟用功□□□□廿四
像世尊用功九百
此刻安陽金石錄未載文與前同
傳法聖師廿四像名號高五尺七寸廣二尺二寸標題一行後分六層每層上半平鐫四像二下半題佛名每四字爲行每像二行至七行不一字徑八分正書
世尊去世傳法聖師
第一摩訶　第五優波　第九佛陁　第十三比
迦葉摩竭　毱多摩究　蜜多　羅化在南
國婆羅門　羅國毱多　天竺造无
尼拘律陁之子　我論
以上每列四題之第一題餘不錄
此刻與前三刻相連屬
廿五佛名高一尺三寸廣一尺九寸十八行行十一字字徑一寸在洞西
廿五佛名　南无寶集佛以下不錄

二

卅五佛名高二尺廣一尺七行行十七字字徑一寸
卅五佛名石坼空六格　南□釋迦牟尼佛以下至四行南无无垢佛南无□止不錄後一行字盡漫滅
此刻之右二行一有南无釋迦牟尼佛七字一空是别
一刻
佛名殘刻高二尺廣一尺三寸十行存十六字字徑一寸
前闕　才□德佛　南无德念佛以下及二三四五行不錄
十方佛名此標題在第五行下半行以後至第十行下方日月止句未畢不錄
五十三佛名高一尺九寸廣二尺八寸餘二十三行行十五字前三行低二字字徑一寸
五十三佛名　南无普光佛以下不錄末行南无□句未畢
大集經初言高一尺四寸廣二尺五寸二十五行行十四字字徑八分在前刻後
大集經月藏分法滅盡品初言
經文不錄
法華經中言高一尺二寸廣七尺二寸七十七行十二字字徑八分在洞西最上層
妙法蓮華經分別功德品中言
經文不錄
勝鬘經高二尺三寸廣七寸六行行二十一字字徑一寸
勝鬘經　勝鬘言世尊以下不錄
涅槃經偈高一尺九寸廣二尺四寸餘十七行行十六字字徑一寸
涅槃經中天帝釋至偈之中上半明生死下缺

三

懺悔文高二尺二寸廣二尺四寸二十一行行十八字字徑一寸餘

畧礼泐四字懺悔□文至所有善根求□□□止

萬佛溝石刻四種在安陽

大住聖窟題記攟本高一尺餘廣二尺七寸五分二十一行行十字字徑一寸正書有隸體在安陽萬佛溝

大住聖窟

大隋開皇九年己酉歲敬造窟用功一千六百廿四像世尊用功九百

盧舍那世尊一龕　阿弥陁世尊一龕　弥勒世尊一龕

三十五佛世尊三十五龕　七佛世尊七龕　傳法聖大法師廿四人

歎三寶偈言

隋開皇九年　一

如来之慧无邊際神通廣大妙難思相好光明超世綱故今

三界普歸依廣字添註

法寶清淨如虛空善寂甚深无窮盡无生无滅无往来寂滅

離垢難思議往下原空二格寂下空一格皆以石泐故

聖衆應真功德海斷滅一切諸諍流戒定清淨无瑕穢八種

功德福田僧无瑕後原空三行以石斜裂故

東魏武定四年道憑造大留聖窟此又彷其遺跡爲之寂與寂同見廣韻安陽金石志

安陽金石志錄此戒定清淨无瑕穢戒定作滅之瑕作

ヨ當時所見攟本模糊故有此誤偈言三章之後志載

大住聖窟題記并經言等刻 搨本前少半高六尺餘後多半高一尺上廣五尺五寸下廣二尺長行二十二行行六十二字短行三十五行行十字字徑九分正書在安陽

大集經月藏分中言
尒時世尊云云至第九行第三字止下空二格
摩訶摩耶經中言　尒時世尊云云至第五十七行止
□住聖窟
大阝開皇九年己酉歲敬造窟用功□□□□廿四像世尊
用功九百
空二行

隋開皇九年

世尊去世傳法聖師

此刻安陽金石志未錄按大住聖窟紀功語已刻於萬佛溝磨崖文與此同此刻前有大集經月藏分中言按大集經月藏分初言刻在寶山靈泉寺洞西然則此刻當亦在寶山其窟則開皇九年同時並造也

萬佛溝塔記四

道政法師塔記高二尺餘廣六寸上二行字徑一寸三分下三行字徑一寸五分正書

道政法師支提塔記
大隋開皇十年歲次庚戌正月十五日造

安陽志未採

隋開皇十年正月十五日

靜證法師塔記二紙各高五寸廣五寸各二行行四字字徑二寸分書

故靜證法師碎身塔
大隋開皇十四年建

比丘道寂塔記二紙各高五寸五分廣五寸各三行行四字方界格徑一寸二分正書

二

比丘道寂願生安樂灰身塔
大隋仁壽元年正月二十日終

比丘慈明塔記二紙各高五寸廣五寸五分各四行行五字字徑一寸正書

比丘諱慈明大隋開皇十四季十月五日終季二十以上一面九
仁壽二季四月五日建塔□提以旌長代

曇獻等造像記

高四尺廣三尺一寸七行行十二三字字徑三寸
内外不等正書兼隸筆在東平州白佛山磨厓

大隋開皇十季歲次庚戌九月乙酉朔三日丁亥發心主沙
門曇獻劉子貴任祖怜周子讓張胡解建昌妻王西門□犢
并造盡切經人等在□岘山敬造阿弥陁象一區上爲　□
帝陛下　一切有形同沾斯慶

隋開皇十年九月三日

經

李慧熾造伽藍并像記

高四尺廣三尺上半截題名右龕五列左四列每列四五
人不等龕下二層上層十四行下層三起凡九行下半截
記廿五行行廿四至廿九字
不等字均徑五六分正書

大隋開皇十一季𢡟嵤□次辛□八月大梁庚戌朔十五日
甲子
若夫般若宏□非寸毫能測下□涅槃山高非□步能□□
□□□然□□解崧𠂕表其義□□紅□不□下大欲求明
覺先當木門□碩常樂𡊮行早除纏□心仏不□□□往生
觀想無二定朋曲到□□盡枍上果菩提況迺李慧熾者大
四公坐後□雖世居此邑□胄趙郡然熾樂才一桑二歸无

隋開皇十一年八月十五日

一

興白馬□城頭目□捨□□无恡妻児頓捨豈復逕懷以大
齊武平　年捨家園宅爲亡父母敬造伽藍一所寺号天龍
堂房雅麗曄□臧□摩尼寶殿未足稱奇□蘭精舍詎必勝
此遂於内敬□金丈八一軀雙菩薩嚴：之面□同滿月□
□之容事等金山嚴□崧□□黍而歸依餌栢飡松須□□
□□□掌□□渴□眼淨讚言南无□羅蓋三寶於此方隆
僧尼由斯始□可　言武位登羅□和而尢□以□黙□□
未□□□亻魔殄□滓□□以四載之□法□□□合
之閒梵響元音含生渴仰有性□□□日□願□□□者非
□何下昆□□以金輪□山　三寶亻闌一桑□茲長夜於是

合□楊貴和李元田當鄉□□禮曹家邑□□雅□亻□□
□□□□□□彳夲伽藍一所仏殿僧房感矣我難及□未
知□□□遂□□□□造丈八像一區青蓮之目□明□□
之相□異須弥□於□□□□□頭万善俱□三有□蓋雜
糸□飾遍覆三千營構□訖故請練□比丘尼淨雲爲寺主
六人也□□无慶其衆也詵〻无垢其福也海□□其□也
□之難盡□銘□記□千有□須□尸此□不改　日六
詞曰　□□□冊□監田□□□□□□□淦〻邑義
巍〻□糸亻□開導□□□□□□□□爲龍
大士行彳人我俱□□□□帝亻□軒轅化同堯舜□右　二
永保□山□□□□□太子皇儲文武□官州縣令長師僧
父母四生解脫□□羅□並發菩提同生□辶□登正□
上坐法敬　□□□□□迴
寺主淨雲　比丘尼□先　比丘尼滕嫣
上坐惠□　比丘尼惠玉　比丘尼淨因
左箱菩薩主□□　比丘尼淨□　比丘尼　摩
比丘尼僧琛　比丘尼僧□　比丘尼淨妙
右上截龕右題名弟一列　右二列　右三列
石銘主張元□
维那郭進　维那李茂尊

比丘尼解空　釋迦像主□世舉
比丘尼摩耶
右四列
丈八大寺主李天龍　右五列　礼義坊正李子□
丈八象主　東堪□主□秀才楊□嵩
大銘主　住像主都中正張敬略
佛堂主　都維那比丘僧惠□
右在上一列之下記之上每行相去一二寸不一
大銘像主郡
功曹李紹建
沙門都道清　邑子楊子才
大寺主雲敬　邑子李仁顯
大像主　邑子李子才
大堂主
大寺主
大銘主　維那楊世和
大齋主郭妙姬　維那黄歡慶
□□像主王脩禮　右二起在龕下第二列之偏左
右在龕下弟一列
大都邑主李惠熾　维那□門□□李□達
大都維那楊貴和　維那楊延和

西堪像主楊及祖　唯那李雄
維那李□□　維那李□招
□那□□□　唯那李貴□
右龕左題名第一列　右二列
大□□李元由　唯那呂義深
唯那李僧顗　唯那李仲儒
唯那王元禰　唯那□老□
唯那連慶祓　□那史□□
唯那李□□　□那李曰貴

記云開皇十一年陬訾□次辛□八月大梁庚戌朔十四

五日甲子此(此)以歲星十二次紀歲也是年太歲值辛亥月陰在亥爲析木此(此)作陬訾者其辰在寅故爲陬訾也惟既云□次辛□又標歲星於(於)其上則贅矣八月月陰在酉爲壽星不曰壽星曰大梁者其辰在辰爲大梁與陬訾同一術也李慧熾捨家宅造伽藍弁金丈八雙菩薩其後合邑楊貴和等復建佛殿僧房丈八像請比邱尼淨雲爲寺主此(此)記之大略也像卽(以)丈八名不知何佛字多詭變不能盡識(諳)坐卽之大卽其

車騎將軍馬長伯等造像記

高八寸二分廣二尺七寸三分三十一行行九字十字方界格徑八分餘正書有篆文

大隋國開皇十一年歲易州易縣固安陵雲鄉民以地居蕃省北与沙莫呂相連齊開周通宇文治末遂使撥乱未豐軍示狄乃致突厥抄掠此閒父南子北全已示練見在之徒忽遇

楊帝開皇万里大定三寶興世振威暇及至十一季斯人内懷共樓之恩來訪積心同崇功德往詣定州洪山敬造玉石大像一佛二菩薩有敢運來佛身丈八七寶莊嚴損真形如相好凢人覩見示覺崗騰如頂祀州宝南鄉公親來奉□正　隋開皇十一年

容合掌割捨祿物上下勸成光燚士庶以此功德仰報皇恩慈威之澤下及法界三有衆生邑異心同布望共善（空一行）

上儀同三司左衛俑政府車騎將軍菩薩主馬長伯

都督司兵叅軍李昌

都督任遊道劉朿裕

菩薩主陳世通母史暉

□薩主楊士仙父洪度

□良伯周興達牛通□

隋志易州開皇元年置易縣隸之舊有故安縣後齊廢卽記所(所)云固安也南鄉公不著姓名隋諸臣封南鄉公

者史亦無之馬長伯無攷碑雜寫篆文字多變體㧺咸暇及以暇爲遐也兩如字皆讀爲兩尚合於古㕘軍不狄㕘字狄字不知何字之異文

造阿弥陁像并二菩薩記

高一尺廣一尺二寸十行行十字字徑六分正書在磁州南鼓山

大維開皇十二年歲次□子四月丙子朔八　日癸未佛弟子□□□為□□敬造阿弥陁像并二菩薩此像迴□亻願法界衆生二無諸苦患及　諸眷屬□樂延年生〻世〻值遇諸佛又願七世先亡善願從□□□佛身□一切衆同□□□乘俱□佐佛

屬

隋開皇十二年四月八日

板授蘄州刺史李則墓誌銘并蓋　故靳州刺史李君墓誌　題蓋正書

高一尺三寸三分廣一尺三寸十九行行十九字方界格徑七分蓋題故靳州刺史李君墓誌九字兩行正書在趙州

君諱則字僧法博陵安平人其先爰自有周濯纓從宦降逮
於魏封邑段干遂乃隱德行仁西遊息迹非獨尹喜稱奇故
亦宣尼表異但真人命世冠冕蟬聯漢文登仕滕西太傅至
於貞靜自正難得而稱者矣祖虜河東郡守父叡龍州司馬
君宮宇沖邃稟操凝簡有慕夷齊之清常恥惠連之屈去開
皇四年板授蘄州刺史本郡太守雖蒙榮莽非其雅尚君地
地望鮮華音猷盛美白駒滿坙投轄盈庭鄭中尉好延豪桀
方之蔑如陳承相轍跡從橫詎足比云但蘭摧玉折霜露先侵

隋開皇十二年十一月　一

開皇十一年卒於家春秋八十有二於是相杵停音隣歌斷
曲以大隋十二年十一月七日葬於安平城西北常安鄉仁
義里所謂哲人云亡邑里興嗟式瞻注行傳之不朽鐫勒泉
銘其詞云尔

望
望居隴右地擾燉煌枝分葉散樹邑琳瑯仁堪懷遠威足摧
對縉紳朝野冠蓋周行邈哉萬里邈矣幽扃泉門杳杳地戶
冥冥長埋壁月永掩珠星霏霏霜露君子先零挺質淹滅神
資淪黙仁讓兼崇禮儀稱則夕惕睿恭風興溫剋用著徽猷
銘茲休德

右板授蘄州刺史李則墓誌則博陵安平人按安平後漢屬博陵郡隋開皇三年改屬定州地理志於繫博陵郡下乃大業三年以定州之鮮虞郡改者誌作於開皇十二年時安平正隸定州鮮虞郡猶未改誌稱博陵著舊望也文云封邑段干當即段干其爲邑名於書無攷魏文侯師段干木譜氏族者皆不知所本據此則以邑爲氏也板授之制始見於後魏諸帝紀肅宗熙平二年詔京尹所統百年以上賜大郡板九十以上小郡板神龜元年詔京畿百年以上給大郡板九十以上小郡板八十以上大縣板七十以上小縣板諸州還降一等孝莊建義二年詔上黨百年以下九十以上板三品郡八十以上四品郡七十以上五品郡北齊北周諸紀皆不詳年歲官品之差等隋文帝紀略不一及煬帝大業七年詔河北諸郡及山西山東年九十已上者版授太守八十者授縣令與後魏同誌稱則開皇十一年卒春秋八十有二其在四年止七十五而超授刺史雖周明帝二年詔板授高年刺史守令可爲板職得至刺史之證而則以中壽遽已得之何也意者煬帝紀大業元年詔有高年之老加其板授云云則以累授遞加故得至刺史歟又魏書孝感傳吳悉達兄弟行著鄉閭板贈悉達父渤海太守宋書王鎮惡從高祖北伐次澠池造故人李

虁

方家升堂見毋厚加酬賚即板授方涵池今則不獨尚
年之典有之矣𧄍虁如即蔵如承相即丞相兩秤秤字即變
禾旁作亓也

隋開皇十三年至仁壽二年止爲一卷

計六百六十餘行
卅五開

隋二

少容山磨崖經刻凡二十四紙字均徑寸許均分書在曲陽

一高三尺九寸廣一尺一寸五分七字偈言八行行五句

一高四尺廣一尺二寸佛名十行行七句

一高四尺廣四尺五寸五分佛名四十八行行八句

一高四尺廣一尺二寸佛名十二行行八句

一高四尺廣一尺一寸佛名十二行行八句

一高四尺廣四尺一寸佛名四十六行行八句

一高四尺廣一尺三寸佛名八行行八句後有題名四行在上截行十五字字徑八分龕主二字特大

祖周使持節少師大將軍延綏丹三州

諸軍事延州摠管贈青齊滄兖膠五州

龕主

隋開皇十三年二月八日

刺史蜀郡開國公伯儁　父金州刺史

仲義　孫定州司兵參軍事韓長秀

□比丘智炬供養此行在左下角

一高四尺廣一尺三寸經偈十一行行約四十餘字以上東面

一經刻在佛龕之上廣一尺七寸十三行行十字

一高四尺二寸廣一尺七寸經刻在小佛龕之下標題二行行五字字徑二寸經九行行廿二字龕右題名五行行六字

龕主定州城內賈凡母𣏌爲七世先亡現在眷屬法界衆生供養此刻之下别有題名一行漫滅僅見一氏字

一高三尺五寸廣五尺六寸經刻五十一行行三十二字

一高四尺一寸五分廣一尺六寸經刻在小佛龕之下十四行行三十二字龕左題名四行行五字

□□定州□□□孟常□□□先亡眷屬法界供養

一高四尺廣一尺七寸四分經刻十七行行四十二字以上南面

一高四尺廣二尺四寸經刻約二十一行行約三十四字

一高四尺廣一尺七寸五分經刻十三行行三十二行字

一高四尺廣四尺五寸上有佛龕左右經刻各六行行三十三字龕下二十四行行十六字

一高四尺廣一尺七寸經刻十三行并二十二字末有年月一行

行唐邑龕　大隋開皇十三季二月八日刊

一高四尺廣二尺五寸經刻二十三行行三十九字

一高四尺廣一尺三寸經刻十一行行三十九字以上西面

一高四尺廣一尺六寸經刻十五行行三十八字

一高四尺二寸廣一尺七寸經刻十六行行四十一字

一高四尺二寸廣四尺六寸上有佛龕左右經刻各十二行行四十二字龕下二十二行行二十九字

一高四尺三寸廣一尺七寸經刻十六行行四十一字

一高四尺一寸廣一尺九寸經刻十八行行四十一字以上北面

韓伯儁等並無攷

二

諸葛子恒等造像碑陰題名正碑補正已錄

連龕高三尺八寸五分廣二尺三寸四分龕下第一截六寸三分題名五人下一截一尺五寸餘題名三列行字不一字徑四分至七分正書

大齋主前淨境都督樂陵郡守諸葛地□

大齋主蕭他生

大齋主前主簿蕭宊騎

大齋主録事高芢恭

齋主撗野将軍蕭惠恭

右在龕下左右刻乘馬者二人

大碑主□子□

隋開皇十三年四月十五日

都督諸葛子恒　侍官□□□

大都維那主諸葛德　都督諸葛世龍　侍官□□□

大都維那主諸葛元　別将諸葛剎那　侍官王羅侯

大都維那主諸葛容子　統軍諸葛像　侍官樊□華

當陽大像主諸葛白珠　統軍諸葛鳥　侍官徐宜郎

左右葙菩薩主劉玉□　統軍劉肆　侍官孫曇遵

上龕大像主馬卌吉　統軍王子偘　侍官白世貴

上龕大像主潘思見　建義都維那　軍主張子光

上龕二菩薩主陳繡容　軍主張寶孫　侍官諸葛曠

上龕二菩薩主胡孤隨　幢主諸葛子湛　侍官諸葛龍子

上龕二菩薩主高卌女　幢主麻□恩　侍官諸葛□□

一

移上一格

上龕二菩薩主陳散香
阿難迦葉主周陵紀
寶塔主王子偘
左右葙仙人主諸葛子恒
龍王主王元慶
二師子主張子光
施石主蕭文王
左右葙金剛主
前州主簿方城
鄉正諸葛孝直

侍官張[]
都維那潘度難
侍官周蘭才
侍官諸葛僧利
侍官周肆龍
侍官馬烌吉
侍官蕪永振
侍官王宜公
侍官諸葛伽仁
侍官王季海
侍官蕭僧遷

二

侍官徐洪
侍官周子[]
侍官劉[]
侍官潘德見
侍官潘子琛

右造像題名無記年月似是碑陰謹按補正載開皇十三年諸葛子恒等造像頌有建義主都督諸葛子恒別將諸葛刹那蕭僧遷三人並見於此題名中補寰宇訪碑錄載諸葛子恒碑云有碑陰即此是矣惟補訪碑錄謂在泰安而此本來自蘭山按正碑云俱願樹碑銘斯

三

遊歷遂在東蒙之[]枋田之北[]沂浩汗伊霿其傍漢志蒙山在泰山蒙陰縣西南漢蒙陰故城在今蒙陰縣南枋即祊左傳杜注在琅邪費縣東南今兗州府費縣治沂水漢志出泰山蓋縣臨樂山南至下邳入泗水經注作艾山鄭康成云出沂山胡渭禹貢錐指云今沂實出山東沂水縣西北雕崖山臨樂艾山雕崖疑即沂山支阜之異名沂水自此歷沂州郯城至江南邳州合泗水據此則諸葛子恒碑本在蘭山趙撝叔誤作泰安耳

楊小□造石浮圖記

高一尺廣八寸五分末行較大正書在行唐封崇寺五行行字不一字徑

大隋開皇十三年五月廿八日佛弟子楊小□宿業不圓往

遭艱難北邊動掠沒賊多久其時在彼伴徒六人欲背逃走

復生惶□慨心興頓若浮還鄉敬造石浮畐一堰今雖星散

為□仍在獨秉微心依然造立上為　帝祖化隆下為師

僧父母及族眷屬普離苦海俱登覺道

隋開皇十三年五月廿八日

右記為楊小□被掠沒賊中還鄉酬願而作行唐縣隋初

屬恆州記造於開皇十三年案是時諸夷賓服河朔晏然

無兵革之憂所云北邊動掠者當在齊周之際或在開皇

初年其事竟無考記中字體甚怪如雞作雞微作𢖋與後

周保定四年聖母寺造四面象記正同其他如散作散秉作乘

覺作覺為他碑所罕見常山貞石志

刻甚潦草楊小□小下土旁尚可辨識畿輔通志作楊小

懷非是慨心興頓常山志作□公興願為□仍在仍字頗

顯常山志作女皆誤

秉

[illegible]

前錄事參軍李□達等造像殘碑

高除上截佛像外計三尺二寸八分廣二尺七寸俱正書餘詳後在易州定意寺碑有陰刻開寶八年定意寺營殿槃塑記別列於宋

上為皇帝□下□□□□□□□宮等普登正覺　七行在碑

右第一列字徑七分其左亦有七行皆磨泐不可識

前錄事參軍李□達鄭子□　□□□

前司□參軍□□□王繼伯　□□□

從事韓孝宗　宋士□　李□□

從事成子亮　趙焮良　張□□

□□劉□□　宋□□　□□□

隋開皇十三年

□事宋師□　□子□　□元□

□事孫伏□　王□伽　梁士□

錄事□□□　□□□　□□□

長史□□□俅□　□□□　□□□

□□□事□□□　□□□　□□□

□□□□□　任□□　□□□

右第二列後數行皆不可辨下同

大□□開皇十三年□次癸丑□□月□□□□□□□□□

右第三列

右第四列字均徑六分

□□□□□□□□□□□□之□□□□□□□山□□□

□□□□□□□□□□□□□□□□□□□□□□□六

□□□□□□□□□□□□□□□□至□□□□□

□□□□□□□養育之　恩□□□□□□□□□□

□□世項□□□□□□□□□

以上記八行紀年僅存形似記後第五六七列題名各七行八列四行惟六列之末梁士瑫八列之末宋□恕尚爲明顯其餘及碑左題名均漫漶無可摹擬不備錄

畿輔通志載入宋標題爲定意寺錄事參軍李希達等造佛象題名採上谷訪古記云在州署後廢地開寶八年乙亥十月立此碑陰比丘尼瓊謹等營殿裝塑記之年月也正碑乃隋開皇十三年立通志誤

開皇甎文四

一　長一尺三分廣五寸二分厚一寸八分正書

開皇十三作年在側　太歲癸丑兒冢

側字上下各列錢幕一斜綫交絡界以闌各居甎四之一三下缺年字補刻闌下二斜綫之間

一　廣五寸一分厚一寸六分正書二行在下格左行反文

開皇十三年

上下雙綫爲闌中畫三綫分爲上下二格上格列泉幕一

一　廣五寸二分厚一寸六分正書

隋開皇十三年

開皇十八年作

一　廣五寸三分厚一寸五分正書

沏皇十八年

八瓊室金石補正

龍門山造像三種

泐名題記并下截題名殘字 截高二尺七寸廣二尺二寸上截記後有别刻磨泐不復可分下截題名二列字均徑七分

大隋開皇十五年歲次乙卯□月戊
□□□四日辛□□□□清信士女
□□□□□□□□□□清信士女
三行全泐
□□□□□□□□□□所生父母
二行全泐
□方澄□□理□□□□□□□□
隋開皇十五年

一

□□慜此□□□□□□混□□□
□□□□□□□□□□□玄□□
□□□住□□□□□□斯士恒沙
□□□□□□□□□涓雨途□□之
□□□回□□紀□□行叅軍裴慈明 六字筆法迴出兩手
□□雖遠□□□□□至聖天地□常 此下二行另又出一手
□衆□□□□□有緣則悟□□
昇天　不常亦不斷 五字分書較大
右上截
□□□摩安

邑子石□□
邑子張□□
邑子儀□□
邑子方□□
邑子王善□
□□□讓□
邑子周阿□
邑子崔□玉
邑子司馬□曄
泐四行
□子梁□□
泐
邑子□□□
□子才□□
□子□□□
□子孟□□

□子□□□
□子牛服□
□□宋阿醜
□子□□子
□子□□□
邑子□阿□
□子玉□□
泐四行
□子王□□
泐二行
邑子□□□

右下截

二

梁仲仁題記 高一尺一寸三分廣六寸六分字徑七分

大業十二年七月十五日河南郡興泰縣人梁仲仁為忘男
世託大壽二男敬造釋迦像一龕并四菩□香爐師子等

上爲皇帝陛下又爲一切倉生同登正覺

缺名題記殘字存高四寸五分廣三寸二分字徑七分分書

缺□敬缺缺□龕永□供□缺缺利被於無邊願缺缺盡於

来□□□

潞州南和縣澧水石橋碑開皇十六年以前萃編載卷四十

民庶闕民字自智橋孤瞀闕瞀字潭及豚魚豚作豚星曆

胃昴闕昴字人物殷阜闕阜字金堤枕浦闕浦字跡導雲

及闕導字丹書自環獻社下丹誤月闕書字固　漭末行第二字第十字漏釋

仙

曹禮妻李氏造像銘

高一尺六寸五分廣二尺一寸七分二十一行行十七字字徑八分分書在磁州北鼓山磨厓

君姓曹名禮濟州東平郡壽張縣人也周武王之靐□曹炑
鐸之冀襄弁世馳名冠蓋濟〻慍志養神高門樹德風乎儛
宇之下詠歸□堂□□琴書自張□□歲過隙難留驚□
□□春秋六十□□□□□年三月□□□□□□轂山之下泐
次行亦全泐□□□□先但□□□□□情顛□□□□□□
□□□□□□□同泉壤□□□□十行十一行全泐十二行上泐十一字善
下泐五字□□□福須泐九字常閑下上泐泐六字歸泐五字長下泐其詞曰
□穆曹下泐九字聲振遐方□□馳□□□傳芳□□張也舉

隋開皇十六年以前

止堂堂慍志養神行合宮商動成頑矩出言有章斌斌雜半
淦淦鏘鏘李氏婉嫕素絜丹青悲乖泉壤泣戀分違一朝永
絕痛感崩城奄從晨露長夜冥冥厭山鏤像異善傳聲因茲
妙果應託仙靈願□□上捨此穢形

右曹禮妻李氏為禮鏤像山厓作銘以紀號年缺泐按元和郡縣志東平郡隋開皇三年廢以壽張屬濟州十六年割屬鄆州此云禮濟州東平郡壽張縣人當在開皇三年以後十六年以前仍稱東平郡者著舊望也

提行

陳黑闥等像記

高九寸廣三尺五寸五分記十三行題名十二行又供養題名二行方界格徑一寸正書

大隋開皇十六年歲次甲辰二月甲申朔十一日甲午大□
主陳黑闥像□陳法華像主陳達等像主陳洪雅敬造釋迦
像一軀上為國　王帝主刺史縣令師僧父母亡過見在居
家眷屬後為邊地衆生有形之類咸同斯福
癸酒從事陳慶導妻孫椿女
高陽郡丞濟南郡正陳慶遠
妻于豐男
闥妻孫光男文朗男子紹男元仲男元寔男元彩男君信女

隋開皇十六年二月十一日

子珠妹阿神娣妻于銀光男武栝男安都　雅妻馬紛男伏
仁
陳黑闥供養此行在前像右記
闥姊法華供養此行在後像左記

正解寺殘碑并陰即補正豆盧通造彌勒大像殘碑此本多中下二截

石橫斷上下缺不知幾何僅存中三石下一石又斷爲二統存高四尺四寸四分廣四尺四寸三十七行上中兩石間每行缺一二字中下兩石間前十三行缺三字至十一字不等二十一二三四行全缺後二十二行亦缺一二字統計行存四十字方界格徑一寸一分分書末行年月正書上截舊在正定崇因寺中下三石在定州衆春園

上缺巛靈山川吐納爲　皇□缺三字□□□□□□□□□□
缺十二字假自然下缺上缺□之源術得大造豈知往劫缺三字□油雲
長霭潤世界而□窮缺十字王城隶說下缺上缺斯宋滅星光夜照
謂是更生仄缺二字□頂言劫盡夢神三丈感而缺九字服七帝
寺者下缺上缺所居因以爲名造彌勒大像一缺二字又八尺高僧
碩德一千三百缺八字殘齊運建興還下缺上缺私願經營天輔善
隋開皇十六年四月八日

人方已成就又缺一字故齊襄陵王高濟久植善因□缺六字□
俄然秀□忽逢周下缺上缺周風朽齋王之塔邑陵厉肉識樹缺
悲長沙奇衆夜遊垂淚哀乎痛□缺四字□我大隋之有
天下下缺上缺丹書入三衡之關補空鍊石天柱缺一字張立極斷
𤼵地維重紐陰和陽財□缺三字光騁川治山調風雨以下缺上缺
禹吳所記何方帝德頌以衛國之缺一字惆悵表秀之哥宗周
之廟彷徨黍離缺三字年始發迅甚飄風後歲下缺上缺使修營廢
寺舊墟悉合如故遂有缺一字王屬州黃贊治崔子石唯兄
雄弟缺三字之八龍可重可師優扶下缺上缺濫禍在人非愿遊正
覺此寺比圖缺一字□凝鑒明獨悟志拔風塵神晤挺缺五字鍮

一

環炎蝶衆塗而示下缺上缺俗侶樹樹獨高万億僧祇亭亭孤缺
字語溫語嗔即冬樹生花言皆言宰缺七字善力不憚風□下缺
上缺上開府儀同三司定州諸軍事定缺二字史昌平公元巖
清持白崇約缺七字□等□使持節下缺上缺南陳公豆盧通清明溫
雅正直在缺二字　皇孫外翁二則　帝之內戚缺九字事定州
□下缺上缺問令望一時模楷使持節上開府缺一字州諸軍事定
州刺史陳□公紇豆下缺上缺帝京淺鎮定蕃雨飛備邑高明秀
缺一字□楊大尉之四知清儉自居慕樂下缺上缺高門虵分於道
顯之名族其猶長缺一字□栖體含清翠之心秋菊春蘭性缺五字
字□風調下缺上缺斷□□国禺蕭□蘭陵留江園缺一字表亮

二

拔示群天姿英博蕭條□葉缺四字翁蔚金枝千尋下缺上缺蹤□
□御鄰□皆安□惠臨容□劉□晏□泥傷缺一字□除舊布新道之以德齊
之以禮缺三字心迴向寧意皆空早下缺上缺□歸□□□四□馬□而□留
像□□金□而□缺一字□像主等皆是城居貴族𡌥外名缺二字此
福田共斯因果隋珠琨下缺上缺□□□□□□□□□□□□
上缺□□□□□□□□□□□□缺一字□海又造佛殿一
口一百二十尺缺二字二百四十步龕其公輸隶鑿下缺上缺□□
深深九原而固趾文樞紫栢礫缺二字□碧石紅梨崢嶸芝蓋
丹橋下缺上缺□□□□□□□静□夜□□□缺二字中鉏前傳
明鑾鏘紫霄之內加缺三字隱曰北户藏雲曲棟生煙下缺上缺□

□□□□□□□□□鷹水王金□缺二字晴晝彩山之玉二月二
黛朧山缺二字形雕龍雕虎寫風雲之勢乘缺下缺上□□□□
□□□□曰□□□缺二字八十種好雲山而至從□現山缺二
字蓬萊鉅宮冠妙多奇定未云缺下缺上由曰□雕□素像□□
□□紅□缺一字寶玉碼珠瑎蘭楹桂梗奇花異木缺二字浮空
到井垂蓮暉華相映加缺下缺上宮砷□□□□□□□□
四缺一字清風不勞神卿之穴光照千里三珠缺二字之樹鳳舞
鸞迴帝女夫人之缺下缺上□剩□塔□□□□□□缺一字
月至陰垂玉樹青蔥風生香起其寺缺二字師等並翹懃精苦
智慧爲津缺下缺上□□□欲□腐□□□□□因缺一字我麻使
三

蓮花柰苑長存説法之堂石缺二字龕永固安居之所俎以曰
車缺下缺上當國□之回經□□□□蹟缺一字遲顯德揚名垂
之不朽乃爲銘曰
□墻□聖□□□□□□□缺一字含生之用悲秉神功昔
遊雙樹□□妙猶缺一字□變無方光顯遂改寘通肖缺下缺上□□
□□□□□□□群□□世界同謠言逆劫宋復値道銷神
光□缺一字聖音飄飄我皇應運齊明缺下缺上□□□□□
□□□□□□□伐或生或滅誰早誰晚白日易眠逝川缺二
字返精誠大覺深心慧苑梵響缺下缺上□□□□□□□
□□□□合万戶霞開玲瓏乍起家亮時來欽缺二字雨巙峨

睽曰畫虎風馳雕龍缺下缺上□□□□□□□□□□□□
流一朝一夕無息無休長稱香殿缺三字樓功名不朽萬古千
秋
□□缺一字六年歲次丙辰四月癸未朔八缺三字刊記

碑陰

此缺上中二石之陰廣與正碑同高兩石統存三尺二寸其
一記五十一行各存行末十字方界格徑一寸一分分書
彼題名六行正書是爲一列下有第二列題名之行首各
二字與第二石聯屬第二石存題名三列各三十七行行
字不一字徑六分正書第三石
碑陰未見搨本在定州衆春園

般稱孟葛藏舍安□自此字補刻在兩字之間然而爲缺上滅好殘負將
何託衆生迷缺上□八難茶□浴意登彼津缺上□西感□著善
四

鐏

召周武東缺上脩長荷政行感周依廢缺上長遵悪便與風霜同
脆此缺上□世時有比丘僧暉身依聖缺上□東海造大像一軀
銅用缺上□有三百飛空香殿朝夕缺上□風月計用材三千五
百缺上□軀龕其金花玉葉與□缺上□□前後用錢十五万七
缺上柰犬傍飛往周建德之初缺上嚴霜玉含城裏頻遭猛毒缺上
相尋迭同影響我大隋缺上劫現應人王撲火神州津缺上
炬滅而更明淨心約已缺上有寺舊僧洪昇見住比丘缺上響聲
和一匱之基如山缺上一尺用□八石五升金鐏缺上□□□香
木爲
缺上　哭斯　常樂周缺上連房　日圓月　滿几用缺上

□□復造素像四百五十缺上　鷲嶺靜妙香山豈缺上經
始之作迄至於茲缺上壯哉麗矣可略而言也仰缺上雨之
□與劫盡　同修幸缺上類及塵羅闢與善者易入缺上中之地
故知一甞一樂可缺上□誠之終古
缺上府司馬都督車非安又
缺上主秦　王左親信□世傳
大像主弟廉世甯
大像主弟廉世道
大像主弟廉世師
大像主弟廉世鄉

五

右一列
亻□缺下
大像缺下□
大像□缺儻
大像缺□□
大像缺㠯□礼
大像缺鄉㠯王□
大像缺鄉㠯張升
大像缺鄉㠯馬同
大像缺鄉㠯張業

大像主□□□
大像□□□□
大像主□智明
大像主成須□
大像主王庬□
大像主張孝端
大像主楊師利
大像主韓奴客
大像主强士穎

大像主缺下
大像主劉缺下
大像主□缺下
大像主□缺下
大像主鄧公缺下
大像主□相缺下
大像主呂䣕缺下
大像主藾穎缺下
大像主□□

六

大像缺㠯李定
大像缺周達
大像缺建
大像缺樂
大像缺□
大像缺□□
大像缺□導
大缺□□
大像缺□□
大像缺□□
大缺□□
大像缺□
大像缺□
大像缺□
大像缺□
大像缺□
大像缺□□
大像缺□□
大像缺元□
大像缺□□

大像主劉　輔
大像主馬長□
大像主安秖婆
大像主曹□穎
大像主成道良
大像□□□□
大像主□□□
大像主□□□
大像主□□□
□□□□□□
□□主藾□□
□□□□□□
大□主□□□
大□主□□□
□□□□□□
大□□□□□
大□□□□□
大□主□□□
□□□□□□
□□□□□□

大像主强□□
大像主張□
□□□孫道
大像主鄧□
大像主周□
大□主張□
□□□張□
□□主□□
大像主□缺
□□缺
□像主缺
大□主□□
大□主□□
□像主□□
□□□□□
□□□□□
□□主□□
□□□□□
□□□□□
□□□□□□

大像缺　□　□□□□□□　□□□□□
大像缺　□　□□□□□□　□□主□□
大像缺　□　□□□□□□　□□□□□
大缺　□　□□□□□□　□□□□□
大缺　□□　□□□□□□　□□□□□
大缺　□　□□□□□□　□□□□□□
缺　□　□□□□□□　□□主□□□
缺　□　□□□□□□　□□□□□

右題名第一列中間斷缺　右第二列　右第三列

隋昌劉鼎卿撰不著書人名氏寺本後魏宣武帝以七廟

七

明立謂之七帝寺至周被廢隋文帝時復興佛法定州贊
治崔子石捨以為寺賜名正解碑以開皇十二年四月立集古錄目
第四百九十一隋正解寺造像碑劉昇卿撰開皇十二年
四月金石錄
七祖堂記無書撰人名氏寶刻叢編
謹案七祖堂記即正解寺碑寶刻叢編及金石考皆兩收
之誤畿輔通志
碑文下斷缺以石度之僅十存四五耳寺名[illegible]
正解碑文已不可見非歐陽公著錄於前幾莫能名之

與寺[illegible]於後魏廢於周復興於隋碑文於□□□六年
歲次丙辰四月八日丙辰開皇十六年也歐趙皆作十
二年當時碑尚完好不應兩家均誤殆後人傳寫之訛
歟撰文者歐陽公作劉鼎卿趙氏作劉昇卿今已缺失
未知孰是碑言故齊博陵王高濟久植善因按北齊書
高濟神武第十二子封博陵王河清初出為定州刺史
蓋濟官定州時於寺有施捨也崔子石無攷元巖隋書
北史有傳周內史中大夫文帝受禪拜兵部尚書進爵
平昌郡公尋拜益州總管長史卒於官碑署銜為上開
府儀同三司定州諸軍事定州刺史昌平公其為定州

八

刺史傳未之及當據碑補之昌平即平昌也隋志涿郡
昌平縣下云舊有東燕州及平昌郡後周州郡並廢尋
又置平昌郡開皇初郡廢傳稱平昌郡公者巖受封時
郡猶未廢也碑稱昌平公者郡廢改封以縣名之也隋
別有平昌縣隸平原郡自漢迄隋未嘗升郡其非巖封
邑可知巖性剛鯁在益州法令明肅裁斷獄訟莫不悅
服碑稱其秉清持白良非諛語碑文有南陳公豆盧通
及使持節上開府□州諸軍事定州刺史陳□公紀豆[illegible]
缺云云按隋書通豆盧勣之兄也封南陳郡公出為定
州刺史知南下所缺為陳字其言通為皇孫外翁帝之

内戚史所不載也紇豆陵代北三字姓後魏有賊師紇
豆陵伊利豆下所缺當是陵隋書列傳無姓紇豆陵者
莫攷其何名也碑陰記每行存字無多太概言僧暉建
寺造像周建德初寺廢入隋後僧洪昇等修營之興正
碑似是工事斷缺太多不可臆斷記多空格原石有剝
泐也題名中有車非者亦代北複姓後魏獻帝次兄
爲普氏孝文改爲周氏後至金水公樞周閔帝賜姓車
非氏見萬姓統譜碑亻旁亻旁多作个攫作攫因作囬
照作照識作識鼇作鼇黍作黍標作標瞑作瞑族作族
新作新郭作郭銀作銀箭作箭剃作剃階作階

九

追作逞雙作雙深作深休作保阜作阜爾作爾迅作迻
撲作攃彥作彥剛作剛預作預餘不悉舉

比邱法講等卅八人造像記

石除象高二尺一寸廣一尺一寸側厚三寸餘上截題名一列十二行下截記八行行十四字記後題名三行左側二行右側三行字徑一寸正書搨本自山東來

大隋開皇十六季歲次丙辰壬午□六月廿三日甲辰蓋大
道□窈深邃難知妙理真常非人情所惻盲理惟□非猶因
莫得是以卅八人等敬造釋迦弥勒佛兩堰以此功德願正
法常興貽徒改張大隋皇帝永作慈悲合邑人等恒聞正法
一切含生皆離蓋纏咸歸不二　邑子王女足　邑子柳仵
邑子辛勝鐃邑□□□元　邑子范白妃邑子張妙娥□
□□□女　邑子劉元暉邑子張清妃邑子成勝軍
隋開皇十六年六月廿三日

右在下截
發心主比邱法講　發心主朱閏善　發心主李仙基　發
心主陳□□　發心主周□□　發心主朱善才　都邑主
周阿醜　都平正秦仵怜　都維那鄭惠好　維那夏瞑香
維那李羅海　石主謝□□

右在上截
石主周法勝邑子乙磨耶邑子張業暉邑子馬元暉　邑子
□□晛邑子周醜貴邑子周□□邑子□□□

右在左側
邑子□□□　闕□　邑子高瞑妃　邑子高阿男邑子□

道明——右在右側

壬午□六月廿三日甲辰乃六月壬午朔廿三日甲辰
倒書之也惻測之譌乭不知何字

二

密長盛等造橋殘碑并陰　石存上截高二尺二寸五分廣一尺九寸五分記十八行行存字不一記下題名二列一十八行一十二行又碑陰題名四列列十行至十二行不等字徑六七八分正書在藺山

商　舉

大隨開皇廿季歲次庚申十□缺
夫昔靈瀆沉舉勞遠客於崇虛缺事感情言尚湯顏在於形
期況缺以火林悲鹿跨水以作身橋海缺群戳於瀨河滄商
徒於溺渚故缺靈丹蓮造神蹬化俗兼人并携缺韍頹岸坱
崩落雜織盈流涇淹缺中還賓歸容奄留於路首巡尒缺私
珎共造神橋壹所其橋野缺无竭西悏芙蕭之山乃是靈缺
号曰鑿城南臨注君美化缺諸營橋人等故能用功缺臨遼
隋開皇廿年十月一
攤洪流以切缺平袁攤閑途如缺圬昂異世殊缺暉月彤□
缺龍曜天缺列缺

大齋主寇長盛　橋主逢盡望
大齋主王万年　橋主吳肆女
副齋主寇要停　橋主翟　姫
橋主寫肆郎　橋主翟　姫
橋主寇彥才　橋主丁寶遷
橋主杜君禅　橋主丁洪演
橋主寇孝元　建義都維那丁喬
橋主寇才　建義都維那寫暾兒

橋主宻斗生
橋主宻帍丕
橋主彭　伽
橋主宻肆斋
橋主宻子禔
橋主杜後興
橋主宻　太
橋主彭猛将
橋主沈始達
橋主高　鳳

建義都維那高子明
橋主宻乾叉
橋主宻柒寶
橋主宻道盖

碑陰

比丘尼法倫
比丘尼慧曰
營橋人宻金堆
營橋人宻苟奴
營橋人宻寄生
營橋人宻孌奴
營橋人彭開明
營橋人丁洛齊
營橋人□□□

營橋人高子明
營橋人宻健仕
營橋人宻散咒
營橋人房奉伯
營橋人宻揩仁
營橋人宻他生
營橋人宻□□
營橋人畢顯宗
營橋人宻皃桃

營橋人彭子□
營橋人宻洪朗
營橋人縱難度
營橋人宻子琛
營橋人丁太平
營橋人宻子瓚
營橋人宻　盛
營橋人

二

營橋人宻開景
營橋人高散咒
右一列
缺
營缺
營橋缺
營橋人缺
營橋人□□
營橋人宻父□
營橋人□□□
空二行
營橋人葉元相
營橋人宻柒寶
營橋人張礦磕
右四列

營橋人宻毗皷
營橋人宻羅
營橋人鳴元
右二列

營橋人杜荣生
營橋人丁文黒
營橋人宏元曠
右三列

右造橋殘碑山左志失載補寰宇訪碑錄題為密長盛逢盡堅等造橋殘碑按碑文缺失過半不見人名趙君舉題名兩列之首二人以為標目也惟碑稱逢盡堅即

三

望之異文趙作豎乃豎之變體非是

四

魯司寇鄒國公孔宣父靈廟碑并陰

高四尺七寸廣三尺一寸四分三十二行行四十八字方界格徑一寸分書在完縣文廟

魯司寇鄒國公孔宣父靈廟碑題額篆書

公諱𤣥字仲尼魯國鄒邑平鄉闕里人也□□□□□□□
□□□□□□□□□□□□□□□□德化隆五品湯
□□命式被九圍推亡固存南征北怨自茲以降弈葉載昌
自亳遷蹕徙相居耿不常厥邑雖民□□□甲備政復位以
長季高宗奮武中興而闢國微子舍孫丕承王後弗何授弟
傳嗣公爵王臣顯於周盟茲父繼於齊霸洪基遠而猶峻逢
源派而不竭咸已詳諸竹帛可得梗槩耳若乃寢叶休徵精

隋仁壽元年四月十八日　一

通吉夢寔稟天挺豈伊人道娠稱野合無藉進以銀環育非
口爲含誨身帶鈐鈐之表匈有制作之圖反宇平目洼面隆
顙貇參黃帝象法紫宮骨體多奇有欄𣪠括者也至于幼小
嬉戲常設俎豆禮容得之自然未由服習童季有志壯室而
成道備先知業傳後覺善誘無倦發曚咸曉醫門多疾荷擔
如流導俗洙泗之鄉移風鄒魯之地而勵精好古虛想異聞
學郯子於四夷慕項託於七歲觀禮而發吳札論樂而叙萇
閎斯乃固無常師抑亦以多聞寡矣故能論百萬之[illegible]篇[illegible]
遺記教三千之東將知天地之始終爲宇宙之㊀月冠章甫
衣縫掖佩爲環結組綬雖曰居鄉之服本自君子之議告翔

則愛禮不愛羊庣焚則問人不問馬束帛以贈程子脫驂而
㲎舊館傷伯牛之有疾歎冶長之非罪釣而不綱弋不射宿
曰仁與義咸在茲乎爲宰都城棺槨有度入登司寇政刑先
立市無高豚之餝路有男女之殊陳恒逆亂故沐浴而請討
萊夷阻兵數禮義而式遏非殉舉關之力自懷聖人之勇文
武不墜誠節俱宣至於是邦必聞其政忿季孫之八佾貶管
仲之三歸惡狂簡而去陳避淫樂而出魯循九六之祕寶箕
十五之儒術志在大經行依大本論交淡乎若水比德溫其
如玉嗟伯禹之菲食好文王之昌菹通寐於周公贈言於李
老視若營四海知能該百也學傳尊敬未曾越屨履影群居　二
浸（沐）咊不羨羽蓋龍旂然而宮墻數刃宗廟之盛難覩韋編三
絕精微之教罕傳時臨杏壇之上或遊舞雩之下雖有樂捨
山水不同群於鳥獸飛軒歷騁是曰東西南北干謁也主门
求除害（安）民將爲木鐸𢧐封已啓天授制法金王国明傳於國
典然才生無位德出非時用絕東周道窮西狩忽及兩楹之
奠奄從七日之期春秋七十有三魯哀十六秊即也弟子廬
墓至有六秊鄉人徙冢乃餘百室既生榮而死哀亦云亡而
國悴於漢中啓顯号宣尼在魏初隆嗣侯宗聖誠也俗之硯
矩實造化之津梁經百王以同師傳五運而不易衞賜高足
尚升天而無階揚雄法言乃稱王而僭号大戴（戴）之演述前鄭

後鄭之訓詁政駿班馬之史屈宋鄒枚之辭雅渡景行波瀾
服膺筆削猶麟鳳之於飛走山岳之比丘陵本是出類曾何
等級生民以來實所未有也又德教洋溢高明而廣大神工
冥被探賾而索隱□載三男懸表商瞿有冕一足兩辟豫陳
齊國將雨吳城白馬逢辯目極之外魯廟素書洞知身沒之
後所謂性與天道不可得聞　大隋皇帝金鏡　則天玉衡
緯地再造區寓惟新禮樂辟雍泮宮之訓已邁前王東膠西
序之法復宓舊典嚴師尊道顯於廊廟離經辯業暢於遐迩
北平縣令寇文約以敦崇學校寔憑靈表縣前爽塏敬造俳
佪廟堂仰摸聖容并七十二弟子粤惟盛德傳祀斯也次王　三
不虧及山如礪乃作銘曰
元鳥降命玉莖遺子白狼入朝金精効祉本陪虞麟終握夏
紀失德後仁修武邈矣　禮因治定樂亦功成遷亳徙耿禘
嚳郊冥饗季累也參号同名二壬五乙四辛六丁　既移天
祿乃傳餘祚利建下車崇賢封墓有客縶馬來儀振鷺歷遠
尚稱芳塵永布　孔依宋祑郡更魯臣大塋通夢尼邱禱神
國隆聖表載誕哲人九圍十尺堯頭禹身　膀肱後耳海口
河目言則雅宣服惟法服得之恭儉訓以和穆無棄弊帷不
雕朽木　學督百万徒集三千由勇賜辯閔孝顏賢卄堂入
室忽後瞻前詩志夏序德本參傳　入仕爲政隣方取節兩

觀始誅五惡咸絕猶風偃草如湯潑雪魯國何云天下可設
罘帝初感素王後承位兮權立制作斯憑鳳衰有兆麟出
無徵梁木其壞農山絕升　爰創壽宮即安靈穸彤階皓壁
文梁雕柱美合輪奐度應規矩瞻奉儀形學徒遊聚　六藝
弁合九聖同尊自衛返　魯咸歸孔門鏤銘遺則永播徵言
藏舟或從袝斗恒存

仁壽元秊歲次辛酉四月甲寅朔□□日甲子建

附碑陰唐李君遷石記并題名 九行行三十一字至三十六字不等字徑七分行書

子以四教文行忠信行於世而來　代列廟樹石者為百王
龜鏡兆庶仰賚豈料乎千古後有廢興焉酌彼與此俱一時
四

迄

也何者豊碑立於隋仁壽清廟移於唐建中蓋卜勝以易地
而古碑獨存乎故靈迄於今貞元十秊溺在藩國之右汙沒
者□過半馳奔遂末歲星周天嗟乎微言幾至泯絕逮ヽ我
朝請大夫守易州長史權知北平縣事李公曰承訓即崑玉一
片詞河九流獨負藝能乃庀方邑郈淹滯感遺　碑精誠通
神遷就靈廟洗滌篆素增修孔門真容煥然虔敬如在皇天
之惟德是輔豈不褘夫善人　夫子之睿哲聰明　固宜
加於　李君弼代矣時閼茂歲九月哉生魄處士陽象初記
丞張說　主簿鮮于□平
尉柳宇　許倏

前縣錄事後兗縣助教劉思嶠 此二行在記之右下截非一手刻

文云敬造徘徊廟堂仰摸聖容并七十二弟子徘徊二
字未詳何義定興縣北齊石柱頌有斛律羨像義子世
邊題記有過義禮拜因見徘徊語下又有徘徊主之稱
曩以為指羨像言此文似亦作身像解疑北朝時燕冀
方言如此存以俟攷項橐作項託國策甘羅曰夫項橐
生七歲而為孔子師高誘註橐司馬貞音託此音同借
用也舞雩作舞雩龍旂作龍旂並誤

啟法寺碑銘
翦裝本高廣尺寸行字未詳字徑七分正書臨川李氏家藏唐拓孤本

啓法寺碑銘
儀同三司樂平縣開國子汝南周彪撰
州前從事譙國丁道護書
若夫恬淡無為本無變易名言形有乃有興亡故如如不動　初稿漢字改□
蓋波若之淵法諸行無常乃涅槃之半偈是以半滿無方示
頓示漸區像有法有成有壞成則須達布金壞則婆門毀寶
元撰
況乃真君廢教是在閻茂之年建德毀法當乎敦牂之歲自
四海別波九州分長法橋適壞舟檝不息否終則泰運屬太
隋仁壽二年十二月十五日
乎我　大隋皇帝之膺世也至德□功梃植區寓練石□天
襄
□□紐地拔沉舩於巨浪混六合之同文拯塗炭於倒懸□
八紘之共軌南日之南北陰之北湯谷初暉虞淵反景章亥
步不窮盧敖□不至莫不梯山航海重譯賓王不識之奇未
獻
聞之異□心摩踵㰚其方物万邦庭貢史不絕書四表吉祥
府無虛月於是大興三寶□像畢脩紹隆□眾度人無限襄
陽□龍□鄉　閭士蔣□故張釗等□□人率五戒士女
九□清信□□禪林邑爲□薩室□僧行道六時不廢菩薩
□戒八關無關開皇八年歲次戊申上柎悲撤小邑□于大
室宇待枝
寺時刺史上開府吏部尚書上庸公京兆韋□康翹司空文

惠公之長孫周高士道遥公之元子累代重光聯□鼎鉉爲
行臺僕射見此精盧地側諠隘而伽藍幽靜門臨交道北望
遊女之隈堂負神林南眺香爐之頂東引的顱之溪西通武
侯之路上連鳳嶺綿亘峒嶒之山傍接□字侯六水公乃出晉
烈宗之世前金像寺道安法師所造丈六金銅无量壽像像
身既毀石趺獨存幷像夜遊漢□□石靈跡送寺西堂□□
□師神惟不測□實難量赴齋一□分身三寺乘一駱驢日
行千里晉太元四年苻丕之陷襄樊也法師與習鑿齒俱送
長安秦主歎曰昔晉氏平吳利得二陸今討襄宛獲一人有
半半當鑿齒一人謂法師也所鑄之像屢有靈異□記金像
之碑見毀之初亦有神響襄州前副防主開府慕容哲以周
建德四年蕤賓之月摠率軍□牽倒不動哲乃被甲震吼經
時方踏聲功鑿壞於左腋□人見處有銘三行記減之年哲
其日得病至夕便殞寺僧法亘法師資黃精之智洞赤縣之
解詮釋言理襄部居城一十二鄉僧尼一十五寺道士東西
兩館民□數千以公潔清戒業祭奠之禮不害牲其救惟
何筭蒲而已寺館則當寺當館設齋追福大市令丞率佇貽
士女一日羅市諸鄉諸方州學縣學並牽轜挽紼逕日建無
遮大會幷請法師講說公第四息民部員外侍郎福嗣第五
息福弊昆季二人至性□禮侍喪屆此見父平昔前民故吏

衣　贊下□俟校　英　九字下初稿改齋　龍字上□待核

號咷感慟殆不自勝乃於大會之所捨父衣△資服翫廿四件
并見錢付寺成此尊儀庶安養寶臺栖靈不絶祇洹日殿般
若常明竊以金銅有待□□所資爲利易滅源夫□□無用
之用貪者無心庶爲難朽揔管大將軍千金公奉上勵勤率
下霜潔愛惠臨民卧治自理長史前東宮内書舍人南陽趙
祐少陽杞梓儲像正直畋漁墳典藝術多通贊、襄蕃明如
水鏡府屬大都督回農楊士政四知英△襄七步俊才夢鳥吞
文珪璋開出襄陽縣令楊詢槐棘□枝台輔孫姪選才治劇
綏善爾兗州縣羣司並經維治道相尚勤王助成福業彫□
厲訥詢諧同志共建高碑爲銘云爾

三

森羅萬象造化氤氳形有即俗色無即真真俗在物興滅由
人真君法毀建德像湮刹極則復否終則泰聖拯導育鑽仰
繁賴靈刹金楯雕堂寶蓋□美九□□礐五戒寺礻氵□龍
鳳爲羣禪窣滐木慧寫瓶文經維慧命抽資搆造夾紵是營
模兹勝寶□寔聖餘身成創草方藉妙緣莊嚴相好承安聖
菀光共殿堂十輪滿耀七處圓光如□摩頂似避真床臨仁
元率我州前后德澤滂流仁□飛走荆梟來蘇襄思去□檀
忍化物□頤爲首如何離世遽已之□□瀰漢曲若喪慈親
兩膈之來四馬踠踟如戀佳城袛蒞鄉聯民吏數千建齋追
福哀□孝子林連李連傾資巖餚天中之天以申顧復等施

喜　成　戌

□□□陽縣政民歌自理揔讃福田軍官隨喜△僧祇有量德
音無已
趙勵施地主胡茶施地主熊滔　鳳凰主宋贇　吳覆頤
□　蔣□高祖太尉公觀祖荆州長史華容縣令　邑主蔣
綸□鏧張知兒知公兒倪　邑李祠　吳公兒　爰高
刹主於都　代敬　劉起　吳寬　胡寄生　華寵　黄
蠻子　裴埋　趙乘　胡龍　父直閤將軍使殿主帥郁土
縣令　氵邑主□鏧□□雅　朱茂　趙盛　阮信　趙
碩　李智　劉頤　鍾主劉貞　吳公兒李成　王陲
陳養　張成△　俞神寶　趙茶　馮玖馮提　審黑

四

大隋仁壽二年歲次壬戌△十二月甲戌△朔十五訣
開皇四年四月一日創立此寺　隴西李寶鐫

此書兼後魏遺法與楊家本微異隋唐之交善書者衆皆出一法道護所得最多楊本開皇六年去此十七年書當益老亦稍縱也甲辰治平初月十日莆陽蔡襄記

右啟法寺碑丁道護書蔡君謨博學君子也於書尤稱精鑒余所藏書未有不更其品目者其謂道護所書如此隋之晚年書學尤盛吾家率更與虞世南皆當時人也後顯於唐遂爲絶筆余所集錄開皇仁壽大業時碑頗多其筆畫率皆精勁而往往不著名氏每執卷惘然爲之歎息惟

道護能自著之然碑刻在者尤少余家集錄千卷止有此耳有太學官楊褒者喜收書畫獨得其所書興國寺碑是梁正明中人所藏君謨所謂楊家本者是也欲求其本而不知碑所在然不難得則不足為佳物古人亦云百不為多一不為少者正謂此也治平元年五春後一日太廟齋宮書集古錄跋尾　按此跋據目作仁壽元年始傳寫之譌

第五百十二隋起法寺碑周彪撰丁道護正書仁壽二年十二月金石錄目　按啟作起亦譌

丁道護書襄陽啟法興國寺碑最精歐虞之所自出北方多樸而有隸體楊升庵墨池瑣錄

歐陽文忠集古錄謂所集丁道護書惟此一碑而王象之輿地碑目亦第據歐陽此條為据則在宋時此碑拓本已絕少矣宜義門何氏之寶貴多議也予聞此碑之名三十餘年去年春吳門陸謹庭為予鉤摹一本已足見其概矣此拓本即義門所藏者今歸於臨川李春湖宗丞持來屬為題識唐以前正書若此者世已罕有自蔡君謨歐陽永叔已歎美之況今日乎吳中金石舊拓秘本多在謹庭松下清齋惟此本在謹庭一親眷蜜極珎秘不肯輕以示人今竟為春湖所得春湖博雅嗜古若寔永興廟堂碑唐石本魏栖梧書善才寺碑杭林所不可得見者今皆聚於春湖齋而予亦皆幸得附名題記所見歲月於其蹕側缸月夜光照我屋壁何啻共此墨緣耶嘉慶十七年壬申春二月二日北平翁方綱時年八十

碑不知佚於何時于司直天下金石志止載襄陽興國寺碑丁道護書而不及此顧亭林金石文字記存其目其足迹所及得見是碑歟抑止據墨本歟道護隋書無傳碑繫銜州前從事書小史云官襄州祭酒從事按蔡歐二公跋道護書興國寺碑在開皇六年書小史所據殆興國寺碑之繫銜也惜乎歐公已不得見而此碑亦為海內孤本遐以官豫得識李博孫太守承出以西法石印本見貽書法之妙前賢已發其蘊因即碑文以致之碑云襄陽□龍□鄉閭士蔣□故張□等閭士之稱他碑罕見說文闓開也揚子方言開戶楚謂之闓闓士疑即開士楞嚴經云十六開士悟圓通葉和尚讚云海英岳靈誕彼開士謂開衆生信心也又云時刺史上開府吏部尚書上庸公京兆韋世康魏司空文惠公之長孫周高士逍遥公之元子為行臺僕射按史魏司空文惠公韋旭也周高士逍遥公旭子夐也夐長子世康初仕

魏周入隋由上開府上庸郡公兩拜吏部尚書開皇十五年授荆州總管十七年卒於任與碑正合惟據碑則以刺史兼總管耳行臺始自魏晉隨所管之道置於外州以行尚書事隋謂之行臺省兵農刑政統歸管轄如今總督之制文帝以并益荆揚四州置大總管凡諸州總管分上中下三等上總管行臺尚書僕射視從二品荆州為上總管故曰行臺僕射也韋世康傳言長子福子次子福嗣少子及福奬碑稱第四息福嗣第五息福奬不言福子又福嗣之上宜更有二子而傳與碑皆不之及史或以無稱略之碑則或因前歿或捨資以成身儀者三人俱未與其事未可知也唐書宰相世系表世康下僅系福嗣一人官至内史舍人與傳同碑稱民部員外侍郎者仁壽初年官也其於福奬挪下一世則表之誤矣長史東宫内書舍人南陽趙祐府屬大都督宏農楊士政襄陽縣令楊詢並撰碑之儀同三司樂平縣開國子周彪史皆無徵東宫内書舍人不見於百官志按郡置太守國為内史其屬有舍人太子封國置内史固其宜也惟志稱煬帝十二年改内史為内書是内書之名遠在立碑後十餘年矣而此碑已稱内書舍人疑志有舛也「總管大將軍千金公侯再啟道安法師見魏

總管大將軍千金公不著姓名文帝紀是年九月襄州總管金水郡公周摇卒碑立於十二月未知總周為誰也北周天和初權景宣進爵千金郡公卒子如璋襲千金公之見於史者止此計時雖相近然傳言官至開府勝州刺史不言隋後何官未可牽合

書釋老志當與慧遠同之襄陽後入符堅云

隋仁壽三年至隋末止為一卷

計八百九十餘行

卌五則

隋三

東洪村尼惠令等造像題記

三面高六寸五分一面廣一尺六寸五分十二行三寸餘後空四行一面殘
二行一面存廣六寸七分七行另一紙二行行字均不一
字徑六分從空四行母面廣正
書在完縣大悲村大悲寺

大隋仁壽三年歲次癸亥正月八日東洪村合邑人等敬造
白玉像一軀上為皇帝陛下師僧父母普及邊地衆生等俱
時作佛

比丘尼惠令　比丘尼惠□　比丘尼僧貞　比丘尼惠□

皇甫縄綾　馬德母鼓　王士寃母牛　張世母楊　劉

士儒母孔　高進母皇　成元体劉婁趙摩母張　皇甫尚

男

後空

隋仁壽三年正月八日

右一面

皇甫阿伽　張阿顔　阿龐□□□□

右一面

皇甫遥欣供養　劉子尚供養　皇甫崔宗供養　趙循礼

供養　皇甫遥洛供養　張雞及供養佛呂社供養　皇甫

繼宗供養

後闕

右一面

比丘僧道振供養　大像主甄子房供養

右另一紙

當是一起

洪

蘇慈墓誌銘

高二尺五寸九分廣二尺六寸三分三十七行行三十七字方界格徑七分正書在大荔

大隋使持節大將軍工兵二部尚書司農太府卿太子左右
衛率右庶子洪州吉江虔饒袁撫七州諸軍事洪州總管安平
公故蘇使君之墓誌銘
公諱慈字孝慈其先扶風人也九曲靈長河流出積石之下
十城側庠玉英産崐崙之上故地稱陸海之奧山謂近天之
高秀異降生岐嶷繼體祖樹仁魏黑城鎮主父武西魏驃騎
大將軍開府儀同三司宛雲二州刺史平還郡開國公贈綏
銀延三州刺史魏氏秦趙將分東西競峙公王父顯考立事

隋仁壽三年三月七日

一

又

建功庇大造於生民舉元勳於王室福延後嗣以至於公公
承親之道孜孜先色奉主之義蹇蹇忘私寬仁篤行之風彰
於弱齡成務理物之志表於壯年後魏初起家右侍中士三
年加曠野將軍周明草運授中侍上士天和二年授右侍上
士四年授都督充使騁齊五年治大都督領前侍兵六年授
正大都督仍領前侍兵公久勞禁衛頻掌親兵慕典君之慎
密似秺侯之純孝其年重出騁齊受天子之命問諸侯之俗
延譽而出周境陳詩而察齊風還授宣納上士王言近納帝
命攸宣咫尺當宸之尊渙汗如綸之重七年授左勳衛都上
士建德元年授夏官府都上士治中義都上士九府分職六

年

官聯事公遍歷兼治庶績咸舉四年授持節車騎大將軍儀
同三司大都督領胥附禁兵台司之儀功高東漢車騎之將
名馳翔漢其年改領左侍伯禁兵五年周武帝治兵關隴問
罪漳鄴發西山制勝之衆挫東巖乞活之軍一鼓而窮巢六
三駈而解羅網公潛稟神筭內沃皇心甚帷幄之謀董權勁
之卒欲渡河北漢光與鄧禹計同將涉江南晉武共張華意
合及僞徒平殄齊桐高阿那肱已下朝士數百人公受詔慰
納并率所領影援高隆之兵還授開府儀同大將軍封瀛州
文安縣開國公邑一千五百戶開幕府而署賢垂徽章而發
號峻田井之賦展車服之容宣政元年授前侍伯中大夫其

二

年授右侍伯中大夫其年周宣帝授右少司衛中大夫大象
元年授司衛上大夫二年周靖授工部中大夫開皇元年
詔授太府卿其年改封澤州安平郡開國公尋轉司農卿逢
舜曰之光華睹漢官之克復國淵天府粟衍泉流自非物望
時材何以當斯重寄二年　詔授兵部尚書其年兼授太子
右衛率四年　詔知漕渠總副監事七年兼右庶子尋改授
太子左衛率喉脣治本元凱樞端領袖宮僚股肱儲衛八年
判工部尚書其年又判民部尚書事十二年授工部尚書其
年授大將軍衛率封如故十八年以君王宮積歲承明倦謁
出內之宜判舉僉允授淅州諸軍事淅州刺史大將軍封如

交
故政平訟理威申澤被仁壽元年還授使持節揔管洪吉江
虔饒袁撫七州諸軍事洪州刺史行清明之化播信順之規
吏畏之如神明民歸之若江海時桂部侵擾交川擁擾　詔
授公交州道行軍揔管方囗九代遷熱千里遘疾薨于州治
春秋六十有四粤以三年歲次癸亥三月癸卯朔七日己酉
歸葬于同州蓮芍縣崇德鄉樂邑里之山謚曰安公禮也公
樹德為基立言成訓揚清以激濁行古而居今韜難測之資
蘊莫窺之量存善無際殁愛不忘可謂具美君子矣先遠協
吉厚夜戒期祖奠迎晨徂茅送節茫茫原野前後相悲冉冉
春冬榮枯遞及世子會昌等終身茹酷畢世銜哀感靜樹於
三
寒泉託沉銘於幽石文曰
岳峻基厚流清源潔動靜無滯方圓有折舉直平心連從掉
舌獨悲魏禪終存漢節駿發克昌申甫貞祥作鎮夏國隼集
鷹揚遷都尊主虵輔龍驤誕厥令囗傳茲義方一毛五色一
日千里堤封絕際波瀾莫涘天經至極人倫終始優學登朝
飛英擅美鉤陳弈弈陛衛森森戎章重綰侯服再厥端儲率
按掌庫司金五曹遍歷二部頻臨洺洛浙江風馳雨布去歎
其早來歌其暮除惡伐林求賢開路二嶺行波五溪將渡閩
世俄盡觀生易終汎舟川逝推轂途窮松阡暗日柳駕搖風
郇弋楚鼎感跡元功

右蘇慈墓誌銘慈其名孝慈其字隋書北史紀傳作蘇
孝慈蓋以字行也誌敘仕履與兩傳合誌詳而傳略者
史例舉要未可以脫漏議之慈父武西魏兖州刺史隋
書作父武周周兖州刺史銜周字北史作父武周兖州
刺史據之周者武任兖州自魏訖周誌據受任之始言
傳據其末言故不同也孝慈仕周位至工部中大夫北
史同隋書作上大夫乃寫刊之譌其自文安縣公改封
臨水縣公增邑一千二百戶誌未之及是誌之漏誌云
八年判工部尚書其年又判民部刑部尚書事傳僅言
判工部民部北史作戶部非二尚書不及刑部又兩傳俱不載
其謚誌云謚曰安公皆可攟以補史之闕誌言授浙州
諸軍事浙州刺史北史亦作浙州惟隋書作淅州按隋
地理志無浙州唐始有之屬劍南道巂州也有淅陽郡以舊淅州置
則自以淅州為是矣誌書木旁作才隋唐以前結體往
往如是北史淅字及隋書高祖紀仁壽元年四月以淅
州刺史蘇孝慈為洪州總管亦誤淅為浙並應勘正其
誌與紀傳互異者誌云開皇元年授太府卿尋轉司農
卿二年授兵部尚書隋書亦云拜太府卿俄遷大司農
歲餘拜兵部尚書而高祖紀開皇二年六月以太府卿
蘇孝慈為兵部尚書不徙司農卿升授獨與誌傳不符

又誌云十二年授工部尚書其年授大將軍紀傳則皆由大將軍轉工部尚書且紀繫諸十一年二月非十二年亦與誌不符又紀書慈授洪州總管在仁壽元年四月書卒在是年六月癸丑相距纔兩月誌雖未載卒年月日而盛稱其行化布規民歸吏畏頗有政績兩傳亦云有惠政兩月之頃能如是耶誌又云桂部侵擾詔授公交州道行軍總管方宏九伐遽勢千里遘疾薨於州治其授交州道行軍總管兩傳皆有之而紀仍書洪州總管蘇孝慈卒亦與誌傳小差豈以交州之役慈未及往而遽卒故仍書洪州總管耶按交州人李佛子舉兵反遣行軍總管劉方討平之紀繫諸二年十二月此以討平之日書之劉方當即繼慈而往者乃兩傳皆於慈書擊平之卒官何也碑無撰書人名氏楷法神似率更頗有疑善學歐者之僞作然第二十八行樂邑二字與全碑迥出兩手蓋書刻後補塡者黄仲翰學士謂其結體奏刀純是北碑家法非後人所能爲審視信然

又按誌載慈未入隋以前歷官有右侍中士中侍上士領前侍兵宣納上士左勳衛上士夏官府都上士治中義都上士領胥附禁兵領左侍伯禁兵前侍伯中大夫右侍伯中大夫右少司衛中大夫司衛上大夫等名大都侍衛從宿衛近臣之職周書無百官志隋志於周制追敘甚略無繇考證上中大夫高齊已有之上中下士乃宇文氏仿周之建職改創章程始立班制誌稱慈起家右侍中士在後魏初而魏書官氏志無徵恐未足憑也

緣

力顯資等造四面像記

高一尺八寸廣七寸三分厚二寸四分南面龕左右題名各一行龕下三寸餘記十二行西側龕下七十題名四行北面二龕左右及龕下三寸許分留題名行字不一字徑四分至七分不等正書在鄭州署中

唯大隨仁壽三年歲次癸亥六月辛未朔九日己卯清信佛
弟子力顯資識削家資為亡息生遠亡女伯女亡女進豊敬
造石象一區伏為　皇帝□下七世姑嫜所生父母合家大
小因緣眷屬俱登正覺 此題在龕下
上堪主平陽縣令康僧睎　都化主康子恭為息羅云孫漢
則 在龕右
都邑主康稱為亡父母息世掐孫□□孫女羅仁 在龕左○以上南面

隋仁壽三年六月九日

養康　康

西面上坎當陽主康永崇□僧保亡兄顯樹
□□揚阿清為姑嫜妹玉深外生金紹
西面菩薩主行罯　為亡父母
西面下堪主康李茂為亡父一心侍 四題在西側龕下
北面佐相菩薩范吳拓為亡父及見在母 在上龕右邊
北面供養主康高□為亡父母
北面上坎主清信康□貴為上夫及亡男
當陽主亡父　□外母裴苗胡女顯浴為一心侍佛 三題在上龕下
右下龕右旁及損
北面菩薩康□獻為□父母

葉　康永

北面佐相阿難主王長幁　北面佐相加葉主力子昌□張
北面化主王長□□力為亡父　康景□妻力玉□女永
資外生行□　北面下堪主力顯浴為亡父　大婦行婁英
次婦康玉蘭次婦行英玉次婦孫像嚴孫女綿香康羅 十一行在下龕之下
北面下堪右相薩菩主楊崇莫為亡女 此行從上龕左下角起
北面供養　主佘渕為亡父母息醌郎　息四郎婦張買 此行從上龕左旁起
都邑主王昌為父母 此行在下龕左旁以上北面
東面上堪主當□康貂睎□女李阿三子為亡父母息保□
孫子張鯛孫女那 三行在東側上龕之上
大息子袖子□蜀生子文小苟文廓　孫馬㒸□開世開
孫女馬婇□子幁嬪𧱏香 三行在東側下龕之下

力氏黃帝臣力牧之後出臨安漢有力顯魯王相力子都光武時為徐州牧又有行姓四人即行字萬姓統譜周有大行人之官其後氏焉漢有行巡平襄人隗囂將音衡席姓一人即席之變彙古用為瞱此闕末筆未詳何故嬿嬿即孃之省𧱏即𧱏奴鉤切音耨爾雅釋獸註江東呼兔子曰𧱏集韻𧱏或作𧱏此又變少為小變丶為刂也

壽　壽

仁壽甎文五

一　廣五寸厚一寸五分正書在兩端

仁壽三年作　求着作明堂

一　廣五寸二分厚一寸六分正書

仁壽三年作　求三□□

一　廣五寸六分厚一寸五分正書文二塼文同結體少異

仁壽三年作

壽一作壽一作壽

隋仁壽三年

王君墓誌銘并蓋

方一尺五寸首行末行俱泐存十四行行十六字方界格徑九分正書在定州

故𨔵儀同孫王君墓誌題蓋故儀君誌四字正書餘篆書

首行闕泐□苗裔漢大將軍王根之充胄祖居□□□同三司魏
道武　皇帝以其有雄幹□風補任迴荒鎮將禦捍北蕃玁
狁見之□□膽碎是以不敢內侵猾夏父蓋仁志□□賢獨
步人表齊獻武　皇帝補任前□□盪第一領民酋長君養
性自娛縕德□賢躬行信義惇濟安仁不以在世公侯動於
心頟不謂元曦西落貞木冬摧以大隋大業元季八月四日
忽從物化奄卒於家春秋六十有三粤以其年歲次乙丑十
月戊子朔廿二日己酉窆於定州城東南四里刻玉泉宮流
名万代乃為銘曰
□木其摧世無所杖悊人其逝吾將何□□□山河暉光不
朗一辭華室幽涯下泐

隋大業元年十月廿二日

右誌首行已泐王君名不可見蓋題儀同孫王君儀同即誌文所敘祖居□之階王君其孫也銘云□木其摧世無所杖蓋用禮檀弓語宋謝枋得云劉尚書家藏禮記梁木其壞句下有則吾將安仗五字按家語及高麗本皆有之據此銘知隋以前古本自有此五字也杖仗古通用題蓋第二字奇譎不可識

蔡君妻張夫人墓誌銘

高一尺八寸三分廣一尺八寸二十六行行二十六字
方界格徑七分正書今石歸福山王氏

隋邯鄲縣令蔡府君故妻張夫人墓誌銘并序
夫人諱貴男范陽方城人也軒邱誕聖化表垂衣炎漢膺圖
謀宣帷幄七葉蟬聯冨平隆其世祀三台炳曜壯武光其弼
諧故能皦冤斯興名器不絶祖綰梁侍中尚書左僕射儀同
三司位居論道功佐五臣父尤陳給事黃門侍郎廷尉卿咎
表平反連華九棘夫人幼稟淵深早標令問藝閑詩禮甯勞
師氏之功業脩鞶紩非因女史之訓太父儀同府君深所愛
賞錫名貴男年廿歸于蔡氏結褵表飾重錦增暉冪酒陳其
隋大業二年十二月廿九日　一
肅恭咸盥宣其匪懈閨門仰則保姆推賢毎時還拜覲言歸
異室未常不流涕歔欷悲纏左右同堂姑即梁明帝之后盛
持風範夙挺柔明內外親屬罕能會意爰自諸宮旋駕淮海
夫人拜見之辰即蒙賞異特加寵獎稱為女師乃賜銀匕筯
一具以彰殊寵既而金湯失險關河飄寓勞劬杼軸少選不
違便煩箕帚夙夜無怠誨諸子以義方睦宗親以柔順豈直
從里宏教斷織垂訓而已哉蔡侯述職邯鄲夫人從任全趙
降年不永奄同過隙大業元年九月廿八日終於官舍春秋
五十六高堂辭漢終無扶瑟之期廡下悲涼甯遊舉案之日
夫人稟氣清明卑躬節儉不尚妍華罕言世利志懷潔素雅

性沉嘿無矜矯絶毀譽靡悋拳握恭事親表欵弃儼然閨門
可則加以竭誠妙法栖心正道食甘蔬菲味草膻腥凡有資
財咸從檀施仁壽無徵卜遠斯及以二年十二月廿九日遷
葬于洺州邯鄲縣孝義鄉言信里之原搖落寒山獨有銷亡
之桂寂寞湘渚空染使娟之竹牛關遐險迴舟旐而無期鸞
濤悠漭駕綃幕而方阻式窆他鄉敬鐫沉石其銘曰
珪璧含潤蘭桂有芳昭哉懿德淑慎斯彰業殫紃組學貫緹
緗穠華易匹婉嫕難方作配高門式調中饋敬愛無闕言容
咸備肅穆褘褕逶他簪珥薰脩八解精研十地法雨斯沾慈
葬
雲可庇居諸忽往風燭難留俄悲撤瑟遽切藏舟無期反葬△　二
徒懷首邱梁摧掩日扇似遊秋□深月隱隴晦雲浮三泉永
固千載名流

石先歸吳縣潘文勤公為隋誌之佳者文勤即世福山
王廉生得之余得拓本從文勤家來卒卒未深攷今以
暇日少加釋證糾繆頗多誌稱夫人范陽方城人祖綰
梁侍中尚書左僕射儀同三司父尤陳給事黃門侍郎
廷尉卿同堂姑即梁明帝之后大業元年九月廿八日
終春秋五十六檢梁書后妃傳惟高祖之母姓張氏范
陽方城人高祖受禪追尊皇考曰文皇帝廟號太祖皇
妣曰獻皇后后父穆之穆之子弘籍無子以從父弟弘

策第三子纘爲後綰則纘第四弟也綰位至尚書右僕射尋加侍中次子文附見傳後夫人之父尤傳不悉載亦不見於陳書誌稱綰拜左僕射易左爲右此小異耳書文帝作明帝誤矣稽其世次獻皇后爲夫人之曾祖姑誌作同堂姑其舛已甚又溯夫人生於梁簡文帝大寶元年庚午而獻皇后之殂乃在宋泰始七年辛亥去夫人生已八十年誌云爰自渚宮旋駕淮海夫人拜見之辰即蒙褒賜真鑿空之談矣按高祖生於宋大明八年甲辰獻皇后以泰始七年殂時高祖應年八歲今紀作六歲非傳誤五年爲七年即紀誤八歲爲六歲也附記於此然文詞綺靡信六朝人吐屬書法遒古更非近日好事者所能爲不敢以此疑爲贗鼎也　誌於葬日先錫十六改鐫廿九逵他即妾伦

應移上一行摒呈寫

初稿標題甎文八十而此八十一下跋又書八十二稅

葉

賜

家

陳集家

陳集吳冢待校

初稿作九

是勾摘

大業甎文二

一 廣五寸三分厚一寸三分正書在兩端

大業二年作　陳金部明堂

一 廣五寸厚一寸七分正書

大業四年

附無年月有姓氏甎文八十一

上缺歲在癸亥□下缺　糜氏壁上四字在側下半截下三字在端分書

兒中限妻冢在端正書限郎之譌

兒新興兒冢在端正書

隋大業二年

兒棊冢在端正書及文

兒冢明堂在端正書

兒浦賜明堂在端正書

倪冢在端正書

陳叅軍明堂在端正書

陳集冢在端分書

八月□日王姓陳字在側分書斷缺

陳法師明堂在端正書

陳集吳冢在端上豎下鋭分書

孫騁起切在端分書

韓林 分書下缺

曹直廂明堂 正書反文在端

何思□家 正書在端

何從事明堂 正書在端

唐道士明□ 正書在端

黄參軍 下缺正書在端

黄將軍□ 正書在端

黄文昳 正書在端下一字不可識

童光之家 正書在端

上斷□□□日章稼所作方 分書反文在側章下當是稼字

莊建安家 正書在端

丁遂昌明堂 正書在端

丁闇都明堂 分書在端

丁南陽明堂 正書在端

丁左庫明堂 正書在端

丁西安作 分書在端

丁中書家 分書在端

丁中陽冢 分書在端

丁五官□ 分書在端

丁監帀家 分書在端

丁平家 分書在端

丁儀曹家 分書在端

丁浦楊母□ 正書在端

丁令 上下缺及文殘

丁道士□ 分書在端

丁值兵 分書在端

丁庫部明堂 正書在端

乘廣平 正書在端

乘郎中壙 正書在端

任伯進 正書在端

求萬安明堂 正書在端

求顓 正書在側下列錢幕一從之二以鑿背之 大寬 文在兩端文同

求帆 分書在端

求野夫 正書反文在端

求安闇明堂 分書在端

求遂安明堂 正書在端

求重明明堂 正書在端

求恭謇 正書在端 寬 在側

求□奏作 正書在端

求丘眘明堂 正書在端 上缺十幸 下缺在側

堂

求廣平家正書在端
求匠作　大堵分書在兩端
求生方分書及文在端
求將軍家正書在端
求左□之明堂正書在端
求武庫明堂正書在端
求西曹家正書在端
求功曹正書在端下端亦有一字半缺不可識
求公兕正書在端
求第五家　太歲庚辰年分書在兩端
求茂才明堂正書在端
求道士家正書在端
上缺廿三日□此壁其主性任在側　大歲在戊戌在端分書
嚴新城堂正書在端
嚴殿中堂正書在端
上缺月十四日李氏作正書在側
趙建宗父家正書反文在端
趙監家正書在端　上缺趙氏作正書在側
趙正直明堂正書在端
上缺建安明堂分書在端

上缺清河明堂正書在端
上缺通事明堂正書在端
□功曹明堂正書及文在端
□叅軍□正書及文在端
□道士方分書在端
上缺公孫□□叅軍下缺正書在側
上斷□□閻先生正書在端
波若付上之玉堂正書在端塼寧不盈寸
付上即和上吳音和付相近按釋氏墓唐以後多稱塔
此稱玉堂他未之見

右甎文八十二種皆出嵊縣大都孫吴兩晉宋齊梁陳
隋人無可強分類列於此金部中郎甎杉邑晉置左叅軍從事
直廂將軍左庫中書五官監市儀曹值兵庫部郎中正
自西曹功曹殿中通事監書其官也陳矦吳者陳矦其
爵吳其姓也浦陽甎皋寧及書又一作陽亦即陽建安遂昌甯都南陽
西安中陽甎作陽范未成字也廣平新城萬安安甯遂安甎作遂誤清
河書所任郡縣也茂才書其科目也法師道士付上即和
尚以方伎稱也先生尊之也兕新興兕禁孫騁韓森何
思□黃文下一字不可識童光之童椽任伯進求顯求軌求野
夫求重明求恭騫求延求生趙建宗趙正直書其名若

字也求第五書其行次也曰冢曰明堂曰堂曰墳曰方
曰大寬曰大墻曰玉堂皆冢之異稱曰壁則居室之用
也或云即甓字

矣

滎澤令常醜奴墓誌

京師工部郎中端方藏有甯標本就接粘處度之約高一尺四寸廣同二十六行行二十七字字徑四分餘正書

隋都督滎澤縣令故常府君墓誌
君諱醜奴扶風始平人也黃運肇興既冠冕於東國金行失
馭遂流弁於西土亂離瘼矣從姑臧之客遊天保定尔爲鄯
善之強族祖黑獺門傳劒騎人雄汧隴授大都督領本州兵
父歡立履沉毅志□明勇魏明帝去河洛之王里遷崤函之
帝宅經綸王業寔寄腹心以君閑石𡨧□詔退宿衛任右旅
侍累遷直寢言遊京輦屢賜井田去六郡之桑麻承三輔之
風俗民良土樂因以家焉君器局貞正識度詳雅弦揮鴈落

隋大業三年八月七日

□動雲奔保定元年起家右勳侍下士鵬搖始振鴻漸初飛
成允折衝□推英果三年轉膳部下士位因寵進爵以才昇
鼎飪攸宜宥饔惟礼建德元年遷天官府治中士司會治本
文昌樞密是曰登賢良稱德舉自皇朝纘運寶命惟新君養
志家園深知止足開皇十九年明　詔以周代文武普加優
選蒙授都督又授鄭州滎澤縣令中年乳雉非獨魯恭重泉
宿鷺閳唯王阜祿滿言歸縱情丘壑方邁日秩庶永月存而
漏盡鳴鐘歌哀电杖奄焉不愁遘矣上賓大業元年十一月
十九日終於神一字脫鄉宅春秋八十有六夫人亠氏人惟貞
婉族茂金張未永偕齡早二字脫世以今三年歲次丁卯八月

轄

丁丑朔廿六日壬寅合葬於本縣湯□鄉之始平原祀也君
孝以承親誠惟事主愛賢重士輕財守信文淵□施差得相
方次公授轄足爲連類而徽猷長往蘭菓空傳知与不知□
識同恨子鹽州五原縣令緒等兄弟並克隆堂搆無竊負荷
出忠入孝揚名顯親昔趙嘉逸士猶題圓石繆龍文宗尚銘
泉碪嗚呼□哉乃爲頌曰
卽全奉使仁兼分轂烈太常巖巖光祿降神餘慶誕膺多福
惟祖惟禰世雄邊服波瀾罔已挺生吾子肩席承顏腰韉入
仕見利思義在官能理卓犖盛年優游暮齒逝川難息□光
易侵昭塗儵晦大夜遄深郊壙共掩柱藏俱沉九原永畢千
載騰音　長子鹽州五原縣令疑有脫字　第二子石州司戶叅
軍事榮　第三下脫

右榮澤縣令常府君墓誌後魏時有万俟醜奴趙醜奴蠕
蠕主醜奴此府君亦名醜奴字文泰本名黑獺而醜奴之
祖亦名黑獺蓋當時人名多如此醜奴以周保定元年起
家右勳侍下士三年轉膳部下士建德元年還天官府□
中士隋初不仕開皇十九年詔以周代文武普加優選因
授都督又授鄭州滎澤縣令祿潟言歸大業元年十一月
十九日終春秋八十有六攷宇文建國關中用蘇綽盧辯
之議依周禮設官其名繁多史不能悉載而開皇一詔亦

隋史所宜書故略敘其所歷官任如右誌又稱後魏孝武
帝爲明帝此它書所未見也
石父侯搨本流傳甚罕書法佳絕余假通家端午橋藏
本錄之常醜奴及祖常黑獺父常歡並無攷惟子緒見
唐書世系表爲宰相常袞高祖但誌繫銜鹽州五原
縣令表則爲咸安令未知卽其人否五原縣隋志屬鹽
川郡西魏於此置鹽州第二子榮官石州司戶叅軍石
州後周以舊西汾州改置隋於此置離石郡

主簿吳嚴墓誌銘

高一尺三寸八分廣一尺九寸四分二十五行行十八字
字徑七分正書時見隸體在趙州出土

隋故主簿吳君墓誌銘題蓋篆書三行陽文有界格

君諱嚴字長威家本安陵七世祖頵爲趙郡太守封宋子侯因封遂爲宋子人也起稱良守實靜西秦顏曰功臣能安東漢雄資武略長沙所謂番　君麗藻文詞元城而爲縣令代多明允也有喆人君即苗爲是稱克負祖僧魏鎮遠將軍并州西河郡丞　父業假版幽州薊縣令君志行寬容仁慈澄物貨財弗吝德義爲親臺眉之官頻加徵辟溫清聖善辭而不行開皇五年召爲主簿王渙以衿神之美履歷斯官馮異由器行之能光臨此職但川流易往略運難停人之云亾事同過隙臨終誡其子曰黃金滿籝不如一經汝等遵之勿得墜失大業二年十二月廿五日終於家春秋六十有九以四年十月葬於趙郡東北廿五里建平鄉先君之所夫人眭氏禮應百兩位正三星婦德母儀爲世規矩雖見魚軒重錦事同凡礫綺羅珠玉實比浮雲日月不居於先風燭泉門合奠禮備哀榮有子數人義兼百行念履霜而增感歎負米之莫追揚名於後也足爲孝子之事親終矣銘曰　白魚表瑞赤雀呈祥封茅啓國錫社開壃州牧剌舉郡守惟良萬生俊乂門緒繁昌其一　迺祖迺父公侯之胤操履淹通志懷誠信陵深万頃牆高數仞冠冕先達羽儀後進其二　積氣天長崦嵫日下翣此明喆逝斯達者隋會九原滕公駟馬年移陵谷猶瞻松檟其三

隋大業四年十月　一

此誌銘舊在趙州鄉間土人不知寶貴用以架碾光緒庚辰碑賈某訪得拓之以售遂傳於世誌銘二十五行行十八字書法端整在隸楷之間其蓋石以氣爲之篆書隋故主簿吳君墓誌銘九字皆完好無闕誌云君諱嚴字長威家本安陵七世祖頵封宋子侯遂爲宋子人安陵在東漢隸右扶風郡今陝西咸陽縣地在北魏隸勃海郡今直隸吳橋縣地誌稱頵曰功臣能安東漢則此安陵乃敘嚴東　二

漢時祖貫當是扶風之安陵也宋子北魏隸鉅鹿郡即今趙州地嚴及誌中所載吳頵吳雄吳麗吳僧吳業漢以下各史皆不載無可考所云起稱良守實靜西秦蓋指戰國時將吳起也誌云夫人眭氏眭實趙郡著姓魏有眭夸趙郡高邑人魏書列逸士傳北史列隱逸傳皆作眭與此誌夫人姓同太平寰宇記作陸夸而於趙郡二姓作睦志誤刊作眭皆眭字之訛也畿輔通志

誌云頵曰功臣能安東漢雄資武略長沙所謂番君麗藻文詞元城而爲縣令黃氏跋云吳頵吳雄吳麗各史皆不載無可攷案後漢書吳漢字子顏佐光武中興拜

大將軍後為大司馬封廣平侯薨謚曰忠誌以下句用東漢字故稱字耳顏即漢也又漢書吴芮傳秦時番陽令甚得江湖閒民心號曰番君後為衡山王高祖定天下徙長沙王又魏略吴質字季重以才學通博為五官將及諸侯所禮愛後出為朝歌長遷元城令誌所稱蓋吴芮吴質也石本雄書作雒黄氏誤讀為雒遂併對句麗字俱指為人名舛矣雄資武略麗藻文詞二句若以上一字作人名尚成文理耶安陵之屬右扶風者至晉始置東安陵後魏去東字高齊省隋開皇六年重置大業初併入東光縣宋子漢縣屬鉅鹿郡後漢省後魏永三安二年復置北齊廢隋開皇初復置屬欒州大業初省入平棘縣誌云家本安陵七世祖為趙郡太守封宋子侯遂為宋子人嚴終於大業二年以三十年為一世溯之其七世祖當在後魏太武帝以後其時扶風之安陵久廢殆勃海之安陵矣惟魏置宋子上距太武帝時且百年下距嚴生時僅十年與七世之數未能强合意者吴頎受封時宋子縣雖早省而其地仍名宋子非必以縣封也

而廢屬勃海郡者本漢脩縣地

提行

泯

汝南主薄董穆墓志序

高一尺三寸五分廣一尺四寸十四行行十三字至二十字字徑六分至一寸不等正書

大隋大業六年歲次庚午十一月戊午朔三日庚申襄城郡
汝南縣前主薄墓志序
諱穆字世華出自隴西厥胄所基因于夏后昔□輮廿五子
得姓十有四人天子建德因生賜□其後或以謚為族或以
字為氏謚法成功故用董姓為宗馬十二世祖淼于真官世
擅豪雄影附魏室曾祖顯平吴將軍孝文卜洛移籍東都祖
賢齊為上士永熙之世失據至此身子禮任縣主薄積善無
徵盛年棄世去開皇三年五月終于輔城以大業三年四月
五日母閔復背宗親愴切内外傷情隣友輟舂舊泯羅市始
終長□□筵有期顧瞻日月會歸冤寢大業六年十一□□
□□塋城西北二里易卜此地安塋大吉缺約五六字大安所營
此墓不勝悲哉業存銘米

隋大業六年十一月三日

右汝南縣前主薄董穆志序未知何處出土文為穆父撰故敘曾祖顯祖賢而下云身子穆也穆以開皇三年終至大業六年巳歷二十六載蓋先曾卜葬及大業三年母閔復背又三年葬其母城西北二里因遷穆祔之故曰易卜此地安葬大吉也穆終於輔城未詳何地隋汝南縣屬豫州襄城郡在今汝州寶豐縣北二十里穆

十二世祖涤于真官不解何謂末行上闕五六字其所
云云殆與誌後劉黃頭語同爲術數家言也末
四字亦不可解

嘉　生
君

源文□殘碑并陰側題名

石斷闕存高一尺一寸七分廣六寸七分七行行存十二至十四字方界格徑九分正書多隸體在濰縣郭氏

上闕元德方之魚水其爲比興豈虛闕下
上闕匡時贊世者何代無人君諱文立闕下
上闕祖爲西戎所逼以衆臣魏天子嘉之闕下
上闕司徒隴西惠生父子恭司空文獻公闕下
上闕德以逵於君君器宇深沈□儀爽朗闕下
上闕雜容座有賸賓思若淵泉調諧律呂闕下
上闕□□爲慕蘭之友至闕下

隋末

碑陰存六行半題名二列字徑一寸正書

上闕軍曹闕下
上闕法曹史耿士榮　維鄉杜闕下
上闕法曹史郭豐禮　維鄉郭闕下
上闕士曹史王萬歲　維鄉王闕下
上闕士曹史尹士顒　維鄉王闕下
上闕法義諒敬孫　維鄉□闕下
維鄉闕下

碑側存高九寸餘廣四寸八分題名六行行字不一字徑六分正書

上闕前法曹佐事功曹孫子路　主簿燕子闕下
□□□錄事張花計曹掾邢達　户曹掾言仕闕下
上闕錄事
上闕軍曹

□□□平曹　法曹掾燕琛　事曹掾劉兗下闕　上闕

曹史傅寶　户曹史王赦興　户曹史郝思群　户曹史賈

義下闕　上闕曹史李仲遜平曹史衛□榮　平曹史尹方　禮

曹史李下闕　上闕董子明　士曹史周雲　士曹史吴□下闕

碑存前七行有陰有側上下均斷闕不見姓氏其名亦

泐一字就父子恭玫之知姓源賀之曾孫也魏書賀兆

髮傳檀之子傳檀為乞伏熾磐所滅賀自樂都奔魏世

祖器其機辯賜爵西平侯進西平王後改封隴西王碑

云祖為西戎所逼以衆臣魏天子嘉之益言賀也碑又

有司徒隴西惠生父子恭司空文獻公云云惠生義不

二

生殆王之誤蓋其下數王字三畫迴錯外路上二畫自上落筆折而向右下一畫自下落筆旋而向右復之後人加點中豎上出遂誤為生亦可知也

可曉疑有脱誤按賀子懷傳懷受父爵尋降為公卒贈

司徒謚曰惠懷子子恭天平初官至中書監卒贈司空

公謚文獻是惠生乃惠公之誤源君之祖也子恭位謚

悉與傳合子恭子彪字文宗彪弟文瑶第五子曰文盛

又北齊書彪傳有文舉亦彪之弟碑云君諱文□左旁

上半猶存才字瑶與盛與舉皆不可强合按唐書宰相

世系表及元和姓纂皆言源氏周隋閒居鄴郡安陽今

石係山東某處出土濰縣郭氏得之其非墓碑可知陰

側列諸曹掾史姓名似是故吏追頌清德立碑以誌去

思則其人必嘗歷州郡職矣按北史彪傳云文宗隋開

皇中拜莒州刺史遇病去官卒北史及北齊書彪傳俱稱文宗不稱彪殆從以字行也

以莒州刺史合之當是文宗而宗字亦不相似魏

書敘文盛為子恭第五子而徒錄文宗文瑶文盛北齊

書亦第兼及文舉則固有從略者碑不見年代因附隋末

此碑有可疑處按懷雖有承受父爵後降為公之文而

傳言懷數上表稱父賀援立高宗有權勳不蒙茅社之

賜始詔依陸叡例授懷北馮翊郡開國公碑何以不書

自受封爵而書父封王也惠公誤惠生王也祖為西戎

所逼祖上斷闕論其世次則曽祖也何以父書名而曽

祖不書名上也碑中別體字若魚若徒若豈若築作祭

三

璪作璨闔北碑所恒有而德作德以作以僅見於此附

識之俟精鑒者質焉

古四娘等造像

高四寸廣八寸八行行四字字徑九分正書在安陽

阿弥陁佛
觀音菩薩
大勢菩薩
清信女古四娘李姉兒梁小僧劉摩兒四人同敬造

古大娘等造像記　隋末

高三寸五分廣一尺一寸廿二行行五字字徑九分正書在安陽

佛弟子清信女古大娘陸二娘㐫□同敬造阿弥陁佛觀世音菩薩大勢至菩薩一龕
合字右讓石裂痕

須昌縣趙息義遵造像題名

高一尺五寸廣七寸上爲佛龕龕二佛上方題字右一行左二行龕下題名六行行存字不等字徑六分至九分不等下截斷缺正書

□須昌縣□□缺　佛主趙息義遵缺　遵弟遠遵　妻缺
遵弟仕良　妻林缺　遵弟伯席　佛□□妻□□
无㝵明佛在右像上方右邊
法□普□缺□□佛二行在左像上方

張大寳造像題名　隋末

上下及右邊斷缺存高一尺二寸五分廣五寸五分上半二佛龕龕下題名五行行七八字龕左一行字徑五分至一寸不等正書

張大寳缺　寳息子乾元著□缺　寳女太妃　大勢□佛缺
寳女石勝寳納嚴□缺　寳女□妃佛□思□缺
□主寳妻范妙

此與前刻拓工言係一石蓋石幢之兩面也書法在北齊周隋之閒因附隋末石疑在東山

續桃樹等題名殘石

高存九寸廣四寸三行行存五字字徑九分正書石出滕縣

缺 □那糹

缺 維那續桃樹

缺 維那續惠㝎

拓本後有高硯臣書云光緒二年二月得此石於滕縣南關外石存十字係六朝造經像碑側中間之片石也外邊尚有不全者數字高不知何許人石當在其家矣

佛座題名五紙

一高二寸四分廣八寸存七行一高同廣存五寸四分六行行各存四五字字均徑四五分正書附隋末

泐邑子□要泐邑子郭□泐邑子□□ 邑子□□邑子畢

□邑子郭□邑子張□以上一紙

邑子王伏□邑子劉□缺邑子程宗缺邑子晏□□邑子□

□□□□□以上一紙疑是一石

二紙各高三寸廣一寸八分二行行四五字字徑七分正書似是像座兩側

像主衞導侍佛時

像主王文宋侍佛時

一高二寸五分兩旁斷缺存約五行行四字均剥泐惟第四行顯字第五行右旁吏字可辨

右五紙與續桃樹一刻同得

趙朗等造像殘刻

高八寸七分右缺存廣一尺九寸二十一行行前八字後九字方界格徑九分正書

□□□□□□□縣之君又爲亡過見在師僧父母君門眷

屬邊地衆生有形之類咸同斯福

朗父門下録事趙暉 暉妻李毛姫 妻孟瑚瑚 朗弟子帍

朗弟仕昇兄息恭礼 兄息長山 朗息卿相 朗妻唐朗 姨竇帍

妻王 昇妻成礼 妻王山 妻孟朗 妹延妃 朗妹雯□ 興父索僧

誨 妻邢姜□ 妻高妃 男狩仁 女玉勝 女玉艷 賭父索苗鼠

妻尹香 賭妻馮俘 男卿□ 相 男仕元 女毛娘□ 妃女姿容

女寵□□ 功趙苟仁 妻吳元 錢息仕 高遷 妻□

無年月附隋

靈泉寺經刻四 正書在安陽城西寶山

廿五佛名 高一尺三寸廣一尺九寸十八行行十一字字徑一寸在洞西

廿五佛名　南无寶集佛 以下不錄

大集經文 高一尺四寸廣二尺五寸二十五行行十四字字徑八分在前刻後

大集經月藏分法滅盡品初言

經文不錄

法華經文 高一尺二寸廣七尺二寸七十七行行十二字字徑八分在洞西最上層

妙法蓮華經分別功德品中言

經文不錄

勝鬘經 高二尺三寸六行廣七寸行二十一字字徑一寸 隋末

勝鬘經　勝鬘言世尊 以下不錄

武虛谷安陽金石錄載三種獨未及勝鬘經以為魏齊間刻因無年月次諸隋從之

廿四佛像名號 高五尺七寸廣二尺六層每層上半平鐫四像兩兩相對下半題佛名每行四字字徑八分正書帶隸筆在安陽

第一摩訶
迦葉摩竭
國婆羅門
尼拘律陁
子
第二阿難
迦維羅衛
國斛飯王
子
第三摩田
提蜀廣國
人
第四商那
□脩王舍
城人

第五優波
毱多摩实
羅國毱多
之子
第六提多
迦摩实羅
國大長者
子
第七弥遮
迦
第八佛陁
難提

隋末

第九佛陁
密多
第十脇比
[丘]脇不著
席在胎六
十年生即
鬓白
第十一富
那奢
第十二馬
鳴菩薩

第十三比
羅化在南
天竺造无
我論
第十四龍
樹菩薩南
天梵志種
生在樹下
因龍勉道
第十五迦
那提婆菩
薩南天梵
種與神眼
遂元一目
第十六羅
睺羅

右上層　右二層　右三層　右四層

□□□□　□□□□
伽難提　□□□□
解大□□
多羅義
第十八僧　第廿二摩
伽耶舍　奴羅善解
三藏義
第十九鳩　第廿三鶴
摩羅馱　勒那夜舍
第廿闍夜　第廿四師
多持戒弟　子比丘於
一名眾後　罽賓國大
律師　作佛事為
王所絕

右五層　右六層

鼓山馮子昌題刻二

一長一尺六寸一行十字字徑一寸五分一長一尺三寸餘一行六字字徑二寸正書在磁州

阿彌陀像主馮子昌供養

菩薩主馮子昌

此二刻書勢出北朝時人非唐刻

附隋末

造像碑銘殘字

石高三尺八寸廣二尺八寸大龕像居三之二字在龕下約二十餘行僅後十行略可辨識每行十一字字徑八分正書

前泐約十五行

缺□□□□□□客□□
缺□□□□□之□方
□□□□□□□□望亻
定江湘北□□□□之下
日月不□□□□□之□
[元]鳥降祥正□流□□□
隋末
光鳳從□下□□□□□
呑韓□□□北□□□□
偪□□□□□曰缺
大隋缺

夫人梁氏誌石殘字

多處縱廣各五寸六分存六行半行四五六字不一方界格徑九分正書

缺夫人梁氏墓誌
使君前妻也河南
缺第二女多播清
缺掩袢風䙡麗舉
缺怞由至性牽
缺棠之容一
□豊□

附隋

鄭郱盧太夫人元氏墓誌

高廣各一尺五寸五分二十六行末一行在左側行二十五字方界格徑六分首行擠寫無格分書

大鄭上柱國鄧國公故太夫義安郡夫人元氏墓誌
夫人諱買得字買得河南河南人也自大魏之胄期啟運光
宅中夏本枝承若木之景餘潤接天河之源鐘鼎盛於當丰
椒蘭被於復世備諸史策可略而言矣祖匡魏東陽王茂實
英聲道高前代父又濟南王分珪命爵作範一時夫人稟慶
閨闈歆神象緜驄敏寘授孝敬天啟動必以禮行不忤物雖
在沖幼宗挨莫不異焉年十有四歸于郱盧氏言容有禮肅
雍成德好合猶瑟相敬若賓尋以夫爵封與世郡君大夫之

僞鄭開明元年五月十六日當唐武德二年　一

妻能循法度公宮之教無違婦道洎乎忽晷所天逾東高節
而第二子味有名於世味以大業之季委質　聖主猶簫曹
翊大漢之功吳鄧輔中興之業往者鴻溝未割函谷猶遲龍
戰虎爭連營接壘太夫人提挈二孫淪沒賊地而賊李密乃
特加贍賜欲令誘致其子雖徐庶之心於爲已亂而王陵之
母勖勵逾深和竟聿遵嚴訓乞羨自若及李密之敗得盡歡
膝下母子忠孝天下榮之是用式加寵命封義安郡太夫人
褒崇之禮舉公莫與爲比豈期昊天不吊降斯災禍以大鄭
開明元年五月十日遘疾薨於東都尚書省之第春秋六十
有六　詔贈賻物一千五百段禮也仍令上柱國殿中少監
太原郡開國公王纏上開府鴻臚少卿襄武縣開國伯趙方
海等監護喪事即以其月十六日甲申窆於城北千金鄉安
川里嗣子味重茵迴鼎恩事親之無日號天扣地痛合莖之
何期勒此嘉聲寄之泫壤迺爲銘曰
山川磊砢世代豪雄將門有將公子爲公珪袞如積蘭桂成
藂羽儀當世清明在躬其一公侯之孫天王之玄義則魴鯉匹
猶秦晉忽焉如客凋零何逕泉門獨掩銘旌孤引其二寂寞舊
隴蕭條郭門祭茫異縣悽愴幽魂山連古墓地接荒村夜臺
無曉遺挂空存其三哀哀嗣子煢煢苦辛母氏聖善我無令人
風烟共慘容衛空陳撫膺　長慟歸復吾親此一行在左側

二

右誌標題大鄭上柱國鄧國公故太夫疑有脫字義安郡夫
人墓誌按僞鄭王世充以唐武德二年四月篡立建元
開明誌云以開明元年五月十日薨扵(於)東都尚書省之
第正世充初僭位時也誌稱太夫人之祖匡魏東陽王
父又濟南王魏書匡陽卒(平)王新成子出爲廣平王洛侯
後襲爵封東平郡王緣事削爵卒追封濟南王又江陽
王繼之子小名夜叉孝昌元年賜死無封王之文誌所
言皆不實況以元氏卒年推之生扵(於)西魏恭帝元年去
又死已三十年耶太夫人歸郱(即郱)盧氏以夫爵封興(興)世
郡君郱盧不見扵(於)魏書官氏志徧攷代北關西均無此(此)

複姓郡亦無以興世名者隋唐之際草竊鵲張東都爲
李密所擾密敗世充廢越王侗而據之干戈紛擾中勒
此燧石其外謬無足怪而其姓郍盧氏宜非有誤萃編
卷六十六載有郍羅延建尊勝碑羅盧音近通譯郍羅
即郍盧也可據以補氏族志之闕焉

鄭大將軍韋匡伯墓誌銘并蓋

方一尺三寸四分二十二行行二十二字字徑五分正書在洛陽

虞

鄭故大將軍舒懿公之銘　題蓋碁子格陽文篆書字徑三寸五分

鄭故大將軍舒懿公之墓誌銘
君諱匡伯京兆杜陵人帝高陽之苗裔也在殷作伯開命氏
之源居漢爲相建光家之美自兹綿歷剋峻前基並詳諸篆
素無待稱矣曾祖旭司空文惠公祖孝寬太傅鄖襄公父摠
柱國京兆尹河南貞公並位尊望重國貞朝幹君膺慶上靈
□而岐嶷因心孝友稟性温恭容衆愛仁輕財重義年十二
封黃瓜縣開國公襲祖封鄖國公食邑万戶公之母弟尚豐

鄭開明二年七月廿□日　一

隋公主女弟爲元德太子妃而公高門鼎盛台輔繼踵有隋
之貴一宗而已大業七年陪麾遼左授朝散大夫俄遷尚衣
奉御侍從乘輿密勿帷扆十二年□幸江都十三年四月廿
七日遘疾薨于江都行在所春秋卌有四自　皇鄭膺錄歷
選德門作配儲后娉公長女爲皇太子妃乃下
詔曰公門著嘉庸夙參榮列不幸殂沒奄移歲序言念□賢
宜加寵餝可贈大將軍謚曰懿公禮也於時孥洛□□崤函
尚阻鄉關遐邇日月有期以開明二年七月廿□□權殯于
洛陽縣鳳臺鄉穀陽里陵谷非固盛德宜傳因兹鐫勒以貽
永久其詞曰

晨

台階麗象山岳降靈人膺天祺世著英聲家風不墜令德挺生學談入室禮備過庭優遊戚里出入承明三江遊遊万里徂征素車俄反丹旐空縈崩松永歎埋玉傷情松風暮起薤露晨零勒茲翠石用紀鴻名

右鄭故大將軍舒懿公韋匡伯墓誌匡伯隋書無傳祖孝寬為周名臣曾祖旭亦附見周書孝寬傳中其封爵贈謚並與誌合孝寬六子總壽霽津知名總即匡伯父也唐書宰相世系表總後周京兆尹河南貞公次子匡伯隋尚衣奉御舒國懿公亦與誌合豐寧公主隋書未載世系表匡伯一弟圓照不注官位殆即尚主者歟元

二

德太子昭煬帝長子早薨有韋妃是生恭帝即匡伯女弟也韋氏自漢已來世為京兆杜陵人匡伯卒於江都行在所而喪歸洛陽者誌云於時鞏洛缺崤函尚阻是因亂羈留中塗權殯耳匡伯隋臣骨未寒而女受娉為王世充太子妃汙以偽官贈謚而諛誌者大書特書以為榮蓋自典午以來羣雄逐鹿僭偽迭乘成則帝敗則賊當時固無定兆也世充以陸德明為其子元恕師令就德明家行束脩禮德明恥之故服巴豆散對之遺利竟不與語嗚呼此豈可望之庸□者耶匡伯封舒國公誌僅著於標題而文不敘及當亦偽鄭所贈黃瓜縣止

屬

魏置爲秦州漢陽郡在今甘肅秦州西南

栢尖山寺曇詢禪師碑

高五尺七寸餘廣三尺二十六行行六十一字字横徑一寸分書

隋故栢尖山寺曇詢禪師碑

詳夫鴻濛洪滯八風鼓滔天之浪識海彌漫六境興激瀁之波庾類以此漂流蒼生因而沉溺雖復道登十轉莫不以魂魄爲勞煩位超三有皆恚以精神爲累絶是知心之爲患大矣哉大矣哉縱使以形骸等於枯槁終非除桎梏之方説心處同於死灰豈爲滅見諍之論未若瀍王大覺應世挺生欲使調伏心蝯激清識浪坐菩提樹啓修行禪定之門入花林堂説賢聖嘿然之瀍故使五通神變莫匪安波之功七漏斷除感滋般艆之力乃有沖天返地之異道播迦維蓮花師子之奇名高振旦至如德超五舶妙善六門獨我禪師仁祠上首禪師姓楊氏諱曇詢閭農粤陰人也後乃遷宅河東琨焉答秉無三惑震懼四知王孫薄葬之廉德祖看碑之儁爰洎禪師仁賢不隕禪師稟天地之醇素滋川嶽之精靈散花彰誕育之微咨果表孩童之傑幼而敦學既類過庭李自天心還同嗤指悟善來爲出離不顧簪纓體塵俗是煩籠常思脱屣李二十有二遠訪巖叢乃逢曇准瀍師於霖落泉寺禪師以將渡欲海必假舟航名僧勝地闇復過此乃事准上爲師仍從鬚鉻荆捨巾屐便興曠濟之□始服瀍衣有□□□之志出俗一載方受具足律儀圓備又誦瀍葉以戒珠而瑩七支用智水而滋六念既登初夏乃投蒼谷伏膺禰禪師受瀍修習定門濯八解之波瀾證九次之功德聲聞花水之諭未足相儔菩薩柰木之談纔云可擬後於三夏移戝鹿肚谷㣯禪遂使涸沼飛泉麏麚繞院時因請瀍暫往雲門值徑險霧昬便成失道山神示路方會本途此乃化感幽冥神明翊衛者也瀍護之清流變續自可連蹤曇猷之白虎致訶曾何比迹時有盜者竊蔬羣議競營賴上人㘴救得免災厄葛僊收飯之奇詎能加此後值虎熊共鬬禪師乃以杖麾之遂使玆糯怨心俱還本宄咎卞莊刺兩之策實與大慈今除二忿之謀方稱滅諍遊四禪而七日傳僧顯方仍未奇處一院踰十李董仲舒比而多愧曾經老子山側怖鳥投以全身又至車箱水濱驚鹿歸而獲免雖復樹無青雀異能仁之向道場而□循白虎等慧明之居巖岫諸爲神迹曠代希奇小碣輕才豈能具述今之所記粗言如已乃化流河朔盛闡禪門杖錫裹糧鱗歸霧集梵從肅肅類靈育之在林陽禪侶詵詵若佛賢之居灞岸神王嚴鼓煙霞拂入定之龕道足林皋泉石嚴經行之所嶠然高蹈支遁愧於逢迎宗介沖虛賈遠同其寥廓　太祖文皇帝據九五而臨萬國闡十善以導八方闢斛纊而聽德音致遙誠以彰虔仰爰　勅儀同三司元壽親送

唐武德五年十二月十三日

龕書兼奉妙香以表　皇敬釋道安之同興東苑本謙幽凥
竺圖澄之遺使西藩有甎高賫答供羅雙樹莫設兩楹二聖
猶示歸眞百秊詎能長保以開皇十九秊歲次己未十二月
十三日禪師乃於栢尖山寺現疾而逝春秋八十也五十有
五夏焉將昇泥白神光爲迎識之徵欲歸大漸香風作送魂
之瑞滅度之後幽顯咸哀虎叫既悲鳴於雨霄雲昬亦含愁
於三日復有赤鳥白頸銜嘷於院内青山翠石崩落於高巖
其爲感應皆斯類也豈獨一鳥泣楊震之墓雙鴈悲虞國之
春王喬逝喘龍縣之牛仕公亾折武擔之石而已至如傳燈
蘭葉稟牧檀林慟甚提河逾於匡岫方欲塵之泉壤恐乗五
天之儀所以燎此香薪遠慕雙林之式乃囗大唐武德五秊
歲次壬午十二月十三日闍毗遺體謹收舍利用建偷婆冀
寶宮以答恩望靈刹而興想焚香萬柬與此何殊架塔九層
足爲連類春矣但遺囗礼識慧舸無重濛之期智火長泯心
燈嚴更然之焰哀哉品庶痛矣羣黎既喪指南返迷何日大
弟子瀞休道頓慧方等以炎寒遞謝恐徽猷之礼淪凥諸不
序攫靈驗之長殞既等僧祐追師建鐘嶺之碣更同僧道旌
德起廬山之碑庶使天傾西北地毀東南景迹芳音傳之更
遠乃爲銘曰
悉濾欲浪輪迴莫休無邊幽浸有源隋流濾王神足安凥鷲
頭澂潭定水播美禪舟粤有開士翁喬園農盪昬佛日吹塵
慧風身嚴七聚意宗三空雲斯瀍雨潤此禪叢涸沼清泠巖
麋環互德和二忩慈安兩怖季父依室殊歎亦路三陘一紀
曾何跬步經行巖叙宴坐林泉麈尾松韻香鑪栢煙七衆武
接四部蹤連瀉瓶既瀉傳燈實傳負扆慕道冕旒欽德爰降
綵綸復傳安息現疾林下泥洹巖側香染八風光坐五色迴
峯隤石高林鳥嘷悲虎夜叫愁雲晝佪緇素哀感徒屬酸迷
焚薪燎質乃搆支提禪艘既毀瀍流長絶答歸小定今還大
滅九次六門無由重說冀揚清範勒兹園碣

右栢尖寺曇詢禪師碑墨本稱自販夫不能舉石之所
在歐趙以來皆未著録文典麗隸法峻整闕泐七字而
已惜不著譔書人姓氏禪師以隋開皇十九年十二月
十三日殁至唐武德五年亦以十二月十三日闍毗建
塔蓋相去二十二周矣儀同三司元壽隋書有傳祖言
如已以如爲而也虎爲太祖景皇帝廟諱碑屢見不闕
筆時方新造須令猶未周如耳

緯

孔子廟堂碑 武德九年十二月廿九日 萃編載卷四十一

神功聖跡 闕功字 華夏蒭商之業雖復質文殊致 闕五字 商下 象雷
電以立威刑 闕以立字 偃息鄉黨棲遲洙泗不預帝王之録 闕黨下六
字 膺五緯之精 闕五緯字 天歷浸微 闕歷字 懷琺而遊列國 琺作寶 紀
乎竹素 紀設絶 用扶興業 闕興業字 爰奉上园 依例應書廟諱二字今與下文清淵元
淵銘辭赫赫元功丕作元 懍彼攃式 闕彼字 編該群籍 群作羣 宏大訓之微旨
宏應書廟諱二字今直作宏 修文繼絶 繼聖崇儒 繼並作纘
昔黃山谷詩云孔廟虞書貞觀刻千兩黃金那購得蓋此
碑唐石真本若是之難遇也此本予題曰唐本者通計全
石二千十七字而此內真唐刻者已得千有四百四十六
唐武德九年十二月廿九日　一

字其餘湊補者僅四之一耳安得不以唐本題之即山谷
所見張蔡二本亦已云中有湊補矣則此本內雖有湊補
者奚害其為唐本乎張米庵云相王旦於武后時重勒是
碑此米庵誤以五代時王節度之重勒目為相王旦重勒
耳虞永興當日手書謝賜會稽內史黃銀印表在群玉堂
帖內明云進呈石本何嘗如米庵所謂進呈墨本者乎即
武提引此事有稱墨本者實則指當時初經墨搨之石本
也而豈得妄謂相王旦有重勒石之事乎舊唐書宣宗大
中五年十一月國子祭酒馮審奏文宣王廟碑是太宗建
立睿宗書額武后時於篆額中間謬刻大周兩字恐貽誤

將來請琢去偽號此大周字削而相王旦之銜獨存也是
宣宗時太宗建立之原碑尚在舊唐書所載此奏甚明析
而何以妄謂武后時相王旦重勒耶孫退谷庚子銷夏記
亦言唐史誤謂武后時立此蓋因新唐書由睿宗書額牽
連敘次以為武后時耳退谷又不考舊唐書詳載其奏語
而漫謂唐史之誤其實唐史初不誤也蓋永興書是碑其
時椎拓者多故未久而石泐耳何嘗有燬於火之事也惟
原石之亡不知在何年在唐時固已有泐損故北宋時拓
本存者已希絶矣此山谷詩所以有千兩黃金那購之
語也歐陽公集古録自言為兒童學書時刻畫尚完好其　二

後廿餘年已殘缺攷王節度重勒之石其陰刻敘與碑在
宋真宗天禧三年而歐陽公生於真宗景德四年丁未至
天禧三年歐陽公已十三歲所謂為兒童學書刻畫尚完
時也計至其後廿餘年則其泐損在天聖以後是歐陽公
所見之石本是王節度重勒之石無可疑者但未知歐陽
公得見唐刻原石本否耳居今日而遥溯唐石本則在宋
惟黃山谷見之在明惟王敬美孫月峯見之至若近日嗜
古博聞精鑒之家如何義門王虛舟徐壇長皆未得見也
孫退谷自言有唐刻本義門云曾見退谷所藏實陝本非
唐石也蓋退谷所藏本是以陝石與城武石本合成者耳

綜而論之唐石既亡求唐石之真者必仍就世所行陜本
城武本以攷之陜石驗王節度結銜其重勒蓋在宋初城
武石無歲月而所據本則在陜石之前是二本皆唐石閒
津處也若周公謹所稱饒州錦江書院本未明言是唐石
本否而著錄家又有所謂一字不失之墨本即卞氏書考
所載永興東觀帖也今見此(此)本與卞考本正同中闕兆庶
樂推四字改爲吹萬歸仁幸賴有城武本證之陜本此四
字正在泐處矣又兢懷下改爲夕惕二字虛白下改爲模
形二字是皆就文義補足但求其文全而未暇詳攷也顧
亭林又謂反字是及之訛不思此處即使作及字於(於)文義
三

亦未合必其原本上下別有字句令不可攷矣(矣)且永興書
及字與(與)反字全不相似此亭林臆斷之說而著錄家沿之
然則卞氏書攷之本是據(據)顧亭林說(說)而爲之者此冊反字
上下紙皆有翦痕則此冊裝在前而卞考之本在後無疑
也又如洙字前後質皆舊拓而納字二見其泐損者移用
於前其完整者則在本句不改動即此二字驗之是未裝
時尚有複出零餘非一時所拓之古本矣敬美月峯所見
韓氏本今未知尚存否而榮蔡張三本既年遠難追安知
非宋元以後別有襯裝(裝)移補之事要以其中真唐石字皆
大中以後天禧以前此百年閒所拓則其可信者耳帖之

四邊尚存原裝舊紙內有周雪坡氏康里氏康里簿倚諸
印昔聞康里子山書專(專)師虞永興予邃(邃)有康里小楷墨蹟
實得此帖神髓簿倚者康里不花也是爲元康里氏所藏
舊本今歸臨川李春湖學士齋子因爲備(備)論前後諸家所
見詳證其爲唐本是則米庵所云生今之世得見古人所
未見者豈非大快幸哉　何義門云廟堂碑是相傳江左
字體但未見唐石其用筆不可攷求矣孫月峯則有峭勁
似率更之語今以此原石驗之乃凝重非峭勁也陜本稍
得其圓腴而失其平正城武本稍平正而又失其圓腴世
閒無虞書他碑可證破邪論僅傳摹本耳孔祭酒碑仿虞
四

法而結局太疎學者但知從陜本過趨圓折而於長捺史
筆鈍著迹全失其淵穆凝遠之度得此原石本然後可以
會通晉唐書家正脈直溯山陰蕺山梁几去人不遠此本
在邃(邃)日日當有吉祥雲來(來)護之嘉慶十二年歲在丁卯春
二月廿有二日北平翁方綱識

臨川李氏此冊覃(覃)谿先生定爲唐拓本文中兆庶樂推
此本作吹萬歸仁□□寫狀全唐文作圖真寫狀此本
作模形寫狀兢懷馭朽興睠納隍懷下多夕惕二字納
下闕興睠二字皆此本之不足據(據)者翁跋已言之又犂
顙厥角此本作犂□睠□月角珠庭此本作洙庭翁亦

斷爲誤置故不擧以正王編也

五

吳景達夫人劉氏墓銘

高八寸八分廣九寸二分八行行八字有界格徑一寸二分正書在洛陽

大唐中散大夫行□藥奉御永安男吳景達夫人彭城劉氏
之靈今以貞觀四年歲次庚寅十一月壬申朔廿三日甲申
殯於芒山舊陵𢇍川谷□移故銘之宄石

額文

字在端廣四寸七分厚一寸五分正書反文

□觀五年

唐貞觀四年十一月廿三日　又五年

宋有大觀紀元此列於唐貞觀者以書勢定之

吳景達結銜中散大夫行□（字是尚）藥奉御永安男按尚
藥局始置於後齊有典御二人隋因之煬帝改典御爲
奉御舊唐書職官志殿中省有尚藥局奉御二人正五
品下此沿隋制也龍朔二年改尚藥局爲奉醫局諸局
奉御皆爲大夫咸亨元年復故凡任官階卑而擬高曰
守階高而擬卑曰行景達階中散大夫正五品上故於
尚藥局奉御爲行也永安隋縣唐屬汾州貞觀元年改
名孝義

宣霧山經刻及造像記二百卅二種 起貞觀五年俱正書偶有分書行書加注各標題下在唐山

孔嘉隱題記 高四寸七分廣二寸五分二行行五字至八字不等字徑五分至八分

像主瀛州饒陽縣孔嘉隱爲父母及法界造供養

饒陽漢屬涿郡隋初改隸定州後隸深州大業二年省深州改隸瀛州唐武德四年復置深州以饒陽來屬此稱瀛州饒陽縣是武德四年以前刻也

武陵王睎睎薨以襯衆僧

相州總管定州都督等造經像銘 高六尺廣三尺五寸二十七行行五十字又年月等一行字徑一寸後題名三列行字不一末又有題名二行字均徑五六分正書 唐貞觀五年十二月十五日

相州揔管定州都督□□□□□□爲　府主□□□上將
捨緍三百疋顉　府主如山之固萬代長存与日月齊明共
三辰並耀若夫無□真理徹妙合□□□實相清淨沖虛斯
乃道臥四果開通十地成茲究竟證此菩提道二塗李伯陽
弗盡其趣生死二逕孔□父因述其理故摶風九万槍榆之
所不知激水三千消澮之所未晤然虛空無際世界無邊受
苦循環竟何極已惟解脫銀相法應金軀六度圓滿十□具
足闡一乘之義著八水之功拯四趣之辜拔三塗之咎聊開
慧炬刷蕩□明輴儀法舡濟度有溺□有玆盖無得□□□
有高士李惠寬趙郡象城人也畢陶之後充車之胤磐石之
宗連華帝少　生而達理長而悟冠齠齔之年蔡伯喈聞而題
步□□之歲王平子見而絕倒洞□苦空之理偏知物我之
義□一句而燔兩臂爲一偈而燒七指尸毗割肉□捶□身
方之厲行略無□等加以喰松却粒臥石漱流夏則編草爲
衣冬則引駮□覆形體雖殘不以爲苦謗訕雖至不以爲失
猛獸□胃未足稱奇□鳥來巢詎將爲異屬有隨失馭區寓
分崩百郡則杼柚皆空千城則骸骨俱滿龍驚鵰退豕突鯨
吞黃示灌然□□蕩蕩惠寬□□□顚早遇太平□愜身形
共崇福業洎粤若稽古　大唐仰握天鏡俯案地齒膺期接
統濡足授手攘八十二□之分承七十□□□君類大□□
□之時同尊盧祝融之曰惠寬□□□与善素□獲從　聖
人既作万物咸覩以武德六年四□□□乃於此山□□□
立鑿巖爲□鐫石造賢劫千佛法華經一部營搆浩大□靈
護持就使百億須弥未有若斯修福者也其□□臨栢縣龍
興避□之所北帶□山鸖駕遊天之處東則神泉汹□遠達
滄□西則沍水澎□近連翠嶺弥亘千里控帶百川邐□□
南之岳俳佪□北之際下　金闕上跨玉京□達退食之墟
□□□之□如來真範遍□巖崖修多妙音周迴嶺岫長
松暎□□之彩文石□□金之□□竹林而起精舍□□樹
而製香爐雲□□沉恒過應野烏兔來往直指鷲山窓戶平

泐寫六字初稿書亦闕
去篆书待核

接星宮梁棟緋□月殿既類□□□成又□□地湧出名僧
揺□遠邑争来德衆奉□□方覺□於是使持節上柱國□
州諸軍事定州刺史定州都督相州揔管杭州刺史大光祿
大夫呂國公□士洛佐命心膂□□爪牙王□廉李之流縧
灌樊滕之輩飛旌河朔疊鼓恒陽䒱櫨既類秋霜□□□同
春曰六條布德志洽□□十部垂恩情深□□魚懸犢在百
姓興五袴之歌鴈□廉馴四民䒱兩岐之詠恭敬三寶迴向
□方脫捨財帛減徹車馬遂与恵覺共營此福大㑹□□□
啓檀□栢仁縣令嚴雄撫□百里清肅一圻迹同遷蝗治侔
馴雉精誠信向經始伽□勸課丹青修飾經像雖目連之神
□□□□来之智慧莊嚴但□尊崇寔為儔類有宿士李長
欽李士羅李希悊李明朗牛孝□等並郷社耆乂里閈清修
愛法念道□□□□□□□功小効□載景鍾細事□言猶
書甫鼎況布金重意□胄般心□□高碑□傳来葉乃為銘
曰
□星夜隱漢夢□通旁□述德寧𨱇欽風百年同□□事□
□□□□□□□逢一其
咸加三界德稱□□勸□十善屏除五慾方便演説慇懃式
□□□□□□□燭□□
燕南獨亻趙北□民樂道致命重法燒身□鑿妙典雕□□
□□□□仰□□□□□□
翠巖千丈青谿万刃下見鳥飛平看雲進神容儼肅尊儀□
□□□□□芬□□□□□
擁旌自北製錦由南□政号五異迹稱三威恩近被風教□
□□□□□捨施□坩五其
上下衆方南□諸國未有敬信若茲功德千載松影万年□
□□□□□□□篆刻六其

宗

大唐貞觀□年□□□巳九月□子朔三日戊寅前宗
州行參軍武騎尉李君政□
□□□城縣令□□□□□□太尉公上柱□□□□□

板

大将軍□□□□國食邑二千戸□□
□梁興侯中書侍郎□殿内直長秦州城紀縣令武都□守 以上七行為一列
□□□縣令趙州中正李□節
□金二州司戸參軍石□玉
魏州合肥縣令郝天极　李孝端
定州安喜縣田□讓　李寶車
隆聖寺僧僧□　正解寺主寶藏
趙州前刺史慮□□下泐 以上六行為第二列
定州大泐約七字藺泐約六字孫邑　兵曹參軍馬怦　栢仁縣前承

此闌行換一行寫第七頁跋
接添一張寫第十八跋語
再在第六頁之前接七行
寫完跋語隨有一行
寫此行妙之從華而之

輕車都尉高●承祭泐約八字　承泐約四字栢仁縣前尉李晟　尉
王□　尉閻銷難　尉趙懷遜　邢州前刺史張禕□
刺史泐六字異城□□□□史上柱國張萬福　前□□□□
□尉栢仁縣市令趙孝嶷　青山縣令吴挺之
邢州□□□□□□□紇骨閭　□縣令輕車都尉王
敬讓常施□華　内邱縣令趙□　龍崗縣令修碑文姬静
邢州□□□軍楊□□　司户□軍馬君度　栢仁縣録事
霍孝僧　李令操　男小買　□珉　師舉　李阿□耿長
峻
□州□□□毗舉　趙州陳王府前趙州司户參軍劉嗣泰
司法參軍劉平才　趙州治中衛仲方　象城前縣令陽
容師以上六行爲第三列
象城縣令劉海超　八□□泰令□之裕　前州下漫滅約十二字
録事公□□孟□鏡　象城縣前尉徐□□　尉任君德
尉□圂義　尉傅伯龍●　象城縣前録事霍君□　栢鄉縣
令殷仲文
□□□　□宣皇帝下磨泐　縣尉上下磨泐城縣令李□□男□
城□録事□□□　通直郎行佰仁縣令宋□静下空□縣□
□德素以上二行在碑末
碑敘造經像功德象城高士李惠寛經始於武德六年

使持節上柱國□州諸軍事定州刺史定州都督相州
總管□州刺史□□□大夫呂國公□士洛共營此福
柏仁縣令嚴雄丹青修飾之宿士李長欽等與有功焉
貞觀□年□□□巳九月三日勒此碑銘按貞觀七年
歲陰在巳其陽爲癸是所缺爲七年歲在癸巳也□士
洛逸其姓唐初史載諸臣無封呂國公者莫可考證定
州置都督相州置總管皆以刺史兼而士洛並任兩州
在貞觀之初殆非碌碌無可稱者而史遺之何也兵志
太宗時行軍征討曰大總管在其本道曰大都督高宗
永徽以後都督帶使持節者謂之節度使士洛以使持
節爲定州都督則即後來之節度使特時尚未以名官
耳柏仁縣即漢柏人縣後魏改人爲仁天寶以後改爲
堯山今名唐山者金大定中所改也太平寰宇記堯山
縣有宣務山城冢記云堯登此山東瞻洪水務訪賢人
故名後之改縣爲堯山爲唐山亦以此爾題名有云魏
州合肥縣令郝天□合肥以淮水與肥水合故名屬淮
南道廬州魏州屬河北道合肥無緣來屬蓋誤云趙州
陳王府司户參軍劉嗣泰陳王高祖第十六子慶初封
漢王武德八年改封陳王貞觀十年又改封道王劉嗣
泰蓋其府僚也舊唐書本傳稱陳王貞觀九年拜趙州

刺史據碑則七年王巳開府趙州矣又碑末題名有宣
皇帝字上下俱泐按今隆平縣在唐為象城縣有高祖
之皇高祖宣皇帝陵其地與唐山接當即謂此然高祖
受命追謚皇高祖熙曰宣簡公至高宗儀鳳元年始追
右法華經刻無年月第五截後空處以楊山寶一刻例
之宜有造經人題記而後人鑿龕去之也是刻當即相
州總管定州都督等及高士李惠寬所造下半有後人
造像大小五龕皆鑿去經文為之其下有題記又上截
居中有梁案題名皆疊刻經文上按年號分繫於後其
第一截偏左疊刻忍銚歌三字橫列不知何謂

又一刻 高二尺八寸廣同三十五行行三十五字方界格徑七分正書有隸筆

妙法蓮華經勸持品第十二　卷五

經文不錄

是刻亦為後人鑿二龕龕下有題記皆疊刻經文上另
錄存之

經文不錄

□阿□造經殘石 高二尺六寸廣二尺三寸右上角有柏鄉縣某造佛龕經文從龕下起高一尺六寸六分十二行行廿三字過龕左乃提行高出九寸十九行行末闕計存卅一字字徑六分

□阿□為亡父造經三千言

經文不錄

此刻初稿原出移列保太言二刻之後今在保刻前應更正

此刻標題一行空十一字之下又有豫女為三字而次
行漫滅或每行末五字別為一刻耶

殘經石 高一尺九寸餘廣八寸上截五行每行偈言二句下截九行行十七字字徑七分

□□而面皺　是等我所生　王出家已云云

此上下截首行餘不錄

又 高一尺五寸五分廣二尺一寸餘上截三十行行存十二字下截二十八行行存六字至十字字徑五六分

言巧妙純一无雜云云　根猛利智□明了云云

餘不錄

又 高四寸廣一尺四十七行每行偈言一句字徑五分

如是諸大衆　餘不錄

王世雄等施經物題名 高三尺廣三寸餘一行半字徑六分又題名七人

輕車都尉應城南興州長舉府□車騎將軍蘄州蘄川府左
別將易州□義府右別將王世雄　雄妻陸應城縣軍
施經物
定州望都縣合經城大村并林菁村助施石經物　魯文深
妻李思摩施石經物　石希括　男胡奴　李希達　李迴
喜妻□　李文□
尼惠英　尼寶集

右王世雄及妻陸施經物題名世雄題銜輕車都尉其
勳也應城縣屬淮南道安州其籍也州有都督府故又

卅
府左將

稱應城縣軍也南興州長舉府□車騎將軍蘄州蘄川
府左別將易州□義府右別將其所歷官也南興州武
德七年於江南道常州義興縣置八年廢車騎將軍武
德初依開皇舊名置驃騎府六年改爲別將太宗貞
觀十年更號別將爲果毅都尉世雄先爲車騎將軍後
左右別將名雖異而官則一也此刻不紀年月以南興
州言之世雄之領軍府當在武德七八年間以別將言
之亦必在貞觀十年以前矣惟置南興州時車騎已改
別將而世雄猶稱車騎將軍微與史志不合意其時天
下甫定府兵之制數有更易故名稱或不一歟又史於
別將之從車騎改者不言其有左右而武后時果毅都
尉之次別設別將則分左右各一人據是以定世雄爲
武后時人亦無不可然聖麻以後所設別將從六品下
視貞觀以前之別將正五品上降至七等世雄勳輕車
都尉視從四品其所爲車騎將軍亦正五品上是與貞
觀以前之別將相當而聖麻以後之別將不相當其不
在武后時可知也竊謂果毅承別將而改果毅有左右
則別將亦自當有左右特史略之耳世雄不改避世字
或以此定爲武德年刻然虞世基蘇世長皆仕太宗朝
亦未改避蓋太宗有令官號人名二字不連綴者并不
須諱也雖然貞觀以後之人究無有以世爲名者有唐
一代石刻世多缺筆或改用代字可見臨文猶諱之訣
無以此爲名者也故雖不能遽定爲武德年物而其爲
貞觀九年以前物於茲可益信矣長舉府蘄川府志皆
逸惟易州有府曰安義當即此刻之□義

侯士言妻李題記 高六寸七分廣一寸六分二行行十字字徑六七分

侯士言妻李得病除損造像一堪合家供養貞觀九年 末二字雙行寫

象城丞孟元鏡造像銘 高一尺六寸三分廣七寸五分十行行二十一字字徑七分

竊□火宅晨涼資法雲之蔭冰牢夜暵由智炬之□是故優

塡崇福波斯建善咸希聚日之容各圖滿月之相雖復高卑殊迹豊約異途而虔心迴向古今一揆趙州象城縣丞孟囩鏡歎百齡之倏忽悲五欲之紛綸薄遊□山睹兹淨刹遂攀蘿陟巘頂禮瞻顔於是妙選良工鎸龕□像成弥勒一軀并二菩薩庶淵正覺永樹勝因法界含靈俱沾上果東海雖變尊顔無朽乃刊銘於翠壁共天長而地久頌曰　彫琢云畢晬容有暉輪光日照□影雲飛長存瞻仰永作歸依既同金粟方齊鐵圍

大唐貞觀十二年二月八日孟囩鏡撰

宏壽等爲父造像銘（高一尺九寸廣九寸十二行行二十五字字徑六七分）

□□□□□□栢仁人也□□□□□武君□□□□□公侯門多鄉相□唯道著□□□通九□□□高□□□□□□豐侯曾祖囩趙郡□□□惠祖翼主客郎中定州刺史孝□□郡守君識量該通忠孝並著□閒夷險早應義旗授𠂆州司功除夫州司法輕車都尉但以金輪聣主終□愛河玉輅賢王竟淪火□□懸車□里遐想沖虛頷於宣務山阿歸崇正覺□□之業未亻風樹之期奄及息圂壽圂□□嗣等泣血憂毀□□□□大唐貞觀十四年四月八日敬造弥勒像一鋪儼類神□僉疑化□□□上資　帝業下潤含生俱越苦津同昇淨菀式□金石乃作銘云

芳垂虞典道光周籙代有鳳毛門多驥足上連　帝譜下承　天族忽矣逝川俄然風燭　嗣子剋孝崇建尊儀寶光煒圝豪相暉奇法輪永振惠炬長施俱捐慾海同遊禪池

像爲息宏壽等造而其父姓名就佚高曾祖考僅存允（八分）

大唐貞觀廿秊四月□□趙州廮陶縣佛弟子陳君約妻張爲亡女七寶敬造阿弥陁像一鋪約女夫李萬安約小女娥兒安息仁愛普爲法界衆生共同供養

□□叔題記（一行長一尺二寸七字字徑七分）（後魏南鉅鹿郡領廮陶縣隋開皇六年改爲廮陶大業二年改屬趙州）

貞觀廿三年二月八日□□㳅爲亡□供養

霍婆題記（一行長存一尺字徑七八分）

貞觀廿三年二月八日霍婆爲亡過父母□

趙□□題記（高五寸五分廣二寸五分三行行八字至十一字字徑五六分）

永徽二年二月八日趙□□造像二鋪上爲皇帝及亡過父母□□爲法（泐下）

尼神變題記（一行長一尺一寸五分二十五字字徑四分）

大唐永徽六年七月廿七日比丘尼神變爲亡過父母敬造供養

李智通題記（一行長一尺二寸二十八字字徑四分）

大唐顯慶四年四月十五日□□子李智通爲亡過兄子道

次行十四字与注不合

九十行之間加注一行 又此[illegible]

仁敬造供養

清信女呂月題記 高七寸廣一寸二分二行行十五字字徑四分

顯慶四年十月十五日清信女呂月為□□□□□□像一

鋪供□

女石女玉題記 高一寸四分廣六寸五分半五行行五字字徑五六分

大女石女玉為亡過耶孃敬造一佛二菩薩顯慶四年十月

廿七日

清信女阿興題記 一行長六寸存十六字字徑四分

顯慶六季二月八日清信女阿興為亡過 下缺

是年二月乙未改元龍朔乙未晦日也故猶書顯慶

尼普順題記 高九寸廣一寸七分五行行十七字字徑六分

龍朔三年□月十五日比丘尼普順敬造地藏菩□一 下泐

李□古母霍題記 高一寸三分廣八寸凡八行行六字字徑六七分

龍朔三年李□古母霍為亡考妣敬造供養

霍妃題記 一行長八寸存十一字字徑七分

龍朔三年霍妃□七世父母

郎餘令蘇味道題記 龕上四行行二字龕左一行高七寸五分十二字字徑四五分

總章二年十月八日中山郎餘令武功蘇味道供養

按鼓山（北）響堂寺有中山郎餘令題記（見顯慶）郎此人也武后時相武后世號稱模稜子其望也

宰相蘇味道趙州欒城人此為武功則別一人矣

□非意妻題記 高七寸五分龕右一行二十二字龕下三字字徑三四分

咸亨二年七月日□□非意妻為產免難敬造弥陁像一鋪

供養

畦義恭潘氏女題記 高二寸五分廣五寸五分八行行四字字徑五分

大唐咸亨二年八月十日畦義恭潘氏女為產免難敬造阿

弥陁像一鋪供養

周楚仁題記 高三寸七分廣二尺六寸三十行行四字字徑七分

竊以釋教沖冠法門凝邃託之者而生彼岸背之者而溺苦

津登仕郎行邢州栢仁縣尉周楚仁洛州河南縣人也粵以

咸亨三季歲次壬申九月乙丑朔十一日癸卯為太夫人梁

氏季壽居高歸心正覺敬造一佛二菩薩傍像□□侍佛供

□其詞曰□種降□輻輪開□八難氷銷六塵無障

畦師逸妻康題記 一行長一尺五寸十六字字徑四分

大唐咸亨二年十月一日畦師逸妻康為身患差敬造弥勒

像一□

畦當心妻滸題記 一行長一尺七分凡二十八字末九字雙注字徑四分至六分

大唐咸亨二年十月三日畦當心妻滸為身病差敬造弥勒

像一鋪供養

陳演題記 一行長一尺二寸五十七字字徑六分

咸亨二年任縣人陳演為亡過父母敬造弥勒像一軀

畦仁師妻宋題記 一行長一尺存十九字字徑四五分

咸亨三年六月眭仁師妻宋願平安敬造阿弥陁下泐

栢鄉丞牛密母張記銘二紙一高一尺五分廣三寸七分記四行行十一字一高八寸四分廣五寸七行行十字字均徑六七分

咸亨三年十月九日趙州栢鄉縣丞牛密母張敬造一佛二菩薩𣝓願成就相好莊嚴冀託真容同超彼岸其詞曰

星雨明周金人夢漢法象載興微言幽讚六趣遐開三乘遠煥𩁹彼慈雲遊心拯難瞻仰琱篆神功在旃圖形滿月寶相開蓮化光有□頂道濟無邊茫茫法界□□□懸下泐

右造像記銘二紙記在龕右銘在龕左字迹出一手是以合而錄之然尺寸高廣行字疏密俱不同是一是二非親至其地觀之不可知也

幽州都督息高殘題一行存長六寸八分十二字字徑五分

咸亨三年四月幽州都督息高下泐

侯無隱題記高六寸三分廣二寸五分五行行九字至十一字字徑六分

咸亨五年四月八日侯無隱為祖婆重病遂發願敬造弥施像一龕合家供養

尼惠略題記高一尺二寸廣一寸八分三行行十八字字徑六七分

咸亨五年五月八日比丘尼惠略為亡過父母敬造弥陁像一軀合家供養

趙世興等題記高八寸廣一寸七分二行有直格行十四十五字字徑五七分不等

咸亨五年五月八日趙世興姊妹等為亡過父母敬造弥陁像一軀合家供養

魯萬感題記高一尺廣二寸二行行十七字字徑四五分

咸亨五年六月八日趙州栢鄉縣人魯萬感為外祖父母敬造阿弥陁像一鋪合家供養

齊大雅等題記高二寸廣一尺七寸二十行行十字字徑七分

上元二年二月十日栢仁縣齊大雅尚善會李名高三人同渡滄海願造地藏菩薩三軀普為法界衆生後泐

栢仁主薄某題記高九寸三分廣二寸三分四行行廿三至三十字不一字徑三四分

竊以舍城分彩派萬僑而流姿鷲嶺光□千古而隆態故得拯群生於火宅濟品物於淪波盛哉美哉諒慈悲之亻觀弟子恨作罪之如□常忽馬而罔覺或貪或誑惕法惕僧故立靈□以荷心□□□而□願普願法界離苦上元二年四月八日栢仁縣主薄□張府

主薄下一字辨認不真又下張府二字則尚顯然無可據為標題是以從略鷲嶺光句光上敓一字末行文未畢似因石無餘地而割截者

霍金剛題記廣七寸前三行高三寸五分行五六字後五行在龕下高一寸七分行二字字徑六七分

上元二年六月十五日霍金剛為亡妻張敬造弥陁像一鋪合家供養

王義宏題記 一行長一尺餘存十七字 字徑五分至一寸不等

上元二年七月十五日象城縣人王義圀為缺

黃伏□題記 高七寸五分廣一寸四分二行 行十一十三字字徑五七分

上元三年六月廿八日黃伏广為亡母尚婆敬造像一鋪供
養

臧宏儉題記 高一尺一寸七分廣五寸四分 五行行十字字徑一寸行書

䰾州貴鄉縣臧宏儉并息八元因行至此山敬造弥勒像一
軀為先亡父母法界眾生合家供養
儀鳳元年二月八日

杜□□題記 高九寸廣三寸三行 行九字十字字徑七八分

注九行此十行少異

儀鳳二年八月日□城缺鄉杜□□□□□□□缺□陁
像□鋪合家供養

霍法雲題記 龕右高九寸廣二寸七分三行行十四字龕 下高二寸廣連前三行共六寸五行行二三 字字徑 七分

大唐儀鳳三年□月五日霍法雲為父母敬造阿弥陁像一
鋪資益父母往生淨土面奉慈尊普顧法界眾生離□□□
□□□佛見□□供養

孔仁誨妻路題記 高二寸四分廣六寸五分 八行行三四字字徑六分

栢鄉縣人孔仁誨妻路敬造弥陁像一鋪合家供養
調露二丰三月八日

又 高六寸廣二寸四分三行 行九字十一字字徑五分

調露二年□月廿五日□□人孔仁誨妻路敬造弥陁一鋪 下泐

李文□母張題記 一行長一尺五寸字 徑六分至一寸不等

調露二年四月日佛弟子李文启母張為過亡父母

邢州內邱縣某殘題 高一尺餘廣四寸五行 約十六七字字徑五分 行

永隆二年二月十五日邢州內圖縣 下泐約三字 上泐約五六字 天皇天
右七 下約五字並第三行全行 及第四行上十二字均泐 不遇□□□ 上十二字泐 生常樂

女趙德藏題記 高二寸三分廣七寸五分 九行行三四字字徑六分

永淳二年二月廿八日大女趙德藏為亡母韓造像一鋪普
為法界眾生供養

李子龍等題記 高二寸七分廣一尺一寸五分半 五行行五四五字字徑五七分

永隆二年十月十五日李子龍周氏大姊牛氏二姊為亡考
妣敬造弥陁像一鋪上為皇帝下及七代先亡普為法界倉
生同沾淨土合家大小供養

范陽盧約等殘題 二行高一尺餘廣二寸二分如 式錄之字徑八分次行較小

范陽盧約字㘭□

垂拱元年三月□□□胡為亡□□合家 泐

李嘉慶等題記 高三寸餘廣八寸亂行 行四五字字徑五六分

垂拱二年十一月卅日栢仁縣李嘉慶弟嘉辟弟嘉賓弟嘉瑞

二行之間應入四行 紀王題紀二行 題二行在象座脚下

為亡父敬造弥勒象一軀願亡父乘此功德往生□国
紀王題記一行長一尺三寸五分七字字徑一寸至二寸不等
大像主紀王供養
紀王太宗子名慎武后永昌元年流王於巴州此刻當
列垂拱末
為亡妣敬造弥陁像一鋪上為　皇帝下及法界蒼生合家
大小供養
□漢兒題記高七寸三分廣三寸三分四行行十字字徑六分
□歲通而二季五㊄十㊀□□□□□漢兒身為□全泐後二行
王文幹妻耿題記前二行在龕上高四寸餘後一行在龕左高一尺四寸六分上廣三寸字徑七分
萬歲通而貳季伍㊅拾捌㊀王文幹妻耿為亡婆敬造虛空
藏菩薩壹鋪合家供養
王楚惠題記高右六寸二分左八寸二分廣七寸三分七行行九字字徑八分
萬歲通而貳季伍㊅二拾捌㊀王楚惠為亡妻敬造菩薩三
軀上惠息㐬會妻李支詢妻□徽妻李孫元倹妻霍孫元振
妻梁新婦等為婆敬造弥陁像一鋪合家供養
□□義題記高九寸廣二寸五分五行行五字字徑五六分
大周□□通而貳年柒㊅捌㊀泐□□□□義為亡過□敬
造弥陁像□□□□□家供養
馮文安題記高六寸廣五寸七分四行行四字字徑七八分
萬歲通而弍季□㊅弍拾叁㊀趙州房子縣馮文安妻王敬
造弥陁像壹鋪上為皇帝下及法界供養
女阿怜題記一行長七寸七字字徑四分
璧𡋯元季臘㊊捌㊀□女阿怜供養
張懷信題記高八寸廣一寸八分五行行十五四字字徑五分
璧𡋯二季四㊀八㊀張懷信為現在父亡過母敬造弥陁像
一鋪供養
尼□□題記高七寸廣一寸五分五行行十五字字徑五分
璧□三季㐭㊀卄三㊀比𡋯㞺□□□□□亡過父母敬造
弥勒下生二鋪
李大受題記高二寸三分廣四寸五行行字不一字徑五分
璧𡋯三季五㊀八㊀栢人縣李大受為亡過□泐後
高□□題記四行在龕上一行在左高五寸五分
郭信則題記高八寸廣四寸餘四行行六字字徑七分至一寸餘
璧𡋯三季十㊀九㊀郭信則為身敬造弥陁像□□養
侯□恪題記一行長一尺二寸五分九字字徑五分至八分
久視元季七㊀十五㊀大像主侯□恪合家供養
李金玉題記高二寸五分廣五寸五分八行行四字字徑五分
久視二□三㊀八㊀栢仁縣李金玉為在□□□□敬造弥
陁像一鋪合家供養

大足元年至貞觀六年止

計五百五十行　二十八開

唐第二卷

唐二　寶霧山經刻後至貞觀六年靈裕法師記

尼法意題記 高三寸六分廣五寸六行行六七八字字徑五分

大足元年三匝八日栢鄉縣比丘尼法意俗姓魯氏敬造阿
弥陁像一鋪普為法界倉生眷屬等供養

像

函注刪去六行

侯足題記 高四寸餘廣五寸四行行七字至九字字徑五六分

大足元年三　匝十五日侯足為亡過□女敬造弥陁像
一軀合家供養佛時

魏州叅軍楊□□題記 高六寸七分廣一寸八分五行行七字至十四字字徑五分

大足元年四匝十日魏州叅軍楊□□為□兵出門願平安
造弥陁像一鋪合家供養仏時

路守業題記 高七寸五分廣五寸五行行九字至十五字字徑六七分

大足元年五匝十八日趙州栢鄉縣文□郎路守業為亡妻
成敬造□弥陁像二鋪上為聖神皇帝下及法界衆生俱登
彼岸合家供養

張莊題記 高廣各五寸五分八行行五字至七字字徑八分

大足元年六匝十日洛州□□縣前左衛翊衛附成均□□
□官常選張莊敬造阿弥陁像一鋪願身平安所求稱遂一
心供養

來庭縣武后天授三年析洛州開元元年改為河南府之洛陽永
昌置神龍元年廢新書云長安二年省未知孰是河南府下作神龍元年洛陽縣下又作龍朔元年蓋刊本之誤庭舊書作廷新書作庭以此刻證之新書
為是常選見選舉志由學館者曰生徒由州縣者曰鄉
貢每歲仲冬州縣館監舉其成者送之尚書省而舉選
不謂歲舉之常選百官志見任前資常選曰上資是也
文選吏部主之武選兵部主之武后光宅元年改吏部
曰天官垂拱元年改國子監曰成均條以大足元年造
故曰來庭曰成均曰天官也選舉志云中宗反正詔三
衛番下日願入學者聽附國子學太學及律館習業張
莊蓋以衛士附成均習業就武舉而隸於天官者惟據
是刻則此例已行於武后時非從中宗復辟始矣

九十行三開　添十二行　宜減　本卷本第廿六頁

楊元安題記 高二寸五分廣五寸八分七行行六字至六字不等

大足元年六匝十五日楊元安為亡父見在母造地藏菩薩
合家供養

趙容莊題記 龕右一行十七字高一尺餘龕下五行各二字字徑五七分

大足元□匝廿三洺州清漳縣丞息趙容莊敬造觀世音像
一軀供養

李孝道題記 高廣各四寸五行行五字至九字字徑六分在貞觀七年相州刺史定州都督某造經像碑末

大足元年□□□□定州□□□李孝道母為□敬造弥陁
像一鋪合家供養

比邱元□題記 高八寸廣三寸六分四行行十五四字字徑五六分

大足□□□匝廿五㊐比邱元□□□爲父身纏□痛除愈
及亡過□□弥陁像一鋪□爲法界□□□□□□□家供
養

尼思欣題記 高二寸三分廣六十五分四行行五四五字字徑五六分

長安元秊十二匡十五㊐比邱尼思欣爲亡父存母敬造供
養

李山海等題記 高一尺三寸五分廣二寸四分五行行十六七字字徑六七分

長安元秊十二匡十五㊐李山海妹智相具相等爲亡父存
母敬造弥陁像一鋪合家供養

尹餘烈題記 高七寸五分廣二寸六分三行行六字十七字字徑六七分

此三行刪去

長安二秊㐂匡八㊐尹餘烈□□且停□僧崇法供養 烈
妻李敬造供養

僧王圀寶題記 高三寸廣七寸五分七行直界格行四五字字徑六七分

長安二秊□匡一㊐比□僧王圀寶爲亡父母亡兄弟敬造
合家供養

張處恭題記 高一尺三寸廣二寸二行行十六字字徑七八分

長安二秊十匡八㊐張處恭爲亡考見存母敬造弥陁像一
鋪合家供養

董侍賓題記 龕上廣六寸八分十三行行一二字字徑四五分

長安□秊十一匡九㊐栢鄉縣董侍賓爲亡兄敬● 搨本缺龕左上
數字合家 缺

僧懷義題記 高六寸餘廣二寸五分五行行十字十七字字徑六七分

長安三秊四匡八㊐比邱僧懷義爲亡過父母見在眷屬敬
造像一鋪合家供養

郭友母王題記 高八寸廣三寸五行行廿字廿一字字徑七分

長安三秊四匡八㊐郭友母王敬造弥陁像一鋪普爲法界
衆生合家供養

趙義質妻賈題記 高五寸五分龕右一行餘在龕上字徑四五分

長安三秊五匡廿三㊐趙義質妻賈初下一鋪供養

李才智題記 高四寸六分廣二寸二分五行行十字至十五字字徑四分

長安□乖六匜廿三㊐房子縣李寺智爲亡過耶孃造像一鋪合家供養

趙義忱妻尹題記 高六寸廣一寸五分五行行九字字徑四分至六分

長安三乖六匜廿三㊐趙義忱妻尹造像供養

僧王圀寶再題記 高一尺三寸廣二寸餘五行行十七八字字徑七分

長安三乖□匜八㊐比丘僧王圀寶爲亡過耶孃亡過兄弟見在弟合家大小敬造供養

翟神徵母孟題記 中高五寸左右遞短廣四寸七分行字不一字徑五六分

長安三乖八匜廿㊐翟神徵母孟爲亡息神□造像一軀合家□□

石利涉題記 高右四寸左一寸七分九行行字不七字徑四五分

長安三乖八匜廿一㊐栢仁縣録事戎尉石利涉爲亡過父母敬造像一鋪合家供養

又 高五寸餘廣三寸七分四行行字第七字徑四分至八分

□安三乖八匜廿一㊐石□涉爲亡息趙敬造像一軀合家供養

霍神鳳妻□題記 高四寸三分廣五寸四分四行行七八字字徑四分至八分

長安四乖三匜廿四㊐霍神鳳妻□爲□□□建女相仁合□供養

尹光兒尚題記 高六寸廣二寸五行行十十字字徑四分至六分

長安四乖三匜廿八㊐尹光兒尚爲亡兄趙师合家供養

董侍膺題記 龕上廣六寸八分十三行行一二字字徑四五分

長安□乖十一匜九㊐栢鄉縣董侍膺爲亡兄敎 搨本缺龕左上數字 合家 缺

魏縣主簿某殘刻 高八寸廣存一寸五分二行存十四字字徑五六分

□□□□四匜十五㊐魏州魏縣主簿□□□□□□□

□□造弥陁 後闕

解隱題記 高二寸五分廣四寸五行行五六字字徑五分至八分

□□□乖八□廿九㊐解隱爲亡父亡𡥉敬造像二鋪合家 下泐 □合家供養

失名題記 僅見年月一行長六寸字徑七分

神龍元年正月一日

韓阿黑題記 高一尺餘廣三寸五分五行行字多寡字徑六七分

神龍二年三月廿三日佛弟子韓阿黑爲合家平安願無灾障上爲國王帝主及师僧父母法界衆生普同供養

林義方妻劉題記 高八寸八分廣二寸一行半行十五字字徑五分

□龍元年二月八日任縣林義方妻劉□□合家供養

尼孫尚兒題記 高八寸廣二寸三分五行行十五六字字徑五七分

景龍元年十一月一日比丘尼孫尚兒爲已身及亡兄紹□供養

柏仁縣張某殘刻 高八寸餘廣一寸四分二行行約十四字字徑五六分

景龍二年八月栢仁縣三□彳張□ 次行略有筆蹤皆不可辨

王仁慶妻□題記 高二寸廣五寸亂行不甚四字字徑五分

景龍三年八月三日栢鄉縣王仁慶妻□為姑三□并身
造像一鋪供□

霍元約題記 高五寸五分廣二寸五分五行行七八九字字徑五分

唐隆元年七月廿日霍元約為先亡敬造阿弥陁像一軀供
養

下第苏荄云云 尼阿妙云云 五行移補於此

尹智玉題記 高二寸廣五寸八行行五四字字徑五分

□雲元年七月日尹智玉為亡過□敬造弥□像一鋪普□
□□□供養

齊神慶題記 高四寸廣三寸五分四行行六七字字徑六分

景雲三年正月二日齊神慶為亡弟敬造弥□像一鋪合家
下泐

尹餘烈再題 高七寸七分廣二寸五行行字不一字徑五七分

景雲□年六月廿三日尹餘烈為易良輔敬造像一□合家
供養

李智明題記 高七寸五分廣一寸七分二行行廿五字字徑六分

延和元年八月一日李智明敬造弥勒像一鋪普為一切合
家供養

李奉珣妻崔題記 高九寸廣二寸八分五行行廿五六字字徑六分

開元二□閏二月八日李奉珣妻崔息令暉女貞玉女貞藏
為父母普及法界敬造阿弥像一鋪合家供養
貞藏貞字旁注
勒像一鋪上為皇帝下及師僧父母法界含生合家眷屬同
成佛道

尼阿妙等題記 高三寸廣二尺十九行行四五字字徑六七分

開□□年十二月十九日
比丘尼阿妙比丘尼淨果比丘尼阿秋等久塵俗網覺苦海
之將深彼岸途遥恐慈舟之難濟遂發洪願同心敬造阿弥
陁像三鋪普為□□蒼□□□□屬共成□□

尼智玉題記 高六寸廣一寸六分二行行十四字字徑四分

開元十二年比丘 尼智玉敬造□ 次行上十餘字泐 法界 泐

闕名題記二條 一高九寸一高七寸七分各一行十字字徑七分

開元十三年六月十□日

韓迴秀弟妹等題記 龕右一行高一尺五寸二十八字龕下半行高八寸十二字字徑五七分

開元十九年歲次辛未三月己酉朔八日景辰韓迴秀弟妹
等敬造菩薩法界蒼生俱登覺道合家供養

李德虬題記 高八寸一行十八字字徑四五分

開元廿年三月八日栢鄉縣大□□村李德虬

尼□□造心經題記 高一尺二寸廣一尺四寸經十五行行十七至二十三字不等記二行行二十字字徑五六分

般若波羅蜜多心經

經文不錄

開元廿五年九月十八日栢鄉縣比丘尼□□敬造蜜多心

經一部普同供養□父路守義　母蘇

柏仁令牛元正題記 高一尺餘廣五寸四行行廿十七字字徑八分

奉義郎行邢州栢仁縣令上柱國牛元正敬造阿弥陁像一

鋪合家眷屬供養普爲一切含靈同沾此福

柏仁縣天寶元年改名堯山

賈寶積母周題記 高九寸廣二寸二行行十一字又末二字在龕下字徑七分至九分

象城縣賈寶積母周　爲亡息弥寶敬造地藏菩薩合家供

養

象城屬趙州天寶元年改爲昭慶

賈仁行母董題記 高八寸廣二寸八分三行行九字十一字字徑六七分

象城縣賈仁行母董爲亡女敬造地藏菩薩合家供養

陳叔仁妻董等題記 高一尺五寸三分廣二寸三分二行行十六七字字徑七分至一寸有跋筆

慶陶縣陳村仁妻董侍佛孫男名才□□ 泐

父雍州富平縣令陳宗表妻宋侍佛供□

趙州慶陶縣天寶元年改爲甯晉

李思太妻孫題記 高四寸六分廣二寸四分七行行七字字徑六分

慶陶李思太妻孫爲亡夫造像供養

賈仙直姊題記 高四寸二分廣二寸五分五行行五字七字字徑六七分

房子縣人賈仙直姊二娘爲亡母敬造供養

趙州房子縣天寶元年更名臨城以上八則皆開元以

前故列於此

李崇珣之前應添入

△栢仁令牛元正 三行 第卅八頁 原本此頁有跋一行

△柏仁縣尼員素 三行 第廿七頁 原本列頁

△趙州象城縣人陳孝偉 三行 第卅頁 原本在頁有跋一行

△象城縣賈寶積 三行 第卅頁 原本在頁 有跋一行

△象城縣賈仁行 二行 第卅三頁（原本此頁）

△慶陶縣陳叔仁 三行 第卅三頁 原本此頁 後有跋一行

△慶陶李思太 二行 第卅四頁（原本此頁）

△房子縣賈仙直 二行 第卅五頁 原本此頁 有跋一行

共二十七行

李崇珣題記 一行長九寸十八字字徑六分

順天元年五月二日李崇珣敬造弥陁像一軀

李化城婆題記 在法華經化城喻品石刻之左下角龕左四行行十字至十二字字徑六七分

順天元年 此字添注 十一月五日佛弟子李化城婆爲身老患敬

造弥勒像一鋪合家大小普同□養

李曠題記 高八寸廣三寸六分四行行長短不七字字徑五分至一寸

順天二年三月廿八日

栢鄉縣吏部常選上柱國李曠爲男出課敬造救苦觀世音

菩薩合家供養

右三段皆書順天年號按史思明以唐肅宗乾元二年五月建僞號曰順天上元二年正月改應天三月誅此當時所造像也附次於乾元後

此三段行次開庢之行寫第三十四頁楊□表妻以下之行

楊□表妻曹題記高六寸廣二寸五行行七字字徑七八分

太州楊□表妻胄爲亡夫造像供養

按唐有二太州一武德三年以并州之太谷祁二縣置六年廢一肅宗上元二年改華州爲太州明年復故此刻不知在高祖時抑肅宗時今姑次寶應年

杜□□題記高九寸廣二寸二分四行行十五字字徑五六分

大𡇒四年八月廿五日杜□言爲男希逸惠言敬造弥陁□一鋪供養

家供養

梁寀瞻禮題名疊刻法華經化城喻品之上截居中四行行七字字徑一寸五分行書

漁陽梁寀獲宰是邑事罷挈家遊此瞻礼旹貞元三季孟夏十有六日誌

僧悟空等題記疊刻法華經化城喻品下截之右龕大二尺許記在龕下五行行七八字字徑七分

貞元十一年九月廿三日趙州平棘縣開元寺僧悟空功德主馬常寗敬造弥勒仏一鋪合家供養

尼堅定題記疊刻法華經勸持品之右龕下八行行八九十字字徑五六分漆華數不成字

邢州内𨛦縣宗□寺功德主比尼堅定發願於千佛山敬造阿弥陁觀世音大勢至下爲師僧父母法界生同出苦提齊登覺道大中七年三月其功德三鋪均□比𨛦尼堅定一心供養

李女晟真慶等題記在前刻之左龕下五行行八九字字徑六分第一行五字較大

邢州内𨛦縣弟子李女晟真慶等爲考妣使父母清財造阿陁佛觀世菩薩大勢至菩薩合家供養

□琮爲亡父母供養此行在龕左邊下當是别一刻

與前刻相似當屬同時因附於此

王仁哲妻題記高一尺二寸五分廣二寸三行行十六字字徑六分

大唐□□三年九月廿□日儒林郎行邢□□□□王仁哲妻□□造□□像一□

竇行者造像記高一尺餘廣五寸八分七行行十五字字徑七分

竇行者定州□福寺尼也俗姓崔氏禀乾坤之正氣資河岳之純精深識苦空妙知至理覩電光之不住驗風燭之無常積脩法舡以濟䓁溺上爲　皇帝下及蒼生捨施奇珎造茲大像眉間□白無異真容頂上螺青有同實相此固多三災而弗銷歷万劫而恒住云尔

劉海超殘題高存一尺廣六寸存次行一字三四行行十三字字徑五分

此移前第十五頁王顏女大娘一刻前有孫婆等卅六字高

移置開元末第一

□□日泐下大唐縣令劉海超者漢高帝之□闕下貞觀裔

長沙王之後也尤明法性洞下闕皆唐泐後

紀王題記一行長一尺三寸五分七字字徑一寸至二寸不等

大像主紀王供養

栢仁令牛元正題記高一尺餘廣五寸四行行十一字字徑八分

奉義郎行邢州栢仁縣令上柱國牛元正敬造阿弥陁像一

鋪合家眷屬供養普為一切含靈同沾此福

皇甫令忠妻薛題記高八寸廣三寸六分五行行廿一字字徑七八分

承議郎行恒州九門縣令京兆皇甫令忠妻薛息渙合家敬

造弥勒像供養

曹元矩妻牛題記高八寸廣二寸五行行九字字徑六七分

平舒縣丞曹元矩妻牛供養

安喜尉鄭崇□題記高五寸七分廣二寸二分三行行八九字字徑五六分

定州安喜縣尉鄭崇示顔孃長□□□□□意造像泐下

李士高題記高七寸五分廣一寸五分二行行廿四字字徑六分

上輕車都尉李士高為亡息合家眷屬普同供養

解元符題記高一寸七分廣六寸五分八行行五字字徑六分

任縣人騎都尉解元符造地蔵菩薩一軀

畦義壽妻盧題記高一尺廣一寸五分二行行廿一字字徑七分

栢鄉縣開州刺史男畦義壽妻盧敬造弥陁　像一軀

元承福題記高七寸六分廣二寸八分五行行十七八字字徑五七分

洺州清漳縣故韶州刺史孫前左衛翊衛三衛左衛長上元

承福為父母敬造供養

孫日敬題記高一尺餘廣五寸五行行廿五字字徑七八分

栢鄉開州刺□□孫日敬為亡息及□造像一□敬母高敬

妻侯　合家供□

初稿標題孫字上有□

某行之間添六行

初稿標題李字加操字

李君操妻王題記一行長一尺一寸餘十六字字徑七八分

李君操妻王造阿弥陁像一龕合家供養

侯行矩題記一行長一尺二寸餘十二字字徑一寸

侯行矩為亡父侍佛合家供養

孔壽標一刻移前第一

侯子憲題記一行長九寸九字字徑七分

故人侯子憲敬造供養

侯宗舉題記一行長九寸半四字字徑五七分

侯宗舉為亡父母及見在眷屬供養

趙寶琮題記在前刻之下長八寸餘半五字字徑五分至八分

趙寶琮為亡父母合家眷屬供□

郝義僧題記三段

栢鄉郝義僧為姊供養一行長六寸餘末二字在龕下字徑一寸

栢鄉縣郝義僧為亡妻供養高五寸五分上三字居中下八字分兩行雙注

郝義僧普為法界供養高二寸廣三寸二分四行行三五字字徑七分

闕名為男被賊掠造像記在經石右上角像龕右側行行廿七字字徑七分

栢鄉縣□□□僧為男李□被賊掠敬造弥陁像一鋪合家

供養

孫思太題記高七寸二分廣二寸二行行十七字字徑五六分

□□縣人孫思太為亡妻崔敬造弥䧿像一鋪供養

成苟仁題記一行長六寸九字字徑五七分

成苟仁為亡父母供養

王仁素題記一行長七寸存七字字徑七分至一寸

王仁素為亡母敬下缺

馬魏斌題記一行高八寸十三字字徑六分

馬魏斌為亡父造像一軀供養

彭元證題記高六寸廣一寸八分五行行九字字徑六分

彭元證並為法界敬造供養

李承嗣題記高四寸五分廣三寸五行行廿字字徑五分

李承嗣為亡父亡姉造像二軀合家供養

尚高貴題記高六寸半廣一寸五分五行行八字字徑六分

尚高貴為亡息難陁合家眷屬普同供養

郭行質題記高五寸廣一寸八分五行行五字字徑八分

南和縣郭行質供養

為陵孝緈造像記高八寸四分廣一寸五分二行行十四字字徑五六分

移置開元十六年第三

趙州象□縣人陵孝緈遼東身亡男國□在家身亡在身衣

物敬造像供養

張阿獨題記高五寸餘廣二寸三分左行二行行十八字字徑六七分

像主張阿獨為亡母見在父造像供養

霍智滿題記一行長六寸八分九字字徑七分至一寸

像主霍智滿供養

趙知慈題記高六寸廣二寸五行行十八字字徑七分

栢鄉縣趙知慈為亡過兄弟合家供養

李善安題記一行長六寸九字字徑五七分

像主李善安為父母供養

劉骿題記一行長六寸廿字字徑五六分

劉骿家生悪□造像供養

馮世□題記高六寸二分廣一寸六分二行行存十三字字徑五分

平棘縣馮世□造弥陁一鋪□地缺十方一□无邊衆生咸

□□□缺

李貢高題記高存四寸廣一寸八分二行行存五字字徑七分

像主李貢高缺亡母敬造供缺

孟義琢男八元題記高一寸三分廣六寸餘九行行二字字徑六分

初稿標題稱孟男八元二字

趙州栢鄉縣孟義琢男八元敬造像一鋪供養

孫紹素殘刻高三寸二分廣一寸三分二行行四字字徑五七分

紹

孫紹素殘刻

孫紹素□下泐菩薩供養

陵曇題名 一行長五寸五字字徑七八分

像主陵曇供養

柏鄉路四題名 一行長四寸七分五字字徑七八分

栢鄉路四供養

周烏子姊等題記 高五寸六分廣二寸二分五行行九字字徑六七分

周烏子姊等為亡過父母造像一鋪供養

李君操題記 一行長九寸十一字字徑七八分

李君操為父母供養西邉是

李君操妻王題記 一行長一尺一寸餘十六字字徑七八分

李君操妻王造阿弥陁像一龕合家供養

賈寶積母周題記 高九寸廣二寸二行行十一字又末二字在龕下字徑七分至九分

象城縣賈寶積母周　為亡息珎寶敬造地蔵菩薩合家供養

王世雄等施經物題名 高三尺廣三寸餘一行半字徑六分又題名七人

輕車都尉應城南興州長舉府□車騎將軍蘄州蘄川府左别將易州□義府右别將王世雄　雄妻陸應城縣軍施經物

定州望都縣合經城大村并林菁村助施石經物　魯文深

妻李思摩施石經物　石希拓　男胡奴　李希達　李迴

喜妻□　李文□　尼惠莪

尼寶集

孟勿疑母李題記 高二寸廣八寸九行行五六字字徑七八分

闕年五月八日任縣孟勿疑母李敬造弥勒一軀合家 泐

賈仁行母董題記 高八寸廣二寸八分三行行九字十一字字徑六七分

象城縣賈仁行母董為亡女敬造地蔵菩薩合家供養

某母輔題記 高四寸廣二寸八分五行行五字字徑六七分

高邑縣□□□母輔敬造□□菩薩供養

霍實母耿題記 一行長六寸六字字徑七分

霍實母耿亡男神□

趙忱母李題記 一行長五寸六分廿一字字徑四分

趙忱母李為身造像一鋪供養

陳叔仁妻董等題記 高一尺五寸三分廣二寸三分二行行十六七字字徑七分至一寸有隸筆

慶陶縣陳対仁妻董侍佛孫男名才□□ 泐 攷

雍州富平（父雍州）縣令陳宗表妻宋侍佛供□

睦更生妻題記 高二寸廣六寸七分五行行五字字徑六分

栢鄉縣睦更生妻為亡夫造觀世音普為兄弟妹造像供養

歲妻張等題記 高五寸五分廣二寸二行行五字字徑六分至九分

歲妻張歲孫女外兒合家供養

張恭妻俾題記 高五寸廣二寸五行行七字字徑七分

張恭妻傅為亡考造像一鋪供養

李思順妻韓題記 高右二寸左一寸五分廣四寸四分五行行五字字徑七八分

李思順妻韓合家供養

曹大念妻孟題記 高六寸六分廣一寸八分五行行九字字徑七八分

曹大念妻孟為亡過父母及見在眷屬供養

楊□表妻曹題記 高六寸廣二寸二行行七字字徑七八分

太州楊□表妻曹為亡夫造像供養

移置貞觀四年杜□□□前

李思太妻孫題記 高四寸六分廣二寸四分二行行七字字徑六分

瓔陶李思太妻孫為亡夫造像供養

某妻張題記 高六寸廣一寸六分五行行九字十下字字徑六分

移置開元志第七

像主□□□妻張為亡父見在母□造像合家供養

周倫順妻張題記 一行長五寸餘五字字徑七分

周倫順妻張供養

趙義敦妻賈題記 高一寸七分廣四寸五分六行行五至四字字徑六分

趙義敦妻賈為身造像一鋪合家供養

宋友孝姉妹題記 一行長八寸餘存十三字字徑五分

南和縣宋友孝姉大娘妹八娘敬 拓本止此

楊十妻劉題記 一行長九寸十四字字徑六分

佛弟子楊十妻劉為亡過父母敬造

李菩薩姉題記 一行長一尺二寸十四字字徑六分至九分

大像主李菩薩姉□集為父母供養

劉思運姉題記 龕上偏左前高一寸四分後二寸六分廣五寸八分七行行三至四字字徑七分

栢鄉縣劉思運姉為亡過耶孃敬造像一軀供養

賈仙直姉題記 高四寸二分廣二寸五分三行行五字七字字徑六七分

房子縣人賈仙直姉二娘為亡母敬造供養

李二娘題記 一行長九寸上六字雙行字徑七分至一寸

李二娘為亡過耶敬造像供養

移置開元志第八

敦女大娘題記 高四寸廣一寸五分五行行六字字徑五分

敦女大娘為身造像一鋪合家供養

女大娘題記 高七寸廣一寸三分二行行十三字字徑五分

清信女大娘為見在父母并□□敬造阿弥陁□□合 下泐

馮貴安題記 高三寸廣六寸八行行字不下字徑七八分

□□縣馮貴安為亡妻□敬造阿□陁像一□合□供養

法香題記 在龕上高二寸餘廣六寸七行行一二三字字徑六分

清信□法香為亡兄敬造釋加文佛一區

像主妃子題記 高五寸廣一寸八分二行字徑六分至九分

像主妃子為亡母造像供養

女高法愛題記 一行長一尺四分十八字字徑七分

清信女高法愛為師僧及亡過父母敬造供養

女難倪題記 一行長九寸十四字字徑六分

清信女難倪為亡父睢珎敬造供養

女魏勝客題記 一行長六寸八分廿七字字徑五分至一寸

婦女魏勝客為亡父母供養

蘓婆題記 一行長七寸餘凡字字徑六八分

婦女蘓婆為亡夫供養

要兒尚題記 龕左一行長四寸五字龕下左行二字字徑七分至一寸

栢鄉要兒尚供養

僧李進道題記 一行長一尺三寸五分二十五字字徑五分

像

路州路城縣僧李進道為七世先亡敬造弥勒像一鋪合家供養

路州路城皆潞之省

比丘善□題記 龕右一行長一尺一寸十六字龕下半行七字字徑五分至八分

冀州武彊縣比丘善廿　為耶孃敬弥陀像一鋪合　家供養

僧法晟題記 高二寸五分首行三寸廣二寸四行行七字字徑三四分

比丘僧法晟敬造阿弥陀像為見在父母及法界衆生合家供養

僧思真等題記 高九寸六分廣一寸七分二行行十餘字字徑七分至一寸

栢鄉宗聖寺僧思真兄劢下思侶比丘尼阿生尚阿四尚供養

睢淨妙尚題記 在貢貞觀九年侯士言一刻之上高二寸餘廣三寸五行行五字字徑七分

內丘縣睢淨妙尚供養

移置闕元宋第二

尼貢素題記 龕右一行下三字偏右刻長九寸龕下九行高二寸廣六寸四分行字不一字徑五六分

栢仁縣比丘尼貢素敬造阿弥陀像一軀為亡過父母見在眷屬普為法界衆生合家供養

尼智同尚弟元太題記 高九寸廣一寸七分二行左行行十三四字字徑六分

佛弟子比邱尼智同尚弟元太為染重患得除敬造地藏菩薩普供養

尼慈忍弁意題記 一行長七寸十字字徑四分

鉅鹿比丘尼慈忍弁意為師僧父母供養

尼正念題記 一行長一尺三寸五分十四字字徑八分至一寸

比丘尼正念為亡師惠真敬造供養

尼慈英題記 高四寸七分廣二寸五分五行行六字字徑六分至八分

比丘尼慈英為身患造像供養

尼阿伍題記 高六寸廣一寸七分五行行九字字徑五分至一寸

栢鄉縣比丘尼阿伍為亡父見在母供養

伍妹尼智惠題記 高四寸五分廣一寸六分五行行六字字徑五分至一寸

伍妹比丘尼智惠為亡姑供養

下兵十人題記 高二寸四分廣四寸六分六行行五四字字徑五七分

□州下兵十人同施錢一百□造像一軀供養

王思順題記 高一尺餘廣一寸八分右一行十一字左三字字徑七分

定州義豐縣王思順□縣尉夫人劉

義豐縣三字以州下右迫龕邊故刻定州二字之左

楊□礼題記 高七寸廣一寸七分二行左行 行十一十三字字徑五六分

佛弟子楊□礼弟□□爲見在母願長命無□□□造像供
養

沕名題記 高八寸廣二寸八分五 行行八九字字徑八分

□□□爲亡　父見在母兄弟等□造二鋪合家供養

蘓□娥題記 高三寸廣二寸七分五行 行四字字徑五六分徑四分

像主蘓□娥爲父母造供養

□□湍題記 高三寸三分廣二寸七分五 行行四字字徑六分至八分付

栢鄉□□湍爲亡姑造像供養

移上列先頁條目最一刻之後第一

大女阿愁題記 一行長九寸十四字字徑六分 至一寸大字之左有横列四字

大女阿愁爲亡父見存母造像供養

幽迎奴同

李□操題記 龕右一行長一尺三寸 五分下空字徑六七分

潤川須昌景城三縣令李□操□□供養

張□貴題記 龕左一行長一尺三 寸五分字徑六七分

上泐
張□貴爲□父母　貴妻貴爲父母

此二刻合一紙爲後刻者攙疊其上故多難辨後刻者
滌草不可貫屬有魏公成女弟子等字

何某殘刻 疊刻法華經化城喩品之下截居中龕下其下 又爲後人鑿龕止存上截三四字字徑五分

□晋

壽苦

邢州充缺曹何缺佛一鋪□缺□□□□

闕名題記 高九寸餘廣一寸八分二 行行十字字徑八九分

前闕 亡過父母敬造阿弥陁像一鋪合家供養

又 高三寸二分廣四寸五行 行五六字字徑五六分

前闕 敬造无量壽像一區父母眷屬一切衆生離苦得□值遇
諸佛

以上凡二百三十一種又有殘損漫滅不可屬讀者八
種不具錄

李

靈裕大法師行記
兩面周刻高四尺九寸廣二尺七寸六分陰廣三尺一寸
四分正面二十八行行四十八字陰三十二行行五十字
方界格徑一寸碑尾十一行分兩列上列十四格
下列行末皆泐存三十餘格正書在安陽寶山
大唐貞觀六季歲次壬辰八月壬午朔廿日辛丑建大法師
行記弟子海雲集
夫　聖生西域影示現於東川教被當□氵波□於万代故
如来滅後千季之中廿有四聖人法師□傳法也千季之後
次有凡夫法師亦傳法也暨大魏太和廿二□□天竺優迦
城貣大法師名勒那摩提□云寶意□□□乗備照五明求
道精勤聖賢未簡而悲矜苦海志存傳化遂從彼中□持十
唐貞觀六年八月廿日　一
地論振斯東夏授此土沙□□光禪師其□□師□□教授
如瓶寫　水不失一滴其光律師俗姓楊盧奴□□□
□弟子名振齊魏十有餘人謂□□□□□諭□□□□□
師此等十德皆有別傳(四字添註)若大　乗荃旨深會取捨之方
秘教隨機洞照卷□□□耆其唯道憑法師之一人也(泐九字)
人也□成弟子廿餘人若十地秘論固李垂綱而傳燈更甚
(泐五字)法師之一人也盖明法□□(泐十字)中□當千季之後之
上首也又是光律師之孫憑法師之(泐五字)之曾孫矣法師道
諱靈(泐十二字靈下安陽志作裕)八□中涉學ゝ　且散矣諱言從宅
巡衢野望繁霜滿(泐五字)怖□□猛倚樹歎息拭(泐十二字)命也忠

李

情既散留者誰乎不計危亡專投隱覺於臘月(泐九字)此日而
受出家(泐十二字)穀歲已向周有人言曰此非佛法矣求仙之念
從是一(泐十字)而兼餌誦(泐十三字)念言吾當學問於閻浮提中作官
大法師若□不尒(泐十一字)伴難逢踟(泐十四字到上一字安陽志作蹈未確)到已
遂奉大法師聽十地地持其法師也道諱道(泐十一字)李在從(泐十
五字)之威巍ゝ自任薄貣四王之德師於夏日輙患目(泐十二字)此
(泐十六字)還向定州而受　具戒受已翹翮復返上京季廿(泐二十七
字)亦說季廿六從隱律師學於四分其律師也業想清高(泐二
十八字)季廿九向彼白鹿李潛下寺曾尾一周時造十地疏(泐二
十八字)冬還鄴更訪名醫　又患求師栖勤之苦遂被九(泐二
唐貞觀六年八月廿日　二

李

十七字)壽□□一首大　法師記德碑文一首季卅一更
(泐二十四字)集□□疏兩卷集滕鬘疏　一卷集菩薩戒李一
卷　集寶(泐二十八字)□論師聽雜阿毗曇四有餘遍兩遍既周
私抄(泐二十九字)季卅四齊天保元　季冬在鄴京講十地論
(泐三十字)旨□一卷合十三卷矣季卅三聊講華嚴時有檀(泐二十七
字)墙□一□康覆牀而已於　此康下隨力撰制謂集(泐三十字)
集央掘魔羅疏一卷　集无量壽經疏一卷集(泐二十九字)卷集
温室疏一卷集遺　教論疏一卷集衆經宗要(泐二十八字)信三
寶論一卷集食穀　雞卵成殺有罪論一卷凡(泐二十八字)成林
矣季卅七赴請范　陽隨宜闡說三智薄流時遇□德(泐二十三)

字齊祚併顏聖駕在運三寶頓以上一面壞殘僧驚竄逃趣無
於時有俗弟子將入清嚴泐六字九句泐十三字茲□想作十怨頌
十箇作十志頌十首作齋已消日頌廿七箇作觸事中□頌
泐二十字集滅法記一卷集老經一卷集莊紀一卷集五兆書一
卷集華嚴涅槃泐二十二字記一卷集申情書一卷季六十四赴
請定州遂歷燕趙重泐五字安陽志作闔聖轍雖無堂泐二十二字邊奉得舍利
世尊一粒季六十六返迹洺州於俗弟子泐六字安陽志作盧永□幹遏奉
得辟支泐二十一字集四分戒本疏一卷集金剛般若論疏一卷
集破寺泐六字安陽志作根□□卷□奠世□中泐二十二字雅上安陽志作世字雅頌一
卷季七十四為文皇帝命入咸陽榮杖泐六字安陽志第四字作往已
唐貞觀六年八月廿日
三

後還相州泐二十字佛法東行譯經法師言□集上箇御衆法一
卷集泐六字安陽志三字作義記一下卷集寒陵山泐二十二字一日終於安陽
演□寺哀哉慧曰此時殞矣嗟泐五字安陽志三四字作夜懸絕矣其志也
事泐二十字而上字安陽志作老一而不惓勤講勤說死□方心講經論護
法為泐九字安陽志第四字作奉第八九字作為意敬理敬教泐六字之泐十一字唯上補
衣應食事盡一□婦女及尼交遊迹絕骨肉泐九字安陽志肉作向向下作
親聖往來時誨泐六字默□□對□□□生泐六字猷俗愛道本非學得
志□事省不求繁務雖居邑泐十字安陽志邑下作□艴每樂山蓮風來泐六字安
陽志作□中心□□弱水□至遂泐九字物其講也聲氣雄亮□緩而終
急華嚴經講九泐十一字安陽志九下作□十六遍百餘遍泐六字蓮華經觀泐十

三字講七遍□槃經講三遍母經講一泐十一字安陽志第三四字作熊解登旨
宸□地泐十五字論□□開□□其若豎□夜別一人僧次差長
極泐十一字安陽志第三四字作五職時唯使大僧□遣沙弥講衆□居燈泐十
六字受菩薩戒後園化大隋泐十一字高餘於□□□上而短下細
而不泐十七字閻浮一所聖賢不憚五泐十一字又空一格東土傳化起於
漢明摩騰迦葉來此流行泐下中天之地域名優迦法泐十四字又空
一格悲風內皷遊茲洛邑專園大乘精成難泐下龍為遞出法輪
相繼泐十五字又空一格安陽志第二字作人師時十八出家求學造此緇門唯
怖泐下二十有一南遊鄴京大師泐十二字又空一格三十脊四講說住
持如龍處雲雨泐下其間誤結內外俱駕八十有泐十一字又空二格哀
唐貞觀六年八月廿日
四

哉法雨此時雲滅來世蒼生侍名靡泐下
十方佛名
佛名不錄右在記後上列
十二部此三字今石本已泐據安陽志補之部下當更有經字
經名不錄四行
七地諸菩薩僧　諸菩薩不錄二行
攝大乘論中諸菩薩緣佛法身七念倡　倡不錄二行
利依止五喜倡　倡不錄二行
右十方佛名在一列之下

案法師行記弟子海雲集殘剝不屬其述法師道諱靈裕云云有集（脫勝字）鬘疏一卷集菩薩戒本一卷集央掘魔羅疏一卷集无量壽經疏一卷集温室疏一卷集遺教論疏一卷信三寶論一卷集食穀雞卵成煞有罪論一卷作十慈（當作怨）頌十志頌十首作齊已消□頌廿七首集滅法記一卷集老集莊紀一卷（當作集老經一卷集莊記一卷）集五兆書一卷集申情書一卷集四分戒本疏一卷般若論（當作集金剛般若論）疏一卷集破寺報□□卷世雅頌一卷集上首邺（當作御）衆法一卷集寒陵山□一卷（二字原錄碑文亦沕當是以意補之）皆靈裕所撰可見者如此（尚有集衆經宗要□作觸事中□頌集華嚴涅槃集□□□義記一卷未舉）其爲彼

唐貞觀六年八月廿日　五

教法唱明不已勤與然新唐書藝文志道家類不載其一或亦採摭未及也與記内書寒陵山不作韓（據）据丹鉛餘錄曹子建名都篇膾鯉臇胎鰕寒鼈炙熊膰此舊本也五臣妄改作炰鼈文選李善注云今之時餉謂之寒蓋韓國饌用此法鹽鐵論羊淹雞寒崔駰傳亦有雞寒曹植文寒鶬蒸鷹劉熙釋名韓雞爲正古字韓與寒通也　案釋德殊撰靈裕法師傳云裕所有經律疏義及詩頌雜集百餘卷行於當世嘗製寺十誥以法御徒終南釋氏宗而奉之即此碑所記裕諸論著也又稱有弟子曰光寺法礪慈潤寺惠休定國寺道昂并曇榮等皆以明律習禪一時宗匠各有别傳以載德業今見於海雲所集者此其一矣（安陽金石志）

謹按安陽志錄此謁二十餘字碑陰每行末少三字記後十方佛名爲一列十二部經等爲一列誤作行行直下蓋當時未細讀也碑第四十五行東土傳化以下當是銘辭記中寫水不作瀉慧曰不作日皆合於（於）古睢字見博雅玉篇廣韻此作翢少異補衣鹿食鹿當是麤之苟簡者矜作矝薄作薄（危作）危從作從縱對作勤聊（作聊）煞作絜范作范怨作怨演作演遍作遍差作差鼓作皷象作象遞作遞皆（北朝餘習）俗緇作緇隋从ナ則漢碑已有之

唐貞觀六年八月廿日　六

初稿作二百五揭去九十四字

龍門山造像二百九十八段 正書 俱

龍門山造像石静業題記 在蘭州司法業題記 此 壯六百十餘行 唐卷三

石静業題記 高五寸廣三寸字徑七分

貞觀□年石静業為七世父母及法界敬造

石静業有顯慶四年十月廿三日一刻補正載之彼稱比邱尼此無稱者時猶未出家也

明相摠持題記 高七寸廣五寸字徑七分 分書

大唐貞觀十二年八月廿六日明相摠持□敬造七佛二菩薩同資法界含言俱登正覺

泐名題記 高四寸五分廣六寸五分字徑五分

□觀十二年□□□日□□□□□□□□□誠□□□ 第四行缺

□□屬等敬造七仏一龕

上為皇帝陛下

龍門造像起貞觀一年

豫章公主及姊薛題記 高四寸廣一尺一寸方界格徑七分

大唐貞觀十五年三月十日豫章公主敬造像一塔願己身平安并為一切含識公主姊薛為己身并兒蔣脩子等五人亦同造像一塔及一切含識共登正覺

豫章公主太宗第七女姊即孏奴蠏切音病乳也北齊書穆提婆傳母陸令萱鞠養後主謂之乾阿姊 北史作孏 今人呼乳母猶沿 海 其音而字當用孏或姊則鮮有知者

為魏王監陸造像記 高四寸五分廣四寸字徑七分

大唐貞觀十五年五月一日魏王 監陸身故為造像一坩

太宗第四子濮王泰先於貞觀十年由越王徙封魏王 王府屬官有監史志未詳 十七年降封東萊郡王二十一年進封濮王

豫章公主姊等題記 高四寸廣五寸字徑七分

大唐貞觀十五年六月三日豫章公主姊竹普頭六人敬造像一塔

岑文本岑嗣宗題記 高廣各五寸五分餘方界格徑七分

大唐貞觀十五年六月五日岑文本敬造西塔一佛二菩薩岑嗣宗敬造東坩一佛二菩薩仰願一切含識同登正覺

岑文本貞觀十六年正月由中書舍人為中書侍郎專典機密此像在前半年所造嗣宗當是一家親屬傳未之及表亦不載

女妙光題記 高三寸二分廣四寸五分字徑六分

大唐貞觀十五年七月六日清信女□妙光身□ 心夢見造像二軀令敬造□

添一行

王明月造 四字在右係別一刻今附此

郝久闕代北三字世

女石妲妃題記 高四寸廣五寸字徑七分

大唐貞觀十六年三月十五日清信女石妲妃敬造救苦觀世音一軀

韓方□妻子題記 高三寸三分廣四寸字徑七八分

貞觀十六年十月一日韓方主妻子敬造像一軀

楊僧威題記 高三寸七分廣三寸字徑七分

大唐貞觀十八年八月廿四日 楊僧威為師僧父母一切眾生敬造三像軀願法界有形離鄣解脫

楊福陰王信行二題 高三寸廣九寸五分字徑七分

楊福陰為宋□師願患早差敬造像一軀□□成佛不相捨

離

王信行為□缺三字并□□有形離鄣解脱敬造□像一軀

二題在前刻之左字體相同蓋同時刻也

女張寂□題記高三寸八分廣一尺一寸字徑六分

清信女張窕□□□陁□驅□□觀世音二驅為□人楊

僧威□己身并法□□生俱成□□□□□□□□□貞觀

十九年□□□三月十□□敬造

以驅為軀僅見於此

洛陽宮留守閻武蓋題記高九寸廣六寸字徑七分

大唐貞觀十□年七月□五日洛陽宮留守右領軍將軍□

三

國□□公閻武蓋為亡□□□□□虎賁郎將□□□敬造

阿弥陁□□一區并二□以下缺泐

楊宣政題記高廣各五寸字徑五分

大唐貞觀廿一年十一月十五日登仕郎□國公府長史楊

宣政□妻□為比丘僧道□□造阿弥□像一軀供養

楊靜安母孫題記高廣各四寸五分字徑五分

大唐貞觀廿二年十一月十五日楊靜安母孫為師僧父母

法界等敬造弥陁□一軀供養

賈君才題記高五寸五分廣三寸字徑六分

貞觀廿二年五月八日賈君才造像一龕為男小奴家口平

安法界衆生共登正覺

清信女蕭題記高六寸廣七寸字徑五六分

清信女蕭為亡男□□敬□阿弥陁佛一區并二菩薩願當

来往生□□□□從令身□佛身□□永斷生□業不復為

□□家眷屬□□□□捨壽以前願亡後即於龍□□石龕

內母子情深□□夲志即以貞觀廿二年八月廿五日彳京

□龍興寺東山石龕內安未行泐

崔貴本題記在前刻右高廣各三寸七分字徑五分

佛弟□□信女王□上泐音菩薩

佛□子崔貴夲造觀音菩薩一軀願弟□来生值佛聞□

四

此刻無年月以與前刻同式又補正録崔貴本三題其

一為貞觀廿三年十一月八日造因附於此

清信女題記高九寸廣二寸二分字徑四分

佛弟子清信女造像一龕上為皇帝下為□□父母過往亡

夫往生淨佛國土弟子願見存巻□□□願法界衆生共同

正覺貞觀廿二年九月□八日

尼□□題記高三寸廣五寸七分字徑五六分

比丘尼□□為師僧父母一切含識敬造像一坩願超□八

難同□□提貞觀廿二年十月一日記

女某為亡女造像記高四寸五分廣五寸字徑六分

清信女　爲亡女　敬造像一坩願十方淨土隨意往
生并諸眷屬一切有形俱成大道貞觀廿二年十月廿日記
　趙才題記高七寸六分廣二寸七分字徑六分
佛弟子趙才敬造像一坩爲七世父母及已身并合識之□
□□經三惡道同□菩提共登正覺貞觀廿三年造訖
　舍作合
。淮南公主題記一行長六寸五分字徑七分
淮南公主造合在上佛
。。淮南公主高祖第十五女
嫁封道言
　淨土寺主智傳題記高廣各九寸餘方界格徑一寸五分
永徽元年四月八日洛州淨土寺主智傳敬造阿弥陁像一
軀同學智翔共崇此福
　右衛率長史崔某題記高六寸五分廣一尺三分寸字徑一寸二分

五

大唐永徽二年十一月十五日右衛率長史崔□□兄弟等
造像一龕爲先亡升淨□資見在越愛河福業增勝報興共
願海度衆生
　范滿才題記高四寸五分廣三寸五分字徑六七分
永徽三年三月廿三日佛弟子范滿才夫妻男女敬造阿弥
陁□□龕願七　下泐
　李君政題記高廣各五寸字徑六分至一寸不等
永徽三年十二月九日李君政敬造弥勒一鋪願男德劉病
得早差
　左文福題記高廣各三寸五分字徑七分

永徽四年正月二日左文福爲亡男寬見
　曾寶師題記高五寸五分廣三寸七分方界格徑五分餘
佛弟子曾寶師合家一心發宏誓願敬造阿弥陁像一龕上
爲　皇帝下及七世父母法界倉生咸同斯福　永徽四年
六月廿一日功訖
　女陳題記高一尺四分廣四寸六分方界格徑一寸一分餘
永徽四年八月六　泐　信女陳爲亡女敬造阿弥陁像一龕願
亡者神生淨土早離苦難
　此剗磨前人造像記而刻者後兩行字迹猶存另錄附
北朝末

六

　周智沖題記高三寸七分廣七寸字徑六分
大唐永徽四年十月八日周智沖上爲　皇帝敬造阿弥陁
像二軀下保父母鞠育之慈願合家眷屬離諸灾障一切共
同斯福
　敬秋生題記高四寸廣三寸字徑六分鞠作𥸧禮月令鞠有黃華釋文本作𥸧蔡邕月令章句𥸧草名也假借爲鞠育之鞠僅見於此
永徽四年十一月一日弟子敬秋生爲亡妻董敬造阿弥陁
像一龕
　永徽殘刻可見者四行高三寸七分字徑五分
永徽五年正月十五日□□仙母□爲□□□名王敬□□
陁一軀願□後不可復辨

大唐之碑額篆

永徽殘刻 作碑形高九寸餘廣四寸四分八行行約存十八字字徑四五分額有篆額題大唐之碑四字

人天 首行第十一二字 大 三行第四字 拔 四行第一字 固藉此 七行第二三字 永徽五

年五月五日 末行可辨者八字

辛崇敏題記 高四寸廣五寸六分字徑五六分

通直郎行雍州司□叅軍辛崇敏敬造像一坩与合識同福

雍州諸曹參軍事正七品下辛崇敏階通直郎從六品下階高而任卑故曰行

永徽五年五月廿日訖

鄧思孝等題記 高七寸七分廣八寸八分字徑七分

洛二行低二格居中寫 勿奴行

大唐永徽五年□□□日洛陽縣鄧思孝思信思義□□□

爲母梁及亡父過去見存眷屬敬造釋迦石像一龕即日成

就銘日 赫矣神□妙哉园法光濟恒沙□需塵劫仰憑

七

實相勒□山隅津通八水安□三車日往月来彫章易□同

茲泉石天長地久

何世進題記 高六寸五分廣三寸五分字徑六七分

大唐永徽五年何世進爲亡□敬造弥陁像一□□□□□

生淨土 下及後行泐

當時不應有世字命名者然細審是世字亡下似大不

能定爲何字

泐名題記 高右六寸五分左一尺餘廣五寸字徑四分至七分不一

佛弟子□□□□大小及法界衆生□□□□諸仏敬造弥

勒偽一區願□□□□說法先□□首元始以来及□身十

惡□罪悉皆懺誨上爲皇□□□師僧□□父母上乏有□

□及□□有刑之類俱時作仏大唐永徽五年歲次泐下

歲次下存右半似戊申二字按永徽五年歲值甲寅戊

申則貞觀廿二年書者誤也

缺名題記 高五寸廣四寸字徑六七分

首行泐 敬造阿弥泐下區并一菩薩泐下永徽五年泐下□日造

王暕造 三字在此刻之上横行龕下別一刻也

沙門智順題記 高四寸三分廣一尺一寸字徑六分

人 此係一行之上二字非人字也

沙門損順仝敬造維衛佛□□佛□□行泐一二七世父母□一

切含□□行泐五言無所□□大唐永徽六年六月一日

八

泐名題記 高九寸廣六寸七分字徑七分

□金軀西奄儀像□□□□□□容昭□□□□□津□

□□幟□□□□□□□藥樹無 □□□□□今清信佛

弟子□□亡夫王女造阿弥陁□□□ 上祚皇家下□□

□共越死河同滕彼□永徽□□□月三日功訖

張元德題記 高一尺廣四寸字徑六七分

永徽 泐約六字 張园德及妻宋 字泐七 造弥陁像 字泐七 同斯福

此刻之上有殘刻五行行三字僅妻及造三字可見

田某殘刻 高四寸廣五寸字徑六分

永徽泐下□日田泐下□爲身泐下□眷屬泐下□ 四願含泐下□□永

除 泐下□□生供養
女□高勝題記 高六寸廣二寸五分字徑五分
清信女□高勝 泐 法界衆生願共弟相 泐 造救苦觀世音□
□ 泐 顯慶元年六月□日
陳僧受題記 高一寸八分廣三寸八分字徑五分
弟子陳僧受敬造阿弥陁像一龕顯慶元年八□□□日功
添一行
七
泐名題記 乞訖之苟簡者 高一尺一寸廣八寸五分字徑一寸
大唐顯慶元年歲在景辰□月十五日佛□□ 泐二行 敬造優
填王 像□□□五十三□□□佛世□□□佛十方佛願
九
亡□遊神□□存□□忍願□界含靈俱登正覺
李智□題記 高四寸七分廣三寸二分字徑五六分
大唐顯慶元年□□十三日弟子李智□敬造阿弥陁像一
龕為□□□□父母及法界□生 下磨滅
宋海寶妻緒題記 高五寸廣五寸三分字徑七分至一寸不一
宋海寶妻緒敬造阿弥陁像一坩為過往父合家平安一切
含生俱同斯福
顯慶元□□□十一日造
比邱僧義題記 高五寸廣三寸五分字徑五六分
顯慶二年四月七日比邱僧義敬造釋加像一□觀音大世

添一行
上□師僧父母法界衆生共同思福
劉曾容題記 以思為斯 作碑形除額高八寸廣六寸四分十行行十字字徑六分有額無題
顯慶二年九月廿五日孝子劉曾容稽首和南十方三世一
切諸佛但弟子罪□深重早喪所天攀号無及不能□今於
此龕一所為亡父及七世父母敬造釋迦□一軀并二菩薩
二聖僧伏願過往先靈身生淨土法相貞端早見如來越彼
□河同勝彼岸
○○潛研堂金石文目錄有封曾容造釋迦像記即此劉作封打本不顯形近而譌也訪碑錄亦誤
罪下一字與深字并格蓋既脫落而磨補者攀下亦脫
一字補刻於旁似是号字然已不顯不能□句亦有脫
字孝子之稱始見於此
十
楊真藏題記 高八寸廣五寸三分字徑五六分
惟顯慶三年歲次戊午八月癸丑朔佛弟子楊真藏為七祖
先□並願上品往生諸佛國土聞經悟道未為□□□爰諸
眷屬普蒙安樂於洛州龍門□□□□之南西頭造阿弥陁
像一鋪并二菩薩莊嚴成就相好具足以此功得普施蒼生
入薩婆若海
女某題記 高六寸廣二寸五分字徑六分
清信女□ 泐下 陁像一龕供養
添一行
顯慶四年十一月七□功得 以得為德
□□仁妻郭題記 前三行高三寸在龕下係右後四行每行高一二字在左字徑六分

添一行

弟子□亻仁妻郭吴敬造救苦 三行在龕下像右 觀世音菩薩一龕
及□法界衆生等願□業障 □慶四年
泐名題記 薩誤作落 高四寸六分廣三寸字徑五分
□□副為七代父母造弥陁佛顯慶□年三月四日 功訖
吴吉甫題記 高廣各四寸五分字徑五分至七分後五字徑一寸餘
龍朔元年太□在辛酉四月□□廿日承議郎行皇子侍醫
吴吉甫敬造石像一軀為七代父母合大小□顛平安

添一行

吴吉甫敬造 醫書醫字之變體東宮官有侍醫四人
泐名殘題 高五寸廣六寸字徑五六分
龍朔元年□□□日司□寺鈞有□□菀□□父染□□金

十一

□□敬造□弥陁像一龕□□□父母□□□ 上泐 咸同 後泐
泐名殘題 一行長六寸三分字徑五六分
龍朔元年□阿□為父母造
劉元禮等題記 高六寸五分廣四寸字徑五分
□朔二年正月廿日周王府户曹劉元禮功曹王及福兵曹
鄭行儼等敬造阿弥陁像一龕願為
皇帝□下一切含生俱登斯福 中宗於顯慶二年封周王兵曹下鄭行儼宰相世系表有之云汲令者復所轄官也
缺名題記 高三寸廣一寸八分字徑五分
造阿弥陁像一坩龍朔二年三月二日
牛懿德題記 高四寸廣三寸餘字徑六分在乾封三年孟乾緒一刻之左下方

添二行

牛懿德再題 高四寸五分廣三寸五分字徑四分
乾封元年四月八日東臺主書牛懿德敬造阿弥陁像一鋪
上為 皇帝陛下及東宮諸王遍及法界衆生并見存男女
供養
東臺即門下省龍朔二年改武后又改為鸞臺其屬有
錄事三人是年改為東臺主書咸亨元年復舊此兩刻
在麟德乾封間故有是名
許大德題記 高五寸三分廣四寸八分字徑七分
乾封元年七月十五日司列主事許大德并妻楊敬造弥陁
像一龕及夫妻男□郎供養佛時 龍朔元年改吏部曰司列其屬有主事四人
□德子題記 高五寸五分廣五寸三分字徑八分

添一行

乾封二年四月八日弟子□德子敬造地藏 下泐
孟善應題記 高二寸七分廣六寸五分字徑五分
乾封二年四月□日弟子孟善應妻趙夫妻知身無常敬造
阿弥陁像一龕為七代父母見存眷屬法界衆生同斯供養
願登正覺
唐夫 二字特大
李鉢頭題記 高四寸五分廣二寸七分字徑七分
総章元年五月一日弟子李鉢頭母王敬造觀音像一區
王大志題記 高廣各三寸字徑五分
総章元年五月一日弟子王大志願離苦厄所欲如 心敬

十二

造觀音像一區
女王元□爲夫朱景嶽造像記 高五寸三分廣三寸字徑七分
清信女王氏□□□亡夫朱景嶽造阿彌陁像一龕 總章
元年六月造
殘題記 字徑七分
前似有字不可辨 總章二年二 下泐 □□日高昌 下泐 □女爲亡父 下及後行俱泐
孔某題記 高七寸五分廣七寸八分字徑七分至一寸不等
總章二年七月六日孔□□稽首和南十方諸□弟子罪□
□重疊鍾 第四五行全泐 二金 下泐 罯恕イ 下泐 登彼岸
閻師贇題記 高八寸廣三寸字徑六七分
贊
内府監中尚丞閻師贇父□州長史悉□□王□□威師 第三行全泐第四行上泐七字 合家供養
少府監龍朔二年改爲内府監咸亨元年復舊其所統
中尚署有丞四人記稱内府蓋龍朔至咸亨九年閒刻
因次總章末
將作監丞牛某題記 高六寸廣五寸五分字徑七分
大唐咸亨四 下泐 八日將作監丞牛□□□□ 皇帝 皇后
皇太子□王諸王國公□ 第五行全泐 音□□菩薩 下泐
唐六典將作監龍朔元年改爲繕工監咸亨元年復舊
故此刻仍稱將作監其屬有丞四人
吳行儼題記 高七寸五分廣六寸三分字徑七分
大唐
□□□年歲次癸酉十二月□□□□雍縣人前任許州□
□□□吳行儼爲亡息慈明含□□□造 彌陁像一區
并二菩薩願亡者神生淨土面奉 彌陁現存眷屬普蒙斯
福
癸酉爲咸亨四年
盧舍那大像記 高一尺六寸廣一尺五寸字徑一寸四分至一寸六分
盧舍那大石像
右件像咸亨三年四月一日起手至上元三年十二月卅
日功訖
敕使司農寺□韋機□□專檢校□□□□□□□國■ 大元
則□□□□□李□僋□盛□□□□師積■□□□ 下泐
司農寺龍朔二年改爲司稼寺咸亨中復舊韋機兩唐
書有傳新書作韋宏機據此刻則劉書爲正矣(然舊書於曾孫韋述傳亦作宏機疑宏機以字行而機其名也)機上元
中遷司農監檢校園苑此刻字多殘滅司農寺下據傳
爲卿字檢校下當即爲園苑字也
郇王阿姊題名 一行長三寸字徑六分
郇王阿姊造
高宗第四子素節初封雍王顯慶二年改封郇王上元
三年降封鄱陽郡王此刻與猶稱郇王因附上元末
泐名題記 高一寸八分廣五寸五分字徑六分
儀鳳二年九月廿九日□□□爲亡□敬造觀音菩薩一區 西
劉寶㝉題記 高廣各四寸三分字徑六七分
□州□□縣弟子劉寶㝉爲亡妻趙二娘敬造□□□佛一
軀□□□儀鳳二年□月□日乜
清信女某題記 高存五寸廣三寸字徑六分
大唐儀鳳二 缺 河南縣清信女 缺 □□天后七代 缺 法界衆
生敬造阿□ 缺 一龕並六觀音
張感仁等題記 高九寸廣六寸字徑七分
張感仁 任文藝 王智詧 張石頭 缺 祿神表 張阿難
劉福眞 楊□ 缺 尹懷感 王懷義 調露二年二月 缺
仁□於龍門敬造阿彌陁像一鋪 缺 上爲 二字孝補 天□天后一

切法界衆生七代父母 缺 人等家口□□□施□者並同□
缺 □□□灾彰

元照題記 高三寸九分廣二寸九分字徑五分

大唐調露二年歲次庚辰七月十五日元照敬造觀世音菩
薩一區願救法界蒼生無始罪鄣今生□□□□

胡宏實題記 高二寸二分廣五寸字徑七分

胡宏實合家敬造菩薩二區供養永隆元年十一月廿九日
成

侯紳照題記 在龕上高一寸五分廣八寸字徑五分

侯紳照并妻張敬造永隆二年正月十三日成

十五

附殘題二段 一在龕右一行一在龕左二行字均徑五分

清信女□二娘敬造□□□年正月□□日
史敬□妻 泐約四五字 敬造觀□□菩薩亻

侯二娘題記 高二寸三分廣一尺二寸字徑六分

弟子侯二娘奉為□□ 泐四行 觀世音□□各□□ 永隆二
年正月十五日畢功

處貞題記 高四寸廣三寸字徑四分

大唐永隆二年二月一日處貞敬造地藏□□二區願法界
四生從今生□□□□□□正□逢善□□□□家脩道 末行泐

謹按補正載處貞題記云即前造象之胡處貞此刻較
後一年亦其人也

李德真題記 高八寸廣一寸八分字徑七分 一高五寸三分廣一寸四分字較小

李德真亡女大娘敬 泐下 像一鋪永隆二年四月八日

李德真敬造觀世音菩薩一區供養時

㞐惠普題記 高二寸廣一尺一寸字徑九分

清明寺比丘㞐惠普敬造阿弥陁像一鋪永隆二年四月八
日成

尼□義題記 高二寸二分廣一尺二寸五分字徑六分

大唐永隆二年四月九日許州□□□比丘㞐□義敬造阿
弥陁□□鋪供養□義供養

蘇銷為乳母造像題記 高二寸七分廣五寸字徑九分四五行較小

蘇銷為亡乳母老婆永隆二年九月八日造

蘇銷別有爲父及為弟造像二與此同日補正錄之

十六

尒朱昌題記 高四寸廣二寸五分字徑七分

司□少常□息尒朱昌□母李造

龍朔二年改二十四曹皆以司字領其名如吏部曰司
列主爵曰司封考功曰司績之類凡尚書皆曰大常伯
侍郎皆曰少常伯咸亨元年復故此記司下泐一字不
知何為曹少常下伯字亦泐矣尒朱昌以父官表顯之
其所稱如是必高宗時人也

㞐法淨題記 高四寸廣五寸三分字徑六分

㞐法淨為現在師僧善知識等□作菩提眷屬敬造一佛二
菩薩垂拱元年十二月 泐

上折衝某題記 高七寸四分廣五寸字徑五六分

□拱二年四月十五日前右□□□□ 齊府□上折衝 蔚文
□達奉為　□□天皇大帝太□皇帝皇后七代父母敬造
阿弥陁像一鋪願以福祐□□法界 末行全泐

□陽縣尉李守德題記 高八寸五分廣六寸五分字徑六分

□州□陽縣尉李守德去□□□於此過發心敬造石像
一龕比來不遂本意今垂拱二年三月十三日□此寺□□
□□□□造大□□□□為七代師僧父母□□□□□往
還窗□并願法界有情俱　離愛河　齊登佛果

垂拱二年四月廿日

路敬潛妻盧氏題記 高廣各六寸字徑七分

兗州都督府戶曹路敬潛妻范陽盧氏奉為亡妣造地藏菩
薩一軀願以福因上資冥路垂拱三年三月五日造成記

路敬潛唐書入儒學傳貝州臨清人敬淳之弟歷懷州
錄事參軍坐事繫獄免死後為遂安令此衛稱兗府戶曹
殆在懷州錄事之前傳略之也像為其妻盧氏造傳稱
敬潛以遂安前令多死欲辭妻曰君不死獄而得全非
生死有命耶即此盧氏矣

缺名殘題記 高存四寸廣三寸七分字徑五分

維垂拱三年泐下丑朔洛州河南泐下和南十方泐下聖僧弟子泐下
□生墮悶泐下□竟不能智泐下　十七

社官安僧□等題名 高一尺五寸廣九寸三分字徑七分

□市香行社
社官安僧□　錄事孫香表　史□榮
常行師　康惠澄　李才𧨳　孫元楷　陶善意　宮孝敬
郭□濟　王思泰　栢□泰　劉元祐　趙思曾　趙行客
李智緒　蘭敬賓　何難迪　房□□　□守約　單雅康
靜智張□福衛善慶
右件社人等一心供養
永昌元年三月八日起手

此刻標題下似宜注明行數此後前四行云云可徑據寫本如此然前……[illegible]

左玉鈐衛某殘刻 高六寸廣一尺三寸字徑一寸

維大唐𡕀𠡦元𠡦二㊄十㊐左玉鈐衛大□軍行皐□□□
督兼泐二行□縣□□男泐後
唐初採前代領軍名別置領軍衛置大將軍將軍員武
后光宅元年改為左右玉鈐衛神龍元年復故

載初殘字 高七寸五分廣一尺字徑五分　前四行惟行首有一二字迹頗難辨識

□處　門　荷
感鞠養　石
磨
永息
𡕀𠡦
蓮泐三行

崔殷題記 在龕上高二寸首行高出二字廣五寸字徑六分

而𢀖元𠡦造佛弟子崔殷為七□父母及見存眷屬
成

李大娘二娘題記 高二寸二分廣五寸三分字徑六分

李大娘二娘共造像一并二菩薩　而𢀖二𠡦四㊅八㊀造

天授殘刻 高一寸九分廣三寸字徑三分至五分

六

而楓二年□㊆一㊀□□□□□□□□□□□□造□□□□
一□供儀
此在龕下其龕左亦有一刻僅見李大二字
任智滿題記高三寸廣五寸字徑六分
長壽二年四㊉廿三㊀任智滿爲亡母敬造弥陁像坐藏菩
薩觀音菩薩願亡母□末行泐
王寶泰等造龕像銘高二尺九寸廣二尺二寸銘居上截三之二二十五行行十九字字徑六分下截題名五列上列二十一行餘四列有缺
□□□□□□□□□□□□銘
原夫□□□□□□□□之別佛□混同詎有東西之異□
十九
□□□□者蓋是至仁□物大權闡□應分別□□□□
□便之要道□使猒呰欣樂者聞之而□□□□□近者想
□□增敬暫觀寶□心得住□□□□永無□□□攜利
□不可□儀□□□□□□元等□□□族□十室□□
□□□□□□貞而□□□□晦跡㕓肆□重邸□□□
□□□車□□□轉輪馭寓十□□□□□□□□□□
用咸識歸依之所共崇□向之□□□□並入檀那命
彫琢之良工擇山川□□□□□之鑿巖開室号之曰西
方淨土□□□□□隨佛像三鋪并侍衛物三十一□
□□□□启□年歲次甲午八㊉壬子朔世□□□□□

盡磨礲之巧極彰施之麗山豪海□□□□□□樹花臺莊
嚴具足㊀㊅經而緞曜□□□□□采加以東面長津澄流
栝坐西依峻□□□□□北對城闕而雲浮南屬郊原而繡
起□□□勝此爲第一銘曰
□□奚隔心悟即是西方室遥行成孔迹□□□□□穢賤
此諸佛隨機寄遠明彼十萬億□□□□□善共信士依教
修行觀彼世界欣其□□迺□彫琢式共財成棟守輪煥相
好光明奇□異巧□□魂驚託禹貢之陳跡𡊮佛土之嘉名
□□可大永劫傳聲田芝劉秉李節彦望何揔孫□判□張
惠百川泐此行田字下構寫較小
廿

右在上截

王寶泰　趙元勣　湯仁義　張慶忠　□□忠
劉山藏　趙思言　董思愻　李義盛　□□□
劉思禮　皇甫行琛　丁長壽　趙仁演　趙仁賢
趙仁智　靳思庄　侯思敬　侯思禎　□師利
貴纂忠　成元嘉　成元方　焦元藏　焦□□
王思恭　唐思慎　王餘慶　賀思禎　李法藏
龐元璋　賈元亮　公孫暉　呂令溫　張崇明
皇甫暕　何善德　吉阿□　□□栓　李□□
郭懷讓　李敬忠　宋□□　□□僧　劉謝胡

趙懷榮　王□義　王□□　□□□　□□□
陳阿青　卜劉八　勒□□　□□胡　後泐缺
劉□詮　楊思貞　宋□□　□□□
張行眞　王思睞　焦□□　□□仁　後泐缺
王思忠　権文幹　後泐缺
□□□　侯阿曾
孫□□　朱冠□
王另□　□□□
鄧智惠　□□□
楊彥子　劉□□
張文榮　後缺
□□□

廿一

右五列在下截

碑多剝泐中有元等二字元當是造像主名以其不全舉題名首一人標題之年號就泐文有武后製字以歲次甲午攷之乃延載元年載武后作𡕀今左少半猶存也銘中西方室逕逕字罕見棟守輪煥守爲宇之誤永上劫傳芳載宋衎田芝以下十八字似亦題名

比邱神泰題記 高五寸三分廣二寸七分字徑五分

證聖元季壹月十四日比邱神泰上報四恩又爲□□婆敬

造卅五佛□□□□共同斯福

勑名題記 高三寸二分廣五寸五分字大小不一

前二行泐

證聖元年二月十五日造成

三日造 三字在是刻之右乃別一刻之殘字

洛汭府長史李客師題記 高四寸廣五寸七分字徑六分

大周萬歲通天元季陸月左豹韜衛洛汭府長史李客師敬
造阿弥陁像二菩薩奉　爲七代父母及法界含　生又爲
合家　平安　記

光宅元年改左右威衛爲左右豹韜衛六典云左右威衛長史掌判諸曹閣兵仗羽儀車馬及宜陽五十府按唐書地理志洛州有軍府三十九宜陽洛汭皆載焉洛汭亦隸威衛可於此刻知之矣惟長史統轄五十府此専屬之洛汭一府蓋府又各有長史也

□大娘題記 高三寸二分廣三寸五分字徑五分至八分不等

□□□□大娘爲□□□造仏一龕供養聖曆二季五月二

廿三

田□忠題記 高二寸五分廣八寸字徑五分

□州□□□□田□忠敬造□□陁像一區□□□□□
□合家大小□□平□□先□父母法界蒼□□□同霑□
大足　缺

張胡師題記 高四寸五分廣三寸五分字徑六分

雍州乾　縣華林鄉人張胡師爲七代父母法界衆生合家
大小

雍州有乾封縣乾封元年分長安縣置記空封字不刊未知何故然其爲乾封無疑也長安三年廢乾封復併入長安知記此者必在乾封至長安三十餘年閒矣故列於此

泐名題記高一寸七分廣六寸五分字徑四分

□□□亡父母見在眷□敬造阿弥□傌□區合家供□長

安四季二匝十㊀

梓潼丞梁昭之題記高四寸廣八寸五分字徑八分

長安四季七匝廿九㊐前始州梓潼縣丞梁昭之敬造石龕

一鋪像普為法界衆生無諸災鄣

地理志梓潼縣屬劍州劍州先天二年始改其先本

名始州

長安年殘刻高一尺四寸廣四寸五分字徑六分

上泐約二字弟子字泐六之□□也弟子以大周長字泐四一泐約七八字于

時字泐六嶺徽駐𢓴驂□淨境二字泐約十埊□記三季之字泐三五

嶺之歸字泐三慈航字泐五㊅字泐八之恩□□後二行全泐

□四海□恩敬成大娘三題前一題高三寸五分餘高五寸廣共九寸字徑八九分前一題較小

蒲州安邑縣□四海奉為□母敬造阿弥陁□一□供養

□州慶山縣□恩敬奉為亡過七代及亡父母敬造阿弥陁

佛藥師佛□道像救苦菩薩

此行移後

成大娘為父母敬造□□佛并□道像

安邑縣貞觀十七年屬蒲州乾元元年改屬陝州此刻

興後二題相連是同時所刻因以第二題為準次神龍

之前

武后紀垂拱二年十月已巳有山出於新豐縣改新豐

為慶山地理志屬雍州神龍元年復為新豐此稱慶山

必武后時所造也

宋州司馬王知本經刻題名高二尺九寸半廣二尺四寸七分上截經刻下截題名字

□□□□□□欲經徑七分

□□□□□□枷鎖凡夫戀著□□□□□□色□□□□□

□凡夫困之至死□免女色者世□□□□□凡夫遭之无厄

不至行□既得捨之□□□□□是為從獄得出還復思入從

狂得岳□□□□□從病得差復思得病智者怨之知其□□

蹶死无㊁矣凡夫重色甘為之僕終身馳驟為之辛苦雖復

鈇質□鋒鏑交至甘心受之不以為患狂人樂狂不□過也

行者若能棄之不顧是則破枷脫鎖悪狂猒病離於衰禍既

安且吉得出牢獄永无患難女人之相其言如蜜而其心如

毒辟如渟渊澄鏡而蛟龍居之金山宵窟而師子處之當知
此害不可近官家不和婦人之由毀宗敗族婦人之罪實是
陰賊滅人慧明亦是獵圍尠得出者辟如高羅群鳥落之不
能奮飛又如容網衆魚投之剣腸俎几亦如暗坑无目投之
如蛾赴火是□智者知而遠之不受其害愚而織之不為此
物之所惑也馬倩元奭返邑如意陻琛孫万年泰孫嚴□□
缺

右上截

僧□□　僧元景　僧會□　僧淨智　僧淨思　宋州司
馬王知本孟大衣　梁法圓　梁元景　段神力　陳思禮
苗

劉大德　管阿睞　敦郎□　梁法琮　丁文素　朱宏意
汪懷亮　韓知方　董伏護　董元悊　潘義藏　董尚□
趙雄威　袁胡仁　王阿五　江藏仁　尹桃栓　□敬福
牛　嗣　蓋思義　張伏仁　王元冀　呂乚順　蘭寸寶
俞阿師　楊延暉　曹神寶　郭元表　郭文姝　士思勖
周元德　丁行本　孫佞子　孫守貞　丁元藏　李定賓
彭元貞　劉度度　劉智壽　□漢子　史思忠　任思貞
思延福　任敬節　田敬賓　李欽則　田惠忠　秦法意
侯阿六　令狐□□　李元亮　彭道生　孫元泰　吳□□
允文殊　袁醜漢　李昌仁　馬宏基　善才　長命

盧延昌　母缶法　管婆　李婆　賀婆　魯婆
胡婆　杜婆　安婆　張二娘　闞二娘　蓋大娘
吳三娘　杜□□　下缺　王磨□　□寶貴　□行本　秦
行感　下缺　□□□　□□□　□□禮　阿　下缺

此刻有武后製字因列武后末經尾馬倩以下十六字
不盡為人姓名字迹與原刻不類未可聽解

裴素月吳沖兒題名 裴刻龕上字徑九分以漸而小吳刻龕左之上字徑五分當是上一龕之

題名

裴素𠥱造
佛弟子吳沖兒

廿五

添行

楊思敏題記 高五寸五分廣三寸五分字徑六分

蒲州猗氏縣楊思敏為母及亡父敬造佛一區願亡父永離
苦海早登缶□願母長□無有灾□

楊婆題記 高五寸廣二寸三分字徑七八分

楊婆為亡夫石義敬造坐藏菩薩

殘字 高五寸餘廣二寸三行字徑四五分

泐
乖缶𠥱十四⊖ 以上四刻皆有武后製字 下及後二行均泐惟次行婆字可見

王三□題記 高四寸五分廣六寸五分字徑五六分

□信人王三□□為亡父□□□□ 三四五行全泐 □願□同此□
願□□引度脫一志供養景龍叁年七月八日記□吉書文

泐名題記高三寸廣二寸五分字徑五分

首行敬造救苦觀音菩薩一軀景龍四年三月

泐觀音二字在左係別一刻之殘字

景龍殘字高廣各三寸五分字徑六分

景龍下缺泐淨令下及後二行均泐不可辨

杜照□題記高三寸八分廣二寸五分字徑四五分

杜照□□□敬造一佛并菩薩二鋪先天二年二泐

張某妻題記高一寸八分廣三寸二分字徑六分

張□□妻□□造先天二年五月日

亲酉穎十四字在年字日字之下偏左

按先天元年歲次壬子不直辛酉此末四字刻在唐以前其筆法出魏齊人手也當是後來磨鐫所贋

此行須擡寫

任令嵘題記高五寸廣三寸字徑五分

仏弟任令嵘為亡□任六娘敬造救苦觀世音一軀

開元二四月八日成

佛弟之稱僅見於此刻甚潦草疑係脱子字與末行脱年字同也

蘭州司法裴□□題記高六寸廣五寸二分字徑七分

地理志并州領縣無名□楊者或晉陽壽陽誤書楊歟

廿六

唐四

龍門山滕王府數字在貞觀十八年尼僧慈塔記上

比五百十餘行二十六闕 唐卷四

滕王府題字一行長二寸五分字徑六分至一寸

滕王府

高祖第十三子元懿武德四年封滕王貞觀十年改封鄭王高祖第二十二子元嬰十三年封滕王子修琦孫涉嗣涉子湛皴天寶十一載封滕王此題作騰蓋誤字

河間王題名一行長四寸字徑七分

河間王造

唐封河間王者高祖從父兄子孝恭憲宗子璭王悅之第二子津又武后從兄仁範及子尚賓此造像者不能定為何人也

容胡題名一行長三寸二分字徑五分

許昌令容胡造

潁州刺史題名一行長九寸字徑七分

朝議大夫守潁州刺史□□明

張刺史題名一行長三寸二分字徑七八分

張刺史造

□邱令史某殘題存高五寸五分廣四寸字徑六分

□州□邱縣令史□□□□敬造□泐後

李夫人及尼真智題記高六寸七分廣四寸五分字徑八分

李夫人摩訶造浮圖并作七佛供養

永 三

比邱尼真智造

王某妻隽題記高六寸廣三寸字徑八分

周王府録事王□□妻隽造

□□二年二月

與編之異文閱王見前

淶行

廿七

姚仁惠題記 高四寸一分廣三寸三分字徑四五分在永昌元年安僧□一剎之末二行下

佛弟子姚仁惠及妻任氏爲子鳳兒患瘥造官音一軀更爲

添行

□防子造世至一軀願同斯福

觀作官 勢作世

清信女簫題記 高六寸廣三寸三分字徑八分在永徽三年李君政一刻之右下

添行

清信女簫爲亡夫鄧明府敬造觀音菩薩一軀

簫蕭之誤

□達摩題記 高二寸七分廣七寸字徑六分

□達摩□□得差造像三軀三菩薩又爲和上蘇達□僧□

若及法界衆生共同此福

侯元貞題記 高廣各三寸六分字徑七分

侯元貞爲法界七代及亡父見存毋合家敬造

宇文□夫人鄭題記 高五寸五分廣三寸七分字徑九分

前侍中宇文□夫人鄭敬造觀音菩□一軀供養

董法素題記 高三寸廣四寸二分字徑五分

□州河東縣□□子董法素□□　皇帝下□先亡并見存

□口敬造弥陁像一龕

清信女柳題名 高五寸廣三寸五分字徑六分

清信女柳爲亡妣造觀音像一軀願亡毋淨土往生□航法

界

趙婆題記 高五寸三分廣二寸七分字徑六七分

趙婆爲身及七代父母一切法界蒼生造優塡王像一區

李德深題記 高四寸三分廣一寸七分字徑五分

李德深夥雉女敬造藥師瑠璃光佛一區供養時

清信女樂二題 高六寸廣三寸五分三行字徑八九分 高三寸五分廣一寸八分二行字徑七分

清信女樂爲身敬造觀音菩薩一軀

清信女樂爲男造

分

六

補八十六頁

王仕朗題記 高四寸五分廣四寸字徑六七分

雍州長安縣通義鄉人王仕朗爲七代父母法界衆生合家

大小

姚非題記 高七寸廣一寸五分字徑六分

姚非願平安敬造觀世音菩薩兩區一心供養

趙行志題記 高前二寸後二寸五分廣五寸三分字徑四分至八分

弟子趙行志比爲患得可敬造救苦觀音菩薩地藏　菩薩

二區爲七世父母□一心共養

後二行似是別一刻之下半行

王奇奴題記 高一寸六分廣三寸字徑五分

王奇奴願身平安敬觀世音菩薩一區

徐師柱題記 高四寸廣三寸七分字徑六分

徐師柱耙生存之日願造阿弥陁像一補師柱爲耙造

趙二娘題記 高二寸三分廣三寸三分字徑五分

清信女趙二娘爲身患敬造阿弥陁一龕

劉天庶題記 高二寸八分廣五寸字徑五六分

劉天庶爲流端州敬造救苦觀音菩薩一軀兗州金鄉縣令

願得平安早歸還

張善同題記 高九寸廣四寸字徑一寸

張善同爲

清信女翟清信女阮轉等造

王惠達題記 高七寸廣二寸字徑六七分

王惠達爲七世父母及法界衆生敬造供養時

裴敬同題記 高五寸廣二寸字徑五分

襄州襄陽縣尉裴敬同敬造觀世音菩薩一龕

李德真題記 高五寸三分廣一寸四分字徑五六分

李德真敬造觀世音菩薩一區供養時

趙義成題記 高三寸七分廣二寸三分字徑七分

趙義成爲己身敬造阿弥陁一區一心供養

廿九

朱顯題記 與裴沿一刻同石高六寸廣存二寸六分字徑六分 補正所錄
□信士佛□子朱顯□□菼心為自造石□弥勒像一區上
頭 後為裴沿劉去剗其題記
朱□像 三字在題記下
清信女李題記 高四寸存字處廣三寸字徑六分
仏弟子清信女李為□□母敬造阿□陁像一鋪 下及後行俱泐
劉俊題記 高三寸六分廣一寸八分字徑五分
弟子劉俊為□母願身平安造救苦菩薩一區
閻元□題記 高五寸五分廣三寸六分字徑六分
□□二年□月十日河□縣洛□鄉閻元□□□父定襄道 三十
征□造□陁像一□□願□□早得□辶□□□□□合□
□□
堣小隱題記 高四寸七分廣二寸字徑八分
堣小隱為亡過七代見存母合家敬造
嚴大娘題記 高二寸五分廣三寸字徑六分
嚴大娘報仏慈恩願造仏一區
劉解脱題記 高五寸五分廣三寸七分字徑六分
□州長安縣□ 下缺 敬造阿弥像一龕□□皇帝下及七世父
母弟子劉解脱一心供養
□□元年正月廿五日造

移州入卅三頁

張阿福題記 高二寸四分廣五寸三分字徑六分
雍州鄠縣張阿福妻□為父母願合家平安敬造仏一鋪
清信女某題記 高四寸廣五寸字徑七八分
清信女□為亡母□造阿弥□像一龕亂亡母早離苦難 母字旁注
張阿難題記 高二寸四分廣五寸後泐多半字徑四五分
清信弟子張阿難為阿□地獄受苦□生敬造 後泐
高永昌題記 高七寸廣四寸字徑六七分
□洛州伊闕縣高永昌妻□□□□七世父母合家平安願□
平安敬造□□□□□龕願已者 後泐
卅一
王婆題記 高五寸廣一寸七分字徑六分
王婆為亡妹□靜造地藏菩階一軀
任成題記 高一寸七分廣三寸七分字徑五分
任成為亡父母及亡妻造菩薩一軀又為王三娘造一軀成
孟□素郭大娘題記 高四寸七分廣三寸七分字徑七分
□□　縣孟□素及郭大娘□七代父母見存父母 缺 界
倉生敬造□ 缺 七區供養
□四海□思敬成大娘三題 前一題高三寸五分餘高五寸廣共九寸字徑八九分前一題較小
蒲州安邑縣□四海奉為□母敬造阿弥陁□一□供養

移前八廿二頁

□州慶山縣□思敬奉為亡過七代及亡父母敬造阿弥陁
佛藥師佛□道像救苦菩薩
成大娘為父母敬造□□佛并□道像
張胡師題記高四寸五分廣三寸五分字徑六分
雍州乾　縣華林鄉人張胡師為七代父母法界衆生合家
大小
丑智泰題記高一寸六分廣二寸字徑五分
弟子王智泰一心敬造
段三娘題記高四寸廣二寸字徑六分
弟子段三娘願身平安敬造弥陁仏一龕供養

移前八十三頁

趙懷義題記高二寸五分廣一寸八分字徑五分
趙懷義為亡母符婆造敬
閻師贊題記高八寸廣三寸字徑六七分
內府監中尚丞閻師贊父□州長史悉□□王□□威師弟三
行全泐第四行上泐七字合家供養
缺名題記高三寸五分廣八寸字徑五六分
□缺年缺關縣缺敬為七缺一切法界缺造像一龕缺都之
前伊闕□後既共居壸□之内同寄風燭之間儵忽□□隟
□須臾而看度鳥謹鐫□□以識将来
静□等題記高四寸五分廣四寸字徑四五分

卅二

□□二年四月十日静□□□□尚二人為七□□□□□
造阿弥陁一鋪□□上為
皇□□□□万姓安和□□□□並同此福
鹿定遼題記高二寸三分廣二寸八分字徑五分
□州仏弟子鹿定遼為已身造仏二□
衛善度等題名高四寸三分廣四寸字徑五分見字處
秦□□□道□張□師衛善度張□□□□□□□□表王
□□成保保□阿毛李保藏□□滷于信下及後泐
張□貞等題記高二寸五分廣三寸八分字徑四五分
趙州元　縣□張□貞願□□□□造□一區

添一行

弟子□□□為父母造□一區供養
李崛僧題記高三寸八分廣二寸六分字徑五分（元氏縣宋氏本不利不知何故）
弟子李崛僧□□為父母敬造□迦牟尼佛缺四字一切
王□貞題記高三寸四分廣二寸三分字徑四分至六分
弟子王□貞造一佛二菩薩願□□□□託生西方□□□
□
弟子二字在左字徑寸餘
惠徹題記高三寸二分廣二寸六分字徑六分
佛弟子□□□惠徹身□□差發願□造觀音一區
楊徹題記高六寸二分廣一寸八分字徑六分

卅三

思□□楊徹□省文林郎爲身合家造像一龕

杲妻劉題記 高二寸五分廣三寸字徑六分

像主□□□□妻劉造菩薩二軀

趙懷信題記 高三寸八分廣一寸四分字徑五分至七分

趙懷信□阿馮敬造四

高善遠題記 高一寸八分廣二寸字徑四分

□□□□高善遠敬造佛一□爲父母□

尓朱昌題記 高四寸廣二寸五分字徑七分

司□少常□息尓朱昌□母李造

任樂尚題記 高二寸三分廣二寸字徑四五分

移入前第十六頁

任樂尚爲亡母敬造一軀

李大娘題記 高二寸三分廣三寸八分字徑七分

李大娘爲郎忠敬造弥勒像一鋪

張法海題記 高二寸八分廣三寸三分字徑六分

雍州云陽縣張法海敬造阿弥陁像一龕爲七代父母見存

父母一切衆生□ 缺

許□信題記 高寸四分廣七寸六分字徑六分

許□信造佛一□爲□又一切衆生□ 餘三行泐

晉光師題記 高二寸八分廣一寸二分字徑五分 云雲之省

晉光師敬造地藏菩薩一□

□夫人題記 高三寸三分廣四寸字徑五分

□夫人爲父母敬造阿弥陁像一區□□□□共同斯福

卌四

□□□爲父母 泐後

泐名造經像石橋記 高三寸六分廣五寸字徑五分

首行損 末到 娘爲亡父敬造觀音菩薩并造法華經一部又捨衣

作石橋□斯回果資益存亡□□上□

王奇奴等題記九十六段

王奇奴願身平安敬觀世音菩薩一區 高一寸六分廣三寸字徑五分

樊小隱爲亡過七代見存母合家敬造 高四寸七分廣二寸字徑八分

弟子王智泰一心敬造 高一寸六分廣二寸字徑五分

趙懷義爲亡母冞婆造敬 高二寸五分廣一寸八分字徑五分

趙懷信□阿馮敬造 四 高三寸八分廣一寸四分字徑五分至七分

□州仏弟子㢈定遼爲己身造仏二□ 高二寸三分廣二寸八分字徑五分

□□□□高善遠敬造佛一□爲父母□ 高一寸八分廣二寸字徑四分

王顔爲亡父敬造 高六寸廣二寸八分字徑八分

董清信爲亡夫造 横列廣五寸六分字徑七分

十娘爲亡母造 高二寸三分廣一寸六分字徑七分

王二娘願身平安造 一行長四寸二分字徑五分

王二娘爲□子敬造 二行高二寸三分字徑五分

王二娘願母子□□□造一軀 高二寸五分廣一寸三分字徑三分至五分

高仁德願已身平安敬造 二行高三寸二分字徑六分

薩經爲見存父母敬造弥□□ 高三寸五分廣一寸四分字徑五分

郭阿□李阿六二人造 一行長五寸字徑六分

淮南公主造自在王佛 一行長六寸五分字徑七分

路仁哲供養佛時 一行長三寸五分字徑四五分

王阿妳造觀音菩□一軀

王婆㕧像一軀 右在顯慶三年楊真藏題記之龕一行長四寸六分字徑七分

移前八行第五頁

卌五

查補

移上行入廿七頁

王休母董造廣六寸字徑一寸
興書爲不識父母造高二寸二分廣三寸字徑六分
王㝑基□造仏二區高二寸二分廣一寸三分字徑三分至六分
張元珪爲妻無愁高一寸八分廣二寸三分字徑五分至七分
高二娘造仏一軀一行長二寸八分字徑四五分
評昌令容胡造一行長三寸二分字徑五分
佛弟子杜静本一心供高二寸廣三寸八分字徑七八分
靖空眞晤供養一行長六寸字徑九分
解端爲姉敬造高二寸廣二寸七分字徑七分
薩孤弜□泐爲母造泐高三寸七分廣一寸五分字徑
王元慶敬造□□一刻未全高三寸二分廣分廣二寸字徑五分至一寸
像主杜善寳妻張□造一行長七寸字徑五分至七分
高大娘爲父母造高一寸一分廣一寸四分字徑三分五分與下一刻並列
弟子□日新□□七代先亡造佛一區高一寸五分廣一寸八分字徑四分
弟子劉崇春與下一刻並列一龕左右高四寸字徑七八分
□衛□爲父母造供養高三寸廣一寸三分字徑五分
□主田㝑慶造一區一行長四寸七分字徑五分
一久□□妻扶餘氏敬造□區高一寸六分廣四寸七分字徑七分
劉㝑義及□□造與下一條並列高六寸三分廣共二寸字徑七八分
張仵郎爲七世父母

卌六

移前入廿七頁

移上行入廿七頁

義先造菩薩二區一行長四寸四分字徑六分
朝議大夫守潁州刺史□□明一行長九寸字徑七分
雍州萬年縣人張□缺高一寸八分廣三寸二分字徑八九分
仏弟□張序□爲缺造苦□□一心供養高二寸二分廣三寸二分字徑五分
王宀有爲已身造菩薩一區高一寸六分廣一寸八分字徑四分
河間王造一行長四寸字徑七分
泐荊州師造一行高四寸字徑五分
沙門惠菀敬造高一寸五分廣二寸字徑六分
許阿□敬造亻高二寸廣一寸四分字徑五分
王福妻郭供養左行此與下一條並列龕左右高二寸三分廣一寸五分字徑七分
王威福供養高二寸一分廣一寸五分字徑七分
張□節墓造高一寸八分廣二寸一分字徑七分
大唐唐永興供養
弟子崔□必造高一寸廣二寸字徑四五分
佛弟子□□□高一寸廣一寸八分字徑四分
王貴留敬造一行長三寸字徑五六分
彭三娘造一行長三寸字横盈一寸
賀拔□造方一寸五分字徑七分
仁乘惠覧供養一行長五寸字徑八九分
張普□造高一寸八分廣一寸四分字徑七分

卌七

李枇木母□□□造像七軀一心供養仏時高三寸二分廣二寸字徑五分

像主□□□□□妻劉造菩薩二軀高二寸五分廣三寸字徑六分

鄠家宋妳造一行長五寸字徑一寸

唐夫造一行長七寸字徑二寸餘

王康琬造一行長二寸七分字徑五六分

席婆□造高一寸八分廣一寸五分字徑八分

張婆敬造一行長四寸五分字徑一寸

騰王府一行長二寸五分字徑六分至一寸

吉婆造廣二寸三分字徑七分

郭文雅一行長三寸五分字徑一寸

僧善寂　胡榮門上三字高二寸四分字徑七分下三字偏左字較小

王大娘此刻末龕下二字三分一徑五分

殷九娘此在前刻之左字徑五六分

劉玉□母姬敬造一行長四寸七分字徑七分

杜元興敬造高一寸一分廣一寸六分字徑四五分

張思貞造一行長二寸六分字徑六分

任樂尚為亡母敬造一軀高二寸三分廣二寸字徑四五分

普光師敬造地藏菩薩一□高二寸八分廣一寸二分字徑五分

尼淨命造以下三題列一龕之上高一寸五分廣六寸此刻字徑七分後二題略小

尼淨□造

卅八

尼淨偉造

張王□□以下三題各刻小龕之旁一行長各二寸字均徑四分

妣三娘□

高守貞造

□阿□□女□□□在前刻左高廣各一寸六分字徑四分

唐難□一行高一寸六分字徑四分在前刻左

尼□深造與下一刻並列高廣各一寸六分字徑六分

尼脩□□

監劉□明一行長三寸五分字徑七分

□□文婆以下三題並列此刻高一寸二分廣一寸字徑五分

弟子楊崇福高同上廣一寸五分字徑四五分

弟子□三娘男思信男寵□高廣一寸九分字徑四五分

殘字高一尺四寸廣一尺三寸字徑六寸

□□□為縚□□像竟□□□□□□容氣□

二三行全泐

□□□□□□□□□□□□□□騰蘭□□

□□□□□□□□□□□□□□□□不□

□□□□□□□□□□□□□□□不覺□

□□□□□□□□□□□□□□□園櫰樂

□□嶺磨礱錦□□□□木□□□□丹青又

卅九

□□□□永絕五□汲引自□長□□若庶使
□□□□□□生生無盡□□□□尒現三
□□□□□□□□利□□□鮮□□善種□
一行全泐
□□□□□□□追文彳頃巖□□□□□
□□□□□□□□□□□□□慈□□□□
□□□□□□□□□□□□□斯石常在□
缺二年十一月卅日□訖

又高四寸廣二寸一分字徑三四分
泐六字過去父母亡兄等敬造菩薩二軀願一切衆生有受患
四十

苦者早得往生西方□後泐
又高三寸八分廣二寸七分字徑七分
倉生歸心三缺
一鋪
五日成

又高三寸廣一寸六分字徑五分
爲法界衆生造觀音一軀

又高一寸七分廣一寸五分字徑七分
福德長壽

又一行長四寸四分字徑六分

僧祀□二光佛

又高廣各二寸八分字徑四分至六分
□□□□合家造救苦觀世音菩薩一區

又前三行在龕右高四寸廣一寸七分後六行在龕下長短不一字徑四分
□□□□□□□乃至師僧父母□□□□路上行者或有
□□此二字與後四行首皆與前一行有字齊九□怨畏□怨惡願□怨惡歡喜
相□□大勢至菩薩下泐

又高存九寸五分廣四寸字徑五分
首行泐
理□□妙□□遠自□泐六字措其泐□□□車□□軍
微儀泐六字備身泐八字師泐六字縣開泐五字五下均泐五字湊
四十一

泐九字刊泐

又高一尺五寸廣四寸七分字徑七分
泐七字爲道王□慶泐四字□心泐四字有实鄣仰爲泐五字□父母
慈恩內外平善敬造泐五字□報大聖上資　皇帝下及□生
同出□□□登正覺

又高四寸三分廣五寸字徑五分
□□四□□□廿□□□□□□□清信□□□爲過亡父
母□造□□像一泐一行又四字衆生後全泐

又高四寸五分廣一尺四寸五分像右九行左三行又兩像之間題名一行字徑六七分
前三行泐
□已身泐□除造石像一區願□□□□加□□仁登

□□□七世父母衆（以上在像右）生眷屬亡過□□恒□□君（下泐）
（三行在像左）歡□興供養（五行在兩像之間）
又（高四寸五分廣三寸字徑五六分）
（首行泐）李阿保在□州□□□□□□□觀□音□□供養
又（高四寸廣二寸五分字徑五分）
仏弟子□□□思爲□界蒼生造像一鋪□□（泐）
又（高四寸三分廣一寸六分字徑五分）
（泐）□□八月廿五日三七（缺）□□伽陁忌日□
又（高二寸七分廣三寸三分字徑五分）

四十三

□□持□□亡父□合家大小一切□界倉生□（後泐）
又（高二寸三分廣五寸四分字徑五分至七分）
（前三行泐）蒼生造□菩□妻□及男□□□道隣□□客子□養
又（高二寸八分廣五寸字徑五六分）
（前三行泐）爲一切衆生七世父母妻王男□□男（泐）
又（高四寸五分廣一尺四寸字徑七分）
（前泐不辨幾行）□比𨚗寶勝（泐一行）一造石（下及後一行泐）□□□顛□諸（下泐）四
恩捨□□□□登□果
又（高四寸四分廣三寸字徑六分）
清信女□□□志（下泐）一（下及後均泐）

又（高存五寸五分廣四寸字徑六分）
□州□𨚗縣令史□□□□敬造□（後泐）
又（高二寸廣四寸四分字徑四分）
□□□□□□□爲七代父母□□衆生合家大小平安敬
造阿□□仏一龕供養
又（高四寸廣七寸六分字徑六分）
許□信造佛一□爲□又一切衆生□（後三行泐）
又（高二寸七分廣一尺五寸約二十行行五六字字徑四分）
（首行）□□三世諸佛（三行）□□顛□母□（四行）平□造□□□
（五行）一□□佛□□（九行）大□永□□□（十八行）□及蒼生

四十五

□
又（作碑形高九寸廣四寸五分八行約十七字方界格徑五分餘行）
（二行上泐七字）沉溺於（三行上泐七字）歸（四行上泐五字）茲□爲誰能（五行）隊
副（六行上十二字泐）壁（七行上十二字泐）達（八行上十三字泐）早登
又（高五寸七分廣四寸四分字徑五六分）
（前行泐）無□□□鐫勒用同□□□□景□□□□石□（末行泐）
又（高二寸四分廣二寸六分字徑六分）
佛弟子張□□□□造□□（後泐）
又（高一寸五分廣四寸八分字徑四分）
□□□□□□□□朗造石像一區□爲父母□□屬□□

移後

移後

法□□□□

又 高存二寸廣八寸五分字徑四五分

四行 公 五行 國 六行 道 □ 十三行 造

又 高一寸八分廣三寸五分字徑五分在武后末殘字一條之下

天□□□□□□造□□像二□供養

又此種 八

為法界衆生造觀音一軀 高三寸廣一寸六分字徑五分

福德長壽 高一寸七分廣一寸五分字徑七分

僧祀□二光佛一 行長四寸四分字徑六分

□□□□□合家造救苦觀世音菩薩一區 高廣各二寸八分字徑四分至六分

四四

清信女□□□□志 下泐 一 下及後均泐 高四寸四分廣三寸字徑六分

佛弟子張□□□□□造□□ 後泐 高二寸四分廣二寸六分字徑六分

四行 公 五行 國 六行 道 十三行 造 存二寸廣八寸五分字徑四五分

佛弟子□□□ 高一寸廣一寸八分字徑四分

大□□□□□造□□像二□供養 高一寸八分廣三寸五分字徑五分

佛弟子呂 此行已見卅七頁弟子

崔口必造下

甓青録之無下似少一字

和按六缺箋出待核

袛觀元始天尊素象碑

高三尺四寸五分廣一尺九寸二十行行三十六字方界格徑九分正書

維大唐貞觀八季歲次甲午九月庚午朔二日辛未袛觀元

始天尊素象之碑

竊以珠星獻曜方覺日月爲明鐘鼓韲音始㝛雷霆爲大未

渠驥足莫見千里之馳不逐鵬飆安知九萬之勢況浿霞天

載地苞枯无窮壞田𡉏國坐奇玉液金漿之異至如柱析西

北維毀東南垂𫔭象於天隅烈成形於地分風驅雷震山峙

川流載榀吹噓之功實藉財成之力千品萬類盡妙窮機極

目而觀孰非感道以𡉏獄之深邈引消息之幽靈表闡簽於

唐貞觀八年九月二日

沖虛起攉衡於无欲漢后謁於河上軒帝執於崆峒是知古

先喆王稟而成化自𪆟風漸歇澆政始興分別念生衆惡對

起清流既隔□周沉淪上聖爰生應時救物結□大梵之氣

是曰梵形天尊位居始青之中亦爲元始之稱隋刼輪化帝

立象存感攝萬□悳超三景始化浮黎之國終於宛利出城

闢衆妙之門駕靡橋之路緣川不息駿隙難留瑶青録之無

編墨書而先記然則欲拔幽魂當依大道將求度世必濟上

聖於是太上道民大宗子縣中正祁文才宗老祁則合宗莽

蓋承帝堯之裔郎使持節鎮西大將軍祁山君永之後晉大

夫周陽侯奚之𡉏魏使持節秦州刺史河南尹吏部尚書司

徒太尉公僞之孫也鍾鼎之重靈嶽無以並其高軒蓋之榮
惡水不足方其遠加以令問令望如璧如珪海内仰其嘉聲
當土欽其風軌有隋開皇修營靈觀真臺仙閣上入雲霞月
殿日宫高排星漢久闕真容靡得申其如在傾心竭産敬造
元始天尊素象一區真人玉童天丁師子地祇之戴香山而
皆左右相對金容既飾如放身中之光慈眼已開似笑福堂
之國靈儀勝業雖無勒於景鍾敢樹豐碑傳之於後葉冀等
師曾題石度三刧而恒存王母記空自一書而乩住其詞曰
混元分泮清濁斯開列其九氣乃具三才有身有我為患
為災善□惡同趍福禍俱來其一上聖下應發乎始青應刧常
起改号存形變化方便大拯群生萬帝齋駕五老咸迎其二唯
君先葉發系陶唐鍾鼎相襲福慶綿長松貞玉潤桂馥蘭芳
既美且喆祁家之光神容儼儼靈宇峩峩澄潭瞰鏡懸石頹
陁□官乍萃羽客時過普沾无極俱趍大羅

祁觀元始天尊素象碑未詳何在觀為祁氏合宗所造
故曰祁觀而以大宗子祁文才宗老祁則標著以概其
餘知當(當)時宗法猶有存者祁為伊祁之後故曰帝堯(堯)之
裔至祁山君永碑以為殷人而曰使持節鎮西大將軍
祁奚晉大夫而稱周陽侯則齊東妄語耳魏使持節秦
州刺史河南尹吏部尚書司徒太尉公祁僞亦無攷後

有冀等云(云)當是撰碑者名碑立於貞觀八年九月庚
午朔二日辛未太宗紀是年五月辛未朔盡(蓋)自五月至
八月止一小盡也素象之素與魏李仲璇修孔子廟碑
雕素十子同畢尚書云愫本俗字古祇作素也按宋謝
顯道曰明道如泥塑人以塑為愫則尤後起之俗字矣
碑字兼(兼)作篆體而詭變者為多時去魏齊未遠餘習猶
未已也乩當即永字

觀世音經石刻

搨本高二尺廣二尺九寸經四十九行行三十一字方界格徑五分半前有題名一行又六字在首二行之下俱正書

經文不錄

上闕□□□士存□　造佛殿都近絳南縣人張世基此行在經刻之前

上柱國

趙文會六字在首次行之下

碑無年月觀玩書澧當在隋末唐初世字不缺筆則貞觀以前刻也舊唐書地理志終南縣武德二年分盩厔置貞觀八年廢入盩厔張世基稱終南縣人則非貞觀八年以後刻矣世基不避太宗御名與虞世南蘇世長並仕太宗朝不改名同例舊唐書太宗紀二名不偏諱其官號人名公私文籍有世民二字不連續者并不須諱則亦不得以世字不缺筆斷為武德以前刻也

僧順禪師塔銘

高一尺四寸五分廣一尺三寸五分十三行行十四字字徑八分正書在安陽

僧順禪師者韓州涉縣人也俗姓張氏七歲出家隨師聽學遍求諸法卌餘年忽遇當根佛法認惡推善乞食頭陀道場觀佛精懃盡命嗚呼哀哉春秋八十有五以貞觀十三年二月十八日卒於光天寺門徒巨痛五內崩摧有緣悲慕無不感切廿二日送柩於屍陁林所弟子等謹依林葬之法收取舍利建塔於名山仍刊石圖形傳之於歷代乃為銘曰

心存認惡普敬為宗息緣觀佛不擱秋冬頭陁苦行積德銷容捨身林葬鐫石紀功

唐貞觀十三年二月廿二日

涉縣隋屬冀州上黨郡武德元年於襄垣縣置韓州領襄垣黎城涉銅鞮武鄉五縣貞觀十七年廢韓州以縣屬潞州禪師卒於貞觀十三年韓州猶未廢故為韓州涉縣人

慧靜法師塔銘

高二尺餘廣二尺七寸二十三行行十八字銘每行二十一字字徑八分正書兼隸書在安陽

唐故慧靜法師靈塔之銘
法師諱慧靜河東聞喜人也俗姓裴氏晉吏〔缺〕郎楷之裔胄
師幼懷頴悟器寓澄明信冠蓋〔缺〕浮雲㦲簪纓猶脫屣年十
有四發志出家望〔缺〕遺而孤征趣菩提而一息至於三藏輿典
精〔缺〕幽求十二　博文討竆漁獵於是鈎深致遠〔缺〕賾恬悦
性靈符幽洞〔窔〕之鑒惔爲自逸法師〔缺〕復群經遍學而十地
偏工伏膺有年談麈方〔缺〕但以屬逢隋季鴈敘陂遲紺縣金
言櫛風沐〔缺〕感斯流慟懷斷腸心遂輟聞思盛修功德經〔缺〕
唐貞觀十五年四月廿三日
一切像集數軀特造一堂莊嚴供養介其雕〔缺〕　畫栱
粉壁朱墀像則鑒以丹青經則□文續寫豐　功粗畢景
業且周師寢疾弥□漸衰不愈春秋石裂空八格　六十有九以大
唐貞觀十五年四石裂空八格月廿　三日卒於寺所弟子
法演早蒙訓誘韋得立身陟岵衔恩展申　誠存闍
維碎骨遷奉靈灰鑿鏤山楹圖形起塔銘諸景行寄此雕鐫
盛德儆猷庶傳不朽　其銘曰
非葉冠盖蟬聯世襲有覺煩籠簪纓□縶四生難寄三寶傷
依通人懷悟落縣爰歸戒定慧□聞思克勵彼岸未竆奄斃
人世孝誠追感圖形畫像顒勤神儀時申敬仰山虛谷靜松
勁風清勒諸巖岫永播鴻名

僧慧靜塔銘安陽金石錄未載字兼隸筆裔作褎棄作
㦲獵作獵像作鴈之類尚沿六朝餘習紺縣金言當是
金容又二畫字丝作畫皆雕鐫之誤　前十行各缺末
一字疑爲拓本所遺

澥

京師至德館主孟法師碑銘

翦裝本高廣尺寸行數字數無考 字徑七分正書臨川李氏藏本 撰書人衘名佚

唐京師至德觀法主

孟法師碑銘并序

觀夫太陽始旦指崦嵫其若馳巨川分流赴渤澥而不息是
以至人無已先天地字佚而御六氣列仙神化隘宇宙而遺萬
物與齊魯縉紳束名教於儀景漢魏豪桀殉榮利於窮塗何
異乎蜉字佚蝣生於崇朝爭長於龜鶴秋豪出於未兆計大於
崐閬者哉若廼岱山龍駕傳神丹之祕決泰都鳳祠流洞簫
之妙響用能延頹年於昧谷振朽骨於玄盧白玉之簡祈西
王而可值青雲之衣師東陵而易棄豈非度世之實術登遐
之妙道焉法師俗姓孟氏諱靜素江夏安陸人也其先從里唐貞觀十六年
氏仁繼跡於孔墨冬筍表德齊聲於曾閔是以貽則當世錫
類後昆軒冕之盛既富於天爵賢明之價獨表於仙才固以軼
仲船之奔葉邁陽元之餘慶者矣法師稟而儀之靈和凝五常
之休態崇簡欲頓掩蘭史於芳春朗月揚暉蕩雲霧於清夜盈尺
之寶出鄢郢而連城徑寸之珍入大梁而照乘豈惟楊琥班輩才驅
輦蘭部曹衡李衍播美上庠而已哉勿而慕道超然拔俗志在
芝桂譬蒿蓼於棘杞心繫煙霞方紛羅於桂栝既而初笄云畢
迨吉有典懿戚訖繼世之援慈親割相離之情千金甫陳百
兩將戒法師凌霜之操必守節於玄冬匪石之誠搖捐生於
白刃素槩難奪嘉禮遽寢乃脫屣通德之門絶景集靈之館
虔修經戒長甘蔬菲漱元氣於停午思輕舉於中夜若夫金
簡玉字之餘論玄牝道樞之妙旨三皇內文九鼎丹法莫不
究其條貫猶登山而小魯跨其戶庭若披雲而見日允所謂
天挺才明人宗模楷者已隨高祖文皇帝聞風而悅徵赴京
師亦既來儀居于至德之觀公卿虛己士女翹心於是高視
神州廣開衆妙懸明鏡於講肆陳鴻鍾於靈壇蓍錄之侶升
堂者比跡問道之客及門者成羣雖列星之仰天津衆山之
宗地軸未足以喻也　我高祖以大聖締基功踰覆載
皇上以欽明纂歷道冠犧農崇三清以緯民懷九仙而濟
俗天地交泰中外和平法師維持科戒弘宣經典時歷夷險
懷道辟而無玷年殊盛衰鼓吳濤而不竭跡均有待心叶無
爲循大小於天倪既齊椿菌忘壽夭於物化甯辯彭殤而靈
氣有感仙骨風蓄金液方授駕白龍而不及玉棺遽掩望青
鳥之來翔以貞觀十二年七月十二日遺形而化春秋九十
有七顏色如生舉體柔弱斯蓋仙經所謂尸解者也冤旒惜
道門之梁壞縉紳悼人師之云亡固以恩侔徽樂悲踰凝相
西秦蕭響水陵聖跡霞舉玉京雲開金液飛廉先路句芒奉
辟形表丹青聲流金石玄風誰纂允屬賢明翟衣絶志鶴御
依情栖心大道投蹟長生三山可陟九轉方成靈化人間高
翔羽服白蜕擁蓋青虬夾轂丹竈留煙仙壇餘竹貽則終古
永播蘭菊

以下五碑年月佚

空二格

唐孟法師碑貞觀十六年岑文本撰褚遂良書法師名静
素江夏安陸人也少而好道誓志不嫁隋文帝居之至德
宮至唐太宗十二年卒年九十七 集古錄跋尾
此孟法師碑乃中書侍郎岑文本文諫議大夫褚遂良書
也首脫唐京師至德觀主八字尾脫年月銜名三十三字
碑序脫百餘字詞脫二十七字當是割表後歷世久遠睥
信本而微參以分隸法最為端雅饒古意余嘗於黃熊所
見而絕之愛參差未成質今歸曹進士𣓹去里舍不百武
得旦夕寓目一何幸也碑目見趙明誠金石錄又余有舊
翻本證之辨為褚書不然世不以為信本者鮮矣己卯伏
日吳郡王世貞題

唐人絕重虞永興孔子廟碑以為青緗至寶而今世傳者
皆五代時王彥超重刻殊未見勝於歐陽率更也每謂古
人亦浪得名未必刻工遽爾天壤歐書絕稱化度寺碑世
無翻本故所得隻字皆珍褚河南書人稱孟法師碑為最
余購得翻本大都似虞書孔廟碑耳心竊疑之聞吾
先輩爲有唐時搨本請而觀之質若敦龔雅若天球真希
世筆也幾欲燒絕翻本因悟永興初碑妙趣故應不爾恨
不生其時一見之余兩游長安雁塔輒撫摹褚書聖教序
碑跡其書法略似此本而精神煜煜妙得八分古意又精
楷端麗俱不遠也豈其書有合有不合耶將其時有先後
耶又河南嘗問永興僕書何如率更曰聞渠書不擇紙筆
官那得如是然則此碑是褚擇筆書尤可寶也萬曆壬午
秋七月瑯琊王世懋題

末二行移此

此臨川李氏所藏孤本後有王弇州兄弟跋定為唐搨
王良常陸孟莊王夢樓李春湖皆有書跋此世所稱臨川
四寶之一也唐文粹載此碑文以補是本之缺凡二百一字年月銜名文粹不載
作者銜名當在標題之次所缺不在碑尾翻本亦未得見
所字蹤跡無從並補法師以女尼而為兩朝至尊所禮敬
其圓寂也朝臣負重望者為撰書碑銘當時寵敬之見重
如此 長安志萬年縣朱雀街東從北第一興道坊有至德女冠觀隋開皇六年立
曾見義門跋萬卷樓此碑翻本引此本云曹繩武所藏弇
州空而不書偶失記耳 傅公

萬佛溝石刻七在安陽

大智□律師塔記高一尺廣六寸五分六行行十𢆯字字徑九分正書

慈潤寺故大智□律師灰身塔□觀十六季正月廿五日終於山□所刊石記言大唐真觀十八季四月十二日於師亡後弟子智賔　敬造

智炬爲師建塔記高一尺四寸廣四寸𢆯行行十𢆯字字徑一寸正書

大唐貞觀十八季四月十二日弟子智炬於師亡後念恩深重建此支提以旌長代

張□才塔記高七寸廣四寸四行行存字不一字徑一寸正書

故優婆□下闕張□才灰身□□下泐大唐□□廿二年七月十五日□

唐貞觀十八年四月十二日

珎法師塔記高一尺四寸五分廣五寸五行行九字字徑一寸三分正書

慈潤寺故大法珎法師灰身塔　大唐永徽元季十二月八日敬造

道雲塔記高一尺六寸廣四寸五行行十字方界格徑一寸五分正書

慈潤寺故道雲法師灰身塔　大唐永徽二季四月八日敬造

吕小師塔記一紙高六寸三行一紙高五寸四行廣各六寸行各四字字行一寸三分正書

故清信士吕小師灰身塔

大唐顯慶三季四月八日妻戴敬造

尼僧悠塔記高一尺七寸廣四寸餘三行行十三字方界格徑一寸二分正書

聖道寺　故大比丘尼僧悠　法師灰身塔記

（例與三行列大唐但空二字不應提行）慶三年二月八日弟子等法義敬造

貞觀二十年慈潤法師記德文　顯慶三年馬壽墓誌銘止
計六百四十行　三十二開　唐卷五

唐五

慈潤寺法師慧休記德文
高四尺八寸廣三尺二寸二十八行行四十一字字徑一寸正書篆額在安陽
慈潤寺故大論師慧休法師刻石　記德文　法師諱慧休
河閒平舒人也俗姓樂氏晉大夫樂王鮒之後馬僕射之剛
正抗直恥素飡於漢朝吏部之　清白貞濫飛英聲於晉室
衣纓髭彥可略而不言法師夙樹勝因早齊妙果文舉讓梨
之歲志在出塵　陸績懷橘之年便欣入道及天仙接髮之
日即事靈裕法師爲息慈弟子□聽明慧勤於藝業每披覽
經論不俟研求一經於心莫不怡然理順雖仲任之閱市默
記正平之背碑闇寫古之上人彼所多媿始受業於僧樹律
唐貞觀廿年三月廿日
鏧
師習毗尼五　部星紀未周即洞曉元妙遂硒馳騖三藏遨
遊十門修□蠹露之文龍樹　馬鳴之說莫不剖拆豪鏧竆
盡賾秘於是勝幢斯建法輪遂轉懷經負笈者靡辭　勞於
□舍　請益質疑者不憚勤於千里於　是門徒濟
濟學侶詵詵同萬流之歸渤澥類衆星　之環辰　趣法
師所製十地持義記成實論義章及疏毗婆沙論迦旃延
經雜阿毗曇等疏小乘義□□□□大乘論義疏又續遠法
師華嚴疏又著大乘義章凡卌八卷並皆探賾元宗數通幽
揵暢十誦之　□典演五時之精義其辭幺而旨微其文華
而理與誠先達之領袖寔後賢之冠冕及開講解釋辯若懸

河聽之者忘　疲飡之者心醉于時天下寓宴佛日載
明龍象閇望風塵相接各樹勝幡俱鳴　法鼓法師儼然
高　視擅名當世雖密論未交則望塵而旗靡辯鋒纔接
亦渙然而轍亂於是昇其　堂者如承慧解之談入　其室
者侶餐傳鐙之說由是茂實嘉名騰芬於函夏貞觀八年奉
　詔召入京都法師年將九十志性沉靜深惲諠譁
乃辭已老病得停遠涉慈潤僧坊屢有災火每將發之際即
有善神來告法師令爲火防如此數四已有備獲免靈泉道
場自齊亡之後堂閣朽壞水泉枯竭荊棘荒蕪累經歲稔至
開皇三年始加脩復法師躬自開剪招引僧徒乃歎曰伽藍
雖建山寺闕水經行法侶豈得安居於是絕惟深念不過信
次飛泉奔涌災火不焚無假欒巴之術枯泉自溢豈藉耿恭
之拜此因法師業行所致精誠所感法師每至啓蟄之後墐
戶之前齋供乃絕於蔬菜敬奉所之手執長箒掃地方行惟
恐食踐有生損傷物命大慈大悲念念相續爰始髫亂終乎
耆耋禮素　□美微猷日新雖十業之心已淨未出生死之
流百年之期斯盡遂見花萎之相貞觀廿年歲次敦牂季春
旬有五日法師遘疾詑因右脅而臥又□□念色貌如常出
息雖保奄然遷化春秋九十有九夏臈月七十有七即已其月
廿日遷窆安陽縣西之□□□山法師體金剛之性堅固不

空四格

染義行圓滿明淨無瑕博綜羣典談元窮妙覩緹緗雖一相
達生滅之 闕湛然而已使持節揚州都督相州刺史越
王呂闕士乃佛法之棟梁衆生之津濟奄損□□言歸□
□□□命詞人式昭景行乃為文曰
□□界之□迴念四生之沉溺投愛河而不惟玩火宅而
無暢識莫寤於真假智常昬於動寂何大覺之□□□大
□於大千示三車之快樂寔六趣之福田雖慧日之韜隱
乃慧炬而猶傳彼上人之應跡暢微言之遺旨開不二之
法門闡會三之妙理整威儀與器度信卓然而高視惟諸
行之無常究境□□□□痛哲人之云逝于元石而記烈
陵遷而海變挹徽音之無絕

河間隋郡唐武德四年改為瀛州平舒縣隋屬河間唐
初屬景州貞觀元年來屬文作於貞觀廿年而稱河間
平舒人者隋唐革命法師年已七十餘故以舊貫著之
也越王太宗第八子名貞其拜揚州都督轉相州刺史
皆與傳合

齊功參軍尹贇墓誌

方一尺九寸二十四行行二十四字字徑六分正書

大唐前齊府功曹參軍尹君墓誌
君諱贇字善幹京兆人也嶽靈降祉勤王之績已宣神氣凝
米大道之風斯闡長源派其餘烈盛德蘊其家聲七世祖景
魏侍中祖遊洛隨觀城令猷納九重貂蟬光於七葉弦歌百
里政績□於一同君早擅英聲風標令望志存夷簡性尚恬
虛淡矣無為蕭然物表但以時逢昌運官不遺才遂禮盛九
徵榮高五轄貞觀初乃應齊府辟屈節於功曹參軍俄而辭
疾去官從其所好於是栖身廡下晦迹塵中開通德之門居
全節之里縉紳攸仰遐邇挹其雌黃雅俗所歸中外酌其濁
愛
素君心存愛敬情篤友于事不顧從遂纏痾疾時不我與以
至弥留悲夫天地不仁與善無效長生之藥祈王母而莫從
反魂之香想漢皇其何遠粵以廿年五月十四日卒於家春
傷
秋六十有五傷哉搢紳袖於人物墜模楷於鄉閭遂使里閈
相悲遠近同恨嗚呼文魚且躍空見於衢哀綠笋晨抽徒聞
於悽慟荒涼原野寂漠堦庭無復池臺之遊遽瞻松檟之列
其月廿九日殯於終南山禮也前對蓮峯冠紫微而獨秀還
瞻魏闕干青雲而直上左臨元灞右望潏汦縈帶郊原淢蕩
雲日寔神遊之勝地也既而靈轜爾路祖奠凝庭長風曉哀

唐貞觀二十年五月廿九日

嗚笳夕引韭歌悽而入漢素蓋飄以摶空白馬俳佪朱旒委
鬱掩松扃於文石定玉質於白楸恐舟壑之屢遷慣市朝之
數變故勒銘於泉戶庶休烈之永傳其詞曰
靈嶽降神翔雲入偰九列既顯五千方授功高前古德流遺
胄世濟不殞惟君挺出蘭薰雪映金聲玉質情深孝友性敦
閑逸屈節從命委質名藩匪榮獻冤養疾凶國光華掩謝令
闕空積白佛鍛維華轜解馭佳城永鬱夜臺何晤貞石既刊
芳塵是著

齊州貞觀七年置都督府凡州有都督府者稱某府故
曰齊府

優婆塞孫佰悅灰身塔銘

高二尺餘廣一尺三寸十二行行二十字字徑八分正書在安陽

故大優婆塞晉州洪洞縣令孫佰悅灰身塔銘
優婆塞姓孫字佰悅相州堯城人也𠁅衣纓苗裔無隆身居
薄宦情達貲空每厭塵勞心希彼岸雖處居家不顧三界見
有妻子常忻梵行悅去隋朝身故未經大殯悅有出家女尼
字智覺住聖道寺念父生育之恩又憶出家解脫之路不重
俗家遷安慕大聖泥洹令以大唐貞觀廿年十月十二日
起塔於寶山之谷冀居婆塞之類同沾釋氏之流令故勒石
當使劫盡年終表心無墜善哉善哉乃為銘曰
拈人厭世不貴俗榮貲空非有隨緣受生身𠁅磨滅未簡雄
英高墳曠壟唯矚荒荊且乖俗類同彼如行俱知不善唯顧

唐貞觀廿年十月十二日

解脫　令　寶

英矚

瞷明

首行𠁅衣纓句有脫字
不出家而皈依佛法者釋氏謂男為優婆塞女為優婆
夷孫佰悅厭薄宦而希彼岸身歿未殯女聖道寺尼智
覺以浮屠氏法起塔營葬因勒此銘首行世衣纓句有
脫字

張文達造像記

高五寸廣一尺一寸九行行
四字字徑一寸正書在安陽

張文達敬造阿弥陁佛觀世音菩薩大勢至菩薩二龕願共
法界衆生同得妙果貞觀廿年

附 清信女盧船像

高七寸五分廣四寸八分四行
行七字字徑九分正書在安陽

阿弥陁佛觀世音菩薩大勢至菩薩像一龕
清信女盧敬船

唐貞觀廿年

濟州別駕李君絢墓誌銘

方一尺七寸六分二十二行
行二十三字字徑六分正書

唐故濟州別駕李府君墓誌銘并序
公諱君絢隴西狄道人也高陽之緒庭堅之裔佐命於堯因
官賜氏冠冕搢紳昭著圖牒者也曾祖虔銀青光祿大夫兖
州刺史驃騎大將軍贈冀州刺史謚景公爲國之棟梁佐時
之羽翼祖晧散騎侍郎征虜將軍涼州刺史高膺懿績當世
所推父士操安東將軍南兖州刺史梁郡太守富平縣開國
砥
子英聲茂實光映朝府公夙挺珪璋早能砥礪奉親以孝事
長唯恭金玉相暉克隆前構解褐荊州司倉大業之初任彭
城郡司戶屬隨運道銷寇盜蜂起懷集有方吏民安息俾任
肇
彭城縣令皇祚肇興擬西徐州刺史武德四年　勅授
濟州別駕公宏謀遠略王佐之材梁悰之志未申士元之足
將騁在公貞幹治術□明歷官馳驅並著庸績方欲躍鱗滄
海矯翼雲霄未及摶空風力已盡武德五年五月十日遘疾
終於官舍春秋六十有五以貞觀廿三年歲次己酉十二月
歲酉
辛未朔十二日壬午子遷窆於河南偃師縣之西原恐陵遷
谷從事絕名沉敬勒徽猷式昭鴻烈乃爲銘曰
高陽茂緒庭堅盛宗因官賜姓鑄鼎銘功世稱模楷弈葉光
融冠冕相繼徽音克隆一其積善勵德載誕悊人摩霄振羽衙

唐貞觀廿三年十二月十二日

波躍鱗門貲良治家有搢紳筆華喻蜀詞高劇秦其二鑒同許
郭行侔曾史價重珪璋名高杞梓功業未就遽歸蒿里教跡
空存音容莫覩其三丹旐冒露素蓋排空松寒月冷隴暗塋紅
有子純孝長號樹風恨泉門之永閟痛[元]夜之難終

李君絢及祖瞻父士操俱無攷曾祖虔魏書有傳其爵
高平男贈侍中都督冀定瀛三州諸軍事太尉公誌皆（督）（紫）
縱略金紫光祿大夫誌作銀青諡宣景誌作景皆與傳（從）（與）
異

此行注與初稿有所有不合處

初稿美下補改王 作下範歎／隙 登下台 錄下蕘 里下沉罢下 序 贈下車轉 熊下戴門列 容下。 墳下昏 霧下色

此條均未更正

初稿在字下改幕 入下亦改幕 此均未補改

蓋文達碑并陰側貞觀廿三年在衙水蓋村萃編載卷四十六作十八年以未見碑側故也
故蜀王師蓋府君之□標題九字在首行撰文銜名之上
以招英彥彥十行末闕六樂樂一行末闕十開館以紀俊紀俊十二行末闕舊
軌囿宏三行末闕十左學右學學下字十六行末闕垂□□於後昆垂廿闕
六行此高碑以旌懿範乃為銘曰泐層搆弈弈崇基誕此英
賢是為人秀縉紳盛族高梁華胄珪璧方溫芝蘭比茂七步
才速百家學富賁帛招賢弓旌訪士飛纓庠塾鏘金□□折
角標奇重席稱美□賈齊衛匡張隸崔平臺騁步望菀飛英
譽隆徐邈文高馬卿從政瑣闥作□維城蘭芬松茂玉振金
聲忽歎□駒俄悲風燭未登□紀遂編鬼錄□里沉珠佳城唐貞觀二十三年
瘞玉四□難追百身何贖□□熊□□□龍旂俳佪容衛蹢
躅騄駬墳□霧□樹□□咸銘斯琬圖播美驕輝
大唐貞觀廿三年立此碑　武強縣李仁□書從□缺
齊□□□缺　以上在碑側七行行四十字有石泐空格處萃編均缺

碑陰　四列第一列刻太宗教書十五行行十字後七行及第二列廿二行第三列十五行第四列三行皆題名行字不一字徑八分正書

大唐　文皇帝在□府日
以　教書呂公入□府
為學□其詞曰

上泐男承嗣
亨男行均左勳衛
鐸男庭先

初稿德下補改懋第三行 從上三字至頂滿 此拓未跋

□置□□□名高楚國獻
□論樂德□河間 寘人
□□□維永懷休烈韜承
燕冀實愧前脩 雖開館
求賢同車才士應□□□
□□長裾曳白□□未光
□令 方資□□□業
□金□能屈彼上□来遊
下國 邦如南郢還如倚
相之言地近西河吏卜闌
商之教指陳往意不□□
詞
府君第二息□亨任國子學生 第三
息□鐸任國子學生明經被舉授給事
郎 勑補大成 第四息□濟
大武皇帝挽郎蒙授給事
第五息□旦國子明經被舉蒙授
岐州參軍事 男□□任國□□□□
十七明五經以聡俊 勑加階 泐下

右第一列

初稿男下補改承國下子 □□年此拓未泐

濟男□先
旦男承泰男承□
府君兄韜 泐下
長男公素任金
州石泉縣尉
二兄才□□城府
長史男□毅
唐任□□□長
男行□
府君堂兄昌□
□州奉國縣令
男師□男師善
堂兄□任州從事
男師□任壽州參
軍事男師□
從姪才通鄉望
息□勳□基
從姪士則任□騎
尉息□□

右第二列

初稿此行第一字補改門

從姪 泐下
脩政府車騎雍州
神泉別將代州鴈
□□□毅上
柱國男達上騎
都尉男悅□
從弟孝琮上護□
皇朝左翊□男志
舉男□嗣
從□士明隋任蘇
侯鄉正息林道息
林莫莫息仁惠
從□問隋州録
事息惠□□□
此後空七行
□城□君□

右第三列

皇朝雲騎尉 初稿此行前有三字 泐首行
從兄二郎
從姪士議

右第四列

益文達碑有陰有側貞觀二十三年立碑陽已載萃編王氏所見當是舊搨本今碑陽漫漶過半其額尤無一二筆可見矣碑側序末行及銘並立碑年月書人名

碑陰太宗教書及題名四列萃編均闕王氏据卒葬年月次貞觀十八年以未見碑側故也又云玩碑語意似葬後逾久而始立碑可謂億中　京畿金石考作貞觀二十八年立畿輔碑目作二十六年黃子壽修通志以貞觀止二十三年已訂兩書之誤然仍据萃編定為貞觀十八年立則亦未見碑側也書碑者李仁□尚存口旁在右當是仁和蓋公曾祖慶魏彭城王記室參軍彭城王魏獻文帝第六子勰也祖延齊安平王計曹從事齊書諸王無封安平者史之漏碑之譌兩未可知唐書百官志王官有師一人景雲二年改為傅蓋公貞觀十三年兼蜀王師正蜀王除岐州刺史時也碑側銘云高梁華胄乃高梁之借字左傳齊侯以諸侯之師伐晉及高梁而還注高梁晉地與文達之為信都人不合以上句縉紳盛族例之則高梁非地望可知碑陰太宗教書讓石圻陷故多空格全唐文載太宗置文館學士教列杜如晦等十八人文達與馬此教亦當時所下也更卜閱商之教乃闌卜之誤倒者題名四列一在教書之後餘三列在下皆蓋公親屬蓋公有息五宏式宏育宏鐸宏濟宏旦宏式已見序中碑陰故不複列宏鐸宏旦皆任國子學生明經被舉一授給事郎補大成一授岐州

叅軍事選舉志國子學生三百人以文武三品以上子孫京官四品帶三品勳封之子為之國子監置大成二十人取已及第而聰明者為之宏鐸由國子學生試明經被舉授正八品上階補大成所謂已及第而聰明者也宏旦授岐州叅軍事岐為上州叅軍事從八品下此則業成送之尚書省而舉選者也第四息宏濟大武皇帝挽郎大武高祖謚挽郎不見於唐以前官志惟南史何求傳求元嘉末為文帝挽郎此史檀翽傳翽以名家子為魏明帝挽郎與此正同蓋其為梓宮執紼之人唐諱天子凶禮後世無傳莫可考證後漢書禮儀志大行車紼長三十丈大七寸為輓六行行五十人公卿以下子弟凡三百人殆即所謂挽郎者歟第二列首行男嗣上闕四字當是式男某某否則育鐸濟旦等男一一詳載不應於世子宏式獨遺之至旦男承泰等與諸昆弟皆在第二列而第一列旦下先有男承□云云豈以其明經登第而貴之不與諸昆弟為伍耶第三列從姪下泐不辨幾字脩政府神泉鴈門皆軍府之名唐軍府逸名甚多脩政府不見於歐書地理志雍州軍府百三十一志僅存其十一神泉亦府名之逸者惟鴈門府志於代州下載之與此題名正合

謹按全唐文錄此碑標目太傅益公墓碑太傅兩書本傳及此碑皆未言及

郡主簿張洪礼等像座題名

二面存高一尺一寸餘一面有字處廣三尺二寸三十三行行存十一字方界格徑一寸一面廣一尺八寸餘二十行行存字同方界格徑七分正書在涿州石象村

缺比丘僧方父張奉佰母王氏　缺弥祖妣王氏弟善女妹
同□　缺比丘僧靜澄　缺郡主簿張洪礼
妻李氏　缺息洣羅息士龍息士名奴善　缺曇鸞比
丘僧曇龍比丘曇辯　缺曇建比丘僧曇琛比丘道延　缺
丘僧曇脩比丘僧曇邕　缺道緯比丘僧曇惠
缺仲興李孝康張多寶張蘭顯　缺□顯妻魏氏妻葛
氏□元穎　缺張郎胡妻李氏孫□會□　缺㶊張子石張
唐武德貞觀末
紹伯　缺顯妻魏氏息詳㶊息中□　缺昌李孝居
張僧洛□□□　缺鍾癸張慶和息阿伏　缺□張㶊
悅張顯懷　缺僧永維鄉張縺存張李座　缺□□
張元紹張道明　缺□□寶張元羅張文仲　缺
□弥張道宗張祐張仲□　缺張伏世息義和張仲□
缺張㶊貴張永延張□□□　缺□承貴張礻張□□□
缺□□張㶊林張仲□　缺□張文敬張恭□
缺□連張仲連張□□□　缺顯長張恩伯張同□
缺元脩張迴□張阿□　缺長簡張元□張耶□
缺邕士曹癸單張□□　缺安孫□□□□

缺林張□□□□□□

右一面前三行

□孫仲□孫洪鳥□□□□　缺□□張廣珎張

嘩姝　缺德息光祿大夫張予□□□□　缺徐州

長史張協息市□□□□　缺息奉仙孫善勝張同興

缺張僧惠息延仲郭霻貴董□□□　缺□元仲郗

受寉達董縚□董外□　缺□奉遵張□張定興郭他□□

缺□道藥葛永興崔嘩　空三行　缺道遊比

上僧惠化李孟□□□□　缺董子□劉法世周子淵童□

□□　缺董山　董和董門張光仙□□□□　缺董顯德龔

道貴董遵和董□□□　缺趙□張顯和

右一面

此造像題名之刻於石座者無紀年月日以書法定爲（在）

隋末唐和所刻碑中淵字避寫（知爲唐刻）世字不缺筆國（刑太宗）以武德（和）

（有世）末年與民二字不連續者并不須諱之令不得定爲武

（德）年刻也因次於此

初稿指標題上加一袁字又注与初稿所改格

此亦似異石蓋後改昭

士員紀恩石刻并畫像

搨本高一尺六寸五分廣二尺八寸二分前記十一行行二十字方界格徑六分餘刻神鬼像像上空處有字四起字多寡不一均正書在富平

神感神志神雨世文已下並幼未登仕長女潘水府果毅和

宜妻女娘兒然士貟早承華緒先人餘福開皇之歲宿衛宮

闈尋配兵曹以爲品子久滯武庫未騁文房大業末年乹綱

落紐幸逢開闢運屬周旋立佐命之元勳成割地之鴻業義

旗之始即授正議大夫左一軍□頭帷幄之中决勝千里陣場

之上身敵万人爵賞既隆領禁天闈每承機要三十餘年

太武皇帝壽極升霞即奉　勑於　獻陵供奉生死不離仍

於　陵後千步賜以塋域既盡君臣之禮冀申忠孝之誠建

切業於前存正念於後立頌報德勒石紀恩庶使萬古千秋

湛然不朽

王教遣左右童子録破戒尉律道□□□長史令子細勘當

得罪者□過

奉閻羅王處分化□大□雜人知而故犯違律□□及禽獸

等造罪熱□□害無數飲酒食宍貪□嗜慾劇於凡人妄説

罪福誑惑百姓如此輩流地獄内何因不見此等之人

閻羅王教遣長史子細括訪五五相保使得罪人如有隱藏

亦與同罪仰長史括獲並枷送入十八地獄受罪訖然後更

移此

付阿鼻大地獄
王教語長史但有尊崇三教忠孝竭誠及精進練行□□□
□□□□懃□承課役□此之徒不在括限

右唐刻當在陝西三原出土唐獻陵在三原也記前疑有斷闕士員不著何姓（搨本紙背有標題唐齊士員造經像貞觀九字不知何人所題）碑亦年無月姑次貞觀末（宜再攷）

何氏甎文（在端廣四寸七分厚一寸五分正書反文）

永徽元年何

拓本缺前數行姑記為士員所造其姓及立石年月當並在前數行中今就所見錄之背有標籤唐齊士員造經像貞觀九等字補寰宇訪碑錄載齊士員為大武皇帝穆皇后造像貞觀十三年正月一日年數不符未知即此刻否姑附貞觀末俟得全本再正

襄邑王李神符碑

（高八尺五寸廣三尺六寸五分三十行行六十九字方界格徑一寸二分分書在三原）

大唐司空開府儀同三司楊州荊州二大都督幷州大總管
上柱國□□□王之□□碑（標題下空二格見左旁上半土字又二格之下郎字餘不可辨當是撰人銜名）
竊惟麗天凝景藩衞紀其躔次括地分區侯王胙其疆域
巨唐經綸帝業光啓靈圖茂功延賞國以□□之□□□
□□□□□皿之□其有績宣鳳□□□龍旂兼重望於親
賢樹異猷於家國者其在襄邑王乎　王諱神符字神符隴
西成紀人　景皇帝之孫鄭孝王之子　太宗
（唐永徽二年十月八日）
文皇帝之從父　今上之從祖也昔繞樞流慶肇基□
□貫月□神嗣興實錄齊聖廣深之德□肸蠁於雲庭可道
非常之教亦蔵縱於周史　景皇帝功高定覇珪瓚攸歸
鄭孝王業盛經邦舟驥斯在若殷邦之佐夏景亳終啓其
祥□姬昌之作酆鎬京乃隆其祚〻天引派浚委咸池之源
拂日疏柯遙披若華之景　王累聖鍾美積德垂裕辰象陶
其粹氣山岳感其英靈抱義含仁轢神宮而峻趾騰文擊武
跨仙洲以鳴律雄姿映徹逸韻舉曲臺宣樹禮樂以成其德
□宇緇林詩書以閎其道尋其軌躅嶠如北唐之駕窺其隩
祕煥若東山之府屬江都不守中京圮厯毀櫝挺災嗌騄昭

覺□焚彝器□巨爒於炎崑水覆王舟揚洪波於沸海戰爭
方始亂離云瘼金刀興而素靈哭玉鏡隱而黃神吟　王劉
跡韜光詩時藏器智周朝野之際神恬宇宙之間戢此脩鱗
潛孟諸而未躍理□大翼臨扶搖而將舉我　高祖太
武皇帝撫歸運握禎圖橫㮇鉞攬軒弧正傾維於地紐綈落
構於乾樞掩叅郊而大擔望井域以長驅及四門允穆太尉
尊
翊□□之命萬邦作乂司空膺括象之尊爰以茂親用昭緝
禮義圖元年封安吉郡公食邑二千戶仍拜太府少卿俄而
天地革運品物咸亨則大居宸扆端垂統黃初受命載隆懋
□之規太始開元式降分封之冊武德元年封襄邑郡王邑
三千戶餘如故轉雍州司馬展其驥足仰叶題輿屈此鴻材
俯膺持板德刑具舉寬猛兼濟朞月成化輦轂肅清于時文
軌未同國步斯阻西羌煽禍猶拒奚城之伐北狄稱兵時引
籥□之寇
天子聞鼙軫慮推轂佇能將申橫野之功必在光朝之選乃
以　王為平道軍將出鎮岐州其年除稷州諸軍事稷州刺
史俄軒戎塗潤景山之靈雨建旟臨境翊夢渚之雄風照以
秋陽流之冬愛思棠所以垂詠伐枳於是興謠四年除并汾
喜
喜邍太榆七州諸軍事并州總管以善政入為太府卿加右
光祿大夫檢校兵部尚書大哉元氣制之者鼎臣赫矣天臺

翎
叅之者國器六材膺務八座分司蜀缺騏其光芒鄭履騰其
聲實固已道高損益効彰出納者焉九年除使持節大都督
揚潤常和楚方滁七州喜蘇越栝歙宣舒遒泉九州都督諸軍
事揚州刺史連率居綜兵之禮獨思愛班條之任俗變偷生
人無輕死義陽之牧涼部咸化臨邊太□之鎮許都思謀□
帝貞觀元年入叅將作大匠兼散□常侍東園進□藥梲疑
華南郊陪乘貂璫絢美神居博敞無憋百郡之吏武庫縱橫
自表一時之傑尋轉宗正卿餘官如故既而留神繫表探至
賾於鳴讌屬想帝先遵炯誡於知止赤松可仰紫艾非榮巖
廊逾峻屢竭叱閤之請　綸璽載嚴未允挂冠之志　王
事非飾讓備陳誠懇有感　聖懷方優散秩乃加光祿
大夫歲時朝請防閤祿賜並同京□望極尊榮居帷爽麗門
施楹栭地兼山水雲華春苑登紫臺而肆目月淨秋軒迥綺
莚而命畀琡醬恒滿玉樹並光陶陶然不覺萬物之為細也
聖上以至仁馭寓大明踐極丕承景歷率由舊章載
佇宗臣首命儀台之秩洎睠尊屬獨荷升輿之恩貞觀廿三
年又下　詔授開府儀同三司車同畫㡯服擬文□居此
達尊俾其終吉庶雍宮執爵膺乞言之大禮贏里鳴鑾奉升
中之壯觀登天聲夢奄日成災遽切萬亭之歌空祝麦丘之
壽以永徽二年五月薨於私第時年七十三惟　王德包上

藝　釃
善道邁中肅揭日月之鴻暉疏風雲之逸氣潛乎川鏡嶷然
山跱管籥內嚴菁華外發抑揚賢哲必蹈功名之軌枕席丘
墳不承章句之業学敵冥極地義為重友悌無資天倫斯穆
蘊奇略懷遠圖詞軼藏耳藝優權略分麾受律一劍非其務
釃酒投醪三軍被其德出莅藩岳美政洽於萌謳入司元凱
雅譽光於朝列觀宥卮而取則深懼滿盈聽鳴金而告老言
退閑曠位鄰中穗敬賢之道不渝景側下□樂善之心弥固
不爽不惠非吏非隱舍元自守居榮持終所謂　皇室之
羽儀鼎門之標牓者矣而電驚虛牖晷駟影而不留星沉德
門託龍光而遂遠悲夫以永徽二年歲次辛亥十月庚寅朔
八日丁酉　詔陪葬于　獻陵贈司空使持節都督
荊硤岳朗四州諸軍事幷賜東園祕器儀仗送至墓所先是
　主上舉哀于別次禮也子少府監柱國臨川縣公
德懋鳳州刺史廣川縣公義範懷州刺史上柱國文暕等並
擢秀藩枝自分華於棣屏呈材邦幹方演慶於槐庭而窮慕
艱情隨霜露而弥積庶先猷懿範將日月以□懸故旌美冏
廬圖芳翠琬俾夫峯頹峴曲寄沉石以流芬室毀滕城佇生
金而表絢其詞曰
巖巖崇搆緜緜茂緒祥叶壽丘祉光華渚地德攸薦慶靈斯
佇天秩逾繁人英克舉其一　肇開磐石允啓維城藩枝表秀
帝蕚標榮地隆艽蒋道茂閑平惟良緝譽樂善馳聲其二
馭俗垂範威邊作鎮惠政霜明德音雷震玉府崇博紫機嚴
峻列岳圍風栝河疏潤其三　□私逾治　聖澤弥深緬惟宥
器遐覽台箴辭榮禰玉誡滿挹金貞風有勵雅俗攸欽其四
鳳邸臨年猴巖警曙軒蓋盈列歌鍾在御寒菊浮香春荑拂
絜四美攸極百齡多豫其五　川驚箭水景迫輪曦玉摧梁竹
珪落唐椅庭滋帶草流涸書池窮寥陳跡髣髴崇規其六
地途　文園瑩通　神闕梓庭杳藹松阡蕪沒寒木啼風荒
墳思月琬字無昧金聲靡歇　□書郎殷仲容
書

右李神符碑歐趙以來皆未採錄碑敘神符官爵覺年
證以新書本傳大致悉合傳不言其官太府少卿雍州
司馬稷州刺史右光祿大夫檢校兵部尚書將作大匠
兼散騎常侍及前後除各州諸軍事又碑言西羌煽禍
北狄稱兵天子以王為平道軍將出鎮岐州傳亦不載
蓋神符以親屬見用無大勳業故略之未可執碑以議
史家之漏也神符為并州總管頡利可汗盜邊與戰汾
東又戰沙河多斬獲召為太府卿碑不敘戰績第云以
善政入為太府卿又神符以足不良改光祿大夫歸第
而碑以知止陳讓為言則碑之粉飾漏略也其曰迺睠

初稿注大都督改大總管此仍舊未改

尊屬獨荷升輿之恩蓋指太宗令乘小輿入紫微殿三衛扶輿以升事神符子七人碑舉其三傳僅舉知名者二曰德懋少府監臨川郡公碑與傳同惟郡作縣宗室世繫表作臨川郡公刑部尚書當是縣公後晉郡公耳曰文暕幽州都督魏國公碑稱懷州刺史上柱國者永徽初年官勳也表作魏國公幽州大都督鳳州刺史廣川縣公義範世系表有之縣亦作郡無鳳州刺史之文表於神符諸子首列廣宗郡公仁鑒次德懋次義範次文暕次文舉凡五人仁鑒文舉傳以不知名略之而碑亦不書者殆仁鑒先神符卒文舉與餘二人無官故歟撰碑人已泐書者殷仲容陳郡人令名之子附見儒學殷踐猷傳終冬官郎中令名與仲容皆以能書擅名一時仲容書之見稱於後者惟昭陵六馬贊之降王名見趙氏金石錄今不傳此碑近始出土凡一千八百七十八字泐四十八字隸法雄峻顯於世者愈遲完其真者愈固信可寶也字多變體皆本漢碑惟凡將之凡作𠘧誤

初稿記改頌此未改

程村永橋記碑

高五尺二寸四分廣二尺九寸三分三十行行五十三字字徑七分正書碑額題名二條在欒城西十五里南程村迪西林中

夫好生者以動為智動則衆物无攤猒諱者以彰為仁彰則群情乃□□□動彰者仁智之□用□□□□水□□□□□□□□□憂□若或有乘查入漢時覩天人鞭石浮海乍能觀日魯生騁思於汾□杜子勤功於河上櫝茂響於來葉傳□□於前古自茲已降代有仁□濟物扶危其道非一壯思雲起巧㕙風馳縑汗所不能書竹素所不能識舟橋之□其來自遠究弊興利何□慱哉且黑獄長黝所昭者□炬愛河無底能渡者智舟開子義之門游實相之境不任空□而求解脫者□非智慧□爰有空聖時稱妙覺出无相之門游煩惱之海□啓重闇大㮶群溺得其道者若鵷鶴之處太虛學其智者猶醢隹之涉巨海終日礜之而不喜没世毀之而不怒百川同注未覺其盈萬□齊酌莫測其減威力振山海神光動天地心念口誦拔萃□渾彈指□掌脫落□壓曩遺隨末法令□重秋荼未足比其煩凝晧无臥喻□容符詔如續槀州縣若響應轉輸道死□一徵十鵄目虎吻琢磨宇縣狼顧鷹眡鞭笞天下清言柔旨必作帷幄之臣利祭長距无非州縣之尹撫蒼生而逐雀駈庶物若群羊掃□從□女子

唐永徽四年十二月

為□山冢峥萌神鬼夜哭盜賊比於□蟻人死劉於□□寒
則露宿薑壞飢則易子皷骨枯骨斃平原流血丹野草遺響
未滅故老猶存見之者痛入骨髓聞之者莫不酸鼻大唐曆
運雅握閎珠解億兆之倒懸致百姓於人壽餘粮栖畝謳謡
滿路人無百里之傜室有一堂之樂鼓腹擊壤若被堯天□
井耕田如披舜日人如野鹿不習而解温恭情同澤雉不學
而知敬讓日臨月照之所櫛風沐雨之域莫不獻□輸琛貢
環□費山稱萬歲未足比其勝平河表千年无以方兹
聖代下空十二格　皇帝恭承寶命
嗣膺丕業符石紐之圖當樂推之重撫臨天下于兹四載河
海□浪尉候无驚□手足於一身視蒼生其若子岳神入輔
星精下降訪决勝於前猷酌清風之故典公權渭濵士搜狐
掖妝□明允陪僚□□不使空桒李□獨播清忠東號公孫
孤標□物趙州之地分維畢昴南通河濟北控燕薊西阸井
陘東連大陸有洨水者出自龍山之北經於程氏之南□不
容舟深而□涉秋夏澔蕩非一葦之能航春冬渥洞□蔡輶
之可渡樓季之勇未敢□憑纖薄貪珠无心□淏嶕嶢窮於
地脉窅窱深而入泉乘耳鞭而不上的盧踴而不出危踰絶
險峻若走丸夏暑漸幃寒氷傷骨猗父投策竟日徒吟甯子
輟哥終朝長欷□必□河輕涉獨溺三軍昜水寒風偏傷壯

一行稿雖字　青注此字稿刻此處闕

士於是訪輪石量用材度功程議遠迩邑里肯附不日而至
工人雨集運□成響穹隆雲構蜿蟺交□廻欄暎水乍似鵬
飛鏤檻臨□□疑虹降□其如帶顧此物而无傾海作桒田
異兹橋而尚在陳平北走不懼舡人趙鞅南□不煩津吏□
軍王霸无由近譎蕭□耦耕沮溺不得高歎李路此村及諸
姓長幼等卅許人並識悟英遠允歸物議行稱鄉曲信著閭
閻知逝川之逾辶忄隙駒之不待俭蓬夕卷欲歸□之無期
落葉朝遷顛還柯之何日項羽拔山之力終為一聚之塵曹
章冠世之英便作半棺之土縱横□國□免車轘拔扈將軍
膏滲□劒□如淮南九轉謬檀仙經神卉五芝空傳秘録列子乘
風而上游王喬駕鶴而陵漢今咸不死君逵亻存併□□□
俱非□□□脊珎味誠爲爽口之方靡顔賊理更是荒神之
藥累德空生斯其甚□豈若□心智慧之境力善福德之門
濟行□於□陸拔泥□於隆溺乎若乃園藕始榮井桐初落
華縣之老覩寒荄而枝淺傷離之士對別路而深哭人落落
而日稀歲忽忽如遒盡悲積善而□深恨潤身之不立大唐
永徽四年歲次星紀月維大呂遂□於程村之南洨水之上
立永橋一所臨峨嵯□嶄巖扶木迴空飛梁□漢□氷未□
不□□行秋水方深无妨並轂豈使英譽與蘭艾□□風聲
共秋蘂零落勒翠石於往古示不朽之□作頌曰　博施之

用其道□靈經天緯地出幽入□□之則□履之則㒺反危
從吉變枯□榮唯其士女携手同行曰有婆伽住諸賢相奇
特希詭異常靈眖愽而不□□□□□相慶□□□□
三界獨尊奐乎无上
上闕降　聖曆物挺生山開石紐日角珠衡河海不浪尉候
无驚□□允寶□□□□□比□□□連横村邑父老卅
餘人景行高潔□業貞新爰施奇賄割捨名珎濟彼沈溺修
此深津勒茲翠石永刊深仁□□□□□□□榮成□□賚
□此□□仁及翔泳義叶幽明歆□□□飛□不驚持許功德
同濟群生

大像主程毗伽妻張□□佛時以上題名二行在碑額佛龕兩旁
齊郡縣主簿耿纂息文通文□□養
永徽四年十二月立在縣西陳村京畿金石考
在城西陳村洨河故道側碑額造一小龕内置佛象龕外左
右像主題名案分域編標目洨河橋碑即此其云近時出土
誤畿輔通志

右永橋頌碑在欒城縣西十五里南程村迤西沈铫盧
常山貞石志失採碑云趙州之地有洨水者出自龍山
之北經於程氏之南漢書地理志常山郡石邑縣云井
陘山在西洨水所出東南至廮陶入泜太平寰宇記鎮
州石邑縣下云洨水一名童水水經注洨水出常山郡
即石邑縣也獲鹿縣下云水經注洨水東經飛龍山北即
井陘口今又名土門按欒氏所引水經注文今已佚石
邑故縣在今獲鹿縣東南飛龍山即封龍山介獲鹿元
氏之間碑稱洨水出龍山之北與酈注合兩唐書地理
志欒城隸鎮州大麻三年自趙州來屬宋志鎮州慶麻
八年置真定府碑立於高宗時故爲趙州地按元和郡縣志以元和八年奏御其時欒城尚屬趙州與兩唐書大麻三年改屬鎮州不合又石邑縣宋史地理志云開寶六年廢而太平寰宇記上於仁宗朝鎮州領縣尚有石邑縣此正同知史志所言不能無誤也程村歷千二
百餘年猶仍舊稱金石考及通志作陳村並誤頌卅餘
人句卅仍作三十讀唐刻中屢見之碑書動静之静作
彰說文彰清飾也此靚糚之靚本字書堯典静言庸違
管子侈靡曲静之言不可爲道朱豐芑云皆謂飾說乃
彰之借碑以彰爲静亦叚借字利蒙之蒙即廣雅蒙
口也古通用峙嶸之峙原本說文乃崢本字後人以崢
爲之遂不復知有峙字矣軗訶作哥亦合於古惟嵲帍
作帍崒崩作崩此爲譌字其餘異文甚多皆沿北朝陋
習

信法寺彌陁象碑陰 正碑顯慶三年四月八日 補正跋卷三十六
凡九列列三十行 字徑七八分正書

安衆寺□惠端飛騎尉吳君昉雲騎尉褚君□
都維那行滿□□□穆公□雲□尉梅滔之
都維那三印□□尉□山年雲□尉孫四良
市□□□□□□騎尉梅祖逸雲騎尉張難及
維那□□尉張君□□□□君□雲騎尉李德□
□□□趙君□□□□師□雲騎尉趙君威
□□都尉張□□□□□□金劉雲騎尉李□良
□□□□□□飛□□□君相雲騎尉劉師□
顯慶三年四月八日

□□□李□□□□□□□□□尉□□□
騎都尉宋若通飛騎尉張義雄雲騎尉□□□
騎都尉□□□飛騎尉張文開雲騎尉張文政
□□尉張□□飛騎尉杜羊生雲騎尉宋處□
騎都尉趙維伯飛騎尉范君相雲騎尉成受□
校師騎都尉張士達飛騎尉李阿琛雲騎尉解洛同
騎都尉范阿六飛騎尉郭子盼雲騎尉賈□信
騎都尉彭阿奴飛騎尉穆士方雲騎尉施士能
騎都尉侯德武飛騎尉王行緩雲騎尉李伯達
□都尉耿八香飛騎尉范君懷雲騎尉侯君貴

讜
騎都尉成文素飛騎尉趙□□雲騎尉范伏讜
驍騎尉王文才飛騎尉李四仁雲騎尉張士信
驍騎尉韓善信飛騎尉李德　雲騎尉曾阿政
驍騎尉薛文則飛騎尉張君掾雲騎尉曹君會
驍騎尉殷阿遵飛騎尉褚彥則雲騎尉李君愛
□□□鄭仁□飛騎尉劉行恭雲騎尉李阿象
驍騎尉程仁基飛騎尉趙□□雲騎尉劉懷□
驍騎尉褚趙威飛騎尉蝻□□雲□尉劉伏□
驍□尉□□□飛騎□□示□□□尉朱師瞻
□□□□□□□□□王伏□□□□侯仵良
□□尉□伏告雲騎尉李□□雲騎尉張祖□
□□尉郝仵息雲□尉張懷相雲騎尉□王仁
右一二三列

雲騎尉□山袖粟推馮□長幼等共施碑聽并龜
□□尉□□仁大施主范僧曠前鄉長馬師□
□□□□□□主大□馬□施主□阿□
□□尉□□仁施主□□□施主□文徹
雲騎尉李□懷施主□善生施主趙師仁
□□尉弓李師施主□阿敬施主路師王
雲騎尉穆善惠施主馬相□□主□相德

□□□□祖受施主馬孝□○○施主劉行懃
雲□尉□□○施主馬□□○○□主張士□
維鄉□□□○○施主馬孝志○○□主□君卿
維鄉呂祖倫○○施主馬信伯○○□□李文威
維鄉□才□○○施主馬孝充○○施主郭仁式
雲騎尉張延貴施主馬榮仁○○施主王□□
雲騎尉趙法□○施主馬同喜○○施□宗士文
雲騎尉趙□斌○施主張䰞漢○○宋善通息燕□
雲騎尉鄭碓武施主嚴君德○○宋善通息德滔
雲騎尉張公仁○□騎尉李□□○宋善通息德表
雲騎尉范□□○施主郭□□○○維鄉褚君卿
維鄉張士元○○施主李□行○○維鄉李□約
維鄉李師感供養施主王善海○○維鄉梅滔之
雲騎尉蔡文達供養施主安士榮○○維鄉張六英
寺傍老人周君政飛騎尉王興○○維鄉賈君會
飛騎尉李儒宗施主郭文雅○○維鄉李四仁
維鄉李朝散○○施主王文才○○維鄉穆士方
□鄉劉□祖○○□主陳雅搽○○維鄉劉伏奴
□鄉成文信○○施主茹君意○○維鄉□受金
維鄉孫肆良○○施主范懷仙○○維鄉趙□感

施□鄉□□○○維□王伕□
施主□□□○○維鄉□鐵彰
雲□□張孝卿○施主郭□恒○○維鄉□□通
右四五六列
維鄉□□□□□鄉楊□□
第八列止一人
泐 泐、
泐 泐、
□施主 泐
施主張□妻殷息 □鄉□□□
王仁妻趙息惠□ □鄉□□□
施主張孝言妻劉 □鄉呂義□□

善

息宗英妻甄妻郭
施主張卅仁妻□息
士□妻郭息善□
施主李士□妻□
□□□妻□
施主宋君毗妻□息
□□妻□息義□
□主趙乇同妻□
□主張□儁妻□
息□灦息蓮才

□鄉□□良□
□鄉趙景□
□鄉□太通母□
□鄉張師□母□
□鄉張羅漢祖母□
□鄉梅仁德母□
□鄉殷□□□□
□鄉李解脫母□
維鄉李綽母潘
維鄉房清受妻□

穀
施主趙孟良妻張
息他仁妻李
施主趙□交妻郝
□□□劉小□
□妻□□□□
施主張士約妻程
施主張士[元]妻趙
息山□妻趙
右七列

維邺牛元長妻□
維邺穀德義母□
□邺□□如□□
右九列

信法寺彌陀像碑萃編失採　家大人補正載之未得
陰側縱焯令得碑陰拓本凡題名九列常山貞石志云
八列者以第八列僅首行一人又漫漶莫覩其姓名故
略之然非實也顧當時刻石何為越空一列而刻第九
列所不解矣題名有再見者梅滔之王文才賈君會三
人豈皆同姓名歟兩側見沈志中惜仍未得拓本

處士馬壽墓誌銘

方一尺四分十八行行十八字方界格徑五分分正書

大唐馬處士墓誌銘
處士諱壽字長壽狀風人也高祖達梁荊州刺史曾祖賢周
河南縣令祖方儀同勲衛校尉自趙城開國馬服分宗緬諸
國
前典盛緒斯在暨紗帷垂範銅柱標勲斯矣家聲播而無泯
處士誕生華胄情謙俗務依藝遊仁邈爲高蹈博該墳典振
昌川之遺風立性無愠邁渠遐之寬雅繁華始茂奄悴嚴霜
福善無徵俄隨朝露春秋廿有七顯慶三年九月七日寢疾
物故于京邑私第即以其月十八日葬京城南杜陵原之
唐顯慶三年九月十八日
礼也二親哀纏詆㩲痛碎明珠撫櫬摧懷倚門何望[元]泉既
啓黄腸已栽勒斯貞石銘諸夜臺嗚呼哀哉乃爲詞曰
英明處士卓犖伊人智周於物德潤其身志希高尚心研典
流動
墳貌思靡怠流表標動俄驚逝水遼迨遊魂卜襲云備儀葬
寔陳玉狗司夜金雞御晨一扃泉戶千載無春
顯慶三年九月十五日

唐顯慶四年至乾封二年上

計六百九十餘行 三十五開 卷六

唐六

濰縣陳氏藏石十六種 書俱正

劉師政造像記 高一寸八分廣六寸十八行行四五字又側一行一字字徑四五分

大唐顯慶四年七月十二日清信佛弟子劉師政為七世父
母現存父母合家大小內外眷屬等敬造阿弥陁像一區

張武俐造像記 高四寸三分廣九寸十行行四五字字徑八分

咸亨四年歲次癸酉二月丁巳朔四日庚申張武俐為亡父
見在母造弥陁像一鋪上為皇帝陛下□代亡過一□眾 缺

添二行

管均墓誌 補正已錄

本紀咸亨三年十二月戊子朔歷二大盡一小盡則四年二月丁巳朔正合

管俊墓誌 高八寸五分廣一尺一寸八行行九字方界格徑八分

大唐故營州都督上柱國漁陽郡開國公孫管俊墓誌

唐顯慶四年七月十二日

諱俊城陽人也乾封二年五月廿日終於私第春秋一十有
三以調露元年十月十四日於鷄鳴埠禪師林左起塔

右誌與 先大夫所錄管均管真二石同出長安均誌
與此今藏陳壽卿家不知真誌又何在也三管同日起
塔此誌除終年月日外文與真誌悉同皆嗣泰兄弟行
故收葬在一處真誌標題殘七字而此獨完善兩唐書
無姓管氏者不可攷其人矣

頻陽府校尉同琋武幹造像記 座高一寸七分四面正面及陰廣四寸二分六行兩側廣三寸三分五行行三四五字字徑四五分

校

永淳元年七月廿六日丁巳雍州美原縣頻陽府校尉上柱
國同琋武幹并妻維為男思約猛土□原道行造阿弥陁像
一區思約兄思㮄弟思濟思儉思琳思貞琳騎都尉武秀琳
飛騎尉武才琳文林郎武德

頻陽雍州軍府之逸名元和郡縣志美原縣秦漢頻陽
之地在頻山南故名其故城在美原西三里後魏為土
門縣貞觀十七年廢咸亨二年復置改名美原此以廢
縣為府名也同琋闕西複姓見姓苑作同蹄新唐書附
孝友傳之同蹄智壽兄弟亦作蹄然萃編載後周同琋
氏造像八十餘人皆从玉不从足也

為駱思眘造像記 像高一尺一寸座居二寸四分廣六寸八分十行行五字字徑四分

佛弟子飛騎思眘神龍二年十二月十二日靈武軍行陣亡
為造石穷一區□為天皇天□下為法界眾生共成佛□駱
眘一心供□

此為駱思眘在靈武軍陣亡而造唐書中宗紀神龍二
年十二月己卯靈武軍大總管沙吒忠義及突厥戰於
鳴沙敗績 舊書云死者三萬 駱思眘蓋當時死難者按舊書次
年正月庚子朔則己卯非十二月初九即初十日此刻
書十二日者敗績非一日事史誌其始敗之日耳天皇
天后高宗武后之尊號中宗尊號曰應天皇帝韋后曰
順天皇后此刻亦稱天皇天后何耶

闕名造像殘刻 存高三寸廣一尺七寸五行行存四字方界格徑七分

前缺 恩報恩謨 缺
缺 貽敬造石 缺
缺 軀奉為天 缺
缺 右

廣明澄造像記 高四寸八分廣五寸四分六行行六七字字徑六七分

維開元十年歲次壬戌十月己亥朔十三日辛亥廣□明澄
為亡母敬造石像一鋪上為國王帝主

按紀開元九年九月乙巳朔十年置閏在五月歷八大
盡六小盡至十月為己亥朔自合

開元殘石 存高二寸五分廣三寸二分四行行四字字徑五分

□大唐□ 缺 廿四年歲 缺 景子十月 缺 未朔廿□ 缺
舊唐書本紀是年八月戊申朔此刻十月□未朔知所
闕爲丁字紀於是月書戊申車駕發東都蓋二日也又
書丁丑至自東都丁丑距朔三十一日史誤矣

左果毅都尉樊君墓誌殘石 存右半之上中二塊合高八寸五分上廣六寸下廣五寸四分凡行廿三四字字徑五分

淹一行

大唐故右領軍衛左果毅都尉樊 缺 垂俗後昆者義也楊
名顯親者孝也 缺 代閨門焉 皇朝右金吾引 駕 缺
臨晉縣人也特稟異氣雅度高深氷霜 缺 邁種厥德仁
遊藝□鄉黨稱孝焉爾 缺 秋七十有八元和二年歲次戊
子八 缺 嗟乎天長地久人豈恒存逝水無 缺 𡰥之由嘆悲
逝川□貞元九年於 缺 薗買地建先循勝□故得拔有時
缺

戊子當爲元和三年

稚澂

僧靈璨修塔經刻 高一尺四寸八分廣一尺四寸五分集刻各呪廿二行行廿三字書人名在呪末一行下末有年月一行卌二字字均徑五分呪不錄

一切佛心 下闕 灌頂呪 灌頂印呪 結界呪 佛心
呪 一切佛心呪 心中心 大佛頂心 心中心 金剛
身 金剛心 金剛心中心
渤海郡封仕清書
大和二年戊申歲觀音寺僧沙門靈璨預修窣堵波塔四月
丙辰朔十日乙丑建立

陳立行墓誌銘 補正已錄

渤名題記 在後周保定四年郭贊造像之正面座上高三寸廣六寸餘中空八行行字不一字徑五六分

咸通四 日弟□□□於李懷□邊屬釋迦牟尼仁一區
一心供養

敬延祚墓誌銘 補正已錄

殘字二石 一存高四寸八分廣六寸五分連前空一行爲六行行存四字一存斜徑六寸八分斜廣四寸一分連前少半行亦六行存字不一方界格均徑一寸一分

缺 勝皇王有 缺
缺 作鎖蒼精 缺
缺 下握乾張 缺
缺 已交河 缺
缺 闌 缺

缺 □□ 缺
缺 琺運赫矣 缺
缺 卓然英跱紫 缺
缺 佯時雨聲 缺
缺 貝園風凝 缺

移前

缺積窓缺

二石界格分寸如一字迹亦出一手當是一碑碎裂後
僅存者觀其書法當在天寶以前惜無可據以考之

僧智明殘字 高五寸七分廣同存六行行字不一字徑八九分

缺□缺
缺汚毀者缺
缺非地之靈異缺
缺測聖化難窮大缺
缺福當寺僧智明缺
缺歸命稽缺

會福寺主之嵐造像記 高九寸廣一尺七寸十五行行八字方界格徑一寸一分正書在磁州北鼓山

□□□□□□□本□□□□□□天□□□□万地傾
其□□□□顯慶四季□次□未七月十五□滏陽縣會福
寺主之嵐慕想真容尋思□體於此山所止爲皇帝文武官
人師僧□母存亡眷屬敬造□迦像一龕其像瑩□□玉真
並□□□□蓮金□□□□□□善僉怖題福顛□□含
靈俱登正覺
是年歲次己未

顯慶四年七月十五日

揔　捷　鼎

平百濟國碑顯慶五年八月十五日萃編載卷五十三
□□而難尊缺尊字質邁松筠邁誤邈不行而□□矩缺矩字与
青松而餞高缺高字□□風雲負廊廟之才懷將相之器缺風雲負
懷字重平生於□□缺於字常似不足缺似字安貞公董□□缺董字
雄圖傑立藝色三略□□運□□缺傑運字立誤六己誤通忌寒副大總
管缺忌寒字中書舍人□行儀缺行字詞條發穎缺條字隨地蜂飛缺隨
字鼎鏡弥山缺弥字沵氣袄氛沵作沵早聞周孔之教缺教字仍無
文史之道史誤史缺道字上柱國馬□卿□□鐵石之心各勵鷹
鸇之志馬下除上之字外並缺擁三河之勁卒揔六郡之良家擁誤之部良二
字外並缺上奉神謀缺上謀字或中權陷陣四字誤作紛梧貽漏致遠鈞深
唐顯慶五年八月十五日

之妙電發風行星□□□缺妙星字致遠鈎深仁同搏扇恩甚授酇
上五字缺湎之以春露缺湎字而平九種再捷而定三韓缺種再捷定字
降劉體之尺書缺降尺書字發魯連之飛箭缺魯連字其王扶餘義□
及太子隆泊小王缺上五字並泊小二字大佐平沙二字缺福國□成以
下缺福國字□之□□載以牛車缺之字佐鷹司數缺佐字露冕褰帷
缺帷字□名高於卓魯缺名字二百五十縣二誤三按跋本作二寫手誤也夫書
東觀紀南□夫誤大缺求紀南字勒彝鼎彝誤鼒陵州長史缺陵字學□狙
豆二字缺顧與廉頗並列並誤之□共貫□□衡缺共字共上一字不似猶衡上
一字決非之猶懷□□提戈海外缺懷提海外字九推□□□□之□□
欲居中九字外並缺中下多一□筆作書成□無□□華俾夫海變桑田

同天地□永久上十字並缺天下駢地字洲移鬱島與日月而長懸缺洲移鬱
而字泯泯厥初人倫草昧造化權輿上九字缺冬巢夏□㲉飲鳩居
以結以刺飲居以四字外並缺鴻□既□大□淪□爰及三五代非一
主代上八字並缺上齊七政下均九土上五字缺式清區宇未漸西□□
卑東□未西二字外並缺粵我
聖皇道叶穹蒼粵字道字缺榮鏡千古牢籠百王千古二字外並缺□矣
遠徼缺矣字咸稟正朔並預□疆缺稟並預字蠢□九種獨隅三光
三光二字外並缺瓶換澤國換澤誤換障豹蔚龍驤缺蔚字弓含月影含誤彎
前誅蟠木□□扶桑桑字外並缺赳赳五營明明三令缺五營字三誤弓
仰□廟□俯齊軍政缺仰字俯字日寒江淨缺寒江字霜戈夜動雲□

□□□戟前驅吳鉤後勁戈下勁上九字並缺巨猾授首缺猾字咸惠□
□□邊隅□□缺咸惠字嘉樹不翦甘棠在詠花臺望月貝闕□□
翦下十字並缺□□晨□刊玆寶□缺晨字玆寶字拒天□□永固橫地軸
以無窮缺天字窮字橫誤囧

萃編録此後幅缺文甚多以所得拓本存也碑云泌水
挻祇九寠遂戮闌泉先生以字書無寠字未詳何義按
淮南子堯使羿誅鑿齒於疇華之野殺九嬰於凶水之
上注水大之怪郭璞鑿齒國贊猛越九嬰即用此碑書
作寠者嬰俗作嬰唐人書安字多作安又晏字每通寫
作宴今變俗之兩點作宀而移於上亦其例耳泌水即

凶水殽飲鶡居殽爲觳消文

郎餘令殘刻造像題記

搨本高一尺三寸廣一尺五寸下半截無字上半截十二行行九字十字字徑七分正書在磁州西鼓山北響堂屬

武安

唐故大理卿郎楚之下泐

妻□□□妻崔常□夫人

息知運隰州刺史妻崔

妻魏平息縣君　孫

餘慶水部郎中　妻

盧□元□孫餘令霍主

記室　妻李　孫餘泰

顯慶五年中山郎餘令

字元休爲存亡一切眷屬

等造　從弟德潤

友人陽平路敬滷亦同

此供養

唐顯慶五年

右像中山郎餘令爲祖父兄弟一切眷屬等造郎餘令兩唐書入儒學傳祖穎字楚之武德初爲大理卿記稱大理卿郎楚之者以字行也父知運傳爲貝州刺史此云隰州少異兄餘慶傳云高宗時爲萬年令累遷御史中丞不言其爲水部郎中蓋以累遷括之也餘令博學

舉進士授霍王元軌府參軍事與此記合傳云定州新樂人定州故中山國燕慕容垂改隋慶更名唐武德四年復置定州此稱中山著郡望也餘令字元休可補兩書之缺記後友人陽平路敬澑云云路敬澑亦見儒學傳貝州臨清人此云陽平亦舊望也元和姓纂路氏始居平陽今隸貝州據記則平陽乃倒文廣韻路姓六望一為陽平足以證之

楊行夫造像

高六寸六分廣三寸四行行十字十七字字徑五分正書

唐龍朔元年八月

大唐龍朔元年八月廿四日楊行夫兄弟姊妹眷屬等為亡考敬造弥陁像一鋪合家供養

右楊行夫造像都中碑估以一紙來云已為某購去後不可復搨矣

興

張興墓誌銘

高一尺九寸七分廣一尺九寸五分二十七行行二十七字方界格字徑七分正書首行標題字較大在安陽縣署

大唐故處士張君墓誌銘

興

君諱興字文起南陽西鄂人也漢太史衡之□胄昔靈表西豐留侯建帷幄之筭星移東井常山興締搆之功或師範萬乘照彰圖籍光臨千里煥炳縑緗異動三台識司空之忠烈吟謠兩穗表太守之仁明弈葉簪裾蟬聯珪組規矩重疊代有人焉緬究遺編可略而言矣曾祖瓘魏冀州信都縣人經歌不奏美化洽於一同鳴琴詎張仁風清於百里祖皮周太僕寺主簿才能幹濟智略強明尋□辟除轉授瀛州河間縣令父才隋楊州江都縣丞輔弼風規俗流清化贊導名教邑致歌謠君□係高華等琨琘之良劍箕裘纂組若青□之祥鸞義烈因心未資於典籍忠良天縱不假於規模崇有道之林宗慕無為之李耳名利之所不拘榮辱之期混一弓旌不應羔鴈無移道契虛□性符高尚縱林寀而嘗趣持澹泊而怡神志道研精非邀鼎食窮微盡要詎徇輕肥潯性琴書吟嘯煙霞之表時談物義進退木鴈之間妙歎榮期高符黃綺時遊三徑乍撫一絃以道義而為尊輕蟬冕而非貴探賾幽隱迴邁莊惠之機致遠鉤深遙鉗黃老之趣想嵇晉之有返見潘陽之代親遂婚於辰州辰溪縣令漢陽趙徽之女幽閑

唐龍朔元年十月廿三日

諱以下提行

和

庭

婉嫕中饋聿脩懿淑溫和母儀庭宇君慕業成勞遇楊雄之痼疾淫書作瘵遭皇甫之沉痾氣擁膏肓疾纏腠理屬華佗而不瘉見扁鵲而無瘳以貞觀廿二年七月廿七日卒於私第春秋六十有二夫人趙氏卒於永徽四年春秋六十粤以龍朔元年歲次辛酉十月癸亥朔廿三日乙酉合葬於故鄴城西八里禮也面平原背漳浦左帶蕪城右連林麓刊茲□石紀以清徽勒彼鴻名光斯泉戶庶使青山為礪表盛德而弥芳碧海成田闡嘉聲而不泯嗚呼哀哉乃為銘曰 規矩重疊珪璋代暎三台表異兩岐興詠人倫楷模搢紳龜鏡百代逾芳千齡弥覺道合幽□性符林壑迹齒滄波名流臺閣貴不充誕賤不殞鏤思巧雕龍光逾刻鶴有謂昇堂相期入室帷薄猶空繁華未實儵忽不幸咄嗟已失一棺既閉万事長畢茗蒐隴首巘（巘）山足露銷草翠風飛樹綠□門一掩寒燈無旭私壤式題貞芳載燭

興

右處士張興墓誌銘諸家皆未著錄舊唐書地理志隋南陽郡武德二年改為鄧州天寶元年改為南陽郡又所領無西鄂縣惟向城下云漢西鄂縣地屬鄧州後魏於古向城置縣乃改立誌稱南陽西鄂人是舉其舊望也皮即皮字闕筆（平津讀碑續記）誌內皮字作皮以祖諱闕筆殞 作殞鏤茗蒐作茗蒐則誤字也又丞作烝匹作返揚州揚雄之揚

皆作楊古誌石華
昆吾作琨珸不泯作不泯避諱字黄跋未及金石續編八瓊室跋
誌石今在安陽縣署紹聞先生續編云在河南臨漳縣
筠清館金石目同而補寰宇訪碑錄云在陝西臨潼謹
按張君合葬於故鄴城西八里故鄴縣在今河南彰德
府臨漳縣西四十里又西為安陽境石出土於安陽臨
漳之閒無疑也趙氏誤漳為潼遂以屬諸陝西舛矣續
編巃□嵸作巃嵸尋□辟除作尋邑今搨本少泐嵸字尚
存形似据以補之尋下是似見字作邑未確闕之

歲　登　雖

石窟寺造像題記十九則並正書在鞏縣

魏處旻題記座高七寸廣二尺一寸餘上題名十四行下記廿三行方界格徑八分

夫曰果之本依釋氏以為基名教潛敷濟渡蒼生者矣粵以
大唐龍朔二年歲次壬戌五月己丑朔廿八日景辰佛弟子
魏處旻仰為亡考指善無嶽早從物化見存慈母身帶沉痾
二弟文寬憂患多日旻等歸欽上聖遂罄家珎敬造弥陁像
一龕望使煩籠解脱福慶緣身同履妙因咸登正覺
旻祖魏道邕　旻祖婆遊二行居中中空寸餘左右斜列近於中者為尊每行各跳一行
旻父幹芝在右　旻母楊在左倣此　下　像主處旻　旻妻徐　旻弟文
寬　寬妻竇　旻男公爽　寬男元爽　寬男元亮三人並在右
唐龍朔二年五月廿八日

旻女大娘　旻女二娘　寬女四娘三人並在左

僧法秤題記高七寸廣二尺二寸五分上半鑿像七龕分鐫佛號下半記十九行直界格字徑一寸

大唐龍朔三年五月七日比邱僧法秤敬造釋迦牟尼佛并
二菩薩阿難加葉二金剛力士并造七佛上為皇帝師僧父
母十方檀越法界有形同出苦門刹鄣解脱
第一唯衛佛　第二錫佛　第三隨葉佛　第四拘樓秦佛
第五□那含牟尼佛　第六加葉佛　□□釋迦牟尼佛
利字半缺法秤後三題並有離鄣解脱語特以此為離
而存其半耳

僧法秤又一刻乾封二年八月十日　補正已載

像
藴□生題記 高四寸廣七寸字徑六分
乾封二年十一月卅日藴□生為亡母造阿弥陁像一區願
□此後二行未泐 供養□□
鞏
鞏縣令路君殘題 高存七寸五分一行字徑四五分
乾封三年二月十五日鞏縣令路 缺下
元太□題記 高八寸廣六寸六分字徑六分
元太□□□□□□惠願身恙日敬造像一軀合家供養佛
時乾封三年□月廿一日□記
仲元□妻題記 高八寸廣四寸五分字徑七分
乾封三年十二月廿四日佛□子仲元□妻□□母□□□
□□安造像一龕一佛二□薩合家大小願得平安一□供養
張養和題記 高一尺二寸廣二寸餘字徑八分及一寸
咸亨元年五月廿日張養和為見存母及家口願平安造像
一龕一心供養
五
苗承礼題記 高一尺二寸四分廣三寸末行石攝蹶省二字字徑七八分
咸亨元年五月廿一日苗承礼為亡父敬造像一龕願亡父
卷
安樂自在見存內外眷屬俱□□福合家一心供養
僧法祥三題 咸亨元年九月十八日補正已載
僧法祥四題 高五寸六分廣一尺一寸五分字徑七分
國
□唐咸亨元年□月五日比丘□法祥為國王□主願天下

優
太□四方寧靜及□師僧父母明□禪師十方施主敬造優
解
塡王像一區願法界合□同出苦門離鄣解脫成无上道
張文政題記 高一尺五寸餘廣二寸字徑八分
咸亨元年十月廿日佛弟子張文政為亡妻□造尊像一龕
合家一心供養佛時
成思齊等題記 高一尺六寸廣二寸字徑八分
咸亨元年□月廿日弟子成思齊兄弟及姉 泐不辨幾字 □造觀
音菩薩一區願亡父□生西方見存 泐下
鞏縣令許思言題記 高八寸廣一尺字徑八分至一寸
鞏鞏
儀鳳二年四月十日弟子鞏縣令許思言敬造釋迦牟尼像
屬
一龕并二菩薩夫妻供養願先亡考妣內外眷屬及法 缺下 □
缺下
僧道貞題記 第一龕右一行高一尺二寸五分廣一寸二分 龕右下十一行高一寸五分廣八寸餘字徑七分
延載元季八𠥱十六𡆠比丘僧道貞為亡外生女敬造觀世
音菩薩 大世至菩薩二區合得成就一心供養
福基題記 一行高一尺三寸字徑五六分
□視元季六𠥱廿八𡆠弟子福基為亡妻敬造□釋迦 下泐漶莫辨
女蘇氏題記 高一尺餘廣一寸七分字徑七分左行
咸通八年六月七日女弟子蘇氏重裝前件功德三軀願合
家平安

裝

李某題記 高四寸廣三寸字徑四五分左行

咸通八年六月七日□□□李□□爲母敬裝前件功德兩
軀永□災難

李某題記 高二寸五分廣五寸五分字徑六分左行

咸通八年□月七日□弟子李□敬裝前件功德□軀願□
無災難

此刻前五行疊刻前人題記上字小不復可識

蔣王內人安太清造像記 高五寸五分廣二尺二十二行行五字方界格徑一寸正書在磁州北鼓山洞口

竊以法身無像像應無邊實體非形形周萬品但以殊徒受
化淨穢斯彰寶刹翹心永希安樂者也蔣　王內人安太清
敬造阿弥陁像一鋪上爲　皇帝皇后殿下諸王過現師僧
七代父母法界含靈願囑來生童子入道恒聞正法三郭永
除緣此善根共登正覺大唐龍朔二年歲次壬戌七月十五
日造

蔣王內人劉媚兒等造像記 高五寸五分廣二尺一寸二十四行行五字方界格徑一寸正書在磁州北鼓山洞口 唐龍朔二年七月十五日

竊以語極推移宗滅無爲之境因空言空眇邈大千之界蔣
王內人劉媚兒崔磨吉等敬想神儀遂循來果於此山所
造弥勒像一鋪上荅　皇恩下沾僚庶師僧父母三郭痾黷
又願當來幼涉緇門精脩梵行十方衆聖普供三身十二部
經受無遺漏願法界含生咸登實際
龍朔二年七月十五日建

右二刻皆稱蔣王內人蔣王太宗子名惲內人女御也見周禮寺人掌王之內人注南史梁廬陵王續傳宮人李桃兒世謂之西歸內人崔令欽教坊記妓女入宜春苑謂之內人又李商隱有宜都內人紀事皆宮中女侍

之稱安太清劉媚兒等稱蔣王内人知王府亦有是名矣禮檀弓内人皆行哭失聲注謂妻妾竊（竊）以為亦當（當）作女御解不然文伯死妻妾哭失聲亦禮之宜敬姜又何惡扵（於）文伯乎

韓阿滿造像記

刻龕背六行字徑六七分正書南海梁于渭藏

麟德元年正月癸
酉朔貳
拾伍日韓
阿滿為
孃敬造
弥陁像兩合家供養

唐麟德元年正月二十五日

馬　譽　摧　愼

王才及夫人毛氏墓誌銘

方一尺四寸二十二行行二十二字方界格徑六分半正書在京師端午橋家

大唐故王府君及夫人毛氏墓誌銘并序
君諱才字神瓌并州太原人也夫以分眽維居列爵爲五開
壇命氏獲土便三斯即綿以遠宗系諸延策紛綸緗素可略
言馬曾祖慶祖振父言並守質含貞懷仁叶智履儀蹈禮輕
冕辭榮五柳表意氣之風一逞述叨光之譽君乃約而有則
性稟嘉猷倫約神情孝直爲念鳴琴自得引嘯欵然冀申高
祢之倫必冾冠門之妙豈意薤歌先唱溘從玉露之危梁木
已摧遂樹奠楹之歎春秋卌有九以貞觀十六年四月廿六

唐麟德元年三月十三日

日殯於私苐夫人毛氏四德早聞來應和鳴之契三星既耀
作配君子之儀柔順彌女則之規温雅著令妻之範方可永
終佳福以表遐齡豈期飈風傈鶩菓捋花而分影愁雲容布
桂与月而蛾藏嗚呼哀哉春秋六十有八以麟德元年二月
廿七日殯於私閤以其年歲次甲子三月己酉朔十三日辛
酉合葬於相州城東北平原四百步禮也孤子三師等痛深
風樹哀切愼終樹松檟而舉號伏墳埏慟哭所恐河遷革柳
方私去後之恩海上桑桑便議再期之念故刊方弇用紀蘭
蓀地久天長永傳琴瑟娸爲銘曰　遠矣洪胄抱質全貞爰
有芳裳蘊德辤名里閈懷譽家風有聲千丈森竦万頃澄清

阬

一其
□晳我令婦閨庭有聞誕生貞秀幼稟蘭薰粧奩
壓结緦幉香分恩高黍室真邁鴻門二其　鸞辭一鏡鳥逝
雙飛松高左上角石缺此字偏注　壠暗風切楊悲轜車宿駕絳旐晨馳
式刊金玉永嗣三字擠入二格苦冂

誌當在安陽出土文云故刊方弇方弇疑隧壙之別稱漢書張湯傳治方中孟注陵上土作方也師古曰古謂掘地爲阬曰方弇古文作穽从廾从日在穴中廣雅釋詁弇覆也左傳襄二十五年行及弇中注狹路也類篇隥道也皆與隧壙誼相近晉塼文造冢亦曰作方意古固有方弇之稱擻字多別體冀申高祢之倫祢未知何字之變桂與月而蛾藏以蛾爲娥也伏墳埏慟哭埏下敚而字

馳下添驛字居中寫

國

劉仁願紀功殘文

碑文僅存前半高七尺三寸廣二尺二寸存二十一行行六十九字字徑八九分正書在朝鮮扶餘

蓋聞龍躍天衢必藉風雲之力聖人膺運亦待將帥之功方
郤□□於□□□霍驍驟弦□其緒繼□歌詠者惟在劉將
軍乎　君名仁願字士元雕陰大斌人也□土開家□□建
旍於東國分茅錫壤王孫扶節於北疆三楚盛其衣簪六郡
稱其軒冕本枝奕葉可略而言高祖□□□□常侍□遠將
軍徐州大中正彭城穆公屬魏室不綱尔朱陵虐東京淪喪
□□西遷陪奉　鑾輿從居關內尋除鎮北大將軍持節都督
河北諸軍事滄州刺史固官食封仍代居之□鈹□□更□

唐麟德二年　一

彭國

國

北州之望曾祖平鎮北大將軍朔方郡守綏州刺史上開府
儀同三司襲爵彭城郡開國公祖懿周驃騎大將軍儀同三
司隨使持節綏州諸軍事綏州總管□州刺史雕陰郡開國
公父大俱　皇朝使持節同綏二州總管廿四州諸軍事
開國公並桂馥蘭芬金貞玉潤名高大樹譽滿詞林珪璋閥
閱見於斯矣君稟慶河□資靈嶽瀆牆宇凝峻孝敬日躋命
偶昌期逢時遇主欽明啟運光宅普天　太宗文皇帝乃
聖乃神乃文乃武并吞六合席卷八荒博訪羣材用康大夏
英髦特達幽顯必臻君以地蔭膏腴門承勳業令聞之舉僉
議攸歸起家為宏文館學士□□□□衛□□□□□□□

□捩力□健膽氣過人嘗從出遊手格猛獸
太宗深歎異之特加賞賜即降　恩詔入仗內供奉貞觀十
九年　太宗親馭六軍省方遼碣千乘雷動萬騎雲屯□
□□□□通畢集而高麗賊臣蓋蘇文獨生攜貳鴆聚亡命
招納姦回因其君長舉兵稱亂□率蟻衆敢抗王師　皇
赫斯怒龔行弔伐兵鋒所到若火□□□其遼東蓋牟□□
□十城□□駐蹕新城安地等三□虜其大將延壽惠真俘
其甲卒一十六万君身預戎旃日奉羈勒前茅後殿每陣先
登摧強陷堅同於拉朽戰勝攻取揮□□□□賜物乘馬一
疋銀□□□□□□弓二張大箭三百隻並是供奉
御仗特加寵異遼東行還累前後戰勳超拜上柱國別□黎
□縣開國公擢授右武衛鳳鳥府左果毅都尉壓領飛騎□
北門長上廿一年任行軍子總管隨英國公李勣經略延陁
并迎接車鼻安撫九姓鐵勒行還改授右□□郎將依舊□
朝供奉廿二年又任子總管向遼東經略□□□事除名其年
史授右武衛神通府左果毅都尉廿□年
太宗宮車晏駕　宗廟社稷不可一日無□　儲皇諒
闇纂戎纘極周邦雖舊厥政惟新凡百庶僚黽修其職君以
勇略見知材明被用未踰朞月又豪
今上駈使永徽二年史入鐵勒撫慰行□　勑簡折衝果

二

毅強明堪統領者隨機雾分君受□經略頻度逾東五年授
蔥山道行軍子總管隨盧國公程知節討逆賀魯行還從幸
洛陽顯慶元年遷左驍衛郎將二年應　詔□文武高第卅
進三階從命鐵勤安撫四年入吐谷渾及吐蕃宣勞五年授
嵎夷道行軍子總管隨邢國公蘇定方平破百濟執其王扶
餘義慈并太子隆及佐□□遲率以下七百餘八自外首領古
魯都大奈武進扶餘生受延面晉羅等並見機而作立功歸順
或入趍□闕或□□□□谷境遺黎按堵如舊設官分職
各有司存即以君為都護兼知留鎮新羅王金春秋亦遣少
子□□泰同城固守雖夷夏有殊長幼懸隔君綏和接待恩若
三

此與初稿未筆從此然下石注缺四十字者似宜從注缺幾字不必盡方框乞一律

圖

弟兄功業克就盡由於□然昔周武平殷商奄幺叛漢定西
域匈勒被圍餘風未殄人懷草竊蠻貊之俗易動難安況北
方遁叛元來未附既見雕戈東邁錦纜西浮妖孽侏張仍闕
反逆即有偽僧道琛偽將率鬼室福信出自閭巷為其魁首
招集狂狡堡據任存蜂屯蝟起弥山滿谷假名□亻並號將
軍聽城破邑漸入中部煙井刊木壞宅焚廬所過殘滅略無
遺噍凶威既逞人皆脅從布栅連營攻圍留鎮雲梯俯瞰地
道旁通擊石飛□星奔雨落晝夜連戰朝夕□□□謂興亡
繼絕□□□□□闐然高枕不與爭鋒堅甲利兵□□其弊賊等曠日
持久力竭氣衰君乃陰行間諜際其卑墮搆字缺四釁待時鑿

門開宄殺兵掩襲缺四十字兩□□城時屬□□□下五字並以從拓本行間缺

右碑佚其後半不見年月石在朝鮮似兩面刻而遺其
陰者劉仁願兩唐書無傳碑云雕陰大斌人按新書地
理志及元和郡縣志綏州本秦漢之上郡隋大業二年
改為雕陰貞觀二年郡廢移綏州置此其屬縣有大斌
後魏神龜元年置至唐不改碑立於高宗時雕陰久廢
而猶稱之者仍舊望也仁願之高祖碑泐其名曾祖平
祖懿父大俱史皆無攷元和姓纂載劉氏雕陰一望唐
左武衛大將軍綏州總管義成公大俱晉右賢王豹之
後代為幽州酋望即碑所敘仁願父也義成碑作義城
四
按南宋及齊有義成郡屬雍州旋廢隋書地理志義城
郡屬梁州元和志作義成二字古每通用漢魯峻碑陰
勃海高成河閒阜成均以成為城碑從土與隋志合是
碑為正也碑敘仁願由仗內供奉隨太宗征高麗累前
後勲勞上柱國黎□縣開國公權授右武衛鳳鳥府左
果毅都尉廿一年以子總管隨李勣經略延陁改授右
□□郎將廿二年更授右武衛神通府左果毅都尉永
徽五年授蔥山道行軍子總管隨程知節討賀魯顯慶
元年遷左驍衛郎將五年授嵎夷道行軍子總管隨蘇
定方平破百濟以仁願為都護兼知留鎮既而僧道琛

與福信等復反仁願縱兵掩襲之碑文止此按百濟國
傳蘇定方拔百濟執其王扶餘義慈及太子隆等送京
師平其國命郎將劉仁願守百濟城即碑所謂以右為
都護也（東知留鎮）嗣故百濟王璋之從子福信與浮屠道琛據（據）周
留城及迎故王子扶餘豐立為王引兵圍仁願龍朔元
年熊津都督劉仁軌以新羅兵夾擊之道琛保任孝城
自稱領軍將軍福信稱霜岑將軍即碑仍國反逆至並
（號）將軍云云也任孝碑作任存舊書亦作存此（此）新書寫
刊之誤堡古止作保禮月令四鄙（鄙）入保注小城曰保是
也碑以堡為保特遒段耳是時劉仁軌以衆少休軍福
九
信俟殺道琛二年七月仁願破之熊津拔支羅真峴等
城福信尋為豐所斬碑末二行云云即謂此自後碑文
全缺据（據）傳及紀三年九月仁願與孫仁師等敗豐於（於）白
江口豐走不知所在諸城皆復時義慈已死帝以扶餘
隆為熊津都督遣歸國麟德二年隆與新羅王刑白馬
以盟仁軌為盟辭仁願親臨厥盟乃還碑為仁願紀功
而作後有與亡繼絕語即盟辭中言則碑立於麟德二
年可知補寰宇訪碑錄云吳潘祖蔭改為龍朔三年此
僅以白江之捷（捷）為斷未更改百濟傳耳仁願後於乾封
元年任畢列道行軍摠（總）管隨李勣討高麗後期當誅赦

流姚州然則立碑決不在麟德以後又可知也仁願歷
官見於碑者不過郎將盟辭繫衛右威衛將軍魯城縣
公乃再平百濟之封推也碑敘事有與史少異者如云
廿一年隨英國公李勣經略延陁并迎接車鼻安撫九
姓鐵勒按突厥傳車鼻遣子沙鉢羅特勒獻方物太宗
本紀以鐵勒諸部為州縣皆在二十一年仁願迎接安
撫是其時也若李勣伐延陁事本紀在二十年六月（舊書
同）迨二十一年三月勣又率三總管代高麗矣碑誤顯
然鐵勒碑中三見皆作鐵勤此（此）與突厥傳之闕特勒和
林開元御製碑作闕特勤正同攷鐵勒本曰敕勒後訛
十
為鐵勒凡譯番言音近而異者常也形近而異則必有
一誤然碑為當時所刊不應二碑俱誤豈今史作勒為
非舊歟又云永徽五年隨盧（盧）國公程知節討賀魯此與
新書高宗本紀合舊書繫於永徽六年五月又於七年
（即顯慶元年）正月書御元武門餞蔥山道大總管程知節不
與新書同又新書賀魯傳云永徽四年程知節傳云顯
慶二年（兩書同）舊書（舊）迴（廻）紇傳則曰顯慶元年按是役知節
師次恒（舊書作恒）篤城胡人出降副總管王文度取其財屠
之知節不能制軍還坐免恒篤城之戰兩書系於（於）顯慶
元年九月知節坐免舊書系於（於）十二月然則知節傳稱

顯慶二年據(據)知節坐免後復授岐州刺史表請乞骸(骸)骨
時系之而追敘所(所)繇未分明耳凡諸跋出皆當以碑爲
正也仗内供奉百官志不載其名唐六典云凡宿衛分
爲五仗一曰供奉仗又衛士大朝會周衛階陛行幸則
夾馳道謂之内仗(志同)其即仗内供奉之謂歟果毅都尉
衛府隸(屬)官府凡六百三十三關内府三百六十一上府
果毅都尉從五品下中府正六品上下府正六品下鳳
鳥府者疑即三百六十一府之一與(與)後所稱神通府皆
不見於地理志蓋唐府兵廢(廢)於中葉關内府三百六十
一志載谷州下之數止二百七十三雍州凡府百三十
七
一而逸其名者多至百二十其無徵也固宜六典左右
武衛長史掌(屬)亭等四十九府之貳竊(竊)疑鳳亭即鳳鳥蓋
草書鳥昜二字絶相似且同隸(屬)右武衛也惟絳州有府
三十三其一正曰鳳亭然絳州不在關内京衛長史能
否選掌無明文再容博弦飛騎隸(屬)羽林軍朝會巡幸則
爲内仗此由本軍大將軍將軍督攝仁願以武衛果毅
都尉歷領未詳其制意者仁願斯時仍充仗内供奉（碑）
依舊供故得領之歟長上六典云
色長上若司階中候司戈執戟並五日上十日下長人
長上每日上隨仗下其名義如今俚語常川上宿云爾

八
郎將五府及諸衛翊府皆有之中郎將正四品下左右
郎將正五品上碑不言中左右以果毅都尉從五品下
推之則遷左右郎將已進三階無緣擢中郎將也仁願
既遷郎將更授右武衛神通府左果毅都尉此(此)是左降
越八年乃遷左驍衛郎將則復其舊階矣子總管亦見
六典凡親王總戎曰元帥文武官總統曰總管凡諸軍
鎮五千人置總管一人一千人置子總管一人子總管
取果毅以上充有四品以上者有五六品者仁願四充
子總管固其分也平百濟國碑顯慶五年賀遂亮撰有
右一軍總管宣威將軍行左驍衛郎將上柱國劉仁願
云云此(此)在蘇定方初平百濟仁願守百濟城時與是碑
官位悉合又云仁願早聞周孔之教晚習孫吳之書既
負英勇之才仍兼文史之道是仁願不獨以膂力膽氣
稱雄矣而碑不一及未必非遂亮之諛詞也全唐文
卷九百九十載此(此)碑有可補今本之闕者悉注於(於)旁並
校勘其所譌闕如左
方邵（誤萬石此二字即在功字下具闕並無闕字）建蔣於東國（蔣誤旗）王孫杖
節（杖誤投）徐州大中正（字闕）徐從居關内（從即徙誤從）仍代居之
（闕代字之字）同綏二州總管（同誤固）別封義城郡（闕義字）譽滿詞
林（闕滿字）而高麗賦逕（而誤下）[]率蟻衆（闕率字衆字）其逵東蓋

年闕字逵十城十誤一逵東行還脫行字鳳鳥府鳥誤鳴壓領飛
騎[ ]北門長上闕飛騎字北字鐵勤勤作勤下闕神通府闕神字未蹦
蕃月闕蕃月字撫慰行[ ]闕慰字討逆賀魯闕逆賀字吐蕃寔勞蕃誤
林盛入趍[ ]闕趍誤走按堵如舊按誤安然昔周武平殷闕皆
字西威既遷闕遷字地道旁通擊石飛[ ]星奔雨落晝夜
連戰除落字連戰字外並闕朝夕[ ][ ][ ]謂興與亡繼絶[ ][ ][ ][ ]
[ ][ ][ ]闕夕下十五字可見者五字誤作闕十三字[ ][ ][ ][ ]獸待時鑿門
開穴縱兵掩襲闕四十字雨[ ][ ]城時屬[ ][ ][ ]此行全泐

九

滏陽尉劉貴寶供養題記

高一尺三寸廣二寸餘四行行十五四字字徑七八分正書在安陽

唐相州滏陽縣尉劉貴寶供養乾封二年二月緣當造沉石
此
於此山記

滏陽至永泰元年始復割屬磁州其屬相州在隋大業二年廢磁州後武虛谷云沉石疑為碑材杜元凱刻石為二碑紀其勳績其一沉萬山之下記所云沉石或指此然此說唐鎸崖石引用殊不類也

唐乾封二年二月

楊智積墓誌銘

方一尺四寸二十六行行二十六字方界格徑五分正書

大唐故上柱國咸陽府長上果毅楊君墓誌銘
君諱智積字仲謀宏農華陰人也瑞禽旌祉戩翮馴箱祥魚
表符奮鱗飛陛而乃曜台雲閣敷燮理於炎行端揆禮闈播
宰物於金馭於是潛流景福暉光本枝爰暨我尊貂蟬靡絕
曾祖欽周任夏州刺史贊寵與祠惠政纔揚螢銷啓詠祖磨
隋鷹揚宏謀遠略獨冠當時仁勇英姿器光前代父神通居
義府果毅大將軍商河男幼而奇傑倜儻逸羣體道懷貞學
該內外耻隋陸之無武嗤絳灌之無文運筞齒孫吳擊劒齊

唐乾封二年八月十八日　一

張項君素稟瓌津風承蘭秀挺不羈於廿歲縱任俠於髫年
仁孝自天忠恪弥著績効克隆光斯顯職以功授上柱國除
咸陽府長上左果毅夫爪牙之寄實屬貞良警儆文梡信惟
武將委之以心膂寵之以榮班執戟列含香之臣曳朱衆紫
綬之袟但以甌越閩駱蟻聚蜂屯水耨火耕鷄張鼠跱公雄
謀英略獨斷如流九地九天若指諸掌以公果勇差副元戎
前茅慮無中權後勁有征無戰承響自清旋凱嶺南倏同諸
葛身死　王事抑額伏波生入玉門遂乖定遠以龍朔
二年五月廿二日薨於滕州道行軍所春秋五十有一材官
銜淚思吮疽之深仁兵士悲嗟荷單醪之宏澤夫人程氏鶴
翔杨表鷟肴毫端蘊四德以光時芭六行而範物杏梁摧構
奄弃遐齡桂樹圮枝馥銷長夜粤以乾封二年八月十八日
合葬於馮翊北臨髙鄉之原父悼掌珠之匿景哀弄玉之潛
暉切太尉之深痛悲司徒之形衷勒斯銘而表德播令質於
冥泉異佳城之一啓希千載而揚徽迺爲銘曰
長河帶地髙掌擬天誕茲靈秀挺此英賢弈代台鉉朝野羽
儀令德遐備寔惟帝師於穆祖考工劒工書舞于華陛静㭊
穹廬惟公克荷紹隆堂構內侍禁闈外韜氛祲武陵沉影汧
水亡魂身死
王事流芳後昆厥父追悼旌其淑貞風凄隴首月慘山扃刋　二
茲元石永播嘉聲

右楊智積與（與）夫人程氏合葬誌不載撰人名讀其辭（辭）知
丞其父神通之命而作也華陰東漢屬（屬）宏農郡唐屬（屬）華
州誌稱宏農華陰人舉郡望也父神通居義府果毅大
將軍啇（當作商）河男居義唐軍府之逸名百官志果毅都
尉上府從五品下中下遞降一階大將軍正三品神通
蓋自果毅進大將軍封商河縣男也兩書地理志滴河
縣屬棣州宋始去水爲商此作商者元和郡縣志滴河
漢武帝鴻嘉四年河隄都尉許商鑿此（此）通海故以商爲
名後人加水焉是商乃本字也智積官咸陽府長上左

果毅咸陽亦軍府逸名長上宿衛之官詳見劉仁願碑
跋智積蓋以鐵府左果毅值宿衛者誌云甌越閩駱鵶
張氛時以公果勇差副元戎龍朔二年五月二十二日
莬𣏌於滕州道行軍所本紀龍朔元年遣六道總管伐高
麗三大總管伐鐵勒而閩越用兵史不紀其事文係駢
體贊寰興祠之上脱一句又凱旋嶺南條同諸葛以下
三聯為對亦所所罕見爾雅釋獸贊有力注似狗多力獷
惡廣韻云倒一虎者非盡異文也書體純用北朝家法
儐儐之譌桴柔之變

延慶寺碑

拓本連額龜下題名高四尺八寸五分廣二尺九寸二分三十六行行五十五字方界格徑八分正書

詳夫追千里之遠者始於一足極万仞之高者基於簣土孰
能不行而自至不為而自成非□□□□□□而□□者也
故我
聖莪跡無聞瑩智珠而輝闇室闡靈有外浮教機而濟沉波
兼乎八𠀍相資曆施野戰之策七月歸□功邁八元十力匡
輔耳陳帷幄之謀九總流荒觔逈十亂思歆闕道播德周折
檻以抗心王息饒杜俞必埋輪而摧結使設以大風扶木未
動於情塵洪水襄陵詎驚於識浪既而閑罪三界拯慾海之

唐乾封二年

沉淪孚育四生救火宅之塗炭若乃轄法鼓而作氣惚敵靡
旗建勝幡而□戒邪軍亂轍封鳥無所呈其戚長蛇安可肆
其毒於是馳光百億之日廓消無筭之天免六賊之覺鼓釋
四魔之面縛昌言大事斯畢渠魁已悟鑄智慧之劍利用生
[illegible]人散神通之馬於爲自逸禪林挺茂舒翠幹以蔭祇園德
水闡明涌滔濟而帶恒波悲夫道隨化往教逐機遷鷲嶺與
沙鹿俱崩奈菀共桃源並失爰以雲靈鶴樹花沉類月之姿
渫竭猴江艷委如蓮之目既盛不□之趣咸疑無滅之文以
離色為真空乃尋詮以忘證或遊心於眾妙解事同塵或任
性於宗師高畢入謍回以業風動物滋稠邪見之林慧火爇

光壇無朙之宅其後呈休隆漢降祉宗周沃四趣之濫觴連
五乘之傲落於是月宮霜暾檻翔大法之雲日殿霞明爛□
妙智之宗此延寢道場創□齊代其地瞻梁闕野下屬谷墟
蕭帝開疆上聯昴宿西連牛首隱婺女而映杳臺東接鵷池
銳偲人□而服銀䏑前覡台嶺峰含舉足之蓮御指龍崗胃□
濯頂之水幽房晝晦步月蹤庭朗室宵融迎風立觀正以有
隋季道亂被生人蕪淨境於叅離鞠梵壇為茂艸筲三車挂
嶋之軌夕闕麕飈六度踵武之場朝羅虺蜮䖵而天心返德
祥披綠錯之圖人事□之神開赤縣之象
高祖武皇帝武嘯中原□雄風而偃□□掎秦鹿以拯橫流
太宗文皇帝能吟方澤卷氣□而廓□天定周夏而庇交甿
皇帝系日垂明承乾□大仁萬鳳紀□□鶉火之禽德甚龍
名熙進元梈之獸禮無形體碩化外彰樂匪音聲鴻勛內立
侔野之辰星波委共掛天隅渭濱之熊北山連永維地□每
□黃屋而垂拱神睨三脊獮怯栽奔負鏞戾而無言靈瑞□
彩深勞夕惕搖偲篆而周覽祉為道緣極禎謙以邀觀休非
謎及知物情之可順識元命之難違所以踐泰嶽而渥金蹈梁
阿而刻玉雖七十二代昭著前書類此言之其蔑如也猶是
斷情山而填慾壑絜過塵勞決法海而□福田襟帶區宇沙
河縣令趙德胐乃天池駿骨丹穴鳳毛鍛循翼以畢栖踢遠
趾而微步言鶩武臧笑漢宗之虔不其威肅搖豪識少平之
□洛下丞元仁福志尚廉貞情存簡約故得贊調琴而變曲
政薦歌鸞毗製錦以隨機仁陵歎雄主簿劉尚廉少府函仲
任等並峴山玉璞漢水珠胎至於□業識盈頻窺損益之卦
凥平履順屢觀敧器之圖共立淨因俱捐苦諦提携在志勸
勉於傾寶之園誘進居心隨喜於聚沙之塔縣人劉君路探
信□於二藏虛往實歸騁戒足於三危瞬息千里乃顧聽頻
績肇叢深懷行必歎隨聲必響起與鄉人鄭懷藝五十人等
以乾封二年重成勝業尒其峻陛迴風接芝栖於惠氣高欗欄
寫月文甓磋於清鏵橫虹蜺以架飛梁□玉繩而綴輕緗流
朝霞而昔丹雘色異染成凝夕□以當玕璣妍殊巧制重欒
□隊勢趨險而適安積拱疑傾形臨危而轉固桷龍呈象望
卿雲以振雕鱗覺鳳瀋儀想王風而楊絲鬫憂斅五色照日
次以重光杳藜六銖薰戒品而增□瓊林寶地妙樂無極四
王諸天彈神戾止所以勸善也刀山火鑊楚毒綿劫三界之
子詫業來遊所以懲惡也觀夫聖人之立教闡而晦有而無
理幽遠以難知言河漢而不測大菩薩未足盡其源底況慧
區區者哉且至道之極不出於無至無之極不離於有成天
地不撓其慮匠万物不勞其巧用之億載而不竭冲之千劫
而未盈朙之者守樸而雖奇闇之者加雕而益陋已得遺之

閫

而不去未證徵之而莫□故隱提河而不滅見迦維以不生
孔司殺因察其名李柱下詎詳誰予惟恍惟惚渾和於元氣
之中不皦不昧分離於心行之表化身之因也如彼法界之
量也如此論其像姿無定源不可以穴眼決語其法理有彰
道閫得以凡情斷所為是遊僊館目睹神尻未敢諧頌天師
庶以記其人力竊謂靈光歸肰審其狀者文考景福軒翥閫
其代者平叔斯並文乖報應事闕眾因詠漢室之不朽賦[illegible]
國以恒新伊梵宮之開偉豈疑嘿於名津其詞曰
天紘肇闢地區初形神開萬品氣變千名□消□派風鼓澆
聲誰如安本心為㓜幻城　皇哉曰氏誕徹應機是舟是楫為
導為豎言寡而要義簡而微純施恒捨息照遍輝　跡窮虛壤起
發彼岸色陰氷離塵勞藥散天神閫請地祇幽讚感網高褰
迷塗景亘　慧日西沉勝幡東立釋蓋祛累挫紛解縈神足
遊□靈心迴集德山難仰法衆誰挹　道猷隋綱人莒食豐
愛水分流邪林交映於赫有唐享茲沉命載懃心燈重懸法
鏡　曰此勝場寔惟全趙臺接龍阜池連鶴沼禪慧相襲英
雄□紹道隱無名□心□曉　□□□產允屬時昌心清銳
水行潔珪璋逝川不息傳火非常哀生霞晉爰搆頽梁　命
事庇徒既營且度蹋地崇基舒天遠幕夕□含□朝霞□雕
霧卷亭皋雲霏林薄　靈宮既就神姿已尻松新蓋小柳細

遊

帷跡莎龕錦煥絲闢霞舒乃□雕餙因忝其初　附壙開曠
林野藹清衣□化□芥□坻□城□楊水□火燎仙遊庶三乘
之齋軌蝶千劫以飛聲　　修文人靈刹寺僧叅慧　郭行
端書古折碑頭勢延慶寺之碑天保三年歲次戊申四□□
揔題僧名今恐忘失古迹故重䦨新□
碑額供養像題名二則 左右各二行字徑四五分
僧寶意侍者普導台門徒供養
僧明空侍者法覺台門徒供養

右延慶寺碑前人著錄皆未之及石不詳何在文用參墟昴宿又云曰此勝場寔惟全趙又有沙河縣令丞主簿少府等云云沙河唐屬邢州故城在今直隸順德府沙河縣東又曰東接鶴池似謂鴛鴦水元和郡縣志鴛鴦水經南和縣北五里南和在沙河東也又曰卻指龍岡龍岡在邢臺縣西南邢臺在沙河北然則寺宜在沙河矣頭額文亦有不合者牛首山在今陝西鄠縣而云西連牛首則相去殊遠耳寺創自高齊毀於隋末縣人劉君路等以乾封二年重修之舊有天保三年碑其時已折尚存碑頭今又閱千數百年未知猶在人間否修文僧叅慧當即撰文人郭行端書不失盛唐體格武嘯中原以武代虎與戲作戲皆避太祖諱也用作因與華嶽精享昭應碑鷹福寺思恒墓誌同未知何因缺筆

唐總章元年至儀鳳三年止

計六百廿餘行　三十三開

卷七

唐七

張氏女等造像記

刻佛座高二寸五分三面各廣七寸八分五寸五分行行三四字字徑七分正書後刻供養像二題名七行在滄州

大唐總章元年歲次戊辰九月壬午朔八日己丑張氏女趙

氏女□人奉以上一面□□孝□及亡□六道敬造弥陀像一軀

公孫㝎英□等見□眷屬合家供養以上一面□營功德人女夫

趙辱　生

信女智愛供養

信女大愛供養二行字徑三分以上一面

彌陀像座題字正書總章元年九月壬午朔八日己丑石

藏滄州劉氏續寰宇訪碑錄

唐總章元年九月

一

總章元年在州人劉子鏡家滄州志

甎文

在瑞廣四寸三分厚一寸六分正書出峽縣

總章元造年

下二字倒置

唐總章元年

孟善玉墓誌

高八寸七分廣一尺二寸二分
十五行行十字字徑六分正書

大唐孟君墓誌
君姓孟諱善玉齊州歷城人也自軒𩇕誕慶若水疏瀾弈葉
聰華君其曾矣☐君雅亮高致風猷軌物動爲俗範言必鏘
金夫人阮氏毓德重閨早摽令淑好齊琴瑟恩合諸姻瓊寤
禍讖金風墜葉里隣絶相行路增慼粤以咸亨三年歲次壬
申二月癸亥朔十一日癸酉合塋于州東北二里之平原禮
也恐河神鍛劣☐海若居桑庶令德之長存鏤斯銘於泉門
瓊夢禍讖讖不知何字之譌本紀咸亨二年十一月甲

唐咸亨三年二月十一日　一

午朔三年十一月戊子朔推至二月爲癸亥朔自合

張祖墓誌銘

方一尺七寸四分二十三行行二十三字
方界格徑八分銘正書在京師端午橋家

張府君墓誌銘
君諱祖字遠南陽白水人也蓋系軒轅皇帝之苗裔張羅之
後自降昂策家飛聲於緗粟弁台襲慶播美於緗圖永平卜
恭 年封侯下博大業云季遷邑滏陽祖孫齊任汾州録事參心軍事
父長隨任下博縣主薄君天縱生知坤靈誕秀春華豔質秋
實皇姿捧手之年已申孝敬褰衣之歲方獻忠規道應扣鍾
學符飲海顯慶四年　詔版授滁州聚信縣令龍朔二年改
授冀州真水縣令粟帛屢頒牛酒頻錫韋厲埋金梁府歷玉

唐咸亨三年二月廿二日

校斗 云亭乾封元年又授也滁州昆山縣令辭五斗也之印綬歌三樂
以自娛户電難常窻駒易往哲人長逝梁木斯摧春秋九十
有四咸亨二年閏九月廿二日終夫人李氏趙郡人也葉孫姑
捧盥訓子傳機豈茜風落芝田霜凋桂蕤春秋七十有二薨
德二年六月廿一日殞粤以咸亨三年歲次壬申二月癸亥
朔廿二日甲申合葬於相州滏陽縣滏泉西三里之平原禮
也詩云穀則異室死則同穴祔葬之禮自周與焉伏岫崎其
南神鉦聳其北諒九仙之勝境寔三隱之攸居大男客朗等
五人孝履自天哀慕過禮但恐海桑變改陵谷㒰遷故勒斯
銘庶存不朽銘曰　本系軒闕疏源白水涑陽出守河

閒入仕家表義門鄉旌孝里靈鶴垂應神鴉降祉惟君人隱
藻披天章披雲覩樂鑿水窺黄泗上馳譽稷下流芳時遊愚
谷乍窅山陽其二如何昊天殲我良懿一歸萬里千齡掩隧白
馬来而范悲黄鑪感而向愳唯丹青与金石歷万祀而無墜其三
第二男基年卅六乾封二年卒葬在墓北連
右張祖墓誌云南陽白水人大業云季遷邑滏陽舊唐
書地理志南陽郡武德二年改為鄧州其領縣無白水
漢志南陽郡舂陵云故蔡陽白水鄉上唐鄉後漢書光
武紀建武三年幸舂陵置酒舊宅注在今隨州棗陽縣
東南宅南二里有白水即張衡所謂龍飛白水也東觀
漢記光武皇考封南陽之白水是白水在漢一鄉名耳
其置縣而屬南陽僅見於魏書地形志襄州隋志無之
惟於穰縣云有白水而白水之為故縣廢於何時則未
之及舊唐書及元和郡縣志載郡縣沿革甚詳而此獨
闕惟文選張衡東京賦注白水謂南陽白水縣也與此
誌適合然執是以證唐有是縣而疑史志之漏則不可
五臣殆以漢郡言而縣乃鄉之訛歟誌稱祖以咸亨二
年終春秋九十有四溯其在大業之季年近四十或白
水之廢猶在大業以後誌故舉其舊藉歟存以再攷祖
顯慶四年詔版授豫州褒信縣令龍朔二年改授冀州
冀水縣令乾封元年又授蘇州昆山縣令按高宗本紀
民年八十以上版授刺史縣令在顯慶五年非四年龍
朔二年不言有版授之典乾封元年封禪禮成民年八
十以上版授下州刺史司馬縣令誌與之合褒信縣志
屬蔡州誌云豫州寶慶元年始改為蔡州也爾咸亨字
並作亨此肅宗名諱不知是時何故避寫埋金磐府以
府為父千秋掩遂以燧為隧皆訛字

道王府典軍朱遠墓誌

方一尺五寸八分二十四行行二十五字字徑五分餘正書

大唐故道王府典軍朱公墓誌并序

公諱遠字元通若夫峙茂族於陽陵聲高俠窟植華宗於沛
國業峻儒宗是以自宣易名騰士林而結譽文忠孝行振家
業而連芳代襲珪璋門傳紱冕曾祖廣領軍大將軍神箭豹
略藝洽隼墉惋七校之宏摸闡三門之秘術祖緯齊洺州長
史非榮展驥底績翊於康莊奉職題輿令問馳於莘藪父寬
隨嵐州司馬卷舒人野之際隱不違親道遙得喪之間貞不
絕俗公騰暉驥涌風標千里之遙灌耀鸞官早發十城之價

唐咸亨四年二月廿八日

禮而後動苞五本而潤身謙以自居蘊四美而光德暨乎解
巾捧檄把投翰之雄圖攬轡升車蔑調蟲之小技俄而擢拜
絳州同鄉府果毅道冠耀首越劍文腰神交黃石之符訓洽
青巾之侶國已望華蘭錡聲重羽林三臺推翊國之功六郡
掩干城之譽於是　皇枝列壤資武略以恢藩　帝
菜分珪佇戎昭而肅邸遂轉公為道王府典軍風驚楚澤時
陪鷹沼之遊月上梁園屢奉授嚴之宴既而光衰蒲柳景謝
桑榆周申匪石之祈頹展揮金之樂方里封侯之願終應志
於風雲百齡遽盈之斯遙遷悲於霜露以咸亨三年九月廿
五日卒於大賢里之私第春秋七十有五即以四年二月廿
八日遷葬於咸陽之原禮也長扃萬古終竊寘於滕公永訣
九原空流漣於隨會嗣子護任三原縣天齊府左果毅哀纏
霜岵敘結風枝撫松劍而無追騰極書而雕記敬刊沉石永
播芳聲其銘曰
慶發指河祥開鑑日譽宣蘭檻威横石室猗人誕命荷茲隆
吉逸志請纓壯心投筆　茉名羽校委質戎筵欽石餘易擇
金暮年光賢薤露影謝萬泉山悲夜月隴思寒烟

咸亨四年二月廿八日

右朱遠墓誌不詳籍望作者之疏也誌稱遠絳州同鄉府果毅轉道王府典軍唐書地理志絳州有府三十三一曰桐鄉太平寰宇記絳州曲沃縣西南有桐鄉城伊尹放太甲于桐宮即此誌去木作同非是道王高祖子元慶薨於麟德三年子誘嗣親王親事府帳內府各有典軍二人正五品上掌領校尉以下守衛陪從事誌稱遠光衰蒲柳景謝桑榆周申匪石之祈頹展揮金之樂以咸亨三年九月廿五日卒春秋七十有五是其卒在歸老之後不知所事為元慶為誘也遠及曾祖廣祖緯父寬子護史皆無攷宋書及南史朱齡石傳其父名緯是别一人護任三原縣天齊府左果毅三原京兆所轄天齊府可以補京兆軍府之闕沈石見乾封二年劉貴寶題記跋彼鑑山石

而用與上字取義殊乖此則與沈霾幽隧義自合

龐懷伯邑人等造像記

刻佛座三面高四寸正面廣二尺二寸三分三十行左右各廣二尺一寸左三行右二十七行行六七八字不等字徑六分正書在房山上洛村石佛寺

維大唐咸亨五年五月八日龐懷佰邑人等上爲　皇帝陛
下師僧父母及已過七世見存眷屬等敬造阿弥陁像一軀
普及法界蒼生俱登正覺
都維那飛騎尉龐懷伯妻侯息□國德相德立名立元表
像主武騎尉趙君相妻陳息師舉妻陽息善通妻高
像主雲騎尉劉□罰母高妻王息僧明咸僧弟淨德妻陽相仁妻
馬相德妻張

唐咸亨五年五月

像主蕭榮貴妻齊息文義文哲文楷文志孫仁軌
像主劉天託妻王祖石妻衛
像主騎都尉趙□□妻劉彦基妻□息上騎都尉彦□□□
息仁迴以上正面
□主武騎尉陽阿武妻劉　息亮仁左行以上左面
像主史君昂妻馮息驍騎尉安國妻田
像主時天念妻甄息軋封
像主劉行本母王弟阿奴阿應
像主趙永祠母郭妻高
像主李師廓妻張息男生元名元褒

像主龐懷素□張息義重
像主李奴子妻靳息經義經方
像主趙老生妻樂
空二行
像主武騎尉陽君立妻樊息仁㥯妻許
空一行
造此像近手上洛村劉相□息龍鳳以上右面
謹案補正載龐德相爲父造經頌云公諱懷字伯即此
龐懷伯也□國德相据（槙）頌後題名知所泐爲柱字德相
弟德立名（立）元表皆與此同他人名之互見者史君昂劉二
天託妻王龐懷素息義重

大州司馬陶君殘碑

存額一尺二寸額下僅存七寸四分廣二尺九寸五分三十一行行存七字字徑九分正書

唐故大州司馬陶府君之碑篆額三行字徑三寸

闕前若夫本闕下望重衰星闕下食邑墳塋宅闕下亂之辰
早而慷闕下公乃立事立功闕下馳聲早標江海之闕下百
戶朝廷以三方闕下齒之齒咸知慕德闕下闕遠含章內睽
清闕下軍永安縣開國□闕下史又授上儀同三闕下章晦
迹仁孝本於闕下言年十四梁著作闕下人□□□袂成帷
闕下武皇龍躍爲墟鳳闕下翦翅我違闕下集供承
濟難如此闕下文皇親總六軍潛闕下聞之名利與異許闕下
唐附威方末
閨而標絕衰佐君闕下東皇之齡無改豈闕下廿九日覺
於渭南闕下天不慭留梁摧奄闕下則掩暎循原隱隱闕下
追往何日忘之所闕下□□□淪隨宵龍闕下□穹摘糀□
□□闕下仁□□□□□闕下凌雲才□□輸孤闕下婦
德恭理娩亻□闕下楚挽恫蘁斯駒□闕下後行尚有數字拓者遺之

右大州司馬陶君殘碑文存行首各數字篆額十二字而已陶君名貫及立碑年月並佚介猶文大字大州不見於唐地志或謂華州在武后時及肅宗上元年嘗改爲太州大太古通用也余按高祖初謚大武皇帝高宗上元元年改上尊號曰神堯今文稱高祖曰武皇不曰

神堯知立碑在咸亨以前華州猶未改太州其非以大爲太可知也舊書地理志於州縣改廢必詳舊名而大州獨無之不可攷矣書法宗褚河南高宗時碑刻多如此

壽聖寺經碑五種在唐縣靈源山俱正書

妙法蓮華經碑四面周刻碑高五尺七寸七分廣三尺一寸二分厚六寸二分碑陽三十行左側七行碑陰三十一行行各五十七字右側六行行五十五字字徑九分左側字較小額雕佛龕額陰題名二列每列十行字徑一寸俱正書

妙法蓮華經序品第一

經文不錄

額陰題名

□主明判尚　経主劉君行
経主淨德尚　経主劉仲寬
経主興孝通　経主劉阿遵
唐上元二年
経主劉阿奴　経主李壽洛
経主皇甫長　経主張行端
経主劉智訓　経主游小郎
経主　　　　経主郭伏德
経主趙阿登　経主趙仕進
経主李肆晧　経主張君德
経主寶勝尚　経主馬相如

明判尚淨德尚寶勝尚當是僧名省去和字經文中涅槃作涅縏耎作耎

金剛經碑四面周刻碑高五尺八寸廣三尺厚五寸七分正背各三十三行兩側各六行行均六十六字

金剛般若波羅蜜經字徑七分右側行末有題名一行額雕佛像額陰題名五行行五字字徑一寸五分隸正書

經文不錄

北平縣經主上輕車都尉侯法才妻劉張息滕王府親事義嬋妻劉息密王府親事義恩妻劉孫思儼思泰息上柱國義恭妻劉孫思禮思封等供養

額陰題名

大唐　定州經主劉騰雲經主李金仁經主劉起遠經主侯神範

按高祖第二十二子元嬰貞觀十三年封滕王文明元二年薨二十一子元曉貞觀五年封密王上元三年薨二王即元嬰元曉也唐書職官志親王親事府有執仗親事執乘親事及親事等官執仗執乘正八品上階親事不入品階新唐書謂掌供騎乘者也

弥勒上生兜率天經及盂蘭盆經碑四面周刻高五尺六寸八分廣三尺厚六寸五分正背各三十一行左側六行行各五十八字右側七行行五十七字字徑八分額雕佛龕額陰題名六行行五字字徑一寸七分隸書

佛說[]弥勒菩薩上生兜率天經

經文不錄

佛說盂蘭盆經

經文不錄

上缺弟子慧照尚經文末在右側

額陰題名

經主道元師經主符英才經主禮言直經主馬僧奴經主張行端經主劉仁基

慧照道元皆僧名禮姓魏晉以後不恆見左傳有禮孔禮至漢有禮震禮賢萬姓統譜云望出平原經文中頗梨即令玻瓈字

無量壽觀經碑高五尺五寸四面周刻今止得正面拓本廣三尺除三十一行行五十六字字徑八分正書

佛說無量壽觀經　石第二

經文不錄

大方廣佛華嚴經碑高五尺四面周刻今止得正面拓本廣三尺三十行行五十一字字徑八分正書

大方廣佛華嚴經世間淨眼品第一

經文不錄

二石經各得一紙尚少碑陰及兩側以前三石例之當亦有經主題名在額陰或碑側也

畿輔通志載壽聖寺經刻四種唐縣志别有蓮華經一石凡五種余先得三石本一妙法蓮華經一金剛般若

波羅蜜經一彌勒上生兜率天經書法並皆佳妙屬搨工史覓其二越三年復得無量壽觀經大方廣佛華嚴經二石本惜經文四面周刻而二經石止搨一面缺遺漏耳彌勒上生兜率天經通志縣志皆失載疑縣志重出之蓮華經即彌勒經之誤通志載四石者僅據縣志錄入而刪其重出之蓮華經歟碑無年月明一統志云上元二年刻石當必有據從之

壽聖寺韓清郎等造經像殘石

高存七寸五分廣八寸側厚三寸五分字徑七分正書在唐縣靈源山

經主韓清郎妻石息比丘缺

□□將仕郎劉仁師缺二行在龕左右

缺善女人云云至皆大歡□四行行存九字在龕側

缺□□王菩薩云云至一之施於□十行在龕背

附唐上元二年

潤州仁靜觀魏法師碑并陰
連額高七尺廣二尺六寸三十二行行七十五字字徑七
分正書上有穿穿上篆額魏濵師碑四字二行字徑二寸
餘在鎮
江府

大唐潤州仁靜觀魏法師碑并序
中書右史兼崇文館學士安定胡楚賓撰
清河張德言書　東海徐秀昉鐫
原夫有物混成分兩儀而造天地不言冲用廓四序而運陰
陽爲無爲事無是事謂元德其善人之寶乎自二皇之化不
追六辯之遊罕嗣舞利劔者矜情逸於盜夸乘駟馬者寓心
忘於道進遂使蒼壁在玩崑崙之珎非重元珠已沉罔爲之
唐儀鳳二年十一月十五日
求何獲若迺妙□懸解深體至精韞大白之高量步中黃之
前軌悠然配極邈天古以爲隣澹乎養空清谷神而內保得
忘筌於真宰抑有仁靜魏師歟法師諱降字道崇其先任城
樊人也稷林啓構元功邁於五臣程樹疏基宗盟流於百代
復侯開北既叶車馬之占和戎受賜且諧金石之響信陵之
名馳列國降禮夷門高梁之鑒極知人延榮嶽豈止據河
按部入於賢臣之傳浮江樹勳顯於中興之錄靈根所以增
蔚弈葉所以聯華曾祖允梁安城王國侍郎侍竹苑而影纓
照通梁月遊蘭臺而奉筆聲邁楚風談詩茂醴席之恩摛賦
軼夢田之賞祖遷陳長沙王國將軍有大樹之英略司前茅
之重任維城所以式固磐石所以載隆孝翔隋奉信員外郎
雅量川渟偉材山嶷許霄翔鳳既寨巢閣之儀孔門饋鯉終
有過庭之訓法師稟乾和之粹氣含岳鎮之英精銜馭本良
載産滇池之曲木難素美重生鬱浦之濱肇自弱齡夙稱神
駿松飈激吹入虛室以凝凉桂魄分輝照清襟而動色翦羈
伊始慕道知歸棲真而會六通克念而捐三業居然夷靜不
雜蹁躚甫及冠年心跡逾厲嚴君有命將擇嘉姻法師志在
不羈情敦無想眷言疇昔鄙德耀之齊眉及此恭聞類許由
之洗耳遂拂衣高蹈託於茅山之觀焉有徐昂法師道門領
袖一從授剌爰事服膺凡厥學徒特推英妙屬炎精亂象巨
祲橫流虵豕薦食豺狼當道昂師遊方逃難歷涉名山法師
輿轎擔簦陪奉避路雖復天台幽曠羅浮敻遠青谿閟景紫
蓋淩煙莫不躐蒙籠以迅驅踐莓苔而直指露霜沐露極萬
里而忘疲越壑踰岑周十年而匪懈太素上清之法三景八
會之文咸就昂師倫皆餐受昔紫雲在矚關尹得其常名元
闕斯登道陵探於秘篆擬倫往載異軫同歸既而　聖闡
權輿率土圖晏駕言負笈旋跡首禾復與昂師同還茅嶺昂
師徧遊五岳捴石笥之真詮傍察九宮得琅函之寶契餐霞
漱日神王中嚴業行高遠聲聞　輦轂貞觀九載被召入
京　太宗嘉而悅之於內道場供養每屆峒山之駕屢宣汾

水之遊親問昂師詢求上足師云有魏降者精苦絕倫冲退
守一當今莫二　先朝欽承道行有裕宸襟累降皇華徵赴
天邑法師偶蹤青領叶契滄洲確操不拔之心固全長往之
節　朝旨重違其顏迺亦優而允之由是蒙度出家配居佳
山之仁靜觀此觀東瞻環海打鼇靈浦瀍其隅西望鍾阿蟠
龍秀岳紆其表南則卒皋極目郊野雲蒸北則長江無際波
瀾霧杳實卜居之勝境固棲閑之福地但以厥初締搆多歷
年所亂離瘼矣棟宇焚如藥宮遺跡久燼夷陵之火蓮座餘
基永泣昌臺之露巖扉凋牖示免風霜法師亦既來儀聿懷
興復因萬方之無事恻九仞之虧功經啓全摹範圍崇阯原
陵文杏入彫梁而迴亘岱岬貞松分綺楹而閒植修廊宛轉
雨耀迴薄於棼楣複殿陰岑四時隔礙於簾幌金顏俯瞰似
窺光碧之庭珠帳傍垂疑近泰丹之室非夫思通神域將孰
臻於此哉嚮彼洞天實稱寶地列真所館惟帝下都法師疇
昔隱淪是焉憩進迄於永久無草登臨嘗以一朝詣於方隅仙
穴於穴之際遇猛獸焉跪奉法師出居于外俄而危峯之上
數石俱傾獸又奉師旋於本次豈非至德冥感神靈所扶法
師動靜怡然音容自若孰與夫探鯁無懼循檻不驚可同年
而語矣天皇纂戎當扆執契凝圖懷柔百靈體合三大凡厥
真仙之府咸崇望秩之規總章二年　詔於茅山修福精禋
茂典並委於師　天后又降殊恩賜山水納帔一緣迴綺文
於星杼絢寶飾於雲衣悠悠往初未之有也方謂天心輔德
神道福謙隨大椿而不凋比仙松以俱茂豈意少微之象奄
屬辰巳之期粵以上元三年六月六日忽有異香滿室佳氣
充庭合觀相駭驚其所謂師迺晨興沐浴匡坐凝懷命諸弟
子而謂之曰仙官見召吾其往乎有頃之間溘然遷化春秋
八十有二顏色不變屈伸如常道俗瞻奉哀感行路即以其
月十三日安厝於觀西南之馬跡山遠近攀號人將萬數擗
標哀送淩蔽山原于時朱明馭辰赤熛馳景靈輿將發深慮
煩歊其日迺陰雲翳天涼風拂野區宇澄肅宛若高秋固知

圖.

吉人云亡又亦幽明感應先是茅山高頂每有三白鶴焉方
事之殷鶴迺屆于墳所斂翼來下疑接王喬之仙投足哀鳴
似切子安之逝非夫精誠所達孚感異類銜悲時衆觀瞻莫
不悽歎惟法師立身制事懲邪屛慾以壽周為師範以巢務
為賓朋處順安排不擾於俗陰陽緯候河洛圖書九門開閉
之占五色死生之變常善救物匪替於心猶山宗之括衆材
若谷王之納羣派鼎俎弗用恒以松桂為資鍾廩所積務供
藜藿之士是故邦君藩后擁篲軾閭莫不仰止高山盈量而
返武陟公李厚德范陽公盧承慶駙馬都尉喬師望等並以
懋功明德作牧朱方聞風致禮披雲投謁飢渴道味極師資

之敬焉其餘鼓篋摳衣昇堂坐廡者先進後進千有餘人寔
所謂明白四通含德之厚者矣惜乎黃金難化青石遽湮蒿
陂之杖不歸棐縣之棺俄遠依依宿草灑晨露而增凄寂寂
脩楊吟寒飈而自咽猶子道士元胆弟子胡思簡桓文祭蕭
宏楷王文義門人趙志冲徐文珞祁行則魏法惲張文禮朱
完爽石忍等並夙承教義恭陪善學挹隆慈而得寶循往化
而凝表同氣相求颸言於衆曰夫惟天為大日月有盈虧之
道謂地蓋廣陵谷有遷謝之期不鏤跡於豐碑何著芳於神
理盡旌故實用表德音丹徒魏行斌我之自出法師曩昔情
深
深ム宗眷感永往須余製文誠則不材豈忘從衆式陳無愧遡
作銘云
大滿若冲其用不窮善成善貸完妙完通希微韞德虆蘥齊
功不有藏往誰其孰中粵若猗人承家濟美分枝程樹植根
豐芑文武疊跡惠昭方軌高平建侯劇陽封子妙年體寂遠
志淩虛祥室攸保靈山是居丹房受訣帮紫遺探書春園夢蝶
秋水觀魚運屬屯蒙時嬰版蕩逖矣遐逝超然長往建木南
登元天北上發明六氣牢籠萬象　帝圖首出辯馭
來歸復開黃冶還臨翠微寀有新牓門餘舊扉籮承野帶薜
入巖衣跡晦道彰身幽譽顯服心蔣徑馳名漢犨　巖
紼載流轜車遙踐鑿坏貞遁高蹤悠緬特紆　芝檢式

耀蓮冠珠宮養素金竈還丹疏廊煙極架牖雲端福基宏啓
真相閑安曠望仙臺逍遙洞府感通殊類祥超夐古導引三
光蠲除十苦企景波屬欽風星聚鳳京斯遠鴻襃不留朝驂
度隙夜壑遷舟北谷長晦騫林遽秋悲深黃鶴望斷青牛鏘
楚挽於通郊拂∟旌於迴甸隴沉沉兮出沒山蒼蒼兮隱見
凝雲愁而栱木陰垂露泣而千蕪變庶陵夷兮海竭邈完風
以孤扇

碑陰

第一行直下餘分十八列每列三十三行第一列
在額二十六行行字均不一字徑六分正書

維大唐儀鳳二年歲次丁丑十一月己未朔十五日癸酉樹
碑　謹錄門人男女弟子及捨施檀越等名如左
魏道成　‖‖‖　魏元靖　魏元顥　魏紹琳　魏
紹業　魏紹達　青州樂安任隆
右第一行
前揚州長史殷雅
前瀛州清苑縣令魏髝
處士韋道惠
處士張通
前丹徒縣錄事韋士元
護軍韋子容

上柱國魏孝孫
前江闕縣博士魏瓊
江闕縣助教六品子魏士賢
杭州法師張奉昭法師武法藏
杭州法師許文旻
雍州道士麴元敬
雍州道士李琛
沂州道士王仕開
沂州道士咸明解　法師任元秀
處士魏士亮　魏法朗
處士魏法奘　上騎都尉魏儀
魏難敵　六品子魏令孫
魏阿稱　六品子魏豪孫
魏子游　六品子魏滿孫
張法詮　通真觀
韋子嵩　道士石道智
上護軍孫道從弟子石惠訥
輕車都尉孫道通弟子冷孝徹
尼明進　尼明徹
尼華淨因　尼陳令妍

右一列在額

仁靜觀
道士夏文昌
道士查孝辯
道士華文榮
道士鍾離智感
道士曹文藏
道士高德闕
道士何法智
道士陳元坦
道士孫元寵
道士張文禮
福堂觀
道士夏文度
道士榮智徹
道士吳智曠
道士謝法安
道士吳寶圓
道士曹智瑜
道士榮法談

茅山華陽觀
道士徐文珞
揚州通真觀
道士桓敬真
希闕觀
道士祁行則
道士辛智感
道士倪闕敏
雲陽觀
道士桓文祭
道士賁伯仁
道士闕法隆
道士褚德沖
道士環法安
道士陳法奘
道士朱法珪
慶林觀
道士魏法璡
道士徐公頊

海陵樂真觀
道士朱闕爽
道士石法忍
道士石法雅
道士孫法擬
道士楊文稜
道士王闕真
道士劉法順
福基觀
道士王法雅
道士周法端
道士張法建
道士夏惠寸
道士司徒法彥
道士許法珉
道士王惠顒
道士陳文靖
道士伍道隆
崇闕觀

道士張法巘
道士来[宻]彦
道士陳智瑳
道士吴懷表
洞清觀
道士任智[鬮]
道士桓文發
道士馬元楷
道士戴[元]楷
道士彭文廣
道士師文日
道士韋道恭
道士華元静
道士張公喜
右第二列
廣濟館
女官魏淨敏
女官倪法端
女官武妙姝
女官魏法泉

道士袁法謨
道士陳彦滌
道士葛法静
道士陳法筠
道士譚德儼
道士虞法達
道士居明建
道士公孫法豪
道士王道簡
精舍觀
道士禹子琳
道士陳法詳
道士吕法達
道士張彦容
右第三列
含真館
女官蕭法瓊
女官李法静
女官徐玉娘
女官倪法要

天師屬蜀郡繁
縣都鄉上移里
十五代孫張文禮
男紹仙男道彦
男道[鬮]男道嵩
楊州海陵縣
習善館
女官冷法度
女官陳法琳
女官王淨贒
女官陳伯勝
女官馬妙妍
女官夏法喜
女官高静真
右第四列
齊鄉館
女官桓法含
女官張惠静
女官孫智辯
女官桓文傳

女官魏法静
女官朱法順
女官魏法真
女官魏法成
女官武法宣
女官魏法儼
女官魏智脩
女官魏智暹
女官夏淨珎
女官魏法惠
女官徐法敬
女官朱令循
女官萬法端
女官丁静脩
女官朱法秀
女官陳淨謹
女官許智暹
招真館
女官譚法□
女官□[図]習

女官蕭法瓌
女官莫法果
女官蕭惠娥
女官徐令姿
女官徐令容
女官張法姬
女官莫寶明
女官袁羅妃
女官何淨意
女官王麗姿
女官徐鎮娘
女官來静敷
女官倪法瑛
女官劉静□
崇真館
女官生淨□
女官□□玉
□官□淨賢
□官陳道姬
習真館

女官桓文儼
女官蔡惠豊
女官王淨斐
女官周元昺
女官虞淨真
女官許𡡉姬
女官王惠逖
女官朱令豊
女官王令姬
女官金仲頞
女官虞妙譬
女官王法言
女官王淨姬
女官温明梵
女官虞妙慈
女官王淨謪
女官夏淨顗
女□夏□□
女官□惠成
女官謝真智

女官吴真妃 女官嚴淨姫 女官夏淨□
女官鄭道勝 女官武令端 女官虞淨敦
女官吴令瑶 女官耿法進 女官朱法瑛
女官張法澄 女官葛道肇 女官陳淨婉
女官吕法寵 楊州福習館 女官徐淨敦
女官孔令韶 女官朱法勝 女官張淨玉
女官俞法□ 女官趙志慈 女官郝法妍
女官張明貴 女官埶寵 女官嵇淨辯
右第五列 右第六列 右第七列
上善館 前□□司戶□□事魏豪
女官任法真 □□州括蒼縣尉魏仕□
女官唐思真 夫人安定胡楚妃
女官高妙□ 越州諸暨縣尉魏德文
女官皇□□ 前豪州司法參軍事魏鏘
女官任伯□ 前蘓州吴縣丞杜安仁
女官任淨糸 守潤州譙山戍主解建成
女官唐道体 将士郎魏循 上騎都尉蕭文强
女官皇法宣 文林郎魏智翮 上護軍胡黨子
蕭
女官孫道□ 登仕郎魏德項 騎都尉蕭黑郎
慶
女官茅智□ 文林郎桂元慶 雲騎尉魏孝傳

女官皇□靜 文林郎杜懷貞 前六合縣令魏□約
女官皇道本 上柱國魏太平 飛騎尉賈貴兒
徽
女官譚妙賢 上柱國魏孝禮 騎都尉賈孝徹
女官孫法倫 騎都尉魏德禮 祭酒陳文韓
女官泠定婉 上柱國任雄 騎都尉胡行德
鄭
女官鄭道端 上輕車都尉生仕貴 上輕車都尉周仕豪
女官譚妙容 護軍高道□ 前湖州武康縣令胡智辯
女官丁令姿 上騎都尉王貴郎 上騎都尉徐殷師
女官董令諗 騎都尉任文彥 騎都尉徐仕貴
海陵建鄉館 上輕車都尉皇法明 文林郎魏子彥
女官張志辯 飛騎尉皇法恭 前新興鄉博士魏長興
女官王善惠 騎都尉朱季琳 文林郎徐孝敬
女官戚淨行 騎都尉朱法倫 上騎都尉魏智瓚
女官許法勝 上柱國泠君才 江𡩋博士魏道威
女官楊淨真 雲騎尉桒氈頭 上柱國倪惠崇
女官楊智勝 飛騎尉田伯達 上柱國柳文蕩
殷
女官成令識 武騎尉殷小妹 上騎都尉孫鄉和
殷
女官徐法愛 騎都尉殷法珉 弟子査孝則
女官徐法倫 女官周道暹 弟子生道祖
女官徐惠津 女官朱妙能 上騎都尉高貴生

女官曹明姬 女官姚法果 騎都尉朱伯寵
女官王法倫 女官任妙玉 騎都尉魏文曠
右第八列 右第九列 右第十列
馬墅村 唐村 唐村 棗村等
王□器 朱走 任□辯 張冲兒
鄧文□ 妻冷五娘 任榮略 冷幹
王无畏 □客禮 任進郎 □□禮
高文喜 朱□表 任開宗 □孝則
鄧僧兒 朱國通 任擎手 樊孝仁
鄧通兒 朱□秀 賈智朗 樊孝瓌
蕭冲 朱公喜 胡敬娘 王喜郎
生孝恭 朱興貴 賈昌蒲 棗寶琮
蕭仕元 朱興將 賈仕詮 棗榿頭
蕭仕恭 朱興玉 賈仕懷 陳紹進
蕭仕達 朱智才 皇法達 棗莫道
生仕詮 朱仕懷 皇孝靜 棗貴郎
生仕信 朱義 皇孝則 棗邏兒
生文寵 任元崇 任孝卿 王仏養
夏侯文招 皇客僧 皇文通 棗庯兒
高法朗 義門孫難 周丿蒯 與仕英

王文強 孫罕□ 任寶 陳孝辯
高惠喜 孫和□ 皇知禮 棗婆養
龔讚公 孫黃頭等 東武村 棗砅兒
柳樹兒 里正范娘子 朱黯 棗羅邏
何□敞 里正王君禮 朱法達 葛村
蕭泰 里正王秀才 朱法真 宦定可
胡道□ 里正嚴仕□ 朱法超 冷元覇
胡道開 里正顏孟孫 朱法榮 冷仕瑜
高尚兒 倪文豪 朱公養 桂豐郎
蕭智詮 夏侯郡 朱子琳 葛仕侃
孫孝議 蕭孝辯 朱子強 葛仕榮
倪伯珎 檀紹基 朱子榮 陳政則
蕭孝進 王伯□ 朱貴成 陳君勇
高孝詳 王子幹 黃拔子 葛仕恭
夏文朗 高菜兒 冷要娘 賈子辯
上騎都尉高惠難 飛騎尉胡元凱 王伯琳
右第十一列 右第十二列 右第十三列 右第十四列
僧法貴 北樂村 徐聰娘 徐公羨
僧道璧 魏子直 魏伯媚 倪𡚱兒
僧智造 魏公果 魏樂娘 查孝通

僧曇椿　魏師寄　魏淨傳　查孝敬
義[甯]村　魏元徽　淵壁村　蕭[宏]昱
殷文亮　魏榮　顏孝軌　蕭[宏]景
殷成宗　魏合孫　唐孝[宏]　彭遍宗　右第十八列止此
田俱達　魏元歆　周烏目
殷道現　魏樹提　徐君義
殷侍　魏智澄　紀惠文
許郡　魏智訓　戴意郎
殷瑳　魏子端　禹山村
殷敬　魏子瑒　夏孝紹
殷驚　魏運　上柱国紀伯孜
殷[宏]義　魏孝裕　華文緒
殷文建　魏孝表　顏孟德
殷孝謙　魏孝寶　夏都兒
卜子華　魏標　女人高娘子
殷法珉　魏伯楷　李豐
徐智強　魏孝辯　夏侯对
殷
殷△貴　魏道暹　柳[宏]宗
殷養　魏伯儔　柳貴郎
殷邏兒　魏紹祖　王端娘

殷惠仁　武孝義　紀道超
田俱進　魏德賢　上柱国紀道副
錢豪　魏孝登　紀道成
任寶立　魏孝軌　上柱国紀道進
任子超　魏仕榦　紀道起
孔元凱　魏仕兒　紀道珎
張鎮州　張桃公　劉喜
冷仕徹　田伯開　顏道強
劉智休　殷昂　周大樂
蕭君業　皇文寵　石匠滿通
右第十五列　右第十六列　右第十七列

碑稱法師諱降其先任城樊人此（此）東漢兖州郡縣晉仍之後並廢樊在唐當（當）為任城縣東境李申耆云今山東滋陽縣西六十里是也法師曾祖允梁安城王國（國）侍郎祖遵陳長沙王國（國）將軍考翔隋奉信員外郎梁安城王者蕭秀也城史作成秀有碑在上元縣亦作成此（此）作城二字古每通用陳長沙王者宣帝子叔堅也王國（國）置侍郎始於（於）晉其有將軍見宋書百官志奉信員外郎隋志不載法師與其師徐昂兩書方伎傳無之碑云出家配居（住）山之仁靜觀山上一字泐其左旁碑陰題名有稱

譙山戍主者知其所〔所〕缺亦譙字太平寰宇記丹徒縣有譙山戍譙山疑即譙山史記衛綰傳景帝立歲餘不譙呵綰索隱譙呵即譙何猶借訪也漢書作孰何李奇曰孰譙也此〔此〕譙譙通用之證碑又言武陟公李厚德范陽公盧承慶駙馬都尉喬師望並作牧朱方聞風致敬李厚德兩書附見忠義李育德傳育德之兄武德初拜殷州刺史其牧潤州封武陟公史未之及盧承慶兩書有傳字子餘襲父赤松爵范陽郡公顯慶四年拜潤州刺史並與碑合喬師望尚太宗第九女廬江公主見新書諸公主傳位至同州刺史不言潤州者略之也撰人胡楚賓附見文藝〔藝〕元萬頃傳秋浦人屬文敏甚高宗時以右史預禁中修撰尋兼崇賢〔學〕學士碑結銜中書右史與傳合兼崇文館學士與傳少異惟按六典中書省起居舍人從六品上龍朔二年改為右史咸亨元年復故天授二年又改為右史神龍元年復故碑立於儀鳳二年時已復起居舍人而楚賓〔賓〕仍稱右史何也百官志崇賢館上元二年避太子名改為崇文館有學士直學士碑曰崇文是上元以後之稱傳曰崇賢者楚賓兼職在未改避以前史據其初而言也又六典五品以上為學士六品以下為直學士楚賓〔賓〕以右史兼館職似與傳稱直學士為合學士則高一階矣然碑自題其銜不應有誤意者館〔諸〕學士皆以他官兼之無定員故亦不必同品歟抑武〔武〕崇文學士為東宮屬〔屬〕館其階與門下省之宏文學士中書省之集賢學士有差歟碑陰題名十八列五百五十人結銜有瀛州清苑縣令者清苑地志屬莫州景雲三年自瀛州來屬〔屬〕立碑時尚隸瀛州也稀姓有咸有環有居有生有與有官即宦咸見姓苑巫咸之後唐有咸莫咸廣業環見元和姓纂楚有環淵漢有環饒晉有環濟全唐文載有王玠撰北平環公夫人程氏墓誌銘居亦見姓纂晉大夫先且居之後漢有來城侯居般生見姓苑陰飴生之後漢有生臨萬姓統譜云見印藪與氏族略有之宦見萬姓統譜

周廣墓誌銘

方一尺三寸七分二十三行行二十三字字徑五六分正書

大唐故周君墓誌銘并序

君諱廣字廣欽汝南人也周大王之苗裔太師旦之後崇基造天与五岳而爭峻洪源帶地將四瀆而俱永若乃漢代標奇周勝揔七緯之理魏朝推俊周嗣談百氏之文降及晉宋軒冕逾隆備乎史籍丕難次叙祖礼齊任蒲州録事參軍又任洛州永年縣令父雄隋任左驍衛兵曹特遷武賁中郎將君門承累構地積重光少懷慷慨之誠早㨗英豪之志往屬皇家創業風塵未▢大揔管曹國公應選自㓹擢為車騎位畢千百之長勲高四七之功區宇剋平▢▢自逸既而花飛春館時傾得性之樽月醲秋亭▢▢踐▢連之席逍遥三樂容與一生優哉遊哉老將至矣春秋七十有三龍朔元年三月廿九日卒於私第夫人傅氏武仲之後夫人朱氏公林之後並海内之名家天下之盛族莫不艷侔春蘂節符秋霜四德備於進閑六行聞乎州里夫人朱氏春秋七十有五乹封二年九月十八日卒夫人傅氏春秋七十有六咸亨四年十二月廿七日卒即以儀鳳三年正月十四日合葬於黑山東南歆城西北四里之平原也金槨既掩玉樹永沉於九泉石門一秘連城長瘞乎幽壤嗚呼哀哉乃為銘曰

唐儀鳳三年正月十四日

昭章景胄杳淼靈源長波控地崇基接天門標杞梓代出英賢替裾并葉冠蓋蟬聯其一載誕君子孝友忠和材惟俎豆任乃干戈凌鋒▢馬位薄功多元勲劇著幽巷婆娑其二薤露非久風燭難停朝去華宇夕秘▢扃佳城鬱鬱夜臺冥冥千秋万祀空垂令名其三

右周廣墓誌銘廣嘗從大總管曹國公擢為車騎按唐書英國公李勣武德初封萊國公尋改曹國公(高宗御製李勣碑作曹公)六年授河南大總管廣汝南人其事英公為車騎必是時也誌敘周君先世漢周勝魏周嗣並無攷夫人傅氏朱氏並卒於周君之後是並娶非繼娶矣

同官縣造像殘碑

高存一尺五寸八分廣一尺八寸二十六行行存十七字至二十一字不等方界格徑七分正書

大唐雍州同官縣□□武定村碑之□□闕
若夫二儀肇闢日月於是麗空陰陽創分□闕其形五帝□
興□□通於巨海自尒□賢愍闕是知岱嵩靈岳鎮大地以
順倉生四瀆分流闕軆於摩耶植善三祇降神容於淨梵輪
光西曜闕□力自在廣俻六通觀三廿朗若目前曬十方闕
□□須㬰粉碎含靈蠢動□許牢籠幽厄迷愚闕智淼㵿流
洗羣氓於鹿菀今敬崇尊像歸為武闕臨湍泒右瞰丹崖却
望周门前瞻漢像青楊聳□闕泉皎潔遠□迴流芳馥名花

唐儀鳳三年

一

依蘭放彩以儀鳳三闕於村所仏堂內爰建像碑一口亻羈
人敬拜宿歎闕殊王舍說法未異孤蘭月六念誦下救□黎
三□闕頓　皇基永固　聖祚無窮牧宰賢明□闕方
法界六□含靈解□悪之津俱登正覺之路闕玉□而非堅
遂發菩提心求無上狂為奔而不闕業敬造阿弥陁像正面
四區勢志觀音魏然左右闕□奇工雕刊□麗昔聚砂僮子
猶傳祇夜之經爍闕□於天地刻琬畢以㚈濵㡯陵谷頻遷
簡所餘芳□闕□沌初啓七曜麗天三皇感化五帝稱賢周
姬度影闕其一宗靈鎮地四瀆潮溟諸侯異管百郡泰弁堯風
正闕聲其二□行六年悟證無生超茲八解燭此幽冥鷲峯演

解

闕威名其三狂為馳奔朽藤垂斷淨土時長人間日短捨门闕
慈為伴其四建斯武定大聖居堂𨗳迹瞻矚遠近謡楊蘭闕昔
堡稱黃其五馬均刊式鏤乃輸斑文武二惁綰接山原闕立日
月齊懸
張懷志書
刻像人趙懷惁

二

唐調露元年 正 永昌元年止 此

計七百三十行 三十七開 卷八

唐八

此碑删

御史杜秀墓誌銘 石上闊下方高二尺三寸五分廣一尺二寸五分上爲陶額闕下文十六行行二十一字方界格徑八分正書在宗師廟下梅家

大唐故御史杜君墓誌之銘額正書字徑一寸餘

君諱秀字侯莫出自長安京兆因錫封壃今爲恒州□邑人
也笞靈㕥降祉標望繡於堯圖峻極重光播英名於晉籍成
蹊擅美授模楷於漢朝代有其人可略言矣祖就任平西將
軍學海澄瀾聲飛滿席文權道月之地武貫峴望之碑考乇
琛珷瓊姿與玉山而文映談蔡權穎比金鏡而齊輝君道貫
生知譽彫龍而絢彩名遒入洛儛神驥之飛文德邁陳星邦
稱御史譽領朝野令溢鄉閭志好清閑吟翫珎於懸榻翩翩
筆海命盤讌於澡梁豈謂植乘同榮休勞忽奄悲爪閱逝瞬
影塘林貞觀十年四月三日終於私第春秋六十神府颷然
粤以調露元年歲居單閼十月戊申朔廿五日壬申與夫人
馮氏合葬高邊村北西臨泜水東據長達泣㵒露於晨歌聽
松楊而慘瑟永幽黃壤寂寞無聞式刊遺芳方傳不朽其詞
日空三格 天靈降祉京兆踰城南陽獨秀爲□之貞文輝陸
海道貫陳星吟書戶閑嘯風鸞呈歎騫□之已就鍪遊遨之
永寘敬國芳於翠苑式表德於□□

唐調露元年十月廿五日

誌稱杜秀恒州□邑人恒州即鎮州元和十三年改領

縣有石邑秀蓋石邑人也字多詭變贊翫來府字無攷
之俱不可識擅美即擅美翠苑當是琓之别體

諱 村

王通墓誌銘

方一尺三寸三分十八行行十八字字徑六七分正書

大唐故王君墓誌銘并序

君諱通字阿師幷州太原人也夫以崇基下廓列五侯於漢
婝跡幹上標稱賢於晉室莫不楚材代有荊璞繼生虬蒙載
而無窮龜書紀而難盡曾祖及祖年遠不叙父伏覩天精之
引慶知神器所歸翊翔鳳於晉川定龍圖於渭渓蒙授朝散
大夫君舒光漢浦彩耀常庭孕質荊峽孀輝苗室傲誕卿相
脫屣公侯志重林泉不求官位於是樹龍鱗之五栁逐三節
以舒帷蔭慶扆之一松隨四時而轉蓋琴絃養性詩怡神豈

唐調露元年十一月七日

謂良木忽摧溘先朝露春秋五十有七龍朔二年卒於里第
夫人常氏妍輝荊浦彩艷娥闈儀鳳年中奄銷靈魄嗣子□
良深滅性痛結□棻以調元年十一月七日合葬於故城之
北礼也□齋举徙鎮發瑩成田乃勒元銘為其頌曰
昂〻夫子烈〻英名既稱其德亦擅其聲楚材代出荊璞繼
生一朝潜壓万祀荒瑩騷〻風樹　鬱〻佳城幽魂永寂泉
戶長扃

栁栁之異文知神器所歸句及詩怡神調元年皆脫一
字

徐法定等卅三人佛座題記

高三寸廣四尺九寸六十行字徑六七分正書

大唐　調露元　年太歲庚辰三月丁丑朔日□□癸卯
泐　弟子卅三人等率化合泐缺四行　清信徐法定女官□□娘女
官羅玉語女官李之娘　王細姑　馮舍娘　任造娘　李娘
□　丁善德　胡細娘　楊相娘　楊文胄　費敬娘　楊
玉光　黃源娘　王供娘　譙娘　馬合娘　何□海　蘊
□娘　李娘肆　樓稔鳩　韓满娘　楊義娘　徐恬娘
楊英□　仲承相　王邠娘　楊羌娘　王學娘　嚴金娘
□□□　□□娘　胄□□　何□□　何□□　葉香
娘　仲娘女　泐三行　譙敬娘　鄧大□　羅相娘　□金
□　泐　□神□□　黃泐

唐調露二元年三月廿七日

調露元年歲在己卯若庚辰則八月以前為調露二年
八月以後為永隆元年記刻於三月當稱調露二年誤
二為元也高宗本紀調露元年十一月戊寅朔推至二
年三月歷一小盡為丁丑朔自合

張龍駒等造像銘頌

高一尺九寸廣三尺五寸三分三十一行行十五字方界格徑一寸一分正書在曲陽東北七十五里高耳溝

仙人山岳王像并畫像之銘頌
原夫上清懸象濤貞明於連壁□遶黃輿運蓮峯於累岳故
有三辰紫極少嶽為黃老之宮兩岫朱巖太鷲作青蓮之剎
既而炎龍鑠電之神露於妖鱗隂虺梃災踐靈祥於毒吻柳
而不□其量大覺所以稱强楊而不竭□𡨥背者猶其獨王
爰有淸信士張龍駒胡仁鄉定州恒陽人也意以梢類懷恩
含生□□是謂獲騰獛鳴之峽路阻人兇□歸獄□之隈士
呂陵畢慮恐弓鳴劒舞善徒□奔問之由水注湍崩行路㝵

唐調露二年

一

□氣之□故於此所敬造无障㝵玉佛一鋪□舒梵影耀□
彩於迷方色起禪光盈□□於冰□□□渾儀載□縫無靡
□□□始象傳□□施津梁之惠其詞曰
地闢黃岳天開朱道咸□日融□□□□仁无物我匪生煩
惱有限之身而□□寶爰有猗□圖斯相好豪槩雲□眸□
露草垂五色於九天同三八（光於）□□日月之竝姿（次）天地而□孝
大唐調露二年歲庚辰月癸 泐下
瀛州河間縣□□王□□供□ 泐下
定州恒陽縣卜仁感弟仁感母□感妻羅感妻嚴合家大小
供養

定州恒陽縣仙弟子清信女羅嬪婆供養仙時男大曽供養
仙時
定州恒陽縣郭善杲妻李等供養
空四行
此功德銘頌□□□之當 泐下

歲庚辰月癸□者蓋六月癸未也是歲八月改元永隆
此銘以六月刻石故猶書調露二年月中□遶黃輿句
與上清懸象不成對偶疑是黃輿遶□誤倒之耳標題
之前有後人妄鐫字

二

王善相妻禄氏墓誌銘

方一尺二寸五分十五行行十六字標題獨窰方界格徑七分正書在長安

大唐故大都督王府君夫人禄氏墓誌銘并序
夫人諱　禄氏嫡于太原王善相之妻也若夫鴻源迴泒與
四瀆而方深積搆崇基將五岳而齊峻芳苗盛胄代襲簪裾
弈葉光華足可言矣乃祖乃宗蟬聯繼踵譽標朝野謀略有
聞奮氣横衝英雄烈熾惟公稟靈清幹風著勳資少事戎行
久陪營陣先沉痼瘵久奄黄壚作配雙魂早婚禄氏夫人粤
以永隆元年十一月廿七日卒於崇賢之里春秋七十有七
即以永隆二年二月九日合葬于京城南洪固鄉界韋曲之
永隆二年二月九日　一
禮也孤子　等痛傷髀髆切甚心腸懼陵谷有遷式旌不
朽其詞曰
邈矣華宗崇基峻極嗟乎盛德儀逾暑㫗夫人淑姿奄傾遄
電四德久傳六行斯見

禄氏武庚子禄父之後以王父字為氏

等

開業寺釋孝信等舍利石函銘

刹石三面高四寸七分第一面廣七寸十四行第二面廣六寸三分十一行第三面廣七寸五行後空七行行俱八字字徑五分正書

竊聞八國之風欽慈氏之聖體三分之教重惠日之法身於
是□刹浮空巖遺形於法界棟梁忏日餙現化於大千遂淂
覩相銘心潤法牙於道樹觀形息慮湯纏惑於菩提四八之
兆自此而興万德之由從茲顯著大開業寺主仏弟子釋孝
信等重雙林之八相敬檊菀之□身囙寺莊之搆營淂周朝
之故　像　奉為二聖造堂以覆等容謹於開耀元年十月
廿三日於仏堂基中間內下七粒舍利將恐桒田變改陵谷
唐開耀元年十月廿三日　一
遷移鐫此石函勒茲銘叙其詞曰
四德圓明越煩惱海雙林匿影□同變改諸主欽重人天共
分碎身如粒以泼沉昏建堂脩塔以覆真容二聖千載蒼生
不空日月遷移海陸無准寄茲乙二傳燈無盡

石未詳所在文有大開業寺云云按開業寺在今直隸
元氏縣封龍山西吳村唐貞觀四年賜額寺有開耀二
年李裔碑開元十二年石佛堂碑敘寺廢興甚悉此為
開耀元年寺僧孝信等勒銘石函埋堂基中者近始出
土故著錄家皆未之及其在元氏似可億中欒城亦有
開業寺則元泰定中建非此開業也文云因寺莊之搆

營得周朝之故像按周武帝時以僧徒猥濫詔一切廢毁李畜碑所謂周季道消𦵏夷像教多寶湮覆支提廢毁即指是事蓋像淪於周至是始得之而造堂以覆也二聖指高宗武后

二

開喜令蘇昱德政碑

連額高七尺三寸廣二尺四寸二十八行行六十五字方界格徑八分正書

大唐絳州聞喜縣令蘇君德政之碑字額十四字二行徑二寸正書

大唐絳州聞喜縣令蘇府君德政之碑并序

觀夫天下不可以獨理其惟列邑乎君上必存於共□其良宰乎然則孔公將聖□應中都之□□叟大賢首宅□壇之地禮□行而風雨順德被人靈縱缺五字流功懸日月道存之矣仁遠乎哉粤我蘇府君名昱字奉□魏都亭侯河東相侍中則之十一代孫扶□武功人也因封命氏昆吾之紀緒克昌賜邑䜣庸司缺五字遠繫書持節漢國仰其忠臣佩印乘軒洛陽推其讜客蘇與州之逸槩不受二天蘇將軍之盛名自高三輔襲銅鈎而播祉代有其才蘊金冊而凝禎時無與缺五字上大將軍光祿大夫太子少保御史大夫國子祭酒大理卿京兆尹吏部□部刑部三尚書尚書右僕射開府儀同三司襲邳公又封𡩋陵侯房公　皇朝贈缺五字軍事陝州刺史出入兩宮光昭百揆封侯□將鳥落印而獄銜珠折獄提衡人不□而□□□祖〻隨晉王文學太子洗馬鴻臚卿著樂志一部書重懸金文高積玉下蘭宮而一息光燭珫遥臨棘署而曾飛望華寳綬父隰隨尚輦直長　皇朝晉州司功秩滿高尚不仕德爲物範言成士則仲雄藏此字旁補器初從主

唐高宗末

一

寳綬

藏

業 紫 絳 降

□之班元亮遺名竟保居貞之節君以奇光照社巽氣充庭
龍翰鳳翼成其文璞玉渾金比其德王公孫之綺歲致賞時
□劉孺子之鶴辰獲稱邦彥□中有對日下無雙丼皮云蘄
於上京伯鸞遠遊於太學萬言成誦百遍忘疲杜子真之精
專□□春之籍甚弱冠明經高第尋授右屯衛倉曹參軍業
謝青襟名昇紫衛有司之恢克著於當官終宴之遊載推於
上客既□擢授沛王府騎曹參軍尋丁父艱□孄泣□三年
墉高一□□防魚躍鱗而入祭鬫雄接翼而來栖服闋留君沛
府倉曹擇時賢也從容碯□荏苒□庭春命飛文已出懸劉
之右詳惟立政行馳狗產之前秩滿遷絳□□喜縣令靳城 二

輿壤左邑遺塵滄浹浩瀁而踰川景寉嵳峩以連鎮夏墟陶
亘千樹成陰吴坂遥通七山相對蒼蒼葦谷積煙雲於歲時
晶蒲陂澄日月於朝夕□鼎衣冠之盛鄉有八裴土風名物
之□地惟三晉□其身正其德恒仁義足以禁非禮教足以
敦善下單車而府庭無事去什物而□界肅然猛獸悪禽咸
避不其之□□□孝□□變和䜣之風□在愛人善□從政
武康刑□未勞旬月之間餘杭化行詎待朞年之後滄其澤
者樂道而忘歸聞其名者不言而自勸問疾苦恤惸□□□
農□不□□□寒□□而萬實□天地交□百祥降爰有邱
中之麦辶出兩歧□□□之一山□□城之五穗繼芑灌露

學 學 藝 壷舊

秀色𪅏風雖公□以櫰稼作歌仲康以嘉□□□□之異□
□京□□蓄家室以□績婦承□桑姬□化春歸岐路僕蠶
□而□鈞秋□□□□纖□而弄杼衣食足知榮辱其斯之
謂歟□猶御之以公方撫之以□□崇學校□□□□□□
寬之布□察以臨之推誠心以待之夫然故盜賊空寃訟息經
□邑樹□茂過其境溝洫深都鄙有章上下有序□無二價道
無拾遺官曹□詔□□□掾吏□□□暇豫良辰美景自公退
食俯中庭而披外閣□磬學而敞琴堂接定□之高士引臨邛
之貴客談清靜之化讀聖哲之□時巢速於耆德官俸給於□
□□奇□□□□文□□□□□劾職猶見蝗飛□□□ 三

人祇聞鳳化若斯而已哉縣丞汝南周大鼎主簿狄道董履
貞縣尉渤海□恂行扶風馬嘉賓等並□□清貞道存□龢
□□□□□□□□□栖中夜不扁遙覩蔚羅虛設一□聯
事載奉恩徽人無閒言我有餘地斯不亦休乎惟君德貫終始
木膺久大道綜多能藝優□美風流弈弈共□天壤之間□勝
□□自出塵埃之外穿楊百中運金鏃於神工奉□千嶠得銀
壷於舊禮綠琴風馨變卉木而振陰陽綠□雲搖寫鷄鸞而圖
日月三載寺績殊□之美□彰四□□代□□期云及吏人相
顧老幼追攀街巷雲蒸閭閻霧□門亘□畝見蓁令之初飛
路咽行車屬劉君之已□□境萌庶鄉望老人縣錄事宋德

本　本等咸名推絳老德重堯人咸栖息邱□傻遊鄉黨僉以為
高陵善化思詣闕□何□□縣休風侯登台而有日莫若激
揚徽烈□□□□爰陳上蔡之詞式佇中郎之筆下官遊汾
□竇仕晉非村至於是邦幸聞其政□士龍之畫像自有生
祠虞李鴻之頌聲非無載路義不獲已嘗試銘云
絳賢　地方百里人雜四鄙清原近控絳山岧峙不有大賢誰其□
棗　美粵我令德於馬攸止其一□□□聲貌褒擅名其後必大莫
傑　之興京邳公人傑晉府時英顯允缺六字其二慶基華閥神儀天
蹟　骨推操淩霜虛懷入月探賾書圃窮微義窟是稱領袖□□
臺　髻易□□禁㘓攸掌丈臺接□一□衛□俄驚□□松竹自高　四
虛　〃歌變□聿缺六字長其四其虛其徐清風穆如爰清爰靜政成
下車試□應物神用藏諧德及春□仁霑夜□其五永言播殖
深惟稼穡授以天時□其地力秀歧嘉穎稻千庾億春缺五字
□纖其六析理通神乘我任人膏□不潤甑裏生塵令□禁止時
□俗澆邑□□德家□忠□其七□惠□舉□之□序□□甫稱分
飛忽値路泣人吏亭悲士女缺五字車無兩其八謠童有馬思君邑然
生祠愛結碓頌功宣登□不遠拜尹行邊□陟何事守闕三季以下
全缺

右聞喜令蘇昱德政碑昱兩唐書無傳宰相世系表列其
名蘇夔之孫也碑祖下僅存〃蓋即夔字惟表於夔下系
勖勖下系均幹昱三人據碑昱祖夔父傑是表於昱上
脱傑名也隋書蘇威傳威安撫關中詔以威孫尚輦直
長傑為副與碑稱父傑隨尚輦直長合可據以補表之
缺矣碑言昱祖都亭侯則之十一代孫按周書蘇綽傳
綽為州九世孫同綽生威威生夔夔生傑傑生昱是昱
為則十三代孫不知碑何以舛誤如此碑四行末缺五
字以五行上大將軍云云徵之可補曾祖威隨四字蓋
歷官封爵悉與威傳吻合傳不載唐贈官者修隋書例
從削也夔官晉王文學太子洗馬鴻臚卿亦與傳同夔
善鐘律與沛公鄭譯議欲累黍立分正定律呂博士何　五
妥忌而沮之因著樂志十五篇以見志新唐書藝文志
有蘇夔樂府志十卷舊書經籍志同今其書不傳碑文頌於
昱善政無稱寶昱仕至濟州刺史而兩書不採入循
良傳殊可惜本無撰書人名當在標題下剝缺處立碑
年月當在銘尾亦就缺失以父傑先仕隋室及文中以
人代民以理代治而中宗諱顯不缺筆論之碑當立於
高宗時

張貞墓誌銘

方一尺八寸三十行行三十

字字徑五分正書在洛陽

□□故上柱國張府君墓誌銘并序
□諱貞□□□河南洛陽人也昔帝軒氏之官正位列□□
□叔武之子孫□□司馬□□匡諧□道闡演帝圖君臣和
而宗族安□□□而軒□□□則天文錯絡降□□之精靈
近則人事飄飆出嵬崙之□□□□鳳峙□□□可以□其
功□□兔悲□□不足以□其□曾祖業隨广言□銀青光
□□□□稷□□□□□秀文□□□□於地則巖巖巍巍氣
擁嵩高之嶽立於□則□綮□□爛光□太白之星□□西河

唐垂拱元年

轍

□仁恩於郡守名高北海□□□於□□祖洪木□安陽□
□□□□□□□□器宇非常□□乘□□□□□□□□□
□□轍□□□□□□□□不□□王□□□□□□□□
□□□□□□□□□玉生□之□□□□不□□□□□
階□之□木□□□□孝□□□□孔宣尼之□政奚□
□仁□□□□□□□之□人□□□□地□天□□□□
□生而有才□□□□之階幼便多識闔覽江夏之□隱不
達□貞不絕俗食□三□□□□□□□千□似石崇
之好事尔乃開別□□閑居□□槃之連□□□□□□□
□可以□□□□□□□□可以翔□□□□□坐□詠

經　勒　挺　此

春草於池□□□林□木□□於□院朋遊若市□從如雲
加以志烈□□心□耿介□□□□之氣□酬造化之恩□
□□□□□海隅有事君乃潛設□榮坐致良□□□而
興□□似汎舟之役□□萊□委運□闢經國之榮□□□
□□□□恩詔授上柱國遊乃□□□□□□□□□徵誕□
門門子弟□□□□□□之領袖為□□之傑□悲悲哉哉
門人言之未睹夫子之容□□□□□□莊周之夢□垂拱
元年二月廿一終於故□□□□之私第春□五十□□嗚
呼哀哉□□風□□□□行瑰奇□□之□未□□□之□
不□彼天□□殲我良人粤以其年□□□八日□於□上
之嶺礼也□□□□□勞之□□□子之□□十□□□
□□□□□□□□□□□□□□□□騰勒此□□□之
不朽其詞曰
惟天与□惟嶽降神名高東□□□□□□□□□□□□
□□□□□代□人□□挺生才子抑揚人際□□懷書□
□□□山泉□當蓬萊□□□□□□□棲山風月二其嗚呼哀
哉二鑿峩峩催遠從□□長歸夜臺風□寘色林□增悲此時
相送呼君不來三其困壠□橫唯棘与荊明月空照□□羅聲
東海□□　□□已平人何代而不故代何人而□生四其暉
暉白日皎皎素月亻尔今辰𢧐□古歲松風夕悲薤露朝□

囗囗囗囗九囗永囗
張貞墓誌銘文多殘蝕審以征遼輸運有功授上柱國
其曾祖業隨才言囗銀青光云云乃左右諫議銀青光
祿大夫也祖洪本囗安陽云云唐相州領縣安陽缺者
相州二字也其人俱無攷父名佚不可見

捷
恭

處士陳沖墓誌銘

方九寸八分十六行行十六字方界格徑六分餘正書洛陽芒山出土

大唐故處士陳君墓誌銘并序

君諱沖字務瓌洛州鞏縣人也曾祖義祖囗囗已並瑞岳開
祥仙鶴挺也操明同囗月識倫中賢君少挺此字添註潙仁長逾恭
恕礼讓撫柔體性孝友發乎天情神不愁留奄就遷化去永
淳二年遘疾終於私第春秋二十夫人張氏以垂拱元年遘
疾終於家第春秋廿一以垂拱二年歲次景戌十二月丁卯
廿八日甲午冥婚合葬於侯山西南十五囗平原之舊塋礼
也丹旐牽風素幃含露悲川咽水瀚海愁雲将囗銘易湮山
原或變式鐫貞石用表生規其詞曰
大囗囗浮中庸囗性孝發撫心仁明幹正囗囗囗迹惟君獨
盛婉矣夫人明哉惠悟令淑遐彰言容有素庶陵谷之不移
与天　地而齊固

唐垂拱二年十二月廿八日

周禮媒氏禁遷葬者與嫁殤者鄭注遷葬謂生時非夫
婦死後遷之使相從也殤十九以下未嫁而死者生不
以禮相接死而合之是以亂人倫也釋同不言殤娶者
舉女殤男可知也陳沖與夫人張氏生無媒妁之通死
而合葬名為冥婚且以為禮屬誌中似以者屬見之周
禮注鄭司農云嫁殤者今時娶會是也是西漢已有之

用公私集帚業則五代且不免
僞吳宜其俗尚相沿不以爲非也侯山即緱山

法果寺碑并陰側

高連額九尺六寸廣三尺九寸四十行行八十三字方界格徑一寸正書在唐縣額題大唐定州中山法果寺之碑畢十二字陽文在唐縣

大唐定州中山法果寺之碑題額篆書下有畢字乃後人妄刻行陽文碑字

大唐定州中山法果寺之碑

朝議大夫□□□少卿檢□定州□□吳興縣開國男吳

興姚□下泐

蓋聞生生者□□□所以□生滅滅者因宅因由其有滅□

父多

因不□□□□□孔父之將聖多能□□□□□□□□□

□□□□□□□□□□□□□□□□□□□以浮□□

唐垂拱三年四月八日 一

□□□恒□□□是□□□□□□□□□□□□有□煩

惱□慈悲齊彼我而□是非□□□而□□□□□□□□

□□之□□□□□□□妙力十□□□□□□□□□□

□□□□□□□□□法超有□於□□□□□□□□□

□□□□□昏蔽□□□□□□□之□□常□善□廣□

方便□□□而□□□□□□□□□以□行□□□□□

令□□□□□□人□□□□□□□□□□□□□□□

□□□□龍樹□□□□□□□□□而□□□□堂□□

□□□而列名都故□□延□□□□□□□□□□□□

妙理之□□□□分□□□□□□□□□□□□□□□

□□□□□□□也宏□人□而□□其為□也博□俗化
而□醇由是累代□季紹隆之跡攸□自家刑國信受之路
弥崇妙矣哉□□大宏允□於　明代矣法果寺者□□□
□□□中山□□□因高就下巧□面□之□□□□□
□□□□之□前標峭嶺□□□而在□郤□長阡規原野
而□想東臨絕澗若依定水之流西枕通隍疑入化城之閾
既而齊變朝市周毀伽藍□□□□□□□□□□□□□
毒霧以韜光日藏□□□□□□□□□開皇十□□僧
百有餘人雖頗修營未能終畢俄以□皇昏虐煽毒黎蒸地
出飛鵠□黑山而擾亂天明伏鼈□白波而□□□地□坊毒　二
龍□□□□□□□□□□□□□□推既等觸彼魔□□□
□□火宅於是否終則泰晦極而明本自伊者之載（風）闡
皇唐之化運□智而司契（昇）則風□大千□能仁以御□則□
涵巨□左日右月融光□於□□上□下□□□□□□
□□□而□□□□□□□以照臨廣□　佛日難見
得見如覩優曇之花應身法身若□多寶之座光明具相□
奉　昌時道俗由是乂安人祇以之休□□□□□□□
□□□□□□□□□□□□□□□□□□□□□
□□□□氏即漢中山靜王之苗裔也擾龍開其祖系□蟻
發自童季□礙辯才甄通法性甫從□卝即曉至□□跡俗

塗澄心妙境初誦維摩經一部始末弗踰三日寫□□□□
□阿難多□□□□□□□□□□□□蘭若之行□□
葛洪之山二紀有餘一志無倦感尋此寺慨然□懷登頓来
儀翹勤搆葺瞻　佛像之□□慟甚分河覩法□之湮□□
□壞□□情悲惻□□□□是用□□開林□□□□運他
山之石□□□□此地之材經營紺殿蓮承寶座光含聚
日之容柏捧香鑪氣擁凝雲之狀飛鳳甍而迴翥上寫天宮
竦龍□以孤標下臨地界□松□竹森□□□□□□□□
池□□八功德水□□□□□□□□□□□□□□□
□□八院□極彫鏤之奇恰迊四廊妙盡丹青之飾法堂龕　三
室凡七十二口金□素□合二百三軀□□□□住持□□
長者□達□□□功□□□□□□□□□□□□□□
□道俗於是脩心泐約數字下空
高宗毓上聖之姿膺繼明之位寢門問□邁一日於三朝□
□祈□□□□七□仰希　□□□□□□□□□□言
搜揚練行既能□□□□□□□彼　佛因以貞觀十八季
遂奉　勅官度名配恒陽脩德寺身仍居此寺焉守護法場
堅持忍□一麻一米甯唯若□六季四攝□□□□□居三
月□□□□□□不可□□□浮泡是生厭離□□□□
□□肌膚割兩股以然燈難忍能忍焚一指而攝念脩空見

空衆輩不堪其□禪師□□其節自山居不出四十餘秊作
礼奉行六時無闕每□禪師□食則有□烏□□□□□
□□□異常馴□曾莫驚□□□狼□迺直湊禪林初
以左手麾狼次以右手遮鹿兩俱齊止一時分去昔迺人追
□□舍利隱而未安今則鹿避貪狼禪師□而無害是知禽
巢□上方□入定之心□□□中始□依仁之性尋復發窓
淨頟創□大花嚴經以汲井頻繁慮□□□迺經行禪寂方
事尋求旣而岸側無何忽有飛流涌出具足八味似挹香山
之泉清淨一流如對雪山之水禪師遂剌□□墨□□□□
□□□三□□□一□方畢喻□迦葉菩薩頟圻骨以寫全　四
經等如大士真人欲歿命而求〻偈方心比事無以過也復
以□花妙典□貝葉而猶凋刻石靈文紀豐碑而可固慮有
□之□朽□不壞之良因□集大□□□貞國經有三十六
部石有四百餘條字□鐫金即演金河之奥筆端垂露仍開
甘露之津□□鴻都伯喈慙其楷則言方祿閣子政恧其刊
詳擬金剛之長堅非如□□□簡喻石刼之無盡自等寶藏
□函介其竭力懇誠上□　皇□洪造樹因植果下為法
界蒼生經始脩崇雖符雅志未奉□□猶且疚心豈謂苦霧
萎花傷法蓮之遽隕驚飆慘葉悲道樹之長空奄以咸亨二
秊五月廿九日遷神于此寺春秋八十有二僧徒□泣□□

□□□□俗侶興哀惜頭然而靡救永懷□範如意之寶俄
摧退想法緣切心之慕空積弟子海玉親稟戒珠宿植□□
早標慧業傳燈寫照方融智炬之心受鉢護持克嗣般舟之
行閒龍□之奥典自啓義扉□□□之□□□理窟禪池
湛潔對心鏡以齊明梵碣光崇開意花而合淨□□遺行痛
有切於摧梁顧想餘基哀無殊於陟岵作種種之利益纂繼
莊嚴成巍巍之福緣畢竟圓滿張斯二目因此一心□□一
之真乘體不二之明行□□前星寢耀少海驚波玉□□文
遽落儀天之秀珠英□彩遂傾麗日之輝　宸扆軒庭切鍾
心而□慟冥因勝業託景福以宣慈跡閟□門幽賞之駕俄　五
□法開岫上妙之果長隆以上元二秊奉　勅為□□皇□
建寺因賜舊名法果禪師至誠幽感果致　天從頟力□提
事符神造寺稱法果標證果而崇法僧□脩德彰具德而聿
脩□□以□□□□營無欲固可以怡神□□□□□
□□□居任之者若□□□□□□□□之者□□□□
□□□□立翠□□□□□□□重□曲閣獨擅長卿之詞
若斯而已也
皇太后□□□天□□□□□四天之□□□界□□十
□□□□□□□□□龍□□□□□水□□□□□□
□□□□□□□□□□□□□□□□□□以□□□□

思感切金儀演妙舍辟月而揚輝寶□□□□□□而絢彩
□□　聖旨□□□□□□□□□□□□□□□□□□
□□□□□□□□□□□□□□□□□□□□□於□
□□之□□□□□□□□□□□　皇基國祚與□石而
長堅
□□□□□□山□□□□若　巨唐之□天下于今七十
一季□
□□□□□□□□之光□禹跡之□不□□□□□□□
□□□□□□□□□□□□□□□□□□□□□□□
□□□□□□□□□□□□□□而□泉□□□安其□
六
□□□□□□□眂畢効其祥會王□□□□山而建□□
□□□□□□□□□□□□□□□□□□□□□□□
□□□日月□□□□□□□□□□□□□□□□□□
□□□之□□濟□□有□□□□□□□□□□□□寺
□□因匡坐□□之宅俱持智□□□□□□□□同建法
□□□□□□□□□□□□□□□□□□□□□□□
□□□□□□□□□□□□□□□□◎◎◎僧相與思
惟□宏讚嘆□□□功□□□□□傳□乎法力大慈而□
頌□□□雪山□□□□□□□□□□□□□□□□□
□□□□□□□□□□□□□□□□□□□□□□□

□□□□□□□□□□典麗□□□□越石以□□□□
□□□□既人安而業定即以安定□州□□□而□□□
□□□□□□□□賢□化□□□□□□□□□□□□
大王□□□□□□□□□□□□□□□□□□□□□
□二□猥以□□□循□□□□□□□□□□剖竹之能
淌歲□成□□□□□六時而□□□□□□□八□以□
□□□□□□□□□□□□□□心□□□□□□□□
□□□□□□□□□□□□□□石謹因言而宏道□終
古之□□□□□□迺為倡曰
大千法□□□□□□□□□□□□釋□□□□□□□
七
□□□□□正□□□□□□□□□□□□□□□□□
□□□□□□□□□□□□□□□□□□□□□□□
慈悲人興禮讓法宇□啓梵音遐暢二其偉哉大士□□□□
□□□□□□日□□□龍自□□□□□□□朗照□□
□□□□□□□□□□□□□□□□□□□□□□□
□□□窟□□因□□知飄忽□□□肌膚□剖骨□盡纖
芬福深溟渤□其跡去人代□□　□□□□□存□行□□
□□孤□持□□□善□□□□□□□□□□□□力□
□□□□□□□□□□□□□□□□□傳敬□□而奉
　國保福祚而長□□宏思於□妙□肅事於彫□庶齊蹤

乎永劫表冂跡乎良緣
垂拱三季歲次丁亥四月甲午朔八日辛丑建

八

碑陰

高連額八尺二寸廣三尺九寸額陰題名一起碑陰第一列經目四十行第二列題名四十二行第三列三十八行四五六七列剝泐存者行數不等每列每行字數及字大小均不一正書

朝議大夫守司府少卿檢校定州刺史吳興縣開國男姚璹
高祖僧垣　梁中書舍人周上開府儀同三司驃騎大將軍
使持節華州刺史長壽縣開國公
曾祖察　陳中書黃門二侍郎秘書監度支吏部二尚書
領大著作入隨員外散騎常侍太子內舍人北
絳郡開國公
祖思廉　皇朝　秦王文學兼文學館學士散騎常侍豐九
城縣開國男贈太常卿謚康公西府功臣第二
等
父處平　皇朝太子通事舍人別奉勅直司經局下泐

右在額陰十三行行字不一

前三行缺
缺用石五條
缺一部七十卷用石一百條
缺經一部八卷用石十條
缺經一部十二卷用石十六條
缺冂般若經九部九卷用石九條

缺品經一部廿卷用石卌一條
缺雲經一部五卷用石八條
缺博嚴淨經一部四卷用石八條
弥勒上下生經一部兩卷用石二條
大乘起信論一部一卷用石二條
觀世音經一部一卷用石一條
思益經一部四卷用石七條
花嚴要偈一部一卷用石一條
觀經一部一卷用石一條半
无量壽經一部兩卷用石三條半

首楞嚴三昧經一部三卷用石五條
右件等經多少有異或一條即了或數條方終其有經少
石餘乃□小經附出其小經名目列之於後
敬福經一部　寶印經一部　盂蘭盆經一部
佛名經一部　巳上四部在涅槃經末石下
遺教經一部　出家功德經一部　巳上兩部在花嚴經末石下
法句經一部　木患子經一部
錫杖經一部　巳上三部在□花經末石下
時非時經一部　在維摩經末石下
阿弥陁經一部　在花嚴經石下

十

稱揚諸佛功德經一部
賢刧千佛名經一部　巳上兩部金剛波□□下
地藏菩薩經一部　在首楞嚴三昧經末石下
六門陁羅尼經一部　在大乘起信經末石下
右件小經附在諸大經下具如脚注
□前石經並在西院廿四龕內安□
西行南頭龕大花嚴經為首排比其□
□波□□□部并觀世音一部在□
太后像堂上安置
後二行泐

定州官寮
右第一列首行缺
上缺禪師　朝請大夫行司馬上柱國樊文
上座僧敬元　朝議郎行□事□□上柱國□□□
上座僧仁廓　通直郎行司　下泐
僧師□　通直郎行司　下泐
撿校僧慈□　朝議郎行司□叅軍上　下泐
僧惠基　奉義郎行司□叅軍　下泐
僧宏勣　通直郎行司法叅軍　下泐
僧惠仙　通直郎行司法叅軍胡思賢

十一

僧大辯。朝請郎行司士叅軍皇甫忠
僧[元]寂。。宣德郎行叅軍事崔□之
僧思本。。宣義郎行叅軍事閻□良
隆聖寺禪師辯利。。朝請郎行叅軍事蘇味[元]
隆善寺上座僧行武。。叅軍事崔藴玉
淨宮寺僧道韻。。。承奉郎行博士孫文徹
隆聖寺主道洽。。。錄事王雅質
淨志寺上座僧名達。。錄事王神感
習定寺主僧□□。。。唐縣官寮
上座僧行果。。。朝散郎行令張仁則

寺都僧敬宗。。。朝散郎行丞賀蘭思□
右在碑右第二列
文林郎行主簿邵文□
文林郎行尉李思□
右在碑右第三列
聖善寺　尼□□。。定州遊弈使定遠將軍守左□□
尼妙光　尼〻玉。。衛陵川府右果毅都尉上柱國河
尼圓寂　尼□□。。閭縣開國男李承慶
景[宏]寺尼□□。。。遊弈使□□校尉守左衛潞
上座尼真希。。川府左果□都尉上柱國□趙容
寺主尼貞徹澄素。。唐縣令息五品孫左率府翊衛張瑾

寺都尼貞徹。。柱國子東宮左率府翊衛□□□　低六格下同
尼惠□。。前詔授許州□□縣令□戚□
尼靜義。。息倉督□素
尼德相。。前蔚州飛狐縣丞□□□
尼英□。。息倉督言□
尼金玉。。前□縣錄事王下泐
尼智貞。。朝議大夫行定州下泐
尼寶□。。。柱下泐
尼思仙。。定州望□縣令下泐
尼□□。。全泐　後二行

尼□□
右在碑左第二列
上泐上柱國下泐
上泐[元]下泐
上泐德下泐
□□□
上泐兄君可泐
□□□□□
上泐[元]下泐

曾祖紹□周任亻州司馬
右在碑左第三列
祖敬遠隨任并州陽曲令
父常貴隨任魏州司户叅軍
壯子皓隨任易州錄事叅軍
壯君政唐任蔚州司户叅軍
弟文博□思齊思藝思義
普法　孫[宏]謹[宏]基[宏]裕
右並是脩德禪師祖父姪孫

上泐州錄事琳下泐　右在第五列之右
上泐弟元　泐弟元□
上泐元□元□
倉智　泐劉元康
此後約三十行偶有一二字可見不悉錄　右第四列
□□令□君德息□□　仁昉上柱國錄事仁恪仁亮昉息知
元知義知禮恪息元□元奭什朗亮息知本元景元階孫
梁容元亨元範
渭南縣令邢小師息武騎尉二朗　朗息元通元□元德
十四
劉□□息善感善才善通
□□縣令吳□征息師舉師□□都□□□師感師道
上泐女比邱尼石瑠
上泐息宏亮□貴
上泐尉　泐息起宗上柱國鳳　泐文恭文寬阿七
上泐校尉張□安息下泐
上泐令程肆朗息下泐
此後全泐不辨幾行　右第五列中左
前二行泐

版授　泐息上柱國
前將軍相州內黃縣令下泐
版授相州□□縣令劉下泐
版授冀州衡水縣令下泐
前司法劉□善　息上柱國下泐
前將軍□經略息上下泐
版授并州司馬劉善會息下泐
上□軍劉表信息鄆州下泐
前長史劉同貴息下泐
前司戶劉□□息鄉長□古下泐
版授□州河陽縣令劉文貴息下泐
版授趙州平棘縣令劉難當息上柱國□□
版授相州鄴縣令劉公廌息□□
版授瀛州平舒縣令王清師息萬□
前鄉□□師廓　息宏括
□□□生張英舉　息行恭
前司兵劉通義　息□方比邱僧□□
前司戶劉師道下泐
曹州濟陰縣丞劉□□息忻州定襄縣尉仁□
雲騎尉劉舉　息元通
十五

版校冀州下博縣令□公□息定國
前撿校安陽□司兵于道敏
上柱國劉□□息□□□□明□□九
里岳王
此後全泐 右第六列
上泐 仁□息□□
□仁道弟仁□弟元雾弟□□
□元 下泐
□□□長苑天生錄事張仁禮
上泐 仁 下泐
上泐 息宻秀
此行全泐
上泐 石善果
上泐 濟
上騎都尉倉督劉文匡
佐史□□□ 劉度 韓□□
□□宗 劉道仙 石神□
劉符□ □□礼 般□泰
里岳 劉□卿 劉義昉

十六

劉□□ 郎志遠 王無敵
□□山 劉廣慶 范元掋
□思□ 郎□徹 呂□宗
劉名徹 石二朗 孫宻□
□□□ 劉文□ 劉楚璧
□□□ □大明 楊山九
□行□ □□□ □仁表
□□□ 吴神□ 張思□
□□□ 呂□□ 呂□□
□□□ □□□ 楊□徹
□□□ 李□□ 呂□信
□□□ □□□ 劉金河
□□□ □□□ □□忠
□□□ □□□ □□仙
□□□ □□□ □□王
此二行全泐
□□□ 劉□□ □忠行
□□□ □□□ 崔宻亮
□□□ □□□ □仁□
此四行全泐

十七

息□□　息思仁
□□□　伏拜
右末列

碑側金人遷碑題記 六行行字不一字徑六分正書

大碑□□中山法果之寺□□
□可 泐六字 重修□□了□□澤于 泐四字 僧惠照維那邑人邸
容宋〻尚□劉錫段祐邸王□一□□助□人助教陳祐趙
□趙元□惠趙文邸贇邸敏宋□李元孟俊□□段□邸真
天眷元年歲次戊午九月甲申朔三日丙戌立邸容書
十八

九字以注

遷碑人石匠　馮智馮□孫定刻石

姚璹撰鞠處信正書垂拱三年四月在唐縣嶺上村法果
寺 金石分域編

正書在唐縣西北十三里嶺上中山城法果寺 保定府志

右法果寺碑姚璹文磨泐一千三百八十餘字存一千五百九十餘字大略言寺毀於周入隋修營未畢又遭亂廢至唐有禪師俗姓劉氏經營殿宇素佛像二百三軀高宗初定儲位念彼佛因於貞觀十八年奉敕官度賜禪師名脩德禪師居寺四十餘年寫經三十六部刊石四百餘條咸亨二年五月廿九日遷神於寺又言前星寢耀少海驚波以上元二年奉敕為□□皇□建寺因賜舊名法果後又有皇太后字漫漶更甚不可知其所謂矣按太宗本紀貞觀十七年皇太子承乾以罪廢立晉王治為皇太子是為高宗禪師奉敕得度賜名脩德即其時也高宗本紀上元二年四月皇太子宏薨於合璧宮新書書天后殺皇太子五月追謚太子宏為孝敬皇帝碑所稱蓋指此然則□□皇□者乃孝敬皇帝四字也碑立於垂拱三年時武后臨朝猶稱皇太后明年五月加尊號稱聖母神皇矣正碑撰人名已泐官爵與額陰姚璹題名同分域編謂姚璹撰良是書人鞠處
十九
信當在撰人之下惜無一字存馬璹及高曾祖父名位並載碑陰額上惟父處平史無傳僅附見思廉傳尾及璹傳中餘皆班班可攷璹高祖僧垣列周書及北史藝術傳吳興武康人仕梁為太醫正入周洊擢顯職碑所署官爵悉與傳合惟傳稱隋開皇初進爵北絳郡公卒贈本官加荊湖三州刺史 本官華州加荊湖為三州北史作二州刺史似誤 碑不之及按僧垣自梁入周歷事武宣位遇甚重有國士之感觀其遺誡衣白帢入棺朝服勿斂知其更事隋室有大不安者碑於開皇間爵贈削而不書殆以是歟碑署曾祖察祖思廉官爵亦與陳書及南史察傳兩唐書

思廉傳悉合新唐書文學館學士作宏文館學士惟思廉西府功臣第二等兩書皆略之碑言父處平皇朝太子通事舍人別奉敕直司經局下勑按舊唐書思廉傳云子處平官通事舍人璹傳云則天時璹以功當賜爵一等璹表請迴贈父一官乃追贈其父豫州司戶參軍處平博州刺史新唐書皆不載處平之為豫州司戶參軍碑所不及而直司經局云云史亦不及此互異者其贈博州刺史則立碑以後事也璹題銜朝議大夫司府少卿檢校定州刺史吳興縣開國男按璹傳璹以明經第補太子宮門郎進祕書郎調露中稍遷中書舍人封吳興縣男則天臨朝遷夏官

二十

侍郎封爵之外歷官無一同者碑不言夏官侍郎其遷職在垂拱三年後也其為司府少卿檢校定州刺史則璹所自署不應有誤唐縣別有中山寺碑光宅元年立亦璹撰是璹官定州有年矣此可據以補史傳之闕碑陰第一列經名除首尾殘缺外可見者已四十部與序言三十六部不符殆般若經九部合為一也第二列僧尼題名第三列右為州縣官寮左為武職及他官之在其地者第四列漫滅第五列右題脩德禪師之曾祖祖父名位左及六列已下鄉官耆老士庶具焉按六典上州有別駕長史司馬錄事參軍事各一人錄事二人舊唐書三人新書一人諸司參軍事功倉各一人戶二人舊書一人兵一人法二人舊書一人士一人新書別有司田參軍事一人武虛谷云非屯田之州不置參軍事四人定州為上州碑列職銜多合惟別駕長史不與按會要武德初置州別駕貞觀末年改為長史上元二年又置別駕其長史如故永隆又廢永淳復置六典云以皇家宗枝為之開元初始通用庶姓然則碑無別駕長史或以皇族遙領不之任耶諸司下闕字者四論顧當五殆司戶止一人也博士有經學醫學各一人新書有文學一人無經學博士按諸州府學博士改為文學在大曆十四年衡在此後碑僅載博士一人不言何學與北嶽神廟碑陰題名同益州佐裁置恒不齊一武虛谷嘗論之矣縣寮列尉一人唐縣為上縣與史志上縣尉二人亦異遊弈使未詳定州初置總管府尋改都督府貞觀七年廢開元初乃置北平軍建中時始置義武軍其廢都督之後置軍之前未知軍事何屬按兵志凡發府兵全府發則折衝都尉以下皆行不盡則果毅行少則別將行令此遊弈使一為陵川府右果毅都尉一為潞川府左果毅都尉二府歐志皆逸不知何州之府定州未置府必由他州調發者史志無徵不可曉其制矣張瑾為縣令張仁則子凡資蔭五品以上蔭孫五品孫者由蔭入官為左衛府翊衛者也

釋活如行狀

高三尺四寸五分廣二尺一寸四分二十三行行三十七字字徑八分分書

唐中岳沙門釋活如禪師行狀
大師諱活如姓王氏上黨人也幼隨舅任澧陽事青布明為
師年十九出家志求大活明内隱禪智當人見讓云蘄州忍
禪師所行三昧汝宜往詣受曰敬聞命矣其後到彼會中稽
請
請乚畢己祖師默辯先機即授其道開佛密意頓入一乘數緣
非緣二種都盡到清涼池入空寂舍可謂不動真際而知萬
象者也天竺相承本無文字入此門者唯意相傳故廬山遠
活師禪經序云則是阿難曲承音詔遇非其人必藏之靈府
唐永昌元年七月二十七日
幽關莫闢罕窺其庭如来泥曰未久阿難傳末田地末田地
傳舍那婆斯此三應真冥契于昔功在言外經所不辯必闇
軌元匠孱然無差又有達節善變出處無際晦名寄迹無聞
無示斯人不可以名部分別有宗明矣者即南天竺三藏活
師菩提達摩紹隆此宗武步東鄰之國傳曰神化幽蹟入魏
傳可可傳粲粲傳信信傳忍忍傳如當傳之不可言者非曰
其人孰能傳哉至咸亨五年祖師滅度始終奉侍經十六載
年
既淮南化掩北遊中岳後居少林寺處衆三年乚人不知其量
所以守本全朴弃世浮榮廉讓之德賢士之靈也外藏名器
内洽冘功庶幾之道高適之風也對問辭簡窮精入微出有
之計解空之圍也權智勇略能建活城安人之友師者之明
僉
也垂拱二年四海標領僧衆集少林精舍請開禪活僉乚曰始
自後魏爰降于唐帝代有五年將二百而命世之德時時聞
出咸以無上大寶貽諸後昆今若再振冘緇使朝聞者光復
正化師聞請已辭對之曰言寂則意不亡以智則慮未滅若
順諸賢之命用隆先勝之道如何敢矣猶是謙退三讓久乃
許焉觀乎至人之意廣矣大矣深矣遠矣今唯以一活能令
聖凡同入波定勇猛當應諦受如人出火不容中斷衆皆屈
申臂頃便得本心師以一印之活密印於衆意世界不現則
是活界此活如空中月影出現應度者心子勤行之道在其
中矣而大化既敷其事廣博羣機隱變之度毫釐不差自後
頻誨學人所疑咸速發問俄然現疾乃先覺有徵亦覆後一
夜端坐樹下告以遺訓重明宗極爾七日而為一劫悟彈指
而震大千活無去来延促思盡即永昌元年歲次己丑七月
二十七日午時寂然卒世春秋五十有二塟于少室山之原
也諸受業沙門北就高頂起塔置石淩填王釋迦像并累師
之行狀勒在佛碑舁奮奉廟庭觀文以自誡曰我師利見動
寂無方陶均萬累廣世為梁登徹有階庶勤必咸遺功冈極
日月齊光

唐九 天授二年正 周長安三年

廿二行

三十四開

唐九

邢郭墓誌

古一尺三寸五分十六行行十六字
方界格徑八分餘正書在長安趙氏

大唐故項城令邢君墓誌 并序
君諱郭字買瀛州河間人也承北祖軌公之後本帝酷之苗
裔殷周之緒統焉高祖顒魏尚書左僕射解邑侯曾祖魯隨
任陽翟潁川郡守□□隨唐□□抗節忠誠刷羽應唐與□
□□□□□□抱德息偽歸真君卌二字全一格強仕□無□□
隱不違親高卧山阿閑門却掃□□□□□□□□□版授項城
令春秋八十□□□□歲亨秊中遊洛脩道卒於履信坊□
□□人趙郡吕氏則太公之允隨荊州刺史□父□壬縣令
唐天授元年十月廿九日
而壬丞尉無後今合塋□少室之南潁瀆之北崗巒勝塋平
原禮也其詞曰　泰山其頹梁木斯墜窮虛日殤松幽月思
其磻磻□藪公侯之後纓化北溟冠衝南斗其二
而橙元秊歲次庚寅十月甲辰廿九日壬申

邢氏周公之後以國為氏誌敘姓源殊非北祖軌公無
攷軌疑為軋字誌云高祖顒魏尚書左僕射解邑侯曾
祖魯隨任陽翟潁川郡守按三國志邢子昂為尚書僕
射在魏文帝踐阼後第言賜爵關內侯無封解邑之文
又自魏黃初至隋凡三百六十餘年曾祖仕隋而以邢
子昂為高祖誤之甚矣

顧力寺瞻法師塔銘

二紙一下缺存高三尺五寸餘廣七寸八行行存四十五
字一高四尺一寸五分廣九寸十一行行五十二字字徑
七分正書
在安陽

諱　與　厥

大唐顧力寺故瞻法師影塔之銘 并序
夫大士遊心必歸先覺之境高人達德要開後覺之門所以
攝倒海而就安波湛圓空而妝動界其有出生五門駕御下缺
字七辰作世闇之燈燭者其唯我上人乎　上人諱神瞻俗姓
邵氏相州安陽人也其先有周太保北燕伯邵公奭之後上
下缺冠族厥宅不移碑表列於墳塋譜牒傳於家國今此不
復談矣　曾祖日礎齊任司州刺史使持節行軍摠管諸軍
唐天授二年四月八日

善　業　寫

下缺平州盧龍縣令兼撿校盧龍鎮將　父圀唐任晉州神
山縣尉日諷万言三蓁相承聲馳宇內惟文與武併在一門
下缺靈贖旌金精玉骨卓絕常倫日誦五千言工屬文善談
吐秊廿一遍閱九經備閱三史泛覽諸子涉獵羣書陰陽圖
下缺讖莫不咸陳掌上摠納胸中以為並是糟粕之餘詞體
腥之陋業不足以揚扃闢步畢志息心解纓絡於寰中縱□
下缺道迴向釋門投毗曇□師智神寺主住一邊依止於是
蘭聽中論且學小乘入理致即鏡寫精微演法相□□□□
下缺卒賈□山之慶旻啓度門剌史許平恩妙體一乘先通
三論傾風見悅高預染衣於是更就嵎谷摽禪師鍊摩八品

而附而字者
而字檢拓本訛

驟

自此律行弥嚴溫尋轉富講四分律并羯磨維摩法華金剛
般若勝而王般若護國仁王般若及中論毗曇馳驟兩乘包
羅三藏橫五竪五之義三車九轍之途不思議之與宗無住
相之深旨花貫泉涌而澍雷驚法澤所加枯悴者莫不霑潤
心燈所耀黑暗者咸悉承光廿乘閒爲仏法將紹隆饒益胡
可勝談又以講誦之餘禪觀之暇撰云像住持同異論一卷
浮圖澄法師碑文一首修定琓寺主碑文一首更有諸餘雜
文數首並事在光揚不之繁目但有来必往緣終告化春秋
卌三以大唐垂拱二乘四𠥱十二〇端拱蜺生夏凡廿烏呼
哀哉雖靈心湛然去留無在而世間攀戀有惻梁摧門□□

靈

□五十人等追慕散緣以大周而檝二乘四𠥱八〇於相州
城西五十里寶山別谷敬焚靈骨起塔供養式圖影像勒銘
云
伊大人之處世兮寔在物而先悟□□士之開心兮亦橫舟
而俯度架三界之而梁兮杜四生之險路作眞諦之耿光兮
爲末法之弘護其一　俄族姓之尊者兮稟燕邵之厤源隱三
有之危界兮陋万卷之浮言起埃壓而遐騁兮逮勝義之高
幡宣法王之示教兮洗濁世之諠煩其二　彼利益之云周兮
就後代而長往國搆落而疇依兮法〇隆而安仰蹤□崿以閟
塔兮因崇巖而鏤像留銘頌於山阿兮庶芳風之肹蠁其三

顧力寺法師神瞻塔銘天授二年四月八日勒安陽金
石録未載補寰宇訪碑録作顧孝寺列載爲二年並誤
拓本形式似刻碑兩側而廣狹不同非至其地不可悉
也

世離

杜文強到承福造像

刻佛座高一寸八分正面廣六寸六分十一行背廣六寸十行兩側各廣四寸六分七行行三四字字徑五分正書

而𥠢二𠡦五𠥱廿八〇佛弟子杜文強到承福為聖母神皇
帝為老婆及七世高祖父□□師女妙勝敬造藥師流離像
一區願亡者託生西方无量國土普及救拔一切倉生咸登
　法佛弟子母王一心供養　妹四娘一心供養妹五娘一
心供養福妻成一心供養福女大娘一心供□

唐天授二年五月廿八日

濟瀆投龍記

高二尺廣二尺五寸記六行行二十四五字前後題名各八行字均徑六分正書在濟源

而𥠢三𠡦歲次壬辰五𠥱戊辰朔廿四〇辛卯大周
聖神皇帝緣大周革命奉　勅遣金臺觀主馬元貞往
五岳四瀆投龍功德十六〇至奉仙觀沐浴□□□行道懺
悔廿一〇於濟瀆廟中行道上神衣辰時在□□□□廟中
行□〇又重□宣讀　御□雲□五□□□俳佪至廿四
〇章醮訖投龍〇開五色天更重暉官寮泐下

弟子楊景□　弟子□□□
内品官楊君尚　歐陽智琮

唐天授三年五月廿四日

同見官人朝散大夫行濟源縣丞薛周志
同見官人宣義郎行主簿□智純
同見官人承奉郎行尉□□□
同見官人登仕郎□□□□　四意
同見人上騎都尉泐下
同見人雲騎尉泐下
陪戎尉李和□　公士令□□□
文林郎李文則　公士令李智□
公士令李明攬　公士令李黑子
上□□都尉李崇□

公士令李行忠
南□黄衣長上□□仁□
公士令李希義
公士令李毛良

右八行在記之前

吴氏筠清館金石記謂馬元貞題名同時有五一在山東泰安訪碑録所載岱嶽投龍記是也一在曲阜萃編先漢史晨碑後載馬元貞題記是也一在河南唐縣大夫補正所録淮瀆投龍(記)是也一在濟源即此(此)一在登封與此刻並爲黄玉圃中州金石攷畢尚書中州金石(二)記姚晏中州金石目所失採岱嶽一刻山左金石志亦未收入題名之内品官楊君尚歐陽智琮他刻並有之弟子二人他刻爲楊景禹郭希元可以補此(此)刻之闕四人隨馬元貞同理章醮者也

程仵郎墓志銘

方一尺三寸七分十九行行十九字方界格徑六分正書刻甚潦草在京師端午橋家

徵
藉

□故程君墓志之銘并序

君諱某字仵郎其先南陽人也帝嚳之後因官錫姓因以命氏此乃崐玉移輝芝蘭派植冠盖相仍芳流万代　祖□隨任潞州司馬　祖方才稱廊廟器德清高齊任洛州中古不謂与善無徵先蜒螻蟻君敖遊自囊不籍榮官志在逍遥不求高仕年餘耳順終於斯第夫人韓氏年毋迨合四德早彰母儀光著春秋七十有三永圖年中已從風燭光德揚履忠貞温仁義而爲信男文舉男文徹不謂香樹□嶶卒於斯第

唐長壽二年十月十七日

俱

以長稱二年歲居南呂田在應鍾十七乙癸酉合塟於北山陽村西北三里之原禮也其塋膏腴沃壤形勝寔多卜塟合從而安吉兆東觀山嶺西望雄山南聪故城北依髙嶺四至之内□□寂静可以安魂養神墳壟無虧萁名不朽哀哉□爲銘曰　廿季髙革逮迨周宄迋去六御名傳三□漢稱良輔魏獅廉謚其一明珠去魏美玉離秦屋宇空壙肅索風塵其二崐山棲峻甘水靈長□源通液□井毋芭禊騰犳彩遆暎龍光□□無替万古傳芳

右程仵郎墓志文多舛陋程君以長稱二年歲居南呂月在應鍾十七日癸酉合塟按武后改元天授字作稱

其後改元長壽之壽無作㮛者此作長㮛一也十二律以紀月無以代歲支者文云歲䖍居南呂且南呂酉律而是年太歲在癸巳不直酉二也（歲星在申歲陰在未也）敘先世兩舉其祖而不及父非上敘曾字即下祖方爲父方之譌三也程君卒年月日春秋幾何皆不敘第渾言年餘耳順反不若夫人韓氏之詳四也云其先南陽人而不書其後爲某縣人又葬地書村不繫以縣所述四至空文無徵五也第八行兄德以下十二字脱誤不可句讀六也陽德藉逞逑嶽寔莫狗等字以意增損他碑猶偶見之而如嚳作礐㞐古文廟今作庿酉作酋莖作塋瞻作瞻蕭去艸皆所罕覯七也余初得是本屏爲僞作自石歸午樵往觀再三刻工恡悼彌見樸古其奏刀率略處正足見近人有意摹倣非所能到乃復録之檢唐書武后本紀長壽二年九月丁亥朔循是以推與志稱十月十七日癸酉正合

張四娘造像銘殘石

搨本存高七寸八分廣一尺十二行行书字字徑六七分正書

前缺

敬□□□□一區缺

仙臺之石印山之顛缺

掩至明𠥱沉鉤兎飛缺

鳳去秦樓青田斂翼缺

以幽爰開鷲嶺崇茲缺

銘勲東箭勒紀南金翠□

雲聳寶刹□侵雀離斯□

唐長壽三年

彰乎鳳音

長壽三𠡦歲次□缺

𠥱甲申朔三𡆠缺

張四娘爲先□缺

造

石當出土於洛𨘇之間前闕不知幾行其存者前五行末闕二字六七行闕一字後三行闕三字長壽三年歲次壬辰本紀是年五月甲午改元延載九月爲壬午朔銘有甲申朔字而泐其月以此推之當是五月（通鑑目録以爲三月是也）歷工大盡工小盡至九月爲壬午朔也改元在十一日甲午此月造故猶書長壽三年

房懷亮墓誌銘

方一尺三寸六分十八行行十八
字方界格横七分正書在長安

大周故將仕郎房君之墓誌銘并序

演
君諱懷亮字智元京兆人也禎雲孕彩演嘉貺而承基瑞頲
含芳擢祥茵而流元瑗姿冠代數髭彥於堯秊逸思凝神閫
道豪於舜𡆠曾祖憲唐任營繕監甄官署令名芳九棘穆穆
之道斯隆祖豊唐任都臺主事廟跡禮闈雍雍之心攸著或
恵
仁風輕舉化洽朝班蘊貞節而干霄不吳險而易操公珪璋
內映連城之價獨標珠擲外朗光乘之琭孤擅秊甫弱冠英
勁
傑趍群志邁鄉豪風雲叶遇早從侍國奉風著功勤疇以褒

唐延載元年十月廿三日

一

能襒公將仕郎公結廬垧野託性林泉千𠥱辭魂萬里之悲
俄及春秋七十有三卒於圀化之弟以延載元秊十𠥱廿三
𡆠窆於龍首之原禮也將恐居諸驟驛沒玉昰而浮波蓀菊
潛芳數英華而鬱茂式鐫琓囯用嗣蘭薰其辭曰
猗歟哲士蘭挺瑤芳蘭枝既蔚茵元敬昌其一 虛延罷𠥱瑞鳥
銜傷露繁渌蓀風悲白楊其二 漢浦沉珠荊岑碎玉秋菊春蘭
千古琭勛其三

此石未見箸錄當是近時出土書宗褚河南而字畫每
以意增損如懷頵茵即苗字瑗髭道舜隸豊班機即璣字英
勛垧窆哲罰等字尚沿六朝陋習標題下空處有字迹
橫列惟威字宏字可見蓋唐舊刻而未淨此其行首字
也
誌敘懷亮曾祖憲唐任營繕監甄官署令祖豐唐任都
臺主事兩唐稱以別於周也而不及其父何耶營繕監即
將作監武后光宅元年改都臺即尚書省是年改為文
昌臺垂拱元年又改都臺萬歲通天元年還曰文昌臺
神龍初始與營繕監並復舊名懷亮春秋七十有三而
卒誌不載其卒年第曰延載元年十月窆延載為武后
臨朝第十一年其曾祖及祖服官斷不能近在此十一
年中而誌稱僞周官名者撰文人闇於體例以既改之

二

名書之耳書法率易而姿致彌遒後之學書者能學其
遒而不能學其率易知非淺人作僞而露其疏舛也字
畫增減多沿北朝舊習苗即茵機即璣餘不悉舉標題
下有存賸之字一感一宏纖銳左向蓋用舊刻之石易
縱為橫而磨治未淨者

初稿下闕十四字四段八并有大美黃三字△似行第五重承云八此未添入未見原搨書△挖作不同添改手

楊固村檀施功德記銘

高四尺二寸五分廣三尺三十行行四十二字方界格徑一寸正書在任縣脩行草堂

側聞高而無擬者□□上覆厚而□□□方匍□□陰陽巨
炭下闕十四字□□□□之義緼爲不能免刼石俱銷毗嵐□□
固知非有非無之境如求應之塲有一無一之□調御而人
之闕冠三灾而挺粹蓮瞼融暉輔于刼□凝神金容奐彩是
以四門遊觀□紿背□驚魂六稔安禪擯龍宮而潔念一麻
就德戚衆壁之𡶶塗七法開標廣八政之平路式勸貪寂淬
慧劒於金河用曉重昏明智釭於雪嶺慈雲法雨火宅與玉
石俱全甘露良醫善根共身田並固旃檀之樹暎寶字以開

證聖元年七月十五日

一

初稿香後而字上點作大㔾字上點作日此未添入是君偏書又并字下与惡字下均有注此未添入

壷

惡

□亻□之林翅香風而翦色其楊固合村等門惟積慶代襲
崇固生逢寶曆之君享育輪王之化□光玉燭海晏清瀾百
姓昭明兆人雖叶縣令鄧諱裕中台駿骨河□英靈嵇松顏
桂之芳朗𠀃清風之表德牆數仞詞冠秋而仁岳無階恩朗
冬㔾壷氷爽鑒百室清明珠玉韜光一□蹤潤並其廣虙明
惠喆虎嘯風生故澋廣績咸凝禮享□肆人知擊壤陶縱康
哥家開十德之門道偭三仁之雋心□琨玉不雜風塵氣挺
芝蘭遠殊蕭艾生知幻化悟色空而即空而縱聰明覺有我
而無我聞六通之騏馬渴望前蹤見五衍之安車遠退高軌
沿ㄔ水觀異珤樹以伍枝礪想金言望珠光□瞰鏡固䏊心

檀施爰捨名衣頒志具三伊建龍華一所置居形勝峑寔膏
腴楖奮龍鱗栾□□□南□朱景逗張翼於丹扉北背元郊
孕斗牛之劒氣東眕大陸伯禹之績仍存西瞰宏山童子之
峯尚在□乎霄漢生玉菜於鶴敷輪奐風莊挂珠□於贊剎
絢分丹臒而上朝霞文飾素功雲披秋㔾香颺颸颸振梵響
於銀漢珤甓岩嶤湛神光於壁彩阿弥陁像一鋪工窮刻石
妙□雕檀銑甓金□瑛晶珤聚丹頰暎□紺彩浮鬟目曉□
蓮眉開□□三子大千之界鑒毫景於幽扃常樂不樂之津
泛祥舟於彼岸都維那楊默合邑三十一人等淺生俵異風
骨英髭行潔珪璋志□清朗相知道術㒵味金蘭溫不增榮

二

寒不改菜瓌意則擊栢交暢益生連璧之遊琦行則□樹蹤
芳久要仙舟之妙竹林清宴惇琴歌爲酒趣之談柰苑傳遊
曉法門是涅槃之路往者不可諫來者猶可追同結良緣明
五淨㥁上件功德祖父堂基遠敬惟栾近加修葺洎乎元冬
謝景青陽□辰物俵□新朔惟壬㔾建燈輪一所珤剎萬尋
壯觀則西極流精崇朗則北明□千釭然燚三王露於禪林
万炷開花孕□芸於道樹龍梵引絢光浮明德之前鶴彩分
空景燭青蓮之夜□以康莊超忽行邁悠然遙通糸栁之關
遠詣長安之路朱軒激浪翠轂奔雷雕𨈤驚飛蓮之輪瑩角
動浮雲之蓋王孫揔轡木文光濕水之津□子揚鑣桂香發

小山之崗車馬霧合仕庶雲繁鑿義井一堰契衢樽之幾栬
□□玉液□貫金□仰八水而澄漪庇雙桐以交暎心機引
汲人無抱甕之勞渴飲清潔詎軫思□之念九泉不竭二□
難留以人故代新名從影滅命匠鑿宣文得吉祥練礎之
餘翠艳琨琣之質工倕銳思妙響生風勒石則□牒傳芳刊
字則銀編昭備其銘曰　元黃肇泮清圓濁方𡆠𠥱遁曜崟
久天長毗嵐亻□大像銷亡□三界之無□趣□法之有常
其一　龍埜琢拼峙秀銀潢而外赫赫雲表堂堂扃開𡆠□剎
桂○芒湛虛光於鮮彩□□□以金鏘其二　金容奐彩寶聚
呈祥恒○戢滿𠥱開光火□毫相欲瀣津梁鏡扶桑之□□三
□檀□以舒芳其三　□章令𡆠肇建燈輪千釭並□萬炷齊
分花開道樹彩奐慈雲燭青蓮之永夜明火宅之幽昏其四
鑿井□□靈泉湛潔渥□衢樽功窮崟邑恢宏福田庶幾明
喆此銘紀其生榮彼岸表其光刋其五
其碑文栢仁縣韓東忠撰并書　維大周㘳鏨元秊七𠥱十
五𡆠邢州□孫下闕

碑記縣令郤裕建龍華及阿弥陁象都維那楊默合邑三十一人等修葺之並建燈輪一所末著撰書人名碑中泐字及空格為妄人改刻文義多不相屬今仍闕之

碑記楊固合村創建龍華造阿彌陁像楊默合邑人等就祖父堂基近加修葺並建燈輪一所義井一堰栢仁縣韓東忠撰文勒石證聖元年七月十五日立前無標題不知寺名云何也碑文空格及漫蝕字並為妄人添改其顯見者注本文下或闕之介在疑似者不能盡勘正也仁邑無階邑卽邑子結切說文阪隅高山之節从山从卩仁邑不知所本觀其與德牆數句為對則第作仁山替代字耳功窮地邑猶言地隅全唐文樊鑄檄曲江水伯文或天涯或地邑是也璠麗之草體甚疑為瑩字

張儁浮圖銘

三石連刻高二尺二寸廣一尺七寸五分二十行行二十五字字徑七分正書在

尋聞名言本寂三界位流布之因說聽兼忘四辯資圀福之
□故龍宮密藏蘊妙無邊貝葉遺文傳芳未泯況乃化城凝
覺
音□宅真容跨十寶而曾臨登四衢而廣運自非棲心妙覺
想像維摩然後脫落塵峯淹流淨土曾祖諱巖隋任鄜州公
曹祖諱云唐任本州録事並風神明敏雅調雍容含璋挺生
瓌材秀出架潘江之積浪騰郭水而横瀾玉振猶傳金聲未
歇父諱儁學優十哲□孔室以研精業劭七賢布晉朝而字
德豈謂百年超忽寸晷先移積善無徵運颷俄度嗣子魏收

唐證聖元年七月十五日

魏
進楚哲進前謝□□早違嚴□□纏風樹之哀重奪慈顔倍
切寒泉之慕霜露之感隨𡆠𠥱而逾深荼蓼之悲終而塋而
弥痛爰憑帝石備寫真形流漢夢之金容轉吳僧之寶座尔
其銀花朧朦如遊不滅之墟玉刹晨霏似入無為之境祥河
皎潔寶樹芳菲耀慧𡆠於康衢蔭法雲於真際豐姿實相崔
離未足比其研壯觀規模鴈塔無以□其蘢嵸疏翠圀以勒
𠑺功憑五演之堅心經萬祀而長劭其詞曰
乾判𠑺黃坤承清濁一氣三才千名萬族鑿從舟徙箭移湍
速至理幽凝𠑺風無瀆其一雝雝穆穆惟祖惟父將辭戚里遠
從而府光燦金容崢嶸玉宇縣𡆠為則瞻〇為矩其二崔離□

二

啓鴈塔凝輝內融丹朦外聳翠嶶銀花朧散玉樹晨霏不昧
不曒無是無非
比圀尼素姬比圀尼如藏大周鍫壂元年七𠥱十五日張君
浮圖
收妹恒娥隱𠥱□娘

鼓山南響堂寺石刻三四十八段 俱正書 在磁州

田神鑒妻崔造像記 高一尺一寸二分廣一寸八分三行行字不一字徑六分

維大周鑿璧元秊歲次乙未九㊊景午朔十㊐乙卯佛弟子

安陽縣田神鑒妻崔敬造弥勒像二軀普為一切有識含靈

俱登𠀒覺

畿輔通志据丁頌孫金石分域編列此於證聖元年且

正樊文卿畿輔碑目趙撝叔補寰宇訪碑錄作聖厤元

年之誤是也復於聖厤元年列田□□造像記云据樊

趙兩書按樊書訛謬極多趙氏補訪碑錄多据樊以成

書承訛不少今檢視趙書田□□上有安陽縣三字則

一 唐證聖元年九月十日

即此刻矣通志不應重出

尼二娘造像記 證聖元年九月十日 補正已錄

邱宜安造像記 高一尺廣四寸三分五行行□□□字徑六分

維大周鑿璧元秊歲次乙未九㊊景午朔十㊐乙卯清信比

丘尼佛弟子邱宜安□□□　璧□皇帝并及七代先靈現

存眷 泐下 并二菩薩及三 泐下

以上二刻樊趙兩書亦誤作聖厤通志作證聖是也宜

安諸家皆作道安非薩為薩之誤

佚名造𡍮藏像記 高一尺三寸廣三寸五分四行行字不一字徑七分

泐 鑿璧元秊歲次乙未十㊊□□朔□□㊐景中佛弟子 泐

女男元□謂㔾夫□礼□敬造沙門𡍮藏菩 泐 上為璧□皇

帝下為七代㔾過父母見存 泐 □□□□□□界□生□□

□覺

此刻通志未錄謂殆為之訛

董□道造像記 高一尺一寸五分廣一寸三分三行行十五六字字徑四分

萬歲通而元秊拾㊊貳拾捌㊐佛弟子董□道及妻□等□

□□上為國主下及師僧父母□□平□敬造阿□□□□

佛□貳菩□令得成就合家□□供養佛

佚名造像記 高一尺二寸廣九寸七行行約十餘字字徑八分

大周□歲 泐下 泐上 禮及妻□ 泐上 師僧父□先□合家 以下及後三行不可辨 拓本太率非盡磨滅也 二

令狐勝造像記 聖厤元年 補正已錄

王宏安妻吳造像記 高七寸五分廣八寸六行行六七八字字徑一寸

闕 周璧厤二秊九㊊廿㊐佛弟子王圀安妻吳為夫□行□

□平安無災患□□造觀音菩□□軀普同此福

王大貞及妻高造像記 高九寸廣八寸八行行八九字至十字字徑八九分

大周璧厤二秊九㊊廿㊐滏陽縣𡌮山鄉王王大貞及妻高

上為　神皇[illegible]見存[illegible]全家無災難七代先亡[illegible]生

淨土敬造弥勒像觀音菩薩𡍮藏菩薩供養普共[illegible]發

像

无上道心捴□□覺

按神皇當是聖神皇帝省文

高沖子造像記 高九寸五分廣八寸六行行六七八字字徑一寸

大周璧厤二秊九㊊廿㊐高沖子為任行役平安無災患敬

造觀音菩薩二軀□世□衆生共同此福

董智力母陽造像記 高七寸五分廣六寸五分八行行八九十字字徑六分

大周璧𡕀二秊　㊊㊐相州滏陽縣弟子董智力母陽為㔾

兄智儼敬造弥勒像一鋪上為
而皇而后師僧奉為七世先亡見存眷屬福置莊嚴法界倉
生同得安樂俱登丟覺

趙守訥妻陳四娘造像記大足元年二月十四日補正已錄

趙思揚造像記高廣各八寸廿行行七八九字字徑七分在董刻之左

大足元季歲次辛丑四匼甲辰朔四㊀丁未弟子趙思揚為
父疢患敬造阿弥陁像一鋪并二菩薩上為金輪　皇帝下
為七代□□見存眷屬□□莊嚴法界倉生同登丟覺
□□揚合家供養

此與董智力造像合一石補訪碑錄作趙思現通志据
三
分域編作趙思錫皆誤通志又別列趙思獻一條云据
補訪碑錄尤舛

郭尚□造像記高廣各四寸餘五行行五六字字徑七分

大足元季五匼廿㊀郭尚□為□嚴□患敬造觀音菩薩□
□合家供養

趙某女三娘造像記高九寸廣二寸八分五行行廿四字字徑六分

大周大足元季二匼廿四㊀趙行車女三娘為□患願差敬
造弥□像一軀□□家供養

劉思德妻造像記高三寸八分廣九寸三分十二行行六字字徑五分

大周長安元季歲次壬寅二□戊辰朔十□㊀第四行泐劉思德
妻□□第六行泐□□□□征行願平安□□□遝敬造□□□
像并下泐□菩薩下及末行均泐

武后久視二年辛丑正月改元大足十月改元長安明
年壬寅為長安二年記稱元年誤也通鑑目錄以二月戊戊辰朔推
之歷四大盡三小盡至九月為乙丑朔與本紀書日食
之辰正合此與刻通志作戊辰朔未錄亦誤

元恭母造像記高五寸餘廣五寸五行行七八字字徑七分

長安三季三匼一日佛弟子元恭　母為念阿弥侘像一鋪
為一切衆生普同丟覺

前成均某造像記高七寸廣四寸餘五行行七八字字徑八分

長安三季八匼廿㊀前成均□□□□為父夙疢□□㊀瘵
敬造觀音一區普同供養□□□□

國子監武后改為成均

郭方剛造像記高二寸五分至二寸不等廣九寸十四行行四五六字字徑四分此下有横列小字十五行行二三字

維大周長安三季九匼八㊀第□郭方剛自執闕父之喪□
闕載矣體瘠□垢裒毀骨立□机□孺慕□□報之恩人□理
為亡父□□弥陁像一闕天皇天后七代先亡□□俱登末四行泐
郭□□十兒□造菩薩一軀郭□子為遠行願家口平安相
見敬造後三行泐

通志据補訪碑錄作郭方固非

泐名造像記高三寸廣七寸五分十一行行四五六字字徑四五分

大周長安四季五匼十二㊀□□□□□□文□□□□
□敬□弥勒像一軀願　□□□□□□□□俱登□覺
像下及末行泐

□處機造像記高六寸餘廣九寸五分廿五行行字不一字徑六分前半斷闕

初禍第七行鋪字下空一字

男

大周闕下⊕相闕下處撥闕下男羌□闕下娘　男羌𦝫　𦝫妻趙闕
女拾肆娘　敬造闕陀像壹鋪　闕□為闕天后師僧奉
為七代闕現存眷屬為□闕嚴法界倉生同闕安樂俱登正
覺

年號已泐有武后製字因列於此通志作元敗妻趙與
萬歲通天元年董□道及妻殘刻合為一起治碑目之
誤也

某妻燕造像記高一尺三寸廣二寸五分三行行存五字至十餘字字徑六分

維神龍元年歲次乙巳三月庚辰朔廿七日景申弟子□泐下
妻燕為身登苦厄遂染沈痾叢願敬造弥勒像一鋪上為聖
神泐下七代父母法界蒼生同獲　福田俱登正覺　五

庚辰朔廿七日當作景午若景申則十七日也日支有
誤後刻同

趙祖福造像記高一尺餘廣九寸廿行行廿五字字徑六分

維神龍元年歲次乙巳三月庚辰朔廿七日景申仏弟子清
信趙祖福因□曉未来之苦海積脩十善知見在之愛河□
□一趣之輪迴洞四□之□□願身清吉合家眷屬並悉平安
禍消福生無諸灾障抽減淨財敬造阿弥陁□像一鋪上為
聖神　皇帝下及法界衆生同得福常因開正覺

是時中宗已復位上后號則天大聖皇帝此二刻猶稱
聖神皇帝者民間習書既久不知其已易也

李義節造像記高七寸廣三寸六分拾行行九字至十四字字徑五分

維神龍元年八月日佛弟子□敬村李義節為亡男□潤敬
造弥陁像一佛二菩薩上為　天皇天后下及師僧父母七
世先亡法界衆生俱□□□

佚名造像記高一尺二寸上廣三寸餘四行下廣二寸餘二行行字不一字徑五分

神龍元年歲次乙巳九月內□□道□弟等為亡考敬造阿
弥陁仏一鋪上為則天皇帝下及七世亻□見存眷屬法界
倉生俱泐下

通志据補訪碑錄作内玉師道

武思立妻王造像記高四寸廣五寸九行行六字至九字不一字徑四分

弥

大唐神龍三年歲次丁未五月戊戌朔十五日壬子武思立　六
妻王敬造阿弥陁像一鋪及二菩薩願夫妻垂白相守上為
天皇天后下為□□父母法界衆生俱登正覺

□處貞為男知誨知紀造像記高一尺二寸廣二寸五分三行行廿五字字徑六分

景龍二年三月二日佛弟子廿處貞為男知誨知紀敬造地
藏菩薩觀世□菩蕯二軀上為天皇天后法界衆生俱□正
覺

補訪碑錄作蕭為男和晦造像列神龍二年通志以碑
目列神龍元年未知所從次諸兩年之閒後又据分域
編列□處貞造像記景龍二年三月一條按此刻佛弟
子下廿字首近蕭中一字亦近處知誨與和晦形又相

近知趙氏所謂蕭為男和晦一條即是此刻標題既誤
而以景龍作神龍尤誤通志兩列之遂截然若兩刻矣

尼瞿脩意　但大娘　二種前刻[illegible]

尼瞿脩意造像記 高廣各六寸八行行八字字徑五分

景龍二年歲次戊申三月甲午朔廿三日景辰比丘尼瞿脩
意自為疥患敬造觀音像一軀上為　天皇天右下為七世
先亡師僧父母法界倉生俱越愛河齊登覺道

世字不闕筆

但大娘造像記 高一尺一寸廣二寸八分四行行十三字字徑六分

景龍二年三月二日佛弟子但大娘上為父敬造觀世音善
薩一軀上天皇天后下及七代先亡見存眷屬法界倉生俱
登正覺　七

但字右旁僅存形似補訪碑錄誤景龍作景雲通志承
其誤兩列之

傳忠造像記 高廣各五寸餘六行行七字至十一字不等字徑四五分

景龍二年四月八日弟子傳忠敬造阿弥像一鋪上為　皇
帝下及倉生俱越愛河齊成佛道願亡考□生淨土

通志作僧忠非

洼中六行而初搨[illegible]五行

吳四娘造像記 高九寸五分廣七寸五分六行行十字字徑七八分

景龍四年二月十日弟子吳四娘為父母敬造地藏菩薩觀
世音菩□大世□菩薩上為天皇天右□□□□□合家大
小俱登正覺

案溫王重茂於景龍四年六月改元唐隆此以二月造故
猶稱景龍四年 通志譏鑑輔
四娘二字通志闕今拓本尚可辨識通志又据補訪碑
錄有吳四妹造像記景雲二年一條復列諸景雲二年
撝叔誤人不少矣

薛崇道造像記 高九寸五分廣四寸五分五行行九字十一字字徑五分

唐隆元年六月十七日薛崇道為□敬造一仏二菩薩為亡
□□□因果□□幽□隨□□□□□界□生同登正覺合
家供養　八

苑某妻邢造像殘刻 高九寸廣三寸七分四行行存十一字字徑五分

先天元年泐下佛弟子苑□□妻邢泐下□造一佛二菩薩合家□
供養

某妻郭仵娘造像記 高七寸廣六寸六行行八九十字字徑四分

先天二年四月四日佛弟子□□□□妻郭仵娘敬造地□
並觀世□菩薩□□□為□□□□□先亡師僧父母□□
□□□登覺道

此刻通志未錄

郭方山造像記 高廣均六寸六行行八字至十一字字徑六分

大唐開元五季歲次癸巳正月壬寅朔廿三日戊戌佛弟子

郭方山為合家疾病敬造阿弥陁像一鋪上為天皇天后□
界倉生俱登正覺

按開元五年歲直丁巳非癸巳壬寅朔則廿三日為甲子非戊戌此刻前兩行筆法與後四行迥異蓋後人因其漫滅而妄補之者

大衛國寺僧崇□等三人題名 高一尺三寸廣八寸五分十行行十六七八字字徑六分

河南府大衛国寺僧崇□京兆府僧恵元住此州□□縣□
□□刅南府□城寺僧法超□等三人□□□□□金
□□作傳燈同會於此□□□□□□□不□□□□□ 九
□□□大唐開元五年春二月也乃為□曰□□□□□□
□□□□□□□□□□真同□共死語交情親名利非寶道
德為弥傳之万代記此三人　弟子李希誕
西国胡僧于闐三藏弟子京大實際寺僧承慶開元五年二
月十二日

通志据分域編及碑目列李希誕造像記一條李希誕題名一條又列大實際寺僧承慶造像記一條僧承慶題名一條後又据補訪碑錄列河南府大閑（此衛字國之譌）□□造像記一條僧永（此承字之譌）慶（原書作度不作慶）題名一條實即此刻歧而為六也

注初稿及此均四行而底本作則均五行

薛宏道造像記 高四寸五分廣八寸十行行六字字徑六分

維大唐開元五年歲次丁巳二月壬申朔廿日癸巳薛宏道
為□身患近得減□敬造一仏二菩薩上為天皇天后下為
法介倉生俱登正覺合家供養

按癸巳是廿二日敬二字也介界本字詩無此疆爾介亦作介通志列此於開元五年是矣後又列諸開元七年則沿碑日之誤

□元貞妻皇甫五娘造像記 高七寸廣四寸四行行九字六字字徑七分

成安縣人□元貞妻皇甫五娘上為皇帝下為師僧父母敬
造救苦觀世音像一軀合家供養時開元廿三年四月廿三 十
日記

殘造像記二段 俱高二寸廣九寸存字不等一九行字徑七分一十一行字徑五分

元年　正月廿□□　□方　為□　安敬　□□□
上為天皇　下及法
□□□　□□已正　□□朔廿　□□□□　□□□
為□在□　□敬造　陁像一　□為天皇　□法界□
□□□

王思道妻賀造像記 高三寸二分廣七寸九行行五六字字徑六分

王思道妻賀願身平安□敬造觀音菩薩一軀普願一切衆
生□現存父母共同安樂不入苦海常得供養一切諸仏

鼓山南響堂寺石刻自武后證聖元年至開元二十三年凡三十八段無年月一段殘刻二段惟開元五年大衛國寺僧崇□等三人一段為題名餘皆造像按天皇天后高宗與武后尊號也高宗崩武后臨朝尊號屢加垂拱四年曰聖母神皇天授元年曰聖神皇帝長壽二年加號金輪聖神皇帝三年加號越古金輪聖神皇帝證聖元年一月加號慈氏越古金輪聖神皇帝九月稱天冊金輪聖神皇帝久視元年停金輪等尊號神龍元年正月傳位中宗上武后尊號曰則天大聖皇帝十一月武后崩遺制去帝稱則天大聖皇后今觀證聖元年邱宜安造像及下一段稱聖神皇帝大足元年趙思揚造像稱金輪皇帝神龍元年三月某妻燕及趙祖福二題稱聖神九月佚名造像稱則天皇帝皆合餘若聖曆二年董智力長安三年郭方剛神龍元年李義節三年武思立景龍二年□處貞及尼瞿脩意但大娘四年吳四娘開元五年郭古也薛宏道各造像皆稱天皇天后以武后天授以後及中宗睿宗元宗之世而猶稱此鄉曲無知沿襲舊文武貞與以為皇帝皇后彼固未喻其何謂通稱矣也末二段年號已缺以諸刻例之不得因上為天皇語而據為高宗時刻矣也　又按所得拓本四十一段通志漏錄者三通志所有而拓本未備者貞觀五年洪湛

造像記據□輔碑目聖曆二年九月廿日王大貞妻高造像記據分域編殘碑目大足元年□海造像記長安二年涇陽縣□□造像記殘造像記三年光恭母造像記均據補訪碑錄殘造像記四年殘造像記李子惠造像記均據碑目神龍元年戒娘造地藏像記據補訪碑錄□□妻□造像記據碑目補訪碑錄作弟子妻□李敬叔造像記據補訪碑錄按原書作敬忠疑即李義節一刻李思敬忠造像記據碑目補訪碑錄作神龍二年太極元年弟子□□法造像記據補訪碑錄先天□□殘造像記六行開元元年造觀音像記據碑目四年殘造像記據補訪碑錄十九年韓迴秀造像記據碑目十六段其顯慶四年會福寺主□嵐造像記五年郎餘令造像記龍朔二年安太清造像記劉媚兒造像記因非與此同得姑按年敘次於前如亦皆在響堂寺應再考實歸併

果毅□□基等造像殘刻

記刻正側兩面題名刻背面石存高一尺餘正背各存六行行存字不一方界格徑七分正書在新疆鎮西廳關帝廟出土今在京師端方家

貝闕下
救沉溺於愛闕下
功德孰能預於此今有果毅闕下
基等跋涉砂磧効節邊垂瀚海愁
雲積悲心於萬里交河淩下忽□
思於百季遂鳩集合營敬造佛闕
闕所并尊像等剞劂彫瑑闕下
唐萬歲通天元年　一

右正面

闕上□闕　□闕
闕上□□□□□□□工
□衆□□□□□□登覺道
闕丁□通而闕　八[illegible]

右側面

闕□人中間七格泐後同　楊藝同
闕營王　仵
達忠師　[兇]盖
五義師　明德

七處以下頁即移於前但墨線勾勒而此未照抄不知有誤否

司兵劉
司胄王□　闕
闕後

右背面

石自新疆鎮西廳關帝廟得之攜以入關遂顯於世鎮西地唐屬北庭都護府造像人佚其姓果毅其官基其名之廑存者當時戍將也石側有通天字八日字通上泐一字又其上則萬字右足存焉乃武后萬歲通天年號也余得打本有陶齋跋記獲石之所越二年通家端午橋水部邀視購藏諸石庭堂序廡羅列百數此石與　二

漢陽三老石堂記形度相稱對供几案閒蓋載石者志在得錢午樵因得坐而致之物必聚於所好其信然歟西域古刻流傳無幾此一卷者沈霾砂磧千數百年去京師且八千里一旦輦來都會櫝藏錦藉與彝鼎同珍而石爲得所矣惜果毅何人已就闕石將諸題名零落無完具者効節邊垂之士不得留名於歷刼之餘則又斯人之不幸也

馬公行寶塔頌并經刻

石塔四面拓本各高一尺九寸經三面一廣二尺四寸五分一廣三尺三寸五分前有一餘相連廣四寸當是四隅之一凡七十三行行二十二字一廣二尺四寸六分二十九行行三十五六七字前後未全當是遺去兩隅頌及題名一面廣三尺三寸五分三十八行行三十餘字不等字徑六分經字較小正書在涿州魯洎村

佛說地獄經一卷　文不錄

陁羅尼呪并經　文不錄

大周圀幽州范陽縣魯泊村馬公行寶塔頌
夫法王御歷導引金言拔昏惑於危城濟沉淪於苦海慈雲
遍霔法雨加隆遂憑常樂之梯永㪷無明之被恐三灾而難
度愍六趣而无邊悟遊育王之乘遇見摩騰之歲於是耆耊
老邁覺朽邪山來示三乘終輪火宅遂不怯車馬敬造如來
舍利寶塔一所寶塔前臨易水後背層城雅妙含珠聲和合
唐神功二年　一
韻遠□□之纔得子來勒𢪷騰空高甍切漢風筝梵響與鈴
鏵而相揮于時慈尊凝塔內鑄金容豪相具㊆㊉覺暉巧摩
尼□□色佛有卌二相乃得真容菩薩光臨坐蓮花而□□
□□迎接與含庶而作津梁拔□迷塗願慈氏而普照以□
□德奉為　金輪皇帝握□□啚龍□遍宇無雷胄霜□□
盡入堤封幸屬而□□□私搆其大塔主馬公行狀風之□□
祖德宗齊任并州長史父林隋任定州叅軍公行愛□□□
□求□□□□塔運王須弥其合村人等同脩此福與㊀
□而長□並□歸依同入如來智海并州長史妻祖氏定州
叅軍妻梁氏息公□妻薛氏六親眷屬寄有為財求无漏果

此處注與初稿異
與初稿又塗改又爲難

當□□脩彼□□□藏於无窮曰樹勝緣願登初會金剛勝
□□□□□□而長金言不鑠其詞曰
如來隱際凝相真容藏形塔下化□□□其□□□□肘數
須弥流化東剎不覺□慈其□□□□□□□□同而坐
愚人不知虛空有盡不壞□□品
神功戴乘下漫漶不可辨
比丘尼法蒲供養在年月一行之上
公行息扶風妻薛行息上柱國追風妻□□□□圀息□□
□□女比丘尼妙光淨光輗仁四娘仵娘合家侍佛　經主
比丘尼□□□□　二
大經主飛騎尉薛婆奴妻趙息義澄妻傅奴息元亮妻下泐
以下空一行
經主傅端妻匂息客仁妻馬仁息旌□妻賈仁女妃□比丘
尼明□
大經主孔文冣妻王息上柱圀處元妻馬息思□息□□□
□□□□□佛以下空一行
經主杜善廓妻胡息言行妻傅德行妻染仁式行感行息猛
子□猛師猛供養
□主上柱泐約八九字合家供□　經主馬鍾妻張供養上泐約八字
范陽縣下全泐此下空一行

大經主盧師行妻劉息上柱國善義妻栗息元楚息元經息
捌朗義息思京思朝思恵行女羅仁義女妃子小妃合家供
養　塔主安次縣韓肆娘供養
經主衛德通女十二娘
經主無終縣陽婆　經主薛遠客

塔在涿州魯泊村至今村名猶沿唐舊武后以萬歲通天二𠦚年九月改元神功明𠦚年正月一日甲子改元聖麻頌末稱神功貳𠦚時幽燕猶未奉詔故云两年下𠩄所泐為正月可知矣是時武后尊號天冊金輪大聖皇帝碑稱金輪皇帝不備舉也書法軽圓秀整與李靖唐儉等碑相近特少弱耳唐初諸碑書愈往者㶟愈甚䢊此刻韜晦千數百𠦚年有風霜之蝕無推搨之損存字頗多神采奕然如初勒石亦可貴已

三

武隆縣令閻人元相造四面像并浮圖石幢題記

二紙一高四尺三寸半上列題記六行行十字字徑一寸五分下截平漫一高五尺八寸廣各一尺一寸八分題名六列列十二行下截一行字均徑六分均正書在永清

大周聖麻二𠦚二匝八日武隆縣令閻王元相奉為金輪聖
神武皇帝造四面像并創浮圖石幢一所願聖主千□□□
□□□□永息歲稔□□

右上截其下約十三行每行約二十餘字字徑七分僅五行上柱字七行博字八行本字樊字九行唐字思字十行上字約略可辨餘皆漫滅以上一面

第一列僅見第六行馮字第九行柱字餘俱漫滅

二行全泐□□□□　佐史□□□　此行全泐
唐聖曆二年二月八日
□□□□□卿　佐史馮處仁　佐史□□方
錄事柱國程□　佐史王□明　佐史張□□
市令□國張□　佐史□□□　佐史齊□□
此下二行全泐　里正張□□　佐史□□□
前里正□□□□　此行全泐　佐史□□□
里正□守質　佐史□□□
佐史□□□□　□正□知□　佐史王□□
末二行泐　里正□思謹　佐史□去惑
里正馮師絢　佐史王□□
□□□崇仙　里□□□□

一

右二列
里缶□南□
里缶□□□
市史李□□
市史馬□
前里缶□壁
前里缶明慶
前佐史□亮
坊缶孫□逸
里缶□宗嶷
佐史張□法
末二行泐

末行泐
右三列
首行泐
里缶張□義
里缶史義□
里缶柳悳
空一行
上護軍史□卿
騎都尉馬□藏
上柱國馬金□
護軍張□思
護軍吳文雅
馬騎尉□□□
末行泐

末行泐
右四列

右五列
右六列
浮啚主魏州貴鄉縣令[冝]承礼妻劉息□□息醜列息□列
女春鴬此行在第六列之下以上一面
閻元相造四面象并浮圖石幢正書聖[曆]二年直隸永清

二

永清城外東南隅百步有三塔寺蓋唐刹也石幢尚存上寰宇訪碑錄
書大周聖[曆]二年二匝八囝武隆縣令閻生元相奉為金
輪神武皇帝造四面像創浮圖一所供養後記上柱國以
下官名字多湮滅上林彙考
由東門東北八里至大麻子莊又西南五里至塔兒巷金
輪塔院石幢一座周聖曆二年已亥立永清縣志
右幢在城東南塔兒巷會福寺唐武后時縣令閻生元相
造高一丈二三尺四面俱方徑寬尺許上刻武后立像四
面皆同正書大書方二寸六行行十字末行六字字體類
歐陽率更其下小楷排列銜名字半模糊不可辨識左方
亦列銜名右方及後面為明人磨泐官銜惟佐史里缶最

三

多唐百官志凡縣有司功司倉司戶司法司兵司士六佐
意佐史即其流也里缶缶字書無缶文古文正作缶疑即
正字之變又有坊缶想亦坊正之訛存此以備參考永清文徵
謹案唐書地理志如意元年析安次置武隆縣縣志云史
志有誤刻作隆武縣者此幢有武隆縣令正在武后改名
之後可證剞劂之誤金石文字之有益於史乘者如此幢
中聖即聖匝即月囝即日圀即國皆武后所造字而日字
原作囯國原作圀此乃作囯圀又其變體亦他刻所僅見
者又案百官志上柱國勳視正二品承務郎階從八品此
乃與里正坊正並列可見唐時勳級之濫然唐制凡以戰

功授者皆以勳級為次轉此積勳至上柱國已無可再加乃仍與齊民為伍軍功起者不授以職僅與勳級以榮其身立法之善亦未可厚非也又案寰宇訪碑錄作聞元相分域編作聞人相元皆誤畿輔通志

石像四面僅見搨本二紙其三四面字畫磨滅搨者未措意也弟一紙較短永清文徵云高一丈二三尺則上截像下當不止此然弟一紙下截或未搨全而弟二紙搨墨已至石腳似無留餘今就所見錄之日石刻作囸尚為明顯與武后時他刻同縣志作図非黃子壽彭年修通志亦沿其誤聞下石刻作𤯔乃武后所製人字聞

四

人複姓風俗通少正卯魯之聞人其後遂以為氏始見於前漢書孟卿傳聞人通漢後有聞人襲聞人長公皆漢人晉有聞人奭隋有聞人嗣安元相當即其苗裔孫氏訪碑錄誤人字餘俱作生惟分域編作聞人而黃氏反以為誤殆未見搨本耶元字今已剝泐諸家皆以為元從之縣志云聖歷二年已亥立是國年直已亥然石刻實無此二字殆以匜八二字半涉剝蝕以意識之耳二三四行闕字據上林彙攷及訪碑錄補注於旁下截漫漶特甚不辨其為直下為橫列永清文徵云是題名則當與弟二面同為橫列矣題名上柱國佐史里正坊正

外有上護軍護軍騎都尉馬騎尉當是驍字諸勳階及錄事市令市史等銜案舊唐書職官志上護軍正三品勳官護軍從三品騎都尉從五品上驍騎尉正六品上凡戰士授勳者分支諸曹身應役使有類僮僕據令乃與公卿齊班論實在於胥吏之下無怪其與里正坊正雜居齊齒不為異也錄事市令縣以上皆有之又縣六曹有佐有史並稱佐史者職本相同不一一分繫也市史當是市令之屬末行州上一字泐按貴鄉縣本漢元城地魏孝文帝分置屬昌樂郡隋開皇三年罷郡縣屬魏州大業三年改屬武陽郡唐武德初割屬魏州知所泐為

五

魏字蔦疑鶯之別體

左衛翊衛和克忠墓誌銘

方一尺四寸七分十八行行十八字字徑五分方界格正書

大周故左衛翊衛和君墓誌銘并序
君諱克忠字　　汝南郢也其先大單于達□窟跋豐爵為
白部大臣及大魏廲基將□南□遂統其部落而為附恩太
和中有詔諸複姓聽從夏音遂改素和為和氏自旅以遷代
襲軒綬曾祖景樂隨左屯衛大將軍儀同三司□兼文武寵
隆台棘祖君立彈冠方仕早喪賢良考行則唐慈州司倉參
軍事百城感其廉平謳頌盈□千里鏡其仁明府庭無事君
忠光性節孝樹德門履仁義之宗妙析旋之礼起家調□左
衛翊衛君志疎放尚幽閑絶迹中朝逸安孝養隨除失步幾
切於愉娶感愛孫隆遺寄於□木嗚呼良木斯壞悲至其萎
以久視元年十一匝十四⊙卒于三水縣古公鄉之私第春
秋五十有一即以其匝廿二⊙殯于縣城之西原礼也庶恐
清徽泯滅令譽湮沉爰勒斯銘用旌不朽其詞曰　　翔方
茂族佐命神州爰及苗裔克襲□裘夫君德宇至倫罕儔□
然在目□□□□

唐久視元年十一月廿二日

右和克忠誌克忠及其曾祖祖父皆無攷汝南郡在唐為豫州天寶間改汝南郡尋復故廣韻和姓出汝南河南二望誌稱克忠汝南人書其望也按北魏代北諸姓從入中原者後多以河南為望和氏在曹魏有和洽晉有和嶠隋有和洪皆汝南人此堯時和仲和叔之後也代北素和氏鮮卑檀石槐之支裔以本白部故號素和孝文改為和氏魏書和跋傳云代人世領部落為國附附臣誌敘姓源皆與之合魏又有和其奴亦云代人與北齊和士開皆素和氏之支派也克忠之先既為素和氏宜其以河南為望而誌曰汝南華裔相混矣元和姓纂不載和氏未免漏略

趙智偘墓誌銘

方二尺二寸五分三十一行行
三十字字方界格徑七分餘正書

□周故遊擊將軍上柱國南陽趙府君墓誌銘幷序
□諱智偘南陽𤯔也其先承帝顓頊之苗裔隆周之別族若
敎之圀趙文子之裔弈葉邯鄲傳光周封鬭獻相承歷晉卿
之後自我先君肅侯之代名振九邦爰自敬侯聲揚邇迩終
晨假寐愛流冬𡆠之暉朝夕匪懈卿大夫傳嚴明之美神馬
霞育分為二族之昌秦雍興宗青益任四州岳牧君即京兆
侯元鳳之十代孫司空公之支派国官京師今為長安𤯔也
曾祖絻隨任隆州新井縣丞祖謙隨任利州綿谷縣令父僧　一

周長安三年二月廿谷

垂下似脫一字後跋中未注及
不知是否簽出待核

德唐任而官朝議郎上柱國並器包瑚璉材實棟梁詞令聞
於綠墀章奏動於丹埊珖簪珠履元僚光展驥之能墨綬銅
章下邑標舞鸞之政止戈為武柱國垂後之名七德俱無高
門降文武之効君扶俗挺生異時間出落落垂家有鯯士之
光芒郁郁騰文有賢士之氣色坐喬林而卧盤石嘯明𠥱而
傲清風蕭然獨王自謂神仙𢘑夢兩楹俄驚二豎不謂西州
石折已𠡦之夢有期東園山巔庚𡆠之災奄及孟嘗君之富
貴臺榭終平羊𦏁子之登臨江山徒在以[illegible]厤二𠡦歲次巳
衣四𠥱八𡆠卒于神都來庭縣會節坊私第春秋五十有九
夫𤯔宗氏悲夫逝川易往同激箭而不追浮景難迴豈魔戈

而能駐夫𤯔麼鍾蘭室才冠柳風執四德以乘龍遵二儀而
卜鳳當晨起夢始泣秦嘉之書從宅垂恩俄悲張圀之扇成
龍弱篠滌別淚以孤生待鳳喬梧抱空心而半死豈期朝露
溘至菱花奄逝以長安二𠡦七𠥱廿九𡆠終於延康坊私第
春秋卌有七嗚呼哀哉桃李春風与子偕老桑榆暮景攜手
同歸生榮死哀抑斯之謂也𨌫分生死之桐終合雄雌之劒
黃泉路遠白𡆠𠡦深悽吹動於蕭笳愁雲暗其旌旐青烏卜
葬惟嗣子之纏哀白馬奔塋逢故𤯔之來哭粵以長安三𠡦
歲在癸卯二𠥱癸巳朔廿八𡆠庚申合葬窆于長安縣神禾
原禮也□𡆠同遷葬祖父母及𦏁等俱同塋限長子相王直　二
司上護軍令詮次子上護軍萬慶等孝道而性禮備哀榮泣
血無追思竭送終之範至於葬禮今古罕傳痛結九泉哀深
毀瘠絕漿㠯美顧悌高懃孝感飛禽仲由聞而下婗庶防歪
移谷變勒圀雕銘希海樹遷陵千齡鑒茲遺誌其詞曰
終南東峙交澗西流寶符鼎氣蘭膺洪休一其廊廟彝器珪璋
令名學綜三篋詞雄二京雲中仰德𡆠下推英二其莫事王侯
寶歛巢許桂叢攀折芝蘭延佇𤯔代共貴而𠡦不與欲聽難
鳴翻聞鶴語三其家承積慶徽俗遺榮一𠥱一璧無欲無營琴
歌酒賦𠥱契風情道義相得林泉共清一歸長夜永閟佳城
四其鏡塵埋𠥱履跡封苔松深霧慘樹古風哀泉扃一閉幽顯

叢　林

悠哉式追南峴用讚銅臺魂𠀤長去神𠀤無来

南陽趙氏之望趙智偘高曾以上已爲長安人矣智偘

階勲游擊將軍上柱國載在標題而序銘以其不仕高

之蓋未嘗任職者也神都即洛州之東都光宅元年改

來庭縣天授三年置語在宣務山張莊題刻後來庭此

兩刻並作庭足正舊唐書作廷之誤

三

唐十神龍元年玉景龍二年

六百四十三行

三十三開

唐十

國行真浮圖頌

高二尺三面各廣一尺四寸左面年月題名八行字徑八分又頌七行正面頌十五行右面頌十二行行二十二字至二十八字不等字徑六分均正書

大唐神龍元年八月五日浮圖主騎都尉國行真

曾　祖嵩　齊任寧遠將軍

祖相　唐授驃騎將軍

父嚴　唐授文林郎　亡兄公仁

真母尹供養　妻李　男知友　妻蘇

男知畧　妻魏　男知惲　男知讓

兄男知論　母孟　妻馮　孫男奉珪

唐神龍元年八月五日

孫女娍娟　孫女藥尚合家供養

國行真浮圖頌

一

學以慧濵不測測之莫究其深法路難尋尋之罔窮其遠惟

寂惟滅不可以智知非有非想焉得以意識寔乃日宮廣闢

刻石於是雲興月殿高開鎔金以之霧起爰有棲神鶴樹庇

體雞林者其惟國行真乎瞻言所里即冀州信都人也齊歸

父之苗裔國佐之後也　曾祖嵩鑿軼囊沙下電騎於天上

榮隆減竈建虹旆於雲中齊主以功授寧遠□軍卒能圂宣

王業逮乎殁齒　祖相屬隋王失馭振鶴翼以鵄張暨　唐

祚克昌勑魚麗而鳳舉適能危冠而出秀氣雄勉捷之功儕

劒而起槊□壯摧剄之烈　唐皇榮功授驃騎將軍仍屢加
襃賞亡　考諱仁罷風雲發秀麗藻騁鬬馬之談金石吐心
思涌寫窓雜之辯僮隨物化遘疾丁艱色嗟崩和嶠之松鄉
涕㢘□康之王　夫人尹氏貞閑作則明敏𨶡於山家懿範
成規機鑿隆於□氏禍若襄川箭水傷龍劒之雙沈峰嶠翻
颯軟帝梧之雨碎其日行貞孝深罔極終追負米之悲哀倥
彼蒼竟想茹黎之歎□以歸依妙覺超尚菩提精意福田功
詢叵業議若探珠酌海畢獲名珠採菓□山誠收妙菓上爲
皇帝及先亡　祖考并見在合家大小敬造石浮圖一所
削成七級內外尊像廿餘鋪邈乎崇基控地局仙阜以孤危　二

歟

疊嶂千天聳雲峯而獨秀金人煥爛畫巨好於芳園寶舍岧
嵬極宏規於淨域霄懸慧燭光通射雉之郊晝甍偃墨香遍
乘魚之境左鄰交劇綠虵於□去來右控長川青雀以之還
洼珥環璧景彩靈烏以發輝鉤□金波藻銀華而寫耀夫以
歲躔乙巳月旅金商揆王紐以成功〻王曦而事畢於是用
旌令德刊孝敬於冦銘式表禎誠勒嘉猷於翠琰其頌曰
猗歟至聖有化無垠乃虛乃靜惟聖惟神苦空作則宗滅爲
因濟溺侶於舟子拯含生於䊢眞其一於穢大　唐建承　皇
極通三御六乘乹履翼萬方有截　一人以德化洽無爲誰
知　帝力其二偉哉　王孝清規邁俗調合宮商式昭榮辱楊
旌赫馬振纓鳴玉燻灼都邑名參　帝銘其三國乎嚴　孝尒
誨齠楹一埋卒歲千載空名仰希吊鶴俯應仙銘榮翔銅馬
遊狎佳城其四岧嶤崒堵𥡴甍摽空上下寶舍內外金容輪高
漏日鐸迴吟風表天地而永固體山岳以長隆其五子兮欒貌
唱誠墳宂屬驂花以哀□陟屺岵而悲咽履霜庭之心瘁睆
風絛之濺血建圖像以長存勒芳猷而不闕其六
州助教邢施僧文　魏冦度書

碑當在冀州而通志冀州金石未載此頌題名云父罷
亡兄公仁文則云考諱仁罷當是撰文者之誤傷龍劒
之雙沈之字旁補名參帝銘銘與韻不協不知何字誤　三
書也其書測洽从冫疾从疒揚从木傡作僮懿作懿旌
作旌最作最究作宄廣作廣商作商華作華猷作猷䊢
鐸作䊢鐸皆別體字

□文政墓誌銘

方一尺五寸二十二行行二十五至三十一字字徑五六分正書

首行標題全泐

□□容字文政其先扶風人也隨任遷居故今爲邢州青山縣人焉丹□□□含八川之粹氣紫泉流慶飛三輔之英聲別派踰湟遂傳芳於茲邑言□□□可畧言矣祖　通中丞亞聖大賢散騎常侍後遷恒州真定縣令□□耀日施臨岱国之符帝性聞哥髙取漢皇之印□將軍之車騎寵□□□京兆尹之風神聲飛李蔡髙才大器鄉俗所推強記洽聞□□□□□□金□坐銅墨而多閑白雪調弦處脂膏而不潤

唐神龍二年十月

父　政少而岐嶷□□□□遠量天性孝友童幼時便卓尓不群閑曠寡欲不言世利博尋經史□有□□州閭鄉黨並敬而慕之朝進公卿皆願通友遂聲名遐振上□□□□□□□身祭七器志列五式出咆吻於邊隅入屈骨節於行伍豈謂彼蒼不□摘□□□春秋七十有三終於私第夫　人何氏凝精瑶落分月以符□毓質銀□□□□而□□故得器宏川嶽礼義峻其神隍理富家瀛□□德□其性□□□□□開家之悔是同五德不足六内壼之規斯□□其泐下□鏡□粧蓮翳蒼帷之□氣春秋三十終於□□以神龍二年十月□□瑩於青山縣南十里平原礼也其中西隣鵲□与□

俱　腜

□而連峯□□□濱共滄溟而洗瀁南□□□俱□者泐下□□屢集嗣子胡仁等□昊天之罔極徒□負米之悲□□迷魂有滕□笋之慮蔡莪□□松柏頹□恐陵谷之遙遷□□文□爲記其詞曰

□泉毓德河水降祥氤氳□□□□芬芳□枝分葉立紀□綱□□□□□□□□一其□纓□襲冠蓋□□蟬聯□□□□鑾鞫□□遐迩□□□□□□□□□欽明二其□地有依昊天□報□□□□□□□□□□□□何告□泐下

此誌漫漶不見姓氏其名爲容亦涉疑似惟字文政則尚明顯然其父諱政子不宜以政爲字不可解也序文有錯落字寓刻潦草存俟再參

白鶴觀碑

高七尺有餘廣三尺九寸三十八行行七十字方界格徑一寸正書在長子

大唐潞州長子縣白鶴觀之碑十一字額四行字徑十分隸書

蓋聞有明有晦□陽不測之謂神無始無終言象莫筌之謂
道夫道者不可以形聲察不可以方所□□予□□□隨迎
□□□□□□□極言天地之□□□□□□□可傳而不可□
□恍惟忽可得而不可□伏戲之襲氣毋肩吾之處太山莫

靈

不體之以為靈因之以成聖
太上元元□□□□□□□□當玉晨玉帝之尊跡鶴駕
於元洲控龍輿於紫府吸風飲露翔八景而□上□□雲發

唐神龍二年　　一

霞出九天而□□紫閣□□妙宮之□□□□□之□□□
□□□遐魂反魄斯乃被諸簡冊無待一二詳焉故能兆朕

遙

帝先發揮皇極降天族於元北□啟邦基於紫□□　　皇唐
承□□之遙源襲浮雲之遠撰□亻□而□□□□□亻以
馭中區曰者隨運崩離生靈版蕩白波以之騰沸黃神於是
嘯吟
高祖神堯皇帝撍鉞祭壇披圖汶水荷厤數之昌運馭斗極
之驍兵東代西悲南征北怨正傾維於赤縣□□□於蒼生
四海同其樂推戴□□以□□
太宗文武聖皇帝誕靈虹渚毓照蛟門體日角以鑿軋稟星

□而出震　神謨電舉　聖略泉迴□青天以鳳翔騰紫□
而龍戰綏旌所拂則万里□銷揚□□□□百城冰潰掃崩
雲而清六合息闘川而晏九瀛重闢寰寓更張禮樂人靈俾
乂品物昭蘇振長策以馭遐荒執□□而移弊俗□二儀之
壽載並出阽危之兩耀之昭迴□安仁□
高宗天皇大帝發祥雷澤集祉雲房受緑地之靈符應元宮

蕭

之景命叶准繩於石𥓓契法象於珠衡履□登□握□齊巽
鑑洪範而亭育象耀魄以財成黔首安其寢繩□髮欣其擊
壤靈臺徦伯戢蕭斧而息鞱鈐雍館尊師敞黌門而興雅頌
道既貞矣時又清矣期已昌焉代亦康焉於是高明演毗沈

潛薦祉聘遺風於澤馬鶩流水於山車鳳至門庭鵠生□石

舒

黃龍入紀朱鴈登歌集五老於星躔朝七神於雪路佞枝厤
草佩緑舒丹連理合芳□階被苑涌金□於翠渚□瓊檢□
□河瑞空浮若月之暉清漢縟非烟之□祥鳥瑞奥不絕青
史之書禎秠靈茅相繼白藏之府掩關梧而設徼通建木以

徼

踞封螽蟲鱗衣集中區而襲冠帶悠悠堯駕□大道而陪闕
庭□一氣於銅儀調四時之玉燭紺蕀黛䄀屢申千畝之勸
紅粟赤苗每獲九秋之稔為而不宰孰契比於神功用而不
知鑿井忘於帝力遂乃習禮茅絕告成松□謁□□□□三
□□梁陰而朝萬玉於是垂衣衢室布政合宮□□而□化聿興

鑄

無爲而壽域斯泰𢀤上皇而比德則仁超九冀之前挍近古
而論功則道出六飛之外陰竟天者徒承元□之□□海
者詎識滄溟之澤方謂昆吾駐景長□煦而□□砥柱蟻流
鎮□□而戲廣嵩意彭巖鑄鼎湖凝飛珠丹竈之術既隆白
雲之駕俄遠聾方遏密共切朝像之悲萬國□□□□□□
之慕
則天大聖皇后稟睿庭山資靈㵎溪冠清暉於潤石照茂範
於曾沙將聖多能既明且㤗知□藏往□□□之□索隱
鈎深智出天人之外□象□□之秘元珠□鏡之□莫不總
照靈臺同包禮器故能光玉衣之遠慶贊金扆之休徽以偃　三

而

月之貞儀摛捫天之丕緒思賢屬想雅□□□□□逮下經
懷芳聲振於樛木二妃匡舜俱懋內□之功三母翊周並謝
扶成之美孝光四海至性感於神明忠積九重深誠格於穹
昊及峻狼況景吊鳳興悲攀　紫極而□心□□□□□血
虔膺　顧託肅綜樞機□創業於彝章□延慈於地廡永惟
先聖鈐慕終天以爲裂骨靡軀寬無補於遷拔祈仙契道庶
有益於津梁遂降　綸言廣興□□□□□□修葺白
鶴觀者垂拱二年之所立也□時朝野乂安遐迩□晏坤元
之德方遠雲慕之化惟新因玉府之有餘起琳房之寶構斯
則韓趙之舊境章馮之故跡實兩河之勝地□□城之奧區

置

鳩嶺鎮其西魚陂蕩其□左瞻□□□連□□之居右控通
□路接風郵之影於是揆日晷考星耀設表置臬授梓掄材
敞金殿而排霄閱珠樓而望月翠觀岑□□閣□□□元□
之高居法青陽之上府疊祥々而摛□道遙□□□□□絳
氣而爲臺放曠琚琁之地開紫元之靈栢啓黃盡之真容玉
樹瑤林含九韶之妙響鏁池花沼帶五□之□光□□彳□
乘太虛而萃止蜺裳容曳□上界而□遊固可以獻□□山
薦祥稽巔鎮怡神於寶地永納祐於鄮都垂拱二年長子縣
宰朝散大夫高同營創基宇造立尊容建此豐碑旌以功德
偁高公坐事去官歷載推遷不遑修□伏惟　四

圖

應天皇帝陛下睿圖鼎盛寶命惟新累　聖重光上下禔福
神靈滋液中外□和契叶天人膺納符籙功業與黃羲合迹
聲教與日月均暉證神睠於提□憑勝緣於太一欲使九龍
七鳳化漸雲居玉洞金巒真凝淨域文物所以極天蟠地生
靈於是謳吟拃舞河清海謐歲阜時康朝議郎行長子縣令
鄭琎辰像授精山河誕粹銑器出昆吾之域□□生太山之
阿瓌琺羅生波濤汩起南宮电履北海橫經載德象賢不偲
於弓冶隆家裕蠱雕墜於萬堂純孝至忠親仁接友漁獵百
氏琢磨六藝修身立志露潔冰清撫俗字人風□革偃卑魯
之化史重晴於當今摘密之規不獨聞於在昔丞白自諒主

齋物物
簿羣齋物尉王晟張瑜等並江湖蓄潤彩藍孕彩風格增峻
牆宇難窺思擲卿雲學詠流略含吐宮羽隱括循良或歷□
優□或初嬰下袂咸能蹈因緣之閫奧竭營衛之精誠觀主
谷太希上座常齋物監齋任太素練師李知白威儀程遊元
常
法師韓馴蜺等並業彰善救體應徐生□鴻寶之微篇侍蜺
裳之遠駕道士闕無固韓道宗宋子仙魏元宗萬冲仙楊翥
鶴鮑探元鮑習莊王羽客李真邃等勁節霜明清心月映超
風塵而不雜泛道德以孤征道士郭法□亢光隱□□□此下
空八十六格 並依仁踐義蹈禮鳴謙或登仕周行或棲閑鄭圃顧
循諸□攀　日姓以承恩伏想帝鄉軌　天崩而倍愴乃與 五
邑宰鄭公及觀主等造□□像同立勝緣上奉聖因側申追
闕神
福日光月光之相照燭仙京左元右元之儀輝煥金闕怡神
湛寂似一氣之非遙寓目清瀲□重陽之未遠以為炎涼遞
圖
代土 明之切□蜀陵谷□□□□之□□變自非圖徽素篆
勒美翠瓊何以表懿跡於脩期紀元功於遠葉爰命庸謏俾
述聲塵敍課下才式旌高烈其詞曰
悠哉眾妙邈矣重元竅之無象尋之靡邊埏埴九地陶鑄三
天兆朕皇極權輿帝先　於赫　睿唐寔惟仙元應運瓢海
垂時□震龍□衆墟鳳翔□晉大□□□□□□　□珠
□照握鏡重光湊躐千古宰龍百王朝宗絕域緡紋遐荒仁

虛
高白帝化叶朱襄　元聖纂戎大横承緒赤方連耀青雲干
呂御籙榮河□□□□向明齋□□□□　□□□□□
□□琴天門壂玉日觀涅金壽域方泰悲泉遽沉慕凝蒼野
哀纏穀林　穆穆坤元流承　遺託仁清月爛化貞雲幕攀
聖九霄崩心五木□□□□□□□　□□□□邃□
□方攫茲金地式建琳房星列珠柱虹分玉梁去來鶴駕棲
息蜺裳　戕宰具僚家承纓弁濟俗百里澆風一變黃綬清
班元都勝□共崇像設同興□□　□□□□□□□□
□□□□巔排雲榮浮日彩浦漾風文烟霞散亂松石紛紛
地裂琨城道詢黃蓋祥流萬品福資三大金沼濯靈玉虛 六
銷壒長勒美於仙石永飛聲於天□

碑不著撰書人名訪碑錄次垂拱二年此縣宰高同建觀立碑之年也文云屬高公坐事去官歷載推遷不遑修□伏惟應天皇帝陛下睿圖鼎盛寶命惟新云云按中宗復辟改元神龍十一月上皇帝尊號曰應天據此則碑刻於神龍元年十一月以後可知又云伏想帝鄉軌天崩而倍愴乃與邑宰鄭公及觀主等造□□像同立聖緣上奉聖因側申追福按武后崩於神龍元年十二月據此則碑刻於神龍二年又可知古人豈碑先立而後書刻是碑立於垂拱二年越二十年始勒此文孫

氏列垂拱二年者未卒讀碑文故也

七

供

岱嶽題名三段

高仁敬等題名高八寸廣一尺二寸十七行行六七字字徑七分正書

勅使太中大夫內侍省內謁者高仁敬
勅使前上清大□三景弟子內供奉朝散大夫守尚衣奉御
王崇曦等奉以神龍三年肇春設祭式昭歲月因紀名爲
典內闕人輔餘作典令史魏遺處

唐神龍三年

鮑懷坦等題名高八寸廣九寸八行行八字字徑七分正書

大唐景龍二年三月十三日尚黨鮑懷坦潁川陳休□被使
□岳陪位祈祭詳覩舊跡咸勒石以記焉叨預　明時可
銷聲而不錄庶傳芳於万古經千秋而靡闕下

張元□殘題名在顯慶六年郭行真一刻之左廿行行存字不一字徑七分正書郭刻已載萃編

大唐景龍二年歲次戊闕下日乙巳奉　勅□闕下肅影中途
詣夫子之闕下府君之靈宇幾述闕下之翳賴雲霏五闕下之懇誠
屬席闕下
勅東岳祈闕下　國張元闕下
勅使奉
勅使

右題名三紙其一與顯慶六年郭行真一刻連屬郭刻載
萃編爲岱嶽觀碑則此三刻亦即在是碑矣不解萃編及
山左金石志何以不載金石家亦均未著錄審其石狀書

之勢並擱本紙質墨色自在一處也上黨作尚潁川作穎皆異文

慧化寺僧靜贊等造經碑并兩側

碑斷二截高共四尺六寸有餘廣二尺五寸三分三十三行側厚三寸七分四行行六十字正碑及左側皆經文右側記行五十六七八字字徑七分正書在房山西南六十五里白帶村關王廟

大唐奉爲應天皇帝順天皇后師僧父母普爲法界含靈敬造石經一條額正書一行行字徑一寸二分

佛頂尊勝陁羅尼經序

經文不錄

大唐幽州范陽縣慧化寺在白帶□□房之頌并序　夫真宗義浩禪門理寂斷缺約三字福之場□□修心之□是以□□□□□□赤城之曲僧惆悳卽脊偉葱巖之外盖超至境入聖因澄明一心□□千佛必就于山林矣慧化寺斷缺坐靜贊唐神龍年□主武宏僧元嶷等敬造之所建也崇崗左右長澗客迩□鳳之所翔鶴神仙之所宧宅巍巍檀閣便成般若之臺時時香園卽引菩提斷缺□□□□□□安禪其禪院内奉爲應天皇帝順天皇后師僧父母敬造佛堂一□輪兮奐兮甑壯而麗粉壁畫□□丹虹梁霞艷踰三時斷缺□□□之神宮其中又□佛頂尊勝陁羅尼石經一條栗園□□

右慧化寺僧靜贊等造佛堂及尊勝經碑年月缺佚經文序頌俱未全碑稱應天皇帝順天皇后知造於中宗神龍元年十一月以後景龍元年九月以前也經自正面繞左側及碑陰環刻之序起自右側僅見四行而石

已無餘地題額及序止言造石經一條則必非連刻弟二石矣碑陰未得搨本或序頌後幅亦刻諸陰耶石斷為兩方斷處約缺三字澄明一心一字為妄人加鑿戉二

龍興觀道德經并兩側題名

高六尺廣二尺七寸正面三十二行行七十一字碑陰三十三行行八十至一百字不等字徑六分正書在易州

大唐景龍二年正月龍興觀為□敬□道德經五千文闕二十一字字徑寸分正書

經文不錄

前重光觀都監齋煎知威儀事至神龍元年召入龍興觀

檢校觀主張齊行此行在正面道經末行下

碑側左七列右五列多寡大小不一行字正書

會

前□州刺史滦師

州司功佐王仁會

□息上柱國伏安

州司倉佐韓思□

唐景龍二年正月

一

雲騎尉□□□□

萬壯飛騎張宗

行息□□

右一列

前遂城府校尉劉

祖羨□楊息遂城

府録事欽敬女六娘

□□□

成元欽

右四列

仁勇校尉戍守理

弟前代州郭縣主

簿守逸

此第二列第三列全泐

重光觀前觀主

劉惠表

三洞弟子東岳先

生觀主格超然

右五列

三洞弟子□□先
生李仙芝
道士梁[元]徽
右六列
三洞弟子□□□□
□□□□□□□□
前□□□□□□□
都監稟劉□ 此行草書
威儀涤遺篤 此行行書
右一列

前羽林飛騎上柱
國陳[宏]質妻鮮于
女四娘女夫劉裕女□子
右七列以上左側
置觀度道士劉布真
□□度道士周尚[元]
□□□道士解昇仙
置觀度道士趙偓佺
置觀度道士田大□
右二列

置觀度道士劉仙高　□主龐道□
則天度道士田□巖
右四列
則天度道士成仙道
道士□□慶　道士滿虛心
右三列
□煙觀主成仙觀
威儀成□因□女官成仙德
女官成脩果　女官劉□□
女官劉仙駕
右五列以上右側
脩

二

右老子道德經兩卷上卷曰道經下卷曰德經分兩面刻之紫河上公注本道可道以下為道經卷上上德不德以下為德經卷下晁説之跋王弼注本謂其不析道德而上下之猶近於古不知陸德明所撰釋文正用輔嗣本題云道經卷上德經卷下與河上本不異晁氏所見者特宋時轉寫之本而翻以為近古亦未之攷矣予家藏石刻道德經凡五本惟明皇御注本及此本為初唐所刻字句與它本多異如無作无愈作俞芸作云譽作豫荒作巟佐作作喩之作翁之類皆從古字又如故能蔽不新成石本作能弊復成師之所處荊棘生下石本無大軍之後必有凶年二句上將軍居右下石本無言以喪禮處之句夫唯病病是以不病聖人不病以其病病是以不病石本但云是以聖人不病以其病病是以不病此類皆遠勝它本聊舉一二以見古石刻之可貴也潛研堂金石文跋尾續

陸德明老子音義據王輔嗣注本稱老子道經音義德經音義此本亦分道經德經為二卷兩面刻之今世所行王輔嗣注本每經俱有分章此本雖不記章數然每章皆空一格以別之其中亦有與今王本不同者如今王本道沖而用之至象帝之先為三章天地不仁至不如守中為四章谷神不死至用之不勤為六章此本皆并為一故有之

三

以為利無之以為用今王本屬十二章此本無故字二句屬下章之首重為輕根靜為躁君今王本為二十七章此本屬上章之末陸德明老子音義已為後人改變其分章惜不得與此本一證之平津讀碑記

右道德經碑在易州景龍二年正月立前代金石家未著於錄歐趙所收皆明皇御注懷州本今不傳邢州龍興觀石臺本歸震川集有跋今亦未見所傳拓惟易州八面石柱為蘇靈芝書之御注本刻於開元廿六年而景龍舊碑同在易州世人貴耳賤目無過問者蓋道德經自御注後頒列學宮久相傳習故余所見道藏七十餘本略同雖以

河上王弼二家校者亦頗改就御注而傳奕古本字句較繇亦難盡從則世間真舊本必以景龍碑為最其異同數百事文誼簡古遠勝今本者甚多今合蘇靈芝書御注本及河上王弼與釋文所載參互校勘條舉得失足證此刻之善老子道經一卷御注河上作老子道經卷上王弼作上篇无名各本作無下皆放此天地始御注與此同河上王弼作天地之始下句亦有之字常无欲觀其妙御注與此同河上此句上有故字觀上河上王弼有以字下句亦然衆妙之門句下空一字所以分章御注不空河上於道可道前題體道第一王弼題一章此無標目下皆放此相

形王弼作相較見釋文成功不居御注王弼作功成不居河上作功成而弗居不上賢各本上作尚使心不亂王弼使下有民字聖人治各本句上有是以二字王弼人下有之字常使民御注作使人使知者各本使下有夫字不敢為各本句下有為無為三字王弼有也為無為四字久不盈各本作或不深乎御注作淵似河上作淵乎似王弼作淵兮似萬物宗河上王弼物下有之字湛常存河上作湛兮似若存王弼作湛兮似或存誰子河上王弼作誰之子蒭猶別體字橐籥御注作橐籥河上王弼句末有乎字不屈王弼顧歎作不掘俞出各本作愈出元牝門天地根河

上王弼門上有之字天地上有是謂字長久者河上王弼長下有且字故能長久王氏萃編引邢州本與此同易州石柱及河上王弼作長生非也以其无私釋文引河上與此同御注王弼以字上有非字王弼句末有邪字又不河上王弼作而不善人各本作善仁古字通政善河上作正善不若其以各本作不如其已古字通而銳王弼作而梲長保邢州本作長寶而驕御注作而憍功成名遂身退王弼作功遂身退傳奕作成名功遂身退邢州本作名成功遂身退能无離傳奕及近刻王弼句末有乎字下五句皆然愛人各本作愛民能無為王弼作無知能為雌河上作

無雖能無知王弼作無為有之以為利各本句上有故字何謂寵辱辱為下王弼傅奕作何謂寵辱若驚寵為下有大患各本句末有者字為我有身及我无身兩我字各本作吾故貴身於天下御注作故貴以身為天下與王弼同河上作故貴以身為天下者若可託天下御注王弼作若可寄天下河上作則可寄於天下永樂大典作則可以寄天下若可寄天下河上作乃可以託於天下王弼作若可託天下大典作乃可以託之天下者繩繩大典作繩繩兮以語今之有各本作以御以知古始御注王弼作能知是謂道已御注河上作道紀審觀王弼注當亦是已字豫若

六

冬涉川河上豫作與兮王弼作豫焉猶河上王弼作猶兮儼若客河上王弼儼下有兮其二字渙若冰將釋河上王弼作渙兮若冰之將釋下三句皆有兮字混若濁曠若谷御注作曠若谷混若濁河上作曠兮其若谷渾兮其若濁王弼與河上同渾字作混安以動之御注作安以久河上王弼作孰能安以久大典作孰能安以無久字能弊復成御注作故能弊不新成河上作故能蔽不新成大典作故能敝不新成案弼注敝覆蓋也當與河上同吾以觀其復王弼無其字各歸其根河上王弼各下有復字忘作凶各本作妄作凶河上或作萎誤也容能公御注河上王弼能

作乃下四句皆然公能王王能天邢州本作公能生生能天其次親之豫之御注河上作親之譽之王弼作親之豫之其次畏之侮之河上畏之下有其次字信不足河上王弼足下有焉字有不信王弼信下有焉字由其貴言御注由作猶兮王弼作悠兮成功各本作功成有人義各本作仁義智惠出王弼作智慧或作慧智非孝慈大典作孝子絕民各本作絕仁相去何若王弼或作若何非怕其未央御注作荒其河上王弼荒下有兮字句末有哉字若享太牢牢別體字御注作如享釋文作若享引河上作饗若春登臺御注王弼作如春登臺河上作如登春臺我魄未兆

七

御注作我獨怕其未兆河上作我獨泊兮其未兆釋文作廓引河上作泊傅奕作獨我魄兮其未兆大典作我泊兮其未兆王氏引邢州本與此同若嬰兒未孩各本作如嬰兒之未孩乘乘無所歸河上乘乘下有兮若二字王弼作儽儽兮若無所歸我獨河上我上有而字之心河上王弼心下有也哉字純純河上王弼作沌沌兮釋文沌本又作忳我獨若昏王弼作我獨昏昏澹若海御注作忽若晦河上作忽兮若海王弼作澹兮其若海大典作漂乎一本作忽兮漂无所止御注作寂兮似無所止河上作漂兮若無所止釋文引河上作淵兮王弼作飂兮若無止梁簡文傅

奕作漂兮有已各本作有以我獨頑河上王弼我上有而
字而貴食母御注作而貴求食於母是從大典作之從忽
恍中有象恍忽中有物顧歡與此同御注作忽兮恍其中
有象恍兮忽其中有物河上作忽兮恍兮其中有象恍兮
忽兮其中有物或本二句互倒王弼與河上同之忽作惚
窈冥中有精顧歡與此同御注作窈兮冥其中有精河上
王弼作窈兮冥兮其中有精之然御注今河上作之然哉
王弼作之狀哉釋文河上一本直云吾何狀也杜則正傅
奕與此同諸本作則直弊則新釋文作敝傅奕今王弼作
敝多則惑各本作惑莫能與之爭河上無能字豈虛語各

八

本作豈虛語哉故成全各本作誠全無故字飄風王弼句
上有故字孰為此天地河上王弼此字下有者字上不能
久各本作尚不於人各本句末有乎字故從事而道者道
德之同於德者德德之同於失者道失之信不足有不信
古得德字通德之即得之也河上故作從事於道者道者
同於道德同於德失者同於失同於道者道亦樂得之同
於德者德亦樂得之同於失者失亦樂得之御注王弼無
三樂字寧餘與河上同河上王弼作信不足焉之有不信
馬企者不久御注河上作跂者不立王弼作企者不立夸
者各本作跨者案當是夸字自見不明河上王弼自見下

有者字下四句皆然其在道王弼作其在道也御注河上
作其於道也物或有惡之各本無有字故有道不處御注
王弼道下有者字河上亦有者字句末有也字寂漠王弼
作宋寞河上今王弼作寂兮寥兮鍾會作飂獨立不改御
注河上立下有而字周行不殆各本行下有而字吾強為
之名各本無吾字遠曰返河上王弼作反道大各本道上
有故字王大各本王下有亦字而王處河上王弼作而王居
其一焉是以君子河上王弼作是以聖人晏處王弼傅奕
作燕處如何各本作奈何以身各本以上有而字輕則失臣王弼作失本大
典作失根轍迹河上作徹迹王弼作轍迹梁簡文云應車

九

邊今作彳邊者古字少也瑕謫御注河上作瑕讁王弼作
瑕讁善計王弼作善數籌策御注作籌算不可開各本不
上有而字下句亦然而无棄人各本而作故下句亦然善
人御注大典作故善人河上作故善人者不善人河上人
下有者字雖知河上王弼作雖智此謂各本作是謂為天
下谿各本作谿釋文谿或作溪常得不忒各本作常德常得乃足
各本作常德於朴御注作樸王弼作樸下句亦然朴散各
本散下有則字聖人用為官長各本用下有之則字是以
大制无割各本作故大制不割神器大典器下有也字不
可為各本為下有也字夫物各本作故物或嘘王弼作或

畝御注河上作或哃或羸各本作羸或接或隳御注河上接作載王弼梁簡文作挫以道作各本作以道佐荆棘生各本生下有焉字此句下各本有大軍之後必有凶年八字蓋注語羼入正文此本無王氏引邢州本亦無故善者果而已河上王弼無故字大典亦無故字而已下有矣字今王弼者作有不以取强各本不下有敢字果而勿驕果而勿矜果而勿伐御注驕作憍各本果而勿驕句在果而勿伐下果而不得以是各本以作已無是字謂之非道非道早已御注河上王弼作是謂不道不道早已傅奕王氏引邢州本皆作非道夫佳兵者河上無者字不祥之器大 十

典無之器二字故有道不處各本道下有者字大典處下有也字恬怏御注作恬澹河上作恬惔一作恬然王弼作恬淡故不美若美之御注河上王弼作勝而不美而美之者大典無而字是樂煞人各本作殺人大典人下有也字不可得意於天下御注作得志河上王弼作則不可以得志於天下矣大典無則字故吉事尚左各本無故字居左御注大典作處左下居右亦作處右煞人衆多河上王弼作殺人之衆此句上御注河上有言以喪禮處之六字蓋注語羼入正文此與大典皆無悲哀王弼作哀悲哀禮各本作喪禮朴雖小御注作撲王弼作樸天下不敢臣王弼

作天下莫能臣也王侯若能守御注河上王弼作侯王梁武與此同河上王弼守下有之字人莫之令河上作民莫夫將知止御注王弼作夫亦將知止河上作夫亦將知之知止不殆御注作知止所以不殆河上作知之所以不殆王弼作知止可以不殆譬道在天下河上王弼道下有之字與江海御注河上作之與江海王弼作之於江海强行有志各本行下有者字道氾御注作道汎河上作道氾兮以生河上作而生成功各本作功成不名有傅奕大典作而不居愛養王弼作衣養大典作衣被不為主各本不上有而字下句亦然可名於大河上作為大大典作於大矣 十一

又有是以聖人能成其大也以是聖人終不為大河上句末有也字王弼作以其終不自為大大典作以其不自大平太御注大典作平泰道出言御注河上王弼作道之出口傅奕作道之出言下視聽用三句各本皆有之字淡无味各本淡下有乎其二字用不可既御注河上作用之不可既王弼作用之不足既翕之河上作噏之王弼作歙之簡文作歙又作結必故作必固下三句皆然柔勝剛弱勝强大典與此同御注河上王弼作柔弱勝剛强傅奕作柔之勝剛弱之勝强國有各本作國之可示各本作可以示能守王弼守下或有之字之朴御注王弼作之樸亦將不欲

王弼作亦夫將無欲老子德經御注河上作老子德經卷下
王弼作老子德經下篇忠信之薄御注作之薄下不處其薄
亦然處其厚不處其薄居其實不居其華河上作處其厚
不居其薄處其實不居其華王弼亦然万物各本作萬物
天下正御注王弼作天下貞其致之句下或有一也二字
高以下爲基御注脱爲字河上高下有必字不轂御注王
弼作不穀河上云不轂喻不能如車轂爲轂所湊丗二章
不轂而亦然非各本作非乎數車無車御注王弼作數輿
無輿蘇靈芝書上輿作與誤也落落王弼作珞珞天下万
物河上王弼作萬物御注作之物勤而行之御注無之字
十二

傅奕作而勤行之故建言有之御注無故字夷道若類御
注王弼作若纇善貸且善各本作且成不轂御注王弼作
不穀或益之而損御注無或字我亦教之御注作亦我義
教之無有入於無間御注河上王弼無於字傅奕淮南子
作出於無有入於無間是以知無爲有益御注是以知無
爲之有益益河上王弼有之字不重益字是故甚愛河上
無是故故知足各本無故字以爲天下正各本無以字罪
莫大於可欲王弼無此句常足御注王弼作常足矣其知
彌近各本作彌少又損之河上王弼無之字無不爲各本
無上有而字得善信者各本作德善下句亦然御注脱信

字怵怵御注作惵惵河上作怏怏王弼作歙歙蘭文云河
上作怵高翿作咪動之死地十有三王弼高翿地下有亦
字揩其爪御注河上王弼作措釋文作錯是以万物御注
作是以聖人夫莫之命御注傅奕作之爵成之孰之王弼
作亭之毒之又知其子河上作復知王弼高翿作以知是
謂習常御注高翿作襲常而人好徑御注高翿作民甚好
徑河上王弼作而民服文綵御注高翿作彩厭飲食御注
作猒高翿作胃是謂盜夸非道也哉王弼盜夸下復有盜
夸二字釋文引河上本同子孫祭祀不輟王弼子孫下有
以字韓非子有以其世世四字脩之身河上王弼脩之下
十三

有於字下脩之家脩之鄉亦然御注高翿五句皆無於字
其德有餘衆本作乃餘御注作其德能有餘韓非子與此
同脩之於國韓非子作於邦與豐叶韻今沿漢避諱改也
天下之然河上作之然哉王弼作然哉無之字毒蟲不螫
御注河上高翿作毒蟲不螫王弼作蜂蠆虺蛇不螫按虫
虺兩通作蟲者誤而峻作王弼作而全作釋文引河上作
朘一本作脧精之至河上王弼至下有也字下句亦然號
而不嗄高翿而下有噫字知常曰明河上作日明下二句
亦然謂之不道御注高翿作是謂不道解其忿河上作紛
王弼作分不可得而踈河上不上有亦字下二句皆然亦

不可得而賤諸本無亦字河上有以正御注作以政以奇御注誤作以其知其然河上王弼高翻然下有哉字而人彌貧人多利器各本而人作而民下三句亦然我無事人自富御注此句在我好静之上其人醇醇各本作其民御注王弼高翻作溤溤禍福之所倚福禍之所伏御注河上王弼作禍兮福所倚福兮禍所伏其無正御注作正邪政復為奇各本作正復人之迷御注河上高翻作民之廉而不害御注作不穢王弼作不劌不曜御注作耀王弼作燿則無不尅御注王弼作不克下句亦然固蔕御注作故蔕王弼作固柢不傷人御注作傷民下二句亦然交歸各本作 十四

文歸焉天下之牝御注作之交高翻作之交牝牡常以静勝牝各本作牝常以静勝牡則取大國御注作則聚故或下以取或下如取御注下句作或下而聚河上王弼高翻作而取此兩者河上王弼作此夫高翻無此字不善人之所不保各本作所保不日求以得河上王弼求字在以字下高翻日作曰有罪以勉諸本作以免邪高翻作不免邪畐難於易為大於細各本於下皆有其字故欲無難王弼作無難矣其脆河上作其膬易破王弼作易泮是以聖人無為河上無是以復衆人御注作衆民非以明人各本作明民以其多智各本作智多以智治國御注王弼高翻作

故以亦揩式河上作楷王弼作稽下句亦然深遠與物反各本作深矣遠矣與物反矣百谷王各本王下有者字以其善下之河上無其字是以聖人欲上人王弼無聖人河上王弼作上民必以言下之御注作以其言我大王弼作我道大不肖各本不上有似字下故不肖亦然其細御注王弼作其細也夫高翻作其少也夫河上其細句絶以夫字屬之下句持而寶之御注作保而持之高翻同河上王弼作持而保之夫慈故能勇河上王弼無夫字今捨慈且勇御注高翻捨下有其字下二句亦然且先御注誤作先且古之善為士者各本無古之不爭河上王弼作不與善 十五

用仁者為下各本仁作人御注王弼作為之下是以用人之力各本作是謂行无行各本无作無下皆倣此仍无敵王弼作扔則哀者勝各本作哀者勝矣無則字知我者希則我者貴御注脱我者希則四字而注中有之是以聖人不病御注作夫唯病是以不病聖人不病河上王弼高翻夫唯病下復有病字大威至御注王弼高翻句上有則字河上無則字末有矣字无狹王弼作無狎如此兩者河上王弼無知字孰知其故此句下各本有是以聖人猶難之不召而自來□然而善謀來下一字未刻御注王弼高翻作繟釋文引梁王尚鍾會孫登張嗣作繟坦二字引河上

作墠疏而不漏各本作不失民不畏死高翿民下有情字若使常畏死御注高翿使下有人字河上王弼有民字熱之各本作殺之下倣此代大匠斲御注無大字夫代大匠斲御注無夫字其手御注王弼作其手矣河上作其手者矣民之飢御注作人之□有爲河上王弼高翿作上之有爲生生之厚各本作求生人生之衆本作人之生也高翿作民之生也其死各本作其死也生之御注作生也衆本作之生也其死各本作其死也木強則共王弼傅奕作則兵故堅強處下各本作強大處下無故字張弓御注河上作張弓乎王弼作張弓與不足者與之王弼作補之而補不十六足御注無而字人道各本作人之道損不足各本足下有以字孰能有餘以奉天下御注以字在能字下其唯有道者各本無其字爲而不持御注無而字功成不處河上王弼成下有而字斯不見賢各本作其不欲見賢高翿句末有邪字天下柔弱莫過於水王弼作天下莫柔弱於水而攻堅強莫能之先御注王弼強下有者字先作勝河上亦有者字作莫之能勝高翿作莫之能爽故弱勝強柔勝剛御注高翿作故柔勝剛弱勝強河上王弼無故字作弱之勝強柔之勝剛莫能知各本能作不故聖人云御注作是以聖人言王弼作是以聖人云受國不祥河上高翿國下有之字不責於人御注河上王弼作而不責於民故有德河上王弼無故字小國寡人各本作寡民什伯之器河上伯下有人字使人重死河上王弼作使民鷄狗之聲御注高翿作雞犬之音王弼雞犬之聲既以爲人已愈有御注作與人以上三百卅九事皆景龍本異文是時御注未出所行皆六朝舊本故文句簡古卓然可據如斯閒亦有承習舊訛或寫刻時錯脫不可爲訓者是在善讀者之擇善而從也鐵橋漫稿

此碑始見潛研跋尾繼得嚴氏詳校益顯於世今審碑拓如嚴氏所舉異文閒有譌舛其引各家不著某刻證以聚十七珍王注王刻河上畢刻傅本皆有出入又釋文博采衆家既稱參校似當盡載及以納蘭本逐條對勘去取不一且或移其先後以之次度解其忿一條據兩刻在道經嚴入德經嚴氏即有釋文善本出兩刻外要當大段符合不至縣絶廓洎沌忳何以採引強彊兮乎何以剗棄此中例義竊所未喻嚴答徐星伯書稱著老子唐本攷異一卷據易州碑文傅奕古本明皇注本與釋文互校書未專行唐刻老子尚有廣明元年殘幢近日歸安吳平齋觀察得於泰州移寘焦山嚴不及見今欲取各本補嚴所遺板刻紛歧徒益轇轕因就嚴校之誤審本碑及漏引蘇書御注者兩石本條附於後庶

使景龍異文多所識別後之讀者無疑三寫其板本異同
一切略如如潛研跋芸作云一事指板刻芸芸碑作云云
嚴即未校御注剥泐遂闕如也後乘乘无所歸嚴作無誤
埏埴御注埏作挻與釋文合何謂寵辱下為御注作何謂
寵辱寵下泐文闕而異敦若朴朴入皃惟鎮之句御注作
樸餘作撲嚴舉於朴朴雖小之朴三條校樸撲字贅滿案
木傍隸多借手唐人行押史無一定當著此最先一句後
校可省又如此碑真輜攫伎歖娀作貴輜欆技歖祓之類
偏旁點畫互有差異嚴皆從略附舉於此熟能碑皆以熟
為孰御注成之熟之作熟餘作孰絕聖棄智御注智作知
十八
為文不足御注為上有以字忙其未央忙其二字間原空
一格或待補刻或誤分章後純純二字亦空一格例以碑
陰首行疑當時即因石泐跳書孔得之容御注得作德古
之所謂曲則全豈虛語御注全下有者字下句作豈虛言
哉夸者此夸字原刻偏右疑是跨字失刻左半嚴作夸謂
當是夸甚誤自見不明御注見下有者字三句無嚴僅引
河上王弼為天下式谿谷二句重此句不重蓋脫御注三
句皆重其事好還御注脫好還二字果而不得以是嚴云各
本以作已無是字案御注已下有是字與碑同物壯則老
御注壯作壯與德經一句同德經句碑亦作壯此壯字誤

是以偏將軍御注無是以二字勝人有力御注人下有者
字不為主可名於大御注主下可上有常無欲可名於小萬物歸之不為主十四字視不足見御注不上有之字下句同用
不可既嚴云御注河上作用之不可既按御注脫既字故
張故強固與固與上二句作故下二句作固嚴云必故各
本作必固下三句皆然誤而王公以為稱御注王公字倒
無有入於無閒閒疑碑誤閒釋閒嚴誤是以知無為有益
御注作吾是以躁勝塞御注塞作寒德畜之御注無德字
而作而下原空一格嚴臆增峻字御注泐亦不可得而害
上而疏句無亦字此與下而賤句有亦字嚴唯校而賤句
治人事天御注人作民若亨小鮮御注亨作享故得交歸
十九
御注作故得交歸焉天下之牝牡常以靜勝牝以靜為下
嚴分天下之牝及牡常以靜勝牝為二條案各本作牝常
以靜勝牡當以六字為句如此刻則似天下之牝牡一句
常以靜勝一句牝以靜為下一句猶難之御注猶作由故
終無難終嚴誤作欲是以聖人處上御注無聖人二字樂
推而不厭此句厭字及後无厭其所生夫唯不厭御注作
猒前厭飲食後是以不厭御注作猒民不畏威御注民作
人莫之□先嚴云莫能之先御注王弼先作勝河上作莫
之能勝案先上一字碑泐據御注作莫之能嚴蓋誤倒此
碑及御注王弼之能二字所據碑拓能字當顯舉作與老

子德經卷下御注後無標題以上各條或正嚴誤或補嚴闕其分章異同嚴校所略洪氏平津記參引王弼未詳何本有之二句據聚珍本在十一章洪云十二章爲根二句據聚珍本在廿六章洪云廿七今即略諸板刻御注文石柱多泐難可都計不復校列續語堂碑錄

碑側題名有刺史涂師□威儀涂遺爲氏族略涂氏即冉氏石虎將涂閔魏郡内黄人此其裔矣又有官代州郭縣主簿者代州無郭縣乃崞縣之誤猶漷（淳）于氏或作障又書作郭也

廿

唐十二 景雲元年至開元九年

廿萬計 七百四十行 卅頁開

唐十一

波斯大酋長右屯衛將軍阿羅憾銘

方一尺四寸七分四圍鐫華爲闌文十八行行十七字字徑五六分正書在京師端午橋家

大唐故波斯國大酋長右屯衛將軍上柱國金城郡開國公
波斯□[巳]之銘
君諱阿羅憾族望波斯國□也顯慶年中　高宗天皇大帝
以功績可稱名□□□□使召來至此即授將軍北門右領
□□驍馳又差充拂林國諸蕃招慰大使并於拂林西界立
碑峩峩□在宣傳　聖教實稱□心諸國蕭清于今無
事豈不由將軍善□□□功之大矣又□　則天大聖
皇后召諸□□建造天□及諸軍立功非其一也此則永題

唐景雲元年

麟閣□於識終方畫雲臺没而須録以景雲元年四月一日
暴憎過隙春秋九十有五終於東□之私第也風悲壟首日
慘雲端聲□□□淚□松□恨泉扃之寂寂嗟去路之□□
嗚呼哀哉以其年　月　日有子俱羅□號天罔極叩地無
從驚雷遶墳銜淚□四序增慕無輟於春秋二禮就備不忘
於生死卜□宅兆葬於建春門外造[巳]□□禮也

第十四行銜淚□三字按文當四字爲句奪其一字

波斯拂菻並西方絶遠之國拂菻即大秦也高宗時波斯頻被大食國侵擾數來朝愬身中拜其王卑路斯右武衛將軍景龍二年又入朝拜左威衛將軍未幾病卒其國遂爲大食所滅此爲大酋長阿羅憾墓銘觀其授右屯衛將軍以酋長而拜官與國王等列何也兩唐書波斯列傳不載其事無可攷證銘云暴憎過隙又云驚雷遶墳銜淚□似有譌敚字

大

紀元太造像殘碑 高三尺七寸廣一尺七寸上截龕像左右題名各四行中截記文十九行行二十字字徑七分末行題字下截漫滅均正書在鄜源東鄜村天齊廟

涉

原夫妙理□寂□□□於□□色相攸□□述□□言象是
□□□文真□以之□運金□□□□□其發揮故能
播散三乘導揚十□開四生之戶□□□□通□兆之津
梁犖方□步化恒□□□月散□□□□□掌生□法海之
波瀾登鷲堂之門□者□□□□□□□人□□□不
□播越□□□今□□人□□□□□□□芳□□□
□□□□六賊□□□□□□黃□□□□□愛水□□
唐景雲元年十一月十日　一
□□□□之□□多寶之□□□□□俄傾□□之□□
□高騰□見□流金之化
景龍元年八月春秋若干卒於私弟嗣子元大乃□□花臺
□□月殿淨舜□□於十地大宅晨涼掛兗□於三天□昏夜
朗以大唐景雲元年歲次庚戌十一月戊申朔十日丁巳奉
□亡祖之所禮也其詞曰
乾坤□□物□□□□王今國孝□□
啓慈恩□□萬□□□十方
右在龕下
上為帝□下及□生大碑主紀元大

別

像主梁郡上柱國□□□□暑□□□
像主前天兵軍扶餘□到奏部□□□王波若
像主□□□史陳寶樹　菩薩主紀□□
右在龕左
上像□□□母□氏
□常選高□道妻梁氏男□□奴
□主四品孫比丘□如□　妹五娘
右在龕右
吳□生母紀氏 此行記文後在

二

移後

右造像殘碑漫漶已甚文有卒葬年月而其姓名不可辨識僅見嗣子元大字知龕右題大碑主紀元大者即其人也此像乃元大為其父母造立故稱嗣子祔葬祖塋故曰奉□亡祖之所禮也山左金石志云云似未協天兵軍會要云聖曆二年置大足元年廢長安元年又置景雲元年又廢開元五年張嘉貞又置十一年改為河東節度使部戎即陪戎移尉於右耳別奏志作州奏陳寶樹作寶田菩薩主紀□□作菩薩十地皆打本不精而誤

此跋移前

右碑額鐫佛象三軀右有題字三行云□梁郡上柱國右

下闕□前天兵軍扶餘□州奏部□□□□波若□□□□
史陳寶田菩薩十地文義皆不聯貫佛象下題記九行是
敘述造象緣起其詞曰之後尚有五行俱漫滅不能摹錄
此碑大略紀元大之祖有廟建廟未遂而卒元大奉遺命
成之又稱亡祖卒於私第則碑額所載天兵軍云云當即
其祖官蹟惜無從得其原委矣山左金石志

張難敵造像記

刻座高一寸廣一尺七寸五分不辨是一面二面五十五行行五字字徑四五分正書

大唐景雲二年八月廿六日張難敵弟思礼□□阿朧六娘阿
嬚𡬶爲亡妣敬造弥陁像一軀□二眼僧合家供養

唐景雲二年八月廿六日

勢下當是菩薩字
須據拓本補之

郭正禮等造像記

刻佛座高四寸廣一尺四寸十八行行
字不一字徑五分正書在定州天甯寺

大唐中興景雲二年十一月八日定州恒陽縣□樂村清信
士女等為國及法界有情敬造玉觀音勢二菩薩像供養
大菩薩主郭正禮亾父待母杜光元對嫂杜光知古弟思
禮妻蔡息仵兒女五娘女阿冲
副大菩薩主張通□□□龍仁見存母田□妻杜息愽物弟
承□妻馮弟元度妻劉女大娘二娘弟行元妻□息寵奴合
家供養
□薩主崔思恭妻李
□維那□□□

五行勢下脫至字

唐景雲二年十一月八日

僧行志等建塔記殘刻

刻塔西背二石高一尺九寸均自右側起二側廣三寸各
三行二面各廣二尺八寸正面像龕就上記自右而左二
十九行中間每行二字以漸而增而常約二十字漫滅大
半僅石皆造塔人題名二十四行僅上截數字可見行書
在易州高
村南一里

大唐幽州范陽縣 泐下
衛五□ 泐下
此行全缺 以上在碑側
缺□□□缺
紫氣□□孤 泐下
毫 泐下
此四行全泐
滅□ 泐下
倉彼 泐下
此八行全泐
樹 泐下
□一□ 泐下
□唐 泐下
□迴有 泐下
斯乃剛鎸 泐下
王和氏之 泐下

唐景雲二年

差池詠下泐
之光掩映星下泐
邊火宅而皆需□王□□繞下泐
平普潤等□城而永□□劫下泐
罄齋十善而合響聽三會之下泐
景雲二年下泐以上在碑正面
同建立塔人等　前□沙單□□□□　前□□□周下泐
塔主僧行志　別□選人下泐　塔主王炑下泐　姪男淨師等供
養以上在碑左側
缺王炑□□幽州范□縣板授定州司馬下泐

塔主下全泐
塔主下全泐
塔下全泐
此三行全泐
塔主瀛州河間縣下泐
□一息鳳皎女下泐
塔主下泐
塔主下泐
□州□□縣下泐
此行全泐

□戍下泐
此行全泐
易州易縣下泐
易州淶水縣下泐
文緩妻馬氏中泐約七字陪戎下泐
□□□□□□□女下泐
易州易縣□僧下泐
易州淶水縣□□方□飛騎□田仁下泐
女比師尼淨持□□□□□□男□□□家供養
范陽縣□下泐
易州淶水縣□□□龐下泐

慕容元通等造像記

高四寸廣一尺九寸三十四行行八九十字不等字徑四分又一紙三行字徑六分俱正書在定州天甯寺

大唐中興景雲□□十一月八日定州恒陽縣□□村清信
士女等爲□□及法界有情敬造玉石觀音勢至二菩薩像
供養
大菩薩主慕容元通□父□仁　亡母李亡母□　亡兄神
鳳　亡妻柳　息大郎女大娘　通妻□　息女李亡息智
元　亡女□娘　二娘　弟黒奴妻劉　息□思　息□□
亡女□□
副菩薩主崔思安亡父□□母楊妻劉　亡男□朝士□
景雲年
都維那粟仁範亡父□興亡母康範妻康息女貞元託
菩薩主上柱國鉗耳義節亡父靄亡母鄔義妻劉男允□妻
閻息七郎女十一娘義亡男燕客
菩薩主張靄亮亡父大□母楊亡妻程兒存□□□□□女
大娘□兒希□□□□
□□蘇長宣亡父□□□□妻蕭息嘉□□□亡男元太
□□主張仁胡妻王亡男□□亡女八娘孫女九□
□恒陽縣□蔡文□□□□縣録事□□□□□□□妻郝
王希芝　劉思安　李福慶妻張　息阿七

國　國

處士王天墓誌銘

方一尺五寸二分二十六行行二十六字方界格徑六分的行書

大唐處士王君墓誌銘并
君諱天字文信太原祁人也自瑞鷺鳴岐姫水鬱興王之氣
祥鸞表化重泉融上䆠之風□弃羽儀蟬聯珪組固可略而
言矣考君卿雄才碩量博聞強記□詞靈翰達變通機屬隨
季失金鏡之馭上國凝東帛之札乃清虛澹泊含霞嘯月無
道不仕危邦不居雖金骨已□而芳塵尚遠公權天地之粹
氣稟辰象之至精歲始鳩車則對鞋□之辯年猶竹馬方輕
猛虎之威洎夫孝悌基心仁明毓德文武其道温恭其性每
唐太極元年三月十五日　一
悌
以爲時亨　主聖耕鑿可以當輕肥適志安排林園可以縱
閑逸乃絶弃人事棲遲潭泉仰周史之首齡鄙漢臣之傷命
雖張衡作賦良顧逍遥潘岳裁篇自甘春税方之於公幾如
也嗟乎□歲無憩運之時芝术非駐年之術匃履並官人琴
俱亡天不慭留□此名德以神龍二年七月廿日終於私弟
春秋八十有四夫人雍□□□騰姿巫山誕粹河陽花白凝
出閤之新粧天上星飛綴承權之媚鬠下酌家人之繇徬揩
内則之篇九日則秋菊摛銘三元則春樹獻頌豈只斷機流
訓還魚作誡而已哉蘭薰而摧玉貞則脆逝水不返行雲其
銷以太極元年二月廿七日終於私弟春秋八十有八即以

其年三月十五日合葬於洹水之南原礼也嗚呼王子喬之
鳧舃□看兩墜雷孔璋之龍劍歎同一匣嗣子惟儉哀艱路
之長夜痛甚□之不春輿圖□於窆石庶無晦於清塵乃爲
銘曰　姫水發源岐山啓緒擁□亻洛□□雲路瞪萊仙
英令德斯生孫體含育獨運□明在晦雄□□□□□
賛
□□無配中行嘗意琴酒放情巖壑押鳥□□觀魚自樂□□
英族輝輝麗容好仇秦晋君子之從良宵夢蝶而□傾□鳳
去樓靜鸞飛鏡空人代儵還霜露俄旋□□莫驗瓊草靈傳
形」土□心識風烟炅依舊地更即新天輔輔既引頁祖方
設山似牛眠原同伏鱉龍雲朝暝松聲暮切幽石使刊清徽　二
永絶

太極元年歲次壬子三月甲申□

王君以天字命名古所罕見夫人雍氏合葬標題但書
王君顧合古法標題并下缺序字石無剥泐痕刻者遺
之次行洲儀上一字不可識太原郡唐改爲并州開元
十一年始改太原府誌不書并州而稱廢郡著本望也
緻承權之媚靨擢類本字洛神賦靨輔承權誌蓋本此
漢書高帝紀隆準應劭注頰權準也顔延年赭白馬賦
兩權協月注頰權也顴骨之顴古皆以權爲之顴始見
於廣雅誌首行標題并下闕序字石無剝蝕痕刻者遺

之□弄明儀弄字不可識文辭清麗惜不著撰人名

邛州刺史狄公知遜碑并陰 年月闕萃編載卷六十九列睿宗時

每行六十二字在洛陽

大唐故邛州刺史狄府君之碑 額十二字字徑二寸七分三行篆書

景[允]於戲在三行末氣自魚羊擾在四行末□□□炎方在五行末臨在六行邑

上字□[也]邇池鄭艾在六行末[也]吳坂父孝在七行末兵略地在八行末國在九行梁字下

月公即在九行末體物居多在十行末授鄭在十一行末一□之在十二行末咸在十

三行末尉作叔在十四行州也[瀚]□越字下在十四行華在十四行末愛□|在十五行忠字下咸在十五行

□拜在十五行末通在十六行理字上趙[也]道若乃□□□在十六行清字下有山巒

十六行末□□節一□□在十七行史□下猛獸懷仁諭在十七行末□□□□

□遂□在十八行□□□□□下□□我□餘美既而在十八行末圖在十九行置字下邊

唐睿宗末

疾[也]□陟留□□人在十九行搖字下□有同朱□之亡在十九行末邛州□□

事邛州刺[也]在二十行御字下肅恭成德柔順居貞在二十行末太谷□□□□

以□在二十一行昭字下禮也惟公生而□明幼在二十一行末虛□□□□

在二十二行蹤字下之材抱干將莫□□□方在二十二行末命□□□□

在二十三行省字下行見生祠張訓其亡優空在二十三行末□至德叶於天經

□□□□在二十四行帝字下瑩月偃乎皋得仙公之在二十四行末誠頻頻塡□英

中有孝孫鴻□□卿光□在二十五行誠敬□□□□□合宮羽居卷有

滅在二十五行末色迺為銘曰周□□偶在二十六行慨字下□禘弥□贊

子指儀在二十六行末邑持兵時逢卷亂運[也]□横在二十七行臨字下□二其

司□建安降在二十七行末所鍾克□俊哲三其欽惟雅量浮薄在二十八

行德字下宋[嚴]郎抽毫聲雄在二十八行末章在二十九行紘字下內□政成□□澤

被時雨□若黎□在紘字下[也]陳[臨]睢渙西陟在二十九行末賓在三十行渝字上誤百揆秩

作省者嘉樂□[也]和六其克播能聲曲承優旨在三十行君字下

鷗在三十行末功名青鳥□□□□佳城在三十一行彭字下

周邛州刺史狄知遜碑書撰人名殘闕載初元年正月金石錄目

碑舊見於金石補遺僅著其目予頃乃拓一紙攷其事迹

尚可攟摭相屬碑首言周封孝伯因受氏于狄城與宰相

世系表稱孝伯封于狄城因以為氏合碑言樂平公出將

入相豹變于秦庭與表稱仮秦樂平侯合碑言曾祖叔湛 二

魏平西將軍臨邑子與表稱湛東魏帳內正都督臨邑子

合但碑載叔湛較表多一叔字碑言孝父緒唐行軍總管大

將軍金紫光祿大夫尚書左丞使持節汴州諸軍事闕與

表稱尚書左丞臨潁男合碑言公即臨潁公之第五子也

又歷官可見者鄭州司兵參軍兼鄭王府兵曹參軍闕授

□□梁州都督府錄事參軍闕俄改越州剡闕授鄭州鄭

縣令闕除夔州都督府長史闕贈使持節邛州諸軍事邛州刺史下言

嫡子故□書令尚書右僕射贈司空梁國文惠公据是則

碑為梁公之父知遜也然表載孝緒三子知遜即居三而

碑以為第五子表載知遜越州刺史而碑以為贈邛州刺

洛三行
碑下截剥蝕云云　下注潜研堂金石文跋尾

史前雖爲越州剡縣究非任爲刺史疑表文誤往時洛陽
令王君宇嘗爲溧陽狄氏訪其先墓得梁公碑于草間遂
竪置白馬寺東偏因封樹焉不知狄氏先墓固在平樂北
山上俗名雙碑凹者以此也他日獲遇狄氏當詳告之校堂

金石文字續跋

右狄知遜碑下半闕汾萃編僅録上截每行二十九字
每行之末存一字至十字不等今讀碑文上半截存字多者有四十四字謹以補之金石録目系
載初元年正月孫氏訪碑録因之訪碑録又列於唐末無年月中臆斷是
殆狄公葬時在碑文禮也之上趙氏所見尚未就泐耳
王氏据碑文斷爲睿宗時梁公卒後其子體梁公之志 三
追立此碑按碑有孝孫鴻□□卿光□當是鴻臚寺卿即建碑
之人也宰相世系表仁傑三子光嗣戶部郎中光遠州
司馬光昭職方員外郎不言官鴻□□卿光下所闕未
知何字居喪有滅性之酷惟孝將成父之志王氏未見
居喪二字致疑惟孝爲人名鑿矣

碑陰

題名一列十五行行八九字字徑八分正書

録事參軍裴□□　司功參軍張□　湖城縣令房朝静
宏農縣令李日豊　湖城縣丞王遇　湖城縣尉吳圻
湖城縣尉史謹　鎮遏將守左武衛中郎將常憲

憲

専知官同十將試殿中監杜晏　同勾當官
右廂副將守左金吾衛左執戟閻晏
河東裴宣簡書　王雅刻字

右邛州刺史狄知遜碑其家世歷官可辨識者曰曾祖叔
湛魏平西將軍□邑子曰父孝緒唐行軍總管大將軍金
紫光禄大夫尚書左丞使持節汴州諸軍事曰公即臨潁
公之第五子也曰起家國子明經擢第補東宮内直曰鄭
州司兵參軍兼鄭王府兵曹參軍曰梁州都督府録事參
軍俄除越州剡縣曰華州鄭縣令曰夔州都督府長史曰
贈使持節邛州諸軍事邛州刺史曰嫡子故中書令尚書 四

碑下截剥蝕云云行上簽出右　移在上頁　右邛州刺史狄府君碑跋

右僕射贈司空梁國文惠公盖仁傑之父也碑下截剥
落不見建立年月趙氏金石録以為載初元年正月未審
然否趙録題稱周邛州刺史狄知遜碑今案此碑額及題
皆冠以大唐字不當作周或校書者妄以意改爾潜研堂金石文跋尾
右題名一列碑估言係狄公碑之陰以是知碑爲裴宣
簡書矣按湖城宏農皆虢州領縣宏農神龍元年改爲
恒農開元十六年復故蘭泉先生謂正碑立於睿宗時
以梁公追贈司空封梁國公在中宗反正後也今題銜
曰宏農縣令不曰恒農與中宗睿宗時不合豈立碑又
在開元十六年後耶抑别一碑陰耶姑附此俟攷

水東村道俗造塔題名

拓本四紙一在塔門之上高一尺五寸廣二尺四寸居中
額字徑一寸一分其右第一列題名九行第二列記五行
題名四行字各徑八分額下塔門左右題名各二行字徑
六分一高廣同上題名二十三行一高二尺五寸廣一尺
七寸題名第一列十四行第二列十七行字均徑八分均
正書又一紙編入遼重熙六年在淶水西北十八里石圭
山
下

奉為大唐皇帝皇后七代存亡遍及含靈敬造石寶塔一所
普通供養佛七行在中間塔門之上
易州淶水縣適亭鄉水東村并諸方道俗等同心奉為國王
帝主師僧父母普霑法界敬造石寶塔一所先天元年八月
八日建立　此在碑右第二列

唐先天元年八月

一

比邱僧惠解　比邱僧遇進　比邱僧思隱　比邱僧惠信
比邱僧知憲　比邱僧元欽　比邱僧志太　比邱僧文
會　比邱僧奉珎　此在碑右第一列
適亭鄉首望劉定國供養　都匠馬龍山匠王思言　匠馬
阿七　玉像匠□文國　像匠宵□賢等供養　此在碑右第二列記
後
大雲寺僧智□　比邱僧含監　此在額下塔門右
魏英武書鐫　鄭縣禪通寺僧□臣　此在額下塔門左
右一面
塔主前淶水縣博□傅開義妻高息文林郎利建息惟新女
十一十六惟新妻李息上明二師三師合家供養佛時
塔主應制舉吏部選朝議郎上柱國傅□漢妻龐息常選三
省□祖息□□□十一郎十二郎合家供養佛時
塔主傅文楷妻□龐息崇業□□□娘業□齊息敬二郎忠
泐下張息四郎六郎女錦□合家供養佛時
塔主前版授江州司馬傅文□妻□息□楚進楚礼仙妻梁
息□□進泐下
塔主前版授黃花縣令傅阿泐下版授滄州長史定泐下妻衛息
侍選待貢侍□女八娘泐下
塔主傅仁秀妻龐息奉法妻泐下張妹四娘　塔主上輕車都
二
泐下息崇義妻高息楚辟楚泐下
塔主前石亭府校尉傅泐下高息思□□□□□□辟女泐下女
王子軌妻龐息令言令嚴泐下
塔主傅材賢妻田息貢興妻泐下女十一娘□妻梁息叔子
塔主張□□□□妻泐下□□□□□妻傅息野□大娘二娘
□娘
右一面下截尚有題名一列字迹隱隱可見惟末行塔主二字獨顯
塔主比邱尼有相尼三妹　比邱尼无染
塔主比邱尼法藥尼法惠　比邱尼淨果
塔主比邱尼法藏母高　比邱尼脩理

塔主比邱尼普愛尼普慈十姑十二等供養
塔主比邱尼二藏尼三藏尼善慈等供養
塔主比邱尼法王尼善愛　比邱尼□藏
塔主比邱尼法彔姨母尼淨德尼九娘尼淨心四娘六娘等
合家供養　比邱尼普愛
塔主比邱尼惠相尼思光沙弥法照
塔主比邱尼飯法　比邱尼法□　比邱尼靜姮
塔主比邱尼妙姜　比邱尼法徹　比邱尼數子
塔主比邱尼循隱尼三子阿四　比邱尼善滕
比邱尼循弁妹阿希尼巧相
三
比邱尼　以上第一列
塔主范陽縣上柱國□□抵妻梁息明順
塔主范陽縣上柱國郭奉義妻傅息客僧
塔主呂□□傅仁元妻龐息元忠元幹
塔主劉行仁妻□　塔主李思經
塔主瀛州東城縣曹義重妻劉息守□
攸授江州司馬傅善□妻梁息思安女仙娥金玉
張元靜妻傅女元比元□□天德妻張息嘉運女嚴持　傅
元貢妻宋息嘉質
塔主傅元榮妻史　□守□母劉

傅忠順妻劉息奉上女□娘合家供養
鄭縣元仁亮妻王息□□□□□□女尚子
張鳳秋妻龐息思節思□合家□養
塔主祖仁信妻□息石亭府隊正□□□□正崇勖息□□
□□謹息州□□□□
塔主姚仲祥母蘇妻史息孝□女大娘
塔主李乾祐母盧合家供養
塔主賈開演妻祖盧息小　下物以上第二列
右一面
涞水本漢遒縣東漢爲遒侯國此刻所稱遒亭鄉當從
四
漢故縣得名班志涿郡遒師古注古遒字晉書地理志
魏書地形志並作適酈道元水經注亦然晉祖逖傳云
范陽遒人蓋相承用久矣　殿板舊唐書易州下凡五見並作遒乃校刊之疏　題名
有稱石亭府校尉石亭府隊正者唐書易州有府九有
古亭無石亭知古爲石字之譌可據碑以正之鄭縣開
元十三年以鄭字類鄭去邑爲奠先天時猶未改也黃
花縣檢尋未得俟再攷

李□母滎陽夫人毛氏墓記

方八寸七分八行行六字字徑七分正書

唐開元二年歲次甲寅閏二月己未朔五日癸亥徵事郎□

□貝州臨清縣尉隴西李□亡妣

妣滎陽夫人毛氏墓記

開元二年閏二月五日

宣勞靺鞨使鴻臚卿崔忻題名

高一尺一寸廣四寸五分五行行字不一字徑一寸二分在旅順

勅持節宣勞靺羯使鴻臚卿崔忻井兩口永為記驗開元二

年五月十八日□

光緒乙酉有客自旅順來京云其地有石高丈許上有磨厓唐刻未記其文也自津海通商門戶洞闢旅順與登州之煙臺隔海對東天然為北洋咽喉時方興築礮臺建船塢司其事者去來如織客將復往因以打本託之明年遂得數紙蓋宣勞靺鞨使鴻臚卿崔忻穿井於此刻石以記其事也靺鞨即靺鞨凡數十部酋各自治命之金復海盖等州縣徵之唐書當是靺鞨之粟末部傳言中宗時使侍御史張行岌招慰之其酋祚榮遣子入侍先天中遣使拜祚榮為左驍衛大將軍渤海郡王自是始去靺鞨號專稱渤海崔忻此刻稍後二年猶稱宣勞靺鞨使是其去靺鞨號稱渤海在開元二年後矣崔忻兩唐書無攷

開元二年五月

缺二字 祖植上二行碑缺

侈

崔夫人鄭氏墓誌銘

石碎裂存六塊連綴之高三尺六寸廣三尺五寸三分二十九行行二十九字字徑七分正書在獲鹿縣東十二里北新城村三官廟內

缺 唐大理卿崔日缺 故夫人滎陽縣君鄭氏墓誌銘并序

光祿卿上缺 國常山縣開國公馮懷素撰

夫人諱　　人其先始自后稷著勳唐代子孫其邑奄
有鄭國實能以□輔周室職為司徒風人之賦緇衣抑有由
矣以國命氏自鄭而東簪組弈葉紛綸□□可□而略也故
代為滎陽郡人焉曾祖子仁齊通直郎祖植 缺 朝司勳
司二郎中長安令將作少匠檢校太常少卿父行寶歷府司
唐開元三年十月　一
直缺 勳員外郎並學□在躬忠貞植性立言□純從政有聲
故能毓此淑明動合儀訓 缺 缺 于爰擇好仇其 缺 尸之言
□崔氏自盥笲崇禮淑慎其身四德聿修六行 缺 □不侈其
服必親浣濯之衣不倦其勞必恭織紝之事循蹈女史敦順
母儀 缺 □以奉其上慈愛以牽於下周給恤隱矜孤憫窮居
厚者不尚其多處少者不 缺二字 姊與長姒盧夫人深相友敬
執禮遵□行同言合□□外之閒怡怡如也古之 缺 缺 無以加
焉又心存釋教早悟緣覺常誦金剛波若經住持正法□忘
夙夜 缺 積善之慶天何忽諸勿藥不瘳至于大漸顧命長子
司農丞璘 缺 次華州參軍璀等曰汝兒過失吾歿無恨兩房

兄弟足可協睦若生□□違吾意又訓諸 缺 必崇內則盡
禮夫家以 缺 婦道春秋 缺 有七以長安三年八月廿四日終
□京兆府永樂里 缺 私第以開元五年十月廿五□□窆於
恒州之舊塋禮也夫人德容光闡 缺 範聿修性蘊□ 缺 身服
仁義閨門許其宗匠遠近歸其準的女工之善無□不兼□
禮 缺 □□ 禮不踰 缺 以□□衆執笓□□村豈獨萊婦曹妾邢
姨□□□□ 缺 生榮死哀 缺 揚之早落歎黃泉之不反
周原啓隧趙國歸 缺六字 凶儀遠 缺 虞 缺 之□絕者欷歔之盈
虛煙雲積兩高原若荊樹 缺 夫以 缺 □□家室想琴瑟而
增悽子以情感慕哀捧杯圈而聚 缺 山川 缺 代無窮 缺　二
缺 以存不朽其銘曰
□□榮 缺 衣冠實多 缺 生懿淑言附松蘿來嬪遵禮正家以
和咸儀 缺 上缺四字 □未知命奄離營魄奉壤移墳恒山改
宅 缺 晦 缺 生 缺 上缺五字 □人 缺 □合 缺 何思 缺 堂不
曉白日無期 缺 □泉 下缺四字 □□悠悠歲□□□□□
□□ 缺 辭

姪光祿寺主簿璵 缺 書

石墓志銘馮懷素撰姪璵書懷素兩唐書有傳據碑列銜
有常山縣開國公傳有之惟不載其為光祿卿上柱國舊
書元宗本紀開元三年冬十月甲寅制以光祿卿馮懷素
左散騎常侍褚无量並充侍讀所稱光祿卿正與碑合惟

公列銜爲大理卿而志不載其名惟云長子司農丞璬次子華州參軍璡又銘後有姪光禄寺主簿璆孜新書宰相世系表崔氏博陵大房有元暐相武后中宗弟昇字元樂刑部侍郎元暐第四子璆昇長子璘潙翊郡太守兼採訪使次子璡與碑相合據此大理卿崔公即崔昇無疑元暐即中宗時五王之一也兩唐書有傳昇即附見元暐傳中案傳稱元暐博陵安平人而此志稱塋夫人於恒州之舊塋志石出自獲鹿其舊塋當在獲鹿其祖居亦必在此然則史舉其族望言之耳又世系表謂昇官刑部侍郎傳作官至尚書左丞而志題大理卿蓋志墓時昇尚在其刑部侍郎尚書左丞當是異日所歷之官夫人曾祖子仁等皆無孜志敘夫人與長姒盧夫人深相友敬案盧夫人即元暐妻傳載元暐母盧氏盧夫人疑即其母兄弟之女

此誌方三尺五六寸誌石之大唐以前不數見也沈甏盧作志時猶未碎裂所闕之字據以補之

年

高應墓誌銘

高一尺七分廣一尺三分直界格十三行行十五至二十字字徑六分至八分不等正書在京師端午橋家

故人高君墓誌銘并序

緬詠壓史選採土記則有嵩巖誕粹是生惟岳之賢渤澥毓靈代穆浮陽之傑君諱應字師仁本渤海人也君恭恪柔凝邈□澄峻昊穹昧信有爽福胎以大周久視元年十一月四日遘疾卒於家夫人孟同郡人□□章內則□德中宣躬傾家肥孫慈子愛□□年九十二以□開元四年十一月十九日卒即与其時葬城東南十一里平原禮也嗣餘慶泣孤罔極木亟腸悲谷從陵移式刊銘頌其詞曰

渤海酌粹浮河效祉猗歟夫君秀靈居此嘉猷是播里仁爲美天不愸留生涯已矣習吉龜䌛歸魂鳥壟哀以送終千祩此始

唐開元四年十一月十九日

空一格
空二格

榮州長史薛夫人柳氏塋誌銘
方一尺三寸二十二行行二十二字
方界格徑六分正書

唐故榮州長史　薛府君夫人河東郡君柳塋誌銘并序
夫人諱　字　河東人也曾祖帶韋周武藏大夫并益二州
長史大司會開府儀同三司康城縣開國公謚曰愷祖祚隨
司勳主爵水部三司侍郎襲爵康城縣公考孝範　皇朝尚書
右丞□蔚淄雅婺五州刺史揚州大都督府長史或允鑒未
兆道洽於明君列爵成功績光於謚典郎官才授塋烈星臺
態軾唯良歌芳風俗忠貞永絕簪紱相承國史家諜暗聽華
視夫人十有四歸于薛氏婦則肅於閨閫儀光於內外　國
實踵前烈當覩後來既而翩兮梵心鳳別孀居無孟母之
男　有黃公之女悲夫青春速天素秋馳日神理無任人心
有涯　春秋七十有六開元六年四月廿三日終于洛陽縣
尊賢里　之私第夫人悟法不常曉身方幻苟靈而有識則
萬里非艱　且幽而靡覺則一丘□焉阻何必順同穴之信從
昧日之言心無　攸往是非兩失斯則大道何詩禮之□
東乎乃遺命鑿龕龍二字并格門而葬從釋教也有女故朝散大
夫行洛州來庭主簿柳府君夫人攀慕罔極號叩無從虔奉
顧命式修厥所以其年三字并刻格八月廿九日自殯遷葬于龍
門西山之巖龕順親命禮也呼春秋因襲陵谷推遷刻石為
記爰刻銘曰
天道恆運人生必於嗟嗟令淑潛性虛融永齡靡壽舜世歸
空北眺丹闕東臨碧嵩生平□兆曠望遐通夜隴□月秋
楊□風掩白日而無□期蒼山而共窮

唐開元六年八月廿九日

薛夫人柳氏誌當在洛陽出土今不知歸何處柳氏歸
薛孀居至老無子有女適柳順遺命鑿龕龍門而葬從
釋教也柳氏曾祖帶韋祖祚周書附柳慶傳慶兄鷟之
子字孝孫誌敘官位爵謚悉與傳合子祚嗣爵北史云
入隋位司勳侍郎不言主爵水部略之考範唐書附柳
澤傳貞觀中為侍御史高宗時歷尚書右丞揚州大都
督府長史亦與誌合其為□蔚淄雅婺五州刺史傳亦
從略也標題稱塋誌銘者鑿龕而葬故不稱墓從釋教
而不起塔故亦不曰塔銘然塋見廣韻注曰高平與豫
同細誌取此為義莫知所本來庭縣神龍元年已廢柳
君任來庭主簿在武后時也文多跳格不盡因石有損
陷未解何故銘弟二句人生必於循韻求之於當是終
之誤

本願寺金剛經碑并碑陰讚序題名 高八尺二寸廣四尺六寸經五十行行一百二字字徑八分碑陰拓本高□漫見三尺九寸讚□十一列列五十行行十四字除十三字字亦徑八分題二列一列五十二行行皆不一五十三行行字均不一字徑六分俱正書在獲鹿

金剛般若波羅蜜經 題四行行二字字徑三寸正書

金剛般若經一卷 在經末行下

經文不錄

碑陰

開元七年歲次己未四月八日恒州鹿泉縣業善鄉望五十人等奉爲開元神武皇帝州縣官僚師僧父母下及法界蒼生敬造建立

金剛般若石經□　并序

應知先聖六經古賢百氏鉤深致遠未流若集之川任化安時終迷滅道之界不如得真自在号正遍知教□三乘業宏十度必超生老病死而證常樂我淨金剛般若經者佛於十

唐開元七年四月八日　一

六會中第九會說即□乘之內最上乘也約□有四□地成三四宏攝以有情皆度□十相□行無德不修應空者見深雖空□而不迷於有應有者知有雖□□不違於空□相會真利斷□□□□依證起說克明極成之義□□□住福量等於虛空果入無餘□□同乎實際是以弃捐身命數□□□沙忠施珎寶量盈國界方四句□非重比一分而猶輕誠可謂□□之妙門至聖之洪範者矣本願寺法師智琇者俗姓閻氏石邑人也調心堅觀毓德閒思行業精臨辯才通利百千佛□已種善根十二部中能宣真旨勸化鹿泉縣業善鄉望五十人等歇生死苦□解脫樂草社會而爲法會拔罪根而種

善根用取三長齋持八戒同飡法藥共庇禪林次有清信士趙仁審者身處俗流心專妙理□者買□不難傾金仙人□闕□碎布□命謂勞生易盡至教難聞□山敬師致身充供波崙重道以血灑塵來依剎□用書見□□石爲字留此經典多歷歲年□□□□□有眼□聖種炎植讚□□德□懷覺路通付屬之功不墜□□過去已倆蠢飫之音慈氏當來更續百千之焰雖理超繫象不□□□思而□意□筌蹄應申於偈讚□曰

從空起說果妙□□□□□□□□四心攝慈成□樹德爲林善吉由悟悲喜□□有大比□專□鑚仰克生真智能除妄　二

想具足希六對□明兩今若不傳後將安放勸化諸賢心淨如迷重修七眾出入四禪光刻經典以誨人天同希□法□徑宏宣

大雲寺僧了空□經主前都維那僧知慈

右第一列

經主法師僧智琇　經主比丘僧□□□

經主比丘僧師

□度　經主□比丘尼□陽沖　鄉望前縣倉督雲騎尉□下

望上柱國□名昉妻趙□□　鄉望錄事騎都尉王□□□空下　鄉

鄉望馬行表息同興息同漢息太平妹尼□容　□望□

柱國杜行寶妻石息□□校尉崇礼　鄉望錄事陪戎校尉

爲君仵妻張息嘉□　鄉望前縣錄事劉懷古妻孟弟懷□

懷勝　鄉望雲騎尉畢追綜空下　鄉望前舒田□張泐下　鄉
望雲騎尉□知文　鄉望封□□□道空下　鄉望品子趙元
礼母田弟元楷弟元□妹三藏　鄉望上柱國李義滅母石
空下　鄉望雲騎尉趙義圓母馬妻宋空下　鄉望張阿興妻胡
息忠良息崇福息崇勗　鄉望雲騎尉□侍府空下　鄉望李
信節空下　鄉望安遠副將騎都尉畢上府息□□□□　鄉
望趙難及妻范息泐下　鄉望□武校尉泐下　鄉望□騎尉□泐
忠恕弟泐下妹普慈　□望□騎尉畢待進妻泐　鄉望張欽
節　經主畢世泐下　鄉望高宗兒空下　鄉望田義順空下
鄉望陪戎校尉馮□□妻趙息元□　鄉望雲騎尉張招　三

□空下　鄉望張善珎妻李空下　鄉望錄事□貞興空下　鄉望
鄉博士畢□之空下　鄉望雲騎尉畢上賓妻張妻□空下　鄉
望畢知礼母樹妻張息難及息泐下　鄉望畢□脩空下　鄉望
宋志□空下　鄉望輕車都尉趙永稔空下　鄉望雲騎尉乘□
孫空下　鄉望雲騎尉□孝仁弟孝全妹比丘尼□□　鄉望
王武□空下　鄉望鄭仁明妻李息阿六息慈如女比丘尼□
□　鄉望趙忠師秘□瑤空下　鄉望胡文楷妻張空下　鄉望
張忠敏妻闞空下　鄉望馮義礼空下　鄉望泐下　鄉望泐下　鄉
泐下　鄉望趙元封空下　鄉望杜公明空下　鄉□望騎都尉陸□
脩　□□女出塵　□□都撿校維那趙仁寄妻周息

元□元招　空下　鄉望趙□□母閻
右第二列
經主前倉督雲騎尉□□徵妻郝息□□　經主比丘尼□
□點　經主上柱國□仁重息陪戎校尉業志　經主□□□□封
□□□妻□息□　經主□永安空下　經主馮若藏妻趙息元
額妻石　經主梁白妻張女二娘　經主仁勇副尉趙思暕
妻郭　經主解忠妻闞妹尼□容　經主雲騎尉趙義仙母
成　經主許相兒息名進女尼淨果　經主趙元景妻劉
□□寶息崇脩女比丘尼□念　經主馮元□合家供
養　經主杜行成妻□□□□古妻趙息□瑠　經主馬思　四

文妻□息佳祥　劉古弟懷□懷存妹尼如意　經主解義
忠妻闞息希嶠　經主李大名妻孔息思文　經主□阿入
妻元息願表　經主趙嘉慶空下　經主檀□兒妻馬息嶠巖
雲騎尉趙隨□□　經主雲騎尉李阿毛息□□□鄉
頭□□　□□李阿毛尚　比丘尼王勝泐下　經主□□礼
息紀妻王合家供養空下　經主鄧奉節　經主畢仲獻
泐下　經主張義貞妻□　經主范體純　□□會妻張女比
□尼智勝　經主孫道生　楊文會妻田息雲騎尉思獻思
□劉息思綯妻王女尼法□　經主畢南容　畢元□□□
□□□貞空下　經主雲騎尉趙□□　雲騎尉趙思□□□

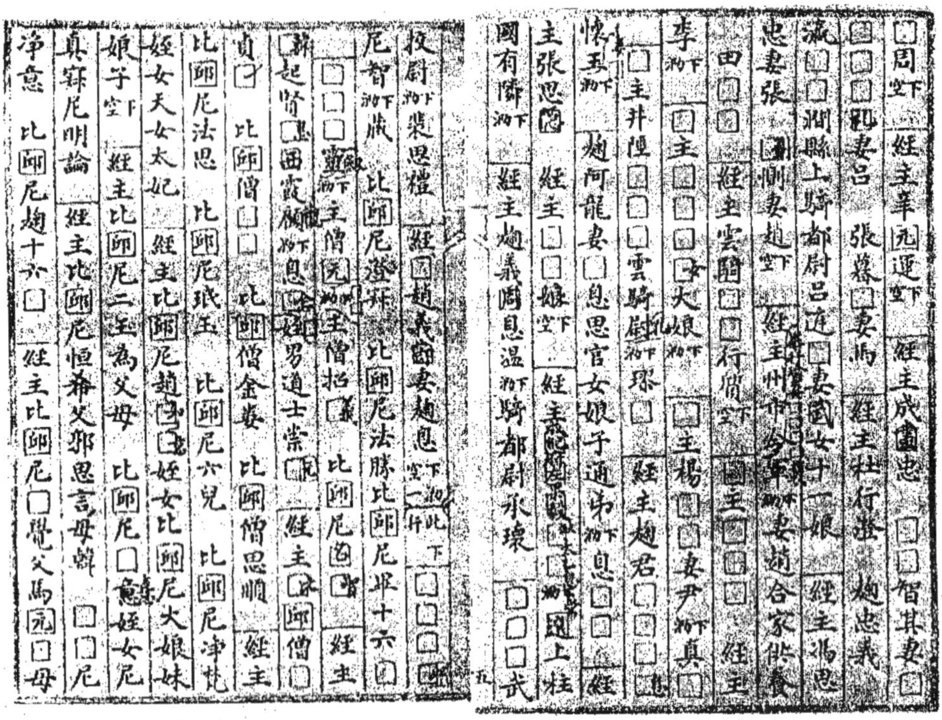

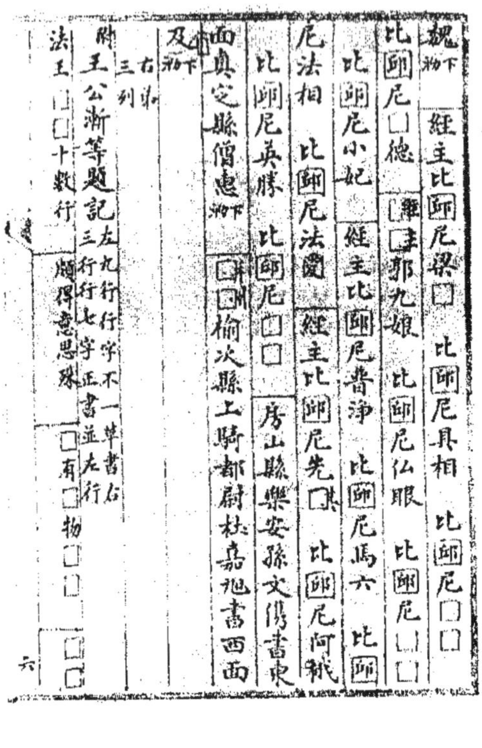

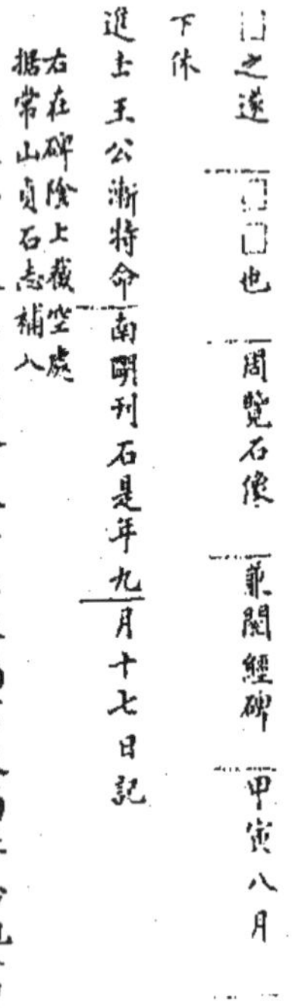

右經文與書人姓名碑陰東云孫文儁書東面杜嘉旭書西面及□及下字已泐微辨之似額字碑惟經文一面有題額知書碑陰者為文儁書經文者乃嘉旭也房山即今平山縣唐載恒州天寶十五載三月因安祿山反改常山郡為平山郡房山縣為平山縣

右碑陰上截題字兩段不著號年左方草書九行頗多殘

明

泐末題甲寅八月下休下休猶言下澣也右方正書三行
題云進士王公漸特命南明刊石是年九月十七日記王
公漸未知何時人疑係唐後人所刻中截記讚撰文者爲
大雲寺僧了空大雲寺見本願寺長安二年經幢跋纂舊書武
后本紀載初元年秋七月有沙門十人偽撰大雲經表上
之盛言神皇受命之制頒於天下令諸州各置大雲寺總
度僧千人其寺當即今府治前之開元寺
贊序中所云本願寺法師智琇俗姓
閻氏石邑人即本願寺開元九年經幢及王門碑之智秀
此特增玉爲琇耳唐石邑縣在今獲鹿縣東北境宋開寶
六年始併石邑入獲鹿題銜有鄉望前舒王府帳內麴思
太舊書高祖諸王傳云舒王元名高祖第十八子貞觀五
年封譙王十一年徙封舒永昌元年與子亶俱爲邱神勣
所陷被殺神龍初贈司徒復其官爵亶子津爲嗣舒王開
元中卒子萬嗣案石經建於開元七年所稱前舒王當是
亶子津無疑唐六典親王帳內府有帳內六百六十七人
又有稱□武校尉者二人武上字並泐當是昭字其一名
畢行瑜已見本願寺中宗時石幢題名又有鄉望建忠師
秘法珍者師即帥字建忠疑軍府名當是建忠府之旅帥
舊書職官志諸府每校尉有旅帥二人從八品上秘氏元
和姓纂云漢功臣表戴侯秘彰祖傳七代孫西秦錄有僕
射秘宜案玉篇無秘字廣韻祕俗作秘此作秘正同蓋俗

體也檢校之名起於隋世猶點檢典校之義題名中有都
檢校維那趙仁審知當時維那且有都檢校之號其他列
銜有曰仁勇副尉曰州市令又有城紀府左果毅新書地
理志隴右道秦州有府六一曰成紀碑曰城紀成城二字
古碑多通用又題名有比邱尼□梵之姪女一名天女一
名太妃愚庶無知命名無忌憚至此常山貞石志
碑文昔存今泐之字據沈志補注於旁然沈亦有誤釋
及脫遺者瀛□□澗縣乃瀛州河間縣間字誤加水旁
耳沈跋未及碑陰工截兩題沈疑爲唐後人所刻按書
一刻但書歲建干支不表年號宋人題名往往如此唐
刻罕見當是宋刻惜打本未全不得就書勢一決之補
訪碑錄載正碑開元七年四月八日碑陰開元七年九
月十七日書人孫文儁又作嘉儁均誤上截王公漸一
題云是年九月十七日乃承左一刻之甲寅八月非承
立碑之開元七年己未言也

梁方張夫人墓誌銘

方一尺一寸餘十八行行十八字字徑六分正書在京師端方家

大唐梁處士張夫人墓誌銘并序

君諱方字遠開元四年八月卅日卒安定人□□原夫派流承
胤承百代之華英弈葉枝繁冠□□齡之盛茂夫人張氏白水
人也族承西嶠漢□□留侯之苗望秩南陽晉寧司空之業
曾祖諱奇　祖諱利並衣纓赫弈為朝野之楷模簪笏蟬
聯作天庭之軌則君子然池沼瀨流水以怡神獨坐邱園耽
煙霞而養性夫人笄年奉箒承君子之涯恩慕函侍帷沐哲
仁之厚德忽以妖傷攜扁華他之術難廖惟寫為哭鸜鵒之

唐開元八年十月廿三日

歲
豎羊他而春秋有六十有一以開元八年歲次庚申廿六日
乙亥寢疾於私室其息小冲泣血千絲其女有九腸迴万斷
即以其年十月廿三日合葬於相州城西五十里平原禮也
何期劍箏再合琴瑟重諧匣劍沉而更□井桐枯而還茂左
對光嚴之寺右臨太行之嶺前□□山之□□背白㞐之岳
唯恐年移代謝谷變□□□□銘傳芳万古其詞曰　天
地□□轉□日□□

此撰誌刻皆以漆草銘辭不全未知左側尚有字否

登州司馬王慶墓誌銘

高一尺七寸廣二尺二寸五分三十三行行二十二字行書有方界格字徑六分在掖縣

唐故朝議郎行登州司馬上柱國王府君墓誌銘并序

公諱慶字□慶東萊掖人漢議郎扶即其先也崇敷重爵允
光前史休風茂範克被後昆祖相隨任齊州録事參軍考邈
隨任濟州東阿縣令並容表魁傑機神穎悟雖位不充量而
行之揚名公幼渴奇童之目早標丘人之稱多才藝尚沖簡
隱不違親貞不絶俗弃甫弱冠河濟名流翕然已想望其風
矣龍朔初刺史河南邮孝忠奏總海向下卑未幾使引公為
談客時高麗餘孽作梗遼川　詔徵舟師濟自黄腄邮君以

唐開元九載十一月六日

公有深謀遠筭遂要在中權同都起之入幕瀕田疇之出塞
閼資酬庸拜上柱國軍羅　勑授昭武校尉營州都督府瀘
河鎮將馬邑蕭條龍山阻絶肅恭王事余病未能久之除雅
州和川鎮將昔我先君嘗旋騎於九折顧惟薇尚顛栖閑於
一邮是時太夫人在堂有羸老之疾公孝性純懇興言飲淚
衣不解帶藥必親嘗居喪之禮哀毀過制萬歲通天元年白
虜越趄鋒交碣石青林失律火照甘泉　天子詔左衛將軍
薛訥絶海長驅掩其巢穴飛蒭輓粟霧集登萊監軍御史范
元
元成與公素遊揖公清幹且以元佐務簡渴兼統押乃密表
馳奏朝廷許焉俄除朝議郎行登州司馬仍充南運使　恩

命光臨飭躬就列情勤悅使義篤均勞粈粟齊山飛雲蔽海
三軍歎羡僉曰得人聖曆年運停還任公雅愛虛寂林壑之
致始終不渝雖蹋塵滿庭常肅詠無斁昔桓溫每云我方外
司馬豈斯之謂歟何圖天厲不戒奄從化往春秋六十七以
神龍元年十一月二日卒於官舍嗚呼哀哉夫人同郡呂氏
紉屨舊族言容風猶作配君子宜其室家而與善徒欺未秋
先落粤開元九載龍集辛酉十一月甲辰朔六日己酉昭啓
靈殯合祭於掖城東南五里丑掖山之陰禮也嗣子瀛州司
戶叅軍璥哀孝出忠自家形國悕枯栢樹思結寒泉勒豈石
於夜壹播餘芬於永世銘曰
偉哉華胄世濟賢秀猗歟若人不忝其舊仍有令名長□宦
情飛談入幕坐卧聲榮始乃事親終惟報國方舟轉饟遼水
無極展驥未旋仁風允塞雅懷未愜痼疾弥留荒涼池館寥
落山邱紉埋同匝樹聳行楸蒼蒼日暮煙鳥空愁

誌言慶東萊掖人漢議郎扶即其先也案扶見漢書儒林王式傳琅邪人官泗水中尉不言為議郎元和姓纂王氏出琅邪者周靈王太子晉之後出東萊者殷王子比干之後慶東萊人而為扶裔是望出琅邪矣唐書文苑傳王無兢者其先琅邪人因官徙居東萊無兢中宗時人慶豈其同族歟誌言龍朔初高麗作梗慶依刺史邱孝忠幕拜上柱國軍罷授昭武校尉營州都督府瀘河鎮將邱孝忠無攷兩唐書本紀龍朔元年四月（舊書作五）月命任雅相等率三十五軍伐高麗蘇定方破之浿江進攻平壤不克而還即其事也營州武德元年以隋柳城郡改置總管府領遼燕等州七年改都督府燕州領有瀘河縣尋廢此瀘河之見於史志者也按瀘河即盧水班志肥如縣有盧水南入元水水經注濡水逕肥如縣故城南西南流右會盧水水出縣東北沮溪南流謂之大沮水桑欽說盧子之書言晉既滅肥遷其族於盧水即此蓋盧為本字後加水旁耳瀘河置鎮新書地志未詳也慶又除雅州和川鎮將雅州屬劍南道有和川等四鎮兵與誌正合玩其辭意慶於兩鎮皆未往也誌又言萬歲通天元年白鷹越超鋒交碣石青林失律火照甘泉左衛將軍薛訥絕海長驅掩其巢穴飛蒭輓粟霧集登萊監軍御史范元成表奏除慶朝議郎行登州司馬仍充南運使聖曆年運停還任案武后萬歲通天元年營州契丹首領松漠都督李盡忠與歸誠州刺史孫萬榮舉兵反陷營州鷹揚將軍曹仁師等討之敗績尋陷冀州河北大震所謂鋒交碣石火照甘泉是也薛訥仁貴子傳言突厥擾河北武后以訥世將攝左威衛

將軍安東道經略使安東府於儀鳳時自遼東移理新城訥由登萊北渡故曰絶海長驅也左威衛將軍誌作左衛未知孰是遼東西用兵必以登萊為濟師轉饟之所節慶充南運使秖在行登州司馬前及授任而仍兼統押故曰仍充也范元成亦無考黃腄皆縣名史記秦始皇本紀過黃腄裴駰曰地理志東萊有黃縣腄縣正義引十三州志云牟平縣古腄縣也誌蓋本此誌無撰書人名書法適逸趑趄行不進也白虜趑趄於義不協疑是恣睢之假紅粟齊山說文紅陳臭米也漢書賈捐之傳太倉之粟紅腐而不可食以紅為之後人遂競用紅而不知有紅矣蔓羡之變體此誌山左金石志未載孫氏寰宇訪碑録亦無之惟吳荷屋筠清館金石記瞿木夫古泉山館金石文編始得收入蓋道光年間甫見於世耳

龐[允]珪造像記

刻佛座高三寸五分廣一尺七寸十四行行四字五字字徑五分正書有直界格像空四行在沭水南三里石佛寺

開元九年[]次辛酉十一月甲辰朔十三日景辰十周常選

龐[允]珪姑比[邱]尼如意明照妹循五法愛等　上為國王常

主師父母法界蒼生敬造阿弥陁像一軀合家供養

十周常選未詳

唐開元九年十一月

唐三　開元十年 壬 十三年
计七百四十五行 三十八關

唐十二

劉乾恪張夫人替銘

高五尺三寸上鑿像龕居碑四之一廣一尺七寸十七行行三十八字龕左右各二行字數不等細正書

大唐上騎都尉劉公張夫人之替銘并序
閞 闡夫士之所立者惟仁与義義之所在者輕利厚□□□□
列與之書聞之乎賢良□記或道冠州里或聲被衆中將王
繼 列而爭名共築妻而還譽者亦何代無其人而今繼之者即
我劉公張夫人之謂矣公諱乾恪字僧仁其先彭城人也因
官遷革今乃此縣人族連漢緒胄起楚郊帝系蟬聯圭袞章
灼晦明間出謙儉備諸載籍詳焉可略言矣曾祖斌祖長裕
憂 父巳敢竝器宇鴻邈材幹貞遠適代無悶樂道忘憂攀丹桂

唐開元十年八月十六日

而淹留歌紫芝而長往公生乃懸弧長而習騎藝凌穿目救
叶舉□氣烈衝冠力侔杕柜往以北起小寂驚樓邊荒應募
啓行殊諸被囊至調露元年蒙授上騎都尉夫人張氏單父
歎 縣師奴之女星彩飛華月宮湛質笄年出適蘋蘩不虧言合
穆因行周任恤而夜登移舟晨飈拂籠五福無効二豎成災
琴瑟韜音松蘿奄茂公年卌一以聖歷二年四月十二日逝
於山陽鄉之私第夫人年六十一以開元九年八月廿三日
終於家其年九月二日合葬於山陽鄉大劉村之西原禮也
薛春不相嫡婦穠樓柳婁啓迭幡杠適遠女二娘三娘并及
緣 女夫等　感匪莪之在慮痛吹棘之深情扣地難追記緣

功德庶桑田變海之後仙衣拂石之餘因□國中重諸天性
遂□墓田勒碑一所碑上敬造弥陀尊像一軀并二菩薩及
亡過父母父處右母處左侍佛左右性相凝粹端容冲寂煙
浮紺髮光曜白毫談五蘊而鼻空闡一□□獨運是乃災隨
願退福逐緣生永拔愛河長登彼岸乃為銘曰　美武英
逸涵泳忠良遊從清素專樂衰黃族茂西楚望出南陽操潔
梅福賢侔孟光福善無効人之云亡其一日有信心先亡幼女
陟岵無望慈魂悽楚惆悵增結徘徊延佇追福亡過勒碑墓
所其二敬造尊像靈□□華容含滿月光暎□霞禪師處施量
□牛車顛□□□恒記祇從缺

開元十年歲次壬戌八月庚子朔十六日乙卯敬造

此行刻碑額像龕之右上四字居中下十六字便行刻

施主劉僧讓讓妻侯 此在上刻額字造字下

施主夏侯德貴妻徐施主徐六郎　施主劉元宥

施主劉仁洪洪妻馬□明遵　施主邵去疑

此二行在像龕之左

碑不知何在文云其先彭城人因官遷革今乃為與此縣人不書縣名非碑例也碑為其女二娘三娘及女夫等勒樹墓田并造尊像而像龕左右題名六人皆稱施主若募緣以成者何也

右金吾衛翊衛宋運夫人王氏墓誌

方一尺八寸八分二十五行行二十六
字字徑五分有界格正書首行攜寫

大唐故右金吾衛翊衛宋府君夫人墓誌并序
夫干雲峻岳至乎廣者為先靈攝神顏存乎鹿者為重靖恭
尓位本貴有争惟賢是與亦克用乂是知稽古之力不可假
人詞翰之間無容竊吹人之若此物亦宜然府君姓宋諱運
字簡徵子之後廣平人也有道其先芳名播美氏興玉葉族
貴金榮源流寔繁於茲為盛以永淳二年二月八日卒於高
陵清平歸義里私第春秋三十有一曾祖師隨隴州汧源縣
令祖其唐洪州司馬父柱唐左驍衛長史上柱國各以位寵

唐開元十二年五月十四日

吾賢前英後俊門傳簪黻代襲冠纓義涉潘江文窺筆海並
乃早迷荒孫久積歲年惟君夫人王氏周靈王後太原人也
或氏因分著盛枝葉於中區成名与薦聞震英雄於隣國貴
之細帙可略而言述乎祖考簪纓即其後也夫人夙挺幽閑
內順柔儀符婉娩於深衷應標梅於庶士是知承家不墜主
饋無違志操霜明貞懷雪淨不幸良人早背獨守偏孤鞠稚
子之單居念伍佃而不忍情非再醮意樂三從如愚管窺請
令守志自曰來馳誠淨土銳思弥陁和雅之音周遊娛耳切
德之水清泠滌心苦行持齋精勤戒道施之非悋取亦無貪
屬運時戌弘數妙樂忽嬰微疾滅影泉掬大體同歸浮生獨
阻以開元十二年二月十一日卒於京弟休祥之里春秋有
七十嗚呼哀哉孤子痛晨昏之永隔哀侍奉之無從乃眷匪
莆遵顏侍郎舉歸杖起泣血終朝念相劬勞昊天罔極今敬
占遷合年兆已從隨彼良辰營茲寶塔粤以開元十二年五
月十四日葬于京城之西南高陽原三會寺舍利塔南之所
其地湯湯平原周維封域森森古樹密迩園林泳池可以應
生紅蓮芳其永久故宅其所而安措之舉其存亡題之金石
其銘曰
碣夕門側霞光告時嘶騎陪乘函旌引轜雙遷寶塔孤子哀
思霧色慘慘風聲助悲想幽遂之長夜望白日兮何期

啓

誌為夫人王氏將葬而作宋運先夫人卒已四十年至再
是占地遷合故文於夫人鋪敘特詳守志鞠孤情非再
醮誠可嘉也夫人銳志彌陁精勤戒道故安措在三原
寺舍利塔南又為別營寶塔蓋當時俗尚如此

吴善墓誌銘　方一尺三寸五分十六行行十六字方界格徑八分正書

大唐故吴君墓誌銘　并序

君諱善字積善江南渤海人也周大王之太子太伯之後隱居吴越三讓不脩名流衛魏九德誠備因官散落寓居滏陽故今爲縣人焉祖　父掌珪璋疊暎瑚璉重輝洪範九疇之器連縣三德之亮比君西河宵性北海怡神雍容風月之下縱志烟霞之上或九能曜德洙南泗北之風或七札宣威郁郁桓桓之勇豈乃福緣奄去示疾起於青烏禍因倏來流災成於白雉春秋五十六終夫人劉氏以開元十二年十一月廿六日合葬於八特村東北三里原禮也嗣子元湛啼痕滿路泣血流郊恐桑麻之變遷故勒銘而頌曰　欝欝佳城幽幽窀穸古來賢行今時人物一入泉門再無出日漣漣涕泣攸攸闇室後哲翰文前賢閣筆　二行有並併格亂寫字

唐開元十二年十一月廿六日

滏陽爲今直隸磁州石出土當在其地誌稱善江南渤海人渤海縣唐屬河南道棣州非江南所有撰文者誤也

光業寺碑并陰及兩側題名　高八尺一寸五分廣四尺一寸碑陰同兩側各廣一尺每側前後各有一枝廣二寸正面文三十九行行八十字中間題大唐帝陵光業寺大佛堂之碑額下佛像像下題記廿四行行廿字碑陰題名前中後

大唐帝陵光業寺大佛堂之碑題額　三行行四字字徑二寸在正碑居中占碑文六行各八格不在額上

大唐開元十三年歲次乙丑六月癸丑朔二日甲寅趙州象城縣光業寺碑并頌

宣義郎前行象城縣尉楊晉文

粤若稽古　我國家祖元宗道欽若辰極乘乾出震光宅天下驅除繩契之君兆朕乎萬八千年抑揚禮樂之臣經營乎七十二代五嶽班瑞四海奉圖萬象昭回而□極三元□□□□□□□□□形於亻衛輪王儼若而護持希夷歎於正朔空有歸於律吕豈直周王柱史降生迦葉如來魯國脩文更是儒童菩薩而已湛恩汪濊充溢紘極巍巍乎神通自在無得而稱者也光業寺者蓋□□□□□□□　宣皇帝七代　祖光皇帝陵園之福田也總章之年奉

敕置是額曰光業焉於戲　宣皇帝始以宣簡公任瀛州刺史今瀛州大廳事尚曰宣簡公廟云亦猶室起□□□□□□□□□城□□信仍名趙信之城國風詠其甘棠閭里傳其綠竹攀援遺愛其若是乎自　元元皇帝累

唐開元十三年六月二日

寶
聖重光百姓日用而罔思四海困窮而有屬天之
命乃大集乎　我皇□□□□□□□□離□三靈
改卜二　祖在天暨乎天下文明宗禋復禮豐沛故事
俯遂有司貞觀廿年累遣使臣左驍衛府長史長孫尊師与
邢州剌史李寬趙州剌史杜□等驗謁塋域畫圖進上麟德
元年□□□□□□懿王陵墓並在趙州各置配守衛户
卅人仍令所管縣令專知檢校剌史歲別壹巡遠乎儀鳳之
年追上尊号曰蓋開　聖皇闡運景崇本乎承祧先挌
纘圖大孝在於　尊祖故商□創□□□相土之儀酇
邑建家克遵古公之烈是則上靈迺睠德盛者光流明命攸
二
鍾化隆者祚廣永惟紹統肇自高陽重規累聖之功充溢區
宇積仁行義之道光被黎元長發開其遠祥錫類紹其鴻緒
朕以虛薄嗣膺寶位當宸極之重無忘氷谷荷宗社
之明靈匪[寧]夙夜聿懷光揖感結於因心欽若舊章誕資惟
幾韞識任揔六戎勳高八命　皇祖懿王天□英挌繼
靈文武翼亮帝圖藩輔王室斯固迹阸綿胅道光承榦疏封
丹社茂績鵠於當年演慶[元]珪鼎命流於異代豈得含[宏]闡
久之業尚闕郊歌大蒸殷薦之儀有虧祀典敬詢故實允迪
鴻名　皇祖宣簡公謹追上尊號謚　宣皇帝皇
祖妣夫人張氏謹追上尊號謚　宣莊皇后　皇

未極於昭報
皇祖濛
州剌史宣簡公
含宏甲

薛

祖懿王謹追上尊號謚　光皇帝皇祖妣妃賈氏謹追
上尊號謚　光懿皇后庶昭假之義□極齊尊列文之
德儀天配永仍令所司備禮昭告宗廟思叶慎終以申孝享
主者施行中書令臣李敬[元]宣中書侍郎門下三品臣薛元
超奉中書舍人[宏]文館學士上柱國臣郭正一行侍中太子
賓客□[假]議大夫守黃門侍郎同中書門下三品上騎都尉
臣恒奉　詔書如右臣聞惟　聖啓圖烈鴻名以
光七廟惟　皇纂統□至道以親九族是以追奉太王
踰梁之業弥峻加尊　宣后踐鄗之祚斯阸伏惟天皇
出震膺符體元立極垂衣而化天下執矩而清寓縣發揮庶
三
政黼藻神功克脩文武之烈寅亮祖宗之道緬懷先□欽惟
累　聖之功思上　尊名咸洽因心之禮追崇大
號慶延長發式敷敦太之風允迪無疆之祉凡在黎獻感慰
兼深奉　詔付外施行至其年正五月　勅
皇祖宣皇帝陵以建昌為名　皇祖光皇帝陵以延光
為名有司依式中書令臣李敬[元]宣中書侍郎同[門]下三品
臣薛元超奉中書舍人臣劉禕之行既而禮備昭告恭惟
奉行明□之重咸崇察道之尊斯著欽若勤脩之果寔光
帝業者歟借如影散真巖仍留寶塔函分舍利尚積珠
臺況乎劒履前湖不無仙館桑梓舊國須□法宮於是乎百

國　國

堵齊舉千櫨覺設工倍斯巧不日而成尒其地也則若丹陵
舊墟白水前壤祇樹給園之勝践初地本際之神鄉堯臺翊
其前脩禹隄匡其遠業瞻言渤澥森□岸之旃□瞇彼清涼
盡他方之菩薩金繩界邢任之國寳剎毋燕趙之衢雜樹扶
踈共搖禪影郡峯邐迤覺襲香烟國土清淨於遠郊更得醫
巫閭鎮恒衛既從而委輸即是尼連禪河綃界城池參差舍
衛髙□巢昴依稀佛星宮宇於是虛亭樓觀此焉飛跱自然
檀山不遠行謁□王兜率何遥坐看天寺不生妖木恠草無
問小根大莖從来雨露所抻是日珊瑚之樹廓廡脩注自致
幽深迮除砥平無有髙下銀函經藏竺蘭之所未傳玉露仙

四

槃長老歎其希有大士持論則髙舉勝幡南雲雨香則迴浮
華葢豈只六年道樹乃肆經行但於一處花林皆堪悟法然
寺有阿育王素像壹鋪　景皇帝玉石真容壹鋪銘勒
如在故總章　敕云爲像爲　陵置寺焉自雙林
變彩萬相潛輝尒髮掩於珠函天衣藏於銀豐雖則風雨如
晦或現神光□岫窈冥乍留真影而鷲山空寂終悲說法之
堂雪嶺深岑永痛安居之寺於是乎像教住法塔廟瞻仰神
鬼八萬争圖滿月之容巧工卅共畫開蓮之相羅漢取雄黃
之樹即日成龕沙門奉交露之珠尒時營塔是以育王申願
果見分軀　景皇帝歸依湛然常樂叢臺袨服之女咸

希婆碣龍宮平原珠履之賓並願踐摩開士誓宏深海願啓
仁祠志景髙山祈安妙相乃有初建佛堂前寺主僧道慶續
脩上坐僧[元]測立碑寺主僧[元]静並性相圓明住持堅苦傳
經不疲於骨筆救俗靡憚於殘軀心水澄湛牙田寂静擯落
蹤滓拂衣髙蹈前上坐僧惠超至開元十　年次營寺主僧
慧山上坐僧守義都維那僧知㝎僧弁藏僧智藏僧敬秀僧
志成合寺門徒等並宿植果因早聞經佛若勤沙劫無捨剎
那能開方便之門從其喜舍之願本縣都維那盖壹孟壹李
亮霍貞社□李舟王奭陳[滔]王威周四□後孫文行長瑜爲
政[宏]詮君徹琮寳二寳宗預栢仁縣維那董衆李名李芝孟

五

薩

　白牛寳霍模趙僧趙思王康宋薩任縣維那王徵張收張惲
趙貢李静趙脅李惲王操孟岸凡厥兩州三縣以其得姓□
封或里仁從宦必復公侯之德務本於農業脩祖考之規揚
名於代植杖耦耕之税盡入檀財辭金勸學之賢歎聞施捨
爰用麟洲文杏雜以徂来之松逮乎象林香桂椽之新甫之
栢匠者乃自水作臬從星直繩斤動而風生礼飛簷而江滿
瑛珹彩綴瑀玟鱗彬將盡壁而龍来始飛簷而鳳跂上三休
而超色慾左城右平臨四注而絶風烟璇題刻桷綠墀青璅
莫匪瑠璃繡栭雲楣多連馬瑙千葉生於倒井百福現於豪
光真疑弥勒下生好似蓮花後會天龍八部即仰螺宮童子

空二格

三乘且歡沙塔動滴瀝而成響何啻曾靈光若摛霞而曜天
空傳魏景福寶蓋並諸天樂下梵響與衆籟俱吟棟宇而來
斯亦大壯矣于時使持節趙州諸軍事趙州刺史上柱國田
再思四豪芳胄六國英胤拾紫脩明思皇亮采歷試僉允惟
良寄深碩學與瑎海連波宏文共珠星絢美坐而論道且讓
德於台階視以褰帷恭助理於方牧以仁恤隱以惠愛人威
武足以清刑公忠足以信俗家家似懸明鏡人人若仰慈親
經曰君親臨之厚莫重焉其此之謂也時固歲謁　帝
陵是用歸依法宇作禮恭敬讚歎甚深若庇豪光如親付囑
縣宰朝議□□□城縣令　宗文素承坐嘯之清　六
規述鳴琴之雅政行惟時表□乃人師德義在躬聲芳自遠
動靜無二退食自公終始如壹自公退□百姓仰之如父母
寮吏敬之若神明詩云愷悌君子人之父母則宗□□人也
每以四諦三□之徒与香雲而畢會六度十善之侶乘妙音
而□來長無狂象之虞永絕魔王之謷嗇惟虛菲解袟南昌
言理桒田滻遊東海去留惜別長幼相趨祈作此文原空二格用
旌法會辭不獲免茲焉課虛將以桂長而輪虧桒生而海淺
人代以之超忽陵谷於是遷移庶祇南之碑雖江沉而山在
而遼東之柱憶城是而人非以是因緣爲之不朽空其詞曰
□王桒梓本際城池　陵園肅穆祠朋叅差千齡寶祚

萬代宗枝符彩紛郁光陰陸離惠化仁壽至理無爲道德營
衛人天羽儀其一羽儀伊何聿遵昭報克綏多福咸勤綸誥爲
像爲陵以師以導招提乃立光業之号杖錫清規乘杯雅操
忉利高遠毗邪深懊其二地界金繩經藏銀疊始敷蘋渠終傳
貝葉定水橫流禪枝迴接殑伽沙俱胝厌劫生自無生法
應非法不於人我同歸淨業其三爲法施者爲法來者大千法
界盡四天下共縛心猨同袪害馬火宅斯壞水月斯假飲食
衣服歡喜施捨是仰仁祠欣然大廈其四神圖既集法宇斯崇
丹雘霞起光明日融龍盤畫壁鳳跂簷風樹春梁下花明幄
中旋題入月高甍拂空如來分土蓮花會同其五國王大臣州　七
牧縣宰濟美福業勤脩亮采如露平施如雲自在展敬
陵園歸誠法海諦聽茲肅瞻顏無怠凡厥有情□百斯倍
其六摩訶功德不可思議座滿師子地盡瑠璃蜂王送蜜樹菓
低枝毛滴海水芥納須弥無□劫石泐原空五字數未幾毫氂生滅
爲樂城宅虛危其七過往現存俱來眷屬性漸空有情超色慾
歡喜讚歎頭面禮足虹暎朝曦龍然夜燭行看泡幻坐驚浮
泛頗牓書銀恩函檢玉其八皇家聖理佛□石缺處原空十七格高□三
千法界億萬斯年天傾柱折地缺鼇遷風淪萬籟火燎三天
谷深陵早海淺桒田□斯貞石常樂超然其九
大像主光業寺上坐僧慧超上爲　皇帝　皇后師僧父

母（泐二行二字既鑿去者）　法界倉生普同供養（右十四行在題額之陰正書）
邢州任縣
朝議郎行邢州任縣令韋延祚
承務郎守邢州任縣丞李晟
宣義郎行邢州任縣尉張恕已
朝散郎行邢州任縣主簿周折滯
文林郎行邢州任縣尉邵濟之
雲騎尉録事李守忠
（右十二行在碑陰左額字徑一寸）
雲騎尉宋神徵　□□□□賓

八

（右二行在左側前稜上截）
北王村張惠方王神□王智廣王仁恭王[元]招梁阿文王迎
王王元興梁宗師□□□張□□王知足□□□王小苟王
遵禮王遵義王遵喜南杜村杜慶賓杜[元]粹杜班超杜[元]珪
楊感[舜]王仁美王法恭王乾貞□□冲王神貞王漢子王神
（上缺）王友益□智果王[元]□王貞□□□□王神□王好客王
崇一韓德藝息□琮霍令欽霍神□霍鳳祥南楊村楊□□
霍善義霍仁欽楊□□
（右二行在左側前稜下截）
柏仁縣都維那張文貴宋立言北宋村宋□□□□宋□□

宋□□宋□□□□霍村霍□□□□宋文思上柱國□山
□息□□霍令威霍元禄霍元□□□霍遊□霍文上霍
霰監王文□霍□楊□□霍□□霍神則在霍神□霍思義
（下缺）□□□趙□□□宋□□□宋楚賓弟楚客馮嘉賓宋
令章□趙村趙智□趙□□趙□□趙令□趙守忠趙利賓
趙令詮趙伯□趙什郎趙元安趙崇貞趙[元]貞宋貝郎息元
□楊解愁楊□王楊□前別奏霍張思楊當霍（下缺）（上泐）郝思順
韓上元韓湲宋鳳寬韓嘉猷木仁□郭智□息元賓張嘉祚
□霰思翟□□毋孟息□（下泐）（第四行全泐）（上泐）張思貞陳嘉□王元
□（下泐）（上泐）溥思敏□鳳仙□素尚（下泐）（第七八行全泐）（上泐）真□李什二趙

九

（泐）張阿□□尚（下泐）
（右九行在左側）
（上泐）張□恭息崇□張思前張思懋范定□張思慶□□□阿
淨尚淨因尚毛兒尚懃顏尚（下泐）□□賓息阿善孫英雄段思
敬息神憲侯仲零□元實大女五□思貢張思慎李思試張
名遠張友□（泐）淨妙尚□□尚（下泐）
（右二行在左側後稜）
謙德昭[宏]閏師雋[元]德師進師德師利[宏]□元勗元縱林宗
[宏]膽仁望暎宗仁法澄寂思閏受禄審[元]巖隱思貞六福巖
勗知礼思慎克礼審礼客子克託待昌長安[元]重思安嘉彦

受金阿浪巖恭
趙孟村孟宏慶息名泰景質立功審礼趙令詮息友孝友
忠王仁則息師古孟惠珎息欽贊欽恭趙元堪息仁度王霎
期息思寬思洽思晉王霎方王霎懋息思誨孟仁挺息名悊
□建勳息□泐孟仁□息名□□仁泐泐趙元節息思礽思
令趙思□趙思□泐期孟元貞張仁預劉讓闞李景倩孟泐
孟休徵孟元欽孟思貞孟神□孟□泐楊賀孟□王諫村李
行元李阿□陳□陳長義陳思□宋阿甑宋高李思經孟阿
愁孫幼陳言陳順李□誨李寗李□
右碑陰之右第一列末行直下與第三列齊

十

擴

張瑜村魯玉張內孟信沖息棣州蒲臺主簿宏期孫霎默李
士良息元嗣李大通息真鳳鳳息思古張士端息元礼李大
道息霎元霎善霎義□元師息去疑張阿才息知鳳張胡仁
息知讓智鳳知義張英雄張贊息高岸□貞蓋守一息待昭
李伏隨息明令張無愁息思靜思太張無二息思越思憲思
貢張一明息咸亨□言張大悲息阿奴張元儉女娥兒張大
行息智藏賈□度蓋元佳息思義蓋□□息道惲楚王□□
李貞幹息知運張無意息思□思言李伏道息務泐息思隱
張四明息元道張貞息乹勳張延慶息思□泐息元靈李行
滿孫敬信范士□息思直張文德息思古□元隱息欽省張

思礼息南山李□□息榮貴賈知節息□□張知礼息濟賈
范思□息文恩張阿果
右碑陰之右第二列
南衛村孫慈敏息思經孫慈閏孫慈感息守一守節孫作仁
息守禮孟宏恪高思亻高思言王仁智息阿香阿荘呂新来
李思敬趙小雞胡知什謝如意胡遊寗李鳳林胡阿驚
北衛村范吕師息君彥霎恂王□意息文慶孟仁廓劉□天
白仁其李重光孟大彈李元秀李仁□李仁表李希遇侯尚
元侯尚武衛務真李歸祚盧乹震盧乹則衛莫論李豹子赫
連七賢

十一

右碑陰之右第三列
聖佛村王師行息元保元宗慈感元廓孟君侯息元興周師
閏息仵奴周元禮礼息元簡承寂趙師節息万寬万威孟仁侯
息德琮蕭元興蕭絢藻石師感息漢子石師廓息元欽石師
奴息元隱聶君明息仁靜王□言牛慎疑李鳳来任待求聶
七郎秦思泰石守素聶□期息神護
崔村崔阿六崔智滿
右碑陰之右第四列
南栢社村前省事李守□李霎靜楊英徹楊阿獠陳宏慶高
□仁楊元達霍保延霍一奴霍希良馬懷□□希遇楊知一

王晉客　書𢾭霍乾應宋□丹楊万□李審德馬懷操李周賔
東栢社尹霙𢘅王思□趙嘉惲李德乾解元昱李思歸李惠
恭宋彥琮陳奉詵解惡孟宏慶□□□孟楚珪西栢社李德
素李思忠霍思齊楊留生趙遠慶陳名振張守礼李若蘭王
二顗蘇守訥王元感楊霙珎
北栢社賈守一弟思慶陳令瓌息楚璧杜德均趙國慶陳梅
子樂循昱杜德亮趙智亮杜阿漢杜守鳳霍阿昞陳令均霍
趙□□□尚

右碑陰之右第五列

中霍村霍元方霍□□□恒真五典洺州博士霍恪衛四朗　十二

息神基霍宏禮息嗣徵霍崇賔霍元貢霍思慶樂阿禹孔仁
慶霍元昱樂欽□霍無頼霍永昌孔德偱樂敬賔貫元礼貫
善學霍嘉運霍阿化霍思安霍伏思安衛阿恭霍阿什霍思
謹霍奴樂本　南霍村寂元度王義賢霍思禮寂元恭寂文
貢任元容宋文遠朱文幹陳本立張仁□宋儀鳳霍霙元霍
二朗
烏子村管文旭藴仲由趙澄彥苑元達鄭昌嗣苑克勤李元
貞馬李生　西霍村霍文義息乹訓阿什義弟輕車都尉義
春息元真元楚程元惠霍霙曜程阿𦬆程思恭程思貞董崇
真李元期霍思貞霍阿猫霍永昌程擇文　東霍村霍仁本

王金石王遇賢李乾運張知古霍知仁霍去煩李元可張友
賢張守忠霍思烈趙承業霍思言霍思壁
玉壁村劉名振劉四朗劉名順劉元質劉李生趙留生劉張
宜劉定□

右碑陰之右第六列

寺西村孟朗琛息白胡胡息僧悊霍胡仁息文英霍行恭息
仁憂霍行斌息知槙息知隱霍義安息欽俊霍行義霍行本
息嘉瞻趙神惠息元思孟君王息仕元息智元孟保安息金
相霍仟蘭孟神智息龍驚
中宋村李奉一宋元禄宋元恭宋遺辟息德素宋元則宋外　十三

来趙元收宋霙敍宋元樂趙元安李禮賔李思莊劉高瑜
北宋村宋大舉宋賢士宋元貴宋德晟宋齡運

右碑陰中間第一列

王尹村王行其息漢□息名懿王仁璀息思廉孟安喜息神
旭趙才仕息元僧王仁瑒孟元相尹神柱孟神祖息遠容尹
惠澄孟秀忄王守素　六角井村李澄之弟龍芝賈善叡息
思約賈祖贇息思禮息思文尹仁軌王元義息神秀李神通
息崇禮張威瑒息思愼李知愼李阿八王元蘭賈思恭息尚
賔李龍會張元龍彭元恭尹元憂尹元思尹阿七彭元興李
嘉嗣尹龍瓚李遊斐尹阿敬尹小僧劉延宗

右第二列

王仁家息思勍孟智□息元□尹琢景息智方王伏安息忠
輔王元志息仁朏尹伏護孟尹恭尹孟常息守義王守真宋
大寶　南宋村宋伏興宋仕操息元辯宋惠琴弟惠則宋神
指陪戎校尉宋立言陪戎尉弟思隱弟復冰弟立功弟立賓
弟元辯宋神徵宋義晟宋仁慶宋文秀宋阿仵宋嘉猷宋度
禮王山□宋元徽息嘉祚宋敬賓宋奠門宋元太　宋元望
宋元順宋元豐宋元藻宋子由宋仁敬宋運昌宋懷玉

右第三列

張村翊麾副尉張文貴張仁武王□明張元貞張阿六王公
十四
靜張跋涉張行質耿元玉張元智張元朗張處埶張叔度張
九郎張孝期張留恭張元興張留惠張思貢　李村李公愜
息元敏李名實息照李名亮李遺禮李向縮李思慎李霍生
李阿忠李居簡實智達彭待問　彭塚村董信天趙善智趙
善遇霍君模郝知警王遠郝仁郝仁舉董元度郝君尚郝全
郝郎宋名昌宋思慎郝神遇趙善興宋名實宋守忠趙承縈
趙思可王神雷郝萬客王仁方張神岳宋元楷郝奉翱郝昇
朝王文貢

右第四列

東賈村李義徹息仁方孫景融息道□董堪韓息大興文絢

嘉

孫元智處實董才幹息文感知九文變董幼幹息文莫文皓
文慶霍君實息知賢劉仁雪薄仁操息知惲知敏賈莫問息
元梵賈鳳愛息承昭賈黑奴息令昭賈知禮霍文瑩賈伯皆
賈爰綴霍元禮賈名振賈爰繹賈獨步薄威節霍庭運賈文
超李阿愛賈霧忠　西賈村賈德瑜息貞愷貞慎賈道脩息
文玉賈處仁息德經賈大義息仁哲賈行琬息文思賈伏暢
息行軌賈大鈞息嘉惠任外長賈元忠賈留客息仁昉賈為
訥賈麟鳳賈神堪賈行愜賈為勍賈思約賈懸憶賈為誨李
思質賈承恩賈洪慶賈承嗣李守忠

右第五列

十五
□辟村劉趙六趙元貞劉靈慎董元思劉文禮劉敬嗣趙知
儉妹李娘姪男名□
八王村李處名李思歸李友文王天敬王文才李山容息知
一李思恭李阿奴李處樂李仁英妹阿娥牛文度牛文瑜李
名友女法留李仁靜李處方牛修羅牛俱羅王天感李迎豊
李伏買牛甘羅李齊一李潛琢李懷辟李敬言李仁知李知
禮李思儼李善貴　南王村王大通息知元牛文要息武德
王鐵團息方直王李師牛文寶王叔仲息神瓌牛文經息七
賢有八李元應息敬遠王智經息知慎王善覺牛奴仁息無
字王買王知友牛祿尊王元靜王元廓王元監王義寶息知

徵

謹思賓侯仁起王元犇息阿虘牛文慶息武恭牛文堪息外
賓外貞王阿黃王元振侯九思牛義直王惣力牛義徵王知
敬牛武興　西八王村韓英哲息思恭思隱韓憲言息思誨
韓徵峻息乹杞韓九思韓貴林韓徵簡牛思直牛思應牛希
賓牛湛遑韓神堪韓元賓韓敬德牛惠愔韓元言張文貴韓
惠詈韓簡昭潘乹嗣牛思孝韓仁俊溥琴牛崇一牛元祐牛
朝讓溥懷賓韓澄蕑韓□　奴張思豊
郝村王德猛郝敦見郝思禮郝守令　郝如珪宋元悳郝餘慶
韓金樹李憲義

右第六列

十六

徵

寺南村趙道仁息義成義方成息文祐文貞文惠陳師表息
君楚君嶷君瞻君儼嶷息文度瞻息思礼儼息承甯度息弄
章趙德雅息善珉善顯珉息思謹顯息思安趙德斐息懷璨
懷琢息敬順趙晉信息師明行滿明息貴樂滿息貴琢樂息
元鳳苑續息文昱懷壁名高昱息阿鳳鳳興鳳犇鳳息阿王
王元悊息神聰息雲騎尉絢已張君藝息八朗文息福仙張
伏德息文友文惬趙宗舉息思脊趙祖允息文賢元太才仕
趙慶樂趙神惠息元思侯智勤

右碑陰之右第一列

王村　上柱國王鳳犇王恂暮息永徵元榮王恂昱息仁惬
仁侯仁綺王元亮息遊京王元貢息守禮靈龜王恂㸔息仁
軏孟雲鵠息守蕑餘慶君容王恂照宋大憙趙信師息洪期
王憲期王萬友王思順趙玉卿息行恭思本王文徵息有知
王懷善息文堪王元珪王奴仁王知古王八解王乹陟王有
信王元璀王知秀王知文趙神敬趙思悊趙思可王奉先王
明法王去感王神榮王子張彭子乹張嘉運宋沖李承秀王
什郎　李思恭趙元悳王乹風趙思慶趙神逖趙亮王知禮
趙思貞趙待賓王阿仵王慎知趙貞滿息元亨克昌文林郎
趙思禮息日休日愔

右第二列

十七

張村張婆琢息致果副尉貴賓息貴恪息士寧張君藝費滕
主薄士叡張雄雋息魏收息進楚息進苻息謝莊張元高息
守忠息守節張元興張元實息守宗守蕑山石宋元毅張榮
宗息文悳張宗方息奉僧張巨知息嘉會神符張盆仁息浪
賭孫元順孫伏德息元敬元智元□張開強孫有直馮幼贊
息僧念僧靜侯行撫息阿奴侯行机息思恭李乞養息□悉
李君拓孫阿沖寉靈愻張樂琢息思泰思息阿□

右第三列

新趙村趙才寬息洪道道息待貢趙師瑞息元賜元贊賜息
嘉祥趙思懿息懷琢懷乾懷飾懷策懷悊懷翰孫息善期忠

諫李神舉息洪暹洪託洪靜洪應什力趙文廓息僧紹嘉眘
九郎趙文堪息僧敏嘉愻嘉社嘉猷趙文託息有禮趙行仙
孟仁昉孟仁贊李祀宜息摩奴趙元挾李黑奴孟仁貴趙元
仲賈毛朗趙思誨趙楚珪賈思礼孫名愻趙李八趙貞節張
隱
阿毛趙公祥趙思忠趙思惲趙為寂趙楚瓊趙嘉愻趙嘉履
趙庭
右第四列
新市村□南縣王藩李神表息琛息嘉慶馮士幹息宗嗣李
神祐息嘉惲李猶廓息神猈神智猈息元太元珪元忠忠息
高□周元昱息守慎守蕑蕑息建昌周元勣李方徹王神周
十八
周元秀周知文李法力李嘉言李守質李崇瓌劉仁升周榮
文李洪富馮猕仁周元遐周威善周明智李元欽李七朗李
知慎馮山竹李守節李文堪李星星周蕑用周守悔馮元珪
李元楷李元貞王克忻周懷恩馮自遠李文□李楷周惠柱
李敬賓王元超趙善期息元鳳趙去非趙貞趙洪奭李靈信
奭
趙洪亮李靈言李知紀趙什盧趙謹節李去塵李阿神李神
本王敬忠李九思王敬賓趙龍泉趙士期趙元殊趙元興趙
思社李嘉祚李抱成息知約李元蕑孟奉照王神恪
右第五列
聶村聶元茂聶神慶尹楚節聶承宗聶舜甚聶伯仁上柱國

聶
聶仁恭息神度聶神寬尹知尚聶元敢息神遠聶洪礼尹知
恪尹知武聶二朗聶庭瓌聶嘉靈董元嗣尹楚璧
城北王村王咳仁息元太王宏朗息思慇王智羨王智成王
元謨王智允王脩身王掌忠王元質王元亮曹思敬
淩後七萇張李村李珪李綺李周李元忠李猈李豐高李小
羊李嗣鄉息昭禮李昭賢李毛朗李嘉璧李李林息守素李
奉訓李阿猕李嘉言李思紀李乹猈彭二奴息恩子張沙門
李守素李元實李阿專李隱瞚李知務李操李仙鄉李行義
李敬元李洪寬
宋□□承息張楚□張審礼張克奇王師會趙阿什□□□
十九
右第六列
任縣都維那王難陁孫義臣馮宗問賈文壹張元明李神寂
王義林王義宗柳元賓王慄操王宗雲李思簡楊洪慶息德
亮此行字徑一寸五分下十餘字漸小
張守隱張元則張元明張奉此二行在上行亮字下
張村張六朗張義瓊張守蕑
劉劒師王友期師□妃尚趙妹尚阿博尚張七尚□□□迴
雪尚阿貴尚阿□楊九娘此字在張
固北村三字與前行尚阿博三字平
南李村陪戎副尉李騏此下搨本未全此行與上固北村村字約空五寸餘

右在碑右側後棱

東薄村薄師楷息㝠静孟洪閏息鳳祥上柱國孟志開息□
岸王寶登息文欣陪戎校尉孟開元息云期王金寶息文恭
賈元感息友知友質王嗣宗息七朗□□賈仁昉息友欽友
義孟子朗息貴慜李仁表息思忠賈德昉息友隱承九件郎
陪戎校尉孟開徹息云貞上柱國孟開壽息云昧孟元亮息
仁静王文□柳行□息師静上騎都尉柳師起息元隱孟□
徵息王□賔崇福孟平□孟知難息守□孟文智李文晟息
景雲賈思慎柳師賢賈□明韓會淩賈仁□周□王六朗□
□□薄□□息嘉□息嘉昌孟□□□師文息元□元儼王
□慶賈長□王元穽孟仁封孟惟秀□師莊王尚裕馬思默
王儀鳳薄思元孟云昌孟云□薄行謙柳師慜孟宗礼王大
滿王大將王秠恭楊小興李靈子

右碑右側之前第一列

雙塔王村上柱國王元操息□藻王元軓王王莊孟元禮張
文令張思□張賢□王崇瓌蕭思九王婓辟張行廣王仁表
王軋本李浪賭王九郎王名礼李思忠李元徹王思祚田末
莊田思礼王承烈王思敬游知新王守真王守素王敬子□
思忠空二字李子雲王文節王㝠忠王守詮孟義瑞王思賔張
德行王六朗耿斌德王思謹孫遊泰王阿什王高亮田文一
劉思振王□王□王㝠礼王秀□張思言李思忠王知恭陳
浪奴賈行寬耿高德耿高亮王伏玉王阿猛王遐靈王智成
王守素李崇德孫龍穽孫遊客張思太李僧賔

右第二列

訓張九朗張懐恩王崇瓌蕭他仁彭高礼張元方張思明張
務李李欽先李承光張克晟王守祚張思泰張守忠蕭同七
王騄馬張思令張元方張留生張阿□李去俗□大娘王留
尚

右第三列似與後棱張村一段兩行連屬訓字與行末張奉二字為一人

蕭村蕭思善蕭思賢蕭蘭珎息高岸李夫愛霍解惑桓安期
李軋將郭㝠期蕭思韞吴思忠霍定方李思忠蕭儉□蕭元
亮

右第四列

□□□王阿度王知藺郝奉真蓋洪義張留生息元文王嘉
會彭遊藝李奉法李思文彭行實彭行贇彭㝠□彭靈贇張
知效王莫問彭㝠軋

右第五列

子待舉李守元李缺下李崇期李嘉惲息缺下□思徵李待簡缺下
桓安期張元成缺下元師劉思悳缺下思□張敬義□缺下

右第六列似與後棱南李村陪戎副尉一行連屬

栢仁縣都以下仍分行刻四字特大跨兩行　維那王漢子賈貞登韓思恭王
猛牛威李賢王約李龍芝
右碑右側之左第一列
允子王村王行秀息思亮王六仁王定戎王洪爽王知嘉喜
王雲直王元開王思忠劉應賢霍弥積馮知文
右第二列
寺西村孟二郎息元遠遠息雲珎彭元慶息洪信趙萬金息
洪敏霍行義女阿之霍行蘭息知節趙山楷息名遠李思忠
息鄭莊孟元志孫休祥趙元札
右第三列

王尹村王仁筠息守貞王尚智霍思蘭霍思慶霍思藝陳阿
吴尹敬澄趙元貞尹欽心王秀客息尚禮欽俊尹□遠下缺王
名超王仲昭孟阿秀王什仟眭沉默眭知仟王愛仁孟秀珎
尹待賓　牛村牛元懿牛神府牛知古楊亮牛楚延牛龍敏
下缺
薄村薄神裕孫守蘭薄行蔍息敬禮薄乹龍李陵廣姉金顯
姪歸質薄乹鳳李嘉賢霍什霍知惲霍□□□□龍霍□言
霍零□下缺
右第四列
布在末行與栢仁縣都四字平列在第一列第三行之上

建立人李行文
右在末行與栢仁縣都四字平列在第一列第三行之上
□樂寺寺主僧曇覺
右在右側前棱之上
□座僧曇則神替師神可師神瓌師鳳犇師習空師靈運師
思悟師李八師
崇賢村王守貞弟承先王□□□□歸霍習師王礼義
右二行在右側前棱第二列
此碑言光業寺之規模壯麗佛象精嚴僧衆續修維那財
施因趙州刺史田再思及象城縣令宋文素皆嗜禪學故
勒斯文文詞頗繁冗與多寳元秘等碑侈陳佛教者俱落
當時風氣其所為行楷則在靈芝北海之閒但未著書人
姓名耳又碑稱象城縣即今隆平縣也明一統志云象城
在隆平縣東北三十五里趙記曰舜弟象嘗居此故名在
漢廣阿縣屬鉅鹿郡東漢省後魏復置屬趙郡隋改為象
城縣又改為大陸縣屬趙州唐復象城縣尋改為昭慶縣
宋乃更名隆平縣仍屬趙州吴澤源跋
碑凡二千八百八十餘字在直隸隆平著錄家都無攷
證隆平在唐初為象城縣天寳元年改名昭慶宋始爾
改隆平有唐宣皇帝光皇帝陵二帝者高祖之皇高祖

熙於元（明皇）宗為八代祖皇曾祖天賜（舊史作錫）為元（明皇）宗七代祖
也（趙州志宣皇帝之上處有八代祖字是也）泐高祖本紀武德元年追謚皇
高祖為宣簡公皇曾祖為懿王皇祖為景皇帝高宗本
紀上元元年追尊宣簡公為宣皇帝妣張氏宣莊皇后
懿王為光皇帝妣賈氏光懿皇后碑言寺為宣皇帝光
皇帝之福田有景皇帝玉石真容總章年敕置寺額曰
光業麟德元年敕宣簡公懿王陵墓配守衛戶卅人（敕宣簡公四字碑已泐據趙州志補之）泐儀鳳年詔追尊宣簡公為宣皇帝云
云皆與紀合惟紀稱追上尊號在上元元年與碑言儀
鳳（二年碑與史不同）二年碑又言其年五月敕宣皇帝陵以建昌為名光

二十四

皇帝陵以延光為名史所未載（案新書禮志宣皇帝陵名建初光皇帝陵名啟運）攷兩史地理志趙州昭
慶縣有建初啟運二陵元和郡縣志亦第言有宣皇帝（同而）
建初陵光皇帝啟運陵攷建昌延光二名均未之及（撿唐會要始知儀鳳二年追封二陵名建昌延光開元二十八年始改建初啟）
運上帝未上尊號以前本無陵名至是始敕置不知何
時又改名建初啟運（追尊之詔會要在咸亨五年八月十五日是日改元上元敕陵名在儀鳳二年五月十日中碑以儀鳳年紀之何也）趙州志云家上常有五色瑞氣高
祖有天下乃號曰建初陵若是則陵先名建初高宗啟
運矣然麟德敕何不舉其名而第稱陵墓儀鳳敕何不
言啟而第曰以某為名州志之言未嘗所本恐涉傅會（殊為失）
攷兩考之紀言宣簡公魏金門鎮將碑言宣皇帝始以
宣簡公任瀛州刺史今瀛州大廳事尚曰宣簡公廟又

者互異按宣簡公乃武德年追上尊號（爵謚）碑何得云以宣
簡公任瀛州刺史此（大誤）撰文者失檢處第觀碑文錄追上
尊號詔書有皇祖瀛州刺史宣簡公語此非撰碑者所（當是追贈之官紀故不載）
能揑加則宣簡公嘗為瀛州刺史信矣可據以補本紀（云瀛州大廳事尚曰宣簡公廟者乃後人傳會耳）
之闕碑於寺未詳緣起其言總章之年奉敕置額曰光
業又曰寺有景皇帝真容故總章敕云為像為陵置寺
據此則寺由來已舊總章年賜額光業非是時創建也
碑載奉宣尊號詔書者曰中書令臣李敬元曰中書侍
郎門下三品臣薛元超曰中書舍人宏文館學士上柱
國臣郭正一曰侍中太子賓客假门議大夫守黃門侍

二十五

郎同中書門下三品上騎都尉臣恆曰中書舍人劉禕
之攷儀鳳初黃門侍郎同中書門下三品恆者來恆也
李敬元薛元超郭正一來恆劉禕之唐書均有傳合兩
書紀傳參證之敬元儀鳳元年十一月拜中書令元超
上元三年（即儀鳳元年）三月遷中書侍郎同中書門下三品
正一貞觀時由進士署第歷中書舍人宏文館學士永
隆二年遷祕書監來恆以黃門侍郎同中書門下三品
與元超同日拜命禕之傳云上元中為右史宏文館直
學士坐（事）流嶲州尋召還除中書舍人儀鳳中吐蕃寇邊
帝訪侍臣以置之討之之宜禕之獨勸帝戢威紓百姓

衛

之急帝內其言俄拜相王府司馬檢校中書侍郎舊書禕之上元中遷左史宏文館直學士儀鳳二年轉朝散大夫中書侍郎兼豫王府司馬尋加中大夫坐事流嶲州歷數載召還拜中書舍人是禕之為中書舍人在永隆開耀間矣後又言儀鳳中吐蕃為邊患高宗命侍臣論得失禕之時為中書舍人以戰威寬役對據此則儀縣中禕之已為中書舍人召還後始重除舊職耳就中書省奉詔諸臣銜名蓋之碑言儀鳳之年追上上帝尊號未為不合然本紀與會要決非有誤蓋者追尊帝號之後恢張故蹤崇飾上儀歷年餘石始成然後祝冊奉宣備物昭告茲在儀鳳二年既紀始詔實有可憑并可知其在儀鳳元年十一月後不解本紀何以繫諸上元元年也來恒附來濟傳後其為侍中之年碑則據昭告之日太子賓客史所未及可據碑補之碑載貞觀廿年遣使驗謁塋域者曰左驍衛府長史長孫尊師曰邢州刺史李寬曰趙州刺史杜□其立碑時為趙州刺史者曰田再思為象城令者曰宗文素碑陰額上題名者曰朝議郎行邢州任縣令韋延祚其丞曰李晟其尉曰張悊己邵濟之其主簿曰周折滯案李寬見李元紘傳云祖寬高宗時太常卿隴西公不言為邢州刺史者蓋寬貞觀中所歷官傳則舉所終之官位言之也長孫尊師杜某田再思宗文素及韋延祚以下諸人俱無致貞元中有李晟官至太尉中書令封其生在開元廿五年決非此任縣丞李晟也撰文者楊晉兩書表傳亦無之晉自敘解秩南昌薄游東海致唐志南昌縣有二一隸江南道洪州一隸嶺南道白州未知孰是東海唐屬河南道海

盡

州碑書蓋闕作闕群峯作郡盡壁作盡皆誤文當宸極之重句敘一字隆作陸號作號民之父母作人之父母則避諱改寫也巧工卌與神鬼八萬為對蓋直以卌為四十兩字不作颯音讀矣古刻中時見之陰側題名可見者千七百餘人有僧有俗俗各以村聯之有姓苑者二人姓氏書有苑與宛而無菀菀苑古通用也其曰某某尚者蓋某某和尚之省文

善才寺文蕩律師塔碑銘
剪裱本高廣尺寸行字俱無考　字徑一寸弱正書臨川李氏家藏

大唐河南府陽翟縣善才寺文蕩律師塔碑銘并序
范陽盧滉撰
河南褚遂良書
昔者混元既闢生法世始舟車莫用言教不施愛憎之心未
生爭奪之源未起則昔賢劫如一原冊第一葉來無爲而化者矣其
後人懷惡人資變[澆]風刀俎遍於三界生死繫於六道我慈
氏大悲康品[弘]茲秘藏甘露正法是啓[]石之資身完手足
竭其負檐之用披地與而孝勝列龜謀而第二葉宅城或陟在
唐開元十三年十月
一
巘或降在原倘徉焉彷徨焉而得於夏城之隅[]以觀其[]
背增巖前臨平野居然曠望四時有霜雨迴來直買孤標千
里与雲虹競秀信安神之妙境有塔之宏[]者焉第三葉越[]
神龍十一年十月十七日己酉奉迎律師全身[滴]于茲塔寺
主昔承灌頂今爲　則天偉之乃移法服授以榮班拜
游擊將軍非其好也寺主道風素遠[]爵自高朱紱方[]第四
葉雅操難奪固讓朝命碩復緇衣。。則天多之[]特　敕授
善才寺主并賜內府絹壹百疋雜綵三十段仍許至[]大教
法會以光其業寺主常以爲徒[弘]顧衣服卧具甘[]拯明昝
瀲第五葉雖報如來之恩無沒瑩園未盡師資之禮於是撞鐘

宝榮紈面門恒沙衆生咸從頂受其有位階十地身現四生
行守遮制之科宫墻莫測運慈悲並行廣大難思者其惟我律
師乎俗姓第六葉藥氏河南密人也[]正見家舍天仁性清心
自樂宴坐窮年納芥而羣有頓無觀身而衆妙皆盡若是乎
律師常持金剛經心禪口誦不捨須臾[]則天樂自鳴中夜
則異香頻降故爲第七葉道俗之所欣慕人天之所歸仰也春
秋七十有五以大唐七年五月九日夜[][]悟色相之皆空
示生滅而警衆嗚呼風雲昏闇衆鳥悲鳴朝野悽慘元闇震
驚以其年五月十一[]權第八葉殯於夏城[]有大弟[]寺主
八智俗姓張氏清河郡人德業[淵]深風神秀遠所作已辦在
二
殿邦必闡證聖中　則天聞而嘉焉召見於同明殿因陳濟
國慖安人之道　神足摸於塔右置第九葉立香園率言門徒親
掃手植松栢千有餘株寺主早悟色空念茲生滅觀石
火之非久歎芭蕉之不堅預於下層自託終制誡門弟子曰
吾自幼出家奉事和上和上者則我慈父第十葉生我法身吾
師欲萬劫兩歸依兩肩自荷既沒之後無背吾言故其塔下層即
寺主之所宅也至矣哉寺主之爲道仁不忘本孝極尊師自
非六行總持十力無畏安能預於斯乎次有弟子第十一葉延祐
等三十人[]嵩瀨名家法門[]寶戒珠清靜心挺調伏咸能
叶贊封樹同規祠塔僉共謀可久之迹垂無窮之紀恐汗簡

之難存勒高碑而播美銘粤　至哉聖覺淵乎調第十一葉御闡柘慧熾焰觸昏趟演偈孤園全功變樹魔風不飄法流長注其一猗歟碩德像教護持禪薰廣被戒靜難思經窮貝葉劫盡天衣高燈巨朗墜露俄晞其二處有上人心源猛利擷落朝第十三葉組罔旋了義師首垂仁鼾脈荅施尊師蹋塔如佛無異其三嵬嵬孫秀迢迢削成金繩□缀寶鐸風鳴香烟作雨伏檻流星房廊遶護花藥經行其四夏后城池至今猶在此□□□千年豈第十四葉改有道貧賤浮生危殆詎遺跡於後賢儻斯文之可采第十五葉

義

唐褚中令以書名世如楔帖等皆表表耳目間獨此善財三寺碑不一二見况此本之精彩奕奕乎其保護之鴻銓

王翁林跋云此碑馮涿鹿題作褚河南然其碑內雖云河南褚遂良書遂良錢唐人封河南郡公非河南人可疑一也褚公顯慶三年卒於愛州至神龍時褚卒已四十八年矣可疑二也中宗即位建元神龍纔兩年即改景龍無十一年可疑三也武后稱制在褚卒後二十七年而碑內有則天之號可疑四也碑云律師以大唐七年九月五日卒槩云大唐而無年號後有元開霞鶩之語元開二字文義不屬疑是開元蓋翦裝時知開元年號與褚不合故特錯亂其文耳可疑五也則此碑斷非褚書然其筆意便娟腴潤酷似河南又淵字世字皆有闕筆的是唐人習褚者所書後人以其蹟似褚不攷其本末但竄取碑字湊集成文以為褚書涿鹿馮公弗深攷耳後閱趙明誠金石錄目云第九百八十六唐文蕩律師碑開元十三年十月盧渙撰魏栖梧書乃知此碑果非褚書余所疑一一皆是也遂改題為魏栖梧善才寺碑為之大快翁林先生跋如此此本即是翁林所見者當有翁林手題魏栖梧書之籤蓋又不知何時何人誤以為冊內明有褚書妄謂翁林題籤不足增價而又改裝之故獨存馮涿鹿手跋於後耳今予幸得見此冊故為重書翁林之跋仍改題為魏栖梧書亦獲與四翁林先生同稱快矣而猶有未盡者翁林跋但據趙明誠金石錄知此碑在開元十三年而於碑內所妄湊為神龍十一年云云未之詳攷也今為申著之曰碑所云大唐七年五月九日大唐字下實即後文元開二字倒錯之開元年號也猶如前題下河南褚遂良書六字亦字字有翦闕之痕是從全碑內湊得者也其神龍下另翦為文而云十一年十月十七日己酉者攷唐初自貞觀以後唯中宗之嗣聖與元宗之開元皆有十一年至天寶則稱十一載矣然嗣聖十一年十月辛亥朔則其月不得有己酉惟開元十一年十月癸巳朔則十七日正是己酉以此攷之文蕩

律師卒於開元七年五月九日而葬塔在開元十一年十月十七日碑之立則在開元十三年十月也又翁林据趙明誠金石録而趙録有目無跋未詳撰書人之具銜此則歐公集古録亦所不載惟小歐陽集古録目云唐文湯律師塔碑在許州陽翟縣前告成尉盧溪撰著作郎魏栖梧書告成者即陽城縣也萬歲登封元年將封嵩山改陽城曰告成故其銜曰告成尉也小歐陽録目之書亦鑒藏家所罕見予今為春湖學士詳攷而備書之當必不致更有誤傳為褚書者矣　又攷碑内銘粤即銘曰粤曰同字也爾雅釋詁粤于爰曰也説文曰詞也粤于也皆以象氣之舒也漢隸百石卒史碑制曰禮器碑其文曰郙閣頌乃作頌曰皆作曰字而唐人楷書則房彦謙碑與是碑皆作粤尚書堯典曰若稽古帝堯傳疏皆不言粤曰之通而房碑在唐初尚通用至此碑則開元中尚有可證古字之通用者孰謂唐楷與六書相遠哉開元十四年明皇改洪範無偏無頗為無偏無陂而其時之石刻尚有能知古義與釋詁合是補邢疏所未及顧亭林於房碑未攷粤字而近日邵二雲爾雅正義亦未援及此耳　王翁林論褚法云稍縱逸則為魏栖梧步趨不失尺寸則為薛稷所謂稍縱逸者即指此碑也蓋唐世書家習褚者多而此尤得其神理

五

然魏著作書此碑其於褚法實乃步趨不失尺寸若薛少保書則又加以妍華矣褚書上源鍾王近亞虞歐而此碑格韻在聖教序記房梁公碑二者之間善學褚法者於此碑求之有餘師矣又豈必以縱逸目之乎嘉慶十二年丁卯春三月十二日北平翁方綱

唐初褚薛書名與虞歐並推膾炙人口久矣若開元時具體褚法如魏著作栖梧其格韻當在薛稷之亞薛曜之上而不獲與二薛並稱所書止此一碑湮翳千載又被裝翦刪去其名今歸臨川李春湖學士鑒藏予為洗出真面墨池當夜夜放光也丁卯三月十二日方綱又書

六

有唐一代碑版多是北派以褚歐二家為正宗歐褚出于北魏周齊隋與虞之南派判若江河北派出于索靖之隸法何嘗出於鍾王哉凡字中微帶隸意者皆是北派此碑在唐已至開元矣而第十葉掃字扣字猶存隸意與登善之常帶隸意者淵源顯見又柳誠懸書法淵源亦出於此等碑版静觀此碑上與褚薛及北朝諸碑相承下與誠懸各碑相貫終唐之世以及開成石經未有不沿於歐褚者吾固曰閣帖盛而碑版晦碑版晦而書派紊此等舊碑在世猶可印證吾言再數百年無知之者矣　偽翦褚遂良三字細審褚字翦斷遂良二字紙本相連非翦此碑内不

慝有諸字尤不應有遂良二字此或從褚公他碑内翦來
者歟然亦可見其酷肖矣　魏棲梧不見於宰相世系表
然魏徵傳徵子叔瑜善草隸以筆意傳其子華及甥薛稷
棲梧之年在其後是書派端出於褚也嘉慶廿四年三月
從春湖中丞處得讀此碑雨窗清静聊識冊尾揚州阮元
時在桂林行館
右唐善才寺文蕩律師碑銘開元十三年十月立此冊
為静娛室四寶之一石久佚拓本流傳海内不聞有二
碑為著作郎魏栖梧書非褚中令書翁林蘇齋辨之詳
矣文經割𢍰字句缺佚甚多竄雜顛倒不可排次兹就
所見本錄之并諸書云云亦仍而不削所以存此冊之
舊也集古錄目云弟子一智為之建塔立此碑令序有
大弟□寺主八智云云而不見有一智當亦因翦裱時誤
綴

七

唐十三

唐十三　開元十四年至十六年

计六百七十二行

三十四開

極果寺沙門行超造石浮啚銘

石不知幾面摘本二面相連高二尺四寸五分廣各八寸
餘八行行三十三至三十六字不等字徑五七分末行跨
兩行特大又一面題
名四行字徑八分均正書

關
學以闡法莩空旋珤塔揚般若處号制堤故得磬振他方分
身霧苹煙莩簌𥅻馳驟□□一義二能斯之謂矣是以數贏
八万時肇室利之宄級引千餘往有檀金𪈿耀宰堵波之勝
利於焉可覩爰有極果寺沙門行超兄張仁龍者南陽白水
人也怡神放懷雖無物我之情悲慧冥𢿱還有自他之念恢
□□□□□□三□□一衆𢡟心弥固各發闡譔詢訪人琪
敬造石浮啚一所遂得工資□□□□□□之□□□□王

唐開元十四年二月八日

真謂崐山之鼓盡礱磨之秘術磐鑴劉之良工彤製新奇□
□□□□□也左漳水右龍山琚浪浮紫雲降𩆜珤衍而
奐彰望叢臺以迢矗故南陽之遺場往髙齊之壯觀其量也
階侵厚地樂根於水際之初輪桐衡天儕列於雲端之外其
座也像蘇迷之勝缺四字嚴騰光朕於太虛空浮異色其偽也
真模寳相謂處千莩螭翼端儀還同十脭加以缺五字擁□晴皆
□喏猨猊□□□物摠詳乎又四角梄九階多須弥□□
□□言言𢼂珤持莩誠六異之□□寳三同之國業覬以善沾
三有禔洽四生俱資七脭之財咸載九終之變其詞曰
至矣靈塔悳利難名證說中道顯發空經𤦲浮班列金地殊

形光輝□□曜暎王□□其爰有緇素望重南陽慧應淑照檀
闕瑋信尤芳物我俱利齋希道場琺□斯達居關破障其二叢臺之徵
鏖塵玉之前東鄰漳浦西□□山南陽建寺積有多年名額□
廢廢仍欝餘煙其三恩□靈匠智邁奇工根如地植相若懸空座
嚴妙琺儁得真容羽翼防衛踞獸蟠龍其四刻□□文迴互交
璧珍班隱瞙綺麗何極以此因修希福十力用滋福業沾普合
識其五

大唐開元一十四年二月八日之所建也

右記銘二面

比丘□僧明忠　極果寺□□下泐一

隨朔州司倉張君逸　妻□空一格泐寸武徹　妻劉　息奉國妻□
瓌國息仁龍　妻董　徹息□徹　妻董　龍息如瓌　息
處王　徵女究竟下泐尺許　董氏女四娘　李氏女六娘
瓌瓊息文□　息□恩　女泐

右一面

拓本未詳何來就文推之此浮圖當在邢洺之間與後尼□仙一刻同日造高廣體式茲同是一浮圖之各二面也

尼□仙造石浮圖銘

石不知幾面揭本二面相連高二尺三寸廣各八寸一面九行一面七行行三十五至三十八字不等字徑五六分末行特大又一面題名三行字徑八分正書

覩夫天地□陽下缺若□覺平等妙法真如空寂湛然不生不
滅所以大雄泐六字而道□□下缺設三乘而言諸泐五字王之難
解靈塔□三千泐約十字窣堵□□□□世界此浮圖者□邱
尼□仙之所立也俗姓張氏其先出自南陽世居□□圯橋
譬才履得泐約七字襲簪纓冠蓋泐約八字中鄴泐約七字父母□□□泐約五字
莫知何能再覩遂乃報國天之厚德酬方□□深恩希八敬
以申忠□□□□泐約五字興寺僧都維那比爲□□惠□□零
唐開元十四年二月八日

年泐五字開元三年中業□淨土擯俗歸□泐約六字悲酸哽泐約六字造
石浮圖一所舉高□□下盤地□上徹天□泐約七字近□□□
之登□華開四照傍臨山外之煙紙□三空□□天中□□
□□泐十六字女光齊之□□□羅之暎天色照□星如□燈之
照□□趙都之福地伽藍之勝因昔孫子之陟台山猶如作
賦下走之逢靈塔敢□□言其詞曰
□□空寂法教潛施絳幡西振白馬東馳松跡夏□草密冬
□雲浮鷹塔天開□雜□□□燧挺□亂茲中夏梵宮煙飈城
池碎瓦血溜成河尸橫遍野父母喪失弟兄何假□□至矣邱
尼□□歎息□□□造渫茲惠力羊酒叱取虎推難得遠訪

良工成斯刊刻其三金輪既就寶塔斯崇龍遊□表鳳起天中
級構煙除華嵓半空遍法界而流梵響劫有盡而贊無窮其四
大唐開□一十四年將軍在子歲景寅二月八日之所立
□
右記銘二面
□□寺都維那僧自寂　比丘尼忠仙
清信士張孝□□杜　息智果妻梅　息定安　妻殷　息
字一　妻□
果息崇敬　妻趙　敬息元超　杜氏女大娘
右一面

經幢類列凡十五

侯村道俗等建陀羅尼幢二 幢石三層其一未見拓本兩層各八面一高二尺六寸兩廣六寸三分刻經各九行行四十字方界格徑六分餘一高三尺二寸面廣八寸八分上截刻經序餘皆幢主題名並正書在定縣西北十五里侯村稽古寺

佛頂尊勝陁羅尼經　罽賓沙門佛陁波利奉　詔譯　如
是我聞云云經不錄
佛頂尊勝陁羅尼經序以上一層八面在上截五寸六分周刻八面面十二行行八字方格字徑同前
序不錄
為國敬造佛頂尊勝陁羅尼幢普供養在第一面經序下一尺二寸七分三行行五字方界格字徑二寸餘
唐開元十五年正月廿八日一
大幢主唐任左廂將軍正四品章丘縣開國男息左衛翊壹
府翊衛陳文㲋妻張女比丘尼織女㲋息右衛翊一府翊衛
仁傑供養
大幢主版授洛州登封縣令又授始建縣令樂玄琳妻李女
比丘尼難遇姨比丘尼覺意琳妹尼轉勝沙弥什娘供養二題在前刻之下各三行行字不一直界格字徑八分以下各刻題名同者不悉注
唐開元十五年歲次丁卯正月廿八日定州北平縣長豐鄉
章丘里侯村合道俗等建立一行三十四字字徑六七分在第二面經序下首行
大幢主版授恒州真定縣令李善德妻劉息比丘僧仵通女
比丘尼淨心尼真朗孫女尼淨本尼法愛

白龍村陪戎副尉劉德達妻侯息鄉貢明經昌雲息零光女
京希合家供養　二題在年月後跋二行之中下兩截
大幢主陪戎副尉侯義昌妻劉息比[丘]僧道進息兵部帳內
莌孫
思儼妻馬儼息懐璋懐暢懐藻亡男懐仙女比[丘]尼惠莌孫
女尼淨眼光立　此題在前二題後直下三十九字文蚌行十三字
比[丘]僧四智比[丘]尼智炬尼智鍳尼法雲沙弥淨空无心
郭下樊覺龍妻宋女比[丘]尼家生　此第二面中下二截之末行
大幢主首望侯思本　曾祖隨任滕州叅軍退業　祖唐任
并州司戶叅軍君德妻薛　父上柱國元孝母劉姑比[丘]善
因妹比[丘]尼法眼　本妻石息懐穎女令休穎妻石頲息万
二

慶
忠晃思順妻徐息調爕趧客嗣宗慶妻劉息崇信崇真崇□
女法果獨恰娥子　客妻魏息崇明小胡女新姑　宗妻劉
息崇恁崇隱女姑子潘子花嚴　宗妹比[丘]尼殊越同供養
外生劉[玄]秀　此題七行在第三面經序下中截後空
幢主王孟利妻李息迴洛神營果歡李[玄]度妻劉
施主劉神興父雄仁母馬姉比[丘]尼普照妻宋息思廬妻達
廣息洛賓唐肩阿六合家供養
施主張什行妻楊息都子
安撫軍總管李承祖妻劉女舅仁女悟兒女小悟
敎
郭下施主石周義妻侯□□仁弟二明妻母王　韓文敎

低一格

封
妻李息比[丘]僧无對女比[丘]尼要相息買奴妻壽
施主前錄事解文德妻范息思敬妻劉敦息伏□息希道女
洛浦　博野縣進士崔希琎妻龐　九行在前題之下
大幢主比[丘]尼惠深妹淨隱母王父五戎李万歲妻張女淨
[修]女夫王修廣
倉州樂陵郡北平公石處後石雲貞妻張女比[丘]尼阿玉
息志雅妻劉雅息冲子深子周子四果
造幢都近張法惠祖慈妻楊父達妻王惠妻孫息元暉息忠
臣　暉妻劉暉息文璧　惠弟法言　三題在第四面經序下中截後空
清信士上騎都尉授崆山縣令泐下　張士方妻劉息比[丘]僧
三

劉
法惠孫男習定寺僧□嚴□息總裕總太總稱裕妻李胄太
妻裴冀妻呂裕息令招令欽女比[丘]尼依□□娘摩兒□妻
田□息守京褒女阮子淨光迎兒　施主張名遠父士□販
授恒州長史母楊達妻劉　弟名泐下　故人趙義宗妻張息
仁威妻王威息泐下　唐縣　許思忠妻崔　此八行在前三題之下截
大幢主穎川郡陳仁傑右衛翊壹府翊衛宣節副尉合家供
養　凡題在第五面經序下四寸八分六行行四字占界格字徑一寸
傑高祖祥隨任齊州章[丘]縣令閬江郡公　曾祖羅隨任并
州司馬　祖顗唐任左衛勲府勲衛釋褐汴州叅軍武德二
年三月授文武選人便檢校定襄道行軍總管有苗糜後任

年行臺省左廂將軍武德四年二月授改代州金山府驃騎將
年軍武德五年十月授後任鄜州安昌府統軍貞觀九年二月
授封章丘縣開國男上柱國食封三百戶貞觀十一年九月
年授　祖婆趙郡李氏封通川郡君貞觀三年六月授已上告
身並在後授□州刺史□□□□無告身　父爵左衛翊一
府翊衛母隨唐門地清華山陽張氏　傑妻東平郡呂氏
□妻□南郡□氏
傑息進琛妻昌安郡公劉氏息進珪妻唐通事舍人□原郭
氏息□□□唐青州長史隴西□氏　息進璲妻中空四寸半
息進琭　息進琨息庭玉息庭琬　璋息下泐約六七字姊比丘尼四
迎兒姊比丘尼法崔姊法相妹法興此九行在前題之下
大幢主左衛率府陳仁靜　祖唐任左廂將軍章丘縣開國
男正四品陳士頵妻李氏通川郡君
父左衛翊二府文騰母張氏　姊比丘尼智元女智津　光
會左衛翊二府仁恕　兄左衛率府仁寂弟左衛府仁會
靜妻石息比丘僧紹先息兵部帳內希暐希晃紹光希莊希
暱石氏女大娘外生女勝兒□□　章妻劉息□徽　九
江女潘子韜子迎兒侍兒晃妻張息唐賓唐興唐珎女芙蓉
光妻劉莊妻張　恕妻張息比丘僧二明息兵部　帳
內情隱情實隱妻張隱息昌其昌靈昌宗女大娘　實妻魏

息近昌女江仁什兒　寂妻劉息情太女如□　會妻于
息情亂情楷情廣情袒戩妻劉女洛妃洛希楷妻張息楚客
女大娘二娘同供養
頵息左衛翊二府宣節副尉文義妻張女比丘尼阿王息左
衛率府仁可妻□可息比丘僧智海　女比丘尼思弟息
兵部帳內德遵妻張遵息待詮待貢可女仵娘遵女淨勝
廚內村上議軍石偲武妻莵女比丘尼阿后此九行在第六面經序下直行
到底
大幢主趙郡李思敬安遠別將先撿技岳嶺守捉軍此題在第七面
經序下七寸五行行四字古隸楷字徑一寸四分
五
敬曾祖表授幽州司馬　曾祖婆楊氏　祖滿隨任蒲上鄉
長　祖母壽　從祖行善　從祖行足妻王　父元寶任司
功母劉氏趙氏　敬妻樂陵石氏　弟騎都尉北平軍營主
思芝妻太原王氏　弟比丘僧思貞　弟學生思道　妹比
丘尼淨持　妹比丘尼淨念合家供養此題在前刻下六行字大者徑一寸
經主□□琳　高祖脩羅妻卯　祖㔹當妻趙　父士德妻提行低一格空
瞿　弟玄恕　弟玄度琳妻李息文礼妻呂　礼息什一
女惠眼惠妙　經主上騎都尉李元礼提行低一格空　曾祖君才妻
劉　祖□信　妻金　父仁爽妻張　礼妻劉息
利言什毛　言妻張言息吉祥惠貞女憂曇芽合家供養此三

（行與後三題並在第八面經序下惟此為直行到底後三題分兩截不同）
大幢主安陵郡全鄉文林郎吳廣睞妻趙郡李氏弟比丘僧
廣泰妹比丘尼八相　兄撫國縣錄事妻中山劉氏　睞
息昌璧妻太原王氏息逝瑞合家供養（此三行在中截）
施主馬恩旭妻夏侯息比丘僧文献兄阿達
空一行
蒲上村中山劉恩礼書鎸父洛母崔兄旭妻王（二行在下截）
幢為定州北平縣長豐鄉章邱里侯村道俗等建北平
漢縣相仍至唐武后時更名徇忠神龍元年復故後唐
改燕平石晉復故元改完州明降為縣屬保定府今幢

六

在完縣陳侯村其地正合並以知村名實沿唐舊題記
中姓侯氏者二而侯恩本特稱首望乃村之所以得名
也幢主陳文豹陳仁傑皆大書特書其兄弟子孫書名
於幢者特夥蓋亦一鄉之望至今稱陳侯村是陳之後
尤有盛於其鄉者矣書人蒲上村劉恩礼漢書地理志
北平有蒲陽山蒲水所出劉居村名蒲上其以此歟仁
傑一題詳書祖士顥官位於史無攷其言改代州金山
府驃騎將軍武德五年十月授後任鄜州安昌府統軍
貞觀九年二月授按唐會要府兵下云武德元年五月
改隋鷹揚郎將為軍頭六月又改為驃騎將軍七年改

驃騎將軍為統軍至貞觀十年改統軍為折衝都尉士
顥任驃騎在未改統軍之前二年任統軍在未改折衝
之前一年稱名皆合惟按唐書地理志代州有府三而
無金山鄜州府十一有洛昌安光安吉而無安昌意者
唐府兵中廢史失其名甚多此二府或就陕或武德貞
觀時有是名後經更易未可知也士顥先為左衛勳府
勳衛文豹左衛翊一府翊衛仁傑右衛翊一府翊衛仁
靜與兄仁最並左衛率府父文騰左衛翊二府弟仁會
左衛府蓋皆以衛士進者按唐左右衛屬有五府曰親
府勳一府勳二府翊一府翊二府親府衛士曰親衛勳

七

府曰勳衛翊府曰翊衛百官志武德貞觀世重資蔭二
品曾孫三品孫四品子職事官五品子若孫勳官三品
以上有封及國公子補勳衛及率府親衛四品孫五品
及上柱國子補翊衛及率府勳衛勳官二品及縣男以
上散官五品以上子若孫補諸衛及率府翊衛士顥任
左廂將軍正四品章邱縣開國男其子若孫並為翊衛
宜也其稱勳府勳衛不詳勳一府勳二府左衛府左衛
率府不詳親勳翊何衛稱左衛翊二府不詳翊衛皆敘
事之率略矣兵部帳內者六典云凡王公已下皆有親
事帳內注八品九品子充帳內是衛士之最下者北平

軍幽州節度使所統十軍之一閭江郡洛神營安撫軍
及安遠别將岳嶺守捉軍並未詳俟攷守捉者戍邊之
兵大曰軍小曰守捉

開元陁羅尼幢

拓本自龕像下起高三尺八寸八面面廣六寸九行第一面陰額每行四十七字餘七面皆五十五字字徑六分正書在淅鄉卧佛寺

上爲開元神武皇帝　額在第一面四行八字字徑一寸六分

經序並經不錄

幢無建立年月及幢主名氏額題上爲開元神武皇帝
按開元神武乃唐元宗尊號二十七年又上尊號曰開　八
元聖文神武皇帝此刻無聖文字蓋建於開元二十六
年前者第四面下缺失少半三之左五之右亦有斜削
闕文黄玉圃中州金石攷定此爲永淳元年刻按西僧
佛陁波利永淳二年始取是經至西京載在經序永淳
元年震旦猶未有是經何由刻石其誤顯然畢尚書中
州金石攷僅疑黄説未的蓋未觀經序故也書法圓健
精密盛唐佳構惜不著書人名

掖庭局令劉景孚建幢

高四尺八寸八面拓本缺第二面面廣三寸八九分第一面七行餘皆六行行六十三字第八面經一行記二行字徑六分正書在長安

經不錄
故契經曰初有子時歡喜少後失後失子時憂苦多今則
見之太中大夫行内侍省掖庭局令員外置同正員上柱
國劉公景孚爲亡男忠坦莫知所措託三寶遂造佛頂尊
勝陁羅尼幢一所神功莫測拔彼冥酋亦來淨方又之願
矣大中十二年四月十四日建立

後失二字重出

張元涉等建陁羅尼真言幢

高五尺四寸五分八面面廣七寸九分每面九行行五十七字第八面經五行題記四行字徑八分正書

一切如来白傘蓋大佛頂陁羅尼真言　九
特進試鴻臚卿開府儀同三司肅國公食邑三千戶贈司
空謚大辯正廣智大興善寺三藏沙門不空奉　詔譯

真言不錄

年
大唐咸通二年歲次辛巳九月壬申朔十五日丙戌建匈
當人清河張元涉　同匈當人渤海吳宗　助緣人吳
鵠爲　亡考并三□捨一十五千文　吳鵠并弟宗捨
二十千　李贇并弟爲母親捨廿千文　陸舉捨十五
千文　唐素捨五千文　碩皋　陳攀　胡郢　周榮
各捨二千文　沈文　王約　尹仲開　陸儒　各捨
二千　碩慶一千六百　管華　張[剡]積　張譙平忻

俞弁　曹□　孫登各捨一千文　李岫　李雲　李從
倪弼　陸文德　唐□□葛禾　顧□　劉昌　陸千
戴賀□□□——　湯峯　徐子凝　樊汀　各捨五百
小〻注疏有四千七百　住持僧契真仲□　自厚可□
良□　□□　都料彭誠劉恭　景陵蕭弼書
吳郡陸從簡鐫
同句當功德主朝議郎前左金吾衛長史上柱國□仁□
處士楊仲欽此行在第一面首行標題下
許亮等建陀羅尼幢
高三尺九寸八面面廣四寸八分每面九行行五十七字字徑五分正書

十

序經不錄

年
維唐乾符五年歲次戊戌七月乙未十四日戊申□□□
建
同句當弟子許亮捨三千文李□三千文　代□
三千文
直
院主僧敬能　直歲僧□□

張宏建等造陀羅尼幢并讚
高連龕座約近七尺八面面廣六寸七分第一面題名二面至七面經文第八面讚均詳見後正書在行唐封崇寺
國
大唐行唐縣奉爲國太夫人　相公文武官寮敬造佛□□
□陀□尼幢上截四行行七字字徑一寸三分
將仕郎試太常寺協律郎攝行唐縣尉李匡美

節度押衙守平山縣令前攝令兼防禦兵馬使守行
攝令兼防禦兵馬使楊存客
駈使官李劍□上空在首行之前一行末
知鎮虞候李文□上空在第五行末
經略副使鎮遏都將王公義
節度押衙前鎮遏使兼監察御史趙群　經略副使兼馬步
虞候達奚□□劉八□——
馬軍將趙惟信步射將劉常穎步軍將馬立建散將知將事
徐公賢郝文滏李慶亮劉常豐陳方簡胡金佐鎮判官秘公
汶押衙劉憲義　叚神宗　劉士幹中截九行字徑四分至七分不一下截同

十一

押司錄事名忠端泐安公泐張泐琳端下約二十餘字可識者四衙佐衙
公詳錄事史□貞□錄事泐約九字司法李行□司□五神祐司
功□□緒司倉泐約十七八字衙□張德泐四字劉劍緒第四行至八行止騰行末一二人可辯
杜文端孟□約劉公□　□師□　郭舟住大順張
□□　李君□　劉公約□鎮□顏劍章任公礼任公全泐此下截並在第一面

佛頂尊勝陀羅尼經　文不錄自第二面至七面面九行八行行五十餘至六十八字不等字小徑六分大至九分
陀羅尼石幢讚　并序　鄉貢進士史歸舜撰
佛興西土俾萬有以歸真像教東流與羣迷而正覺爰從達

纍

者旨是得除疑纍善求安應聲聞𦈢當縣近因兵革實有陵
陵犬戎遊纍□之心人□□流離之苦惟茲□邑啗□□牢
既大振雄謀實內依　佛力有清信士張[剛]建等並理探空
界性入[玄]關每動樞機事皆[剛]益是以人稱領袖衆乃依歸
俱在□時同□□聖□□□□戈甲氣弥妖氛□之陷於狼
星朝再聞於魚梵令則邑居不動庶類無傷由是志誠皆蒙
福覆況思至理何路致酬無非樹善言徵久遠誘人歸正斷
所謂蠲靈 泐十字 是邑人等各出□□□求良匠造玉石幢一
所上刻佛頂尊勝陁羅尼立於康衢之內是上報　慈悲而
旁逆慶作彫鏤既畢合告　公門時縣尹　[剛]農公軒蓋 十二

以下皆連貫寫下但每句空一格耳

獲

始臨□□□□□於金人妙道無不□□樂聞其請尋而允
之此亦建善之有因衆功之合就也遂於四月八日會同緣
而立之時光啓二年丙午歲也歸舜獲逢勝事敢不諳揚遂
錄其實耳
□□聖力　人莫能知　一句一揭　大慈大悲
无量功德　不可思議　言以災難　尋聲救之
是邑之人　忽離咒蘖　念彼奔衝　憂其殄絕
金鼓屢振　我□□敵　不告諸了　何由見雪
非無應兆　□□降臨　材庸潛道　氣挨自況

夢

靡言在命　實由信心　既免災難　道情轉深
但念有情　無不霑福　何以報之　莫施瓊玉
靈蹤聖跡　惟紀與錄　傳於後時　言之不足
立其□石　刻以真言　□□妙道　救護無邊
正覺正果　三千大千　報佛之所　長為福田

仁賢坊

右第八面九行行六十六字至八十字不等字徑六七八分

□□坊維鄰等
張君仲　里正趙法簡　韓慶云 龕像下題名拓本止見六面
大化坊維鄰頭馮罳□　維鄰頭李元豐趙□□　李德義
趙迓慶李□　韓重建張元□趙□□　李□容李貞□ 十三
李秀林楊公慶　趙□□　楊国義　楊公門　顏□直
劉從汶　劉[剛]嗣　趙□□
□[剛]進　李[剛]興　才虔候郭行立　郝存王　李公李
高從諫　王[玄]素　劉從榮王行□周[弼]□　張思訓王國
亮　李[剛]亮審陵泊　張審瑣母董氏彭可貞　楊友操曹
貞訓
善政坊　于忠信　馬慶　郭公□　李少洪　荊公瑜
張文穼　張公義　李□□　馮文旹　胡慶安　張文偉
郎重□　張□　□□礼母張□
李□清　張保順　盧淩汶　李□璋李□□

李□本書□□　李思康　趙文爽　□悲奴　張睿昂□

□□以上凡六面

見本傳令以縣令兼職史不詳其制也唐李方鎮專制守令或不由旨授輒以本單僚屬攝之題名繫銜曰驅使官曰知鎮虞候曰經略副使鎮遏都將曰節度衙前幢為國太夫人相公等造而記讚未詳其人以時地徵之蓋謂成德軍節度使王鎔也唐節度使帶平章事及三公者謂之使相鎔傳雖未詳而會要僖宗朝使相有王鎔馬傳言鎔母何有婦德詔鎔嚴國太夫人即其人矣攝行唐令史守行揚存容皆兼防禦兵馬使舊書職官志防禦使天寶後置刺史兼之未見品秩兵馬使見百官志按李光弼隨河西節度使王忠嗣補為兵馬使鎮遏使兼監察御史曰經略副使兼監察虞候曰馬軍將曰步射將曰步軍將曰散將知將事曰判官曰押衙曰押司錄事曰衙佐史多不載

張文□等造陁羅尼幢并記　十四

高四尺六寸八面一三五七面廣六寸三分經十行九行不一二四六八面廣四寸四分經七行一面至六面每行六十七字至九十餘字第七面題名八行第八面記六行六十八字至七十八字字大小跡瓷不等正書在閩安

佛頂尊勝陁羅尼經一卷并序　經不錄

時唐光啓肆年歲在涒灘律當姑洗貲虧十有二蓂卒時

建空　石作都料衙官泐八寸餘都料楊君□男泐六字同造□

少和一行在第六面經後

承議郎試太僕寺丞攝□州固安縣丞示　絓師□□□

試太僕寺丞攝固安縣下泐三寸　承議郎試太僕寺□攝固安

縣尉王氵□泐七寸鎮州內□□□□海發願捨官入道□行

幽府山房蘭若聖跡至此駐足　應涿州山城兩寺僧　前

寺主僧惠詗　寺主僧仁礼　城寺上座僧行□　都維那

僧奉贇　山寺上座言律沙門□章　□維那僧存□　前

都□那僧可□　□座□□□　外庫僧智□　供養主僧

知節　□□僧行溫　施主杜博愆妻馬氏男知鏡新婦嚴

氏　施主杜博□妻張氏男知□　張□　施主杜知欽

母周氏泐三寸歸義縣王□村施主劉□□妻王氏男居□泐四

寸氏　□氏　□氏　孫子王八　張老　施主仇元幽

韓村施主涿州衙官吳方祐妻韓氏　□□□氏　□男丈

□　□婦□氏　元孫□□　□女韓□泐三寸李方景　□

十五

□□弟韓□□泐一尺餘散副□韓君□五戒韓□環　鄉貢侯

方雅　五戒□□　魏文昌　趙□邕　韓公元　韓行存

韓行□　禧□□　賈□安　王居□　王□□　楊□

□　李□□　施主泐一尺餘郝□遇王□立　劉公遇　劉君

□□□　毛家店施主崔氏　男張君□　□□　君□

君□　君□　維那散大將孟方□任王龍村施主都當坊

子將米□□　高文明　□君泐九寸餘施主楊德□　弟德晟

妻孫氏　喬熙亮　施主北樓隨使右廂步軍使亻散

虞候□師礼　妻杜氏　男□□　施主北樓使亻散虞候

□知益　母張氏　弟知□　高公□　男□礼　□村施

主泐五寸信　曲□村楊中慶妻王氏孫王八張師貞母李氏
一施主女弟子清河張氏　男鄉貢學究泐一尺一寸施主張建
□妻郝氏　右廂□□□李□□□□施主吳泐八寸王行閏
以上第七面
佛頂尊勝陁羅尼經幢邑記
上泐郎試左武衛兵曹參軍泐下
承議郎試左監門衛兵曹□軍□□州衙直駈□官兼知
□□李□珪書
琬
唐有涿鄉西□其山号涿鹿時号石經是北齊高僧琬公之
□跡其事繁廣不可具宣今當固安縣千秋鄉禮□村信士　十六
爰善
清河張文□等並歸心至理明乎風緣去中和二載孟夏初
辰因陟靈峰各自發願每年四月八日結邑躬詣其所共□
普□自此□來于今不絕至光啓庚午歲有雲居寺習律上
人曰□□□其邑衆翹結善緣刻石貞珉用□于代遂於當
墅□中創造佛頂尊勝陁羅尼經幢一所陁羅尼經者□闡
西□爰□□□善住□亻之七返而受生波利精誠乃再□
戍
而傳譯戍城戍邑立碣立幢□□尚弥其实值厥猶□其苦
刂竭力成此者盖衆中之〻論非物表之遐談□煩惱而達
真如扌十惡而成十善者其唯尊勝乎經幢□立在本□僧
院之中□□□奇樹盈氣狀給孤之園背列高泐九字可以□

□□嶺□介扌流六道昏衢□霧巷而法燈霞照四生暗□
□眡曾而□翻弥扌自然氵昭乎沙界功氵乎塵劫慮以□
城券□□石□□故勒銘□用□不朽時光啓肆年戊申歲
三月廿七日泐約一字十二老婆　涿州衙前虞候張從幹刊以上
第八面
重化□□歲次丁巳乾寧四年泐一之餘料高慶□妻□氏男
泐九寸半張氏　劉文□妻楊氏　史氵建范□太此行在第六面經結
尾十字下
咸雍四年七月十四日泐一之餘立記空　施主女弟子祖氏
男□郎小□□□施主成文會妻王氏　十七
會
邑人山南巡檢馬軍百人將張榮建二面三行　邑人斛滑之四行
邑人達奚公信三面二行　邑人劉右達妻達奚氏四行　百人
歲
將馬文癸六行　前節度衙前將蘭用　女万歲八行　前幽州
羅□大將兼殿中侍御史行宗　涿州衙官行從十行　弟公
□內衙□大將四面三行　鄉貢童子知章四行　邑人雲麾將軍
興
試左驍衛大將軍永泰軍衙官祖賓紹　州翁前攝唐興縣
丞師正州前攝新城縣尉在縱　鄉貢明經彥洵五面一二行
鄉貢進士彥規四行　內衙究副方惜五行。邑人鄉貢學究成瑤
父歸義防鎮馬步軍頭試殿中監方遇　鄉貢童子隱蒙
七行
邑人前節度衙前將成方式九行　楮林村邑人維那鄉
施主楊景妻成氏男永郎此行在第一面首行標題下
撰記人名殘泐不可見按房山石經山諸經刻權輿於北
北齊慧思大師而隋之靜琬法師繼之記以琬公爲北
齊高僧非是經結尾下空處乾寧四年一題在立幢後
九年首行標題下空處咸雍四年一題則爲遼道宗年
號相距百八十年矣

禮讓村邑人等造幢題名

高一尺九寸八面廣六寸内外九行十行與四寸餘七行相間行字不一字徑五六分正書在固安禮讓村

汾州固安縣千秋鄉礼讓村衆邑人等於石經山雲居寺每
年至四月八日添送陪堂齋□僧每人貳伯文發願於當村
𢭏置佛頂尊勝陁羅尼經幢壹所用記年代兼邑人名姓邑
人計肆拾玖人具列於後
邑主雲居寺傳□沙門敬彝鎮州西北王毋山僧悟仙弟子
院主 二字補注左右 令幽令曉
邑錄張□□ 此下張之家屬自爲一行後三行及後七面諸邑人皆同亦有一家占二行者不悉錄其有繫銜及希姓與名之怪異者

貢明經李元就 六面三行　周静寬弟知勾遥摘三河縣令彥復 八面六行

記言𢭏置佛頂尊勝陁羅尼經幢壹所用記年代兼邑人姓名今幢盡列姓名無經文亦無年代詳此觀諸邑人中有繫銜左驍衛大將軍者此唐衛官也又有前攝唐興縣丞者唐興唐屬河北道鄭州石晉改曰宜川尋復故周顯德六年省據此則幢立於唐矣余曩所錄唐幢有光啟四年張文□等造陁羅尼幢亦在固安千秋鄉禮讓村其叙邑衆發願每年四月八日躬詣雲居寺復迆於當墅□中創造佛頂尊勝陁羅尼經幢一所云云與此幢所記正同蓋經既刻幢其邑衆姓名之不能容者別刻此幢故至今並在一處也因列於此又彼幢經尾有乾甯四年重化題記此或重化時所立亦未可知

龍興寺殘經幢

存上截一尺二寸五分其末錫縁面廣三寸七八分每面四行行存七八九字字徑五分至寸許不一正書

佛頂尊勝陁羅尼 呪不錄

佛說千手□□□ 起第三面之末行

呪不錄

閻出三塗離諸苦□ 缺下　生□於幢塵霑衣 缺下　亡考建
幢於龍興寺 缺下　□噫嘻　寒松十丈　澄泉 缺下　□宣之倡
如來祕密之音 缺下
光啓四年四月十 缺下

興福寺尊勝經幢

一高四尺五寸八面面廣七寸四分九行行五十八字字徑八分後三行題名似二字末行似十字並行書在常熟

佛頂尊勝陁羅尼經序 經文不錄

女弟子徐十四娘施淨財七十千文造此寶幢奉爲　亡
夫許二郎生界同獲勝果自身永保康甯親屬助緣共一
百卅千文 下空四格又下有數字泐 捨十五千文良又與姪宏亮欽趙
倜端裕宣及姪新婦顧五娘馮六娘劉二娘朱二娘共捨
十三千□八娘十三千高十一娘十千文 泐下 亡考捨三
千朱甯陳先朱認顧含許四娘高九娘管一娘王七娘許
一娘各一千陸真及妻許二娘陸□并妻陳五娘 泐下
上座僧巨舟　寺主僧越常　都維那僧元鑒
平原陸展書　琅邪王柬鐫　□匠□□□□
□□八年□月□日□

又 高五尺三寸八面面廣七寸八分九行行五十七字字徑七分末二行題名多闕下截六寸許題名每面十一行小行存字不一字行書在常熟 經文不錄

上闕 潭捨錢二十五貫及助緣弟子奉爲
上闕二尺五寸 京兆金貞書　□匠陳□□ 闕下
上座僧□□　寺□僧懷□在奉爲二字下空四寸許

闕
□□□□二千
□智□ 泐
僧靈□ 泐
僧總海 泐
僧□□ 泐
闕
右第一面下截

前泐三行 瞿 泐
□子 泐
泐
朱□元 泐
泐 共五千
紅 泐
許 泐
許□良 泐
右第二面

前泐五行 徐 泐
葛 泐
胡涉 泐
泐
許 泐
許 泐
右第三面其第四面全泐

泐
胡 泐
陳□老□名 泐
女弟子 泐
五千 □八娘
馬 泐
蘇五 泐
顧十一娘 泐
孫廿三娘□十四娘
葛十二娘 □六娘

泐 各一 泐
錢□□□ 錢廿四娘
李五娘□二千四百
李五娘蔡九娘萬三娘
鄧五娘 各七百
孫十七娘□二娘 各六百
錢廿六娘 葛二十娘
張世娘 劉七娘各五百
□三□ □□娘 □□娘
瞿二娘 陳□娘□廿八娘

泐
右第五面
呂度一千 周大娘
胡廿四娘 陳廿五娘
彭廿二娘 陳二娘
胡廿五娘 高三娘二百
呂二娘 盧十一娘 喜子
□琮二百 □簡六百
□□錢舉 錢□□
錢漸 錢進 朱文

呂大娘李六娘 朱□娘
右第六面
□□芳 □□□
□巳出 泐
泐二行
顧□為亡 泐
□□ 又為亡妣 泐
劉行芳各二千
胡□娘錢十一娘各一千
許調□妻 泐

面字徑一寸
都勾當□尊勝石幢
院主僧歸政僧行寬僧從閏僧文智僧□□僧貞進僧惠臻
僧雲王僧寄遊僧□□僧利增僧宗賓僧總璘僧悟誠僧行
□行□僧法□沙門□□□□第二面字徑五分
□□□父□友母劉氏弟□□第三面左邊一行字徑七分
奉為當今
皇帝府主相公文武官寮三軍百姓重修尊勝石□第七面字徑一寸
泐五
寸餘不泉

高□及妻呂四娘共五百
錢□及妻□二娘共五百
□□娘　□七娘　□□娘
右弟八面
右弟七面

潜研堂金石目祇載前幢云有樹幢僧智峯等字今拓本不見當在殘佚處幢末有□□八年□月□日字潜研未及審也二幢亦見趙氏竹崦庵及程氏吴郡金石諸目

崇因寺石幢題記

高一尺八寸八面一三五七面廣三寸七分餘少殺上爲龕像四五六三面無字餘字在像下多寡大小不一正書在正定本寺

□□□常山王及文武官寮三軍將仕等創建尊勝石幢一弟

左相僧道都劉沙門行愿弟八面字徑五六分

右幢無號年以幢制及書體定之當是唐刻唐書王庭湊傳景崇與子鎔皆封常山郡王此幢之常山王其爲景崇爲鎔不可知矣相即廂字劉即綱字行愿蓋爲左廂僧道都綱也常山貞石志

臨濟寺殘幢

高二尺八面一三五七面廣六寸五分每面八行二四六八面廣五寸每面六行行二十五字字徑五分正書在正定本寺

此幢損蝕已甚經文約略可辨者無幾字行數字數據不殘缺字

常山貞石志記之今拓本未能盡覩也

闕名造陁羅尼幢

高三尺餘八面面廣一尺一寸五分額一面經七面各十五行三十九字字徑七分正書在行唐封崇寺

□□敬造佛頂尊勝陁羅尼幢額二行十二字字徑四寸餘

經十之七八不辨首尾

此幢不著年代額題造人名已鑿滅經文中世字有不缺筆者然其書法猶有盛唐風格其爲唐人所造可知也

接　拎

方律師塔銘

二紙各高一尺六寸五分廣一尺七分各十行一紙行十五字一紙行十六字字徑八九分正書在安陽

唐故方律師像塔之銘

律師諱寶手字玄方俗姓王氏□□□原人也後代因官鄴京遂宅□□□□鄴下人焉　師道性天稟法□□□□十三䏻當縣大慈寺投大德□□□□和上誦法花維摩等經年廿□□□□元年恩勑落髮配任龍興寺依止大德恪律師進受戒品五夏未周備閑持犯於是衆所知識允屬光隆法侶傾心屈任當寺律師十餘年間□□統理忘疲身心益靜春秋三十有七　夏凡一十有五以開元十年三月一日晚形遷識嗚呼大士云逝孰不悲傷門徒玄超玄秀玄英等攀慕慈誨遂於靈泉寺懸壁山陽起塔供養粤以開元十五年三月一日安厝言因事顯頌以迹宣乃爲銘曰

大士攝生不貪代榮豎法幢兮諷詠菉典玄章要闡隱邪教兮增善法戒累鄣腐敗摧砦輪兮生必歸滅悲哉傷裡懷哀慼兮建塔山陽刊石傳芳□□□兮

唐開元十五年三月一日

花塔寺帝后忌日造像記

刻石佛座四面高二寸三分第一面第三面廣二尺六寸各二十七行第二面二尺四寸二十四行各行三字字徑八分末四行行四字字徑六分俱正書在定本寺

開元十五年　和私皇后四月七日忌高祖神堯皇帝五月六日忌　太穆皇后五月廿一日忌　太宗文武聖皇帝五月廿六日忌　開十六年　昭成皇后正月二日忌　太穆和私皇后四月七日忌高祖神堯皇帝五月六日忌　石皇后五月廿一日忌　中宗孝和皇帝六月二日忌　已上九忌同造玉石像一區并光座舉高九尺　朝請大夫使持節恒州諸軍事檢校恒州刺史□充恒陽軍使蕭識　宣義郎守恒州長史上輕車都尉盧同宰　朝請郎行叅軍攝司功崔譔　專撿校法師僧金藏　都維那僧貞演寺主僧道秀　上坐僧元明　貞元十一年三月廿八日移此功德□養

唐開元十六年

右佛座題諸帝后忌辰有云開十六年即開元十六年也此唐制外州遇國忌日定一寺一觀行香設齋知此象由國忌行香而造象座僅題開元十五十六兩年國忌者當是開元十五年以前向不在此寺設齋象成於十六年故止書十五十六兩年也惟諸忌中獨不書文德皇后及高宗則天睿宗忌日不知何故末題貞元十一年三月二十

八日移此功德□養十六字養上當(當)是供字筆法與前適
異非一時所書蓋此(此像)造於開元中至貞元十一年始自他
寺移至此耳唐六典凡道觀三元日千秋節凡脩金籙明
真等齋及僧寺別勅設齋應行道官給料高祖神堯(堯)皇帝
五月六日太穆皇后五月一日太宗文武聖皇帝五月二十六日文德聖皇
后六月二十一日高宗天皇大帝十二月四日大聖天后十二月廿六日中宗
孝和皇帝六月二日和思皇后四月七日睿宗大聖真皇帝六月十日昭
成皇后正月二日皆廢務注云凡廢務之忌若中宗已上京城
七日行道外州三日行道睿宗及昭成皇后之忌京城二
七日行道外州七日行道又云凡國忌日兩京定大觀寺
各二散齋道士女道士及僧尼皆集於齋所京文武五品
已上皆集行香以退若外州亦各定一觀一寺以散齋州
縣官行香應設齋者蓋八十一州馬注云謂四輔五府六
雄十望曹濮兗齊豫徐陳青亳仙涼秦瀛貝邢恒冀定等
州是也唐會要貞元五年八月勅天下諸上州並宜國忌
日准式行香案佛座題字所書諸忌與(與)六典同惟太穆皇
后五月二十一日忌六典作五月一日誤當從石刻為正
又昭成后忌係十一月二日唐會要永貞元年十二月中
書門下奏昭成皇后竇氏案國史長壽二年正月二日崩
其時緣則天臨御用十一月建子為歲首至中宗復舊用
夏正即正月行香廢務日須改正以十一月二日為忌六
典及此刻並作正月二日者緣開元時尚沿其舊至順宗
朝始正其誤也和私皇后即和思皇后唐會要中宗皇后
趙氏天寶八載六月十五日追尊和思皇后致兩唐書元
宗紀天寶八載閏月高祖太宗高宗中宗睿宗五帝皆加
大聖皇帝太穆文德則天和思昭成皇后皆加順聖皇后
又后本傳神龍元年賜后謚為恭皇后及中宗崩將葬於
定陵議者以韋后不宜祔葬於是追謚后為和思云云則
知和思之謚即贈於景雲元年葬中宗時天寶八載復加
順聖二字唐會要幷為一談誤矣此(此)刻和思兩作和私蓋
因音近而誤後列銜名有朝請大夫使持節恒州諸軍事
檢校恒州刺史仍充恒陽軍使蕭譏宣義郎守恒州長狭
上輕車都尉盧同宰朝請郎行參軍攝司功崔譙盧君之
名不見史傳蕭即蕭字新書宰相世系表蕭氏齊梁房有
虢州刺史譏為湘州刺史元禮長子司勳員外郎誠之同
祖昆弟又御史臺精舍碑題名有殿中侍御史內供奉蕭
譏時代稍隔恐非一人又世系表崔氏清河小房有太子
詹事譙為延州刺史行溫曾孫憲宗羣之族祖亦與此(此)崔
譙無涉舊書地理志恒陽軍在恒州城東管兵三千通典六十
五百人新書地理志河北道鎮州有恒陽軍開元中置唐

六典諸軍各置使一人其横海高陽唐興恒陽北平等五軍皆本州刺史爲使識以刺史充軍使正與六典相合又諸僧題名有專檢校法師之稱他碑罕見常山貞石志跋

常山貞石志開十六年之上有十八日三字是後人妄加非原刻所有今削之幷光座擧高九尺并志作曰誤志於末後更有三十三字惟寺僧上座等六字存餘皆作□今打本更平漫不可錄矣

花塔寺石佛座題名

高二寸四分四面一廣二尺四寸二十八行一廣二尺六寸二分三十四行一廣二尺三寸五分二十一行行皆三字偶有四字者字徑七分從重修題名十行行四字字徑五分俱正書末[illegible]在正定本寺

前□主僧元安 像主上柱國杜芝 像主錄事王法意 雲
騎尉王滿足 □騎尉李元運 雲騎尉李知機 將仕郎閻復禮
上柱國房國元 雲騎尉房國□ 太尉郭善生 鄭州司馬 辯
文林國子明經 登仕郎鄧思忠 洺州□□房□□一以上一面
像主□杜元封 □□龍□□□□□□州司馬 宋閏□ 雲騎尉
李思貞和虔□ 雲騎尉□□□□趙□琪 雲騎尉王□ 信孫□
洛房方□□ 仁□王元□ 王處貞□□ 辯□□安□□□ 張

唐開元十六年

知什□□賓□行果□□□□ 故殿中侍御史□□□
□ 妻鉅鹿魏氏一心供養以上一面
鄉長□□彥徽 都維那□名立 鄉長侯元慶 孫名師 □行
安王德寶王定安 □元禮宋太師宋祥意石元□張待封上
□軍和行奴錄事房武定 錄事胡重義 重修像主孔庭
□妻□觀音男□榮万興□□娘□和□順施主□□四娘助□
功德主□張□□男□王□□□□以上一面 雲騎尉石春□ □□□□一以
前九行各三字均初刻 王□袞□□□□房元□ □□□□王□
典□雲騎□□□□□□□ 王榮□ 房思道 王
行□ 韓思訓 侯仁太 石進迪 宋知礼 □元封

□思□　□龍樹　以上一面據常山貞石志補入

右題名刻佛座四周與前象並在正定府城內花塔寺塔上此其東首一尊也四面皆刻銜名而不紀號年當亦前後數年所造南面題名有張知什攷唐北嶽神廟碑陰開元二十三年崔鐶紀叚使君德政下定州官屬題名有市令張知什時相近當即一人此刻知什不列銜其為市令尚在造象之後則象造於開元中無疑矣題名中有姓名可辨者共男女六十餘人其列銜有曰盧龍鎮將新唐書地理志河北道薊州漁陽郡有古盧龍鎮唐六典上鎮將一人正六品下中鎮將一人正七品上下鎮將一人正七品下又有虵姓者二人通志氏族畧云虵氏見姓苑姚萇虵后南安人兄越滂為南安太守又有建武將軍虵元望出雁門此二人未知是其後裔否常山貞石志

唐十四

比邱如來造像記

刻座高一寸九分廣七寸十四行行五四字徑五七分正書在京師潘伯寅尚書家

[]元十九年五月八日佛弟子比[丘]如來為身在患願早除
預敬造觀世音菩薩一軀法界衆生咸同斯福

唐開元十九年五月八日

世不缺筆然可定為唐刻唐記年下稱元者六惟開元貞元有十九年此刻元上左豎尚存少半其為開元無疑

通靈寺碑

高連額四尺五寸廣二尺四寸三十行行四十三字字界格徑七分餘行書當在臨潼

大唐故通靈寺主碑 篆額二行字徑一寸七分

大唐京兆府新豐縣通靈寺碑并序

朝議郎行同州司士參軍沈宇撰

觀夫蠢蠢沙界悠悠塵劫三災鼎沸而同窮四業輪迴而靡

住雖皇帝驟未嘗辭氵扌之勞而聖作贀述罕能濟蒼黔

之苦豈若大雄孤聳能仁介立不生不滅無□無□慧炬四

然何幽而不燭慈刀一觧有縛而咸散挹而不知其量實惟

我釋迦之聖乎通靈寺者昔魏之初□□地涌土高八尺上

唐開元十附十九年後

尖下闊四角方稜時人不識遂撥平其夜再涌如故奏之天

子徧問羣臣咸未□究也有大德三藏□法師桐禪師等上

言曰若非阿育王故塔則無由應現所謂南閻浮提八萬四

千寶塔此其一焉乃詔有司使於其上起塔置秘藏寺度僧

卅九人給地五頃賜絹一千二百疋尔其地列周秦□□□

魏□□□國□□□□□氵氵之南□距孤巖之北頂竹田

花菓交陰波若之園榆社風煙散繞菩提之□□□□□是

□□□□□□□□□大崇棟宇□□□□正塔高一百餘

尺衆寶莊嚴群材畢備□□□□□□□□□□□□□□

□□□□□□□□□□三□□彩雲於□上星宮嵬峩而

幸

對列月殿陰岑而相倚加□□□□□□□□□□□□□

□□□□□□□□□□殆若□号不可勝紀屬宇文朝大

毁佛法建德三年具□□□□□□□□□□□□□□

□□□□□□寶塔□然獨存自餘新搆㝡然殆盡及隨代

重興□□□□□□□□□□□□□□□□□□□□□

□□□□可為長太息也

我高祖神堯皇帝□□興運泐不辨幾字下空

太宗文武聖皇帝□龍□天泐不辨幾字下空

高祖天皇大帝韋□□□□□□□□□□□□□□□□

□□□□□□□□□□□□□□□一口香二斗施絹

□百卅疋既而□□□□□□□□□□□□□□□□□

□□□□□□奉為　皇帝造像一鋪總九事各高

一文□□□□□□□□□□□□□□□□□□□□□

□□□□□之□□究存□□之丹青非疋惜乎神功永播

□□□□□□□□□□□□□□□□□□□□□□□

□□□僧□□□桐繼不絶自神龍之初有福延寺僧琛禪師

為□典□□□□□□□□□□□□□□□□□□□□

□□□□□□禪師弱齡好道顓晤過人年十七得度迄乎

白首□□行□□不群□□□香□然無雜□□灑掃□

十餘年每翦除荒穢躬負畚鍤蒔花種藥手盡胼胸非夫□

□至誠胡能及此伽藍資其潤色像□由其□□常□身世
匪恒住持難永式光久大之業爰求絕妙之詞字□不才敢
叨斯作叢□豊邑早□真遊禪師屢以興言固辭不免洎抽
拙思乃作銘云
闍浮寶塔八萬四千此中数現居其一焉聖之常□□功必
傳昔爲火宅今成福田其一王畿之内隘齊小魯杏樹五陵竹
林千户周求樣地莫若茲土伊昔媿人□□□□□結構崢
嶸規摸寥廓千櫨万栱金翠丹雘日裏花宮雲邊香閣究如
化造誰言□鑿其三時逢五濁運□□□□□□隨經亦頽
荒涼淨域惟見塵埃歸然靈塔我莪不摧其四
我皇膺命重光累　聖佛教大行魔風□□□□□
□□□□□□□寶祚其昌黎元胥詠其五賢哉上人心行無
倫護持精懃灑掃躬親事□都美聲□□□□□□□□
□□其六
開元十下缺不辨幾字建　　專檢校崇建人京監四門生

右通靈寺碑舊者莫敢言其所自以標題京兆府新豊
縣言之當（當）在陝西臨潼而闢（關）中金石記黄虎癡隋唐石
刻拾遺並失採其餘金石家畱未道及蓋近年出世者
京兆府新豊縣垂拱二年改曰慶山天授二年屬（屬）鴻州
大足元年還屬（屬）雍州神龍元年復曰新豊天寶七載省
碑立於（於）開元年正既復未省時也長安志藍田縣有唐
法池寺大中（中）改通靈（靈）寺後又改勝（勝）岡寺碑在開元年巳
稱通靈（靈）寺非即志所（所）載寺矣碑有太宗文武聖皇帝高
祖天皇大帝之文祖乃宗之譌二帝初謚如是其改謚
文武大聖天皇大聖在天寶八載增謚文武大聖大廣
孝天皇大聖大宏孝則又在十三載也撰文者沈字無
攷

并序二字以上均偏注此後低
平低另一律

寵

修

男

崔元彥夫人裴氏墓誌銘

縱二尺一寸二分廣二尺七分三十行行三十字字徑六分正書

大唐故右散騎常侍清河崔府君夫人故河東郡太君裴氏
墓誌并序
夫人諱　字　閨喜人也其先出于帝高陽氏啓
祚錫允盛於殷周載德象賢蕃於魏晉曾祖訥之北齊太子
舍人家嗣令圖名高右族朝推端士禮重華坊大父矩
皇朝戶部尚書開府儀同三司安邑縣開國公贈絳州刺
史光暉八座法象三台五等冠於大封六察貽於寵贈考宣
機銀青光祿大夫瀛衛二州刺史紫綬金章位崇七命彤軒

唐開元十九年

玉節榮照千里夫人丕承餘祉誕融懿德韶婉明淑柔令端
莊蘭儀秀於閨庭蕙問流於邦國年廿有一歸于清河崔氏
所奉之主即右散騎常侍諱允彥其人也嬪于高門合二姓
之好輔佐君子增百行之修上奉　舅姑允資孝穆旁友
娣姒克敦和敬率由雅志立言可師周旋嘉則動容成範洎
先君無祿中年在疚藐是後允幼未克家喪紀之哀禮
深於追遠保乂之道訓洽於撫孤雖衛姜峻節孟母善教無
以尚也夫人有二男三女長子逸甫故河南府倉曹參軍早
終少子隱甫夙著才名光受祿位官至御史大夫刑部尚書
長女河東柳氏中女趙郡□氏少女太原王氏並溫裕純深

寵

年

仁明恭順資孝移忠母以子貴封河東郡太君　朝恩崇
重寵數優渥每歲時伏臘獻壽　中官降而勞問上宰
進而修謁命服羅戶賜珎滿堂紳珮燦於堦庭車馬喧於里
閈當代以為榮也至於羣從子孫有單微不能□立者必為
之條蔵動容盡心力以拯護之中表親屬有窘乏無以自資
者必為之憂惶輒慮散企□以稠給之鄉黨鄰里□人有喪
者未嘗不惻怛傷悼命□□以□救之左右侍從□事有過
者未嘗以威怒切迫假溫□而曉喻之是以誠□物應□□
□□冥感懷仁潛化遷善可以□久冈不邕和少長孝慈□
□□□□□□□□□□□享年八十有九以開元十九年
三月十五日□□□□□□□□□□□□□□特□殊恩□
□名醫相望道路太□□□□□□　□上血□□震
悼　詔有司言□東還賵賻甚□粵以其□□□□□
□丁丑□八日□厝□□□□□平□□　常侍□君
之□□□□□□□□□禮也□□□□□□□□
□□□極終□□□□□□□□□□□□□□□

銘詞七十餘字惟行末一高字尚存餘俱殘滅

朝議大夫守左散騎常侍博陵崔沔撰

右崔允彥夫人裴氏誌石後半殘蝕夫人曾祖訥之祖

矩父宣纖夫元彥子逸甫隱甫撰人崔沔皆見於史裴詢之字士言齊文宣時太子舍人矩字宏大始仕齊亡仕隋入唐賜爵安邑縣公太子詹事檢校侍中遷民部尚書貞觀元年卒贈絳州刺史宣纖見矩傳高宗時官至銀青光祿大夫太子左中護崔元彥與逸甫並見隱甫傳貝州武城人隱甫拜御史大夫在開元十四年明年以朋黨免官侍母歲餘復授御史大夫兼刑部尚書母憂去官二十一年起復誌所稱並與史合其少異者矩稱戶部尚書開府儀同三司戶部唐初承隋稱民部貞觀二十三年始改誌誤書後改之名耳散官則史從略也宣機官瀛衛二州刺史傳無之傳言太子左中護誌亦無之按太子左庶子龍朔二年改為左中護咸亨元年復故宣纖官春坊在此八年間其為二州刺史不知在前在後也元彥傳止言太平令表作正平二縣皆屬絳州誌云右散騎常侍當是隱甫貴後追贈之官隱甫自洛陽令擢并州司馬會兄逸甫疾甚未及行詔責逗留下除河南令約其時當在開元四五年間誌所稱謂逸甫早終也誌云夫人有二男而宰相世系表逸甫隱甫之間有法言相州別駕一人不解何以互異崔沔字善沖其授左散騎常侍傳敘於分掌吏部十銓下按分吏部為十銓以蘇頲等十人掌之事在開元十三年令觀撰誌時結銜稱此則傳言沔以常侍為集賢修撰歷秘書監太子賓客皆在十九年後此六年中未嘗遷轉也全唐文錄沔文十二首此誌未列

彌　豈　盡愕

闕特勤碑 未見搨本據江編修標錄文十四行行三十六字分書在蒙古賽音諾顏部右翼中前旗游牧地

故闕特勤之碑 額二行六字正書

故闕特勤碑

彼蒼者天罔不覆燾天人相合寰宇大同以其氣隔陰陽是
用別為君長彼君長者本□□□裔也首自中國雄飛北荒
來朝甘泉願（顧）保光祿則恩好之深舊矣洎　我高祖之肇
興皇業太宗之遂荒帝載文教施於□方武功成于七德後
或變故相革榮彌迭稱終能代□□□□修邊貢爰逮朕躬
結為父子使寇虐不作弓矢載櫜爾無我虞我無爾詐邊鄙
缺　唐開元廿年十月七日
□不□□□之穎徽君諱闕特勤骨咄祿可汗之次子今苾
伽可汗之令弟也孝友聞於遠方威□□□□信斯其由曾
祖伊地米施□精□德於上而身克終之祖骨格祿頡斤行
深仁於下而子□□之不然何以生此賢也故能承順友愛
輔成規略北燮眩靁之境西隣處月之郊尊攘祭之□□受
屠耆之寵任以親我有唐也我是用嘉爾誠績大開恩信而
遥齒不憖促景俄盡永言悼愕疚于朕心且特勤可汗之弟
也可汗猶朕之子也父子之義既在□崇兄弟之親得無連
類俱為子愛再感深情是用故製豐碑發揮遐□使千古
之下休光日新詞曰

書字改双行小注

沙寞之國丁零之鄉雄武鬱起于爾先王（爾）爾君克長載赫殊方
爾道克順謀親我唐孰謂□□罔保延長高碑山立垂裕無
疆

大唐開元廿年歲次□申十月辛丑朔七日丁未建

右闕特勤碑在蒙古賽音諾顏右翼中前旗為唐突厥
地在元為和林故都按耶律鑄雙溪醉隱集詩注和林
城苾伽可汗之故都東北七十里有唐開元壬申御製
御書闕特勤碑即此碑也闕特勤兩唐書作闕特勒特
勒者突厥可汗子弟之稱史皆作勒碑獨作勤按九姓
鐵勒之勒劉仁願紀功碑凡三見皆作鐵勤（與此）興此正同
碑為嘗（當）時撰刻不應先後皆誤史家沿譌其或然歟突
厥傳天授初骨咄祿可汗死子幼其弟默啜篡立開元
初為拔曳固所斬於是骨咄祿之子闕特勤攻殺默啜
子小可汗立其兄左賢王默棘連是為毗伽可汗默棘
連既立遣使請和帝初不許後固請乞父事天子許之
（厚宴）眼其使臣吐蕃約與鈔邊（邊）默棘連不敢從（從）封上其書天
子嘉之詔許互市歲賜帛數十萬二十年（年）闕特勤死新
書作十九年據（據此）此碑則舊書為當詔金吾將軍張去逸
等奉璽書弔祭帝為刻辭於（於）碑云云今讀碑文悉與傳
合全唐文載有元宗弔突厥可汗弟闕特勤書即去逸

所奉璽書也是碑與（與）毖伽可汗碑九姓迴鶻可汗碑皆唐碑僻在漠北金石家未有知之者近以俄羅斯人游歷其地摹搨以歸我駐俄使臣得之以上總理衙門於是諸碑始傳入中夏江建霞編修録其文並元碑十有三爲和林金石録原搨不可見因寫存之石高廣字大小未詳首自中國之背疑（疑）當作昔顧保光禄之顧弓失不作之失疑（疑）石本剝損校釋未塙

造像殘題

凡三紙一長二尺一行字徑七分在大像龕之左一二字一七字字約徑五分正書

開元廿一年二月廿一日佛弟子泐五寸餘造阿弥陁像一鋪

維那　缺

冠軍

國

縣開國子張景淵

張景淵一刻是隋以前筆法（唐人亦不得以淵爲名也）碑估云與開元一刻同在一瓊（處）故附存之

唐開元廿一年二月廿一日

大忍寺門樓碑并陰 開元十八年。萃編載卷七 據裝本錄入訛脫不少

高五尺九寸廣三尺二寸二十行下截缺泐就存者計之每行存四十八字字徑一寸二分

大忍寺門樓碑 額分書字徑五寸餘行

□唐開元十有八年定之深澤大忍寺□缺下尼脩巨靈分守
以威不若惟窔與陾復樓之三拱於直木□□□□□□
有□□□□□顧參差竦列以缺下垣巖廓於亦御立張皇前
殿以為直寺之表此寺也始闢於晉魏代歷於周隨有舍利
之感彝憂之跡靈龕□缺下闕然恆所嘤映令斯直舉可謂盡
美夫其欞矗霞煥嶢峨山峙偃才曰月棲□風煙秀剎徹空
脩檐邉之□缺下視數百若指諸掌縱目遐觀則左碧海而右 一

唐開元二十二年

青山依違諸梵之宮俄不起川原井邑之所在請循其本也
□缺下正象之紀也始以經論成返終以功福宅心故建茲樓
用周所顯蓋式歆糧之不可以忘也則所以誓□□缺約四字[illegible]
庶宮缺下言護建寺網刋釋合走存誠於是閭閻首豪無非慨
脈□捨者卅有三戮力者五十轉勸者百有八十□缺約四字咸
□計者缺下千餘室同欲共貫竭款効勤終始直此有妣彝式
凡社保婚娉之禮牲敵之費則歸之所謂從闇入明卌缺下信
異郡殊方從善如流[元]黃式競者不可勝紀八材是瞞□會
如雲茂績有孚職在於此初杍人先□缺下迺歸木石之攻也
已陰判於巖壤之間發之果與度量合提輪既載不勸而俞

樓

推轂扶輮其指可掬及缺下者萬數先是深數丈及茲可揭力
未低而疾如風蓋其神功也暾樓之將興大發倉廩樓之缺下
天恩越自恆典百姓足真務所以凝也自週斤就業木匠翔
僧詢諸他歲寶倍之善且不孤缺下恭惟大師以解脫之身宅
無漏之界而猶不我遐棄然金其容者從悲顯也然則滙濤
沸天缺約七字化缺下眞乎海且晏然化息云臧乃令靈儀在殿雜
不□捨往來而神足潛遊此每倍於履踐則寥然降缺下低為
紺宇祇陁氏高尚其事不利黃金以而觀有足係也將踐歲
月超忽時事杳然刊諸金石缺下
峨峨茲樓埼埼首出萬搆爭竦撗雲遣曰峻城仰壓靈鋪□ 二

□摧擢金容魂態可悲超趍自遠投缺下功可久其利匪直海
嶽仄揚此焉終吉　刺史段公密簡動中權言合道德惟
[邁]藍政不苛煩故百姓安□　別駕符公子珪長史高公曜
缺下迹佐理之德實難其人　司功李公眞縣令劉公遂昌好
寬厚之德行和平之政人化其[邁]莫不缺下乃比茲樓故獲終
吉　丞齊公賢主簿樊公琛尉張公懷尉張公仲良前尉桒
公璡以道驅宮缺下

碑陰紀功頌

刻上半截存二十一行行二十七至三十三字不等後題名七行凡八列字徑一寸正書

碑陰紀功之頌 額字徑五寸正書

年

首行缺

建其□久耶□□缺約五字尚闕□有□□缺五字仁□缺二字義屬

雲人慕其風波感雲委搜工庀木創造中樓從開十八年至

廿一年功□於戲大功未就天不憖遺轉切示化超登彼岸

美志不遂良可痛耶門人法嗣感公釋□英賢法門孤秀才

清海量當代髙僧洽　和尚之遺蹤感斯事之未備也迺來

梗梓訪班倕傍建挾樓煥茲禪宇天寶三載首營天七仲春

功畢有　上人滯公碩德行高光華苾侶見廊廡空缺精誠

助修廣廿間兼經樓二所天八年創營天九年孟秋之月其

功就矣擯樓崢嶸翠巖□霞裹廊宇瀯瀯如琨雲暎寒川　三

識

大矣哉非常之功立也偉哉禪伯　感公心懸秦鏡器潤春

雲鳴謙自安虛己接物世人趍學摛袂盈門頃以宴坐虛庭

聞鍾之聲也歎曰其聲幽細誰為發揮乃廣歛金錢詢諸里

閈珎貲山積人以子來暨天十一年初營至十二年夏六月

三日鎔鑄功就巍巍嶷嶷洪鍾岳然㦸杵撞之聲震區外龍

變神奇吁信□之寂也　禪公每清賞矩步歎其所居僧房

古衰階阤荒落乃廣其制髙其墉欒櫨巖嶢居宇廓落楹礎

星布階砌煙凝東西廿二間分為四院天十三載改□十四

年孟秋功畢鄉黨清信士等一心初建霧集雲齊秘宇虛窻

風清法座朱門素壁霞開白雲美哉巍哉不朽之事也讓堂

勒

前院龕宇年深榱棟摧殘丹青晦色爰有都上□高公乃擇

朽匠再雕覺訪畫工新丹雘至誠感物不逾旬而斯事厥終

高公金玉其器蘭芳其心文冠時英道濟群物渙若江海莫

測其涯夫樹德立功非師莫可爾然勝迹無範將來樹碑勒

功未盡其美表茲刊刻題諸讚云

莪莪紅樓兮滹之陽登攀四望兮迷海鄉廊廡左右兮雲之

長雙碑岌立兮凜朝霜其一物殊地古兮人俢嘉和雙[雙]樹森蔚

兮給園多士地久天長兮名在我海變桑田兮功不毀其二

　困敦歲大荒月上旬立刊

檀

僧法師崇福　僧令藻　門徒元裎寺側檀越劉忠劉璽暉　四

僧道彥　僧律師惠滔　道方　劉連子　張休演

僧寶藏　僧道希　道超　劉貞□　劉布章

僧尚意　僧忠常　法珎　劉浩之　劉定詮

僧性海　僧忠顯　智滿　趙休珏　魏布琕

僧忠顏　僧缺　□超　劉九郎　張布琎

□惠□

右一列　右二列　右三列　右四列　右五列

張懷珍　劉瑨曇　楊法澄息宇進士

許什二　周令詮　博陵郡書記判官

男道品　田景俊　息宙鄉貢孝廉

遍照尚　邢子禽　張惠文
阿縢尚　趙庭暉
明行尚　馮彼岸

右六列　右七列　右八列

右碑在定州深澤縣王蘭泉司寇題曰大忍寺門樓碑孫淵如先生則題曰唐開元寺碑（煇按此當是別一碑訪碑錄自有大忍寺門樓碑次開元二十一年）趙氏金石錄實標題作唐大忍寺門樓碑云沙門釋具撰裴抗八分書開元十八年今此碑首題曰大唐開元十有八年定之深澤大忍寺下半已剝蝕亦不著書撰人名氏而末行有云刺史段公寔簡考曲陽縣北嶽廟 五

碑陰記段使君德政云公諱愔字崇簡此碑寔即崇之或體益僅舉其字彼碑係開元二十三年崔鏶分書今此碑字體頗不類而酷似開元二十四年裴抗所書獲鹿縣白鹿祠碑趙氏去唐未遠當必有據（求是齋藏碑目）謹案碑文有唐開元十有八年定之深澤大忍寺尼修巨靈分守以咸不若等語（煇按大忍寺以上為首行之上半行其下缺泐字多不可與次行尼修巨靈連為一句此由王氏据剝裂黏綴之痕本錄之黄君未見搨本僅据萃編所錄連屬為文故有是誤）金石錄據此定為十八年立是也訪碑錄及分域編皆作二十一年且係楊邈撰文疑非一碑金石考兩存其目今從之（畿輔通志）

萃編據裴本錄正碑譌脫不勝摘舉謹重錄之碑無立石年月金石錄作開元十八年者以首行有開元十有八年語也訪碑錄及分域編作廿一年者以碑陰追敘創造中樓事有從開十八年至廿一年功□（似畢）語也然皆不甚塙按碑有稱美刺史段公寔簡等語寔簡段愔字見曲陽北嶽廟碑陰段使君德政記又定州有段公祈嶽降雨頌石幢皆愔為刺史時定人所立段愔史無傳而祈嶽降雨頌有公以甲戌歲莅□語甲戌開元二十二年也愔以是年始任定州刺史則是碑必立於二十二年後矣別駕符子珪司功李真皆附見德政記 六

下惟長史高公雅彼作高元章未知是一人否文有蓋式資粮之不可以忘也句越自恆典百姓足具務所以凝也句皆不可解廎即廎字元次山有唐廎銘說文廎小堂也或作廎去頴切（錢潛研曰廎與亭音義各別俗儒誤讀為亭又曰山谷已作亭歐陽公集古錄亦作唐亭則沿譌已久家大人曰亭古作廎見碧落文又作頌出義雲章並見汗簡瞿氏謂次山本以亭名纂書者用古文寫之其說近是）曰作曰二字古本無別近即匠尚沿北碑陋習寺綱作網千餘作千無式作式魂態作熊超超作超趫段公作段皆誤字百作百在作左鴻作漗惡作悪則文人好奇之病也碑陰歷紀續建挾樓廊廡及鑄鍾修院功至天寶十四載孟秋而畢結尾有田

恒

敦歲大蔟月上旬立刊語按太歲在子曰困敦太蔟正
月律蓋肅宗乾元三年正月也攷史思明以乾元元年
復據范陽反二年自稱燕王尋僭大號改元順天河北
諸州久遺安史之禍至寶應元年賊將張忠志以𨍭趙
深定易五州降定州始為唐有此碑刊於乾元三年正
思明僭號之明年是以僅紀歲月寺僧檀越固不屑以
偽號汙貞珉也文稱開元天寶單舉開字天字他碑罕
見
又按碑陰訪碑錄作八分書誤別於天寶十三載列僧
宗福等題名亦誤此題名即在碑陰記後孫氏分為二　七
又誤崇為宗也　畿輔通志於正碑兩列之所以存疑
也乃既列碑陰一條又據訪碑錄列大忍寺僧宗初等
題名一條據分域編列大忍寺營建經樓碑一條一碑
陰而析為三又孫氏既誤崇福為宗福黃氏又誤宗福
為宗初後之讀者無不以為截然兩刻矣著錄家不見
原碑僅据（據）傳寫之本為準疏舛遂至於此可不慎歟　旺
如如自

太原丞蕭令臣墓誌銘

高一尺五寸二分廣一尺四寸四分二十五行行二十七字方界格徑五分餘正書在京師端午橋家

□故太原府太原縣丞蕭府君墓誌銘并序
公諱令臣字禎之蘭陵人也微子嗣殷源以之遠酇侯相漢
流以之長至獻為中書令徙居蘭陵代有懿德曾祖岑梁吳
王祖瑾永隋侯隨親衛大將軍父凝趙州司功左授雅州盧
山令公生稟𥧑和靡德不鑠孝友資性直方立身若貞松高
標良玉發潤俗不可滓而黷也代業不墜祖德聿脩出入無
違餘力成學至於六經正始之道九鑰凝神之術四禪絕謂
之教罔不精該洞與心悟常曰吾遠祖漢相國何每辭陋安
唐開元二十三年二月十日

儉　勢
無

宅曰若使後代賢師吾之儉不賢無為勢家所奪又外遠祖
大尉震云無廣室宇使後代知吾清白吏子孫耳欽若二祖
之訓克舉百行之美至我卉弱歲丁廬山府君憂泣血絕漿
幾於滅性鄉閭遠邇無不嗟服解褐荆州當陽丞德禮變荆
衡之俗改授汾州介休尉直諒成汾晉之風秩滿從調會府
屬冢宰氏大練多士尤旌書判寮名考覈示人以公判入第
二等超授北都太原尉羨才也累遷太原丞寵政也噫天縱
其能而不與其壽以久視元年正月九日遇疾碎是於太原
之官舍春秋五十六公體惟真素行實高邈業固豐碩器則
冲深抗節加乎彝倫立言成乎不朽誰謂與善曾不遐齡壯

志遠於白駒遠圖殁於黃綬悲夫夫人南陽張氏鄭州刺史
偉度之孫洺州長史越石之女柢若婦德克嗣有家宣昭母
儀撫訓孤嗣義方既著棠陰不留以開元八年六月十三日
終於河南縣政俗里之私第春秋六十四以開元廿三年二
月十一日遷祔於清風鄉安樂里之舊塋禮也長子寬濮州濮
樂
陽主簿不幸早廿次子寀幹蠱用譽丕烈克揚孝感終身泉
荒同極於臧湛湛天壤欝欝山河積餘慶之無窮知子孫之
逝吉銘曰
般臣播德濮相流慶才賢繼軌子孫其盛嬌嬌高節忠孝自
然安仁體道知命樂天莅彼二邑人以康理聿来汾京獨擅
其美牧早晦迹志匪徇榮天假之才而奪其齡元堂神遊貞
石載刻万古千秋潛靈紀德

右蕭令臣墓誌銘令臣曾祖岑後梁主蕭詧第八子封
吳郡王祖瑾父凝皆無考新書宰相世系表岑下列瓚
球瑁三子而不及瑾（瑾）表之漏也凝任趙州司功左授雅
州廬山令誌又言令臣丁廬山府君憂又作廬來是按
百官志上州司功與（與）下縣令並從七品下誌以為左授
益州五司參軍事雖與令同階而序在令右也

唐九
開廿三年閏十一月二日

劉巨鸞佛座題記

高八分廣有字處六寸五分十五行行一二三字不等直界格寬四分字長短不一正書在完縣西北七十里神南鎮千佛寺

開元廿三年潤拾一月二日劉巨鸞妻張普為一切法界衆
生敬功德一鋪合家供養

閏作潤法界作解敎下有敬字𣏐愚所作也鸞駿良馬
音臧上聲晉書周紀傳斬趙鸞於蕪湖亦以鸞為名也

段愔德政紀

高九尺七寸廣四尺七寸紀居碑上截三之二二十九行
行四十四字字徑一寸三分分書在曲陽北嶽靈廟碑陰

恒嶽碑陰紀段使君□德政
博陵崔鐩詞并書及篆
專知官恒陽主簿趙英質

篆

替乎爻分九州地劃五嶽□氣劃陰陽所主王道則賢達攸
宣固高宗得傳岳出才文王獲磻溪之地者有非常之主必
有非常之臣豈獨緊□蒼生寔惟輔盛昌去咨聞开語今見
其人誰开尸之有段公吳公諱愔字崇蘭其先出自帝嚳厲
王之子宣王母□桓王友宣王立封友於鄭其孫共叔段封

唐開元廿三年閏十一月廿三日

漢

於京後以王父字為氏漢文帝時武威王廿七代祖卬為北
地都尉從居□鹵遂望姑臧郡焉五代祖榮字子茂後魏十
遷都督一詮尚書弍統將軍六爲刺史儀同三司食邑八百
追贈左□射太尉公武威王謚曰景配饗高祖四代祖韶字
孝先魏驃騎大將軍尚書右僕射天保六年梁將嚴超達逼
涇□陳霸先圍廣州尹恩令龍盱眙東方白額潛至肅預招
誘邊人焚害長吏乃授鉞按劒望旗奔潰已功封平原郡王
□司徒大將軍尚書令增邑弍千戶領太子太師除大司馬
錄尚書事謚曰忠武曾王父濟字德堪歷(仕)仕齊周隨竝□開
府儀同三司大將軍相繼五州刺史齊封上郡王謚曰貞王

茅　漢

父乾字寶[元] 唐刑部郎中鑾給事中刑部侍□尚書左
右丞洛州刺史建都授洛州長史烈考嗣基
皇韓王府功曹潤州司士滄州東光縣令贈□州刺史並功
安社稷道葬壇梅萷桐華而圭榮錫茅土以表惠奏贊五侯
之劉漢重九遷之尊昌若寵鍾㴉於累朝□金璋於歷代衩
有懿德豈同年妎協贊神明佐(衛)衛天地布在方策煥乎其文
斯可謂貽厥孫謀永錫爾類者也公□自小學屬　大
聖天后封中告成延百神歡萬國卿金仗者僉計昇瑤壇者
十數公以門閥清高才貞無秀對　龍顏而執禮乃鴻漸
而初飛調魏州叅軍轉蜀州司灋岐州司兵華陰奉天弍縣

畿　獻

令政以禮成人是用息所□□化議衛必先輿頌滿於王畿
紘哥聲於關輔(狀)狀試長安縣令　詔曰頃在畿(甸)甸克猷朕
心嘉其政能特授非次□晨操割蚩用俾副起擢之褎俄奘
德務中庸敎敷不肅潛董宣之灋豪雄自除屏王渙之謀姦
欺不作縣何轉兵府□鹽原州刺史政理仁遺功著頌宣波
委臥能風行惠化　上多之蓋將以激清勵
貪讃藎徽愍遂□京兆少尹　制曰起輦轂緊外方取則
政必由近官惟慎材宜迴劉郡之能俾踐端崙之寄且京畿
方幘寰瀛□歸朝廷僉奘推高亞尹咸稱將相之傑獨蕪丈

寵

武之才俾親　禁禦之衛擢執金吾之寵式是百辟胄冠

金

弍□□□珠之雄委出奐之正轉代滐猊弍州刺史歷著甘
棠之頌犢爵伐棘之詞播其休聲如靡於草頃召僭林不□
□□佌梗未戢虜首仍挂隼旟　皇上吕中山坐密飛
狐城臨滹沱是兩河之豁會當數軍之要衝動則綏邊□□
安國摧爪牙心膂之士佌金城湯池之固俄遷定州刺史上
柱國鞅北平軍使　制曰郊土分憂常推課最□□鎮
佇中才畧仍董與戎之權允茲式遏之寄自褰帷蒞俗遊刃
無全攬轡澄清觀風載變自公而庚務能理正□□群下咸
壹議逸詧劉沈謝論翰札則鍾王扣之者小大必鳴臨之者
妍蚩盡鑒猶衆川之歸江海纖介必仰龜□□□愛於仁䶊
霖懼开厲其理也毀學敦農桒勸狠戾息姦猾除問耆年恤
惸獨闢闠寶図圖空圡馬精金革銳□□□備預嚴夫如是
允所謂　大君有命開國承家寔知其人存則其政舉正
始之道王化之先豈州郡獨藉於□□固台衡式贍兮變理
闔府賓寀洎胥與毗哥吾君之德也斐兮僩兮赫兮喧兮有
斐君子終不可諼兮僉會而□□□山之靈則明豐攸主嵩
高之秀乃申甫茲來請輔嶽碑判諸貞□俾垂芳後裔佌範
無疆　我唐□□□弍年歲次乙亥閏十弌月壬
午朔廿弍日癸卯建

屬吏題名記

在前記下居下截三分之一二十九
行行二十一字字徑一寸三分分書

史

別駕符子珪學言闕下佌挺標於今古欲下陳蕃之榻先解吕
虔之刀人□□刺之功旹揖海沂之詠轉金州刺史長史高
元泰明以照物鑑吕濟時韜鈐迴出於孫公智囊包括於樗
里持扳禮彰於太□希□□□於高牀文武周才衛霍比駕
司馬李夐鍾□承家□樂脩巳當官克勤於王事退食孰玩
於詩書庭無私謁之人門多長者之轍緹□乃高於仲舉展
驥□揖於玄元鑑焚瑚璉之器玲熒金石之響　錄
事參軍范先烈司功參軍李眞司倉參軍呼延傑尹光暉司
戶參軍崔嚳陽楙客串元福司兵參軍張景運司灋參軍梁
悊張嗣臣攝官義豐縣尉宋李歇司士參軍李鎮韋望亞咨
謀壹府声佐百城咸負潔白之心僉馳明斷之譽名騎千里
行聞韋氏之風先師六經坐嘯岑公之芙節藏秖寶餘累年
之蓄戶口繁滋多囊曰之倍卻轉斯備甲兵是強除獄自清
分繩何辯叟資屬縣之秀仍委兼官之才廨宇增華津梁是
固參軍盧邕龐涉王銑李孚博士宋㩁禮延家傳儒素代襲
儒門賦詩且述於娵奐參謀適議於甸事旹高絳帳之譽克
訓青襟之徒　錄事史歸宗梁明禮市令張知什咸俊乂當
官勤勞從事司察毋捋於繩準遏犯必鑿於中明闌闠難理
之司典守居焉有則

𨠍陽縣令裴延祐清通有譽聲望克諧銅墨既表於㚟鮮章
紱乃高於馴翟政能遠著皆稱卓魯之奇才德優深人捐灑
壇之術丞李免鼎胄羣榮才學兼秀當官推賢於一郡毗賛
光舉於十城主簿郝英質幻舉六曹傳芳弍縣何仇香而獨
表亦君子之飛聲尉王嶠神仙佐尉體物昜方政能且損其
聲華剖析不閒於留事也尉夏侯庭玉南昌授職北郡傳名
人吏仰其德音州縣多之其傷頽　獄令牛懷貴鄧當官中
秉名苗歲時克脩於明厲果行僉許其高標

碑陰第一層紀段使君德政是為博陵崔鏐詞並書及篆
其石斷裂文微有不屬而字尚完具首序叙公諱愔字崇
簡五代祖榮按榮韶濟史並有傳齊書稱榮授鎮北將軍
定州刺史轉授瀛州尋行相州後為濟州轉行秦州凡五
為刺史北史則云由定瀛二州尋歷相濟秦是碑所紀六
為刺史較二史多書一州二史俱言謚曰昭景碑惟著謚
曰景此又為少異韶歷官北史傳與碑合其封平原郡王
而齊書本傳亦稱為平原郡王濟字德堪齊書稱韶第七
子德堪而漏其名此史又稱亮字德堪名亦與碑異至為
五州刺史與封王及謚二史皆未之錄碑所據當本其家
牒書宜詳審於史也愔居官以碑証之大聖天后封中告
成公以門閥清高才貌兼秀調魏州參軍轉蜀州司法岐

州司兵華陰奉天二縣令轉少府□監原州刺史京兆少
尹定州刺史上柱國兼北平軍使而頌詞所紀微為溢美
矣碑殘剝失其年代按碑陽載張守珪加輔國大將軍左
羽林大將軍在開元二十三年今碑我唐下缺尚有三年
歲次乙亥閏十一月壬午朔二十三日癸卯建字則碑之
立即開元二十三年金石文字記列入無年月蓋失孜也
碑陰下截載諸屬吏名其詞亦用駢體屬頌不具錄名之
可見者別駕符子珪轉金州刺史長史高元奉司馬李夐
錄事參軍（原書衍崔曦二字）范光烈司功參軍李身司倉參軍呼
延傑尹光暉司戶參軍崔曦陽楚客（原書誤容）車元福司兵參
軍張景運司法參軍梁恁張嗣臣攝官義豐縣尉宋季叡
司士參軍李鎮韋望參軍盧邕麗涉王銳李孚博士宋殷
禮錄事史歸宗梁明禮市令張知什恒陽縣令裴延祐丞
李免主簿郝英質尉王嶠尉夏侯庭玉獄令牛懷貴按此
皆定州刺史所屬吏也定州為上州証之舊唐書職官志
別駕長史司馬錄事參軍事各一人相符而碑不載錄事
三人（唐書百官志錄事二人）司功司倉司戶司兵司法司士六曹參
軍士各一人（百官志司戶參軍事二人司法參軍事二人又多司田參軍事一人）而碑於倉
曹有二人戶曹有三人兵曹有二人經學博士醫學博士
各一人（百官志醫學博士一人）而碑惟載博士一人亦不言其何屬
蓋官制吏張政併因時權事而不齊一雖兩史所收亦不
備矣碑不列司田參軍定非屯田之州不置營田使故司
田無所置也諸曹參軍不作參軍事省文也李夐見所題
恒嶽晨望有懷詩稱為定州司馬與此碑合而詩云景福
如光廟私門當復侯然則夐先世固有封爵既失而祈祐
於神其可推見又如此

右定州刺史段憒德政紀憒字崇簡大忍寺三門樓碑後已有其人碑敘憒先世漢北地都尉卬新書宰相世系表作卬寫刊誤也（元和姓纂亦作卬）五代祖榮以下授堂跋尾已詳言之不具論憒與王父乾考嗣基史並無名元和姓纂云諮（孫星衍云諮之譌）生寶積元尚書左丞刑部侍郎大理少卿生嗣元嗣道嗣基嗣基東光令生崇簡右衛將軍鄭州刺史據碑則諮生濟濟生乾字寶元乾生嗣基嗣基生憒是姓纂諮下寶脱去一代（孫亦云當有脱誤）寶積元當作寶玄或寶積寶玄其所稱尚書左丞刑部侍郎正與碑合也傳言德堪武平中儀同三司大業中汴州刺史卒於汝南郡守碑稱齊封上郡王謚曰貞封王在齊易代降削史或略之賜謚在隋傳何以亦不一及耶基避明皇御名改書作基（基下空六格皇字屬下句讀而武虛谷及洪筠軒平津讀碑記皆作嗣皇始拓本此字略涉漫漶有似於皇覘抑所見為舊搨本剗去基及空格直接下皇字蹤迹為人改而以嗣皇為名此理所必無者不待考而可知其誤也）姓纂言憒右衛將軍即碑所謂御觀禁樂之衛也鄭州刺史則後所轉官也憒以刺史兼北平軍使與蕭識以恒州刺史充恒陽軍使同（見花塔寺佛座帝后忌日記後題名）六典諸州置使一人恒陽北平軍皆以本州刺史為使也題名中李夐見北嶽府君碑陰武跋已言之別駕苻子珪司功李真見大忍寺門樓碑長史高元奉彼作高曜未知是一人否市令張知什見花塔寺佛座題名參軍王鋭李學見祈嶽降雨頌石幢撰頌者宋育敬殆與此碑之義豐縣尉宋季敬為昆弟行歟題名各繫以讃辭與大忍寺門樓碑同例他刻罕見苻子珪全唐詩錄其芳樹五言一首有香交珠蕊氣陰占綠庭煙句警聯也目云無攷可据此碑題銜以補之碑文潛至肅預肅宿之誤奏貴五侯之列奏秦之誤文尾壬午朔廿貳日癸卯貳當作弍否則癸卯當作甲辰亦必有一誤也

苾伽可汗碑殘文

未見搨本據江編修標錄文共廿四行下截全泐行存字三十七至四十一字不等分書在蒙古賽音諾顏部右翼中前旗游牧地

上闕散郎起居舍人內供奉兼史館修□臣李□奉闕下

次行空

□□□□□□□□□□□□□□以君□方三代道□□

□□□□□□共德□感漢武馬邑闕下□□□□□□□□

□□□□□□□中國□□□□□□□□□□□□□□

□□□□□□□□□□闕下□□□□□□□□□畢可□

□勠力昌期敺除元□□□□□□□啟□□□□□□□

唐開元廿三年

□□□□□闕下□□龔□□□□□□□北□□□人□歸

于一德□□□□□□□□□□□□□□□□□□□□

□闕下弃同即□□□□□□□□□軼我阿□□□□□□

□□□□□□□□□□□□□□□□□□□□闕下□□

□□□□□□□□□□□□□□□□□□□□□□□

□□□立□□□□□□□□□□□□闕下□□□□□□

□□□□□□□□□□□□□□上□□□□□□□□

□□□□□□□□□□□□闕下□□□□□□□□□□

□□□□□□□□□□□□□□□□□□□后□□□

□□□□□□□□闕下□明以察□□□□□□□□□□

□□□□□□□□□□□□□□國□□亻□□□□□

□□□□闕下父子之道先之□□□□□以□□□□□□

予嘉其乃□□以□□□□□□□□□□□□□□□□闕下

國懷恵畏感顧□□□□□□□□可□□□□□□□□

□□建□□□□□□□□□□□□□□□闕下寓輯衛感

登福□□□□無□□□□守□以□□□□□□□□□

□□□□□□□不□□□□□□闕下及遺□嗣以□□□

□□□□開元廿有二年□□□□□□□□□□□□□

□□□震悼□□□□闕下□以奉□禮□乃□□□□叔

父左金吾□□將□□□持節弔祭□□□□□□□之咨

顔□□□□□闕下義賢聖難全况□感□□□□中外而能

如□□□□死以之則我深於仲尼亍□□顔子不其□□

□□闕下區何崇愛敬□□□□□國□為父子□□削□

□□□□□□□□□丞□□之源而ナ言□□□闕下□

詩書之訓□□□□□□□□□□□矣□□有□□□□

□□□□虔奉先訓□言□□額亻□□□闕下□全□□寵

光□□□□□□□□□□□□□其芋□使伦立家□廟

紀□□石以昭天子□□□□□闕下爰命使臣□其頌曰

赫赫文命□絕于商□□□□百□其昌□祚胤哲□簡□

荒□□□□□□□□□□□□□□□□□后闕下建寢廟紀功

遂良逖□□□□曰寔鄉皇天不□□□□□□□□□□□
□□□□□□率先□□□□□□闕下
闕上元廿三闕下
闕上立闕下

右碑開元廿三年立李若農侍郎文田題為苾伽可汗碑江建霞編修釋文僅辨二百二十餘字辭義不復可曉按突厥苾伽可汗默棘連為其大臣梅錄啜毒死帝為發哀詔宗正卿李佺弔祭因立廟詔史官李融文其碑新書載此無繫年舊書為開元二十年按舊書先敘闕特勒死既繫以二十年矣默棘連之遇毒不當復書二十年余始疑為衍文也今此碑云開元廿有二年闕下十六字震悼下闕不知幾字以奉□禮□乃叔父左金吾□□將□□□持節弔祭云云知默棘連死在二十二年舊書二十下敓二字耳撰文者史官起居舍人李融碑泐其名而結銜正合惟据史奉使往弔者為宗正卿佺宗室世繫表佺在大鄭王房大鄭王亮者高祖之從父亮生襄邑恭王神符神符生魏國公幽州大都督文暕文暕生宗正卿佺是佺乃元宗之族祖興碑稱叔父不合且左金吾衛大將軍下泐二字如為佺也應止泐一字上有叔父則例不書姓据此則非史所謂李佺其人可知不解何以兩歧也文弟三行存畢可二字當謂始畢可汗高祖起太原遣府司馬劉文靜往聘連和始畢遣徒獻馬二千兵五百來會碑言勠力畠期殿除元□蓋指此也十行父子之道十四行之卷顏云云乃用禮檀弓孔子之喪顏淵若喪子而無服事默棘請和乞與元宗為子故碑以是為文也頌云赫赫文命□絕于商闕四字百□其昌□祚明哲□寗□荒者突厥在漢為匈奴史記以為夏后氏之苗裔也云

唐十五開元二十四年至天寶二年
計六百五十一行
三十三開

唐十五

郇真馬夫人墓誌銘

方一尺二寸五分，十三行，行十三字，方格，徑九分弱，正書，在京師燈市口大鵓鴿市端方家。郇君墓誌蓋題四字，徑寸分，均正書。

郇君墓誌

維大唐相州林慮縣故士郇府君任馬夫人墓誌銘并序　君諱真，字真，魏郡人也。曾祖父馬大將軍□任益州刺史，魏郡安陽開元廿四年十月廿六日丙申故人郇字□妻馬幼倫女，功長閑婦德，共勤孝敬，和合軋儀，哲人不壽，奄及秋風。十月廿六日終於私室。開元廿四年歲次丙子十月丁未朔廿六日壬申合葬於李村北一里平原，礼也。嗣子恐山海遷變，題𨐋記何箇。一旦掊人乖壽，迍穿窣泉，扃獨守名存，殁千齡。朔　獨

孫子進瓌造墓誌也

唐開元廿四年十月廿六日

此誌刻畫潦草，訛字多不成文，字不足存也。題𨐋即𨐋，𨐋字不知何字。郵鏡殘數字，𨐋字不可識，何箇亦不當是銘詞。

定州刺史段愔祈嶽降雨頌殘幢

殘存上截，二尺六寸，第一面有題額，在上，合存四尺一寸五分。八面，一三五七面廣五寸四分，額各四行，二四六八面廣四寸四分，額至第六面止，各三行，共二十一行，行存二十字，字徑一寸，行書，第六面末題名一行，合第七第八面四行，共為十行，行字多寡大小不一，正書，在定州。

大唐定州刺史段公祈岳降□之頌　題額二行，十四字，字徑寸分。

大唐定州刺史段公祈嶽降雨之頌　宋貴撰以下斷闕

先王疆理□□外分侯伯以□脩貢職，緝熙黎元□闕下里而有一賢則□牧段公之謂矣。初公以甲戌歲莅闕下若春肅乎若神將使闔境之內醉純德而飽仁。若曰闕下紀是窣所以深探道藪大窒奸源也。夫懷遠在於德闕下於桒梓□□作於耕耘家於是乎安其業矣。其明年闕下亭傳人於是乎不識吏矣。又明年也歲大旱，自正月闕下皇穹以□息對空□而掩首□憂稼穡之憫捻懼黎闕下□告□□□啓靈□潔清心昭□于神曰今旱既□闕下而□□香焚而雨□□雨返於□□□□□□闕下□□勸畫□□□無□耕今則□□□□□□□□□□□□雨闕下姑臧人，因官東遷，今為河南人也。周桓王之後，累仁闕下部侍郎，尚書左右丞，洛州刺史，父嗣，其東光令，贈□闕下友天成，豫樟七歲，大鵬六月，弱冠明經擢第，拜相州闕下□都督，自京兆尹拜金吾將軍，自代□深□郊□□闕下承清塵也。如□□□□□□□翰□□□□□闕下也□□□□□

無年月，附開元二十四年後。

疆　明

農　穡　履　難

□□□□□□□□□□□□□□□□闕下守左果毅都尉□□
□□□□□□□□記洽聞□□闕下之德其可忘乎乃相與刻
石頌勳傳之不朽□詞曰闕下代有明德緒業□兮宗周遠系
昔侯王兮自公下□闕下公禱兮出車紅塵返塗潦兮良農力
穡□有秋兮由闕下
□興寺上坐嘉會大雲寺上坐守素僧道泐下□□司八推行
徒利窅騎都尉白㜫□右驍衛翊衛樂泐下驍騎尉朱思欽
武騎尉高仁感翊衛段文才前望都縣□□楊知□□品孫
李嗣宗泐下来文郁温思忠宋敬宗劉元琛趙阿仵安都□
龍泐宋□恳□□仁泐下李敬窅劉延暉張□□李仙舟劉
六朗丁□二□阿難闕下騎□尉□□□武騎尉段仁豈□
騎尉段思□鄉貢段紹陵闕下宣德郎行參軍李孚文林郎
守參軍王銳　文林郎守博士宋□禮□□□闕下徵事郎
守錄事參軍李晟奉義郎泐參軍泐朝請郎行闕下朝請大
夫長史蕭北平軍副使上柱國韋有功　朝議郎行安喜縣
令□博聞　朝議郎行義□闕下□興觀□□張子明張
先覺馬□□□□觀道士逢懷道展栖霞魏泐下
州治西二里許萬歲寺久頹廢道光已酉知州寶琳因修
志搜求古迹得八角碑於寺之故墟僅存其半殘缺不可
讀首行云大唐定州刺史段公祈嶽降雨之頌碑文大意
謂段公歷任境内醉德飽仁家安其業民不識吏歲旱祈
神香焚雨降又有云周桓王之後頌詞内亦有宗周遠兮
繼輝按碑作系昔侯王兮八字惜不知段公何名也物以人重當
存之以志段公德政因移置於衆春園定州志
此幢下截已失上半截亦剝蝕殆盡其立石年月及段公
之名皆不載可辨者第一行云大唐定州刺史段公祈嶽
降雨之頌宋賁數撰孜曲陽縣有開元二十三年北嶽神
君碑其碑陰紀段使君德政云公諱愔字崇簡官定州刺
史其列銜與此同蓋幢即為愔立也又云姑臧人因官遷
繼輝按上逸有東字此姓脫今為河南人也考北史段榮傳云姑臧武威
人唐書宰相表段氏世居武威後徙河南兩説皆與幢同
又云□部侍郎尚書左右丞洛州刺史此題銜與曲陽碑
所敘愔王父乾歷官同又云父嗣□諦審類基字授堂金
石跋釋曲陽碑曰嗣皇殆誤又云東光令考曲陽碑烈考
嗣□韓王府功曹潤州司士參軍滄州東光縣令亦與此幢
同第此所敘較略耳又云初公以甲戌歲又云其明年又
明年考甲戌乃唐元宗開元二十二年曲陽碑以二十三
年立此碑當以二十四年立其時正同也畿輔通志
幢因刺史段愔禱雨得應吏民頌德而立撰文人宋賁
數無孜北嶽廟碑陰德政紀下題名有義豐縣尉宋季

歟未知是兄弟行否幢敍政績略與德政紀同而此較
質實惜殘闕過甚不能徵其措施條理耳其避明皇御
名缺下半字非殘蝕也

孔水投龍壁記

高一尺三寸廣二尺二寸六分二十四行行十三字字徑六分正書在房山西北五十里萬佛堂

維開元廿七年歲在己卯春三月府城西南有大房山孔水
其水也地僻幽閑石堂華麗雲峯攢嶺兗度千齡清泉引流
勢將万古耿不拔俗之士度白雲以方臨蕭灑出塵之賢干
青天而直上信知山水之靈矣伏惟　開元聖文神武皇
帝纂承洪業肇自開元率土晏清廿七年矣去開廿三年內
供奉□□呂慎盈奉　勅於此水投龍壁暨廿四載□□
□□□又奉勅於此投龍壁今又奉　勅於此投龍壁焉
于時有御史大夫南陽張公諱守珪爲府主吳監官功曹叅
唐開元廿七年三月
　
叚暐法師□□□□□使上坐李義遠平步風高味虛張益
水龐味道杜崇□□西昇□崇□童子□延忠等三日三夜
登壇投告旦夫陵谷推移百齡詎幾僕遂斐然書筴封山刊
焉詞曰　丹嶺嵯峨雙峯邐迤渌水涓涓清泉泚泚　蘭蕙
淒淒松風靡靡百草開葩衆花吐藹刊龍壁之有功庶千齡
兮無毁　□□□威儀張湛詞

右大房山碑原無題額張諶詞序云開元廿七年己卯三
月府城西南有大房山孔水自廿三年內供奉呂慎盈奉
敕投龍壁廿四年又投壁至是而三矣按道家有金龍玉
簡學士院撰文具一歲齋醮投於名山洞府則龍壁爲二

物金石錄所載雲門山投龍詩北海太守於天寶元默歲下元日投金龍環璧於此山是也元宗崇信道家之說祭祀無秩碑云法師平步風張若水高味虛童子延忠等三日三夜登壇投告僕恐陵谷推移封山刊焉不僅靡資祈福為無謂使封山出於臣下尤可嗤也（金石錄補）記稱時有御史大夫南陽張公諱守珪為府主按兩書張守珪傳開元二十一年轉幽州長史兼御史中丞河北節度副大使加採訪處置等使二十七年左遷括州刺史於其擢御史大夫幽州大都督皆脫漏也守珪傳言陝州河北人（河北縣即平陸縣天寶三載改）碑言南陽舉其望耳撰詞者咸儀張湛前跋作諶誤六典凡道觀觀主一人上座一人監察一人道士修行有三號一曰法師二曰威儀師三曰律師其德高思精者謂之鍊師湛以道士作記自稱亦曰僕他處罕見旦避睿宗諱旦缺筆而此旦字上下文義兩不連屬或是且字以形近改寫故誌石中祖字往往作袓也碑所闕字皆後人有意磨除不解何故

易州鐵像頌（開元二十七年五月三日　萃編載卷八十三）

闕北山通車道（缺上三字）移高陽軍營入城（缺上四字）城

初稿沒標題
龍興觀明皇注道德經石臺（邢州本三字）
此仍舊稿未改石數參差待核

元宗御注道德經　邢州本

累石三層為臺高一丈四尺八面面廣二尺第一面上層之上杙為額額下數二行經十一行直貫中下二層二三四五六面經各十四行行一百二十餘字不等七面經七行數七行字均經八分小字半之八面上層建臺年月二行均正書中層刻宋重修經臺紀在邢臺天甯寺

大唐開元聖文神武皇帝注道德經（篆額陽文十六字字徑寸分）

勑爸在元聖強著[元]言推興眞宗啓迪來裔遺文誠在精義頗乖撮其指歸雖蜀嚴而猶病摘其章句自河公而或略其餘浸微罔不足數則　我[元]元妙旨豈其將墜朕誠寡薄嘗感斯文猥承有後之慶恐失無為之理每因清宴輒叩[元]關隨所意得遂為箋註豈成一家之說但備遺闕之文　奉（旅飽）

唐開元廿七年八月五日

（筆是）詢於衆公卿臣庶道釋二門有能起予類於卜商鍼疾同於左氏瀲於納善朕所虛懷苟副斯言必加厚賞且如訣神自聖奉非此流懸市相矜亦云小道旣其不諱咸可直言勿為來者所嗤以重朕之不德

開元廿年十二月十四日

經文別列

勑天地以大德生群有聖人以大寶守萬物古者受命之君謂之承天之序明有所代夫豈徒然若道無欽崇命不永保帝實臨汝人曷戴君朕所以每其庶乎合於仁覆之意也夫宓犧神農□□堯舜或誅而不怒或教而不誅彼亦何為猶

臻于此朕自有天下二紀及兹雖未能畫衣以□亦未曾□
人於□而政猶踳駁俗尚澆醨當是為理之心未返於本耳
凡人豈不仁於父母兄弟不欲於飲食衣服乎而卒被無孝
友之名不溫飽之困其故何哉蓋未聞義方不識善道或任
小智而為詐或見小利□□得致遠則窮繼之以暴已而身
受戮辱家不相保愚妄之徒類多自陷獄訟之弊□□□□
□悲乎亦在茲之不明也蓋刑罰者不獲已而用之天下黔
黎皆朕赤子以誠告示其或知歸何必用威然後致理先務
仁恕寬不懷之且如五常循行豈須深識六親和睦何待丁
寧自宜勉之以副所望刑措不用道在於□獻歲之吉迎氣
伊始敬順天常無違月令所由長吏可舉舊章諸有嫗伏孕
育之物蠢動生□之類慎無殺伐□□犮傷九土異宜三農
在候發衆興役妨時害功特宜禁止以助春事至若家有征
鎮人□孤惸物向陽和此獨憂悴良可憫□亦令所由隨事
優恤蓋不體仁無以為長不知道無以用心故道者衆妙之
門而心者萬事之統得其要□義可以兼濟於人失其指歸
生不能自全□已故
我元元皇帝著道德五千文明乎真宗致於妙用而有位者
未之講習不務清靜欲□□為之政教何從而至於大和者
耶百辟卿士特須詳讀勉存進道之誠更圖前席之議至如
計技小利綜緝煩文□名且行去道弥遠違天和氣生人怨
心朕甚饜之所不取也□□□□□興元化俾蒼生登於仁
壽□下還於淳樸豈遠乎哉行之可至其老子宜令士庶家
藏一本仍勸令習讀使知旨要每年□貢舉人量減尚書論
語一兩條策准數加老子策俾敦崇道本附益化源朕推誠
與人有此敎誡必驗行事豈垂空言令之此勑亦宜家置一
本每須三省以識朕懷

開元廿一年正月一日

元元皇帝道德經　御注　右撿挍道門威儀龍興觀道
士司馬秀奏望兩京及天下應修官齋等州取尊法物各於
本州一大觀造立石臺刊勒經注及天下諸觀並令開講

勑旨依奏

開元廿三年九月廿三日

大唐開元廿七年歲在單閼月中南呂五日乙丑
皇五從弟中散大夫使持節邢州諸軍事守邢州刺史上柱
國脩建

附宋重修道德經臺記
十六行行三十五字字徑九分題名五行行字不等正書

重修邢州龍興觀道德經臺記
朝請大夫行尚書虞部員外郎知邢州軍州事柱國何繒

撰
皇帝嗣寶祚十有二年歲在困敦月屆蕤賓舉曠世之墜典
行今日之盛事藉田禮畢萬邦咸[寧]守土行春良牧之職勤
王奉　道達士之能鄙夫何人蒞斯郡政春事既
起丁壯龍功熙熙然登春臺知和氣之及物也亹亹然感
帝恩之普覃也假值休沐訟絕庭墀因與同官通理上谷成
公護戎瑯琊王公縱鑾康衢周覽景物有龍興觀者即巨唐
之建也階除草莽環堵卑仄謂道本無形影響而已卑能絕
跡微妙難量樹一經臺巍巍乎上挿霄漢恢恢矣莫究根原
莓苔手封塵垢覓作織污左右埋沒基堵虔其傾危[寧]限朝
夕南通鄽市傍接民家滌蕩逾時方認刊勒乃
唐[元]宗御注道德經宗子邢州刺史李質開元二十七年丁
卯歲秋八月所建也吁兔走烏飛時遷代謝垂三百祀已如
此矣蓬萊漸淺信可徵也因語及同官議移緝之事咸皆唯
唯才方孱功遂遷於舊基北五十尺闕地及泉升高自下架
之木棧繢以雲梯移樹言訖懋功克成版周墻以界之搆殿
宇以壯之金碧相鮮崔嵬接巘盛事既立人心翕然故知難
事必作於易大事必作於細或云合抱生於毫末九層起於
累土也寡辭直書用貽
多士同德度義次列銜名　大宋端拱元年歲次戊子三月

料　校　善酒

戊午朔二十五日壬午記
節度推官承務郎試大理評事張　誦
石作都料霍從訓　鐫字人李思順　盧華書
節度掌書記朝奉大夫檢校尚書駕部員外郎兼監察
御史賜緋金魚袋陳　長參　觀主道士謝奉靜
管內都道正左街焚修大德揚奉儀
左班殿直充兵馬監押兼巡檢王守鈞　徵事郎守太
子左贊善大夫監酒麴務張南金　通直郎守國子
博士通判軍州事成　甫　朝奉郎守殿中丞監商稅
稅鹽務李　謹
揀點神銳忠勇兵士馬步軍都軍頭金紫光祿大夫檢校
尚書右僕射使持節冀州諸軍事冀州刺史兼御史大夫
上柱國瑯瑘縣開國男食邑二百戶王昭遠

右唐元宗注老子道德經開元二十三年用道門威儀司馬秀言令天下應修官齋等州皆於一大觀立石臺刊勒邢州故有龍興觀開元二十七年刺史李質立石摹勒如制至宋端拱初觀臺已廢沒知州軍事何纘始修復之鐫記於臺左方余至邢州龍興觀已廢僅存半畝之宮先有尼居之前太守徐衍祚改為社學而石臺尚存隱於屋後人少知之者千年之物莫知愛惜計亦不能久矣歸有光震川文集

此歸震川集所載邢州本也歐趙所録皆懷州本小歐陽録目載有闕鄉本皆見黄王圃中州金石考在闕鄉者題爲祥符觀道德經二碑皆不注存佚畢尚書中州金石記無之豈皆歸烏有歟錢潛研孫平津洪筠軒武授堂與王氏萃編所載皆易州本此本自來金石家都未著録邢臺鐵轄之衛巍㦲巨石矗立城寺經諸鉅公搜羅之勤曾不一覯執是而論懷州石臺明子司直猶見之安知不與闕鄉二碑仍在荒林古剎閒耶此刻開元廿年十二月十四日敕稍有磨泐易州石臺亦載之因據萃編補注十五字全唐文載是敕攟其指歸作旨嘗感斯文作常奉茲絶筆作今茲咸可直言作宣言尋其意義石本較板本自勝經後二十一年正月一日敕易州本不載全唐文止載敕尾老子道德經宜令士庶家藏一本已下數十字截去上文六百字又節朕惟推誠與人等四句敦崇道本附益化源作尊崇作宏益此條見舊唐書本紀及會要刪繁就簡體例然也全唐文以文重而文不全録必所據舊板本已如是耳二十三年九月廿三日道士司馬秀請諸州造石臺一奏懷州本亦有之易州本不載懷州本依京樣摹勒有書注之皇太子諸王名易州本蘇靈芝書此本亦别寫上石非依京樣摹勒故皆無之皇五從弟李齊史無傳以明皇五從弟推之爲太祖景皇帝七代孫宗室世系表太祖子南陽公等七房其六代孫無名齊者表之漏也郎王房有八代孫齊不著官位其父文通表稱破蔡州有功是其人去此已將百年行輩亦不合與舊書附傳之沂州牙將李齊皆非此建臺之人也石臺第八面中層有宋重修經臺記虞部員外郎知邢州軍州事何纘撰文云舉曠世之墜典行令日之盛事藉田禮畢萬邦咸甯按宋太宗本紀端拱元年正月乙亥親耕藉田大赦改元蓋自太祖有天下以來耕藉禮至是始舉也何纘與諸題名人並無攷惟王昭遠有傳領衮州刺史改馬步軍都軍頭與此碑結銜合

比部員外郎崔元隱墓誌銘

方二尺二十五行行二十五字
字徑七分正書石當出滎澤縣

大唐故朝散大夫檢校尚書比部員外郎博陵崔府君墓誌
銘并序
公諱玄隱字少微博陵安平人也漢汝陽侯仲牟廿四代孫
燕秘書丞懿之後英蕤弈世休剟(烈)冠時家諜備詳國史昭著
曾祖肘翊北齊安東將軍濮陽太守祖孝康隨長平郡陵川
縣令父世標唐饒州司戶參軍婺州龍丘縣令宰邑清□將
軍□城通德惟高象賢不墜公即龍丘府君第二子也庭習
鍾皷家傳禮儀敏洽天成詞華代許射策擢第拜揚州大都

唐開元廿七年十月廿六日

國
督府參軍行滿專城譽流江國無何制舉授許州司戶調補
汾州介休縣丞轉□州司功參軍時屬求賢對揚居最特授
右補闕俄遷尚書比部員外郎弼違獻可抗議雲階含香握
蘭騰芳星署尋加朝散大夫行奉(奏)職也公開物和義貞固幹
時負鼎之說未昇遷舟之災奄及以萬歲通天元年八月十
九日寢疾而終春秋六十有四歸窆於衛州衛縣北宮唐村
北一里夫人頴川陳氏陳世祖文皇帝四代孫文州刺史昭
列之女也鳳樓早謝龍匣先沉權殯於宮唐村北雙墳相次
禮祔未終長子諒朝散大夫徐州蕭縣令次子鏽華州司法
參軍痛結九原志惟再舉光陰不駐霜露俱凋第三子朝散

大夫行永王府記室參軍詎早歲閔凶幼丁偏罰昊天不弔
未冠而孤哀結蒼穹□深罔極既盡開奮之詮還思負土之
勤以大唐開元廿七年□次己卯十月庚申朔廿六日乙酉
遷厝同祔于宮唐村北三□□也庶□田□變封樹知歸成
寢西階旌紀猶在銘曰
炎帝□□太公華胄鸞鳳羽儀衣冠領袖將軍威武作□□
□□曹□懿垂裕後昆降及顯考家傳餘饗(慶)禮以閑身學而
□□□□對□結□□□蘭薰雪瑩菊茂霜明玉階超舉仙
臺戢□□□□微輔仁何昧□衡未陟霜□先背頹頹好仇
孤墳相對嗟□□兮卜兆初成西□□祔東麓開塋悲風長

駛壠月空明
右崔元隱(隱)墓誌銘云歸窆(窆)於衛州衛縣北宮唐村按唐
衛縣在今河南濬縣西南石出土當(當)在其地元隱及其
曾祖祖父諸子皆無(無)攷云漢汝陽侯仲牟廿四代孫者
元和姓纂秦東萊(萊)侯(侯)崔如意二子次仲牟居博陵(陵)安平
是也然不言其封汝陽侯(侯)誌殆據(據)家牒云然耳龍邱縣
唐貞觀八年置隸婺州垂拱二年(年)改屬(屬)衛州誌云父世
標唐婺州龍邱縣令是其服官在垂拱以前五十年間
也元隱(隱)射策擢第拜揚州大都督(督)府參軍揚州置大都
督(督)始於(於)武德九年(年)貞觀十年改為都督(督)龍朔二年復昇

為大都督府椽與知元隱擢第在龍湖後訖其卒年推之時年三十餘矣弟三子証行永王府記室參軍永王明皇子璘也家諜之諜避太宗諱作諜而世字三見皆不闕筆何也世標仕太宗高宗朝而名不改避又何也元隱卒於萬歲通天元年夫人陳氏歿更在前子証以開元廿七年遷厝同祔葢相距已四十年云

又按龍邱本漢太末縣元和郡縣志云晋改為龍邱因縣東龍邱山為名隋末廢貞觀八年又置舊唐書宗之而唐書龍邱下云本太末武德四年置并於縣置穀州白石縣八年州廢省太末白石入信安貞觀八年析信安金華復置更名龍邱是龍邱名縣自唐始也然李吉甫志後世推為詳贍無不根之說其必有所受可知特不載書傳名目莫可考其出處耳晋書地理志東陽郡領縣有太末而無改龍邱之文歐陽公殆以晋無徵故削之歟惟晋書地理志為房元齡等二十人所撰地理之學非所研究漏略為多說見畢氏沅新補正序不得執歐史而議吉甫之誤也畢氏晋書地理志新補正太末下引太平寰宇記云晋於此立龍邱縣按樂史之說本之吉甫似當以元和郡縣志為證

劉師操等造經像石欄石槽記并陰側

高三尺五寸二分廣一尺九寸六分上半截龕像一層左右各二行心經一層二十行行十四五六字字徑五分末有題名二行下截記十二行行二十四字至三十字不等字徑六七分題名一行後空六寸餘又有題名二行均正書在完縣三塊子寨

大唐開元聖文神武皇帝供養　二行在龕左字大小不一

為国敬造石經一條指龕像一鋪上為国王及州縣宰主供養　二行在龕右字徑寸餘

佛說般若波羅蜜多心經

經文不錄

右一列在龕下與龕各居石上半截之半

開元年

大唐故同夫城銀釵水□石經空石鈎欄　石槽等之□原夫銀釵水者此當□□之野国物立号縣緒永年□□側也□□聖帝遺蹤飛勝之地西臨〻水重潤騰波潑下仙山上緩雲漢北有力士崖者邈然崒嵂恠異多姿松梓煙霞四時恒茂其□□□同夫城者龍池久滅靈□尚存古邑荒墟悲風蕭瑟其□水者擴泉飛趍阡陌旁流人畜涉踐揭厲□織下□□□□□其消失物有不朽者莫過於石也遂琢石為鐫并□一其石經一條□龕佛像一鋪其像乃光相圓滿具足威儀其經則玉佛金□□□琬琰者矣其詞曰　昔在皆莊唐虞聖蹤咸敬帝□□賢□□□岑□河已就□水斯

□一至于今湍流不絕一其□□□□□□其□□□為□飾
玉為□法合規模有儀可懼毗代作楨永□□賦二其伊□銀
□□以玉槽清則□泄有濁則滔外容似鼎内勢□鏕不汲
自盈弥□弥牢三其敬仰經像普為倉生八字較大是後來所刻
北平縣前鎮將劉師操息縣録事劉□珎男繼祖僧主石加
慶□□
右在下半截前半
衜訟人楊度堝能興觀道仕司徒□□沙弥八□
楊慶一　經主比丘尼阿滕　沙弥什娘尚
右二行在經文後
司徒待□司徒待賔男崇光　劉大和　王進玉郭神都劉
阿里
功德主張阿七妻王女李琖□□期菩薩主□小□馮興泐下
右二行在下半截右邊
碑陰拓本高一尺一寸五分廣一尺五寸五分十二行行字不一正書
石龕主龍興觀道士司徒□□　石龕主趙三娘息司徒日
進弟奴兒女大娘　石龕主王貴卿妻莌女三娘　龕主
王待奏為亡父見存母奏妻劉息希玉女大娘二娘三娘
龕主劉思太妻張息鸞京息阿嬉　龕主張止静妻趙
龕主劉阿含妻王　龕主上騎都尉王元慶妻劉　龕主王

惠謀　龕主宋今言為見存父母　龕主王思慶妻趙　龕
主薛周子為亡父見存母子妻安　龕主劉子期妻張息靈
琖　龕主祖懷謙妻劉
兩
碑兩側廣各三寸一三行一四行二列長短不一字徑七八分行書
劉阿恩陽譙韓待伯傳抱闢妻韓胄郎子劉仁静畫生張玉
山
功德主楊乹武為亡過繼父楊阿荅母劉武亡妻張亡男阿
珎合家供養
張□郎兄楚細妻田男七娘子亡妹張壵孟合家供養上泐
以上一側
施主郝漢子　亡父郝崇太施主張楚朝莌知欽　男思庄
亡母王
功德主陳希亮妻張劉立靖妻王樊樂子霍山岳妻劉
趙元享弟利貞　呂思太弟思德妻張
僧主石加慶亡父石平違母劉　董龍仁妻王
功德主劉師子亡過妻袁男思景思訓
右件有名者並是諸庒施主同心供養　□思□張阿□
□以上一側上截四行下截二行

韜將
國

雲麾將軍李秀神道碑 萃編載卷八十五 補正載卷五十七

碑裝全本以今二礎存字最之約高五尺許廣三尺四五寸三十三行行四十八九字字徑一寸行書在臨川李氏藏

唐故雲麾將軍李公碑 篆額字徑四寸餘

唐故雲麾將軍左豹韜衛翊府中郎將遼西郡開國公上柱
國李府君神道碑并序
靈昌郡太守李邕文并書
逸人太原郭卓然摸勒并題額
嘗以張子䌫承珥貂蟬者七葉楊公丕構乘朱輪者十人矧
乃地雄一方鼎貴百代揔武旅而□□绝朔漠而横行故能
軒蓋六朝印綬千數騰趠今昔飛行去来者其惟一門歟公 一
唐天寶元年正月十□日

諱秀字秀范陽人也姓苑曰范陽李者其先出自隴西泊
前燕太子太保武陵元公産産子績濟北郡守挽後魏北營
州刺史固安侯崇崇子儼遼東太守曰家焉代為本□累登
連率其政平大其人底以至於曾祖諱謚府君遼東都督
令德安仁畢誠大節臨下以簡御事以中祖諱稽府君左衛
大將軍持節燕州刺史英算雄擧武誼超絕猿辟貫草鶴陣
搴旗考諱謹行府君左金吾衛大將軍牙將畫巡信臣夜拜
忠無二命義有一心公幼而英明壯而特達碩膚海口美髯
鷹頷讀書蓋智笑三年之□癖酌酒行禮短七賢之過差意
氣論交平生感義引弓抱月澤劒流星誦習六韜不異人意
小敲上似有脱字

尋覧三略殊數□□及二九□遼什伍槊𥦬耳以金鼓目以
旌旗紛紛紜紜雜雜沓沓公乃獨出獨入一縱一横□飛鏃
應弦以陷堅田戈隨手以色敵議者以為良將之子名公之
家張遼解圍盡其□□李廣飛將居然在茲特拜游擊將軍
旦者犬戎侵邊虜臣擁節公以名數見召義勇備行遠登隴
預謀入幕規畫公曰多算少算惟稟廟堂□縱七擒終期主
將今吐蕃之勝者有五我之長者惟一誠能沮彼勝用此長
師可濟矣何者五勝一曰深入國家之地二曰大收國家之
麦三曰排甚厚五兵不能穿四曰陣甚堅三軍不能潰五日
槍長鋒利短兵不能敵何謂我之長者一若練蕃兵選驍騎 二
伺其去誘之来馬小而人多甲重而排厚無陣可整無地可
依以蕃兵撓其行以驍騎乘其亂此以一取十所云必勝也
時議休之一戰而吐蕃大敗恩加忠武將軍右衛翊府左郎
將累載吐蕃報東門掠西牧衆倍於昔心鋭於茲蓄糧練兵
設奇乘間是時也列藩失捻諸軍艱食轉輸不足以□□倉
囷不足以曠白戰則我單師彼厚陣守則我糧絕彼資多公
乃言曰不若罷全軍退就粟麦用偏卒荐食牛羊驅之不難
啖之文省自可持久邀其墮歸且吐蕃以大軍迴小敵在何
有備預必不誠嚴其戒銜枚銷聲乘夜竊發攻前擊後聚東
取西此可愚也兵法曰以少擊衆必以日之夜理存於此議

四月一日下似有脫字

國　或

者多之聽其言行其榮自有七夕雲霧晦風沙昏公乃暗歸
潛[]深入[]振吐蕃以為天兵摠集圍師數重盡其力以自
誅曰其亂以自北遅明而營壘[]踣亭午而道路繫縲者不
可勝數我天子録異等加懋功特拜雲麾將軍左豹韜衛翊
府中郎將封遼西郡開國公食邑二千戶前後降宸翰賜御
衣金銀[][]錦服者至于八[]嗚呼日有側時有来以開元
四載四月一日春秋六十有三薨于范陽郡之私第邊鎮奪
[]士卒悼心惟公德礼通倫周仁而勇詩書滿腹多才而謙
朋執重之雅推碩友朝廷許者僉允長城祿俸散於戰人玉
帛均於門[]或暮春三日高秋九辰或納吉延賓獻歲懸旗　三

曾　國

盛禮張樂撞鍾舞庭輿馬蹤於郊坰羅縠照於廊廡國家方
築壇拜將分閫即戎而魂歸於天山藏於澤命也夫宜室范
陽郡夫人班氏西河郡司馬恩府君之息女賢和淑慎靜恭
貞白移而輔之以德訓子而教之以方亦既有成曾是無愧
以天寶元載合葬于范陽福祿鄉原礼也[因]子朝議大夫使
持節莫城郡諸軍事守莫城郡太守兼横海軍使仍充河北
海運副使賜紫金魚袋上柱國偃智負謀長體大心正懿文
壯武廣孝移忠惟肖前人克構丕業形政尤異立事通明直
緄閫邪遠量容物調懸軍之急海無驚波臨邊防之虞山不
舉燧利倍往昔功省今茲名動藩維福潤河朔夫子云與其

初稿其詞[]下有五圍大內空五字今空十字
[redacted]

進者也每泣血桐栢椎心霜露恐桑田或變陵谷仍遷是題
豊石之碑式表先公之墓其詞[]
倬彼茂族赫乎高門经文緯武翼子謀孫岳立邊鎮風生塞
垣英奇照灼朱紫蝺蟠一其施及我公克廣尔祖敦書悦樂重
規疊矩受略摠戎設奇[]虜東征西襲戰勝攻取二其克賞懋
功屢拜榮秩五色[]云萬里投筆遼水渺淼隴山山峯勤勞
報主往還計日三其聖代流渥昌時樹勳衣題錦字札曜大文
方將遏虐奄蕣招魂悲纏九族痛切三軍四其黃河東浮白日
西側還流不可倒輪無力大將未臻短限已極草樹蕭條雲
山慘惻五其哀哀令[允]欒欒棘心築墳則古紀石非今許終天　四
子痛結踢厚地子悲深[]斯人子至性伊䖍[]子難尋六其
天寶元載歲在壬午正月丁未朔十[]日辶
[]懲敏　張昂等鐫

李北海書如王良御駿馬雖奔軼絶塵而未始不範我馳
驅也數年前有客自范陽來嘗持此碑見贈觀其字畫擁
腫不類扣之則曰好事者恐歲久漫滅重加鋟剔故肥而
失其真耳吁可歎哉若此本者何可復得也師其寶之京
口俞希魯識

唐人大抵多能書李北海尤為當時歆豔論者以為東林
嶽麓諸帖皆不及雲麾碑謂其沈著痛快中有含蓄渾融

之妙也甘露無二長老精於書法知決擇購得此本龍鳳
五年十月旦日因陪中齋俞先生過方丈披閱數四京口
顧觀
北海書雲麾將軍李秀碑碎裂於良鄉重甃於宛平自明
以來久無全本矣厰市書畫樓陳君萬璋於汴梁郭姓偶
得此碑搨本篆額碑文居然完璧觀者咸詫為希有陳君
為予物色妙蹟頗多此本亦亟欲歸予其時朱椒堂京兆
蔣簡園侍御方謀鳩工重勒一碑於法源寺未成留也越
三年碑成而陳君已逝因以厚值購於其家諦視其筆法
倜儻沈雄全從羲獻得神關後來趙董支派覺雲麾李思
五
訓碑及麓山東林諸碑皆在其下予家有莫氏瑶墨齋殘
本存五百七十餘字雲卿思翁手跋並目為唐搨此本完美
殆又過之去秋乘傳南來攜隨行篋暇時臨倣惜其文多
紊亂爰覓善手細意重裝起訖班班可讀剝蝕纔廿餘字
雲錦有章天衣無縫真吾靜娛室中奇寶也道光九年屠
維赤奮若人日臨川李宗瀚呵凍識於武林使院
萃編載李秀碑據二礎錄存凡一百五十七字　先大
夫補正六字蓋自有明以來世少全本久矣臨川李氏
藏此冊有龍鳳五年元末韓林兒僞號俞希魯顧觀二跋碑文
剝蝕才廿餘字洵海內希有之寶也秀兩唐書無名其
父謹行列新書諸夷蕃將傳碑稱秀范陽人引姓苑其先
出自隴西洎前燕太子太保武陵元公產產子續濟北
郡守抗後魏北營州刺史固安侯崇崇子儼遼東太守
因家焉攷之史惟抗及儼無徵產晉書有傳范陽人仕
燕慕容儁重之拜太子太保與碑同特不載其爵謚子
續太子中庶子崇見魏書李訢傳訢父也官至北幽州
刺史固安侯碑於續作績結銜亦互異崇北幽州刺史
作北營州未知孰是惟訢傳云曾祖產產子績二世知
名於慕容氏字亦作績碑殆承姓苑之譌矣秀父謹行
史稱靺鞨人父突地稽部酋長也隋末率屬內附居營
六
州武德初以其部為燕州授總管貞觀初進右衛將軍
賜姓李突地稽者即碑所謂祖諱稽也然則秀祖父為
北狄種太宗始賜姓李非范陽李可知後人因居范陽
而依附牽合之泰和未加察耳碑稱稽左衛大將軍持
節燕州刺史謹行左金吾衛將軍傳皆未及可據碑以
補之碑有二九□違什伍禦寇云云按秀以開元四年
卒年六十二是其生在永徽六年二九則為咸亨三年
高宗本紀咸亨元年四月高麗酋長鉗牟岑叛寇邊以
右監門衛大將軍高偘為東州道行軍總管右領軍衛
大將軍李謹行為燕山道行軍總管伐之按東夷高麗

傳是役歷四年乃平此秀隨其父立功拜遊擊將軍時也嗣是秀以禦吐蕃功加忠武將軍右衛翊府左郎將後又以異等特拜雲麾將軍左豹韜衛翊府中郎將遼西郡開國公左豹韜衛即左威衛武后所改神龍元年復故秀立功在武后時故曰左豹韜衛也吐蕃自咸亨上元以後數寇邊謹行傳云上元三年破吐蕃於青海璽書勞勉封燕國公碑於謹行不書爵何也而秀之加忠武將軍右衛翊府左郎將知在其時矣又按吐蕃傳及武后紀長壽元年武威道行軍總管王孝傑等大破吐蕃復四鎮延載元年復敗之冷泉久視元年吐蕃寇七涼州隴右諸軍州大使唐休璟擊之斬首二千級都督陳大慈四戰皆克秀以偏將從征雖有可稱記載所不能及然其設策卓然有古名將風而史不附於謹行傳後豈其功不足觀北海此文亦未免諛墓歟秀子偃無攷景城郡即滄州本渤海郡西南有橫海軍開元十四年置天寶後廢大〔厤〕元年復置立碑在未廢時故偃以太守兼軍使也　碑高廣尺寸行數字數以原刻殘石絜之具詳前注額九字當是三行北海銜名低五格起寫郭卓然一行即在此行之下碑於廟堂國家等字並跳三格宜室范陽郡夫人按其行字亦跳二格惟移□

而輔之以德令第二礎猶存移下跳格未知取義銘中其一等字下各跳一格亦於礎中知之原石久亡搨本不可復見詳覈碑式每行界一橫綫俾後之覽者如見原碑當亦為之一快也

韋元倩墓誌銘

高一尺六分廣一尺一寸十七行行十七字末空一行字徑五分正書石出西安常熟邵汴生少宰得之藏於家

大唐故安化郡馬山□□韋公墓□□序并序
公諱元倩字□□□□□□人也自豕韋命族鍾□承家蟬
聯簡諜可□□□祖□隨州司馬祖隱檀州刺史孝慈藏
衛尉大□公幼□敏聰長實茂異孝為德本忠能奉君□里
□其仁用友深於信年始十有三屬天□事於南郊公
以祖豆述職厥有成績□從□於天官無何尉滄州樂陵初
筮仕也□滿□潞州乇留佐庶政也吏□守慶州馬□□□
功也政洽于下所莅有方謂懸望於□□何奄從於逝水嗚
呼哀哉以天寶□年八月廿三日怛化於馬嶺之官舍
享年□八家摧梁木輿櫬空歸以二年二月廿日□窆於長
安之畢原禮也允子體溫等敢刊□□□之銘曰松檟蕭蕭
兮畢之原蔓草□□兮□山门韋□此地兮何可論
年

唐天寶二年二月廿日

右韋元倩誌字畫俱泐其父慈藏見舊書方伎傳與張文仲李虔縱並以醫術知名景龍中為光祿卿與誌稱衛尉大□異誌大下泐一字按六典及職官志衛尉寺官未嘗有以大為名者標題故安化郡馬下闕三字序中吏□守慶州馬□其字亦闕按地理志關內道慶州領縣有馬嶺天寶元年改慶州為安化郡元倩守馬嶺在未改以前故序稱慶州撰志在既改以後故標題特書安化郡也標題所闕為嶺縣令序所闕亦嶺字自可據以補之韋氏著籍京兆者皆萬年人傳稱慈藏京兆人則元倩之為京兆萬年人亦可以意補其闕矣衛尉大下疑是卿字然以大卿示別於少卿殊失之贅七行天□事於南郊當是子有二字今泐止一字疑原文有字耳元倩以二年二月窆其卒年泐一字為元可知

陳廷朗造像題記

碑高未詳拓本僅有上截一尺六寸廣一尺八寸丈在龕左右各一行字徑六分正書

唐天寶二年歲次癸未七月□□朔十八日乙卯薮心一行在龕右

碑主□廷朗妻戴氏　□陳廣　□□缺約五字□父思礼母張氏一行在龕左

廷朗姓佚審其所存一二筆似是陳字按舊唐書本紀天寶三載正月丙辰朔改年為載而新唐書則為丙申此刻七月□□朔十八日乙卯逆推所泐為戊戌自是至十二月歷二小盡與三載正月丙申朔正合舊書作丙辰殆板本寫刊之誤且舊書正月有庚子遣左右相已下祖別賀知章壬寅幸温泉宮兩事惟其為丙申朔故庚子為五日壬寅為七日也若丙辰朔則是月不得有庚子壬寅矣通鑑目錄是年七月戊戌朔是也

天寶二年七月廿八日

崔夫人獨孤氏墓誌銘

石方一尺二寸一分二十三行行二十三字標題及末行擠寫方界格徑五分正書在西安

大唐故奉義郎行洪州高安縣令譙軍崔府君夫人河南獨孤氏墓誌銘并序

夫人河南人也父諱奉先果州長史蜀國公純粹英靈傳之賸古祖姑三代作配　君王蜀公即　唐初元貞皇后父故梁王信之嫡孫也

夫人先舅諱大方海州刺史公果行育德作為人範無施莫可家國有聞

夫人德嗣謙柔性惟恭敏周旋□□□□毋儀□□貴門□天盛族前室有女嗣謂継覿鞠育情深若己□□□□□應遘此鞠凶以天寶二年十月十七日育背於長安縣嘉會里之私第時年七十嗚呼哀哉逝川無歸窮𡨚長往攀慕不及靡潰五情嫡子朝議郎通事舍人内供□李梁痛慈顏永隔五内屠裂擗天叫地罔極難追嗚呼哀哉日月不居卜其宅兆歲時不便未得遷祔　先塋不謂存者生疑實恐未安泉路今且於　府君塋西北一百五十步得地以十一月二日庚時權　安厝於長安縣義陽鄉義陽原禮也昔吴雄葬母不擇地而塋今李梁所封有同於

唐天寶二年十一月二日

往日嗚呼哀哉至通年擇日遷祔於先塋李梁自鍾艱罰觸
緒崩摧悲不及文惙力銘紀
仁已四德誠信百齡月懸星署名其永貞其一世間難事爲□
繼親始終如一憐念日新其二萬象有類　天地無依陟彼岵
屺哀荒失儀其三尚存餘喘將以送終刊石元壤傳紀無窮其四
天寶二年十一月二日長子朝議郎通事舍人李梁修
書并

此誌未見前人著錄當是近年出土誌爲其子李梁撰并書夫人之夫故奉議郎行洪州高安縣令護軍雀府君誌不詳其名其父獨孤奉先果州長史蜀國公即唐初元貞皇后父梁王信之嫡孫按獨孤信周書有傳信長女周明敬后第四女元貞皇后元和姓纂作第二女第七女隋文獻后即誌所謂祖姑三代作配君王也元貞皇后唐元皇帝之妃高祖之母父信仕魏使持節柱國大將軍大都督大司馬河內郡開國公遷太保大宗伯進衛國公隋文帝建極贈太師上柱國冀定等十州刺史趙國公謚曰景未嘗封梁王誌稱梁王未知何據信嫡長子羅襲爵趙國公煬帝嗣位封蜀國公子纂嗣是襲蜀公者纂也非奉先也奉先史無名誌言蜀公奉先爲信嫡孫與史不合又按唐書獨孤懷恩傳懷恩元貞皇后弟父整云云誤以后爲整女整信之第七子也唐高祖本紀云隋文帝獨孤皇后高祖之從母則后爲信女可知又懷恩傳云高祖嘗戲懷恩曰弟姑子悉有天下次當舅子乎自稱姑子稱懷恩舅子則其非后弟而后亦非整女可知舊唐書懷恩傳作元貞皇后弟之子是也新書誤奪二字耳獨孤氏自雲中遷武川武川在今河南南陽縣北唐屬山南道鄧州而夫人爲河南人則又自武川遷河南矣按唐書獨孤及傳云河南洛陽人及殆夫人之族屬歟夫人先舅大方見宰相世系表官海州刺史與誌正合其夫及子李梁則表皆不載

初稿此下及下添注
察謂長人以字行故
云云一段今未寫入不
知是否添書

五品孫陳周子墓誌銘

縱一尺一寸三分廣一尺一寸十八行行十七字字徑四分正書

大唐故五品孫陳府君墓誌銘并序

潁川陳氏子諱周子丁内艱再月號泣過度天寶二年十月
廿四日春秋廿不勝疾而終同以其年十一月十四日龍集
癸未陪母氏吴興　沈夫人葬于壽安積善鄉之原禮
也噫周尔文詞峙尔翰墨操札勢絶繹思致奇雖學植未周
觀
而靈機禎啓才有擅於豐巖體傾長於閑逸爵祿可謂以觀
察吉凶遂述其閫奥方期國華倏墜家寶若謙和仁愛友悌
宗親又不覩其親踈矣近覽班史名氏不遺仞善牙琴絃徽
唐天寶二年十一月十四日
懷
必叩每良辰清夜繁於手則山水在側聆於耳則音韻入懷
享之千金不可復見然卜商豈投於一過李子安止於三歎
哉其所製雜詩及至人無心數賦共一卷并漆琴一張寘乎
槅樹蓋尔請也父洛陽縣尉齋卿述焉銘曰
有神孰宰無罪何殃室家殄悴蘭桂銷亡壙□□列母子相
望一朝歡愛万古悽涼

右陳周子墓誌銘其父洛陽縣尉齋卿述周子年二十丁母艱再月號泣過度不勝疾而終天寶二年十一月四日陪母氏杜夫人葬於壽安積善鄉之原標題稱五品孫陳府君以父銘子而稱府君殊乖名義六典凡資蔭五品已上蔭孫孫降子一等選舉志太學生五品以上子孫并為之周子之祖官至五品故得蔭及孫也誌不敘三代亦不著其籍惟云潁川陳氏而已壽安唐志屬河南府為今宜陽縣石出土當在其地

并序二字當旁注

法昌寺圓濟和上塔銘

高一尺四寸餘廣二尺二十七行行十九字有界格徑七分正書

故和上法昌寺寺主身塔銘并序
稱佛謂何本期於覺覺則無念乃去妄源歸法謂何本期於
了了則達彼乃到真乘與謂度門誰能□矣故法昌寺主圓
濟和上即其人也派裔重華之後生緣讓畔之鄉揔□敏聰
諸法懸解傳本寺先和上仁藻之密印承　旨出家遊西京
不住相之緇徒祖肩受具法雖示其未捨心已湛於真如同
須菩提第一解空終優波離不忘持律十餘霜露杖錫歸來
充本寺律師允高精義□□徒衆抑進經維　和上違之恐
唐天寶二載十二月廿八日

卌　擭　琬邑

住着□貽訛之愆福養受損乃曰捨粟麦十萬圭用補常住
因知僧事豈息功勤智慧無涯倉儲益贍心符妙用故不滯
□來迹混有爲故不虧崇樹於本寺爲過往　和上建功德
塔一十一級在身心爲砂界含生持蓮花淨品日餘一遍凡
卌載隨因證果出有入無千里□緣從師者如市一門釋子
落髮者數十人　和上夏五十九壽八十一以天寶二載癸
未歲冬十二月遘疾忽於夜曰吾此室内朗明如畫此非非
相吾將逝焉至廿八日泊如長逝弟子法燈等擗慟靡及安
神於寺西北一里蹤持喪事者繼踵瞻矚助哀者傾城龍鳥
咽而雲悲虞尚慘而雨泣身塔創起琬琰未刊僕與邑西人

偷聞厥事懃越境而訪拙課鄙述以成銘其雄狀龍鱗疊級
□鎔丰插雲漢常對虛空此則萬掌合而欣歸千目迴而悲
仰余不紀矣獨擧德焉偈曰　我師深入度門玄密藏窅然
誰窺焉令解形以示滅吾不知夫所以然
進士韓詮撰　進士董光朝書　趙嶠鐫

潛研堂金石文有目寰宇訪碑錄載之未詳所在

唐六 天寶三載至九載 計六百二十四行 三十二冊

唐十六

汝南袁君墓誌

方一尺二寸二分二十行行二十二至二十五字不等字徑四五分正書

壞　侯

汝南郡袁君墓誌并序
汝南郡袁君者出自帝舜之胄也家傳朱紱代職榮班遠泊
夏殷之後世為諸侯萬葉相慕者矣　曾祖諱通隨任鄭
州新鄭縣令因居此地夫人太原王氏宰武城聞絃哥之遠化
臨葉縣見梟鳥而雙飛勁節不渝歲寒豈媿於松竹器等玉
壺冰淨志冽未謝於秋霜名德猶存身歸泉壤　祖諱翰夫
人陳氏退客[邱]園舍光滅迹樂道知命里人曰賢哉　父
諱大勣志逸煙霞德齊巢許高尚其道不事王侯子孫偕然
夫人滎陽鄭氏宿因儷偶恩重義深四德同於恭姜三從齊
於孟母其儀不忒坤令有聞誰謂隙駟不留桑榆急景蘭闇
芳歇桂樹摧風大唐開元歲卒于私第荏苒歲敘風燭難停
子孫望而不及孝思無窮[翩]也東西不可無所今以天寶三
載二月廿六日改葬于大梁城西南三亭堀前西北去三獸
百步禮也面望長川目杳莽而無際後臨河水仙查激浪而
浮天左帶平原堀巒糾紛而隱嶙右瞻嵩少羣山岌嶪以攢
峯卜良晨而安厝得旅拜之勝境迺為頌曰
寒松暮兮色蒼蒼[邱]壠隈兮近大梁悼流光兮促景[]　恨
甍里兮夜長其二曰　一閉泉壤永別高堂羅東隣兮相杵哭南
奚兮斷腸其三曰　海變桑田陵谷遷遷唯令德兮不朽留金石
兮永傳

唐天寶三載二月廿六日

此誌標題汝南郡袁君墓誌而文不見袁君其人第云
曾祖通隨任鄭州新鄭縣令因居此地夫人太原王氏
祖翰夫人陳氏父大勣夫人滎陽鄭氏其曰大唐開元
歲卒於私第者即承其父母言而不書某年月日又曰
某也東西不可無所今以天寶三載二月廿六日改葬
於大梁城西南云云繹其辭意蓋袁流寓新鄭三代皆
權厝其鄉至是大勣之子舉其曾祖祖父改葬大梁乃
自為誌而銘之其書汝南郡袁君統括之辭也各著夫
人姓望三代皆合祔也卒書開元不繫以年月兼父母
言不能詳也此皆誌例之變然浮文害意序事不達殊
不可以為法

龍瑞宮記
高二尺一寸廣二尺十二行行十五字字徑一寸三分正書在會稽宛委山飛來石上

仙字初稿偏注

潭

宮記

秘書監賀　知章

宮自　黄帝建候神館　宋尚書孔靈產入道奏改懷仙館神龍元年再置開元二年　勅葉天師醮龍現　勅改龍瑞宮管山界至　東秦皇酒甕射的山　西石簣山　南望海玉笥香炉峯北禹陵内射的潭五雲溪水府白鶴山淘砂徑茗塢宮山鹿跡潭葑田茭池□洞天第十本名　天帝陽明紫府眞仙會處　黄帝藏書盤石盖門封宛委穴禹王開得書治水封禹穴

次天寶三載

嘉泰會稽志云龍瑞宮在縣東南二十五里有禹穴及陽明洞天道家以為黄帝時嘗建候神館於此至唐神龍元年置懷仙館開元二年因龍見改今額又云山巔有飛來石其下葛仙翁丹井山南則葉天師龍見壇棲神乃候神之誤又吳越春秋此山為黄帝藏金簡玉字之書處有男子自稱蒼水使者禹因之得導水之法云云此記所述皆與諸書合而諸道石刻録謂刻於開元二年二月則誤以建宮之年為刻石之年矣唐書賀知章於證聖初擢進士歷官至秘書監天寶初請為道士還鄉里書碑當在歸里之後王象之輿地紀勝載此刻而不及其年月是記後本未書年今石上四圍有界線可證也兩浙金石志

按是刻阮志作龍瑞宮記余題為龍瑞宮山界至記者從寶慶會稽續志也記所載秦皇酒甕石至鹿跡潭諸名惟望海不見於志乘輿地廣記云秦望山始皇登之以望東海且正在龍瑞之南是秦望當一名望海而地志遺之賀監歸越在天寶三載史傳稱卒年八十六攷盧象贈别歌序有年八十六而道心益固之語則是年已及其數況肅宗乾元中詔贈禮部尚書使果當年即逝明皇應早有贈䘏疑唐書誤以辭官之歲為徂化之年也特肅宗詔内秖稱越州千秋觀道士而不書官記中反署舊銜似非先生遺榮本色寶慶志云不知何人所記是先生於此記僅為一書或尚在居官之日乎宋志稱宮内有重刻本今宮已久圮碑亦不存予兄菊生丙杰嘗於道藏中鈔得龍瑞觀禹穴陽明洞天圖經一卷因篇帙寥寥難以單行今附録於後以資考證杜春生越中金石記

龍瑞觀禹穴陽明洞天圖經　宋翰林學士李宗諤修定

會稽龍瑞觀在縣東南一十五里即大禹探靈寶五符治水之所唐神龍元年置懷仙館開元二年勅葉天師設醮而龍見因改賜今額　會稽山在縣東一十二里揚州之

鎮山曰會稽山海經云上多金玉下多玞石一名衡山輿
地志云會稽山一名衡山其山有石狀如覆鬴亦謂之覆
鬴山皇覽曰會稽山本名苗山越傳曰禹到大越上苗山
大會計爵有德封有功因而更名苗山曰會稽史記封禪
書云禹封泰山禪會稽黃帝〔玄〕女兵法曰禹問風后曰吾
聞黃帝有冒勝之圖圖六甲陰陽之道今在乎風后曰黃帝
藏於會稽之山其坎深千尺鎮以盤石又適甲開山圖圖曰
禹治水至會稽宿於衡嶺宛委之神奏玉匱之書十二卷
以授禹禹未及持之四卷飛入泉四卷飛上天禹得四卷
開而視之乃適甲開山圖圖因以治水訖乃緘書於洞穴按
黿山白玉經曰會稽山周廻三百五十里名陽明洞天一
也唐開元十年封四鎮爲公故會稽山爲南鎮永興公
宛委山在縣東一十五里適甲開山圖圖曰禹開宛委山得
赤珪如日白珪如月長一尺二寸吳越春秋曰九山東南
曰天柱號宛委承以文玉覆以盤石中藏金簡書以青玉
爲字編以白銀禹東巡狩至衡山血白馬以祭之見赤繡
衣男子自稱〔玄〕夷蒼水使者欲得簡書知導水之方請齋
於黃帝之嶽禹齋登山發石果得其文乃知四瀆之限百
川之理遂周天下而盡力於溝洫矣一名石簣山輿地志
云宛委山上有石簣壁立干雲升者累梯而至　射的山
在縣南一十五里孔〔曄〕會稽志云射的山畔有石室乃仙人
射堂東峯有射的遥望山壁有白點如射的土人常以占
穀貴賤故語云射的白米斛百射的〔玄〕米斛千西有石壁
室深可二丈遥望類師子口人謂之師子巖即仙人射堂
也　箭羽山在縣東一十六里孔靈符會稽記云此山有
射的山西南水中有白鶴爲仙人取箭因號箭羽山　鄭
洪山在縣東三十里後漢鄭洪字巨君會稽山陰人也孔
靈符會稽記云射的山南有白鶴山此鶴爲仙人取箭漢
太尉鄭洪嘗採薪得一遺箭頃有人覓見洪還之問何所
欲洪識其神人也曰常患若溪載薪爲難願朝南風暮北
風後果然故若耶溪風至今爾呼爲鄭公風亦名樵風
自龍瑞觀以下并山並見越州圖經臣樞伏覩唐開元以
來洎聖宋每年春遣使投玉簡放金龍於陽明洞即大禹
治水藏書之穴也方於治平年間羅此禮臣樞又伏覩〔圖〕
州真〔圖〕縣圖經載仙人之事言唐明皇夢身在羅互與羣
仙會尋訪問〔圖〕州真〔圖〕縣有羅鄉互里乃遣使往彼求訪
神仙無所得疊惶間遇一老人問其所求乃指使者曰隨
我行及前忽見老人化爲白兔入地穴使者隨而掘之獲
二十七玉仙人人各面前有一牌並列姓名得道處若鄭
思遠泰山得道荀安禮華山得道並齋歸京師入内道場

供養備見事實此粗記其略貴亦知其大槩耳政和四年
二月越州特奏名進士勅授濰助教臣葉樞謹記
賀季真善草隸紙纔十數字世傳以為寶此刻磨厓有
瘞鶴銘及熒陽鄭文公諸刻遺趣溫飛卿謂祕書省有
季真草書詩筆力遒健風尚高遠蓋不獨美其詩也兩
浙金石志云書碑當在歸里之後杜禾子以其署祕書
監舊銜非遺榮本色謂當在居官之日其說甚長今以
無年月可徵仍列天寶三載求還鄉里之年

北嶽恆山安天王銘并陰側題名天寶七載五月廿五日 萃編載卷八十八缺額側
大唐北嶽恆山封安天王之銘篆額 字徑三寸餘 行十二字
左羽林軍兵曹羽作羽 兵作兵 曹作曹 下兵字同 䍐題篆并䍐作 水行佺鎮佺作
作金 下凡金字同 柱 王國一少空一格 取諸恆也恆作恒 下同 明明作明 下同 於作於 下同 梁兆兆作兆 柔 摠其靈摠作摠 下同 其禮禮作禮 王冊冊作冊 驃騎驃作驃 潭潭作潭 者
方扆禮禮作禮 扆作扆 桑桑作桑

碑陰
天寶丙戌歲博陵太守九門 賈公名循字良紹此第一列
之前行在皆副將媯川 一行之前全行脫漏 王者謹也謹作謹 往 故吾 君崇其
秩禮一少空一格 載刊 曆冊一少空一格 憂五月憂作夏 下同 鄭卓然然脫
天寶七載五月廿五日
字 劉從一 誤庭 誤
登仕郎守岳令丁子琦其載七月一日止 此行正書係立碑後題名之人應接附於後
大宋咸平五年二月二十七隨從□□□靈道場七晝夜
東京員寮右直副指揮使郝贊此三行自左而右王氏誤倒之並闕郝贊二字
按權縣尉馮澤題名別見於宋北嶽安天王廟碑陰為
政和三年九月二十三日記政和三年正癸巳歲也此
碑兩題名年月日皆與之同王氏怪其同一日事而兩
記之不知其且三記之也其以癸巳為建碑後五載者
誤

邵福漢此字下有石碑字樣 供名新版云此本寫正

陽

碑兩側題名四段
廣七寸三分均正書
康英傑等題名在一側之第二截七行字徑六分
勑開成三年十月□日立冬祭瀆下
初獻將□郎前守□□縣尉□錄□□軍□□
亞獻承奉郎試左武衛兵曹□軍□曲陽縣令□□
終□文□郎試太子通事舍人□曲陽縣尉□實
陪位官鎮遏都□□使銀青光祿大夫□校太子賓客康英
傑
右器仗第一將□殿中監曹□□

□□將試殿中監和士用　□士齊□書
李暨題名在康英傑等題名之上五行左行字徑一寸二三分
□□判官前監察御史裏行李暨
會昌二年七月廿五日奉府公八座之命至此時
前進士李蟠□有期□至
大中殘題在一側右邊一行字徑六分
大中八年十月八日
王處□等題名在大中殘題之下截五行字徑五分
此刻僅見八字餘疑爲宋人磨去自鎸所題矣
維天祐三年歲次丙寅十月辛巳朔十二日壬辰立冬准

國

勑祭
初獻□武軍節度易定祁等州觀察處置北平軍等使光
祿大夫檢校太保同中書門下平章事使持節定州諸軍
事兼定州刺史上柱國瑯琊郡王食邑三千戶食實封壹
伯戶王　處□
亞獻節度推官兼判勾掌叅謀事朝議郎檢校尚書屯田
員外郎兼侍御史柱國賜緋魚袋李　應□
終獻文林郎守定州錄事叅軍郭　琛
碑兩側有唐題名四宋題名五萃編不載蘭泉先生謂
金石録載碑陰未見碑陽盛時泰元牘記又但見正碑
而不載碑陰可見得全碑之難然先生具載兩面而獨
及兩側仍遺之今始得覩其全以補其闕誠哉其難也
題名諸人姓名未泐者曰康英傑曰和士用曰王處□
曰李應□曰郭琛曰李暨曰李蟠惟王處□即處直李
應□即應之略可攷證處直義武軍節度使處存之母
弟處存卒子郜繼鎮定州光化三年朱全忠遣將張存
敬攻定州郜奔太原處直留後與張存敬盟師退全忠
表授旄鉞天祐元年加太保此此刻在天祐三年正其時
矣北平軍以本州刺史兼使有唐初制如此此同中書門
下平章事開元以後節度使每以此此寵異之李年蕃鎮

遂以為例傳於處直雖不言同中書門下平章事而會要昭宣帝使相有王處直與此正合處下泐一字為直無疑傳稱封太原王碑稱瑯琊王自當以碑為正天祐十五年再修文宣王廟記處直結銜太師中書令北平王則入梁後官爵也李應之見舊五代史王都傳以左道醫王處直疾處直神之假以幕職出入無間署為行軍司馬軍府之事咸取決焉此即所謂掌參謀事也其為行軍司馬尚在此題之後耳李蟠有咸通元年華岳廟祈雪題名後此十八年時為左諫議大夫疑即此人宋人題名別錄入宋

靈泉寺僧元林神道碑

兩面刻高四尺九寸廣各二尺八寸七分凡四十四行行三十二字方界格徑一寸五分行書在安陽善應山

唐故靈泉寺[元]林禪師神道碑并序

監察御史陸長源撰

法本無生之謂真心因不染之謂穿執有求真之謂著體真歸穿之謂如非夫善發惠源深窮定窟何足以大明觀行獨秉禪宗使空惠兼脩空有俱遣道流東夏聖齊北山我禪師諱[元]林堯城人也俗姓路氏黃帝之後封于路國因而為氏捕虜將軍端[見]為後燕錄豫州刺史永出晉中興書遁種子人嗣有明德禪師禘靈奧岸神氣雋遠生而克岐弱不好弄初遊神書府精意儒術覩百氏之奧窮九流之源平叔之疑義兩存康成之未詳多闕莫不窮賾至妙剖拆[元]理渙若冰釋朗然雲開至如枝拒蹴張步騎彈射人則曠却藝皆絕倫後讀阿毗曇藏遂發心入道依龍興寺解律師學業依年受具隸居靈泉佛寺摳衣之歲惠遠即風雅書生落髮之年道融乃聦明釋子以戒為行本經是佛緣雅閑持犯克傳秘密學者号為律虎時人因為義龍推步渾儀昭明[歷]象天竺跋陁之妙沙門法顧之能道契生知理符神授既習空觀遂得真如身常出塵心則離念將在此以超彼不自利以利他不來相而來不見相而見梵天香以崇發[宏]願鳴法鼓以召集

唐天寶八載二月十五日

發

有緣聲振兩河教被千里樹林水鳥竹箄稻麻顩結道緣爭
味禪悅雖先生梶子市夫杏壇攝齊之徒未是爲瑜於是廣度羣
有大庇庶情應悟攝心隨分獲益大雲含潤草木無幽而不
芳明鏡懸空妍蚩有形而各地當至城邑因過巷肆屠說傳
刀酒趙釋爵擁路作禮望塵瞻顏師必款曲以情悅可其意
捨貲財以攝其利言力役以勤其生漸去客塵令入佛智有
苛吏敗俗蠹政虐人伏以剴强示之簡易見方便力去貢高
心破其重昏歸以實相夫學偏者量褊道廣者業宏禪師智
括有情德通無礙體含靈韻性有異能妙窮音律雅好圖畫
季長公瑾別有新聲凱之僧瑶皆德眞跡以是好事君子翕
然向風檀爲施心居無長物有流離道路羇旅風霜鄉隔山
川親無强近飢者推之以食寒者解之以衣人中之急難法
中之慈濟也景龍三年　　勑追與僧元散同爲翻譯大
德累表以上正面懇請　　詔許還山禪師自居此寺凡六十
年或宴坐林中累日忘返或經行巖下踰月不還跡異人間
行摽物表每遊峯選勝建塔崇功鷲若飛來鷹如踊出宮窯
杖標之所得自神人破塢移燈之處傳諸耆老今山上數十
處有窣堵波者即其事也自金人入夢白馬負來譯音議於
天竺布文字於震旦是爲教本寔日道因禪師遍寫藏經以
導學者德實無量行非有涯不惟揔持辯才禪定智惠而已

故騰聲洛下獨步鄴中齊達嶽之大名繼稠融之遐躅噫日
月大地咸歸有盡之源河海高山不出無常之境天寶五載
十二月十日因閱僧務詣至德里迴首西方端坐如定不疾
而化春秋九十餘僧臘七十一日黑震驚車徒奔集雷慟雨
泣谿谿隘谷塡山學以其月十七日遷靈坐于本寺禪師眞身忽
然流汗是知因生有滅乃現眞空示聖出凡獨標靈相以八
載二月十五日即身塔於寺之西北隅以安神也其夜霜霰
雲凝山川草木皓然如素東帶雲門西連硖谷一佛二佛前
身後身接林嶺之風烟成鄴衞之松栢禪師洞合神契妙通
法源義則解空智能藏往先是寺中新植衆菓弱未成林悉
執
令沙弥扶之以杖其夜大雪折樹摧枯唯時小枝不動如故
師之冥感多此類也門人等味道通經連州跨境歸宗雖倍
入法益稀三千門徒皆傳經於闕里四百弟子空聞道於襄
陽弟子大通親奉音塵常陪庭院承宮之歲初執勞以求師
智稱之年載弃俗而從道調九候以除五疾明六度以伏四
魔感自舊恩錄茀故事龕塔山古霜露歲深虎溪爲陵高嶽
不亡於別傳龍山若礪盛德長存乎此詞其銘曰
執有非有觀相非相日離諸妄得法捨法悟空非空是出羣
蒙日景常朗雲藏其耀無雲自照佛性常在欲生其塵無欲
爲眞無相捨有出空離法大師宏業觀日除雲無欲歸佛大

師秘密茫茫羣有溺于中流濟之以舟舟々八苦沒于五濁導之以覺因心發惠惠契于定道澄其性弗緣有生生歸於無理不存軀恒沙一刼葳舟閱水真身去矣連崗萬古雲門靈泉飛塔歸然

碑側

廣九寸五分六行行二十一字字徑一寸正書

安陽縣南平村信士李智平游寺覩禪師碑建立已來歷年綿遠風日曝裂贅座湮沒謹捨淨財命工出拔復新搆亭蓋護以永其久伏冀存亡父母得悟无生眷屬安康同登覺道見聞隨喜發菩提心法界衆生獲安樂果宋大觀元季四月望日住持寶山靈泉寺僧福澄記

南平村王氏男李智平弟惇沖齊悅從　洞天鄀宗儀刊

右碑無書人名氏其字勢勁拔類李北海初瘞土中募役夫出之前列監察御史陸長源撰長源舊唐書本傳乾元中陷河北諸賊因佐昭義軍新唐書亦云始辟昭義薛嵩幕府蓋長源於此時從薛嵩故得在相州撰是文而新舊兩史皆不著為監察御史是於佐幕之職從略矣碑載元林禪師堯城人俗姓路氏依龍興寺解律師學業居靈泉佛寺景龍三年敕與元散同為翻譯大德衆表懇請詔許還山云云龍興寺見河朔訪古記彰德路北關外古寺坊東龍興寺前壘碑一通是為隋龍興寺也又云齊達磩之大名繼稠融之遐躅稠即稠禪師太平御覽引談藪曰北齊高祖多殺戮有稠禪師者以業行著稱碑所載即指其人新唐書藝文志有稠禪師傳一卷其為當時信奉著稱於人如此安陽金石志

厚第四行端下泐字安陽志作見二行獨秉禪宗志誤作定十九行僧繇碑作瑶志改繇未審碑陰五行智惠志誤作慧十七行長存志誤作常銘第三行秘密志誤作密秘按河朔訪古記湯陰縣有古壘碑亦陸長源撰記今佚

此與景昭法師碑貞元三年皆陸長源撰並載全唐文碑無書人名以全唐文校之時人目為義龍此作因為凱之僧繇此作僧瑶皆得真跡此作皆德皆書碑者之誤白馬負來全唐文作員則板本之失校者也安陽金石志獨秉禪宗誤作獨定盛德長存乎此詞誤作常存銘中大師秘密誤作密秘又禪定智惠而已作智慧唐以前碑以惠為慧者甚多古通用不必改也河朔訪古記湯陰縣有古壘碑亦陸長源撰記今佚全唐文亦無之其會善寺戒壇記則已見萃編

難

石槽欄頌并題名

高一尺餘八面 面廣各一尺二寸 頌一面 題名四面 行數字數不一 字徑六分至八九分不等 正書 又宋人題記一面 餘二面無字 在京師偽方家

石槽欄頌
夫功者善也德者義也仁者信也井者濟也四者既備□□
難□令合□清信仕等並宿樹義□□□□□□□□□□□
拔淨財博召良工共□義井□石槽欄□□□□□□□側
臨東西大路其井也則□□□□澄□□□其欄槽也
則□□□□同□□□而不朽自興之後則□遠□十里人
□□□渴之塗中□何可說諸□功德□□□□非生□福

唐天寶八載七月十五日

田□功祐泉壤銷自□□□□乎西邑遇此□□並里仁為
美勝樹□国功施已成鐫題載刻以銷□子□課菲才□□
□□□敢為□頌其詞曰

頌約三行磨滅無一二 筆派似當日未鐫刻者

右一面

大唐天寶八載七月十五日建
龕主劉[元]之姊比[丘]尼摩兒妻郭　男騎都尉元子男飛騎
尉元貞元休孫鄉博士儀之二郎適之供養
施主劉思琢妻夏侯男阿興孫先璋先□　太原王侍貢妻李
男仁嶺妻劉孫主仁　施地作義井主趙仁[瑛]妻劉男暢生

孫

妻劉孫男有威孫女比[丘]尼利念孫女仕安供養　清信士
劉待舉妻齊男同貴男同靜　貴妻祝靜妻薛孫男零凝
妻趙泐零超零異超女鵝兒女鴨子泐談男零□零曜女大
娘　清信士劉□□妻楊男暢仁妻泐孫男　孫
女大娘妻母劉

右一面

都井欄主張秀恭
祖元□祖母李父道璋母劉米妻李劉維那主騎都尉男唐
俟男護軍唐賓男同恩空賓妻許俟妻李□□□□□□□
□□文育孫女仵兒　武騎尉□□順妻趙男璨子令宰令

餘□□□□□妻□□□□孫女四兒　後空
□□□□騎都尉趙□仁亡父□現存母劉妻□□□昇
□日昂女大娘亡女二娘合

右一面

井欄主井維舭中山劉令璋　曾祖仁期曾祖母張　祖待
貢祖母張父先愛母王□嘉庭妹□進庭妻□□令賓男□
之男宏琳進妻郭女小姑□□□□□□供養
□主劉□□妻李弟英起妻王上泐琢王妻張男名□上泐男高
言高見　琢妻王　上泐惠雲惠日合家供養□□主□□□
□大娘為亡過父母及亡夫上泐女光子等供養佛時　□□

過

弍

郭□□妻王男庭金男庭璡供養□□□□陵公孫荏□光
巳父元超　□母張　妻張　女三戒

右一面

井欄主井維舥劉京呂
曾祖仁着　曾祖母房　祖英漢　祖母齊　父騎都尉行
過母郭　呂妻齊男如氷男如玉男如珎　張氏姑二娘
夫智誠合家供養劉元□妻張男景昭妻李孫男利□劉阿
八　妻張李男蘭猪妻王孫利言雲騎尉劉阿敏妻王　女
摩兒　上柱國劉英協妻□　男馬子妻祝孫男庭光女□
□下空　協男行成妻李□□□庭金妻祝比丘尼普覚弟子
空

常山郡行唐縣人侯　思疑

右一面各有界列
刪改高在尋身

井欄圍九尺六寸年陛橋葦致其家頌無筆蹤蹤可見似當
時未嘗刻者撰人槿見序尾自稱田銷不知何姓別有
宋人題記一面次滈化五年

兩

石門山詩刻五　在青田

郭密之謝公石門山詩　高一尺四寸五分廣一尺三寸右上角斜闕十一行行存六字至十二字不等字徑八分正書

使永嘉經謝公石門山作
諸暨縣令郭密之
絶境經耳目未嘗曠躋登一窺石門險戴滌心神憯洞壑闕
金澗敲崖盤石橋陰潭下羃羃秀嶺上層屬千丈瀑流蹇半
溪風雨恒興餘志每恆心遠道自弘乘軺廣儲術祇命愧才
能輟棹周氣象捫條應騫崩忽如生羽翼悅若將趨騰謝公
今已矣我來誰与朋

唐天寶八載十一月

時天寶八載冬仲月勒

又永嘉懷古　高一尺八寸餘廣一尺八行行十七字字徑八分至一寸正書

永嘉懷古
諸暨縣令郭密之
永嘉東南盡倚棹皆可究帆引滄海風舟沿縉雲溜羣山何
隱磷万物更森秀地氣冬轉暄溟氛陰改晝緬懷謝康樂伊
昔茲為守逸興滿雲林清詞冠宇宙嘗遊石門裏勝跡究如
雋峭壁苔蘚濃懸崖風雨飃巖限餘灌莽壁畔空泉瓮物是
人已非瑶潭悽獨湫

雲

右詩刻二種在青田縣石門洞磨崖嘉慶元年二月臨海

令華氏瑞潢過此搜剔出之按二詩全唐詩未載邑志云郭密之於天寶中令諸暨建義津橋築放生湖溉田二千餘頃民便之舊志止載後懷古詩題作石門山而無前詩未見石刻也兩浙金石志

郭密之五言詩二篇前人錄金石者皆未之及今芸臺中丞兩浙金石記始著之詩古澹近選體石尚有徐嶠張愿詩刻皆開元天寶間人崖石鑱猶惟姓名僅存詩句莫能辨識矣錢大昕養新錄

石門山唐郭密之詩刻余友芝庭以贈李金瀾先生者阮宮保兩浙金石志亦載此詩其永嘉懷古詩計缺一十有一字此拓惟缺二字又前詩徜字作仕後詩棹字作櫂伊字缺注引郡志作風守字作壽宛字作定按志宛字未嘗作定此拓一一明顯俱爲核正不可謂善本手然數年來屢被大水所沖其字跡已不如芝庭前所藏之本矣栝蒼金石志王尚唐

拓本二紙前詩缺若上一角據栝蒼金石志補之後詩惟末行辟字全失畔字右半尚存餘皆覩而可識而兩浙金石志乃缺十一字譌二字蓋所據搨本過劣也栝蒼金石志成於道光十三年所錄前詩猶未損裂乃上距唐天寶一千餘年文字完好今相去六七十年而殘缺已三之一余嘗謂金石之壽古人託以示後世然惟沈霾土壤或幽岩絕壑人弗能知乃得歷久無恙及出而顯諸世即未有能久完者摩崖諸刻若封藤結迹晦而天全一經好古者翦薙剔蘚洗刷呈露椎搨足以傷其質風日足以剝其膚故處晦千年而不摧炫迹數十年而已敗金石且然是可鑒已然則後人之傳之也不適以毀之乎雖然上自三代下至近數百年凡見於歐趙已來金石諸書者問其物百不存二三而其遺文軼字流傳猶在人間則著錄之爲功豈淺尠哉其存其軼數也物雖軼而文則存起古人而質之其不余病也決矣

兩浙金石志云二詩全唐詩未載按全唐詩第十二函第九冊補遺有郭密之詩一首即前詩也阮公偶失檢耳全唐詩恒作絙徜作峙皆誤字載作再棹作櫂皆異文絕境作錦境謝公作謝客兩浙志亦作客今拓本並闕未知孰是

徐嶠詩殘刻高一尺六寸廣存五寸三行行十三字字徑八九分分書

遊石門山

勅採訪大使潤州刺史徐嶠

維舟青溪泊徐步石門瞻竅屆際嵒洞空□□□□□飛下

習坎響第四行下五字存右少半亦不可辨

栝蒼志第三句際作偕非第四句末一字作纖諦審搨
本形殊不合其下一字頗似纖然左無糸形
張愿詩殘刻在徐嶠詩之下高二尺餘廣存七寸四行半行十九字字徑一寸正書
題石門山瀑布八韻敬贈　□□□公并序
吳郡守兼江東採訪使　張愿
所歷名山觀瀑布者多矣石門飛流若布遠近如□□□□
□□□□□□百步石壁千尋激流成□□□□□□□□
□□□□□□□□□有時缺後
右詩刻二種在青田縣石門洞石壁俱為宋人大書題名
於上鑱損殆盡徐詩首二行尚可辨然亦不能句讀矣按
徐嶠為齊聃之孫唐書附齊聃傳云堅子嶠字巨山開元
中為駕部員集賢院直學士遷中書舍人内供奉河南尹
封慈源縣公不言其為潤州刺史乃史文之畧張愿史傳
無攷惟蘇郡志載其名按唐書開元二十一年諸道置十
五採訪使檢察如刺史之職徐嶠張愿皆以郡守兼此蓋
皆江南東道採訪使也蘇州本隸江南道天寶元年改為
吳郡又改刺史為太守徐嶠之刻當在開元二十一年之
後張愿之刻當在天寶中也錢宮詹云瀑布瀑今人多从
水旁此刻獨从日旁攷說文瀑疾雨也一曰沫也一曰瀑
賁也詩終風且瀑是瀑有三義山泉自上出曰瀑布不見
於爾雅且取其疾如瀑雨其白如布則从水或取其下垂
如瀑布之懸則从日於義得兩通也兩浙金石志
右徐嶠張愿二詩一存詩二十一字一存序二十七字
餘皆不可復識而兩題銜並無恙字較小於詩兩浙金
石志以嶠為徐齊聃之孫堅之子謂傳不言其為潤州
刺史乃史文之略愚按唐有兩徐嶠時亦相近舊書徐
浩傳父嶠官至洛州刺史按浩神道碑作洺州新唐書作嶠之金
石錄載唐永豐陂堰頌為其撰書高行先生徐公碑為
其所書二碑今佚金仙長公主神道碑為其所撰○○欽定
全唐文收徐嶠文二首一即金仙長公主碑一為洺州
帖敘略云嶠新唐書作嶠之字維嶽贈吏部侍郎師道
子歷趙湖洛潤三三當作四州刺史入為中書舍人大理寺
卿與是刻結銜潤州刺史適合然則此詩乃浩父嶠所
作未可遽定為堅子嶠也新書稱浩父作嶠之浩神道
碑追敘父名亦作嶠之其撰書各碑並嶠之者竊意嶠
之本名嶠以字行唐人所恒有者耳觀洺州帖署款曰
弟子徐嶠和南無之字而又嘗為潤州刺史以此當是
刻之徐嶠似較堅子嶠為碻宦游無多書不能得全唐
文敘略之所本存俟再攷張愿一刻第三四行有前人
題記為所掩蓋細審之自歷字起至飛字止字裏見奉

三行合并低一格

和（空二格）□大使遊石門山九字餘皆不可辨也

闕名和徐大使詩殘字（在謝康樂石門最高頂一首內行不辨幾字字徑寸許正書）

奉和徐大使遊石門山（從謝詩前一首末句智者二字之旁起）

□監門（滅約五六字）弼（攙在登石門最高頂一行內弼字與言字齊）

（三行）寵命□呂（在壁夕息在山五字旁）

（四行）臨（左丰疊長字內）

（五行）希飛流（在溪長林三字左）

（七行）凋（在啼沈二字右三行無一字可辨後）

攝採訪判官趙□金　叅軍□□□（以下二行在謝詩末行後）

□□乾元元年（下滅約十字）

謝康樂登石門最高頂一詩爲宋王起等大書題名所掩此刻攙謝詩之中滅沒尤甚栝蒼金石志漏未審出鄒柏森校補之亦未載□監門云云一行及末二行也唐書左右監門衛屬有長史諸曹叅軍等官此刻銜姓缺失不知名弼者何官採訪判官者唐置諸使各設判官採訪使固應有之開元年所設十五道採訪使至乾元元年改爲觀察使此刻猶在未改以前故云

莊嚴寺石燈臺銘（八面下截斷缺高存一尺五寸五分每面廣三寸一分各四行序銘每行存十字至十二字不等銘後題名字數不一行書其上一列題名亦每面四行字均徑五分又其上一列正面佛像一左右二面侍佛像二並供養題名餘五面亦皆題名字較小均正書）

大莊嚴寺莊所石燈臺銘

夫太虛寥廓也藉乎日月之（闕下）乎□燭之光每至陽烏戢耀

（闕下）之晗朧照玉毫之艷彩念（闕下）塔以凝暉崇燃此燈置之（闕下）

其臺發陇崑崗採求玉石（闕下）英名□□□即躭兩楹剎外（闕下）

琢磨今日成建其臺砌也法（闕下）之飛來象寶幢以疊重疑（闕下）

座色色別生露蓋雲樓層層（闕下）皇帝下及蒼生蠢動含靈同

唐天寶八載

（闕下）□道恩合邑人褚庭等並願（闕下）乘般若之□船登□□之

彼岸恍（闕下）□□濁惡□□不捨此心同（闕下）式觀彼塔希如此

臺花幢重（闕下）湧出天上飛來火□朝朗燈（闕下）□成若月清□

光舒六道（闕下）下□□情慧炬破闇應劫□（闕下）□□遷世間壞

散何者當（闕下）壽如天願生彼方離此蓋纏（闕下）剎前卓哉其臺

應□（闕下）鈎字同玉潔雕刻臺（闕下）乎太初銘存不滅

大唐天寶八載（闕下）

□大（泐下）

右燈臺主右羽林飛騎上柱國（泐下）

左燈臺主張□郎　左副燈臺主（闕下）

□□□□主上柱國張庭芝母惠 妻闕下
都大燈臺主登仕郎守少府監□闕下
花主王如玉母惠　花主王信女六娘
姪兵部常選上柱國如玉燈盞主王信
寂大燈臺主新平縣令上騎都尉王靜
右環刻石臺八面
像主張足女大□ 像主張子溫母□□張□□母惠 花
主張□□母□ 邑人魏□□ 邑人張四郎 邑人張光
明 邑人張漢兒張小恭妻游 邑人劉滄江 邑人張崇
俊 邑人惠令超 □□□□□ 邑人張楚璧 邑人趙
□□ 邑人張□□ 邑人趙□□ 北門張元□ 文林
郎張□之 打鍾人蔡□ 施主張行□ 花主張阿師母
□ 張志一褚思□ 褚光朝弟□□ 邑人趙景□ 邑人
張信行 邑人張大□ 邑人張□□ 檢校□□□ □
□張如玉 郭□毛妻惠 邑人褚揚庭
右題名在銘文之上
張璧妻馬供僊 張璧女十八娘佛像旁二行在最上一列 張如玉母
趙 張□順母王 張令博母荊 張□□母王 張阿全
母孫妻惠妹六娘 張阿□母□ 張阿□妻□女五娘男
守詮妻惠女大姊□二娘□□□ 燈主張休祥 張知古張
男

如珪弟□九弟□□ 張長□妻田 守貞妻惠 田行同
妻任 □子奇張阿詮 張阿胡弟阿雲 □□寵妻□
右題名在最上一列

題名結銜有右羽林飛騎有登仕郎少府監有新平縣令六典左右屯營龍朔二年爲左右羽林軍會要垂拱元年五月十七日置其軍士曰飛騎登士郎正九品下少府監下當尚有錄事等字也新平縣屬關內道邠州

張楚璧等建陁羅尼幢記

搨本高一尺八寸八面面廣五寸八分各五行行十字至十四字不等字徑一寸行書題名行字不一字徑四五六分正書

尊勝陁羅尼幢記并序

尊勝陁羅尼者蓋是無為之秘淵摠持之園苑眇莽無眹理道言象之表謂其有也希怡絶於臈聆謂其無也有祈而必會必會不可言之無絶聆不可言之有此乃不思議之穿變惚恍難摸造之者獨仙遊乎其中會之者唯般若之元鑒然慈昏生之長溺假竹帛以證之淨名猶是末會以論言生智尚望涯以退黙況悠悠庶品世智而能談惻歟是有信士張楚璧張懷璧張庭芝等信心曩劫仰託元門屬四方不聞黎人塗炭憑茲幢之威力靜遐劫之氛㝠是以採名石召良工累歲磢磨今日成建其幢也上圖像軋濆之功下方擬坤之普載行分則猶胃華之妙彩鏤銀字若文星之點碧空諷味者無善而不臻瞻仰者無殃累而不蠲其功也頗筭其利也難量龍神四遠以護持賢聖雲飛而證實既居形勝冀長劫之永安頌曰

湛寂真趣眇莽無為摠持寄号般若冥期悟物非言竹帛揚詮淨名杜黙蓮華莫宣信士天真至悟元門名山採石遠訪工人累稔積功剋就真幢字銀寫漢妙胃難雙稽顙祈誠隨之秖靈殃無不弥福無不盈雜沓龍天雲飛聖賢制茲幢兮永固與當劫兮良緣

唐天寶八載

造幢剋字人白希琳

上都莊嚴寺沙門法鏡述

幢主張秣夏　張庭璧　妻馬氏　女十八娘　幢主張楚璧　妻田氏　男希鄭　新婦田氏　孫女三娘　孫道田十一娘　幢主張秣賢　妻屈氏　女尼惠照　幢主張懷璧　妻惠氏男僧日暉　幢主張庭芝　妻趙氏女二娘姪伯英　男僧日興　孫長壽　張二娘　幢主張八娘　幢主張十一娘男芬　幢主張琛妻權男秀寶妻權孫女大娘　幢主張思泰　妻馮氏　弟行珎　女田氏　女翠

田崇瓊妻張氏妹七娘　幢主僧法行　僧睿正　幢主張行言妻紲氏男阿師　幢主張惠廣妻王氏幢主稍陽庭妻張氏女大娘女五娘男光瑤　幢主尼海性　幢主王仙妹二娘　張漢兒妻田　王思莊妻党

卽稀張惠廣妻王氏字

右題名在第七面及第八面記後

邑人張闕　張四郎　張運　張希芝　張光奇　張大足

右在記文前七行之下

張令暉　張如璧　游石胡

幢主張祇異妻□女茸党全妻張氏女六娘女堅勝

右在記文之末題款二行之下

幢無年月日未詳所在造幢人張楚鮮張庭芝題名中
褚陽庭張漢兒及張庭璧妻馬女十八娘皆見天寶八
載莊嚴寺石燈臺此幢亦莊嚴寺沙門法鏡述是與
石燈臺同在一寺亦天寶年所造矣尊勝陀羅尼經當
是別刻一石故此幢無之以其無經故敍次石燈臺銘
後不與經幢類列

漢

清河郡太夫人張氏墓誌銘

高約一尺八寸廣損是二十三行行二十三字徑五分餘正書京師工部郎中端方藏有搨本

唐故清河郡太夫人張氏墓誌銘并序

朝請大夫行少府監丞索元愛撰

夫人姓張氏故朝散大夫林府君諱仁瑋之妻銀青光祿大
夫行內侍□□之母其先魯國張王之裔也本自軒皇肇曰弦
木錫姓之□□□鶺成印探鳩得鈎族茂之徵也漢重詞賦
晉推博物令緒之美也其後懷才蘊德何代無之曾祖仁欽
昔日之歸田服先疇之畎畝祖命父師並德業不墜禮義興
行正性遙遷□□人受之矣夫人生而聰慜長而婉順爰自

唐天寶九載五月九日

笄年作嬪林□□府君也迺移天而展敬撫內侍也竄掘地
而如初教以忠良兼之孝義雖王陵之親陳嬰之母無以勝
也　開元十一載封南陽縣太君至　開十七載進封清河
郡太夫人簪翠□飾珩珮之響動必合禮言必合度三從表
其貞順六屬欽其厚德　開元廿七載而府君先逝食不變
味飲不變皃近七寶臺寺祀敬無窮居一剎舥時念誦無數
天寶九載二月寢疾三月十九日傾逝于光宅里第春秋八
十有一即以其載五月九日還窆于咸陽畢陌原臨府君之
舊塋禮也長子銀青光祿大夫行內侍清河縣開國侯上柱
國招隱次子朝議郎守慶王府司馬上柱國有鑒次子昭武

挍尉守京兆府通樂府折衝都尉上柱國賜緋金魚袋招德
等號天罔已泣血無聲毀不滅性杖而後起恐幽壚之莫紀
故勒石誌之銘曰
利渠之後畢陌之前卜其宅兆誌彼幽泉既銘美德用表遐
年子孫瞻望松栢生煙　男有鑒書

唐清河張氏墓誌銘天寶九載索元愛撰男林有鑒楷書
見金石表　書畫語　佩文齋

右張氏誌顧亭林金石文字記有之以後金石家均未
著錄午樵水部藏有翦標本筆意與（與）塼塔銘絕近盛唐
書家多辭香河南林有鑒當時無書名而能事如此（此）非
後來所（所）可及石高廣尺寸就每條粘處（處）度之原石存亡
不可知矣夫人長子林招（招）隱官內侍中官也次有鑒慶
王府司馬慶王明皇長子本名嗣直開元三年由郯王
改封慶王改名潭二十四年又改名琮天寶十載薨有
鑒書此（此）誌在前一年也次招（招）德京兆府通樂府折衝都
尉京兆軍府百三十一新書止舉（舉）十一通樂府佚名中
之一也長安志光宅坊在朱雀街東本翊善一坊之地
後分為二畢陌顏師古漢（漢）書劉向傳注在長安西四十
里

李系墓誌銘
方一尺四寸二十三行行二十
三字字徑五六分正書在洛陽出土端午橋中丞購得之

故隴西李府君墓誌銘　并序
前崇文館進士析成撰
君諱系字系隴西成紀人也氏冑之起煥乎方書周隋之先
欝為鼎族我唐之際幸稱　皇枝資蔡瓊根朱之比也曾祖
諱德鞠　皇撲等兗州刺史祖貞實　皇朝散大夫尚書工
部員外太子舍人父庭訓　皇朝議郎濟南郡禹城縣令皆
敏識霞騫英情天逸不然挺貞標之節袖尔峻朗掖之風宣
伯康平樂賊有不倘之合林龍格正清能蓄齊隋之名公即
禹城之長子公行不軌俗學窮師心昂藏古風散誕自得頃
者府君寀化禹城之即世也公危惟內疚毀外彰執禮三
年加人一等時　太夫人攜孤返洛侍從將行稽顙山門已
泣鳥棠之血板輿歸路闇忘閔子之心公撫令弟曰兄弟二
心足慰母心墳閡千里星霜歲深遂餚駕辭親及廬齊國且
封且樹一十餘年天不鋤善賊于名賢天寶七載五月廿日
寢疾終於濟南郡禹城縣春秋卌八權殯於　初君之塋側
今而歸之孝有終也季弟啓府君之故陸亶公之舊殯天寶
九載十一月十七日遷塋於河南府洛陽縣北邙（邙）之南原新
塋已矣嗟乎出身戕（戕）哉青紫未就何嗇志未立奄羅斯咎檣
窣

唐天寶九載十一月十七日

日　沒身兮廬墓之右天無知兮反奪尔壽銘曰
天之降靈維公之生古之遺烈維公之哲妙氣穎秀奇峯卓
脩　□如彼脩篁外勁其節如彼明鏡內含光潔嗚呼彼蒼殲厥
□□□殺其善反羅于玦殯齎國兮樹蒼〻啓窀塋兮歸故
□□□□兮洛之陽千年万歲埋此印父子家兮道相望過
□□□□□
□□□□□傷

李系郇璽其曾祖父俱不見於表傳文字多誤處皇孫等
兗州刺史當是濮兗等州倒文令而歸之令當作全邛
山邛皆作卭奄羅斯各疑當作皓兄弟二心之心乖職
有不閑之合合字皆誤文也玦作珙勁作勁尨怪銘末句缺一
合字皆花文內有花脫
誤闕上文似与此篇內容違

卌一同
四十三頁

唐十七　天寶十載五　大歷六年
廿三　五百八十三行

唐十七

監察御史李君夫人崔氏墓誌銘

方二尺弱三十行行三十字字徑六分正書

大唐故監察御史趙郡李府君夫人博陵崔氏墓誌銘并序
夫人博陵人也崔氏之先著在國諫河魴之喻歎美詩人雕
漢　龍之作擅名漢史語姻族之家共稱齊大叙少長之列不為
任岦曾祖行功秘書監祖景鄴縣令父仲容醴泉丞並垂裕
多聞象賢不乏尌祖元暐神龍初立大功於國封博陵王讀
博　班彪之文漢德斯在知絳侯之器劉氏必安由此諸宗以博
陵為稱首矣夫人幼而敏晤動識機微氣調精明天与淵順
七歲讀女史十一就婦功豈織紝組紃不□事業將前言往

唐天寶十載十二月十二日

行以成規矩秦晉匹也歸　我府君馬驩從人之義得嘉偶
之名敬則如賓禮猶行古宜其家室譬彼瑟琴況中饋克脩
外言不入使六親取則二姓交歡閨門肅然如不可犯　府
君之履臺憲也以持斧之雄受登車之任江湖風靡甌越星
馳時霽威嚴亦由輔佐及　府君之沒世也夫人纔廿九矣
位登柏署　朝廷嗟不憖之遺年若蕣華中表切未亡之痛
以世業在洛自西徂東長悲煢嫠之孤不絕敬姜之哭一女
在繈褓三子尚嬰孩殆歷三時方誕季女蓋生人之至艱矣
夫人銜酸茹泣義深節苦屬家本好儉歲仍不登不厭糟
糠不辭浣濯以身率下以悅使人屢報農收遂安反側而親

脩　歎　孤　壽　陽

授諸子夙興不怠能循業者存以燠休未成功者先之夏□
故累歲之後登孝廉者數人詩禮所至比之嚴父矣善乎
府君之世昆弟孝友　夫人之家上和下睦內外一體其教
可知居有孟從之賢行有班隨之賦積善餘慶議者榮之自
夫人之初笄也以　府君素無怙恃乃歎曰幸承巾櫛不
逮舅姑徒習鞶紳之儀終無奉戴之日故睦娣姒以申義和
親族以輔仁喪不踰節禮也勤則不匱智也能訓諸子慈也
夫人有伯兄季弟長姊孤姪或死生契闊時命屯否拯之
救懸常若不及事不跡而心已行此胡質清畏人知介推文
不求顯此　夫人之孝也有其美而降年不永哀哉天寶十
載正月遘疾十二日終于東京仁和里之私第春秋六十其
歲十二月十二日辛酉葬於壽安之北原不忘本也初　府
君之殯也近在洛陽距　夫人之喪卅餘年矣雖魯人之祔
宜恭行於典禮而滕公之室懼多歷於歲時詢諸哲人且有
後命愛子懿文不幸早世長子前東海郡司法宅心次子前
許昌尉居中等倉卒無地充窮靡依號而不言顧述先志其
銘曰　長岑之胤世擅雕龍先祖濃于冀缺之門如賓之敬
其儀成于穆伯既喪言歸於東禮由衷于歷訓諸子克成于
學成總角乎就其祿養使有令名風教清乎福善伊何莫踰
中壽垂不朽乎伊洛交會嵩邙□復數陵谷乎恩慕罔極施
及宗親顧百身乎合祔有期保茲同穴嗟永訣乎

夫人曾祖行功叔祖元暐兩唐書俱有傳行功官秘書少監元暐以誅二張功封博陵郡王與誌皆合世系表行功次子景不著其爲鄠縣令景一子署而不載次子仲容可據誌補之傳言元暐三世不異居家人怡怡貧寓郊墅舉從（從）皆自遠會食無它叢誌稱夫人之家上和下睦內外一體蓋謂此（此）也夫人淑（淑）行不愧賢婦可知其所由来（來）矣李君官監察御史不著名諱無可考世系表東祖李氏支有名居中者官光祿主簿其父謨官監察御史誌載夫人幼子居中未知即其人否壽安爲今河南宜陽縣石出土當在是誌文書法俱佳圖牒作諫誤字从世避太宗諱作去而碑中世字凡四見皆不缺筆何也

高子弥書佛像經讃碑

石高二尺一寸廣一尺一寸側厚三寸三分正碑上截佛龕下截心經十五行行十八字方格徑六分龕右佛名一行碑陰讃十二行行十五六字真格徑八分一側題名二行字徑八分至寸許一側一行字較瘦小俱正書闕自行筆畫

□□□羅蜜多心経不錄經文

南无藥師瑠璃光佛在龕右闕

右正碑

釋迦牟尼佛阿弥陁佛等讃并序

原夫釋教幽深法門冲寂不生不滅窮□大聖之真識如幻如

泡□凡愚之虛□武演三千於世界至理煥然或□万□於

唐天寶十一載七月十五日

祇園因菓交映有斐君子善哉□□捨無用之資財成有為

之功德聯聯□眼池蓮比而不華晈晈朱曆圃□□□無色

以此茂就能無讚揚瘞深之關因為頌曰　道門闢兮無不

遵知苦海兮有沈淪念茲人兮能歸真捨□為兮成法身顧

祇園兮菓樹春千万載兮日弥新

天寶十一載七月十五日記

右碑陰

佛弟子左監門直長高子弥書

母郝　妻張　男雲亭妻諸

右一側

女□女夫门令宿　外甥泐下

右一側

趙圓智等爲光業寺僧造塔題記

二石各高二尺一寸廣一尺一寸經一石十二行行二十六字正書記及題名一石十二行行字不一行書字均徑六七分在隆平

簎多心經一卷

經不錄

歲佛

維大唐天寶十一載歲次壬辰七月乙巳十五日己未下泐沸

弟子姪男趙圓智李自逵張智昂張敬信張阿難七十四人

等同捨淨財爲已過　和尚　光業寺主僧俗姓趙諱成造出

石寶塔一所上爲　天皇天后下及師僧父母法界倉生同

苦門俱登覺道　弟子本寺都維那僧去俗寺主僧常省

唐天寶十一載七月十五日

僧道超僧智通僧談一　阿闍　謽空　崇嗣　敬因　平

等　成堂姊尼普明　尼普淨　姪女嚴化

寺都維那尼如空　尼正觀　尼曇曇　尼八娘　尼光相

尼修果尼恵登　尼修空　尼淨法　尼修定　尼十娘

尼法光　尼修法　尼普光　尼法照　尼法藏　尼法

雲　尼淨空　尼秤心　尼阿過　尼四禪　尼因果　尼

无染　尼修行　尼觀空　尼什一　尼尹仵　尼四无量

尼阿含　尼阿妃　尼正念　尼了空　尼修戒　尼修穿

尼修果　尼莊嚴　尼具相　尼真淨　尼照塵　尼

寶積　尼明相

成兄明真觀道士　上座潘歸真　兄嘉祥　嘉運　嘉應

姪男什二

爲和尚造塔作記書俗姓及諱不署釋氏名號非法也

天皇天后爲高宗武后尊號而神龍以後諸造像往〻

有稱天皇天后者村豎無知固涽爲帝后通稱矣記言

七十四人同捨淨財今列名在石者六十三人其兄但

書明真觀道士而不書名何也

李舍郴造像記

高九寸廣六寸五分六行行十一字字徑五六分正書

天寶十一載七月廿四日李舍郴上輕車都尉爲亡父母造
阿弥陁佛一鋪
□□像　男令兒　女大娘　女二娘　女三娘下空
合家供養

唐天寶十一載七月廿四日

右與神通寺造像同得疑在歷城然山左志及他著錄家均未載

張璬墓誌銘

高一尺五寸二分廣一尺五寸二十五行行二十五字方界格徑六分操觚字數小撰人名在隙題下尤小正書

大唐清河張府君墓誌之銘并序
奉義郎前行儀王府兵曹叅軍張晏撰
公諱璬字承宗清河東武城人也弧星命氏鶺印傳芳歷三
代以相韓因五星而輔漢可謂世載其美矣曾祖㴊隨開府
儀同三司江南遼東二道行軍揔管衛尉卿上大將軍文安
縣開國公食邑壹千戶謚曰莊德懋懋官功懋懋賞勲賢之
業克脩于茲祖孝雄唐尚輦直長涓源縣令鄯府司馬鳳輦
是司鸞庠作化以貲佐理實右題輿孝敬之侍御史司勲郎
漢中乾封縣令漢州剌史太府卿禮部侍郎栢署霜威肅衣冠
於　北闕含香伏奏振起草於南臺三異久聞六條遒
闡怯司出納光我禮闈公即侍郎公之元子也弱歲以宿衛
出身中年因常調縻職授秦州叅軍事子卿之秩未展驥於
長衢王佐之才且叅名於州縣方將陟遐自迩必復於公侯
閬謂夜壑舟移遷先於風燭秀而不實良以悲夫以神龍二
年十一月十一日終于東京温柔里之私第享年叁拾有陸
夫人瑯琊王氏祖方茂伯祖方慶唐中書令同中書門下平
章嚳事承相門之慶緒得女則之深規識稟天資禮踰師訓貞
芳懿範穆以姻親服澣齋心恭於祠祀將福壽於餘慶何積

唐天寶十二載二月十二日

仁而不昌以開元拾柒年柒月貳拾伍日遘疾終于東京壽安縣之別業享年七十有二並以天寶十二載二月十二日同歸祔于京兆府金城縣三陂鄉舊塋東北卌二步禮也嗣子恒前饒陽郡鹿城縣丞行為物範才實天經徳積慕於高堂竟流悲於風樹九原長往万古何追痛泣血以銜哀期貞石以表徳俾余作言用紀〔元〕扃者敷其銘曰

鍾鼎承家軒裳祖徳相韓繼代輔漢表則勳賢克脩邦家允塞弃蕣傳芳威儀不忒邈哉懿範寔日哲人才標吐鳳業著成麟一命非偶二豎何親舟移夜壑年失青春中野言歸卜宅于此日下荒隴煙埋萬里颼颼松風哀哀孝子昊天罔極

生涯已矣

石當在西安近時出土故不為前人著録張璬曾祖淵隋書北史並作裔北史云本名犯廟諱是裔為史氏所改也誌載官位與傳合惟誌稱文安縣開國公傳第言封文安縣子而進爵為公與除衛尉卿皆脫漏其謚曰莊隋書亦闕誌稱江南遼東二道行軍總管傳特書開元十八年為行軍總管徙漢王諒征遼東於其先徙楊素征江表及會稽臨海等役未嘗言為行軍總管也祖雄考敬之及璬並無致雄為鄴府司馬鄴州有都督府故曰鄴府敬之官侍御史司勳郎中乾封縣令漢州刺史太府卿禮部侍郎按司勳郎中從五品上乾封屬兗州為上縣令從六品上是降四階也漢州為上州刺史徙三品太府卿同所敬之以縣令授刺史則又超十一階矣疑撰誌者之有所略也夫人王氏祖方茂見宰相世系表宏訓子伯祖方慶名綝宏直子以字行萬歲通天元年同鳳閣鸞臺平章事（鳳閣即中書鸞臺即門下皆武后光宅年改）聖曆元年以老乞免其後歷職及贈官皆無中書令之文誌或有誤璬與夫人歸祔京兆府金城縣三陂鄉舊塋金城本名始平景龍四年送金城公主入蕃別於此因改金城至德二年改興平長安志興平縣唐有二十鄉扶風湯祠二鄉外皆不傳此三陂鄉乃逸名之一可據以補之璬子恒饒陽郡鹿城縣丞饒陽郡即河北道深州天寶元年改乾元元年復為深州鹿城本屬深貞觀十七年改屬冀先天二年復故至德二年改為東鹿今直隸保定府東鹿縣是也撰文者行儀王府兵曹參軍張晏歐表始興張氏有名晏者韶州判官殆非此人儀王名璲明皇第十二子開元十三年封

雲門山投龍詩刻

高四尺五寸廣二尺五分十八行行三十九字字徑一寸正書在益都雲門山洞西闕帝廟後北厓

標題闕

北海郡太守趙居貞述

渤海吴□書　郡人李元莊鎸 以上在標題下

上闕六字歲辜月巳巳中散大夫使持節北海郡諸軍事守北海

郡太守柱國天水趙居貞登雲上闕五字□辟奉為

上闕四字大寶聖文神武□□皇帝祈福也先是投禮太守不行

以掾吏代之余是年病月庚止以為上闕三字□宜牧守躬親俾

吏職代國非禮也當是時上元投禮猶未備余責龍壁觀之　唐天寶十三載

皆不肖於是詰□呂□□□數人更易□□□撰良日躬

詣祈祐旻及中元下元並躬行□□□□□□□

□□□□□□□□□

聖上祈長壽祝拜焚香投龍辟禮畢有瑞雲從洞門而出五

色紛郁迴翔空中有聲曰

皇帝壽一万一十一百歲預禮者悉聞之余乃手舞足蹈賦

詩以歌其事遂於巖前刊石辟以紀之

曉登雲門山直上壹千尺絕頂弥孤聳盤途幾傾窄前對豎

裂峯下臨削成壁陽巘靈芝秀陰崖仙乳□□□羣山遠

溟

望何所隔太陽未出海曠晃半天赤大壑静不波渺瀰無際

孤

碧是時雪初霽沍寒冰更積叢展送龍儀齋安服孤白□□

惟

聖主祈福存方伯三元章醮昇五城真仙觀帝幕翠微亘机

茵丹洞闢祝起鳴天皷拜傳端素冊霞闕朱紱縈嵐際黃棠

璧玉□奉誠信□□侯奔驛香氣入岫門瑞雲出巖石至誠

必格感大福旋來徭空中忽神言　帝壽萬千百

□□□□□□　□□□□　陳方外　□相

長史鄭山甫　楊幼玉　李潤　司馬昆誂　闕□□

錄事參軍崔晏　司功劉克烈　益都令裴昇　丞李俊

□□薄張思□　尉裴巽　上闕約六字□□敬□　參

軍王□微　鄭廷杞

右碑文叚赤亭嘗以全唐詩校之頗多異同茲皆注本文之下前稱北海郡太守趙居貞述渤海吴□書文可見者辜月巳巳中散大夫使持節北海郡諸軍事守北海郡太守柱國天水趙居貞登雲闕奉為闕大寶聖文神武□□皇帝祈福也案全唐詩載此序辜月上有大唐天寶元黓歲七字攷舊唐書元宗紀天寶七載三月羣臣請加皇帝尊號曰開元天寶聖文神武應道詩之八載羣臣上皇帝尊號爲開元天寶聖文神武應道皇帝今是碑所書尊號與紀合按碑作大寶又歲在壬曰元黓十一載爲壬辰居貞以

是年到官則爲十一載無疑矣艮亦亭據文獻通攷中宗先天元年舉手筆俊拔科有趙居正同杜昱等及第正即貞避宋仁宗廟諱也又言全唐詩居貞鼓城人任吳郡採訪使天寶中官北海太守斯言可徵其實山左金石志

右雲門山投龍璧詩爲北海太守趙居貞作居貞新唐書附見趙冬曦傳稱居貞擢進士第吳郡採訪使元和姓纂居貞比部員外郎皆不言爲北海太守亦闕文平津讀碑記

全唐詩載此與石本異同者具見山左金石志今以志與打本對勘畢阮二公所録亦多闕譌二行歲字三行壁字五行宜牧守躬親俾吏甿八字六行數人吏易四字八行聖上祈萬壽五字九行皇帝壽三字預字悉字十行曉登字孤字下臨字巘字十三行真仙字笛即崗字祝起字十四行朱紱縈三字奉誠字俟字杳字十五行中忽神言四字十六行鄭山甫三字詵字十七行劉字溥字十八行敬字參字徽字皆闕又余青龍璧觀之奪龍字業展送龍儀業作恭至誠必招感誠作誠大福旋來佫佫作格皆誤殆當日所據墨本損不顯故也其志所有而今本漫漶者旁書以別之志據全唐詩序首七字定爲天寶十一載立攷本紀天寶十二載十二月尚書張筠等請上尊號爲開元天地大寶聖文神武孝德證道皇帝是刻尊號已稱大寶上闕四格必係開元天地四字若十一載立則當稱開元天寶無由稱大寶其上亦不當闕四字是居貞投龍賦詩在十一載而書刻在十三載也惟神武之下僅闕二字與孝德證道四字不符諦觀所闕二字並非蝕泐殆當日誤書舊號應道因而鑿去耶序言投龍璧禮畢空中有聲曰皇帝壽一万一千一百歲視漢武禮祭中嶽從官聞若有言萬歲者三尤爲誕妄　又詩刻來格作佫按方言佫至也邠唐冀兗之間曰假或曰佫又登也梁益之間曰佫又來也周鄭之郊齊魯之間謂之佫爾雅釋詁釋文格本作佫漢費鳳碑歲佫于大亢亦以佫爲之

闕名金剛經斷碑（上截斷闕存高三尺四寸廣二尺二寸兩陰各三十一行行存四十九字左右闕剖至前末兩行存四十字字徑五六分正書經六十行不錄）

初稿標目下有并陰側三字小注下有側高三寸六分等十字此均未添寫

（上闕）纈　男西河郡陸璧府折衝都尉賜緋魚袋緒。□□□□

選絳　女五娘子　孫絳　孫女闍九　孫女阿（上闕）駕員外

郎　孫女拔摩　孫女巧婦兒　孫女柳□　□□四載二

月八日建　孫子文部常選漂書姪□從

碑側（皆村鄙男女題名鐫書多不成字行列錯雜故不錄）

唐天寶十四載二月八日

右碑以經文校之上截斷缺四十至四十九字不等碑陰經後題名許（所）闕過半矣紀年就泐以載為年知是天寶漂銜稱文部常選按兩書改吏部為文部在天寶十一載碑猶存四載字則天寶十四載所建也纈緒絳為兄弟行佚其姓緒結銜西河郡陸璧府折衝都尉舊書河東道汾州天寶元年改為西河郡新書汾州有府十二一曰六壁即此陸壁也太平寰宇記汾州孝義縣有六壁城後魏書曰太平真君五年討胡賊於六壁即此城也俗以城有六面因以為名據此則史作六壁為正碑作陸璧者當時承訛沿用如此不然入銜地名不得以意造也

張萬頃題名（高一尺八寸廣七寸五分三行行存十字字徑一寸六分分書在曲陽）

天寶十四載十月十六日（闕）使持節博陵郡諸軍事守（闕）太

守北平軍使張萬頃奉（闕）

唐天寶十四載十月十六日

全唐詩載有張萬頃詩三首云開寶間進士按天寶元年天下州皆改為郡刺史為太守博陵郡即定州太守北平軍使者北平軍例以刺史為使也

張毗羅墓誌銘

方一尺一寸十七行行十七字首行十八字後空一行
字徑五分正書常熟鄒沜生少宇得自長安藏於家

國
唐故定遠將軍守左武衛將軍員外置同正員上柱國內長
入供奉張府君墓誌并序
公諱毗羅其先清河人也　父諱毗羅弃榮承家隱輪不仕
公累襲冲和之氣克遵高上之風芝蘭入室瑾瑜照廡其事
親也色難以養之其行異端智周以成之由是蕭灑𨶒囿恬
澹霞月優遊朝市不違大隱之趣弋釣林泉有光豪士之迹
儀
夫然者宜其夫奏天階羽儀　帝坐公家其寵命遂拜定遠
將軍守左武衛將軍以天寶十四載八月廿七日薨于金城
唐天寶十四載十一月十七日
里之私第春秋七十即以其載十一月十七日葬於承平鄉
原之禮也長子　　咸哀泣血咸廓沍宄孟常泣感於大
風賢陵封劬於心許乃為銘曰
葬歲拓
府君及葬卄成西吉垗地夏明金鷄千秋萬歲兮松栢齊魂魄
歸兮長不迷

大
太子文學王太貞墓誌銘

縱一尺一寸二分廣一尺五
分十九行行二十字正書

有唐太子文學王公墓誌銘并序
公諱太貞字太正陽平人也自文王荒國子晉錫允累有明
德世為大家曾祖君懿高蹈不仕祖𤣥度明經登科父倚恪
安州雲夢丞並克纂盛烈休有令名或道不屈身或人浮於
食公雲夢之長子也弱則嗜學長而能文四時厚其和百行
豐於孝事友以信耆居家以悌聞郡舉孝廉吏補正字登戲
表梅仙之望作椽宏孟博之聲屬新冊　儲宮盛擇端士署
太子文學從人望也春秋五十有九遘疾終於歸義里之官
附唐天寶末
第五月十七日歸殯相州安陽縣西南六里平原禮也公大
而能廣光而不耀至於王圖霸略八索九𠀋皆殷在胷中濬
發甚口宜為士林之宗長而不達於時者命也如沉如浮不
吏不隱造次顛沛輒与道俱夫人修武張氏後夫人長樂馮
氏並苗且不秀先公而終繼夫人滎陽鄭氏禮而後動悳其
有章慟哭小其帷堂善訓深於斷織嗣子禕等孝能竭力哀
則如疑東西之人不可無識以文見託有為為之銘曰天曰
与仁神日助直其道何有惟此哲人秉心泉塞寗不眉壽龍
腹之岡馬鬣之墳去此不復于嗟王君
誌云歸殯相州安陽縣西南六里平原是石當在安陽

出土碑估云在長安殆誤否則得石者攜入長安耳王太貞誌稱陽平人唐郡縣無名陽平者蓋是舊望而廣韻王氏二十一望亦無陽平其殯安陽曰歸則爲安陽人矣意陽平爲安陽之鄉名古誌以鄉著貫時有之也葬書月日而不記年觀玩書法當在開天以前因附天寶末椽掾之省秉心泉塞避高祖諱以泉爲淵也銘曰之曰与銘中兩曰字並作日二字古互用無别

都督楊公紀德頌碑

石廣約二尺一寸額下斷缺搨本二紙一高一尺五寸存額及碑文前十一行之上三字一高二尺八寸餘文二十一行首行滿搨行存二十二至三十一字不著字徑七分正書兼行體在敦煌學宮

大唐都督楊公紀德頌　篆額九字陽文三行有格字徑二寸七分

首行剝滅拓本臨遣隱約有字迷似撰書人銜名乃碑次行也

漢□□斷缺不知幾字人也曾祖諱言隨舉孝廉累遷中散大夫□

□蒲臺□□河州大缺　皇雲麾將軍右武衛大將軍河

華之靈貂蟬之族出士□缺緘封之缺邁於往古書不絕於青

史圖諫煥發其由可觀公幼而彰中而立缺訓□四缺□□

孰能坐致青雲壯室之餘作搢紳龜鏡者也初大將軍府君

唐天寶末

禮專經缺舉秀才缺俟甲科何必爲儒拾其青紫公以溫清

左右文藝箕裘出將冠關西之雄缺□授汧缺□高平郡沁

水府果毅絳郡桐鄉京兆崇仁二府折衝雖筮仕之初仔雲

屈缺展騏驥缺鄖將爪才之任　社稷之心不屑行間塵

迴　天眷加左司禦率府□缺式周廬缺決羽林之候時

以山東餘孽尚軟　□情分命我公宣慰四道嶽甲□

缺一身艱缺蘇之詠河湟懷挾纊之恩二庭發貔武之師四

鎮叙琅玕之貢　王室缺鄖□缺閫豈獨議功雲臺而

已哉　詔優公忠武將軍守左威衛將軍河西副持節缺西

缺□路人有光下卓無何能事日集豈止才用不器所謂知

機其神此州之創也以缺上缺□郊有野馬貲彼外府以成軍
興況時之艱路之難不去食存信何猛而濟寬此缺上缺郎祀
修羽儀大張禮容　眷彼勳舊有　詔詔公入朝
列郡居守獨缺上缺□□除伊西節度等使攝御史中丞霜威
夏寒勁節秋凜總戎律懿茲謀猷缺上缺□飭裝不凝於衷
吾道西矣此又公之惠澤若印傳甲仗警備田疇長幼夫妻
工缺上缺長史榮陽□嶙謂司馬東海徐止戈大將軍河南富
去盈曰公之施惠不在報□缺上缺□漢水徒有沉□之心人
去陝郊當銘聽訟之所余實不敏有媿於文頌曰
缺上天生公兮出□入幽竟不知變化所極吾將老耼以

青

為傳下空
缺上□作而物覩公之心曉叻□□□今古
缺上寶缺近名黎庶異於木石洋缺
缺上□□在其如□生缺

右都督楊公紀德頌名貫年月並闕曾祖諱言亦無玫
楊君舉秀才棄文就武歷高平郡沁水府果毅絳郡桐
鄉京兆崇仁二府折衝左司禦率府進忠武將軍守左
威衛將軍河西副缺除伊西節度等使榮陽□璘等以
其列郡居守有惠澤勒銘紀之大略如此按天寶元年
改天下諸州為郡乾元元年復故高平郡即澤州絳郡
即絳州新唐書地理志澤州有府五一沁水絳州府三
十三一桐鄉與碑皆合京兆有府百三十一名存者僅
十一碑有崇仁府其逸名也以此知楊公為軍府都尉
在天寶年間矣左司禦率府東宮官屬與散官忠武將
軍皆正四品上左威衛將軍從三品碑稱忠武將軍守
左威衛將軍階卑而擬高故曰守也楊公以宿衛出使
山東宣慰四道其下有河湟二庭四鎮等辭蓋天山之
東非齊魯之山東矣伊西節度按唐會要始置於先天
元年兼瀚海使開元十五年分伊西北庭為兩節度二
十九年移隸伊西北庭都督四鎮節度使天寶十二載
以安西四鎮節度封常清兼伊西北庭節度瀚海軍使
越二載安祿山反封常清改范陽平盧節度使史不詳
伊西繼者為誰是時西北諸軍多出討賊碑於楊公曾
不一及而頌其惠澤是未與兵事者也碑在敦煌為唐
沙州楊公必嘗藩牧於此其建節伊西當在封常清之
後碑以誌去思其即立於除伊西節度時歟

張思元造金剛經碑

高存三尺九寸廣二尺八寸三十三行行存四十五至四十八字字徑六七分有額俱正書在完縣

大唐定州北平縣東朝陽張思元為亡考敬造石經流傳洪

養 五行在額字徑一寸七分

佛說金剛般若波羅蜜經 標題字特大跨兩行經文段在此下空一格起經不錄

此刻經文猶未及半必尚有碑石否則一碑周刻陰側始僅拓其正面耳碑下截斷缺據經文數之每行應六十三字缺七之二也張思元為亡考造者經後當有題記年月惜不可見姑附唐末碑在完縣西十里東朝陽村真覺寺按此平縣唐

封崇寺金剛經并心經碑

高四尺八寸廣三尺一寸五分側廣六寸四分正面三十三行左側六行陰三十五行右側五行行六十餘至七十餘字不等字徑六七分正書有額在行唐

金剛般若波羅蜜經 字徑二寸五分在額

經文不錄　金剛般若波羅蜜經 在陰末行之下

般若波羅蜜多□□　經文不錄　般若波羅蜜多心經 在右側

此與張思元金剛經碑均無年月世字不闕筆則經刻有貞觀以後年號者亦不盡闕筆不得執此斷為武德年刻也惟觀玩書法必在有唐六葉間至德以後未見有此體格因類列於此 唐

長孫氏夫人陰堂文
方九寸五分十一行行十一字字徑六分左行正書在京師端午橋家

長孫氏夫人陰堂文
夫人京兆杜氏曾祖之亮隨黃州刺史祖延昌皇朝邛州長
史父靈麟皇朝藏王文學夫人以哀疚不任擗慕逾歲以杖
而不起年卌七終於集賢私第孝而見殞有異於曹娥泣血
經
經年頗同於高子未及歸京師權安厝於
大塋北十五步之原禮也
窆用聖武二年十月十七日
偽聖武二年十月十七日當唐至德二載

安祿山僭號建元聖武明年正月其子慶緒殺之襲偽
位改載初元年尋改天成此文作於祿山僭號之次年
為肅宗至德二載是年九月收復西京十月收復東京
夫人以十月十七日窆不書至德二載必地陷於賊故
也其猶稱聖武者意載初天成皆未通行於所踞地耳

王宗汶等造經像殘刻
存上截七寸廣二尺一寸七分前記三行經六行行存八字至十字不等字徑五分後題名六行字大小多寡不一正書

國
奉為燕國范陽　王闕下保壽千秋万歲遂發□闕下文字今家
穎立起及彫闕下
心經不錄以後空十六行
節度衙前虞候充營田管兵馬大將徐□妻闕下
節度左巡守捉親事將太中大夫試□□闕下
節度左巡守捉判官盧龍節度□闕下
節度舡坊副將王宗汶母郭氏弟宗闕下
唐天寶末
□事將充都舡坊副將郝□□妻賈闕下
前滿橋防鎮馬步都銀闕下

縣東南五十里至信安鎮龍泉寺內有半截唐碑記一通
首書奉為燕國范陽□王 永清縣志
右碑在信安鎮龍泉寺後殿嵌入壁中上刻觀音像末刻
節度衙前虞候云云等字年月無可考以官銜推之當是
唐碑字畫甚拙無可觀採 永清文徵
此碑無年月可考章學誠以題名列銜定為唐時刻石不
無可據但未能定為唐代何時所立按碑中所載各官類
多唐書百官志所未及宋相世系表亦無王宗汶郝君安

疑此為安史僭竊時所造考唐書地理志幽州范陽郡本名涿郡終唐之世未嘗以燕名郡而叛臣傳安祿山僭稱帝國號燕此碑首竟稱燕國顯尊祿山偽號此一可據也唐書藩鎮盧龍傳朱滔僭號以祿山思明皆起燕俄覆滅惡其名改號冀是燕國自安史僭稱以後不相沿襲此二可據也地理志天寶元年改涿郡為范陽郡唐書方鎮表天寶元年以幽州節度使改為范陽節度使寶應元年復改為幽州節度使是天寶以前不以范陽名郡寶應以後更不以范陽名軍安史之亂正在天寶之末寶應以前此碑稱奉為燕國范陽王其時正符此三可據也又考藩鎮傳盧龍自李懷仙至劉仁恭凡六姓傳十七世皆未有封范陽王者叛臣史思明傳祿山反留思明守范陽乾元二年僭稱大聖燕王疑此為思明（留）守僭王時逆黨崇奉之稱此四可據也唐書百官志節度使屬無船舫副將等官而都虞候及兵馬使皆屬兵馬元帥不屬節度使節度使屬有巡官親事此碑作右巡親事指亦官職同而稱謂異守捉見兵志乃分領節度屬下各州軍亦非節度衙門屬官叛臣傳祿山僭位署拜百官疑此碑題名各銜乃祿山偽定之制故與史志不相脗合此五可據也方鎮表寶應元年以平盧淄改平盧為盧龍節度使盧龍之廾為節度軍昉於此自李懷仙以後皆拜盧龍軍節度使或兼幽州是寶應以後盧龍不歸他軍所屬可知而此碑題名節度屬官尚有盧龍節度其決非寶應以後之官明矣此六可據也地理志平州北平郡有盧龍軍天寶二載置此乃府軍屬節度軍者故得以節度使屬僚遥領天寶以後正祿山謀逆之時其時正合此七可據也安祿山傳賊據東京（京）幾有密雲盧龍等郡是盧龍正在祿山所據之內則其分授各官在所必有此八可據也碑首行稱奉為燕國范陽王次行乃云保壽千秋萬歲悖詞逆理昭然若揭此九可據也史思明傳乾元二年四月更國號大燕號范陽為燕京此碑不曰大燕而曰燕國不曰燕京而曰范陽又可定為史氏未僭帝以前所立矣史思明傳安慶緒時封思明為嬀川郡王思明時據范陽兵力出其偽主之上疑曾封范陽而史不載耳又案范陽下闕字當為郡字無疑畿輔通志就經文計每行約四十餘字永清文徵題名弟一行兵馬大將上奪管字二行親事將將作指四五行船坊作船舫末行馮下闕橋字防鎮作方鎮均誤郝下二字作君安良是又首行范陽下縣志作□黃氏遂斷為郡字今審石本乃原空一格也

脫字

龍日寺西龕嚴武詩刻

高三尺八寸廣三尺九寸十六行行十六字字徑二寸正書在巴州

五言暮春題龍日寺西龕石壁一首

巴州刺史嚴武

聖澤久潤物　皇明常燭幽　恩從祥風翔
德與和氣遊報　國建香剎開鑾臨僻州天長面綠水
地迴登朱樓尋異過衆壑坐禪逢一邱永懷根本妙撍以身
心脩奇色豔草滿珍名嘉樹稠遠江崩濤諠複澗潄雨休嘹
唳猿響谷參差峯入流碧煙曳篁徑白日懸沙洲沉海謝安
石吟詩王子猷楊雄愛清靜山簡多優游性命固有分著韜
何足求神閑孤臺月目送千里舟携手逸群器浩歌邀悠悠
山情慕禽尚詞格驚曹劉旌能舉滯時選異拔奇秋鼎食當
自致巖棲難留嗟余忝符守　漢主遠分憂往往行春
到間□散客愁

附唐乾元三年

右嚴武題龍日寺西龕石壁詩全唐詩不載武坐房琯事貶巴州刺史琯被出在乾元元年巴州有武光福寺佛龕記乾元三年四月立此刻與光福寺楠木歌皆無年月其刻石當亦在是時

右金吾郎將馬君夫人令狐氏墓誌銘

高一尺一寸廣一尺七分十八行行十八字分界格徑六分正書在京師端午橋家

唐右金吾郎將馬君夫人燉煌令狐氏墓誌銘并序

夫人其先出自周文王子畢公之苗裔也其後晉侯賜邑令
漢狐因以命氏王莽篡漢將軍邁迮復漢室為莽見敗子孫避
難離于燉煌因為燉煌人自茲厥後宗薿蕃碩曾祖文軌皇涼
州長史祖思拯皇利州嘉川令父同柱蘭州金城令非自家
形國位烈休光夫人即金城府君之長女也貽然天假清懿
典儀春秋十九歸于馬氏乃家沐清風將和鳴偕老豈謂遘
徵疾不愈積善無徵以上元二年七月廿二日終于私第春秋
五十有子二人伯曰文質前鄉貢明經季曰丈瞻幼而聰敏
哀以泣血毀至絕漿以元年建子月廿一日措于岐山陽㳂
鄉之三畤原禮也即夫人家塋非遠先塋又令歸魂而無依
也獨悠悠於白日望悽悽於長川貞石紀時而為銘曰
歎逝往古來去不可止代如疾風歎茲閱水孤玉樹於逝中弃
明珠於掌喪事在生而永歎悲十秋而長已

唐故上元二年十一月廿一日

此肅宗之上元二年也肅宗是年九月制自今以後去上元之號但稱元年以今年十一月建子為歲首建丑建寅每月以所建下明年又詔改元年為寶應建巳月為四月餘月並依常數此誌正當始去上元年號以所

建紀月之時故其終也繫以上元二年其措也稱元年建子月矣夫人曾祖文軌元和姓纂載之為後周河州刺史令狐纂之孫文軌生思撫思挹而於[於]夫人祖思挹父同祇皆缺文軌官汾州長史亦不載

空三格

美原縣丞元復業墓誌銘

方一尺七寸五分二十四行行二十五字字徑六分行書

大唐京兆府美原縣丞元府君墓誌銘并序
朝散郎行大理□□□紫魚袋陳翃撰
府君諱復業河南人其先黃帝之孫至魏高祖始遷于洛邑
以元命氏盛矣哉東西兩魏前後八帝蹤封四十七王襲拜
廿五公族茂也　曾祖濬皇隨州刺史左武衛大將軍
襲雲□公　祖乾直泗州刺史　父思莊朝散大夫古
肅政臺侍御史皆紹以生德世不乏賢　府君
侍御之弟四子自天聰敏少志於學覽春秋涵[江]海之浸譜周
易達陰陽之奧舉孝廉射策第一應新鄉尉白水丞又遷美
原縣丞潔己也寒泉冽清莅事也新刀發硎三邑之政脩聞
厥聲京畿採訪使御史中丞盧公奐再有□狀舉能官也及
從調初擬掾於岐陽曾有疾不成官而即世開元廿八年三
月廿八日於長安通化里私第瞑目春秋六十嗚呼
府君之為人也與行宅義純孝茂才外垢浮華中味恬澹時
行時止知微知章每休官之暇常於終南山悅芬嶺睨幽奇
松溪月釣草堂雲宿賦詩數十篇陶情性而已不介乎壽空
著其名悲夫　夫人權氏屯田郎中崇基之孫會稽令
上古之女生巽以順閫坤而靜少習詩禮已婉於女儀孀撫

唐廣德元年八月十四日

歸龜

諸孤更慈於母訓深精貫花之句遽興執木之悲天寶十四

載五月十八日終美原常樂里私第從橤殯也有子四人名

掩三虎長日棣滄州清池尉次日啓大理司直次日用右驍

衛録事參軍次日涉豊王府户曹參軍長號不天灑泣拱木

遂墨灼龜背墉開馬鬣以廣德元年八月十四日於三原縣

落泉鄉長平原祔　　先塋禮也翊与司直有同官之舊

承命誌之銘曰

嵯峨山頭懸片月日生蝤𧎖月又没冂夜一閉無昏曉蒼蒼

萬古寒松老

右元復業墓誌大同（年）太守李子丹哥（大同遼道）跆未詳石今何在　二

据（據）誌當出三原通來士大夫宦轍所經恒購石刻槁置

其家私為己物（家珍）使一邦文獻四散不復還故處後之修

志者靡所（所）徵考非所（所）以重古人也復業及其曾祖已下

俱不見於（於）史父思莊朝散大夫古肅政臺侍御史古蓋

右字之誤新書百官志武后文明元年改御史臺為肅

政臺會要光宅二年改為左肅政臺更置右肅政臺神

龍元年復改為左右御史臺思莊服官在武后時也盧

與新書附其父懷慎傳歷御史中丞陝州刺史還兵部

侍郎天寶初出為南海太守以清節著稱甚為京畿採

訪使傳未之及按唐置採訪使自開元始為中丞兼官

史故略之夫人權（權）氏之祖崇基見宰相世系表官屯田

員外郎誌作郎中少異崇基一子上仁無官誌作上古

會稽令可据（據）此（此）誌以正之撰文者陳翃史亦無攷

三

高士鄭忠碑

高六尺四寸五分廣三尺三寸八分二十五行行五十一
字分書篆額題大唐故高士滎陽鄭府君之碑十字在

大唐故高士滎陽鄭府君之碑題額篆書
府君諱忠字惟忠滎陽人也其先出自周宣王母弟友受封
於鄭□□□□□為言□□□□□□為卓□併彳以國
命氏枌榆甲族繼美滎陽閥閱名賢散居天下七代祖覽河
閒太守封鄭亭侯□幽州録事參軍昌昌生高祖武清令羅
漢屬隨室土崩豪傑雲起有若竇建德者聚兵稱亂圍逼武
清時獨堅守孤城確固臣節□　　神堯□□壯之加右
衛大將軍宰縣如故進封永年公食邑一千戸茲邑建功之一
唐永泰元年十月

地子孫克守勲業至今家焉生曾祖諱贊生□祖諱□志俱
以儒術著聞頻徵有道不起生皇考諱承元博學多藝時元
帥楊公問罪東夷請於幕府以豹略謀於軍事及還恥受討
遼之□拂衣高蹈以例授陪戎副尉上護軍終不言祿節也
府君即副尉之元子風槩天資碩德山立長材偉貌虬鬚虎
臂遊六經家□二事孝悌仁信禮讓溫恭皆發於自然若竹
箭之有筠也早勤　色養不願從仕中服儒行不沽於名晚
固幽貞不趍於世是以鄉黨三薦孝廉皆不之應其晦跡也
恬然靜默其偶俗也同爲滑和致身於木鴈與物為芻狗謂
為慕隱不處於山林謂為趍榮不親於朝市□徒識其貌不

恬　贊

測其心徒仰其高難師其行至於□覇大略馭人體要守宰
欽風諮謀政術者踵至於門矣他□嘗獨立謂其子希潮吾
聞測天道靜觀人事九六之運莽卓之灾將丁
聖代尒當堅秉誠節勤脩令名噬吾道衰良恐不免居十數
歲果安氏逆命□據洛陽將欲崇式真賢輝光僞位以府君
林廬潛道馨香遠聞姑欲縶維充塞人望迫令强起尉于長
豐則知鳥戾於天雲羅得之魚潛在泉川罟得之僞命逼於
正人鳥可脫也雖欲逃於天穴於泉其可得乎洎史氏繼亂
抑授東光縣丞轉奉義郎左衛兵曹參□上護軍既睽宿心
曾不視事拂衣解印請留幽都闔門靜居屏弃塵事獨與一二
二道者遊息乎家國幽賞琴壺倚傲雲月進則之為退能全
高卷舒在懷語默兼遂君子曰智哉以大道未清沉憂成疾
年五十七壬寅歲夏四月乙亥傾背於抱樓里之私第冬十
月　　聖上翦四滑清三光凡拒邑徒特加超授議者以
府君遇亂脅從死節無撓逄　　時旌善□涯不畱悲夫故
書曰高士成府君之志也夫人彭城劉氏柔順以成孝貞正
以幹家蕙心先□椒頌仍在丙申歲夏五月二十有七日先
府君而終享年五十有三嗣子希潮血毀長號骨立過禮以
今年十有二月庚申安神於武清縣西北崇仁鄉白塔東北
原合祔於先塋之左窆事尚儉奉遺誡也夫贊曾峯者磐乎

厚地瀦洪流者發自深浚府君邁德於前鍚羡於後故嗣子以功驟遷金紫光祿大夫歷太僕卿文安郡別駕韓殿大監幽州節度判官上柱國位雄卿月文頌　國風佐理鄭南惠懷邑屋運籌薊北礫裂僭林欝此國楨獨耀鄉錦得非府君善訓積慶之祐也以爲隳先搆者匪仁揚美名者謂孝況白華之悲罔極緇衣之頌未傳詹與殿監在幕客交匪才見託俾颺先碣永示後賢詞曰

於赫我祖滎陽系先顯允烈考分族居燕才用駿發心機鏡懸介視小節雄成大賢（其一）大賢伊何以孝忘仕忘仕伊何屢薦不起博考墳籀工言政理遴介咒徒玷我良士（其二）身擺僞祿□令歸田獨與道者□栖浩然閑門栭白虛室草□遽從零露俄悲逝川（其三）角立貞臣慶流賢子卿月高鑒　堯天佐理政必移風清□飲水柴也泣血杖而後起（其四）怙恃合祔毀瘠偏傷途摇白旐棺餙黃腸山門寂寂壠樹蒼蒼秉兹幽碣永播清芳（其五）

節度判官兼掌書記朝議大夫行監察御史胡詹撰

處士成巖書并篆　龐庭滿刻

乙巳歲癸亥月丁丑日建

三

右高士鄭忠墓碑前人未著録光緒八年武清令蔡壽臻搜得之忠武清人安史之亂安祿山僞授長豐尉史思明僞授東光縣丞壬寅年歿爲肅宗寶應元年史朝義之二年乙巳歲葬爲代宗永泰元年則史氏平二年矣碑言高祖羅漢武清令屬隋室土崩豪傑雲起有若竇建德者聚兵稱亂圍逼武清時獨堅守孤城確固臣節神堯□□壯之加右衛大將軍宰縣如故案新唐書地理志武清本漢雍奴縣天寶元年更名隋時安得有武清令蓋撰文者以當時縣名加之實隋雍奴令也通鑑建德於隋大業十二年稱長樂王滅於唐武德四年其圍雍奴事不見於史蓋在武德二年遣大將高士興擊李藝於幽州屯籠火城時也忠高尚其志優游山林遭遇世變連受僞命蓋耿仁智張不矜之流並非甘心從逆實不能先自引決耳明詹成巖均人姓名鄧名世古今姓氏書辯證明出自姬姓孟視之孫以王父字爲氏明僧紹見南史唐有諫議大夫明崇儼成出自芊姓令尹成得臣以王父字爲氏其後有成虎漢成雄居上谷今尚有此二姓（順天府志）

撰文者胡詹順天府志胡作明所據打本模餬而誤也碑以干支紀歲不書無年號其夫人終於丙申歲爲至德元年忠卒於壬寅歲爲寶應元年以忠逼受僞命偷息幽都非心所甘剸聖武顯聖等僞號不書宜也建碑在乙巳歲爲永泰元年河北早平何亦不書紀元耶其曰

四

乙巳歲癸亥月月建亦誤

崔文脩墓誌銘

高一尺七寸廣一尺七寸四分二十七行行二十七至三十字不等字徑六分正書在吳縣潘氏

大唐故曹州成武縣丞博陵崔氏府君改葬墓誌銘并序

嗣子正議大夫前行定州別駕兼太子僕賜紫金魚袋上

柱國玭叙文

玭昔遊於鎬京雒洛梁宋河朔名山大川秀潤形勝之地復出入往來二陵之間觀古之宰貴重臣祠廟丘塚之所見其崩摧便房遺櫬與朽壞偕盡而獨銘誌尚存焉故諸侯計功大夫稱伐勒名金石所以傳無窮之歲況我

先君府君德邁前古衣冠茂族万代一家扶風郡太君太夫唐大曆六年八月廿九日一人河南褚氏坤順志柔和顏清敏榮因重貴明德惟馨安可闕而不書矣

先父府君諱文脩字文脩宣德郎行曹州成武縣丞博陵安平人也先炎帝神農太公之後因食邑於崔因封賜姓自大唐受命之初封陳留縣侯因封而家焉子孫相傳已七代自漢高帝九年歲次癸卯爰及大唐八葉百有五十四年卌一世綿歷八百八十四年自周秦漢魏晉宋齊梁隋唐廿廿為卿相大夫至今軒冕九盛代為名臣

曾

高祖客王　皇朝虔府都督　大王父諱巨英　皇襲封太中大夫守汴州刺史陳留縣侯　王父元周　皇宿

衛出身拜滄州景□縣主簿蜀州晉原縣尉　勅授朝散
大夫蔡州吳房縣令皆宣風惠□仁德濟世以至于　先
父府君軌範自天上善若水內外三教窮無□之要道知諸
行諸終始不替承　先人餘蔭宿衛出身拜潤州參軍□
任曹州成武縣丞仁義包含器淺江海才高貫誼位屈桓譚
不幸積善無徵奄鍾天罰開元廿八年九月廿九日遇疾不
瘵崩背官舍權安厝於汝南郡吳房縣城西北百步嗣子勉
等昊天罔極思古穀本而思本焉以大曆六年歲次辛亥八
月甲寅朔廿九日壬午龜筮勒從遷厝於博陵郡安喜縣城
南一里長原禮也玼才行無聞不敢光揚休烈但直書其事　二
用表其千秋不易於琬琰其詞曰
長原博陵地擴千古樹茲松檟再封吾土哀號　先人掩於
泉戶仰天泣血伏茹荼苦永惟廿業爰諸祢祖忝繼箕裘悲
慙尸主宅兆有期塗車已成像設九原分裂五情日慘寒色
風淒晚聲叩地長懷心摧骨驚刻肝書血刊石勒銘

崔文脩墓誌嗣子玼敘文誌稱大唐八葉百有五十四年是以作誌之大厤為斷也其曰漢高帝九年歲次癸卯綿歷八百八十四年按漢高祖九年癸卯至唐大厤六年辛亥凡九百六十九年玼誤也新書宰相世系表崔意如為秦大夫封東萊侯子業漢東萊侯然則崔氏始封當推意如今誌始漢高祖九年是以業受封為始矣業封東萊侯史記漢書年表皆無之